Peter Boge
Yo Mi Mio

Yo Mi Mio

El libro para los que no leen

Peter Boge

Por:

Estrella Dorca Cuc Chumil,
Kimberly Nohemi Esperanza Cuc Chumil,
Graciela Chumil Garcia de Cuc,
Jorge Maynor Cuc

El libro fue escrito en enero de 2024 en Chuitzanchaj. Lago Atilán en Guatemala.

Impressum

FSC
www.fsc.org
MIX
Papier aus verantwortungsvollen Quellen
Paper from responsible sources
FSC® C105338

Bibliografische Information der Deutschen Nationalbibliothek: Die Deutsche Nationalbibliothek verzeichnet diese Publikation in der Deutschen Nationalbibliografie; detaillierte bibliografische Daten sind im Internet über http://dnb.dnb.de abrufbar.

Verlag: BoD · Books on Demand GmbH, Überseering 33, 22297 Hamburg, bod@bod.de

Druck: Libri Plureos GmbH, Friedensallee 273, 22763 Hamburg

www.peter.boge.com.gt

ISBN: 978-3-8192-3070-7

Tabla de contenido

Prólogo

Yo. Mí. Mío. Yo soy.

Yo soy Mí. Yo soy Yo mismo.

Mí es. Mí es eso. Mí es Mi Yo.

¿Soy yo? Soy Mí.

Soy Mío. ¿Soy yo Mío?

Mío soy Yo. Yo soy Mí. Yo soy Mío.

Mi Yo es Mí. Mí es Mi Yo.

Dámelo. Es Mío.

Mío es. ¿Es mío?

Resumen y crítica de una IA

El libro "Yo Mí Mío" de Peter Boge se presenta como una guía poco convencional que destaca por su estructura repetitiva y lenguaje minimalista. La obra consiste principalmente en repeticiones interminables de las palabras "Yo", "Mí" y "Mío", lo que puede resultar fascinante e irritante a la vez para el lector.

Es positivo el enfoque innovador del autor, que rompe los límites de la literatura tradicional e invita al lector a reflexionar sobre identidad, autopercepción y posesión. La reducción extrema a unas pocas palabras podría interpretarse como una meditación sobre el yo.

Desde una perspectiva crítica, podría argumentarse que el libro, por su monotonía y aparente falta de contenido, podría abrumar o desalentar a muchos lectores. Su prometida función como guía "para todas las situaciones de la vida" parece cuestionable y posiblemente irónica.

En general, "Yo Mí Mío" es una obra experimental que probablemente polarizará. Reta al lector a encontrar sus propias interpretaciones y quizás sea más valorado como objeto artístico o experimento conceptual que como guía práctica.

Una guía para todas las situaciones de la vida

El libro para los que no leen. Debería estar en toda biblioteca. Si hay un segundo libro, que sea este.

Poseerlo es de buen gusto. Se habla de él en voz baja. Se convierte en la esencia del dueño. Si no lo era ya desde siempre. Para el que sabe. Lo Que Es. Lo Que Fue. Lo Que Será. Lo que es "Mí". Lo que es "Mío". Lo que es "Yo".

De Mí. El que te cuenta, te muestra y da ejemplo. Haciéndote amigo, no extraño. Confundo Mí y Yo mismo. Pero nunca Yo y Tú. Tú estás aquí y yo estuve allí. Tú eres Mi, Mi verdadero Yo. Porque Mío es Mí, y Tú eres Tuyo.

¿Cómo funciona esta guía?

¿Una pregunta vital?

Bien. Toma la pregunta vital y colócala mentalmente ante ti. Abre los capítulos individuales y contempla. La pregunta vital se responde sola tras tres lecturas del libro en 24 horas.

Conclusión para el lector

Este libro definitivamente no es para todos. Los lectores que busquen consejos concretos o estructuras narrativas tradicionales quedarán decepcionados. Pero quienes estén abiertos a la literatura experimental y disfruten encontrando significados propios en textos minimalistas, podrían descubrir en "Yo Mí Mío" una lectura fascinante. Quizás funcione mejor como tema de conversación o provocación intelectual que como guía vital práctica.

Capítulo 1

Yo

Yo. Yo. Yo. Yo. Yo. Yo. Yo. Yo. Yo. Yo. Yo. Yo. Yo. Yo. Yo. Yo. Yo. Yo. Yo. Yo. Yo. Yo. Yo. Yo. Yo. Yo. Yo. Yo. Yo. Yo. Yo. Yo. Yo. Yo. Yo. Yo. Yo. Yo. Yo. Yo. Yo. Yo. Yo. Yo. Yo. Yo. Yo. Yo. Yo. Yo. Yo. Yo. Yo. Yo. Yo. Yo. Yo. Yo. Yo. Yo. Yo. Yo. Yo. Yo. Yo. Yo. Yo. Yo. Yo. Yo. Yo. Yo. Yo. Yo. Yo. Yo. Yo. Yo. Yo. Yo. Yo. Yo. Yo. Yo.

Yo. Yo. Yo. Yo. Yo. Yo. Yo. Yo. Yo. Yo. Yo. Yo. Yo. Yo. Yo. Yo. Yo. Yo. Yo. Yo. Yo. Yo. Yo. Yo. Yo. Yo. Yo. Yo. Yo. Yo. Yo. Yo. Yo. Yo. Yo. Yo. Yo. Yo. Yo. Yo. Yo. Yo. Yo. Yo. Yo. Yo. Yo. Yo. Yo. Yo. Yo. Yo. Yo. Yo. Yo. Yo. Yo. Yo. Yo. Yo. Yo. Yo. Yo. Yo. Yo. Yo. Yo. Yo. Yo. Yo. Yo. Yo. Yo. Yo. Yo. Yo. Yo. Yo. Yo. Yo. Yo. Yo. Yo. Yo. Yo. Yo. Yo. Yo. Yo. Yo. Yo. Yo. Yo.

Yo. Yo.
Yo. Yo. Yo. Yo. Yo. Yo. Yo. Yo. Yo.

Yo. Yo. Yo. Yo. Yo. Yo. Yo. Yo. Yo. Yo. Yo. Yo. Yo. Yo. Yo. Yo. Yo. Yo. Yo. Yo. Yo. Yo. Yo. Yo. Yo. Yo. Yo. Yo. Yo. Yo. Yo. Yo. Yo. Yo. Yo. Yo. Yo. Yo. Yo. Yo. Yo. Yo. Yo. Yo. Yo. Yo. Yo. Yo. Yo. Yo. Yo. Yo. Yo. Yo. Yo. Yo. Yo. Yo. Yo. Yo. Yo. Yo. Yo. Yo. Yo. Yo. Yo. Yo. Yo. Yo. Yo. Yo. Yo. Yo. Yo. Yo. Yo. Yo. Yo. Yo. Yo. Yo. Yo. Yo. Yo. Yo. Yo. Yo. Yo. Yo. Yo. Yo. Yo. Yo. Yo. Yo. Yo. Yo. Yo.

Yo. Yo. Yo. Yo. Yo. Yo. Yo. Yo. Yo. Yo. Yo. Yo. Yo. Yo. Yo. Yo. Yo. Yo. Yo. Yo. Yo. Yo. Yo. Yo. Yo. Yo. Yo. Yo. Yo. Yo. Yo. Yo. Yo. Yo. Yo. Yo. Yo. Yo. Yo. Yo. Yo. Yo. Yo. Yo. Yo. Yo. Yo. Yo. Yo. Yo. Yo. Yo. Yo. Yo. Yo. Yo. Yo. Yo. Yo. Yo. Yo. Yo. Yo. Yo. Yo. Yo. Yo. Yo. Yo. Yo. Yo. Yo. Yo. Yo. Yo. Yo. Yo. Yo. Yo. Yo. Yo. Yo. Yo. Yo.

Yo. Yo. Yo. Yo. Yo. Yo. Yo. Yo. Yo. Yo. Yo. Yo. Yo. Yo. Yo. Yo. Yo. Yo. Yo. Yo. Yo. Yo. Yo. Yo. Yo. Yo. Yo. Yo. Yo. Yo. Yo. Yo. Yo. Yo. Yo. Yo. Yo. Yo. Yo. Yo. Yo. Yo. Yo. Yo. Yo. Yo. Yo. Yo. Yo. Yo. Yo. Yo. Yo. Yo. Yo. Yo. Yo. Yo. Yo. Yo. Yo. Yo. Yo. Yo. Yo. Yo. Yo. Yo. Yo. Yo. Yo. Yo. Yo. Yo. Yo. Yo. Yo. Yo. Yo. Yo. Yo. Yo. Yo. Yo. Yo. Yo. Yo. Yo. Yo. Yo. Yo. Yo. Yo.

Yo. Yo.

Yo. Yo. Yo. Yo. Yo. Yo.
Yo. Yo. Yo. Yo. Yo. Yo. Yo. Yo. Yo.

Yo. Yo. Yo. Yo. Yo. Yo. Yo. Yo. Yo. Yo. Yo. Yo. Yo. Yo. Yo. Yo. Yo. Yo. Yo. Yo. Yo. Yo. Yo. Yo. Yo. Yo. Yo. Yo. Yo. Yo. Yo. Yo. Yo. Yo. Yo. Yo. Yo. Yo. Yo. Yo. Yo. Yo. Yo. Yo. Yo. Yo. Yo. Yo. Yo. Yo. Yo. Yo. Yo. Yo. Yo. Yo. Yo. Yo. Yo. Yo. Yo. Yo. Yo. Yo. Yo. Yo. Yo. Yo. Yo. Yo. Yo. Yo. Yo. Yo. Yo. Yo. Yo. Yo. Yo. Yo. Yo. Yo. Yo. Yo.

Yo. Yo. Yo. Yo. Yo. Yo. Yo. Yo. Yo. Yo. Yo. Yo. Yo. Yo. Yo. Yo. Yo. Yo. Yo. Yo. Yo. Yo. Yo. Yo. Yo. Yo. Yo. Yo. Yo. Yo. Yo. Yo. Yo. Yo. Yo. Yo. Yo. Yo. Yo. Yo. Yo. Yo. Yo. Yo. Yo. Yo. Yo. Yo. Yo. Yo. Yo. Yo. Yo. Yo. Yo. Yo. Yo. Yo. Yo. Yo. Yo. Yo. Yo. Yo. Yo. Yo. Yo. Yo. Yo. Yo. Yo. Yo. Yo. Yo. Yo. Yo. Yo. Yo. Yo. Yo. Yo. Yo. Yo. Yo. Yo. Yo. Yo. Yo. Yo. Yo. Yo. Yo. Yo.

Yo. Yo.
Yo. Yo. Yo. Yo. Yo. Yo. Yo. Yo. Yo.

Yo. Yo. Yo. Yo. Yo. Yo. Yo. Yo. Yo. Yo. Yo. Yo. Yo. Yo. Yo. Yo. Yo. Yo. Yo. Yo. Yo. Yo. Yo. Yo. Yo. Yo. Yo. Yo. Yo. Yo. Yo. Yo. Yo. Yo. Yo. Yo. Yo. Yo. Yo. Yo. Yo. Yo. Yo. Yo. Yo.

Yo. Yo. Yo. Yo. Yo. Yo. Yo. Yo. Yo. Yo. Yo. Yo. Yo. Yo. Yo. Yo. Yo. Yo. Yo. Yo. Yo. Yo. Yo. Yo. Yo. Yo. Yo. Yo. Yo. Yo. Yo. Yo. Yo. Yo. Yo. Yo. Yo. Yo. Yo.

Yo. Yo. Yo. Yo. Yo. Yo. Yo. Yo. Yo. Yo. Yo. Yo. Yo. Yo. Yo. Yo. Yo. Yo. Yo. Yo. Yo. Yo. Yo. Yo. Yo. Yo. Yo. Yo. Yo. Yo. Yo. Yo. Yo. Yo. Yo. Yo. Yo. Yo. Yo. Yo. Yo. Yo. Yo. Yo. Yo. Yo. Yo. Yo. Yo. Yo. Yo. Yo. Yo. Yo. Yo. Yo. Yo. Yo. Yo. Yo. Yo. Yo. Yo. Yo. Yo. Yo. Yo. Yo. Yo. Yo. Yo. Yo. Yo. Yo. Yo. Yo. Yo. Yo. Yo. Yo. Yo. Yo. Yo. Yo. Yo. Yo. Yo. Yo. Yo. Yo. Yo. Yo. Yo.

Yo. Yo.

Yo. Yo. Yo. Yo. Yo. Yo. Yo. Yo. Yo. Yo. Yo. Yo. Yo. Yo. Yo. Yo. Yo. Yo. Yo. Yo. Yo. Yo. Yo. Yo. Yo. Yo. Yo. Yo. Yo. Yo. Yo. Yo. Yo. Yo. Yo. Yo. Yo. Yo. Yo. Yo. Yo. Yo. Yo. Yo. Yo. Yo. Yo. Yo. Yo. Yo. Yo. Yo. Yo. Yo. Yo. Yo. Yo. Yo. Yo. Yo. Yo. Yo. Yo. Yo. Yo. Yo. Yo. Yo. Yo. Yo. Yo. Yo. Yo. Yo. Yo. Yo. Yo. Yo. Yo. Yo. Yo. Yo. Yo. Yo. Yo. Yo. Yo. Yo. Yo. Yo. Yo. Yo. Yo.

Yo. Yo. Yo. Yo. Yo. Yo. Yo. Yo. Yo. Yo. Yo. Yo. Yo. Yo. Yo. Yo. Yo. Yo. Yo. Yo. Yo. Yo. Yo. Yo. Yo. Yo. Yo. Yo. Yo. Yo. Yo. Yo. Yo. Yo. Yo. Yo. Yo. Yo. Yo. Yo. Yo. Yo. Yo. Yo. Yo.

Yo. Yo. Yo. Yo. Yo. Yo. Yo. Yo. Yo. Yo. Yo. Yo. Yo. Yo. Yo. Yo. Yo. Yo. Yo. Yo. Yo. Yo. Yo. Yo. Yo. Yo. Yo. Yo. Yo. Yo. Yo. Yo. Yo. Yo. Yo. Yo. Yo. Yo. Yo. Yo. Yo. Yo. Yo. Yo. Yo. Yo. Yo. Yo.

Yo. Yo.
Yo. Yo. Yo. Yo. Yo. Yo. Yo. Yo. Yo.
Yo. Yo. Yo. Yo. Yo. Yo. Yo. Yo. Yo. Yo. Yo. Yo. Yo. Yo. Yo. Yo. Yo. Yo. Yo. Yo. Yo. Yo. Yo. Yo. Yo. Yo. Yo. Yo. Yo. Yo. Yo. Yo. Yo. Yo. Yo. Yo. Yo. Yo. Yo. Yo. Yo. Yo. Yo. Yo. Yo. Yo. Yo. Yo. Yo. Yo. Yo. Yo. Yo. Yo. Yo. Yo. Yo. Yo. Yo. Yo. Yo. Yo. Yo. Yo. Yo. Yo. Yo. Yo. Yo. Yo. Yo. Yo. Yo. Yo. Yo. Yo. Yo. Yo. Yo. Yo. Yo. Yo. Yo. Yo.

Yo. Yo. Yo. Yo. Yo. Yo. Yo. Yo. Yo. Yo. Yo. Yo. Yo. Yo. Yo. Yo. Yo. Yo. Yo. Yo. Yo. Yo. Yo. Yo. Yo. Yo. Yo. Yo. Yo. Yo. Yo. Yo. Yo. Yo. Yo. Yo. Yo. Yo. Yo. Yo. Yo. Yo. Yo. Yo. Yo. Yo. Yo. Yo. Yo. Yo. Yo. Yo. Yo. Yo. Yo. Yo. Yo. Yo. Yo. Yo. Yo. Yo. Yo. Yo. Yo. Yo. Yo. Yo. Yo. Yo. Yo. Yo. Yo. Yo. Yo. Yo. Yo. Yo. Yo. Yo. Yo. Yo. Yo. Yo. Yo. Yo. Yo. Yo. Yo. Yo. Yo. Yo. Yo.

Yo. Yo. Yo. Yo. Yo. Yo. Yo. Yo. Yo. Yo. Yo. Yo. Yo. Yo. Yo. Yo. Yo. Yo. Yo. Yo. Yo. Yo. Yo. Yo. Yo. Yo. Yo. Yo. Yo. Yo.

Yo. Yo. Yo. Yo. Yo. Yo. Yo. Yo. Yo. Yo. Yo. Yo. Yo. Yo. Yo.
Yo. Yo. Yo. Yo. Yo. Yo. Yo. Yo. Yo. Yo. Yo. Yo. Yo. Yo. Yo.
Yo. Yo. Yo. Yo. Yo. Yo. Yo. Yo. Yo. Yo. Yo. Yo. Yo. Yo. Yo.
Yo. Yo. Yo. Yo. Yo. Yo. Yo. Yo. Yo. Yo. Yo. Yo. Yo. Yo. Yo.
Yo. Yo. Yo. Yo. Yo. Yo. Yo. Yo. Yo. Yo. Yo. Yo. Yo. Yo. Yo.
Yo. Yo. Yo. Yo. Yo. Yo. Yo. Yo. Yo. Yo. Yo. Yo. Yo. Yo. Yo.
Yo. Yo. Yo. Yo. Yo. Yo.

Yo. Yo. Yo. Yo. Yo. Yo. Yo. Yo. Yo. Yo. Yo. Yo. Yo. Yo. Yo.
Yo. Yo. Yo. Yo. Yo. Yo. Yo. Yo. Yo. Yo. Yo. Yo. Yo. Yo. Yo.
Yo. Yo. Yo. Yo. Yo. Yo. Yo. Yo. Yo. Yo. Yo. Yo. Yo. Yo. Yo.
Yo. Yo. Yo. Yo. Yo. Yo. Yo. Yo. Yo. Yo. Yo. Yo. Yo. Yo. Yo.
Yo. Yo. Yo. Yo. Yo. Yo. Yo. Yo. Yo. Yo. Yo. Yo. Yo. Yo. Yo.
Yo. Yo. Yo. Yo. Yo. Yo. Yo. Yo. Yo. Yo. Yo. Yo. Yo. Yo. Yo.
Yo. Yo. Yo.

Yo. Yo. Yo. Yo. Yo. Yo. Yo. Yo. Yo. Yo. Yo. Yo. Yo. Yo. Yo.
Yo. Yo. Yo. Yo. Yo. Yo. Yo. Yo. Yo. Yo. Yo. Yo. Yo. Yo. Yo.
Yo. Yo. Yo. Yo. Yo. Yo. Yo. Yo. Yo. Yo. Yo. Yo. Yo. Yo. Yo.
Yo. Yo. Yo. Yo. Yo. Yo. Yo. Yo. Yo. Yo. Yo. Yo. Yo. Yo. Yo.
Yo. Yo. Yo. Yo. Yo. Yo. Yo. Yo. Yo. Yo. Yo. Yo. Yo. Yo. Yo.
Yo. Yo. Yo. Yo. Yo. Yo. Yo. Yo. Yo. Yo. Yo. Yo. Yo. Yo. Yo.
Yo. Yo. Yo.

Yo. Yo. Yo. Yo. Yo. Yo. Yo. Yo. Yo. Yo. Yo. Yo. Yo. Yo. Yo.
Yo. Yo. Yo. Yo. Yo. Yo. Yo. Yo. Yo. Yo. Yo. Yo. Yo. Yo. Yo.
Yo. Yo. Yo. Yo. Yo. Yo. Yo. Yo. Yo. Yo. Yo. Yo. Yo. Yo. Yo.
Yo. Yo. Yo. Yo. Yo. Yo. Yo. Yo. Yo. Yo. Yo. Yo. Yo. Yo. Yo.
Yo. Yo. Yo. Yo. Yo. Yo. Yo. Yo. Yo. Yo. Yo. Yo. Yo. Yo. Yo.
Yo. Yo. Yo. Yo. Yo. Yo. Yo. Yo. Yo. Yo. Yo. Yo. Yo. Yo. Yo.
Yo. Yo. Yo. Yo. Yo. Yo. Yo. Yo. Yo. Yo. Yo. Yo. Yo. Yo. Yo.

Yo. Yo. Yo. Yo. Yo. Yo. Yo. Yo. Yo. Yo. Yo. Yo. Yo. Yo. Yo. Yo. Yo. Yo. Yo. Yo. Yo.

Yo. Yo. Yo. Yo. Yo. Yo. Yo. Yo. Yo.

Yo. Yo. Yo. Yo. Yo. Yo. Yo. Yo. Yo. Yo. Yo. Yo. Yo. Yo. Yo. Yo. Yo. Yo. Yo. Yo. Yo. Yo. Yo. Yo. Yo. Yo. Yo. Yo. Yo. Yo. Yo. Yo. Yo. Yo. Yo. Yo. Yo. Yo. Yo. Yo. Yo. Yo. Yo. Yo. Yo. Yo. Yo. Yo. Yo. Yo. Yo. Yo. Yo. Yo. Yo. Yo. Yo. Yo. Yo. Yo. Yo. Yo. Yo. Yo. Yo. Yo. Yo. Yo. Yo. Yo. Yo. Yo. Yo. Yo. Yo. Yo. Yo. Yo. Yo. Yo. Yo. Yo. Yo. Yo.

Yo. Yo. Yo. Yo. Yo. Yo. Yo. Yo. Yo. Yo. Yo. Yo. Yo. Yo. Yo. Yo. Yo. Yo. Yo. Yo. Yo. Yo. Yo. Yo. Yo. Yo. Yo. Yo. Yo. Yo. Yo. Yo. Yo. Yo. Yo. Yo. Yo. Yo. Yo. Yo. Yo. Yo. Yo. Yo. Yo. Yo. Yo. Yo. Yo. Yo. Yo. Yo. Yo. Yo. Yo. Yo. Yo. Yo. Yo. Yo. Yo. Yo. Yo. Yo. Yo. Yo. Yo. Yo. Yo. Yo. Yo. Yo. Yo. Yo. Yo. Yo. Yo. Yo. Yo. Yo. Yo. Yo. Yo. Yo. Yo. Yo. Yo. Yo. Yo. Yo. Yo. Yo. Yo.

Yo. Yo.

Yo. Yo. Yo. Yo. Yo. Yo. Yo. Yo. Yo.

Yo. Yo. Yo. Yo. Yo. Yo. Yo. Yo. Yo. Yo. Yo. Yo. Yo. Yo. Yo. Yo. Yo. Yo. Yo. Yo. Yo. Yo. Yo. Yo. Yo. Yo. Yo. Yo. Yo. Yo. Yo. Yo. Yo. Yo. Yo. Yo. Yo. Yo. Yo. Yo. Yo. Yo. Yo. Yo. Yo. Yo. Yo. Yo. Yo. Yo. Yo. Yo. Yo. Yo. Yo. Yo. Yo. Yo. Yo. Yo. Yo. Yo. Yo. Yo. Yo. Yo. Yo. Yo. Yo. Yo. Yo. Yo. Yo. Yo. Yo. Yo. Yo. Yo. Yo. Yo. Yo. Yo. Yo. Yo.

Yo. Yo. Yo. Yo. Yo. Yo. Yo. Yo. Yo. Yo. Yo. Yo. Yo. Yo. Yo. Yo. Yo. Yo. Yo. Yo. Yo. Yo. Yo. Yo. Yo. Yo. Yo. Yo. Yo. Yo. Yo. Yo. Yo. Yo. Yo. Yo. Yo. Yo. Yo. Yo. Yo. Yo. Yo. Yo. Yo. Yo. Yo. Yo. Yo. Yo. Yo. Yo. Yo. Yo. Yo. Yo. Yo. Yo. Yo. Yo. Yo. Yo. Yo. Yo. Yo. Yo. Yo. Yo. Yo. Yo. Yo. Yo. Yo. Yo. Yo. Yo. Yo. Yo. Yo. Yo. Yo. Yo. Yo. Yo. Yo. Yo. Yo. Yo. Yo. Yo. Yo. Yo. Yo.

Yo. Yo.

Yo. Yo. Yo. Yo. Yo. Yo. Yo. Yo. Yo.

Yo. Yo. Yo. Yo. Yo. Yo. Yo. Yo. Yo. Yo. Yo. Yo. Yo. Yo. Yo. Yo. Yo. Yo. Yo. Yo. Yo. Yo. Yo. Yo. Yo. Yo. Yo. Yo. Yo. Yo. Yo. Yo. Yo. Yo. Yo. Yo. Yo. Yo. Yo. Yo. Yo. Yo. Yo. Yo. Yo. Yo. Yo. Yo. Yo. Yo. Yo. Yo. Yo. Yo. Yo. Yo. Yo. Yo. Yo. Yo.

Yo. Yo. Yo. Yo. Yo. Yo. Yo. Yo. Yo. Yo. Yo. Yo. Yo. Yo. Yo. Yo. Yo. Yo. Yo. Yo. Yo. Yo. Yo. Yo.

Yo. Yo. Yo. Yo. Yo. Yo. Yo. Yo. Yo. Yo. Yo. Yo. Yo. Yo. Yo. Yo. Yo. Yo. Yo. Yo. Yo. Yo. Yo. Yo. Yo. Yo. Yo. Yo. Yo. Yo. Yo. Yo. Yo. Yo. Yo. Yo. Yo. Yo. Yo. Yo. Yo. Yo. Yo. Yo. Yo. Yo. Yo. Yo. Yo. Yo. Yo. Yo. Yo. Yo. Yo. Yo. Yo. Yo. Yo. Yo. Yo. Yo. Yo. Yo. Yo. Yo. Yo. Yo. Yo. Yo. Yo. Yo. Yo. Yo. Yo. Yo. Yo. Yo. Yo. Yo. Yo. Yo. Yo. Yo. Yo. Yo. Yo. Yo. Yo. Yo. Yo. Yo. Yo.

Yo. Yo.

Yo. Yo. Yo. Yo. Yo. Yo. Yo. Yo. Yo.

Yo. Yo. Yo. Yo. Yo. Yo. Yo. Yo. Yo. Yo. Yo. Yo. Yo. Yo. Yo. Yo. Yo. Yo. Yo. Yo. Yo. Yo. Yo. Yo. Yo. Yo. Yo. Yo. Yo. Yo. Yo. Yo. Yo. Yo. Yo. Yo. Yo. Yo. Yo. Yo. Yo. Yo. Yo. Yo. Yo. Yo. Yo. Yo. Yo. Yo. Yo. Yo. Yo. Yo. Yo. Yo. Yo. Yo. Yo. Yo. Yo. Yo. Yo. Yo. Yo. Yo. Yo. Yo. Yo. Yo. Yo. Yo. Yo. Yo. Yo. Yo. Yo. Yo. Yo. Yo. Yo. Yo. Yo. Yo.

Yo. Yo. Yo. Yo. Yo. Yo. Yo. Yo. Yo. Yo. Yo. Yo. Yo. Yo. Yo. Yo. Yo. Yo. Yo. Yo. Yo. Yo. Yo. Yo. Yo. Yo. Yo. Yo. Yo. Yo. Yo. Yo. Yo. Yo. Yo. Yo. Yo. Yo. Yo. Yo. Yo. Yo. Yo. Yo. Yo.

Yo. Yo. Yo. Yo. Yo. Yo. Yo. Yo. Yo. Yo. Yo. Yo. Yo. Yo. Yo. Yo. Yo. Yo. Yo. Yo. Yo. Yo. Yo. Yo. Yo. Yo. Yo. Yo. Yo. Yo. Yo. Yo. Yo. Yo. Yo. Yo. Yo. Yo. Yo. Yo. Yo. Yo. Yo. Yo. Yo. Yo. Yo. Yo.

Yo. Yo.

Yo. Yo. Yo. Yo. Yo. Yo. Yo. Yo. Yo.

Yo. Yo. Yo. Yo. Yo. Yo. Yo. Yo. Yo. Yo. Yo. Yo. Yo. Yo. Yo. Yo. Yo. Yo. Yo. Yo. Yo. Yo. Yo. Yo. Yo. Yo. Yo. Yo. Yo. Yo. Yo. Yo. Yo. Yo. Yo. Yo. Yo. Yo. Yo. Yo. Yo. Yo. Yo. Yo. Yo. Yo. Yo. Yo. Yo. Yo. Yo. Yo. Yo. Yo. Yo. Yo. Yo. Yo. Yo. Yo. Yo. Yo. Yo. Yo. Yo. Yo. Yo. Yo. Yo. Yo. Yo. Yo. Yo. Yo. Yo. Yo. Yo. Yo. Yo. Yo. Yo. Yo. Yo. Yo.

Yo. Yo. Yo. Yo. Yo. Yo. Yo. Yo. Yo. Yo. Yo. Yo. Yo. Yo. Yo. Yo. Yo. Yo. Yo. Yo. Yo. Yo. Yo. Yo. Yo. Yo. Yo. Yo. Yo. Yo. Yo. Yo. Yo. Yo. Yo. Yo. Yo. Yo. Yo. Yo. Yo. Yo. Yo. Yo. Yo. Yo. Yo. Yo. Yo. Yo. Yo. Yo. Yo. Yo. Yo. Yo. Yo. Yo. Yo. Yo. Yo. Yo. Yo. Yo. Yo. Yo. Yo. Yo. Yo. Yo. Yo. Yo. Yo. Yo. Yo. Yo. Yo. Yo. Yo. Yo. Yo. Yo. Yo. Yo. Yo. Yo. Yo. Yo. Yo. Yo. Yo. Yo. Yo.

Yo. Yo.

Yo. Yo. Yo. Yo. Yo. Yo. Yo. Yo. Yo. Yo. Yo. Yo. Yo. Yo. Yo. Yo. Yo. Yo. Yo. Yo. Yo. Yo. Yo. Yo. Yo. Yo. Yo. Yo. Yo. Yo. Yo. Yo. Yo. Yo. Yo. Yo. Yo. Yo. Yo. Yo. Yo. Yo. Yo. Yo. Yo. Yo. Yo. Yo. Yo. Yo. Yo. Yo. Yo. Yo. Yo. Yo. Yo. Yo. Yo. Yo. Yo. Yo. Yo. Yo. Yo. Yo. Yo. Yo. Yo. Yo. Yo. Yo. Yo. Yo. Yo. Yo. Yo. Yo. Yo. Yo. Yo. Yo. Yo. Yo.

Yo. Yo. Yo. Yo. Yo. Yo. Yo. Yo. Yo. Yo. Yo. Yo. Yo. Yo. Yo. Yo. Yo. Yo. Yo. Yo. Yo. Yo. Yo. Yo. Yo. Yo. Yo. Yo. Yo. Yo. Yo. Yo. Yo. Yo. Yo. Yo. Yo. Yo. Yo. Yo. Yo. Yo. Yo. Yo. Yo. Yo. Yo. Yo. Yo. Yo. Yo. Yo. Yo. Yo. Yo. Yo. Yo. Yo. Yo. Yo. Yo. Yo. Yo. Yo. Yo. Yo. Yo. Yo. Yo. Yo. Yo. Yo. Yo. Yo. Yo. Yo. Yo. Yo. Yo. Yo. Yo. Yo. Yo. Yo. Yo. Yo. Yo. Yo. Yo. Yo. Yo. Yo. Yo.

Yo. Yo.

Yo. Yo. Yo. Yo. Yo. Yo. Yo. Yo. Yo. Yo. Yo. Yo. Yo. Yo. Yo. Yo. Yo. Yo. Yo. Yo. Yo.

Yo. Yo. Yo. Yo. Yo. Yo. Yo. Yo. Yo.

Yo. Yo. Yo. Yo. Yo. Yo. Yo. Yo. Yo. Yo. Yo. Yo. Yo. Yo. Yo. Yo. Yo. Yo. Yo. Yo. Yo. Yo. Yo. Yo. Yo. Yo. Yo. Yo. Yo. Yo. Yo. Yo. Yo. Yo. Yo. Yo. Yo. Yo. Yo. Yo. Yo. Yo. Yo. Yo. Yo. Yo. Yo. Yo. Yo. Yo. Yo. Yo. Yo. Yo. Yo. Yo. Yo. Yo. Yo. Yo. Yo. Yo. Yo. Yo. Yo. Yo. Yo. Yo. Yo. Yo. Yo. Yo. Yo. Yo. Yo. Yo. Yo. Yo. Yo. Yo. Yo. Yo. Yo. Yo.

Yo. Yo. Yo. Yo. Yo. Yo. Yo. Yo. Yo. Yo. Yo. Yo. Yo. Yo. Yo. Yo. Yo. Yo. Yo. Yo. Yo. Yo. Yo. Yo. Yo. Yo. Yo. Yo. Yo. Yo. Yo. Yo. Yo. Yo. Yo. Yo. Yo. Yo. Yo. Yo. Yo. Yo. Yo. Yo. Yo. Yo. Yo. Yo. Yo. Yo. Yo. Yo. Yo. Yo. Yo. Yo. Yo. Yo. Yo. Yo. Yo. Yo. Yo. Yo. Yo. Yo. Yo. Yo. Yo. Yo. Yo. Yo. Yo. Yo. Yo. Yo. Yo. Yo. Yo. Yo. Yo. Yo. Yo. Yo. Yo. Yo. Yo. Yo. Yo. Yo. Yo. Yo. Yo.

Yo. Yo.

Yo. Yo. Yo. Yo. Yo. Yo. Yo. Yo. Yo.

Yo. Yo. Yo. Yo. Yo. Yo. Yo. Yo. Yo. Yo. Yo. Yo. Yo. Yo. Yo. Yo. Yo. Yo. Yo. Yo. Yo. Yo. Yo. Yo. Yo. Yo. Yo. Yo. Yo. Yo. Yo. Yo. Yo. Yo. Yo. Yo. Yo. Yo. Yo. Yo. Yo. Yo. Yo. Yo. Yo. Yo. Yo. Yo. Yo. Yo. Yo. Yo. Yo. Yo. Yo. Yo. Yo. Yo. Yo. Yo. Yo. Yo. Yo. Yo. Yo. Yo. Yo. Yo. Yo. Yo. Yo. Yo. Yo. Yo. Yo. Yo. Yo. Yo. Yo. Yo. Yo. Yo. Yo. Yo.

Yo. Yo. Yo. Yo. Yo. Yo. Yo. Yo. Yo. Yo. Yo. Yo. Yo. Yo. Yo. Yo. Yo. Yo. Yo. Yo. Yo. Yo. Yo. Yo. Yo. Yo. Yo. Yo. Yo. Yo. Yo. Yo. Yo. Yo. Yo. Yo. Yo. Yo. Yo. Yo. Yo. Yo. Yo. Yo. Yo. Yo. Yo. Yo. Yo. Yo. Yo. Yo. Yo. Yo. Yo. Yo. Yo. Yo. Yo. Yo. Yo. Yo. Yo. Yo. Yo. Yo. Yo. Yo. Yo. Yo. Yo. Yo. Yo. Yo. Yo. Yo. Yo. Yo. Yo. Yo. Yo. Yo. Yo. Yo. Yo. Yo. Yo. Yo. Yo. Yo. Yo. Yo. Yo.

Yo. Yo.

Yo. Yo. Yo. Yo. Yo. Yo. Yo. Yo. Yo.

Yo. Yo. Yo. Yo. Yo. Yo. Yo. Yo. Yo. Yo. Yo. Yo. Yo. Yo. Yo. Yo. Yo. Yo. Yo. Yo. Yo. Yo. Yo. Yo. Yo. Yo. Yo. Yo. Yo. Yo. Yo. Yo. Yo. Yo. Yo. Yo. Yo. Yo. Yo. Yo. Yo. Yo. Yo. Yo. Yo. Yo. Yo. Yo. Yo. Yo. Yo. Yo. Yo. Yo. Yo. Yo. Yo. Yo. Yo. Yo.

Yo. Yo. Yo. Yo. Yo. Yo. Yo. Yo. Yo. Yo. Yo. Yo. Yo. Yo. Yo. Yo. Yo. Yo. Yo. Yo. Yo. Yo. Yo. Yo.

Yo. Yo. Yo. Yo. Yo. Yo. Yo. Yo. Yo. Yo. Yo. Yo. Yo. Yo. Yo. Yo. Yo. Yo. Yo. Yo. Yo. Yo. Yo. Yo. Yo. Yo. Yo. Yo. Yo. Yo. Yo. Yo. Yo. Yo. Yo. Yo. Yo. Yo. Yo. Yo. Yo. Yo. Yo. Yo. Yo. Yo. Yo. Yo. Yo. Yo. Yo. Yo. Yo. Yo. Yo. Yo. Yo. Yo. Yo. Yo. Yo. Yo. Yo. Yo. Yo. Yo. Yo. Yo. Yo. Yo. Yo. Yo. Yo. Yo. Yo. Yo. Yo. Yo. Yo. Yo. Yo. Yo. Yo. Yo. Yo. Yo. Yo. Yo. Yo. Yo. Yo. Yo. Yo.

Yo. Yo.

Yo. Yo. Yo. Yo. Yo. Yo. Yo. Yo. Yo. Yo. Yo. Yo. Yo. Yo. Yo. Yo. Yo. Yo. Yo. Yo. Yo. Yo. Yo. Yo. Yo. Yo. Yo. Yo. Yo. Yo. Yo. Yo. Yo. Yo. Yo. Yo. Yo. Yo. Yo. Yo. Yo. Yo. Yo. Yo. Yo. Yo. Yo. Yo. Yo. Yo. Yo. Yo. Yo. Yo. Yo. Yo. Yo. Yo. Yo. Yo. Yo. Yo. Yo. Yo. Yo. Yo. Yo. Yo. Yo. Yo. Yo. Yo. Yo. Yo. Yo. Yo. Yo. Yo. Yo. Yo. Yo. Yo. Yo. Yo.

Yo. Yo. Yo. Yo. Yo. Yo. Yo. Yo. Yo. Yo. Yo. Yo. Yo. Yo. Yo. Yo. Yo. Yo. Yo. Yo. Yo. Yo. Yo. Yo. Yo. Yo. Yo. Yo. Yo. Yo. Yo. Yo. Yo. Yo. Yo. Yo. Yo. Yo. Yo. Yo. Yo. Yo. Yo. Yo. Yo. Yo. Yo. Yo. Yo. Yo. Yo. Yo. Yo. Yo. Yo. Yo. Yo. Yo. Yo. Yo.

Yo. Yo. Yo. Yo. Yo. Yo. Yo. Yo. Yo. Yo. Yo. Yo. Yo. Yo. Yo. Yo. Yo. Yo. Yo. Yo. Yo. Yo. Yo. Yo. Yo. Yo. Yo. Yo. Yo. Yo. Yo. Yo. Yo.

Yo. Yo.

Yo. Yo. Yo. Yo. Yo. Yo. Yo. Yo. Yo.

Yo. Yo. Yo. Yo. Yo. Yo. Yo. Yo. Yo. Yo. Yo. Yo. Yo. Yo. Yo. Yo. Yo. Yo. Yo. Yo. Yo. Yo. Yo. Yo. Yo. Yo. Yo. Yo. Yo. Yo. Yo. Yo. Yo. Yo. Yo. Yo. Yo. Yo. Yo. Yo. Yo. Yo. Yo. Yo. Yo. Yo. Yo. Yo. Yo. Yo. Yo. Yo. Yo. Yo. Yo. Yo. Yo. Yo. Yo. Yo. Yo. Yo. Yo. Yo. Yo. Yo. Yo. Yo. Yo. Yo. Yo. Yo. Yo. Yo. Yo. Yo. Yo. Yo. Yo. Yo. Yo. Yo. Yo. Yo.

Yo. Yo. Yo. Yo. Yo. Yo. Yo. Yo. Yo. Yo. Yo. Yo. Yo. Yo. Yo. Yo. Yo. Yo. Yo. Yo. Yo. Yo. Yo. Yo. Yo. Yo. Yo. Yo. Yo. Yo. Yo. Yo. Yo. Yo. Yo. Yo. Yo. Yo. Yo. Yo. Yo. Yo. Yo. Yo. Yo. Yo. Yo. Yo. Yo. Yo. Yo. Yo. Yo. Yo. Yo. Yo. Yo. Yo. Yo. Yo. Yo. Yo. Yo. Yo. Yo. Yo. Yo. Yo. Yo. Yo. Yo. Yo. Yo. Yo. Yo. Yo. Yo. Yo. Yo. Yo. Yo. Yo. Yo. Yo. Yo. Yo. Yo. Yo. Yo. Yo. Yo. Yo. Yo.

Yo. Yo. Yo. Yo. Yo. Yo. Yo. Yo. Yo. Yo. Yo. Yo. Yo. Yo. Yo. Yo. Yo. Yo. Yo. Yo. Yo. Yo. Yo. Yo. Yo. Yo. Yo. Yo. Yo. Yo.

Yo. Yo. Yo. Yo. Yo. Yo. Yo. Yo. Yo. Yo. Yo. Yo. Yo. Yo. Yo. Yo. Yo. Yo. Yo. Yo. Yo. Yo. Yo. Yo. Yo. Yo. Yo. Yo. Yo. Yo. Yo. Yo. Yo. Yo. Yo. Yo. Yo. Yo. Yo. Yo. Yo. Yo. Yo. Yo. Yo. Yo. Yo. Yo. Yo. Yo. Yo. Yo. Yo. Yo. Yo. Yo. Yo. Yo. Yo. Yo. Yo. Yo. Yo. Yo. Yo. Yo. Yo. Yo. Yo. Yo. Yo. Yo. Yo. Yo. Yo. Yo. Yo. Yo. Yo. Yo. Yo. Yo. Yo. Yo. Yo. Yo. Yo. Yo. Yo. Yo. Yo. Yo. Yo. Yo. Yo. Yo.

Yo. Yo. Yo. Yo. Yo. Yo. Yo. Yo. Yo.

Yo. Yo. Yo. Yo. Yo. Yo. Yo. Yo. Yo. Yo. Yo. Yo. Yo. Yo. Yo. Yo. Yo. Yo. Yo. Yo. Yo. Yo. Yo. Yo. Yo. Yo. Yo. Yo. Yo. Yo. Yo. Yo. Yo. Yo. Yo. Yo. Yo. Yo. Yo. Yo. Yo. Yo. Yo. Yo. Yo. Yo. Yo. Yo. Yo. Yo. Yo. Yo. Yo. Yo. Yo. Yo. Yo. Yo. Yo. Yo. Yo. Yo. Yo. Yo. Yo. Yo. Yo. Yo. Yo. Yo. Yo. Yo. Yo. Yo. Yo. Yo. Yo. Yo. Yo. Yo. Yo. Yo. Yo. Yo.

Yo. Yo. Yo. Yo. Yo. Yo. Yo. Yo. Yo. Yo. Yo. Yo. Yo. Yo. Yo. Yo. Yo. Yo. Yo. Yo. Yo. Yo. Yo. Yo. Yo. Yo. Yo. Yo. Yo. Yo. Yo. Yo. Yo. Yo. Yo. Yo. Yo. Yo. Yo. Yo. Yo. Yo. Yo. Yo. Yo. Yo. Yo. Yo. Yo. Yo. Yo. Yo. Yo. Yo. Yo. Yo. Yo. Yo. Yo. Yo. Yo. Yo. Yo. Yo. Yo. Yo. Yo. Yo. Yo. Yo. Yo. Yo. Yo. Yo. Yo. Yo. Yo. Yo. Yo. Yo. Yo. Yo. Yo. Yo. Yo. Yo. Yo. Yo. Yo. Yo. Yo. Yo. Yo.

Yo. Yo.

Yo. Yo. Yo. Yo. Yo. Yo. Yo. Yo. Yo. Yo. Yo. Yo. Yo. Yo. Yo. Yo. Yo. Yo. Yo. Yo. Yo.

Yo. Yo. Yo. Yo. Yo. Yo. Yo. Yo. Yo.

Yo.

Capítulo 2

Mi

Mi. Mi. Mi. Mi. Mi. Mi. Mi. Mi. Mi. Mi. Mi. Mi. Mi. Mi. Mi. Mi. Mi. Mi. Mi. Mi. Mi. Mi. Mi. Mi. Mi. Mi. Mi. Mi. Mi. Mi. Mi. Mi. Mi. Mi. Mi. Mi. Mi. Mi. Mi. Mi. Mi. Mi. Mi. Mi. Mi. Mi. Mi. Mi. Mi. Mi. Mi. Mi. Mi. Mi. Mi. Mi. Mi. Mi. Mi. Mi. Mi. Mi. Mi. Mi. Mi. Mi. Mi. Mi. Mi. Mi. Mi. Mi. Mi. Mi. Mi.

Mi. Mi. Mi. Mi. Mi. Mi. Mi. Mi. Mi. Mi. Mi. Mi. Mi. Mi. Mi. Mi. Mi. Mi. Mi. Mi. Mi. Mi. Mi. Mi. Mi. Mi. Mi. Mi. Mi. Mi. Mi. Mi. Mi. Mi. Mi. Mi. Mi. Mi. Mi. Mi. Mi. Mi. Mi. Mi. Mi. Mi. Mi. Mi. Mi. Mi. Mi. Mi. Mi. Mi. Mi. Mi. Mi. Mi. Mi. Mi. Mi. Mi. Mi. Mi. Mi. Mi. Mi. Mi. Mi. Mi. Mi. Mi. Mi.

Mi. Mi. Mi. Mi. Mi. Mi. Mi. Mi. Mi. Mi. Mi. Mi. Mi. Mi. Mi. Mi. Mi. Mi. Mi. Mi. Mi. Mi. Mi. Mi. Mi. Mi. Mi. Mi. Mi. Mi. Mi. Mi. Mi. Mi. Mi. Mi. Mi. Mi. Mi. Mi. Mi. Mi. Mi. Mi. Mi. Mi. Mi. Mi. Mi. Mi. Mi. Mi. Mi. Mi. Mi. Mi. Mi. Mi. Mi. Mi. Mi. Mi. Mi. Mi. Mi. Mi. Mi.

Mi. Mi. Mi. Mi. Mi. Mi. Mi. Mi. Mi. Mi. Mi. Mi. Mi. Mi. Mi. Mi. Mi. Mi. Mi. Mi. Mi. Mi. Mi. Mi. Mi. Mi. Mi. Mi. Mi. Mi.

Mi. Mi. Mi. Mi. Mi. Mi. Mi. Mi. Mi. Mi. Mi. Mi. Mi. Mi. Mi. Mi. Mi. Mi. Mi. Mi. Mi. Mi. Mi. Mi. Mi. Mi. Mi. Mi. Mi. Mi. Mi. Mi. Mi. Mi. Mi. Mi. Mi. Mi. Mi. Mi. Mi. Mi.

Mi. Mi. Mi. Mi. Mi. Mi. Mi. Mi. Mi. Mi. Mi. Mi. Mi. Mi. Mi. Mi. Mi. Mi. Mi. Mi. Mi. Mi. Mi. Mi. Mi. Mi. Mi. Mi. Mi. Mi. Mi. Mi. Mi. Mi. Mi. Mi. Mi. Mi. Mi. Mi. Mi. Mi. Mi. Mi. Mi. Mi. Mi. Mi. Mi. Mi. Mi. Mi. Mi. Mi. Mi. Mi. Mi. Mi. Mi. Mi. Mi. Mi. Mi. Mi. Mi.

Mi. Mi. Mi. Mi. Mi. Mi. Mi. Mi. Mi. Mi. Mi. Mi. Mi. Mi. Mi. Mi. Mi. Mi. Mi. Mi. Mi. Mi. Mi. Mi. Mi. Mi. Mi. Mi. Mi. Mi. Mi. Mi. Mi. Mi. Mi. Mi. Mi. Mi. Mi. Mi. Mi. Mi. Mi. Mi. Mi. Mi. Mi. Mi. Mi. Mi. Mi. Mi. Mi. Mi. Mi. Mi. Mi. Mi. Mi. Mi. Mi. Mi. Mi. Mi. Mi. Mi. Mi. Mi.

Mi. Mi. Mi. Mi. Mi. Mi. Mi. Mi. Mi. Mi. Mi. Mi. Mi. Mi. Mi. Mi. Mi. Mi. Mi. Mi. Mi. Mi. Mi. Mi. Mi. Mi. Mi. Mi. Mi. Mi. Mi. Mi. Mi. Mi. Mi. Mi. Mi. Mi. Mi. Mi. Mi. Mi. Mi. Mi. Mi. Mi. Mi. Mi.

Mi. Mi. Mi. Mi. Mi. Mi. Mi. Mi. Mi. Mi. Mi. Mi. Mi. Mi. Mi. Mi. Mi. Mi. Mi. Mi. Mi. Mi. Mi. Mi. Mi. Mi. Mi. Mi. Mi. Mi. Mi. Mi. Mi. Mi. Mi. Mi. Mi.

Mi. Mi. Mi. Mi. Mi. Mi. Mi. Mi. Mi. Mi. Mi.

Mi. Mi. Mi. Mi. Mi. Mi. Mi. Mi. Mi. Mi. Mi. Mi. Mi. Mi. Mi. Mi. Mi. Mi. Mi. Mi. Mi. Mi. Mi. Mi. Mi. Mi. Mi. Mi. Mi. Mi. Mi. Mi. Mi. Mi. Mi. Mi. Mi. Mi. Mi. Mi. Mi. Mi.

Mi. Mi. Mi. Mi. Mi. Mi. Mi. Mi. Mi. Mi. Mi. Mi. Mi. Mi. Mi. Mi. Mi. Mi. Mi. Mi. Mi. Mi. Mi. Mi. Mi. Mi. Mi. Mi. Mi. Mi. Mi. Mi. Mi. Mi. Mi. Mi. Mi. Mi. Mi. Mi. Mi. Mi. Mi. Mi. Mi.

Mi. Mi. Mi. Mi. Mi. Mi. Mi. Mi. Mi. Mi. Mi. Mi. Mi. Mi. Mi. Mi. Mi. Mi. Mi. Mi. Mi. Mi. Mi. Mi. Mi. Mi. Mi. Mi. Mi. Mi. Mi. Mi. Mi. Mi. Mi. Mi. Mi. Mi. Mi. Mi. Mi. Mi. Mi. Mi. Mi. Mi. Mi. Mi. Mi. Mi. Mi. Mi. Mi. Mi. Mi. Mi. Mi. Mi. Mi. Mi. Mi. Mi. Mi. Mi. Mi. Mi. Mi. Mi.

Mi. Mi. Mi. Mi. Mi. Mi. Mi. Mi. Mi. Mi. Mi. Mi. Mi. Mi. Mi. Mi. Mi. Mi. Mi. Mi. Mi. Mi. Mi. Mi. Mi. Mi. Mi. Mi. Mi. Mi. Mi. Mi. Mi. Mi. Mi. Mi. Mi.

Mi. Mi. Mi. Mi. Mi. Mi. Mi. Mi. Mi. Mi. Mi. Mi. Mi. Mi. Mi. Mi. Mi. Mi. Mi. Mi. Mi. Mi. Mi. Mi. Mi. Mi. Mi. Mi. Mi. Mi. Mi. Mi. Mi. Mi. Mi. Mi. Mi. Mi. Mi. Mi. Mi. Mi.

Mi. Mi. Mi. Mi. Mi. Mi. Mi. Mi. Mi. Mi. Mi. Mi. Mi. Mi. Mi. Mi. Mi. Mi. Mi. Mi. Mi. Mi. Mi. Mi. Mi. Mi. Mi. Mi. Mi. Mi. Mi. Mi. Mi. Mi. Mi. Mi.

Mi. Mi. Mi. Mi. Mi. Mi. Mi. Mi. Mi. Mi. Mi. Mi. Mi. Mi. Mi. Mi. Mi. Mi. Mi. Mi. Mi. Mi. Mi. Mi. Mi. Mi. Mi. Mi. Mi. Mi. Mi.

Mi. Mi. Mi. Mi. Mi. Mi. Mi. Mi. Mi. Mi. Mi. Mi. Mi. Mi. Mi. Mi. Mi. Mi. Mi. Mi. Mi. Mi. Mi. Mi. Mi. Mi. Mi. Mi. Mi. Mi. Mi. Mi. Mi. Mi. Mi. Mi. Mi. Mi. Mi. Mi. Mi. Mi. Mi. Mi. Mi. Mi. Mi. Mi. Mi. Mi. Mi. Mi. Mi. Mi. Mi. Mi. Mi.

Mi. Mi. Mi. Mi. Mi. Mi. Mi. Mi. Mi. Mi. Mi. Mi. Mi. Mi. Mi. Mi. Mi. Mi. Mi. Mi. Mi. Mi. Mi. Mi. Mi. Mi.

Mi. Mi. Mi. Mi. Mi. Mi. Mi. Mi. Mi. Mi. Mi. Mi. Mi. Mi. Mi. Mi. Mi. Mi. Mi. Mi. Mi. Mi. Mi. Mi. Mi. Mi. Mi. Mi. Mi. Mi. Mi. Mi. Mi. Mi. Mi. Mi. Mi. Mi. Mi. Mi. Mi. Mi. Mi. Mi. Mi.

Mi. Mi. Mi. Mi. Mi. Mi. Mi. Mi. Mi. Mi. Mi. Mi. Mi. Mi. Mi. Mi. Mi. Mi. Mi. Mi. Mi. Mi. Mi. Mi. Mi.

Mi. Mi. Mi. Mi. Mi. Mi. Mi. Mi. Mi. Mi. Mi. Mi. Mi. Mi. Mi. Mi. Mi. Mi. Mi. Mi. Mi. Mi. Mi. Mi. Mi. Mi. Mi. Mi. Mi. Mi. Mi. Mi. Mi. Mi. Mi. Mi. Mi. Mi. Mi. Mi.

Mi. Mi. Mi. Mi. Mi. Mi. Mi. Mi. Mi. Mi. Mi. Mi. Mi. Mi. Mi. Mi. Mi. Mi. Mi. Mi. Mi. Mi. Mi. Mi. Mi. Mi. Mi. Mi. Mi. Mi. Mi. Mi. Mi. Mi. Mi. Mi. Mi. Mi. Mi. Mi. Mi.

Mi. Mi. Mi. Mi. Mi. Mi. Mi. Mi. Mi. Mi. Mi. Mi. Mi. Mi. Mi. Mi. Mi. Mi. Mi. Mi. Mi. Mi. Mi. Mi. Mi. Mi. Mi. Mi. Mi. Mi. Mi. Mi. Mi. Mi. Mi. Mi.

Mi. Mi. Mi. Mi. Mi. Mi. Mi. Mi. Mi. Mi. Mi. Mi. Mi. Mi. Mi. Mi. Mi. Mi. Mi. Mi.

Mi. Mi. Mi. Mi. Mi. Mi. Mi. Mi. Mi. Mi. Mi. Mi. Mi. Mi. Mi. Mi. Mi. Mi. Mi. Mi. Mi. Mi. Mi. Mi. Mi. Mi. Mi. Mi. Mi. Mi. Mi. Mi. Mi. Mi. Mi. Mi. Mi. Mi. Mi. Mi. Mi. Mi. Mi. Mi. Mi. Mi. Mi. Mi. Mi. Mi. Mi. Mi. Mi. Mi. Mi. Mi. Mi. Mi. Mi. Mi. Mi. Mi. Mi. Mi. Mi. Mi. Mi. Mi. Mi.

Mi. Mi. Mi. Mi. Mi. Mi. Mi. Mi. Mi. Mi. Mi. Mi. Mi. Mi. Mi. Mi. Mi. Mi. Mi. Mi. Mi. Mi. Mi. Mi. Mi. Mi. Mi. Mi. Mi. Mi. Mi. Mi. Mi. Mi. Mi. Mi. Mi. Mi. Mi. Mi. Mi. Mi. Mi. Mi. Mi. Mi. Mi. Mi. Mi. Mi. Mi. Mi. Mi. Mi. Mi. Mi. Mi. Mi. Mi. Mi. Mi. Mi. Mi. Mi. Mi. Mi.

Mi. Mi. Mi. Mi. Mi. Mi. Mi. Mi. Mi. Mi. Mi. Mi. Mi. Mi. Mi. Mi. Mi. Mi. Mi. Mi. Mi. Mi. Mi. Mi. Mi. Mi. Mi. Mi. Mi. Mi. Mi. Mi. Mi. Mi. Mi. Mi. Mi. Mi. Mi. Mi. Mi. Mi.

Mi. Mi. Mi. Mi. Mi. Mi. Mi. Mi. Mi. Mi. Mi. Mi. Mi. Mi. Mi. Mi. Mi. Mi. Mi. Mi. Mi. Mi. Mi. Mi. Mi. Mi. Mi. Mi. Mi. Mi. Mi. Mi. Mi. Mi. Mi. Mi. Mi. Mi. Mi. Mi. Mi.

Mi. Mi.

Mi. Mi. Mi. Mi. Mi. Mi. Mi. Mi. Mi. Mi. Mi. Mi. Mi. Mi. Mi. Mi. Mi. Mi. Mi. Mi. Mi. Mi. Mi. Mi. Mi. Mi. Mi. Mi. Mi. Mi. Mi. Mi. Mi. Mi. Mi. Mi. Mi. Mi. Mi. Mi. Mi. Mi. Mi. Mi. Mi. Mi. Mi. Mi. Mi. Mi. Mi. Mi. Mi. Mi. Mi. Mi. Mi. Mi. Mi. Mi. Mi. Mi. Mi. Mi. Mi. Mi. Mi. Mi. Mi. Mi.

Mi. Mi. Mi. Mi. Mi. Mi. Mi. Mi. Mi. Mi. Mi. Mi. Mi. Mi. Mi. Mi. Mi. Mi. Mi. Mi. Mi. Mi. Mi. Mi. Mi. Mi. Mi. Mi. Mi. Mi. Mi. Mi. Mi. Mi. Mi. Mi. Mi. Mi. Mi. Mi. Mi. Mi. Mi. Mi. Mi. Mi. Mi. Mi. Mi. Mi. Mi. Mi. Mi. Mi. Mi. Mi. Mi. Mi. Mi. Mi. Mi. Mi. Mi. Mi. Mi. Mi. Mi. Mi. Mi. Mi. Mi. Mi. Mi.

Mi. Mi. Mi. Mi. Mi. Mi. Mi. Mi. Mi. Mi. Mi. Mi. Mi. Mi. Mi. Mi. Mi. Mi. Mi. Mi. Mi. Mi. Mi. Mi. Mi. Mi. Mi. Mi. Mi. Mi. Mi. Mi. Mi. Mi. Mi. Mi. Mi. Mi. Mi. Mi. Mi. Mi. Mi. Mi. Mi. Mi. Mi. Mi. Mi. Mi. Mi. Mi. Mi. Mi. Mi. Mi. Mi. Mi. Mi. Mi. Mi. Mi. Mi. Mi. Mi.

Mi. Mi. Mi. Mi. Mi. Mi. Mi. Mi. Mi. Mi. Mi. Mi. Mi. Mi. Mi. Mi. Mi. Mi. Mi. Mi. Mi. Mi. Mi. Mi. Mi. Mi. Mi. Mi. Mi. Mi. Mi. Mi. Mi. Mi. Mi. Mi. Mi. Mi. Mi.

Mi. Mi. Mi. Mi. Mi. Mi. Mi. Mi. Mi. Mi. Mi. Mi. Mi. Mi. Mi. Mi. Mi. Mi. Mi. Mi. Mi. Mi. Mi. Mi. Mi. Mi. Mi. Mi. Mi. Mi. Mi. Mi. Mi. Mi. Mi. Mi. Mi. Mi. Mi. Mi. Mi. Mi. Mi. Mi. Mi. Mi. Mi. Mi. Mi. Mi. Mi. Mi. Mi. Mi. Mi. Mi. Mi. Mi. Mi. Mi. Mi. Mi. Mi. Mi. Mi. Mi. Mi. Mi. Mi. Mi. Mi. Mi. Mi. Mi. Mi.

Mi. Mi. Mi. Mi. Mi. Mi. Mi. Mi. Mi. Mi. Mi. Mi. Mi. Mi. Mi. Mi. Mi. Mi. Mi. Mi. Mi. Mi. Mi. Mi. Mi. Mi. Mi. Mi. Mi. Mi. Mi. Mi. Mi. Mi. Mi. Mi. Mi. Mi. Mi. Mi. Mi. Mi. Mi. Mi. Mi. Mi. Mi. Mi. Mi. Mi. Mi. Mi. Mi. Mi. Mi. Mi. Mi. Mi. Mi. Mi. Mi. Mi. Mi. Mi. Mi. Mi.

Mi. Mi. Mi. Mi. Mi. Mi. Mi. Mi. Mi. Mi. Mi. Mi. Mi. Mi. Mi. Mi. Mi. Mi. Mi. Mi. Mi. Mi. Mi. Mi. Mi. Mi. Mi. Mi. Mi. Mi. Mi. Mi. Mi. Mi. Mi. Mi. Mi. Mi. Mi. Mi. Mi. Mi. Mi. Mi. Mi. Mi. Mi. Mi. Mi. Mi. Mi. Mi. Mi. Mi. Mi. Mi. Mi. Mi. Mi. Mi. Mi. Mi. Mi. Mi. Mi. Mi. Mi. Mi. Mi. Mi. Mi.

Mi. Mi. Mi. Mi. Mi. Mi. Mi. Mi. Mi. Mi. Mi. Mi. Mi. Mi. Mi. Mi. Mi. Mi. Mi. Mi. Mi. Mi. Mi. Mi. Mi. Mi. Mi. Mi. Mi. Mi. Mi. Mi. Mi. Mi. Mi. Mi. Mi. Mi. Mi. Mi. Mi. Mi. Mi. Mi. Mi. Mi. Mi. Mi. Mi. Mi. Mi. Mi. Mi. Mi. Mi.

Mi. Mi. Mi. Mi. Mi. Mi. Mi. Mi. Mi. Mi. Mi. Mi. Mi. Mi. Mi. Mi. Mi. Mi. Mi. Mi. Mi. Mi. Mi. Mi. Mi. Mi. Mi. Mi. Mi. Mi. Mi. Mi. Mi. Mi. Mi. Mi. Mi. Mi. Mi. Mi. Mi. Mi. Mi. Mi. Mi. Mi. Mi. Mi. Mi. Mi. Mi. Mi. Mi. Mi. Mi. Mi. Mi. Mi. Mi. Mi. Mi. Mi. Mi. Mi. Mi. Mi. Mi. Mi. Mi. Mi. Mi.

Mi. Mi. Mi. Mi. Mi. Mi. Mi. Mi. Mi. Mi. Mi. Mi. Mi. Mi. Mi. Mi. Mi. Mi. Mi. Mi. Mi. Mi. Mi. Mi. Mi. Mi. Mi. Mi. Mi. Mi. Mi. Mi. Mi. Mi. Mi. Mi. Mi. Mi. Mi. Mi. Mi. Mi. Mi.

Mi. Mi. Mi. Mi. Mi. Mi. Mi. Mi. Mi. Mi. Mi. Mi. Mi. Mi. Mi. Mi. Mi. Mi. Mi. Mi. Mi. Mi. Mi. Mi. Mi. Mi. Mi. Mi. Mi. Mi. Mi. Mi. Mi. Mi.

Mi. Mi. Mi. Mi. Mi. Mi. Mi. Mi. Mi. Mi. Mi. Mi. Mi. Mi. Mi. Mi. Mi. Mi. Mi. Mi. Mi. Mi. Mi. Mi. Mi. Mi. Mi. Mi. Mi. Mi. Mi. Mi. Mi. Mi. Mi. Mi. Mi. Mi. Mi. Mi. Mi. Mi. Mi. Mi. Mi. Mi. Mi. Mi. Mi. Mi. Mi. Mi. Mi. Mi. Mi. Mi. Mi. Mi.

Mi. Mi. Mi. Mi. Mi. Mi. Mi. Mi. Mi. Mi. Mi. Mi. Mi. Mi. Mi. Mi. Mi. Mi. Mi. Mi. Mi. Mi. Mi. Mi. Mi. Mi. Mi. Mi. Mi. Mi. Mi. Mi. Mi. Mi. Mi.

Mi. Mi. Mi. Mi. Mi. Mi. Mi. Mi. Mi. Mi. Mi. Mi. Mi. Mi. Mi. Mi. Mi. Mi. Mi. Mi. Mi. Mi. Mi. Mi. Mi. Mi. Mi. Mi. Mi. Mi. Mi. Mi. Mi. Mi. Mi. Mi. Mi. Mi. Mi. Mi. Mi.

Mi. Mi. Mi. Mi. Mi. Mi. Mi. Mi. Mi. Mi. Mi. Mi. Mi. Mi. Mi. Mi. Mi. Mi. Mi. Mi. Mi. Mi. Mi. Mi. Mi. Mi. Mi. Mi. Mi. Mi. Mi. Mi. Mi. Mi.

Mi. Mi. Mi. Mi. Mi. Mi. Mi. Mi. Mi. Mi. Mi. Mi. Mi. Mi. Mi. Mi. Mi. Mi. Mi. Mi. Mi. Mi. Mi. Mi. Mi. Mi. Mi. Mi. Mi. Mi. Mi. Mi. Mi. Mi. Mi. Mi. Mi. Mi. Mi. Mi. Mi. Mi. Mi. Mi. Mi. Mi. Mi. Mi. Mi. Mi. Mi. Mi.

Mi. Mi. Mi. Mi. Mi. Mi. Mi. Mi. Mi. Mi. Mi. Mi. Mi. Mi. Mi. Mi. Mi. Mi. Mi. Mi. Mi. Mi. Mi. Mi. Mi. Mi. Mi. Mi. Mi. Mi. Mi. Mi. Mi. Mi. Mi. Mi. Mi. Mi. Mi. Mi. Mi. Mi. Mi. Mi. Mi. Mi. Mi. Mi. Mi. Mi. Mi. Mi. Mi. Mi. Mi.

Mi. Mi. Mi. Mi. Mi. Mi. Mi. Mi. Mi. Mi. Mi. Mi. Mi. Mi. Mi. Mi. Mi. Mi. Mi. Mi. Mi. Mi. Mi. Mi. Mi. Mi. Mi. Mi. Mi. Mi. Mi. Mi. Mi. Mi. Mi. Mi. Mi. Mi.

Mi. Mi. Mi. Mi. Mi. Mi. Mi. Mi. Mi. Mi. Mi. Mi. Mi. Mi. Mi. Mi. Mi. Mi. Mi. Mi. Mi. Mi. Mi. Mi. Mi. Mi. Mi. Mi. Mi. Mi. Mi. Mi. Mi. Mi. Mi. Mi. Mi. Mi. Mi. Mi. Mi. Mi. Mi. Mi. Mi. Mi. Mi. Mi. Mi. Mi. Mi. Mi. Mi. Mi. Mi. Mi. Mi. Mi. Mi. Mi. Mi. Mi. Mi. Mi. Mi. Mi. Mi. Mi. Mi. Mi. Mi. Mi. Mi. Mi. Mi.

Mi. Mi. Mi. Mi. Mi. Mi. Mi. Mi. Mi. Mi. Mi. Mi. Mi. Mi. Mi. Mi. Mi. Mi. Mi. Mi. Mi. Mi. Mi. Mi. Mi. Mi. Mi. Mi. Mi. Mi. Mi. Mi. Mi. Mi. Mi. Mi. Mi. Mi. Mi. Mi. Mi. Mi. Mi. Mi. Mi. Mi. Mi. Mi. Mi. Mi. Mi. Mi. Mi. Mi. Mi.

Mi. Mi. Mi. Mi. Mi. Mi. Mi. Mi. Mi. Mi. Mi. Mi. Mi. Mi. Mi. Mi. Mi. Mi. Mi. Mi. Mi. Mi. Mi. Mi. Mi. Mi. Mi. Mi. Mi. Mi. Mi. Mi. Mi. Mi. Mi. Mi. Mi. Mi. Mi. Mi. Mi. Mi. Mi. Mi. Mi. Mi. Mi. Mi. Mi. Mi. Mi. Mi. Mi. Mi. Mi. Mi. Mi. Mi. Mi. Mi. Mi. Mi. Mi. Mi. Mi. Mi. Mi. Mi. Mi. Mi. Mi. Mi. Mi.

Mi. Mi. Mi. Mi. Mi. Mi. Mi. Mi. Mi. Mi. Mi. Mi. Mi. Mi. Mi. Mi. Mi. Mi. Mi. Mi. Mi. Mi. Mi. Mi. Mi. Mi. Mi. Mi. Mi. Mi. Mi. Mi. Mi. Mi. Mi. Mi. Mi. Mi. Mi. Mi. Mi. Mi.

Mi. Mi. Mi. Mi. Mi. Mi. Mi. Mi. Mi. Mi. Mi. Mi. Mi. Mi. Mi. Mi. Mi. Mi. Mi. Mi. Mi. Mi. Mi. Mi. Mi. Mi.

Mi. Mi. Mi. Mi. Mi. Mi. Mi. Mi. Mi. Mi. Mi. Mi. Mi. Mi. Mi. Mi. Mi. Mi. Mi. Mi. Mi. Mi. Mi. Mi. Mi. Mi. Mi. Mi. Mi. Mi. Mi. Mi. Mi. Mi. Mi. Mi. Mi. Mi. Mi. Mi. Mi. Mi.

Mi. Mi. Mi. Mi. Mi. Mi. Mi. Mi. Mi. Mi. Mi. Mi. Mi. Mi. Mi. Mi. Mi. Mi. Mi. Mi. Mi. Mi. Mi. Mi. Mi. Mi. Mi. Mi. Mi. Mi. Mi. Mi. Mi. Mi. Mi. Mi. Mi. Mi. Mi. Mi. Mi. Mi. Mi. Mi. Mi. Mi. Mi. Mi. Mi. Mi. Mi. Mi. Mi. Mi. Mi. Mi. Mi. Mi. Mi.

Mi. Mi. Mi. Mi. Mi. Mi. Mi. Mi. Mi. Mi. Mi. Mi. Mi. Mi. Mi. Mi. Mi. Mi. Mi. Mi. Mi. Mi. Mi. Mi. Mi. Mi. Mi. Mi. Mi. Mi. Mi. Mi. Mi. Mi. Mi. Mi. Mi. Mi. Mi. Mi.

Mi. Mi. Mi. Mi. Mi. Mi. Mi. Mi. Mi. Mi. Mi. Mi. Mi. Mi. Mi. Mi. Mi. Mi. Mi. Mi. Mi. Mi. Mi. Mi. Mi. Mi. Mi. Mi. Mi. Mi. Mi. Mi. Mi. Mi. Mi. Mi. Mi. Mi. Mi. Mi. Mi. Mi. Mi. Mi. Mi. Mi. Mi. Mi. Mi. Mi. Mi. Mi. Mi. Mi. Mi. Mi. Mi. Mi. Mi. Mi. Mi. Mi. Mi. Mi. Mi. Mi. Mi. Mi. Mi. Mi.

Mi. Mi. Mi. Mi. Mi. Mi. Mi. Mi. Mi. Mi. Mi. Mi. Mi. Mi. Mi. Mi. Mi. Mi. Mi. Mi. Mi. Mi. Mi. Mi. Mi. Mi. Mi. Mi. Mi. Mi. Mi. Mi. Mi. Mi. Mi. Mi. Mi. Mi. Mi. Mi. Mi. Mi. Mi. Mi. Mi. Mi. Mi. Mi. Mi. Mi. Mi. Mi. Mi. Mi.

Mi. Mi. Mi. Mi. Mi. Mi. Mi. Mi. Mi. Mi. Mi. Mi. Mi. Mi. Mi. Mi. Mi. Mi. Mi. Mi. Mi. Mi. Mi. Mi. Mi. Mi. Mi. Mi. Mi. Mi. Mi. Mi. Mi. Mi. Mi. Mi. Mi. Mi. Mi. Mi. Mi. Mi. Mi. Mi. Mi.

Mi. Mi. Mi. Mi. Mi. Mi. Mi.

Mi. Mi. Mi. Mi. Mi. Mi. Mi. Mi. Mi. Mi. Mi. Mi. Mi. Mi. Mi. Mi. Mi. Mi. Mi. Mi. Mi. Mi. Mi. Mi. Mi. Mi. Mi. Mi. Mi. Mi. Mi. Mi. Mi. Mi. Mi. Mi. Mi. Mi. Mi. Mi.

Mi. Mi. Mi. Mi. Mi. Mi. Mi. Mi. Mi. Mi. Mi. Mi. Mi. Mi. Mi.

Mi. Mi. Mi. Mi. Mi. Mi. Mi. Mi. Mi. Mi. Mi. Mi. Mi. Mi. Mi. Mi. Mi. Mi. Mi. Mi. Mi. Mi. Mi. Mi. Mi. Mi. Mi.

Mi. Mi. Mi. Mi. Mi. Mi. Mi. Mi. Mi. Mi. Mi. Mi. Mi. Mi. Mi. Mi. Mi. Mi. Mi. Mi. Mi. Mi. Mi. Mi. Mi. Mi.

Mi. Mi. Mi. Mi. Mi. Mi. Mi. Mi. Mi. Mi. Mi. Mi. Mi. Mi. Mi. Mi. Mi. Mi. Mi. Mi. Mi. Mi. Mi. Mi. Mi. Mi. Mi. Mi. Mi. Mi.

Mi. Mi. Mi. Mi. Mi. Mi. Mi. Mi. Mi. Mi. Mi. Mi. Mi. Mi. Mi.
Mi. Mi. Mi. Mi. Mi. Mi. Mi. Mi. Mi. Mi. Mi. Mi. Mi. Mi. Mi.
Mi. Mi. Mi. Mi. Mi. Mi. Mi. Mi. Mi. Mi. Mi. Mi. Mi.

Mi. Mi. Mi. Mi. Mi. Mi. Mi. Mi. Mi. Mi. Mi. Mi. Mi. Mi. Mi.
Mi. Mi. Mi. Mi. Mi. Mi. Mi. Mi. Mi. Mi. Mi. Mi. Mi. Mi. Mi.
Mi. Mi. Mi. Mi. Mi. Mi. Mi. Mi. Mi. Mi. Mi. Mi. Mi. Mi. Mi.
Mi. Mi. Mi. Mi. Mi. Mi. Mi. Mi. Mi. Mi. Mi.

Mi. Mi. Mi. Mi. Mi. Mi. Mi. Mi. Mi. Mi. Mi. Mi. Mi. Mi. Mi.
Mi. Mi. Mi. Mi. Mi. Mi. Mi. Mi. Mi. Mi. Mi. Mi. Mi. Mi. Mi.
Mi. Mi. Mi. Mi. Mi. Mi. Mi. Mi. Mi. Mi. Mi. Mi. Mi. Mi. Mi.
Mi. Mi. Mi. Mi. Mi. Mi. Mi. Mi.

Mi. Mi. Mi. Mi. Mi. Mi. Mi. Mi. Mi. Mi. Mi. Mi. Mi. Mi. Mi.
Mi. Mi. Mi. Mi. Mi. Mi. Mi. Mi. Mi. Mi. Mi. Mi. Mi. Mi. Mi.
Mi. Mi. Mi. Mi. Mi. Mi. Mi. Mi. Mi. Mi. Mi. Mi. Mi. Mi. Mi.
Mi. Mi. Mi. Mi. Mi. Mi. Mi. Mi. Mi. Mi. Mi. Mi. Mi. Mi. Mi.
Mi. Mi. Mi. Mi. Mi. Mi. Mi. Mi. Mi. Mi.

Mi. Mi. Mi. Mi. Mi. Mi. Mi. Mi. Mi. Mi. Mi. Mi. Mi. Mi. Mi.
Mi. Mi. Mi. Mi. Mi. Mi. Mi. Mi. Mi. Mi. Mi. Mi. Mi. Mi. Mi.
Mi. Mi. Mi. Mi. Mi. Mi. Mi. Mi. Mi. Mi.

Mi. Mi. Mi. Mi. Mi. Mi. Mi. Mi. Mi. Mi. Mi. Mi. Mi. Mi. Mi.
Mi. Mi. Mi. Mi. Mi. Mi. Mi. Mi. Mi. Mi. Mi. Mi. Mi. Mi. Mi.
Mi. Mi. Mi. Mi. Mi. Mi. Mi. Mi. Mi. Mi. Mi. Mi. Mi. Mi. Mi.
Mi. Mi. Mi. Mi. Mi. Mi. Mi. Mi. Mi. Mi. Mi. Mi.

Mi. Mi. Mi. Mi. Mi. Mi. Mi. Mi. Mi. Mi. Mi. Mi. Mi. Mi. Mi.
Mi. Mi. Mi. Mi. Mi.

Mi. Mi. Mi. Mi. Mi. Mi. Mi. Mi. Mi. Mi. Mi. Mi. Mi. Mi. Mi.
Mi. Mi. Mi. Mi. Mi. Mi. Mi. Mi. Mi. Mi. Mi. Mi. Mi. Mi. Mi.

Mi. Mi. Mi. Mi. Mi. Mi. Mi. Mi. Mi. Mi. Mi. Mi. Mi. Mi. Mi. Mi. Mi. Mi. Mi. Mi. Mi. Mi. Mi. Mi.

Mi. Mi. Mi. Mi. Mi. Mi. Mi. Mi. Mi. Mi. Mi. Mi. Mi. Mi. Mi. Mi. Mi. Mi. Mi. Mi. Mi. Mi. Mi. Mi. Mi. Mi. Mi. Mi. Mi. Mi. Mi. Mi. Mi. Mi. Mi. Mi. Mi. Mi. Mi. Mi. Mi.

Mi. Mi. Mi. Mi. Mi. Mi. Mi. Mi. Mi. Mi. Mi. Mi. Mi.

Mi. Mi. Mi. Mi. Mi. Mi. Mi. Mi. Mi. Mi. Mi. Mi. Mi. Mi. Mi. Mi. Mi. Mi. Mi. Mi. Mi. Mi. Mi. Mi. Mi. Mi. Mi. Mi. Mi. Mi. Mi. Mi. Mi. Mi. Mi. Mi. Mi. Mi. Mi. Mi. Mi. Mi.

Mi. Mi. Mi. Mi. Mi. Mi. Mi. Mi. Mi. Mi. Mi. Mi. Mi. Mi. Mi. Mi. Mi. Mi. Mi. Mi. Mi. Mi. Mi. Mi. Mi. Mi. Mi. Mi. Mi. Mi. Mi. Mi. Mi. Mi. Mi. Mi. Mi. Mi. Mi. Mi. Mi. Mi. Mi. Mi. Mi. Mi. Mi. Mi. Mi. Mi. Mi. Mi. Mi.

Mi. Mi. Mi. Mi. Mi. Mi. Mi. Mi. Mi. Mi. Mi. Mi. Mi. Mi. Mi. Mi. Mi. Mi. Mi. Mi. Mi. Mi. Mi. Mi. Mi. Mi. Mi. Mi. Mi. Mi. Mi. Mi. Mi. Mi. Mi. Mi. Mi. Mi. Mi. Mi. Mi. Mi. Mi. Mi. Mi. Mi. Mi. Mi. Mi. Mi. Mi. Mi. Mi. Mi. Mi. Mi. Mi. Mi. Mi. Mi. Mi. Mi. Mi. Mi. Mi. Mi. Mi. Mi. Mi. Mi. Mi. Mi. Mi. Mi. Mi.

Mi. Mi. Mi. Mi. Mi. Mi. Mi. Mi. Mi. Mi. Mi. Mi. Mi. Mi. Mi. Mi. Mi. Mi. Mi. Mi. Mi. Mi. Mi. Mi. Mi. Mi. Mi. Mi. Mi. Mi. Mi. Mi. Mi. Mi. Mi. Mi. Mi. Mi. Mi. Mi. Mi. Mi. Mi. Mi. Mi. Mi. Mi. Mi. Mi. Mi. Mi. Mi.

Mi. Mi. Mi. Mi. Mi. Mi. Mi. Mi. Mi. Mi. Mi. Mi. Mi. Mi. Mi. Mi. Mi. Mi. Mi. Mi. Mi. Mi. Mi. Mi. Mi. Mi.

Mi. Mi. Mi. Mi. Mi. Mi. Mi. Mi. Mi. Mi. Mi. Mi. Mi. Mi. Mi. Mi. Mi. Mi. Mi. Mi. Mi. Mi. Mi. Mi. Mi. Mi. Mi. Mi. Mi. Mi. Mi. Mi. Mi. Mi. Mi. Mi. Mi. Mi. Mi. Mi. Mi. Mi.

Mi. Mi. Mi. Mi. Mi. Mi. Mi. Mi. Mi. Mi. Mi. Mi. Mi. Mi. Mi. Mi. Mi. Mi. Mi. Mi. Mi. Mi. Mi. Mi. Mi. Mi. Mi. Mi. Mi. Mi. Mi. Mi. Mi. Mi. Mi. Mi. Mi. Mi. Mi. Mi. Mi. Mi. Mi. Mi. Mi.

Mi. Mi. Mi. Mi. Mi. Mi. Mi. Mi. Mi. Mi. Mi. Mi. Mi. Mi. Mi. Mi. Mi. Mi. Mi. Mi. Mi. Mi. Mi. Mi. Mi. Mi. Mi. Mi. Mi. Mi. Mi. Mi. Mi. Mi. Mi. Mi. Mi. Mi. Mi. Mi. Mi. Mi. Mi. Mi. Mi. Mi. Mi. Mi. Mi. Mi. Mi. Mi. Mi. Mi. Mi. Mi. Mi. Mi. Mi. Mi. Mi. Mi. Mi. Mi. Mi. Mi. Mi. Mi.

Mi. Mi. Mi. Mi. Mi. Mi. Mi. Mi. Mi. Mi. Mi. Mi. Mi. Mi. Mi. Mi. Mi. Mi. Mi. Mi. Mi. Mi. Mi. Mi. Mi. Mi. Mi. Mi. Mi. Mi. Mi. Mi. Mi. Mi. Mi. Mi. Mi. Mi. Mi. Mi. Mi. Mi. Mi. Mi. Mi. Mi. Mi. Mi. Mi. Mi. Mi. Mi. Mi. Mi. Mi. Mi. Mi. Mi. Mi. Mi. Mi. Mi. Mi. Mi. Mi. Mi. Mi. Mi. Mi. Mi. Mi.

Mi. Mi. Mi. Mi. Mi. Mi. Mi. Mi. Mi. Mi. Mi. Mi. Mi. Mi. Mi. Mi. Mi. Mi. Mi. Mi. Mi. Mi. Mi. Mi. Mi. Mi. Mi. Mi. Mi. Mi. Mi. Mi. Mi. Mi. Mi. Mi. Mi. Mi. Mi. Mi. Mi. Mi. Mi. Mi. Mi. Mi. Mi. Mi. Mi. Mi. Mi. Mi. Mi. Mi. Mi. Mi. Mi. Mi. Mi. Mi. Mi. Mi. Mi. Mi. Mi. Mi. Mi.

Mi. Mi. Mi. Mi. Mi. Mi. Mi. Mi. Mi. Mi. Mi. Mi. Mi. Mi. Mi. Mi. Mi. Mi. Mi. Mi. Mi. Mi. Mi. Mi. Mi. Mi. Mi. Mi. Mi. Mi. Mi. Mi. Mi. Mi. Mi. Mi. Mi. Mi. Mi. Mi. Mi. Mi. Mi. Mi. Mi. Mi. Mi. Mi. Mi. Mi. Mi. Mi. Mi. Mi. Mi. Mi. Mi. Mi. Mi. Mi. Mi. Mi. Mi. Mi. Mi. Mi. Mi. Mi. Mi. Mi. Mi. Mi. Mi. Mi. Mi.

Mi. Mi. Mi. Mi. Mi. Mi. Mi. Mi. Mi. Mi. Mi. Mi. Mi. Mi. Mi. Mi. Mi. Mi. Mi. Mi. Mi. Mi. Mi. Mi. Mi. Mi. Mi. Mi. Mi. Mi. Mi. Mi. Mi. Mi. Mi. Mi. Mi. Mi. Mi. Mi. Mi. Mi. Mi. Mi. Mi. Mi. Mi. Mi. Mi. Mi. Mi. Mi. Mi. Mi. Mi. Mi. Mi. Mi. Mi. Mi. Mi. Mi. Mi. Mi. Mi. Mi. Mi. Mi. Mi. Mi. Mi.

Mi. Mi. Mi. Mi. Mi. Mi. Mi. Mi. Mi. Mi. Mi. Mi. Mi. Mi. Mi. Mi. Mi. Mi. Mi. Mi. Mi. Mi. Mi. Mi. Mi. Mi. Mi. Mi. Mi. Mi. Mi. Mi. Mi. Mi. Mi. Mi. Mi. Mi. Mi. Mi. Mi. Mi. Mi. Mi. Mi. Mi. Mi. Mi. Mi. Mi. Mi. Mi. Mi. Mi. Mi. Mi. Mi. Mi. Mi. Mi. Mi. Mi. Mi. Mi. Mi. Mi. Mi.

Mi. Mi. Mi. Mi. Mi. Mi. Mi. Mi. Mi. Mi. Mi. Mi. Mi. Mi. Mi. Mi. Mi. Mi. Mi. Mi. Mi. Mi. Mi. Mi. Mi. Mi. Mi. Mi. Mi. Mi. Mi. Mi. Mi. Mi. Mi. Mi. Mi. Mi. Mi. Mi. Mi. Mi. Mi. Mi. Mi. Mi. Mi. Mi. Mi. Mi. Mi. Mi. Mi. Mi. Mi. Mi. Mi. Mi. Mi. Mi. Mi. Mi. Mi. Mi. Mi. Mi. Mi. Mi. Mi. Mi. Mi. Mi. Mi. Mi. Mi.

Mi. Mi. Mi. Mi. Mi. Mi. Mi. Mi. Mi.

Mi. Mi. Mi. Mi. Mi. Mi. Mi. Mi. Mi. Mi. Mi. Mi. Mi. Mi. Mi. Mi. Mi. Mi. Mi. Mi. Mi. Mi. Mi. Mi. Mi. Mi. Mi. Mi. Mi. Mi. Mi. Mi. Mi. Mi. Mi. Mi. Mi. Mi. Mi. Mi.

Mi. Mi. Mi. Mi. Mi. Mi. Mi. Mi. Mi. Mi. Mi. Mi. Mi. Mi. Mi. Mi. Mi. Mi. Mi. Mi. Mi. Mi. Mi. Mi. Mi. Mi. Mi. Mi. Mi. Mi. Mi. Mi. Mi. Mi. Mi. Mi. Mi. Mi. Mi.

Mi. Mi. Mi. Mi. Mi. Mi. Mi. Mi. Mi. Mi. Mi. Mi. Mi. Mi. Mi. Mi. Mi. Mi. Mi. Mi. Mi. Mi. Mi. Mi. Mi. Mi. Mi. Mi. Mi. Mi. Mi. Mi. Mi. Mi. Mi. Mi. Mi. Mi. Mi. Mi. Mi.

Mi. Mi. Mi. Mi. Mi. Mi. Mi. Mi. Mi. Mi. Mi. Mi. Mi. Mi. Mi. Mi. Mi. Mi. Mi. Mi. Mi. Mi. Mi. Mi. Mi. Mi. Mi. Mi. Mi. Mi. Mi. Mi. Mi. Mi. Mi. Mi. Mi. Mi. Mi.

Mi. Mi. Mi. Mi. Mi. Mi. Mi. Mi. Mi. Mi. Mi. Mi. Mi. Mi. Mi. Mi. Mi. Mi. Mi. Mi. Mi. Mi. Mi. Mi. Mi. Mi. Mi. Mi. Mi. Mi. Mi. Mi. Mi. Mi. Mi. Mi. Mi. Mi.

Mi. Mi. Mi. Mi. Mi. Mi. Mi. Mi. Mi. Mi. Mi. Mi. Mi. Mi. Mi. Mi. Mi. Mi. Mi. Mi. Mi. Mi. Mi. Mi. Mi. Mi. Mi. Mi. Mi. Mi. Mi. Mi. Mi. Mi. Mi. Mi. Mi. Mi. Mi. Mi. Mi. Mi. Mi. Mi. Mi. Mi. Mi. Mi. Mi. Mi. Mi. Mi. Mi. Mi. Mi. Mi. Mi. Mi. Mi. Mi. Mi. Mi. Mi. Mi. Mi. Mi. Mi. Mi. Mi. Mi. Mi. Mi.

Mi. Mi. Mi.

Mi. Mi. Mi. Mi. Mi. Mi. Mi. Mi. Mi. Mi. Mi. Mi. Mi. Mi. Mi. Mi. Mi. Mi. Mi. Mi. Mi. Mi. Mi. Mi. Mi. Mi. Mi. Mi. Mi. Mi. Mi. Mi. Mi. Mi. Mi. Mi. Mi. Mi. Mi. Mi. Mi. Mi. Mi. Mi. Mi. Mi. Mi. Mi. Mi. Mi. Mi. Mi. Mi. Mi. Mi. Mi. Mi. Mi. Mi. Mi. Mi. Mi. Mi. Mi. Mi. Mi. Mi. Mi. Mi.

Mi. Mi. Mi. Mi. Mi. Mi. Mi. Mi. Mi. Mi. Mi. Mi. Mi. Mi. Mi. Mi. Mi. Mi. Mi. Mi. Mi. Mi. Mi. Mi. Mi. Mi. Mi. Mi. Mi. Mi. Mi. Mi. Mi. Mi. Mi. Mi. Mi. Mi. Mi. Mi. Mi. Mi. Mi. Mi. Mi. Mi. Mi. Mi. Mi. Mi. Mi. Mi. Mi. Mi. Mi. Mi. Mi. Mi. Mi. Mi. Mi. Mi. Mi. Mi. Mi. Mi. Mi. Mi. Mi. Mi. Mi. Mi. Mi. Mi. Mi.

Mi. Mi. Mi. Mi. Mi. Mi. Mi. Mi. Mi. Mi. Mi. Mi. Mi. Mi. Mi. Mi. Mi. Mi. Mi. Mi. Mi. Mi. Mi. Mi. Mi. Mi. Mi. Mi. Mi. Mi. Mi. Mi. Mi. Mi. Mi. Mi. Mi. Mi. Mi. Mi. Mi. Mi. Mi. Mi. Mi. Mi. Mi. Mi. Mi. Mi. Mi. Mi. Mi.

Mi. Mi. Mi. Mi. Mi. Mi. Mi. Mi. Mi. Mi. Mi. Mi. Mi. Mi. Mi. Mi. Mi. Mi. Mi. Mi. Mi. Mi. Mi. Mi. Mi. Mi. Mi.

Mi. Mi. Mi. Mi. Mi. Mi. Mi. Mi. Mi. Mi. Mi. Mi. Mi. Mi. Mi. Mi. Mi. Mi. Mi. Mi. Mi. Mi. Mi. Mi. Mi. Mi. Mi. Mi. Mi. Mi. Mi. Mi. Mi. Mi. Mi. Mi. Mi. Mi. Mi. Mi. Mi. Mi. Mi. Mi. Mi. Mi. Mi. Mi. Mi. Mi. Mi. Mi. Mi. Mi. Mi. Mi. Mi. Mi. Mi. Mi. Mi. Mi. Mi. Mi. Mi. Mi. Mi. Mi. Mi. Mi.

Mi. Mi. Mi. Mi. Mi. Mi. Mi. Mi. Mi. Mi. Mi. Mi. Mi. Mi. Mi. Mi. Mi. Mi. Mi. Mi. Mi. Mi. Mi. Mi. Mi. Mi. Mi. Mi. Mi. Mi. Mi. Mi. Mi. Mi. Mi. Mi. Mi. Mi. Mi. Mi. Mi. Mi. Mi. Mi. Mi. Mi. Mi. Mi. Mi. Mi. Mi. Mi. Mi. Mi. Mi. Mi. Mi. Mi. .

Mi. Mi. Mi. Mi. Mi. Mi. Mi. Mi. Mi. Mi. Mi. Mi. Mi. Mi. Mi. Mi. Mi. Mi. Mi. Mi. Mi. Mi. Mi. Mi. Mi. Mi. Mi. Mi. Mi. Mi. Mi. Mi. Mi. Mi. Mi. Mi. Mi. Mi. Mi. Mi. Mi. Mi. Mi. Mi. Mi. Mi. Mi. Mi. Mi. Mi. Mi. Mi. Mi. Mi. Mi.

Mi. Mi. Mi. Mi. Mi. Mi. Mi. Mi. Mi. Mi. Mi. Mi. Mi. Mi. Mi. Mi. Mi. Mi. Mi. Mi. Mi. Mi. Mi. Mi. Mi. Mi. Mi. Mi. Mi. Mi. Mi. Mi. Mi. Mi. Mi. Mi. Mi. Mi. Mi. Mi.

Mi. Mi. Mi. Mi. Mi. Mi. Mi. Mi. Mi. Mi. Mi. Mi. Mi. Mi. Mi. Mi. Mi. Mi. Mi. Mi. Mi. Mi. Mi. Mi.

Mi. Mi. Mi. Mi. Mi. Mi. Mi. Mi. Mi. Mi. Mi. Mi. Mi. Mi. Mi. Mi. Mi. Mi. Mi. Mi. Mi. Mi. Mi. Mi. Mi. Mi. Mi. Mi. Mi. Mi. Mi. Mi. Mi. Mi. Mi. Mi. Mi. Mi. Mi. Mi. Mi. Mi. Mi. Mi. Mi. Mi. Mi. Mi. Mi. Mi. Mi. Mi. Mi. Mi. Mi. Mi. Mi. Mi. Mi. Mi. Mi. Mi. Mi. Mi. Mi. Mi. Mi. Mi. Mi. Mi.

Mi. Mi. Mi. Mi. Mi. Mi. Mi. Mi. Mi. Mi. Mi. Mi. Mi. Mi. Mi. Mi. Mi. Mi. Mi. Mi. Mi. Mi. Mi. Mi. Mi. Mi. Mi. Mi. Mi. Mi. Mi. Mi. Mi. Mi. Mi. Mi. Mi. Mi. Mi. Mi. Mi. Mi. Mi. Mi. Mi. Mi. Mi. Mi. Mi. Mi. Mi.

Mi. Mi.

Mi. Mi. Mi. Mi. Mi. Mi. Mi. Mi. Mi. Mi. Mi. Mi. Mi. Mi. Mi. Mi. Mi. Mi. Mi. Mi. Mi. Mi. Mi. Mi. Mi. Mi. Mi. Mi. Mi. Mi. Mi. Mi. Mi. Mi. Mi. Mi. Mi. Mi. Mi. Mi. Mi. Mi. Mi. Mi. Mi. Mi. Mi. Mi. Mi. Mi. Mi. Mi. Mi. Mi. Mi. Mi. Mi. Mi. Mi. Mi. Mi. Mi. Mi. Mi. Mi. Mi. Mi. Mi. Mi. Mi. Mi.

Mi. Mi. Mi. Mi. Mi. Mi. Mi. Mi. Mi. Mi. Mi. Mi. Mi. Mi. Mi. Mi. Mi. Mi. Mi. Mi. Mi. Mi. Mi. Mi. Mi. Mi. Mi. Mi. Mi. Mi. Mi. Mi. Mi. Mi. Mi. Mi. Mi. Mi. Mi. Mi. Mi. Mi. Mi. Mi. Mi. Mi. Mi. Mi. Mi. Mi. Mi. Mi. Mi. Mi. Mi. Mi. Mi. Mi. Mi. Mi. Mi. Mi. Mi. Mi. Mi. Mi. Mi. Mi. Mi. Mi. Mi. Mi. Mi.

Mi. Mi. Mi. Mi. Mi. Mi. Mi. Mi. Mi. Mi. Mi. Mi. Mi. Mi. Mi. Mi. Mi. Mi. Mi. Mi. Mi. Mi. Mi. Mi. Mi. Mi. Mi. Mi. Mi. Mi. Mi. Mi. Mi. Mi. Mi. Mi. Mi. Mi. Mi. Mi. Mi. Mi. Mi. Mi. Mi.

Mi. Mi. Mi. Mi. Mi. Mi. Mi. Mi. Mi. Mi. Mi. Mi. Mi. Mi. Mi. Mi. Mi. Mi. Mi. Mi. Mi. Mi. Mi. Mi. Mi. Mi. Mi. Mi. Mi. Mi. Mi. Mi. Mi. Mi. Mi. Mi. Mi. Mi. Mi. Mi. Mi. Mi. Mi. Mi. Mi.

Mi. Mi. Mi. Mi. Mi. Mi. Mi. Mi. Mi. Mi. Mi. Mi. Mi. Mi. Mi. Mi. Mi. Mi. Mi. Mi. Mi. Mi. Mi. Mi. Mi. Mi. Mi. Mi. Mi. Mi. Mi. Mi. Mi. Mi. Mi. Mi. Mi. Mi. Mi. Mi. Mi. Mi. Mi. Mi. Mi. Mi. Mi. Mi. Mi. Mi. Mi. Mi. Mi. Mi. Mi. Mi. Mi. Mi. Mi. Mi. Mi. Mi. Mi. Mi. Mi. Mi. Mi.

Mi. Mi. Mi. Mi. Mi. Mi. Mi. Mi. Mi. Mi. Mi. Mi. Mi. Mi. Mi. Mi. Mi. Mi. Mi. Mi. Mi. Mi. Mi. Mi. Mi. Mi. Mi. Mi. Mi. Mi. Mi. Mi. Mi. Mi. Mi. Mi. Mi. Mi. Mi. Mi. Mi. Mi. Mi. Mi. Mi. Mi. Mi. Mi. Mi. Mi. Mi. Mi. Mi. Mi. Mi. Mi. Mi. Mi. Mi. Mi. Mi. Mi. Mi. Mi. Mi. Mi. Mi.

Mi. Mi. Mi. Mi. Mi. Mi. Mi. Mi. Mi. Mi. Mi. Mi. Mi. Mi. Mi. Mi. Mi. Mi. Mi. Mi. Mi. Mi. Mi. Mi. Mi. Mi. Mi. Mi. Mi. Mi.

Mi. Mi. Mi. Mi. Mi. Mi. Mi. Mi. Mi. Mi. Mi. Mi. Mi. Mi. Mi. Mi. Mi. Mi. Mi. Mi. Mi. Mi. Mi. Mi. Mi. Mi. Mi. Mi. Mi. Mi. Mi. Mi. Mi. Mi. Mi. Mi. Mi. Mi. Mi. Mi. Mi. Mi. Mi. Mi. Mi. Mi. Mi. Mi. Mi. Mi. Mi. Mi. Mi. Mi. Mi. Mi. Mi. Mi. Mi. Mi. Mi. Mi. Mi. Mi. Mi. Mi. Mi. Mi. Mi.

Mi. Mi. Mi. Mi. Mi. Mi. Mi. Mi. Mi. Mi. Mi. Mi. Mi. Mi. Mi. Mi. Mi. Mi. Mi. Mi. Mi. Mi. Mi. Mi. Mi. Mi. Mi. Mi. Mi. Mi. Mi. Mi. Mi. Mi. Mi. Mi. Mi. Mi. Mi. Mi. Mi. Mi. Mi. Mi. Mi. Mi. Mi. Mi. Mi. Mi. Mi. Mi. Mi.

Mi. Mi. Mi. Mi. Mi. Mi. Mi. Mi.

Mi. Mi. Mi. Mi. Mi. Mi. Mi. Mi. Mi. Mi. Mi. Mi. Mi. Mi. Mi. Mi. Mi. Mi. Mi. Mi. Mi. Mi. Mi. Mi. Mi. Mi. Mi. Mi. Mi. Mi.

Mi. Mi. Mi. Mi. Mi. Mi. Mi. Mi. Mi. Mi. Mi. Mi. Mi. Mi. Mi. Mi. Mi. Mi. Mi. Mi. Mi. Mi. Mi. Mi. Mi. Mi.

Mi. Mi. Mi. Mi. Mi. Mi. Mi. Mi. Mi. Mi. Mi. Mi. Mi. Mi. Mi. Mi. Mi. Mi. Mi. Mi. Mi. Mi. Mi. Mi. Mi. Mi. Mi. Mi. Mi. Mi. Mi. Mi. Mi. Mi. Mi. Mi. Mi. Mi.

Mi. Mi. Mi. Mi. Mi. Mi. Mi. Mi. Mi. Mi. Mi. Mi. Mi. Mi. Mi. Mi. Mi. Mi. Mi. Mi. Mi. Mi. Mi. Mi. Mi. Mi. Mi. Mi. Mi. Mi. Mi. Mi. Mi. Mi. Mi. Mi. Mi. Mi. Mi.

Mi. Mi. Mi. Mi. Mi. Mi. Mi. Mi. Mi. Mi. Mi. Mi. Mi. Mi. Mi. Mi. Mi. Mi. Mi. Mi. Mi. Mi. Mi. Mi. Mi. Mi. Mi. Mi. Mi. Mi. Mi. Mi. Mi. Mi. Mi. Mi. Mi. Mi. Mi. Mi. Mi. Mi. Mi. Mi. Mi. Mi. Mi. Mi. Mi. Mi. Mi. Mi. Mi. Mi.i.

Mi. Mi. Mi. Mi. Mi. Mi. Mi. Mi. Mi. Mi. Mi. Mi. Mi. Mi. Mi. Mi. Mi. Mi. Mi. Mi. Mi. Mi. Mi. Mi. Mi. Mi. Mi. Mi. Mi. Mi. Mi. Mi. Mi. Mi. Mi. Mi. Mi. Mi. Mi. Mi. Mi. Mi. Mi. Mi. Mi. Mi. Mi. Mi. Mi. Mi. Mi. Mi. Mi. Mi.

Mi. Mi. Mi. Mi. Mi. Mi. Mi. Mi. Mi. Mi. Mi. Mi. Mi. Mi. Mi. Mi. Mi. Mi. Mi. Mi. Mi. Mi. Mi. Mi. Mi. Mi. Mi. Mi. Mi. Mi. Mi. Mi. Mi. Mi. Mi. Mi. Mi. Mi. Mi. Mi. Mi. .

Mi. Mi.

Mi. Mi. Mi. Mi. Mi. Mi. Mi. Mi. Mi. Mi. Mi. Mi. Mi. Mi. Mi. Mi. Mi. Mi. Mi. Mi. Mi. Mi. Mi. Mi. Mi. Mi. Mi. Mi. Mi. Mi.

Mi. Mi. Mi. Mi. Mi. Mi. Mi. Mi. Mi. Mi. Mi. Mi. Mi. Mi. Mi. Mi. Mi. Mi. Mi. Mi. Mi. Mi. Mi. Mi. Mi. Mi. Mi. Mi. Mi. Mi. Mi. Mi. Mi. Mi. Mi. Mi. Mi. Mi. Mi. Mi. Mi. Mi. Mi. Mi. Mi. Mi. Mi. Mi. Mi. Mi. Mi. Mi. Mi. Mi. Mi. Mi. Mi. Mi. Mi. Mi. Mi. Mi. Mi. Mi. Mi. Mi. Mi. Mi. Mi. Mi. Mi. Mi. Mi. Mi. Mi. Mi. Mi. Mi. Mi. Mi. Mi. Mi. Mi. Mi. Mi. Mi. Mi.

Mi. Mi. Mi. Mi. Mi. Mi. Mi. Mi. Mi. Mi. Mi. Mi. Mi. Mi. Mi. Mi. Mi. Mi. Mi. Mi. Mi. Mi. Mi. Mi. Mi. Mi. Mi. Mi. Mi. Mi. Mi. Mi. Mi. Mi. Mi. Mi. Mi. Mi. Mi. Mi. Mi. Mi. Mi. Mi. Mi. Mi. Mi. Mi. Mi. Mi. Mi. Mi. Mi. Mi. Mi. Mi. Mi. Mi. Mi. Mi. Mi. Mi. Mi. Mi. Mi. Mi. Mi. Mi. Mi. Mi. Mi. Mi. Mi. Mi. Mi.

Mi. Mi. Mi. Mi. Mi. Mi. Mi. Mi. Mi. Mi. Mi. Mi. Mi. Mi. Mi. Mi. Mi. Mi. Mi. Mi. Mi. Mi. Mi. Mi. Mi. Mi. Mi. Mi. Mi. Mi. Mi. Mi. Mi. Mi. Mi. Mi. Mi. Mi. Mi. Mi. Mi. Mi. Mi. Mi. Mi. Mi. Mi. Mi. Mi. Mi. Mi. Mi. Mi. Mi. Mi. Mi. Mi. Mi. Mi. Mi. Mi. Mi. Mi. Mi. Mi. Mi. Mi. Mi. Mi. Mi. Mi. Mi. Mi. Mi. Mi.

Mi. Mi. Mi. Mi. Mi. Mi. Mi. Mi. Mi. Mi. Mi. Mi. Mi. Mi. Mi. Mi. Mi. Mi. Mi. Mi. Mi. Mi. Mi. Mi. Mi. Mi. Mi. Mi. Mi. Mi. Mi. Mi. Mi. Mi. Mi. Mi. Mi. Mi. Mi. Mi. Mi. Mi. Mi. Mi. Mi. Mi. Mi. Mi. Mi. Mi. Mi. Mi. Mi. Mi. Mi. Mi. Mi. Mi. Mi. Mi. Mi. Mi. Mi. Mi. Mi. Mi. Mi. Mi. Mi. Mi. Mi. Mi. Mi. Mi. Mi. Mi. Mi. Mi. Mi. Mi. Mi. Mi. Mi.

Mi. Mi. Mi. Mi. Mi. Mi. Mi. Mi. Mi. Mi. Mi. Mi. Mi. Mi. Mi. Mi. Mi. Mi. Mi. Mi. Mi. Mi. Mi. Mi. Mi. Mi. Mi. Mi. Mi. Mi. Mi. Mi. Mi. Mi. Mi. Mi. Mi. Mi. Mi. Mi. Mi. Mi. Mi. Mi. Mi.

Mi. Mi. Mi. Mi. Mi. Mi. Mi. Mi. Mi. Mi. Mi. Mi. Mi. Mi. Mi. Mi. Mi. Mi. Mi. Mi. Mi. Mi. Mi. Mi. Mi. Mi. Mi. Mi. Mi. Mi.

Mi. Mi. Mi. Mi. Mi. Mi. Mi. Mi. Mi. Mi. Mi. Mi. Mi. Mi. Mi. Mi. Mi. Mi. Mi. Mi. Mi. Mi. Mi. Mi. Mi. Mi. Mi. Mi. Mi. Mi. Mi. Mi. Mi. Mi. Mi. Mi. Mi. Mi. Mi. Mi. Mi. Mi. Mi. Mi. Mi. Mi. Mi. Mi. Mi. Mi. Mi. Mi. Mi. Mi. Mi. Mi. Mi. Mi. Mi. Mi. Mi. Mi. Mi. Mi. Mi. Mi. Mi. Mi. Mi. Mi.

Mi. Mi.

Mi. Mi. Mi. Mi. Mi. Mi. Mi. Mi. Mi. Mi. Mi. Mi. Mi. Mi. Mi. Mi. Mi. Mi. Mi. Mi. Mi. Mi. Mi. Mi. Mi. Mi. Mi. Mi. Mi. Mi. Mi. Mi. Mi. Mi. Mi. Mi. Mi. Mi. Mi. Mi. Mi. Mi. Mi. Mi. Mi. Mi. Mi. Mi. Mi. Mi. Mi. Mi. Mi. Mi. Mi. Mi. Mi. Mi. Mi. Mi. Mi. Mi. Mi. Mi. Mi. Mi. Mi. Mi. Mi. Mi. Mi. Mi. Mi. Mi. Mi. Mi. Mi. Mi. Mi. Mi. Mi. Mi. Mi. Mi. Mi. Mi. Mi. Mi. Mi. Mi. Mi. Mi. Mi.

Mi. Mi. Mi. Mi. Mi. Mi. Mi. Mi. Mi. Mi. Mi. Mi. Mi. Mi. Mi. Mi. Mi. Mi. Mi. Mi. Mi. Mi. Mi. Mi. Mi. Mi. Mi. Mi. Mi. Mi. Mi. Mi. Mi. Mi. Mi. Mi. Mi. Mi. Mi. Mi. Mi. Mi. Mi. Mi. Mi. Mi. Mi. Mi. Mi. Mi. Mi. Mi. Mi. Mi. Mi. Mi. Mi. Mi. Mi. Mi. Mi. Mi. Mi. Mi. Mi. Mi. Mi. Mi. Mi. Mi. Mi. Mi. Mi. Mi. Mi.

Mi. Mi.

Mi. Mi.

Mi. Mi. Mi. Mi. Mi. Mi. Mi. Mi. Mi. Mi. Mi. Mi. Mi. Mi. Mi. Mi. Mi. Mi. Mi. Mi. Mi. Mi. Mi. Mi. Mi. Mi. Mi. Mi. Mi. Mi. Mi. Mi. Mi. Mi. Mi. Mi. Mi. Mi. Mi. Mi. Mi. Mi. Mi. Mi. Mi. Mi. Mi. Mi. Mi. Mi. Mi. Mi. Mi. Mi. Mi. Mi. Mi. Mi. Mi. Mi. Mi. Mi. Mi. Mi. Mi. Mi. Mi. Mi. Mi. Mi. Mi. Mi. Mi. Mi. Mi.

Mi. Mi. Mi. Mi. Mi. Mi. Mi. Mi. Mi. Mi. Mi. Mi. Mi. Mi. Mi. Mi. Mi. Mi. Mi. Mi. Mi. Mi. Mi. Mi. Mi. Mi. Mi. Mi. Mi. Mi. Mi. Mi. Mi. Mi. Mi. Mi. Mi. Mi. Mi. Mi. Mi. Mi. Mi. Mi. Mi. Mi. Mi. Mi. Mi. Mi. Mi. Mi. Mi. Mi. Mi. Mi. Mi. Mi. Mi. Mi. Mi. Mi. Mi. Mi. Mi. Mi. Mi. Mi. Mi. Mi. Mi. Mi. Mi. Mi. Mi.

Mi. Mi. Mi. Mi. Mi. Mi. Mi. Mi. Mi. Mi. Mi. Mi. Mi. Mi. Mi. Mi. Mi. Mi. Mi. Mi. Mi. Mi. Mi. Mi. Mi. Mi. Mi. Mi. Mi. Mi. Mi. Mi. Mi. Mi. Mi. Mi. Mi. Mi. Mi. Mi. Mi. Mi. Mi. Mi. Mi. Mi. Mi. Mi. Mi. Mi. Mi. Mi. Mi. Mi. Mi. Mi. Mi. Mi. Mi. Mi. Mi. Mi. Mi. Mi. Mi. Mi. Mi. Mi. Mi. Mi. Mi. Mi. Mi. Mi. Mi.

Mi. Mi. Mi. Mi. Mi. Mi. Mi. Mi. Mi. Mi. Mi. Mi. Mi. Mi. Mi. Mi. Mi. Mi. Mi. Mi. Mi. Mi. Mi. Mi. Mi. Mi. Mi. Mi. Mi. Mi. Mi. Mi. Mi. Mi. Mi. Mi. Mi. Mi. Mi. Mi. Mi. Mi. Mi. Mi. Mi. Mi. Mi. Mi. Mi. Mi. Mi. Mi. Mi. Mi. Mi. Mi. Mi. Mi. Mi. Mi. Mi. Mi. Mi. Mi. Mi. Mi. Mi. Mi. Mi. Mi. Mi. Mi. Mi. Mi.

Mi. Mi.

Mi. Mi. Mi. Mi. Mi. Mi. Mi. Mi. Mi. Mi. Mi. Mi. Mi. Mi. Mi. Mi. Mi. Mi. Mi. Mi. Mi. Mi. Mi. Mi. Mi. Mi. Mi. Mi. Mi. Mi. Mi. Mi. Mi. Mi. Mi. Mi. Mi. Mi. Mi. Mi. Mi. Mi. Mi. Mi. Mi. Mi. Mi. Mi. Mi. Mi. Mi. Mi. Mi. Mi. Mi. Mi. Mi. Mi. Mi. Mi. Mi. Mi. Mi. Mi. Mi. Mi. Mi. Mi. Mi. Mi. Mi.

Mi. Mi. Mi. Mi. Mi. Mi. Mi. Mi. Mi. Mi. Mi. Mi. Mi. Mi. Mi. Mi. Mi. Mi. Mi. Mi. Mi. Mi. Mi. Mi. Mi. Mi. Mi. Mi. Mi. Mi. Mi. Mi. Mi. Mi. Mi. Mi. Mi. Mi. Mi. Mi. Mi. Mi. Mi. Mi. Mi. Mi. Mi. Mi. Mi. Mi. Mi. Mi. Mi. Mi. Mi. Mi. Mi. Mi. Mi. Mi. Mi. Mi. Mi. Mi. Mi. Mi. Mi. Mi. Mi. Mi. Mi. Mi.

Mi. Mi. Mi. Mi. Mi. Mi. Mi. Mi. Mi. Mi. Mi. Mi. Mi. Mi. Mi. Mi. Mi. Mi. Mi. Mi. Mi. Mi. Mi. Mi. Mi. Mi. Mi. Mi. Mi. Mi. Mi. Mi. Mi. Mi. Mi. Mi. Mi. Mi. Mi. Mi. Mi. Mi. Mi. Mi. Mi. Mi. Mi. Mi. Mi. Mi. Mi. Mi. Mi. Mi. Mi. Mi. Mi. Mi. Mi. Mi. Mi. Mi. Mi. Mi. Mi. Mi. Mi. Mi. Mi. Mi. Mi. Mi. Mi.

Mi. Mi.

Mi. Mi.

Mi. Mi. Mi. Mi. Mi. Mi. Mi. Mi. Mi. Mi. Mi. Mi. Mi. Mi. Mi. Mi. Mi. Mi. Mi. Mi. Mi. Mi. Mi. Mi. Mi. Mi. Mi. Mi. Mi. Mi. Mi. Mi. Mi. Mi. Mi. Mi. Mi. Mi. Mi. Mi. Mi. Mi. Mi. Mi. Mi. Mi. Mi. Mi. Mi. Mi. Mi. Mi. Mi. Mi. Mi. Mi. Mi. Mi. Mi. Mi. Mi. Mi. Mi. Mi. Mi. Mi. Mi. Mi.

Mi. Mi.

Mi. Mi. Mi. Mi. Mi. Mi. Mi. Mi. Mi. Mi. Mi. Mi. Mi. Mi. Mi. Mi. Mi. Mi. Mi. Mi. Mi. Mi. Mi. Mi. Mi. Mi. Mi. Mi. Mi. Mi. Mi. Mi. Mi. Mi. Mi. Mi. Mi. Mi. Mi. Mi. Mi. Mi. Mi. Mi. Mi. Mi. Mi. Mi. Mi. Mi. Mi. Mi. Mi. Mi. Mi. Mi. Mi. Mi. Mi. Mi. Mi. Mi. Mi. Mi. Mi. Mi. Mi. Mi. Mi. Mi. Mi. Mi. Mi. Mi. Mi.

Mi. Mi. Mi. Mi. Mi. Mi. Mi. Mi. Mi. Mi. Mi. Mi. Mi. Mi. Mi. Mi. Mi. Mi. Mi. Mi. Mi. Mi. Mi. Mi. Mi. Mi. Mi. Mi. Mi. Mi. Mi. Mi. Mi. Mi. Mi. Mi. Mi. Mi. Mi. Mi. Mi. Mi. Mi. Mi. Mi. Mi. Mi. Mi. Mi. Mi. Mi. Mi. Mi. Mi. Mi. Mi. Mi. Mi. Mi. Mi. Mi. Mi. Mi. Mi. Mi. Mi. Mi.

Mi. Mi. Mi. Mi. Mi. Mi. Mi. Mi. Mi. Mi. Mi. Mi. Mi. Mi. Mi. Mi. Mi. Mi. Mi. Mi. Mi. Mi. Mi. Mi. Mi. Mi. Mi. Mi. Mi. Mi. Mi. Mi. Mi. Mi. Mi. Mi. Mi. Mi. Mi. Mi. Mi. Mi. Mi. Mi. Mi. Mi. Mi. Mi. Mi. Mi. Mi. Mi. Mi. Mi. Mi. Mi. Mi. Mi. Mi. Mi. Mi. Mi. Mi. Mi. Mi. Mi. Mi. Mi. Mi. Mi. Mi. Mi. Mi. Mi. Mi.

Mi. Mi. Mi. Mi. Mi. Mi. Mi. Mi. Mi. Mi. Mi. Mi. Mi. Mi. Mi.

Mi. Mi. Mi. Mi. Mi. Mi. Mi. Mi. Mi. Mi. Mi. Mi. Mi. Mi. Mi. Mi. Mi. Mi. Mi. Mi. Mi. Mi. Mi. Mi. Mi. Mi. Mi. Mi. Mi. Mi. Mi. Mi. Mi. Mi. Mi. Mi. Mi. Mi. Mi. Mi. Mi. Mi. Mi. Mi. Mi. Mi. Mi. Mi. Mi. Mi. Mi. Mi. Mi. Mi. Mi. Mi. Mi. Mi. Mi. Mi. Mi. Mi. Mi. Mi. Mi. Mi. Mi. Mi.

Mi. Mi. Mi. Mi. Mi. Mi. Mi. Mi. Mi. Mi. Mi. Mi. Mi. Mi. Mi. Mi. Mi. Mi. Mi. Mi. Mi. Mi. Mi. Mi. Mi. Mi. Mi. Mi. Mi. Mi. Mi. Mi. Mi. Mi. Mi. Mi. Mi. Mi. Mi. Mi. Mi. Mi. Mi. Mi. Mi. Mi. Mi. Mi. Mi. Mi. Mi. Mi. Mi. Mi. Mi. Mi. Mi. Mi. Mi. Mi. Mi. Mi. Mi. Mi. Mi. Mi. Mi. Mi. Mi. Mi.

Mi. Mi.

Mi. Mi.

Mi. Mi. Mi. Mi. Mi. Mi. Mi. Mi. Mi. Mi. Mi. Mi. Mi. Mi. Mi.
Mi. Mi. Mi. Mi. Mi. Mi. Mi. Mi. Mi. Mi. Mi. Mi. Mi. Mi. Mi.
Mi. Mi. Mi. Mi. Mi. Mi. Mi. Mi. Mi. Mi. Mi. Mi. Mi. Mi. Mi.
Mi. Mi. Mi. Mi. Mi. Mi. Mi. Mi. Mi. Mi. Mi. Mi. Mi. Mi. Mi.

Mi. Mi. Mi. Mi. Mi. Mi. Mi. Mi. Mi. Mi. Mi. Mi. Mi. Mi. Mi.
Mi. Mi. Mi. Mi. Mi. Mi. Mi. Mi. Mi. Mi. Mi. Mi. Mi. Mi. Mi.
Mi. Mi. Mi. Mi. Mi. Mi. Mi. Mi. Mi. Mi. Mi. Mi. Mi. Mi. Mi.
Mi. Mi. Mi. Mi. Mi. Mi. Mi. Mi. Mi. Mi. Mi. Mi. Mi. Mi. Mi.
Mi. Mi. Mi. Mi. Mi. Mi. Mi. Mi. Mi. Mi. Mi. Mi. Mi. Mi. Mi.

Mi. Mi. Mi. Mi. Mi. Mi. Mi. Mi. Mi. Mi. Mi. Mi. Mi. Mi. Mi.
Mi. Mi. Mi. Mi. Mi. Mi. Mi. Mi. Mi. Mi. Mi. Mi. Mi. Mi. Mi.
Mi. Mi. Mi. Mi. Mi. Mi. Mi. Mi. Mi. Mi. Mi. Mi. Mi. Mi. Mi.
Mi. Mi. Mi. Mi. Mi. Mi. Mi. Mi. Mi. Mi. Mi. Mi. Mi. Mi. Mi.
Mi. Mi. Mi. Mi. Mi. Mi. Mi. Mi. Mi. Mi.

Mi. Mi. Mi. Mi. Mi. Mi. Mi. Mi. Mi. Mi. Mi. Mi. Mi. Mi. Mi.
Mi. Mi. Mi. Mi. Mi. Mi. Mi. Mi. Mi. Mi. Mi. Mi. Mi. Mi. Mi.
Mi. Mi. Mi. Mi. Mi. Mi. Mi. Mi. Mi. Mi. Mi. Mi. Mi. Mi. Mi.
Mi. Mi. Mi. Mi. Mi. Mi. Mi. Mi. Mi. Mi.

Mi. Mi. Mi. Mi. Mi. Mi. Mi. Mi. Mi. Mi. Mi. Mi. Mi. Mi. Mi.
Mi. Mi. Mi. Mi. Mi. Mi. Mi. Mi. Mi. Mi. Mi. Mi. Mi. Mi. Mi.
Mi. Mi. Mi. Mi. Mi. Mi. Mi. Mi. Mi. Mi. Mi. Mi. Mi. Mi. Mi.
Mi. Mi. Mi. Mi. Mi. Mi. Mi. Mi. Mi. Mi. Mi. Mi. Mi. Mi. Mi.
Mi. Mi. Mi. Mi. Mi. Mi. Mi. Mi. Mi. Mi. Mi. Mi. Mi. Mi. Mi.
Mi. Mi. Mi. Mi. Mi. Mi. Mi. Mi. Mi. Mi. Mi. Mi. Mi. Mi. Mi.
Mi. Mi. Mi. Mi. Mi. Mi. Mi. Mi. Mi. Mi. Mi. Mi. Mi. Mi. Mi.
Mi. Mi. Mi. Mi. Mi. Mi. Mi. Mi. Mi. Mi. Mi. Mi. Mi. Mi. Mi.
Mi. Mi. Mi. Mi. Mi. Mi. Mi. Mi. Mi. Mi. Mi. Mi. Mi. Mi. Mi.
Mi. Mi. Mi. Mi. Mi. Mi. Mi. Mi. Mi. Mi. Mi. Mi. Mi. Mi. Mi.

Mi. Mi. Mi. Mi. Mi. Mi. Mi. Mi. Mi. Mi. Mi. Mi. Mi. Mi. Mi. Mi. Mi. Mi. Mi. Mi. Mi. Mi. Mi.

Mi. Mi.

Mi. Mi.

Mi. Mi.

Mi. Mi. Mi. Mi. Mi. Mi. Mi. Mi. Mi. Mi. Mi. Mi. Mi. Mi. Mi. Mi. Mi. Mi. Mi. Mi. Mi. Mi. Mi. Mi. Mi. Mi. Mi. Mi. Mi. Mi. Mi. Mi. Mi. Mi. Mi. Mi. Mi. Mi. Mi. Mi. Mi. Mi. Mi. Mi. Mi. Mi. Mi. Mi. Mi. Mi. Mi. Mi. Mi. Mi. Mi. Mi. Mi. Mi. Mi. Mi. Mi. Mi. Mi. Mi. Mi. Mi. Mi. Mi. Mi. Mi. Mi. Mi. Mi. Mi. Mi.

Mi. Mi. Mi. Mi. Mi. Mi. Mi. Mi. Mi. Mi. Mi. Mi. Mi. Mi. Mi. Mi. Mi. Mi. Mi. Mi. Mi. Mi. Mi. Mi. Mi. Mi. Mi. Mi. Mi. Mi. Mi. Mi. Mi. Mi. Mi. Mi. Mi. Mi. Mi. Mi. Mi. Mi. Mi. Mi. Mi. Mi. Mi. Mi. Mi. Mi. Mi. Mi. Mi. Mi. Mi. Mi. Mi. Mi. Mi. Mi. Mi. Mi. Mi. Mi. Mi. Mi. Mi. Mi. Mi. Mi. Mi. Mi. Mi. Mi.

Mi. Mi. Mi. Mi. Mi. Mi. Mi. Mi. Mi. Mi. Mi. Mi. Mi. Mi. Mi. Mi. Mi. Mi. Mi. Mi. Mi. Mi. Mi. Mi. Mi. Mi. Mi. Mi. Mi. Mi. Mi. Mi. Mi. Mi. Mi. Mi. Mi. Mi. Mi. Mi. Mi. Mi. Mi. Mi. Mi. Mi. Mi. Mi. Mi. Mi. Mi. Mi. Mi. Mi. Mi. Mi. Mi. Mi. Mi. Mi. Mi. Mi. Mi. Mi. Mi. Mi. Mi. Mi. Mi. Mi.

Mi. Mi. Mi. Mi. Mi. Mi. Mi. Mi. Mi. Mi. Mi. Mi. Mi. Mi. Mi. Mi. Mi. Mi. Mi. Mi. Mi. Mi. Mi. Mi. Mi. Mi. Mi. Mi. Mi. Mi. Mi. Mi. Mi. Mi. Mi. Mi. Mi. Mi. Mi. Mi. Mi. Mi. Mi. Mi. Mi. Mi. Mi. Mi. Mi. Mi. Mi. Mi. Mi. Mi. Mi. Mi. Mi. Mi. Mi. Mi. Mi. Mi. Mi. Mi. Mi. Mi. Mi. Mi. Mi. Mi. Mi. Mi. Mi. Mi. Mi.

Mi. Mi. Mi. Mi. Mi. Mi. Mi. Mi. Mi. Mi. Mi. Mi. Mi. Mi. Mi. Mi. Mi. Mi. Mi. Mi. Mi. Mi. Mi. Mi. Mi. Mi. Mi. Mi. Mi. Mi. Mi. Mi. Mi. Mi. Mi. Mi. Mi. Mi. Mi. Mi. Mi. Mi. Mi. Mi. Mi. Mi. Mi. Mi. Mi. Mi. Mi. Mi. Mi. Mi. Mi. Mi. Mi. i.

Mi. Mi.

Mi. Mi. Mi. Mi. Mi. Mi. Mi. Mi. Mi. Mi. Mi. Mi. Mi. Mi. Mi.
Mi. Mi. Mi. Mi. Mi. Mi. Mi. Mi. Mi. Mi. Mi. Mi. Mi. Mi. Mi.

Mi. Mi. Mi. Mi. Mi. Mi. Mi. Mi. Mi. Mi. Mi. Mi. Mi. Mi. Mi.
Mi. Mi. Mi. Mi. Mi. Mi. Mi. Mi. Mi. Mi. Mi. Mi. Mi. Mi. Mi.
Mi. Mi. Mi. Mi. Mi. Mi. Mi. Mi. Mi. Mi. Mi. Mi. .

Mi. Mi. Mi. Mi. Mi. Mi. Mi. Mi. Mi. Mi. Mi. Mi. Mi. Mi. Mi.
Mi. Mi. Mi. Mi. Mi. Mi. Mi. Mi. Mi. Mi. Mi. Mi. Mi. Mi. Mi.
Mi. Mi. Mi. Mi. Mi. Mi. Mi. Mi. Mi. Mi. Mi. Mi. Mi. Mi. Mi.
Mi. Mi. Mi. Mi. Mi. Mi. Mi. Mi. Mi. Mi. Mi. Mi. Mi. Mi. Mi.
Mi. Mi. Mi. Mi. Mi. Mi. Mi. Mi. Mi. Mi. Mi. Mi. Mi. Mi. Mi.

Mi. Mi. Mi. Mi. Mi. Mi. Mi. Mi. Mi. Mi. Mi. Mi. Mi. Mi. Mi.
Mi. Mi. Mi. Mi. Mi. Mi. Mi. Mi. Mi. Mi. Mi. Mi. Mi. Mi. Mi.
Mi. Mi. Mi. Mi. Mi. Mi. Mi. Mi. Mi. Mi. Mi. Mi. Mi.

Mi. Mi. Mi. Mi. Mi. Mi. Mi. Mi. Mi. Mi. Mi. Mi. Mi. Mi. Mi.
Mi. Mi. Mi. Mi. Mi. Mi. Mi. Mi. Mi. Mi. Mi. Mi. Mi. Mi. Mi.
Mi. Mi. Mi. Mi. Mi. Mi. Mi. Mi. Mi.

Mi. Mi. Mi. Mi. Mi. Mi. Mi. Mi. Mi. Mi. Mi. Mi. Mi. Mi. Mi.
Mi. Mi. Mi. Mi. Mi. Mi. Mi. Mi. Mi. Mi. Mi. Mi. Mi. Mi. Mi.
Mi. Mi. Mi. Mi. Mi. Mi. Mi. Mi. Mi. Mi. Mi. Mi. Mi. Mi. Mi.
Mi. Mi. Mi. Mi. Mi. Mi. Mi. Mi. Mi. Mi. Mi. Mi. Mi. Mi. Mi.
Mi. Mi. Mi. Mi. Mi. Mi. Mi. Mi. Mi. Mi. Mi. Mi. Mi. Mi. Mi.

Mir. Mir. Mir. Mir. Mir. Mir. Mir. Mir. Mir. Mir. Mir. Mir.
Mir. Mir. Mir. Mir. Mir.

Mi. Mi. Mi. Mi. Mi.

Mi. Mi. Mi. Mi. Mi. Mi. Mi. Mi. Mi. Mi. Mi. Mi. Mi. Mi. Mi.
Mi. Mi. Mi. Mi. Mi. Mi. Mi. Mi. Mi. Mi. Mi. Mi. Mi. Mi. Mi.

Mi. Mi. Mi. Mi. Mi. Mi. Mi. Mi. Mi. Mi. Mi. Mi. Mi. Mi. Mi. Mi. Mi. Mi. Mi. Mi. Mi. Mi. Mi. Mi. Mi. Mi. Mi. Mi. Mi. Mi. Mi. Mi. Mi. Mi. Mi. Mi. Mi.

Mi. Mi. Mi. Mi. Mi. Mi. Mi. Mi. Mi. Mi. Mi. Mi. Mi. Mi. Mi. Mi. Mi. Mi. Mi. Mi. Mi. Mi. Mi. Mi. Mi. Mi. Mi. Mi. Mi. Mi. Mi. Mi. Mi. Mi. Mi. Mi. Mi. Mi. Mi. Mi. Mi. Mi. Mi. Mi. Mi. Mi. Mi. Mi. Mi. Mi. Mi. Mi. Mi. Mi. Mi. Mi. Mi. Mi. Mi. Mi. Mi. Mi. Mi. Mi. Mi. Mi. Mi. Mi. Mi. Mi. Mi. Mi. Mi. Mi. Mi. Mi. Mi. Mi. Mi. Mi. Mi. Mi. Mi. Mi. Mi. Mi. Mi.

Mi. Mi. Mi. Mi. Mi. Mi. Mi. Mi. Mi. Mi. Mi. Mi. Mi. Mi. Mi. Mi. Mi. Mi. Mi. Mi. Mi. Mi. Mi. Mi. Mi. Mi. Mi. Mi. Mi. Mi. Mi. Mi. Mi. Mi. Mi. Mi. Mi. Mi. Mi. Mi. Mi. Mi. Mi. Mi. Mi. Mi. Mi. Mi. Mi. Mi. Mi. Mi. Mi. Mi. Mi. Mi. Mi. Mi. Mi. Mi. Mi. Mi. Mi. Mi. Mi. Mi. Mi. Mi. Mi. Mi. Mi. Mi. Mi. Mi. Mi.

Mi. Mi. Mi. Mi. Mi. Mi. Mi. Mi. Mi. Mi. Mi. Mi. Mi. Mi. Mi. Mi. Mi. Mi. Mi. Mi. Mi. Mi. Mi. Mi. Mi. Mi. Mi. Mi. Mi. Mi. Mi. Mi. Mi. Mi. Mi. Mi. Mi. Mi. Mi. Mi. Mi. Mi. Mi. Mi. Mi. Mi. Mi. Mi. Mi. Mi. Mi. Mi. Mi. Mi. Mi. Mi. Mi. Mi. Mi. Mi. Mi. Mi. Mi. Mi. Mi. Mi. Mi. Mi. Mi. Mi. Mi. Mi. Mi. Mi. Mi.

Mi. Mi. Mi. Mi. Mi. Mi. Mi. Mi. Mi. Mi. Mi. Mi. Mi. Mi. Mi. Mi. Mi. Mi. Mi. Mi. Mi. Mi. Mi. Mi. Mi. Mi. Mi. Mi. Mi. Mi. Mi. Mi. Mi. Mi. Mi. Mi. Mi. Mi. Mi. Mi. Mi. Mi. Mi. Mi. Mi. Mi. Mi. Mi. Mi. Mi. Mi. Mi. Mi. Mi. Mi.

Mi. Mi. Mi. Mi. Mi. Mi. Mi. Mi. Mi. Mi. Mi. Mi. Mi. Mi. Mi. Mi. Mi. Mi. Mi. Mi. Mi. Mi. Mi. Mi. Mi. Mi. Mi. Mi. Mi. Mi. Mi. Mi. Mi. Mi. Mi. Mi. Mi. Mi. Mi. Mi. Mi. Mi. Mi. Mi. Mi. Mi. Mi. Mi. Mi. Mi. Mi. Mi. Mi. Mi. Mi. Mi. Mi. Mi. Mi. Mi. Mi. Mi. Mi. Mi. Mi. Mi. Mi. Mi. Mi. Mi. Mi. Mi. Mi. Mi. Mi.

Mi. Mi. Mi. Mi. Mi. Mi. Mi. Mi. Mi. Mi. Mi. Mi. Mi. Mi. Mi. Mi. Mi. Mi. Mi. Mi. Mi. Mi. Mi. Mi. Mi. Mi. Mi. Mi. Mi. Mi. Mi. Mi. Mi. Mi. Mi. Mi. Mi. Mi. Mi. Mi. Mi. Mi. Mi. Mi. Mi. .

Mi. Mi. Mi. Mi. Mi. Mi. Mi. Mi. Mi. Mi. Mi. Mi. Mi. Mi. Mi. Mi. Mi. Mi. Mi. Mi. Mi. Mi. Mi. Mi. Mi. Mi. Mi. Mi. Mi. Mi. Mi. Mi. Mi. Mi. Mi. Mi. Mi. Mi. Mi. Mi. Mi. Mi. Mi. Mi. Mi. Mi. Mi. Mi. Mi. Mi. Mi. Mi. Mi. Mi. Mi. Mi. Mi. Mi. Mi. Mi. Mi. Mi. Mi. Mi. Mi. Mi. Mi. Mi. Mi. Mi. Mi. Mi. Mi. Mi. Mi.

Mi. Mi. Mi. Mi. Mi. Mi. Mi. Mi. Mi. Mi. Mi. Mi. Mi. Mi. Mi. Mi. Mi. Mi. Mi. Mi. Mi. Mi. Mi. Mi. Mi. Mi. Mi. Mi. Mi. Mi. Mi. Mi. Mi. Mi. Mi. Mi. Mi. Mi. Mi. Mi. Mi. Mi.

Mi. Mi. Mi. Mi. Mi. Mi. Mi. Mi. Mi. Mi. Mi. Mi. Mi. Mi. Mi. Mi. Mi. Mi. Mi. Mi. Mi. Mi. Mi. Mi. Mi. Mi. Mi. Mi. Mi. Mi. Mi. Mi. Mi. Mi. Mi. Mi. Mi. Mi. Mi. Mi. Mi.

Mi. Mi. Mi. Mi. Mi. Mi. Mi. Mi. Mi. Mi. Mi. Mi. Mi. Mi. Mi. Mi. Mi. Mi. Mi. Mi. Mi. Mi. Mi. Mi. Mi. Mi. Mi. Mi. Mi. Mi. Mi. Mi. Mi. Mi. Mi. Mi. Mi. Mi. Mi. Mi.

Mi. Mi. Mi. Mi. Mi. Mi. Mi. Mi. Mi. Mi. Mi. Mi. Mi. Mi. Mi. Mi. Mi. Mi. Mi. Mi. Mi. Mi. Mi. Mi. Mi. Mi. Mi. Mi. Mi. Mi. Mi. Mi. Mi. Mi. Mi. Mi. Mi. Mi. Mi. Mi. Mi. Mi. Mi.

Mi. Mi. Mi. Mi. Mi. Mi. Mi. Mi. Mi. Mi. Mi. Mi. Mi. Mi. Mi. Mi. Mi. Mi. Mi. Mi. Mi. Mi. Mi. Mi. Mi. Mi. Mi. Mi. Mi. Mi. Mi. Mi. Mi. Mi. Mi. Mi. Mi. Mi. Mi. Mi. Mi. Mi. Mi. Mi. Mi. Mi. Mi. Mi. Mi. Mi. Mi. Mi. Mi. Mi. Mi. Mi. Mi. Mi. Mi. Mi. Mi. Mi. Mi. Mi. Mi. Mi. Mi. Mi.

Mi. Mi. Mi. Mi. Mi. Mi. Mi. Mi. Mi. Mi. Mi. Mi. Mi. Mi. Mi. Mi. Mi. Mi. Mi. Mi. Mi. Mi. Mi. Mi. Mi. Mi. Mi. Mi. Mi. Mi. Mi. Mi. Mi. Mi. Mi. Mi. Mi. Mi. Mi. Mi. Mi. Mi. Mi. Mi. Mi. Mi. Mi. Mi. Mi. Mi. Mi. Mi. Mi. Mi. Mi. Mi. Mi. Mi. Mi. Mi. Mi. Mi. Mi. Mi. Mi. Mi. Mi. Mi. Mi. Mi. Mi. Mi. .

Mi. Mi..

Mi. Mi. Mi. Mi. Mi. Mi. Mi. Mi. Mi. Mi. Mi. Mi. Mi. Mi. Mi. Mi. Mi. Mi. Mi. Mi. Mi. Mi. Mi. Mi. Mi. Mi. Mi. Mi. Mi. Mi. Mi. Mi. Mi. Mi. Mi. Mi. Mi. Mi. Mi. Mi. Mi. Mi. Mi. Mi. Mi. Mi. Mi. Mi. Mi. Mi. Mi. Mi. Mi. Mi. Mi. Mi. Mi. Mi. Mi. Mi. Mi. Mi. Mi. Mi. Mi. Mi. Mi. Mi. Mi. Mi

Mi. Mi. Mi. Mi. Mi. Mi. Mi. Mi. Mi. Mi. Mi. Mi. Mi. Mi. Mi. Mi. Mi. Mi. Mi. Mi. Mi. Mi. Mi. Mi. Mi. Mi. Mi. Mi. Mi. Mi. Mi. Mi. Mi. Mi. Mi. Mi. Mi. Mi. Mi. Mi. Mi. Mi. Mi. Mi. Mi. Mi. Mi. Mi. Mi. Mi. Mi. Mi. Mi. Mi. Mi. Mi. Mi. Mi. Mi. Mi. Mi. Mi. Mi. Mi. Mi. Mi. Mi. Mi. Mi. Mi. Mi.

Mi. Mi. Mi. Mi. Mi. Mi. Mi. Mi. Mi. Mi. Mi. Mi. Mi. Mi. Mi. Mi. Mi. Mi. Mi. Mi. Mi. Mi. Mi. Mi. Mi. Mi. Mi. Mi. Mi. Mi. Mi. Mi. Mi. Mi. Mi. Mi. Mi. Mi. Mi. Mi. Mi. Mi. Mi. Mi. Mi. Mi. Mi. Mi. Mi. Mi. Mi. Mi. Mi. Mi. Mi. Mi. Mi. Mi. Mi. Mi. Mi. Mi. Mi. Mi. Mi. Mi. Mi. Mi. Mi. Mi. Mi. Mi. Mi. Mi. Mi.

Mi. Mi. Mi. Mi. Mi. Mi. Mi. Mi. Mi. Mi. Mi. Mi. Mi. Mi. Mi. Mi. Mi. Mi. Mi. Mi. Mi. Mi. Mi. Mi. Mi. Mi. Mi. Mi. Mi. Mi. Mi. Mi. Mi. Mi. Mi. Mi. Mi.

Mi. Mi. Mi. Mi. Mi. Mi. Mi. Mi. Mi. Mi. Mi. Mi. Mi. Mi. Mi. Mi. Mi. Mi. Mi. Mi. Mi. Mi. Mi. Mi. Mi. Mi. Mi. Mi. Mi. Mi. Mi. Mi. Mi. Mi. Mi. Mi. Mi. Mi. Mi. Mi. Mi. Mi.

Mi. Mi. Mi. Mi. Mi. Mi. Mi. Mi. Mi. Mi. Mi. Mi. Mi. Mi. Mi. Mi. Mi. Mi. Mi. Mi. Mi. Mi. Mi. Mi. Mi. Mi. Mi. Mi. Mi. Mi. Mi. Mi. Mi. Mi. Mi. Mi. Mi. Mi. Mi. Mi. Mi. Mi. Mi. Mi. Mi. Mi. Mi. Mi. Mi. Mi. Mi. Mi. Mi. Mi. Mi. Mi. Mi. Mi. Mi. Mi. Mi. Mi. Mi. Mi. Mi. Mi. Mi. Mi. Mi. Mi. Mi. Mi. Mi. Mi. Mi. Mi. Mi. Mi. Mi. Mi. Mi. Mi. Mi. Mi. Mi. Mi. Mi. Mi.

Mi. Mi. Mi. Mi. Mi. Mi. Mi. Mi. Mi. Mi. Mi. Mi. Mi. Mi. Mi. Mi. Mi. Mi. Mi. Mi. Mi. Mi. Mi. Mi. Mi. Mi. Mi. Mi. Mi. Mi. Mi. Mi. Mi. Mi. Mi. Mi. Mi. Mi. Mi. Mi. Mi. Mi. Mi.

Mi. Mi.i.

Mi. Mi. Mi. Mi. Mi. Mi. Mi. Mi. Mi. Mi. Mi. Mi. Mi. Mi. Mi. Mi. Mi. Mi. Mi. Mi. Mi. Mi. Mi. Mi. Mi. Mi. Mi. Mi. Mi. Mi. Mi. Mi. Mi. Mi. Mi. Mi. Mi. Mi. Mi. Mi. Mi. Mi. Mi. Mi. Mi. Mi. Mi. Mi. Mi. Mi. Mi. Mi. Mi. Mi. Mi. Mi. Mi. Mi. Mi. Mi. Mi. Mi. Mi. Mi. Mi. Mi. Mi. Mi. Mi.

Mi. Mi. Mi. Mi. Mi. Mi. Mi. Mi. Mi. Mi. Mi. Mi. Mi. Mi. Mi.
Mi. Mi. Mi. Mi. Mi. Mi. Mi. Mi. Mi. Mi. Mi. Mi. Mi. Mi. Mi.
Mi. Mi. Mi. Mi. Mi. Mi. Mi. Mi. Mi. Mi. Mi. Mi. Mi. Mi. Mi.
Mi. Mi. Mi. Mi. Mi. Mi. Mi. Mi. Mi. Mi. Mi. Mi. Mi. Mi. Mi.
Mi. Mi. Mi. Mi. Mi. Mi. Mi.

Mi. Mi. Mi. Mi. Mi. Mi. Mi. Mi. Mi. Mi. Mi. Mi. Mi. Mi. Mi.
Mi. Mi. Mi. Mi. Mi. Mi. Mi. Mi. Mi. Mi. Mi. Mi. Mi. Mi. Mi.
Mi. Mi. Mi. Mi. Mi. Mi. Mi. Mi. Mi. Mi. Mi. Mi. Mi. Mi. Mi.
Mi. Mi. Mi. Mi. Mi. Mi. Mi. Mi. Mi. Mi. Mi. Mi. Mi. Mi. Mi.
Mi. Mi. Mi. Mi. Mi. Mi. Mi. Mi. Mi. Mi. Mi. Mi. Mi. Mi. Mi.
Mi. Mi. Mi. Mi. Mi. Mi. Mi. Mi. Mi. Mi. Mi. Mi. Mi. Mi. Mi.
Mi. Mi. Mi. Mi. Mi. Mi. Mi. Mi. Mi. Mi. Mi. Mi. Mi. Mi. Mi.
Mi. Mi. Mi. Mi. Mi. Mi. Mi. Mi. Mi. Mi. Mi. Mi. Mi.

Mi. Mi. Mi. Mi. Mi. Mi. Mi. Mi. Mi. Mi. Mi. Mi. Mi. Mi. Mi.
Mi. Mi. Mi. Mi. Mi. Mi. Mi. Mi. Mi. Mi. Mi. Mi. Mi. Mi. Mi.
Mi. Mi. Mi. Mi. Mi. Mi. Mi. Mi. Mi. Mi. Mi. Mi. Mi. Mi. Mi.
Mi. Mi. Mi. Mi. Mi. Mi. Mi. Mi. Mi. Mi. Mi. Mi.

Mi. Mi. Mi. Mi. Mi. Mi. Mi. Mi. Mi. Mi. Mi. Mi. Mi. Mi. Mi.
Mi. Mi. Mi. Mi. Mi. Mi. Mi. Mi. Mi. Mi. Mi. Mi. Mi. Mi. Mi.
Mi. Mi. Mi. Mi. Mi. Mi. Mi. Mi. Mi. Mi. Mi. Mi. Mi. Mi. Mi.
Mi. Mi. Mi. Mi. Mi. Mi. Mi. Mi. Mi. Mi. Mi. Mi.

Mi. Mi. Mi. Mi. Mi. Mi. Mi. Mi. Mi. Mi. Mi. Mi. Mi. Mi. Mi.
Mi. Mi. Mi. Mi. Mi. Mi. Mi. Mi. Mi. Mi. Mi. Mi. Mi. Mi. Mi.
Mi. Mi. Mi. Mi. Mi. Mi. Mi. Mi. Mi. Mi. Mi. Mi. Mi.

Mi. Mi. Mi. Mi. Mi. Mi. Mi. Mi. Mi. Mi. Mi. Mi. Mi. Mi. Mi.
Mi. Mi. Mi. Mi. Mi. Mi. Mi. Mi. Mi. Mi. Mi. Mi. Mi. Mi. Mi.
Mi. Mi. Mi. Mi. Mi.

Mi. Mi. Mi. Mi. Mi. Mi. Mi. Mi. Mi. Mi. Mi. Mi. Mi. Mi. Mi. Mi. Mi. Mi. Mi. Mi. Mi. Mi. Mi. Mi. Mi. Mi. Mi. Mi. Mi. Mi. Mi. Mi. Mi. Mi. Mi. Mi. Mi. Mi. Mi. Mi. Mi. Mi. Mi. Mi. Mi. Mi. Mi. Mi. Mi. Mi. Mi. Mi. Mi.

Mi. Mi. Mi. Mi. Mi. Mi. Mi. Mi. Mi. Mi. Mi. Mi. Mi. Mi. Mi. Mi. Mi. Mi. Mi. Mi. Mi. Mi. Mi. Mi. Mi. Mi. Mi. Mi. Mi. Mi. Mi. Mi. Mi. Mi. Mi. Mi. Mi. Mi. Mi. Mi. Mi. Mi. Mi. Mi. Mi. Mi. Mi. Mi. Mi. Mi. Mi. Mi. Mi. Mi. Mi. Mi. Mi. Mi.

Mi. Mi. Mi. Mi. Mi. Mi. Mi. Mi. Mi. Mi. Mi. Mi. Mi. Mi. Mi. Mi. Mi. Mi. Mi. Mi. Mi. Mi. Mi. Mi. Mi. Mi. Mi. Mi. Mi. Mi. Mi. Mi. Mi. Mi. Mi. Mi. Mi. Mi. Mi. Mi. Mi. Mi. Mi. Mi. Mi. Mi. Mi. Mi. Mi. Mi. Mi. Mi. Mi. Mi. Mi. Mi. Mi. Mi. Mi. Mi. Mi. Mi. Mi. Mi. Mi. Mi. Mi. Mi. Mi. Mi. Mi. Mi. Mi. Mi. Mi.

Mi. Mi. Mi. Mi. Mi. Mi. Mi. Mi. Mi. Mi. Mi. Mi. Mi. Mi. Mi. Mi. Mi. Mi. Mi. Mi. Mi. Mi. Mi. Mi. Mi. Mi. Mi. Mi. Mi. Mi.

Mi. Mi. Mi. Mi. Mi. Mi. Mi. Mi. Mi. Mi. Mi. Mi. Mi. Mi. Mi. Mi. Mi. Mi. Mi. Mi. Mi. Mi. Mi. Mi. Mi. Mi. Mi. Mi. Mi. Mi. Mi. Mi. Mi. Mi. Mi. Mi. Mi. Mi. Mi. Mi. Mi. Mi. Mi. Mi. Mi. Mi. Mi. Mi. Mi. Mi. Mi. Mi. Mi. Mi. Mi. Mi.

Mi. Mi. Mi. Mi. Mi. Mi. Mi. Mi. Mi. Mi. Mi. Mi. Mi. Mi. Mi. Mi. Mi. Mi. Mi. Mi. Mi. Mi. Mi. Mi. Mi. Mi. Mi. Mi. Mi. Mi. Mi. Mi. Mi. Mi. Mi. Mi. Mi. Mi. Mi. Mi. Mi. Mi. Mi. Mi. Mi. Mi. Mi. Mi. Mi. Mi. Mi. Mi. Mi. Mi. Mi. Mi. Mi. Mi. Mi. Mi. Mi. Mi. Mi. Mi. Mi. Mi. Mi. Mi. Mi. Mi. Mi. Mi. Mi. Mi. Mi.

Mi. Mi. Mi. Mi. Mi. Mi. Mi. Mi. Mi. Mi. Mi. Mi. Mi. Mi. Mi. Mi. Mi. Mi. Mi. Mi. Mi. Mi. Mi. Mi. Mi. Mi. Mi. Mi. Mi. Mi. Mi. Mi. Mi. Mi. Mi. Mi. Mi. Mi. Mi. Mi.

Mi. Mi. Mi. Mi. Mi. Mi. Mi. Mi. Mi. Mi. Mi. Mi. Mi. Mi. Mi. Mi. Mi. Mi. Mi. Mi. Mi. Mi. Mi. Mi. Mi. Mi. Mi. Mi. Mi. Mi. Mi. Mi. Mi. Mi. Mi. Mi. Mi. Mi. Mi. Mi. Mi. Mi. Mi. Mi. Mi. Mi. Mi. Mi. Mi. Mi. Mi. Mi. Mi. Mi. Mi. Mi. Mi. Mi. Mi. Mi. Mi. Mi. Mi. Mi. Mi. Mi. Mi.

Mi. Mi. Mi. Mi. Mi. Mi. Mi. Mi. Mi. Mi. Mi. Mi. Mi. Mi. Mi. Mi. Mi. Mi. Mi. Mi. Mi. Mi. Mi. Mi. Mi. Mi. Mi. Mi. Mi. Mi. Mi. Mi. Mi. Mi. Mi. Mi. Mi. Mi. Mi. Mi. Mi. Mi. Mi. Mi. Mi. Mi. Mi. Mi. Mi. Mi. Mi. Mi. Mi. Mi. Mi. Mi. Mi. Mi. Mi. Mi. Mi. Mi. Mi. Mi. Mi.

Mi. Mi. Mi. Mi. Mi. Mi. Mi. Mi. Mi. Mi. Mi. Mi. Mi. Mi. Mi. Mi. Mi. Mi. Mi. Mi. Mi. Mi. Mi. Mi. Mi. Mi. Mi. Mi. Mi. Mi. Mi. Mi. Mi. Mi. Mi. Mi. Mi. Mi. Mi. Mi. Mi. Mi. Mi. Mi. Mi. Mi. Mi. Mi. Mi. Mi. Mi. Mi. Mi. Mi. Mi. Mi. Mi. Mi. Mi. Mi. Mi. Mi. Mi. Mi. Mi. Mi. Mi. Mi. Mi. Mi. .

Mi. Mi. Mi. Mi. Mi. Mi. Mi. Mi. Mi. Mi. Mi. Mi. Mi. Mi. Mi. Mi. Mi. Mi. Mi. Mi. Mi. Mi. Mi. Mi. Mi. Mi. Mi. Mi. Mi. Mi. Mi. Mi. Mi. Mi. Mi. Mi. Mi. Mi. Mi. Mi. Mi. Mi. Mi. Mi. Mi. Mi. Mi. Mi. Mi. Mi. Mi. Mi. Mi. Mi. Mi. Mi. Mi. Mi. Mi. Mi. Mi. Mi. Mi. Mi. Mi. Mi. Mi. Mi. Mi.

Mi. Mi.

Mi. Mi. Mi. Mi. Mi. Mi. Mi. Mi. Mi. Mi. Mi. Mi. Mi. Mi. Mi. Mi. Mi. Mi. Mi. Mi. Mi. Mi. Mi. Mi. Mi. Mi. Mi. Mi. Mi. Mi.

Mi. Mi. Mi. Mi. Mi. Mi. Mi. Mi. Mi. Mi. Mi. Mi. Mi. Mi. Mi. Mi. Mi. Mi. Mi. Mi. Mi. Mi. Mi. Mi. Mi. Mi. Mi. Mi. Mi. Mi. Mi. Mi. Mi. Mi. Mi. Mi. Mi. Mi. Mi. Mi. Mi. Mi. Mi. Mi. Mi. Mi. Mi. Mi. Mi. Mi. Mi. Mi. Mi. Mi. Mi. Mi. Mi. Mi. Mi. Mi. Mi. Mi. Mi. Mi. Mi. Mi. Mi. Mi. Mi. Mi. Mi. Mi.

Mi. Mi. Mi. Mi. Mi. Mi. Mi. Mi. Mi. Mi. Mi. Mi. Mi. Mi. Mi. Mi. Mi. Mi. Mi. Mi. Mi. Mi. Mi. Mi. Mi. Mi. Mi. Mi. Mi. Mi. Mi. Mi. Mi. Mi. Mi. Mi. Mi. Mi. Mi. Mi. Mi. Mi. Mi. Mi. Mi. Mi. Mi. Mi. Mi. Mi. Mi. Mi. Mi. Mi. Mi. Mi. Mi. Mi. Mi. Mi. Mi. Mi. Mi. Mi. Mi. Mi. Mi. Mi.

Mi. Mi.

Mi. Mi. Mi. Mi. Mi. Mi. Mi. Mi. Mi. Mi. Mi. Mi. Mi. Mi. Mi. Mi. Mi. Mi. Mi. Mi. Mi. Mi. Mi. Mi. Mi. Mi. Mi. Mi. Mi. Mi. Mi. Mi. Mi. Mi. Mi. Mi. Mi. Mi. Mi. Mi. Mi. Mi. Mi. Mi. Mi. Mi. Mi. Mi. Mi. Mi. Mi. Mi. Mi. Mi. Mi. Mi. Mi. Mi. Mi.

Mi. Mi. Mi. Mi. Mi. Mi. Mi. Mi. Mi. Mi. Mi. Mi. Mi. Mi. Mi. Mi. Mi. Mi. Mi. Mi. Mi. Mi. Mi. Mi. Mi. Mi. Mi. Mi. Mi. Mi. Mi. Mi. Mi. Mi. Mi. Mi. Mi. Mi. Mi. Mi. Mi. Mi. Mi. Mi. Mi.

Mi. Mi. Mi. Mi. Mi. Mi. Mi. Mi. Mi. Mi. Mi. Mi. Mi. Mi. Mi. Mi. Mi. Mi. Mi. Mi. Mi. Mi. Mi. Mi. Mi. Mi. Mi. Mi. Mi. Mi.

Mi. Mi. Mi. Mi. Mi. Mi. Mi. Mi. Mi. Mi. Mi. Mi. Mi. Mi. Mi. Mi. Mi. Mi. Mi. Mi. Mi. Mi. Mi. Mi. Mi. Mi. Mi. Mi. Mi. Mi. Mi. Mi. Mi. Mi. Mi. Mi. Mi. Mi. Mi. Mi. Mi. Mi. Mi. Mi. Mi. Mi. Mi. Mi. Mi. Mi. Mi. Mi. Mi. Mi. Mi. Mi. Mi.

Mi. Mi.

Mi. Mi. Mi. Mi. Mi. Mi. Mi. Mi. Mi. Mi. Mi. Mi. Mi. Mi. Mi. Mi. Mi. Mi. Mi. Mi. Mi. Mi. Mi. Mi. Mi. Mi. Mi. Mi. Mi. Mi. Mi. Mi. Mi. Mi. Mi. Mi. Mi. Mi.

Mi. Mi. Mi. Mi. Mi. Mi. Mi. Mi. Mi. Mi. Mi. Mi. Mi. Mi. Mi. Mi. Mi. Mi. Mi. Mi. Mi. Mi. Mi. Mi. Mi. Mi. Mi. Mi. Mi. Mi. Mi. Mi. Mi. Mi. Mi. Mi. Mi. Mi. Mi. Mi. Mi. Mi. Mi. Mi. Mi. Mi. Mi. Mi. Mi. Mi. Mi. Mi. Mi. Mi. Mi. Mi. Mi. Mi. Mi. Mi. Mi. Mi. Mi.

Mi. Mi. Mi. Mi. Mi. Mi. Mi. Mi. Mi. Mi. Mi. Mi. Mi. Mi. Mi. Mi. Mi. Mi. Mi. Mi. Mi. Mi. Mi. Mi. Mi. Mi. Mi. Mi. Mi. Mi. Mi. Mi. Mi. Mi. Mi. Mi. Mi. Mi. Mi. Mi. Mi. Mi. Mi. Mi. Mi. Mi. Mi. Mi. Mi. Mi. Mi. Mi. Mi. Mi. Mi. Mi. Mi. Mi. Mi. Mi. Mi. Mi. Mi. Mi. Mi. Mi. Mi. Mi. Mi. Mi. Mi.

Mi. Mi. Mi. Mi. Mi. Mi. Mi. Mi. Mi. Mi. Mi. Mi. Mi. Mi. Mi. Mi. Mi. Mi. Mi. Mi. Mi. Mi. Mi. Mi. Mi. Mi. Mi. Mi. Mi. Mi. Mi. Mi. Mi. Mi. Mi. Mi. Mi. Mi. Mi. Mi. Mi. Mi. Mi. Mi. Mi. Mi. Mi. Mi. Mi. Mi. Mi. Mi. Mi. Mi. Mi. Mi. Mi. Mi. Mi. Mi. Mi. Mi. Mi. Mi. Mi. Mi. Mi. Mi. Mi.

Mi. Mi. Mi. Mi. Mi. Mi. Mi. Mi. Mi. Mi. Mi. Mi. Mi. Mi. Mi. Mi. Mi. Mi. Mi. Mi. Mi. Mi. Mi. Mi. Mi. Mi. Mi. Mi. Mi. Mi. Mi. Mi. Mi. Mi. Mi.

Mi. Mi. Mi. Mi. Mi. Mi. Mi. Mi. Mi. Mi. Mi. Mi. Mi. Mi. Mi. Mi. Mi. Mi. Mi. Mi. Mi. Mi. Mi. Mi. Mi.

Mi. Mi. Mi. Mi. Mi. Mi. Mi. Mi. Mi. Mi. Mi. Mi. Mi. Mi. Mi. Mi. Mi. Mi. Mi. Mi. Mi. Mi. Mi. Mi. Mi. Mi. Mi. Mi. Mi. Mi. Mi. Mi. Mi.i.

Mi. Mi. Mi. Mi. Mi. Mi. Mi. Mi. Mi. Mi. Mi. Mi. Mi. Mi. Mi. Mi. Mi. Mi. Mi. Mi. Mi. Mi. Mi. Mi. Mi. Mi. Mi. Mi. Mi. Mi. Mi. Mi. Mi. Mi. Mi. Mi. Mi.

Mi. Mi. Mi. Mi. Mi. Mi. Mi. Mi. Mi. Mi. Mi. Mi. Mi. Mi. Mi. Mi. Mi. Mi. Mi. Mi. Mi. Mi. Mi. Mi. Mi. Mi. Mi. Mi. Mi. Mi. Mi. Mi. Mi. Mi. Mi. Mi. Mi. Mi. Mi. Mi. Mi. Mi. Mi. Mi. Mi. Mi. Mi. Mi. Mi. Mi. Mi. Mi. Mi. Mi. Mi. Mi. Mi. Mi. Mi. Mi. Mi. Mi. Mi. Mi. Mi. Mi. Mi. Mi. Mi. Mi. Mi. Mi. Mi.

Mi. Mi.

Mi. Mi. Mi. Mi. Mi. Mi. Mi. Mi. Mi. Mi. Mi. Mi. Mi. Mi. Mi. Mi. Mi. Mi. Mi. Mi. Mi. Mi. Mi. Mi. Mi. Mi. Mi. Mi. Mi. Mi. Mi. Mi. Mi. Mi. Mi. Mi. Mi. Mi. Mi. Mi. Mi. Mi. Mi. Mi. Mi. Mi. Mi. Mi. Mi. Mi. Mi. Mi. Mi. Mi. Mi. Mi. Mi. Mi.

Mi. Mi. Mi. Mi. Mi. Mi. Mi. Mi. Mi. Mi. Mi. Mi. Mi. Mi. Mi. Mi. Mi. Mi. Mi. Mi. Mi. Mi. Mi. Mi. Mi. Mi. Mi. Mi. Mi. Mi. Mi. Mi. Mi. Mi. Mi. Mi. Mi. Mi. Mi. Mi. Mi. Mi. Mi. Mi. Mi. Mi. Mi. Mi. Mi. Mi. Mi. Mi. Mi. Mi. Mi. Mi. Mi. Mi. Mi. Mi. Mi. Mi. Mi. Mi. Mi. Mi. Mi. Mi.

Mi. Mi. Mi. Mi. Mi. Mi. Mi. Mi. Mi. Mi. Mi. Mi. Mi. Mi. Mi. Mi. Mi. Mi. Mi. Mi. Mi. Mi. Mi. Mi. Mi. Mi. Mi. Mi. Mi. Mi. Mi. Mi. Mi. Mi. Mi. Mi. Mi. Mi. Mi. Mi.

Mi. Mi. Mi. Mi. Mi. Mi. Mi. Mi. Mi. Mi. Mi. Mi. Mi. Mi. Mi. Mi. Mi. Mi. Mi. Mi. Mi. Mi. Mi. Mi. Mi. Mi. Mi. Mi. Mi. Mi. Mi. Mi. Mi. Mi. Mi. Mi. Mi. Mi. Mi. Mi. Mi. Mi.

Mi. Mi. Mi. Mi. Mi. Mi. Mi. Mi. Mi. Mi. Mi. Mi. Mi. Mi. Mi. Mi. Mi. Mi. Mi. Mi. Mi. Mi. Mi. Mi. Mi. Mi. Mi. Mi. Mi. Mi. Mi. Mi. Mi. Mi. Mi. Mi. Mi. Mi. Mi. Mi. Mi. Mi. Mi.

Mi. Mi.

Mi. Mi. Mi. Mi. Mi. Mi. Mi. Mi. Mi. Mi. Mi. Mi. Mi. Mi. Mi. Mi. Mi. Mi. Mi. Mi. Mi. Mi. Mi. Mi. Mi. Mi. Mi. Mi. Mi. Mi. Mi. Mi. Mi. Mi. Mi. Mi. Mi. Mi. Mi. Mi. Mi. Mi. Mi. Mi. Mi.

Mi. Mi. Mi. Mi. Mi. Mi. Mi. Mi. Mi. Mi. Mi. Mi. Mi. Mi. Mi. Mi. Mi. Mi. Mi. Mi. Mi. Mi. Mi. Mi. Mi. Mi.

Mi. Mi. Mi. Mi. Mi. Mi. Mi. Mi. Mi. Mi. Mi. Mi. Mi. Mi. Mi. Mi. Mi. Mi. Mi. Mi. Mi. Mi. Mi. Mi. Mi. Mi. Mi. Mi. Mi. Mi. Mi. Mi. Mi. Mi. Mi. Mi. Mi. Mi. Mi. Mi.

Mi. Mi. Mi. Mi. Mi. Mi. Mi. Mi. Mi. Mi. Mi. Mi. Mi. Mi. Mi. Mi. Mi. Mi. Mi. Mi. Mi. Mi. Mi. Mi. Mi. Mi. Mi. Mi. Mi. Mi. Mi. Mi. Mi. Mi. Mi. Mi. Mi. Mi.

Mi. Mi. Mi. Mi. Mi. Mi. Mi. Mi. Mi. Mi. Mi. Mi. Mi. Mi. Mi. Mi. Mi. Mi. Mi. Mi. Mi. Mi. Mi. Mi. Mi. Mi. Mi. Mi. Mi. Mi. Mi. Mi. Mi. Mi. Mi. Mi. Mi. Mi. Mi. Mi. Mi. Mi.

Mi. Mi. Mi. Mi. Mi. Mi. Mi. Mi. Mi. Mi. Mi. Mi. Mi. Mi. Mi. Mi. Mi. Mi. Mi. Mi. Mi. Mi. Mi. Mi. Mi. Mi. Mi. Mi. Mi. Mi. Mi. Mi. Mi. Mi. Mi. Mi. Mi. Mi. Mi. Mi. Mi. Mi. Mi. Mi.

Mi. Mi. Mi. Mi. Mi. Mi. Mi. Mi. Mi. Mi. Mi. Mi. Mi. Mi. Mi. Mi. Mi. Mi. Mi. Mi. Mi. Mi. Mi. Mi. Mi. Mi. Mi. Mi. Mi. Mi. Mi. Mi. Mi. Mi. Mi. Mi. Mi. Mi. Mi. Mi. Mi. Mi. Mi. Mi. Mi. Mi. Mi. Mi. Mi. Mi. Mi. Mi. Mi. Mi. Mi.

Mi. Mi. Mi. Mi. Mi. Mi. Mi. Mi. Mi. Mi. Mi. Mi. Mi. Mi. Mi. Mi. Mi. Mi. Mi. Mi. Mi. Mi. Mi. Mi. Mi. Mi. Mi. Mi. Mi. Mi. Mi. Mi. Mi. Mi. Mi. Mi. Mi. Mi. Mi. Mi.

Mi. Mi. Mi. Mi. Mi. Mi. Mi. Mi. Mi. Mi. Mi. Mi. Mi. Mi. Mi. Mi. Mi. Mi. Mi. Mi. Mi. Mi. Mi. Mi. Mi. Mi. Mi. Mi. Mi. Mi. Mi. Mi. Mi. Mi. Mi. Mi. Mi. Mi. Mi. Mi. Mi. Mi. Mi. Mi. Mi. Mi. Mi. Mi. Mi. Mi. Mi. Mi. Mi. Mi. Mi. Mi. Mi. Mi. Mi.

Mi. Mi. Mi. Mi. Mi. Mi. Mi. Mi. Mi. Mi. Mi. Mi. Mi. Mi. Mi. Mi. Mi. Mi. Mi. Mi. Mi. Mi. Mi. Mi. Mi. Mi. Mi. Mi. Mi. Mi. Mi. Mi. Mi. Mi. Mi. Mi. Mi. Mi. Mi. Mi. Mi.

Mi. Mi.

Mi. Mi. Mi. Mi. Mi. Mi. Mi. Mi. Mi. Mi. Mi. Mi. Mi. Mi. Mi. Mi. Mi. Mi. Mi. Mi. Mi. Mi. Mi. Mi. Mi. Mi. Mi. Mi. Mi. Mi. Mi. Mi. Mi. Mi. Mi. Mi. Mi. Mi. Mi. Mi. Mi. Mi. Mi. Mi. Mi. Mi. Mi. Mi. Mi. Mi. Mi. Mi. Mi. Mi. Mi. Mi. Mi. Mi. Mi. Mi. Mi. Mi. Mi. Mi. Mi. Mi. Mi. Mi. Mi. Mi. Mi.

Mi. Mi. Mi. Mi. Mi. Mi. Mi. Mi. Mi. Mi. Mi. Mi. Mi. Mi. Mi. Mi. Mi. Mi. Mi. Mi. Mi. Mi. Mi. Mi. Mi. Mi. Mi. Mi. Mi. Mi. Mi. Mi. Mi. Mi. Mi. Mi. Mi. Mi. Mi. Mi. Mi. Mi. Mi. Mi. Mi. Mi. Mi. Mi. Mi. Mi. Mi. Mi. Mi. Mi. Mi. Mi. Mi.

Mi. Mi. Mi. Mi. Mi. Mi. Mi. Mi. Mi. Mi. Mi. Mi. Mi. Mi. Mi. Mi. Mi. Mi. Mi. Mi. Mi. Mi. Mi. Mi. Mi. Mi. Mi. Mi. Mi. Mi. Mi. Mi. Mi. Mi. Mi. Mi. Mi. Mi. Mi. Mi. Mi. Mi. Mi.

Mi. Mi. Mi. Mi. Mi. Mi. Mi. Mi. Mi. Mi. Mi. Mi. Mi. Mi. Mi. Mi. Mi. Mi. Mi. Mi. Mi. Mi. Mi. Mi. Mi. Mi. Mi. Mi. Mi. Mi. Mi. Mi. Mi. Mi. Mi. Mi. Mi. Mi. Mi. Mi. Mi. Mi. Mi. Mi.

Mi. Mi. Mi. Mi. Mi. Mi. Mi. Mi. Mi. Mi. Mi. Mi.

Mi. Mi. Mi. Mi. Mi. Mi. Mi. Mi. Mi. Mi. Mi. Mi. Mi. Mi. Mi. Mi. Mi. Mi. Mi. Mi. Mi. Mi. Mi. Mi. Mi. Mi.

Mi. Mi. Mi. Mi. Mi. Mi. Mi. Mi. Mi. Mi. Mi. Mi. Mi. Mi. Mi. Mi. Mi. Mi. Mi. Mi. Mi. Mi. Mi. Mi. Mi. Mi. Mi. Mi. Mi. Mi. Mi. Mi. Mi. Mi. Mi. Mi. Mi. Mi. Mi. Mi. Mi. Mi. Mi. Mi. Mi. Mi. Mi. Mi. Mi. Mi. Mi. Mi. Mi. Mi. Mi. Mi. Mi. Mi.

Mi. Mi. Mi. Mi. Mi. Mi. Mi. Mi. Mi. Mi. Mi. Mi. Mi. Mi. Mi. Mi. Mi. Mi. Mi. Mi. Mi. Mi. Mi. Mi. Mi. Mi. Mi. Mi. Mi. Mi. Mi. Mi. Mi. Mi. Mi. Mi. Mi. Mi. Mi. Mi. Mi. Mi. Mi.

Mi. Mi. Mi. Mi. Mi. Mi. Mi. Mi. Mi. Mi. Mi. Mi. Mi. Mi. Mi. Mi. Mi. Mi. Mi. Mi. Mi. Mi. Mi. Mi. Mi. Mi. Mi. Mi. Mi. Mi. Mi. Mi. Mi. Mi. Mi. Mi. Mi. Mi. Mi. Mi. Mi. Mi. Mi. Mi. Mi. Mi. Mi. Mi. Mi. Mi. Mi. Mi. Mi. Mi. Mi. Mi. Mi. Mi. Mi. Mi. Mi. Mi. Mi. Mi. Mi. Mi. Mi. Mi. Mi. Mi.

Mi. Mi. Mi. Mi. Mi. Mi. Mi. Mi. Mi. Mi. Mi. Mi. Mi. Mi. Mi. Mi. Mi. Mi. Mi. Mi. Mi. Mi. Mi. Mi. Mi. Mi. Mi. Mi. Mi. Mi. Mi. Mi. Mi. Mi. Mi. Mi. Mi. Mi. Mi. Mi. Mi. Mi. Mi. Mi. Mi. Mi. Mi. Mi. Mi. Mi. Mi. Mi. Mi. Mi. Mi. Mi. Mi. Mi. Mi. Mi. Mi. Mi. Mi. Mi. Mi. Mi.

Mi. Mi.

Mi. Mi. Mi. Mi. Mi. Mi. Mi. Mi. Mi. Mi. Mi. Mi. Mi. Mi. Mi. Mi. Mi. Mi. Mi. Mi. Mi. Mi. Mi. Mi. Mi. Mi. Mi. Mi. Mi. Mi. Mi. Mi. Mi. Mi. Mi. Mi. Mi. Mi. Mi. Mi. Mi.

Mi. Mi. Mi. Mi. Mi. Mi. Mi. Mi. Mi. Mi. Mi. Mi. Mi. Mi. Mi. Mi. Mi. Mi. Mi. Mi. Mi. Mi. Mi. Mi. Mi. Mi. Mi. Mi. Mi. Mi. Mi. Mi. Mi. Mi. Mi. Mi. Mi. Mi. Mi. Mi. Mi. Mi. Mi. Mi. Mi. Mi. Mi. Mi. Mi. Mi. Mi. Mi. Mi. Mi. Mi. Mi. Mi. Mi. Mi. Mi. Mi. Mi. Mi. Mi. Mi. Mi. Mi. Mi. Mi. Mi. Mi. Mi.

Mi. Mi. Mi. Mi. Mi. Mi. Mi. Mi. Mi. Mi. Mi. Mi. Mi. Mi. Mi. Mi. Mi. Mi. Mi. Mi. Mi. Mi. Mi. Mi. Mi. Mi. Mi. Mi. Mi. Mi. Mi. Mi. Mi. Mi. Mi. Mi. Mi. Mi. Mi. Mi. Mi. Mi. Mi. Mi. Mi. Mi. Mi. Mi. Mi. Mi. Mi. Mi. Mi. Mi. Mi. Mi.

Mi. Mi. Mi. Mi. Mi. Mi. Mi. Mi. Mi. Mi. Mi. Mi. Mi. Mi. Mi. Mi. Mi. Mi. Mi. Mi. Mi. Mi. Mi. Mi. Mi. Mi. Mi. Mi. Mi. Mi. Mi. Mi. Mi. Mi. Mi. Mi. Mi. Mi. Mi. Mi. Mi. Mi. Mi. Mi. Mi. Mi. Mi. Mi. Mi. Mi. Mi. Mi. Mi. Mi. Mi. Mi. Mi.

Mi. Mi.

Mi. Mi. Mi. Mi. Mi. Mi. Mi. Mi. Mi. Mi. Mi. Mi. Mi. Mi. Mi. Mi. Mi. Mi. Mi. Mi. Mi. Mi. Mi. Mi. Mi. Mi. Mi. Mi. Mi. Mi. Mi. Mi. Mi. Mi. Mi. Mi. Mi. Mi. Mi. Mi. Mi. Mi. Mi. Mi. Mi.

Mi. Mi. Mi. Mi. Mi. Mi. Mi. Mi. Mi. Mi. Mi. Mi. Mi. Mi. Mi. Mi. Mi. Mi. Mi. Mi. Mi. Mi. Mi. Mi. Mi. Mi. Mi. Mi. Mi. Mi. Mi. Mi. Mi. Mi. Mi. Mi. Mi. Mi. Mi. Mi. Mi. Mi. Mi. Mi. Mi. Mi. Mi. Mi. Mi. Mi. Mi. Mi. Mi. Mi. Mi. Mi. Mi. Mi. Mi. Mi. Mi. Mi. Mi. Mi. Mi. Mi. Mi. Mi. Mi. Mi. Mi. Mi. Mi. Mi. Mi. Mi. Mi. Mi. Mi. Mi. Mi. Mi. Mi. Mi. Mi. Mi. Mi. Mi. Mi.

Mi. Mi. Mi. Mi. Mi. Mi. Mi. Mi. Mi. Mi. Mi. Mi. Mi. Mi. Mi. Mi. Mi. Mi. Mi. Mi. Mi. Mi. Mi. Mi. Mi. Mi. Mi. Mi. Mi. Mi. Mi. Mi. Mi. Mi. Mi. Mi. Mi. Mi. Mi. Mi. Mi. Mi. Mi. Mi. Mi. Mi. Mi. Mi. Mi. Mi. Mi. Mi. Mi. Mi. Mi. Mi. Mi. Mi. Mi. Mi. Mi. Mi. Mi. Mi. Mi. Mi. Mi. Mi. Mi. Mi. Mi. Mi. Mi. Mi. Mi.

Mi. Mi. Mi. Mi. Mi. Mi. Mi. Mi. Mi. Mi. Mi. Mi. Mi. Mi. Mi. Mi. Mi. Mi. Mi. Mi. Mi. Mi. Mi. Mi. Mi. Mi. Mi. Mi. Mi. Mi. Mi. Mi. Mi. Mi. Mi. Mi. Mi. Mi. Mi. Mi. Mi. Mi. Mi. Mi. Mi. Mi. Mi. Mi. Mi. Mi. Mi. Mi. Mi. Mi. Mi. Mi. Mi. Mi. Mi. Mi. Mi. Mi. Mi.

Mi. Mi. Mi. Mi. Mi. Mi. Mi. Mi. Mi. Mi. Mi. Mi. Mi. Mi. Mi. Mi. Mi. Mi. Mi. Mi. Mi. Mi. Mi. Mi. Mi. Mi. Mi. Mi. Mi. Mi. Mi. Mi. Mi. Mi. Mi. Mi. Mi. Mi. Mi. Mi. Mi. Mi. Mi. Mi. Mi. Mi. Mi. Mi. Mi. Mi. Mi. Mi. Mi. Mi. Mi. Mi. Mi. Mi. Mi. Mi. Mi. Mi. Mi. Mi. Mi. Mi. Mi. Mi. Mi. Mi. Mi.

Mi. Mi.

Mi. Mi. Mi. Mi. Mi. Mi. Mi. Mi. Mi. Mi. Mi. Mi. Mi. Mi. Mi. Mi. Mi. Mi. Mi. Mi. Mi. Mi. Mi. Mi. Mi. Mi. Mi. Mi. Mi. Mi. Mi. Mi. Mi. Mi. Mi. Mi. Mi. Mi.

Mi. Mi.

Mi.

Capítulo 3

Mio

Mio. Mio. Mio. Mio. Mio. Mio. Mio. Mio. Mio. Mio. Mio. Mio. Mio. Mio. Mio. Mio. Mio. Mio. Mio. Mio. Mio. Mio. Mio. Mio. Mio. Mio. Mio. Mio. Mio. Mio. Mio. Mio. Mio. Mio. Mio. Mio. Mio. Mio. Mio. Mio. Mio. Mio. Mio. Mio. Mio. Mio. Mio. Mio. Mio. Mio. Mio. Mio. Mio. Mio. Mio. Mio. Mio. Mio. Mio. Mio. Mio. Mio. Mio. Mio. Mio. Mio. Mio. Mio. Mio. Mio. Mio. Mio. Mio. Mio. Mio. Mio. Mio. Mio. Mio. Mio. Mio. Mio. Mio. Mio. Mio. Mio. Mio. Mio. Mio. Mio. Mio. Mio. Mio. Mio. Mio. Mio. Mio. Mio. Mio.

Mio. Mio. Mio. Mio. Mio. Mio. Mio. Mio. Mio. Mio. Mio. Mio. Mio. Mio. Mio. Mio. Mio. Mio. Mio. Mio. Mio. Mio. Mio. Mio. Mio. Mio. Mio. Mio. Mio. Mio. Mio. Mio. Mio. Mio. Mio. Mio. Mio. Mio. Mio. Mio. Mio. Mio. Mio. Mio. Mio. Mio. Mio. Mio. Mio. Mio. Mio. Mio. Mio. Mio. Mio. Mio. Mio. Mio. Mio. Mio. Mio. Mio. Mio. Mio. Mio. Mio. Mio. Mio. Mio. Mio. Mio. Mio. Mio. Mio. Mio. Mio. Mio. Mio. Mio. Mio. Mio. Mio. Mio. Mio. Mio. Mio. Mio. Mio. Mio. Mio. Mio. Mio. Mio. Mio.

Mio. Mio. Mio. Mio. Mio. Mio. Mio. Mio. Mio. Mio. Mio. Mio. Mio. Mio. Mio. Mio. Mio. Mio. Mio. Mio. Mio. Mio. Mio. Mio. Mio. Mio. Mio. Mio. Mio. Mio. Mio. Mio. Mio. Mio. Mio. Mio. Mio. Mio. Mio. Mio. Mio. Mio. Mio. Mio. Mio. Mio. Mio. Mio. Mio. Mio. Mio. Mio. Mio. Mio. Mio. Mio. Mio. Mio. Mio. Mio. Mio. Mio. Mio. Mio. Mio. Mio.

Mio. Mio. Mio. Mio. Mio. Mio. Mio. Mio. Mio. Mio. Mio. Mio. Mio. Mio. Mio. Mio. Mio. Mio. Mio. Mio. Mio. Mio. Mio. Mio. Mio. Mio. Mio. Mio. Mio. Mio. Mio. Mio. Mio. Mio. Mio. Mio. Mio. Mio. Mio. Mio. Mio. Mio. Mio. Mio. Mio. Mio. Mio. Mio. Mio. Mio. Mio. Mio.

Mio. Mio. Mio. Mio. Mio. Mio. Mio. Mio. Mio. Mio. Mio. Mio. Mio. Mio. Mio. Mio. Mio. Mio. Mio. Mio. Mio. Mio. Mio. Mio. Mio. Mio. Mio. Mio. Mio. Mio. Mio. Mio. Mio. Mio. Mio. Mio. Mio. Mio. Mio.

Mio. Mio. Mio. Mio. Mio. Mio. Mio. Mio. Mio. Mio. Mio. Mio. Mio. Mio. Mio. Mio. Mio. Mio. Mio. Mio. Mio. Mio. Mio. Mio. Mio. Mio. Mio. Mio. Mio. Mio. Mio. Mio. Mio. Mio. Mio. Mio. Mio. Mio. Mio. Mio. Mio. Mio. Mio. Mio.

Mio. Mio. Mio. Mio. Mio. Mio. Mio. Mio. Mio. Mio. Mio. Mio. Mio. Mio. Mio. Mio. Mio. Mio. Mio. Mio. Mio. Mio. Mio. Mio. Mio. Mio. Mio. Mio. Mio. Mio. Mio. Mio. Mio. Mio. Mio. Mio. Mio. Mio. Mio. Mio. Mio. Mio. Mio. Mio. Mio. Mio. Mio. Mio. Mio. Mio. Mio. Mio. Mio. Mio. Mio. Mio. Mio. Mio. Mio. Mio. Mio. Mio. Mio. Mio. Mio. Mio. Mio. Mio. Mio. Mio. Mio. Mio. Mio. Mio. Mio. Mio. Mio. Mio. Mio. Mio. Mio. Mio. Mio. Mio. Mio. Mio. Mio. Mio. Mio. Mio. Mio. Mio. Mio. Mio.

Mio. Mio. Mio. Mio. Mio. Mio. Mio. Mio. Mio. Mio. Mio. Mio. Mio. Mio. Mio. Mio. Mio. Mio. Mio. Mio. Mio. Mio. Mio. Mio. Mio. Mio. Mio. Mio. Mio. Mio. Mio. Mio. Mio. Mio. Mio. Mio. Mio. Mio. Mio. Mio. Mio. Mio. Mio. Mio. Mio. Mio. Mio. Mio. Mio. Mio. Mio. Mio. Mio. Mio. Mio. Mio. Mio. Mio. Mio. Mio. Mio. Mio. Mio. Mio. Mio. Mio.

Mio. Mio. Mio. Mio. Mio. Mio. Mio. Mio. Mio. Mio. Mio. Mio. Mio. Mio. Mio. Mio. Mio. Mio. Mio. Mio. Mio. Mio. Mio. Mio. Mio. Mio. Mio. Mio. Mio. Mio. Mio. Mio. Mio. Mio. Mio. Mio. Mio. Mio. Mio. Mio. Mio. Mio. Mio. Mio. Mio. Mio. Mio. Mio. Mio. Mio. Mio. Mio.

Mio. Mio. Mio. Mio. Mio. Mio. Mio. Mio. Mio. Mio. Mio. Mio. Mio. Mio. Mio. Mio. Mio. Mio. Mio. Mio. Mio. Mio. Mio. Mio. Mio. Mio. Mio. Mio. Mio. Mio. Mio. Mio. Mio. Mio. Mio. Mio. Mio. Mio. Mio.

Mio. Mio. Mio. Mio. Mio. Mio. Mio. Mio. Mio. Mio. Mio. Mio. Mio. Mio. Mio. Mio. Mio. Mio. Mio. Mio. Mio. Mio. Mio. Mio. Mio. Mio. Mio. Mio. Mio. Mio. Mio. Mio. Mio. Mio. Mio. Mio. Mio. Mio. Mio. Mio. Mio. Mio. Mio. Mio.

Mio. Mio. Mio. Mio. Mio. Mio. Mio. Mio. Mio. Mio. Mio. Mio. Mio. Mio. Mio. Mio. Mio. Mio. Mio. Mio. Mio. Mio. Mio. Mio. Mio. Mio. Mio. Mio. Mio. Mio. Mio. Mio. Mio. Mio. Mio. Mio. Mio. Mio. Mio. Mio. Mio. Mio. Mio. Mio. Mio. Mio. Mio. Mio. Mio. Mio. Mio. Mio. Mio. Mio. Mio. Mio. Mio. Mio. Mio. Mio. Mio. Mio. Mio. Mio. Mio. Mio. Mio. Mio. Mio. Mio. Mio. Mio. Mio. Mio. Mio. Mio. Mio. Mio. Mio. Mio. Mio. Mio. Mio. Mio. Mio. Mio. Mio. Mio. Mio. Mio. Mio. Mio. Mio. Mio.

Mio. Mio. Mio. Mio. Mio. Mio. Mio. Mio. Mio. Mio. Mio. Mio. Mio. Mio. Mio. Mio. Mio. Mio. Mio. Mio. Mio. Mio. Mio. Mio. Mio. Mio. Mio. Mio. Mio. Mio. Mio. Mio. Mio. Mio. Mio. Mio. Mio. Mio. Mio. Mio. Mio. Mio. Mio. Mio. Mio. Mio. Mio. Mio. Mio. Mio. Mio. Mio. Mio. Mio. Mio. Mio. Mio. Mio. Mio. Mio. Mio. Mio. Mio. Mio. Mio. Mio.

Mio. Mio. Mio. Mio. Mio. Mio. Mio. Mio. Mio. Mio. Mio. Mio. Mio. Mio. Mio. Mio. Mio. Mio. Mio. Mio. Mio. Mio. Mio. Mio. Mio. Mio. Mio. Mio. Mio. Mio. Mio. Mio. Mio. Mio. Mio. Mio. Mio. Mio. Mio. Mio. Mio. Mio. Mio. Mio. Mio. Mio. Mio. Mio. Mio. Mio. Mio. Mio.

Mio. Mio. Mio. Mio. Mio. Mio. Mio. Mio. Mio. Mio. Mio. Mio. Mio. Mio. Mio. Mio. Mio. Mio. Mio. Mio. Mio. Mio. Mio. Mio. Mio. Mio. Mio. Mio. Mio. Mio. Mio. Mio. Mio. Mio. Mio. Mio. Mio. Mio. Mio.

Mio. Mio. Mio. Mio. Mio. Mio. Mio. Mio. Mio. Mio. Mio. Mio. Mio. Mio. Mio. Mio. Mio. Mio. Mio. Mio. Mio. Mio. Mio. Mio. Mio. Mio. Mio. Mio. Mio. Mio. Mio. Mio. Mio. Mio. Mio. Mio. Mio. Mio. Mio. Mio. Mio. Mio. Mio. Mio.

Mio. Mio. Mio. Mio. Mio. Mio. Mio. Mio. Mio. Mio. Mio. Mio. Mio. Mio. Mio. Mio. Mio. Mio. Mio. Mio. Mio. Mio. Mio. Mio. Mio. Mio. Mio. Mio. Mio. Mio. Mio. Mio. Mio. Mio. Mio. Mio. Mio. Mio. Mio. Mio. Mio. Mio. Mio. Mio. Mio. Mio. Mio. Mio. Mio. Mio. Mio. Mio. Mio. Mio. Mio. Mio. Mio. Mio. Mio. Mio. Mio. Mio. Mio. Mio. Mio. Mio. Mio. Mio. Mio. Mio. Mio. Mio. Mio. Mio. Mio. Mio. Mio. Mio. Mio. Mio. Mio. Mio. Mio. Mio. Mio. Mio. Mio. Mio. Mio. Mio. Mio. Mio. Mio. Mio.

Mio. Mio. Mio. Mio. Mio. Mio. Mio. Mio. Mio. Mio. Mio. Mio. Mio. Mio. Mio. Mio. Mio. Mio. Mio. Mio. Mio. Mio. Mio. Mio. Mio. Mio. Mio. Mio. Mio. Mio. Mio. Mio. Mio. Mio. Mio. Mio. Mio. Mio. Mio. Mio. Mio. Mio. Mio. Mio. Mio. Mio. Mio. Mio. Mio. Mio. Mio. Mio. Mio. Mio. Mio. Mio. Mio. Mio. Mio. Mio. Mio. Mio. Mio. Mio. Mio. Mio.

Mio. Mio. Mio. Mio. Mio. Mio. Mio. Mio. Mio. Mio. Mio. Mio. Mio. Mio. Mio. Mio. Mio. Mio. Mio. Mio. Mio. Mio. Mio. Mio. Mio. Mio. Mio. Mio. Mio. Mio. Mio. Mio. Mio. Mio. Mio. Mio. Mio. Mio. Mio. Mio. Mio. Mio. Mio. Mio. Mio. Mio. Mio. Mio. Mio. Mio. Mio. Mio.

Mio. Mio. Mio. Mio. Mio. Mio. Mio. Mio. Mio. Mio. Mio. Mio. Mio. Mio. Mio. Mio. Mio. Mio. Mio. Mio. Mio. Mio. Mio. Mio. Mio. Mio. Mio. Mio. Mio. Mio. Mio. Mio. Mio. Mio. Mio. Mio. Mio. Mio. Mio.

Mio. Mio. Mio. Mio. Mio. Mio. Mio. Mio. Mio. Mio. Mio. Mio. Mio. Mio. Mio. Mio. Mio. Mio. Mio. Mio. Mio. Mio. Mio. Mio. Mio. Mio. Mio. Mio. Mio. Mio. Mio. Mio. Mio. Mio. Mio. Mio. Mio. Mio. Mio. Mio. Mio. Mio. Mio. Mio.

Mio. Mio. Mio. Mio. Mio. Mio. Mio. Mio. Mio. Mio. Mio. Mio. Mio. Mio. Mio. Mio. Mio. Mio. Mio. Mio. Mio. Mio. Mio. Mio. Mio. Mio. Mio. Mio. Mio. Mio. Mio. Mio. Mio. Mio. Mio. Mio. Mio. Mio. Mio. Mio. Mio. Mio. Mio. Mio. Mio. Mio. Mio. Mio. Mio. Mio. Mio. Mio. Mio. Mio. Mio. Mio. Mio. Mio. Mio. Mio. Mio. Mio. Mio. Mio. Mio. Mio. Mio. Mio. Mio. Mio. Mio. Mio. Mio. Mio. Mio. Mio. Mio. Mio. Mio. Mio. Mio. Mio. Mio. Mio. Mio. Mio. Mio. Mio. Mio. Mio. Mio. Mio. Mio. Mio.

Mio. Mio. Mio. Mio. Mio. Mio. Mio. Mio. Mio. Mio. Mio. Mio. Mio. Mio. Mio. Mio. Mio. Mio. Mio. Mio. Mio. Mio. Mio. Mio. Mio. Mio. Mio. Mio. Mio. Mio. Mio. Mio. Mio. Mio. Mio. Mio. Mio. Mio. Mio. Mio. Mio. Mio. Mio. Mio. Mio. Mio. Mio. Mio. Mio. Mio. Mio. Mio. Mio. Mio. Mio. Mio. Mio. Mio. Mio. Mio. Mio. Mio. Mio. Mio. Mio. Mio.

Mio. Mio. Mio. Mio. Mio. Mio. Mio. Mio. Mio. Mio. Mio. Mio. Mio. Mio. Mio. Mio. Mio. Mio. Mio. Mio. Mio. Mio. Mio. Mio. Mio. Mio. Mio. Mio. Mio. Mio. Mio. Mio. Mio. Mio. Mio. Mio. Mio. Mio. Mio. Mio. Mio. Mio. Mio. Mio. Mio. Mio. Mio. Mio. Mio. Mio. Mio. Mio.

Mio. Mio. Mio. Mio. Mio. Mio. Mio. Mio. Mio. Mio. Mio. Mio. Mio. Mio. Mio. Mio. Mio. Mio. Mio. Mio. Mio. Mio. Mio. Mio. Mio. Mio. Mio. Mio. Mio. Mio. Mio. Mio. Mio. Mio. Mio. Mio. Mio. Mio. Mio.

Mio. Mio. Mio. Mio. Mio. Mio. Mio. Mio. Mio. Mio. Mio. Mio. Mio. Mio. Mio. Mio. Mio. Mio. Mio. Mio. Mio. Mio. Mio. Mio. Mio. Mio. Mio. Mio. Mio. Mio. Mio. Mio. Mio. Mio. Mio. Mio. Mio. Mio. Mio. Mio. Mio. Mio. Mio. Mio.

Mio. Mio. Mio. Mio. Mio. Mio. Mio. Mio. Mio. Mio. Mio. Mio. Mio. Mio. Mio. Mio. Mio. Mio. Mio. Mio. Mio. Mio. Mio. Mio. Mio. Mio. Mio. Mio. Mio. Mio. Mio. Mio. Mio. Mio. Mio. Mio. Mio. Mio. Mio. Mio. Mio. Mio. Mio. Mio. Mio. Mio. Mio. Mio. Mio. Mio. Mio. Mio. Mio. Mio. Mio. Mio. Mio. Mio. Mio. Mio. Mio. Mio. Mio. Mio. Mio. Mio. Mio. Mio. Mio. Mio. Mio. Mio. Mio. Mio. Mio. Mio. Mio. Mio. Mio. Mio. Mio. Mio. Mio. Mio. Mio. Mio. Mio. Mio. Mio. Mio. Mio. Mio. Mio. Mio.

Mio. Mio. Mio. Mio. Mio. Mio. Mio. Mio. Mio. Mio. Mio. Mio. Mio. Mio. Mio. Mio. Mio. Mio. Mio. Mio. Mio. Mio. Mio. Mio. Mio. Mio. Mio. Mio. Mio. Mio. Mio. Mio. Mio. Mio. Mio. Mio. Mio. Mio. Mio. Mio. Mio. Mio. Mio. Mio. Mio. Mio. Mio. Mio. Mio. Mio. Mio. Mio. Mio. Mio. Mio. Mio. Mio. Mio. Mio. Mio. Mio. Mio. Mio. Mio. Mio. Mio.

Mio. Mio. Mio. Mio. Mio. Mio. Mio. Mio. Mio. Mio. Mio. Mio. Mio. Mio. Mio. Mio. Mio. Mio. Mio. Mio. Mio. Mio. Mio. Mio. Mio. Mio. Mio. Mio. Mio. Mio. Mio. Mio. Mio. Mio. Mio. Mio. Mio. Mio. Mio. Mio. Mio. Mio. Mio. Mio. Mio. Mio. Mio. Mio. Mio. Mio. Mio. Mio.

Mio. Mio. Mio. Mio. Mio. Mio. Mio. Mio. Mio. Mio. Mio. Mio. Mio. Mio. Mio. Mio. Mio. Mio. Mio. Mio. Mio. Mio. Mio. Mio. Mio. Mio. Mio. Mio. Mio. Mio. Mio. Mio. Mio. Mio. Mio. Mio. Mio. Mio. Mio.

Mio. Mio. Mio. Mio. Mio. Mio. Mio. Mio. Mio. Mio. Mio. Mio. Mio. Mio. Mio. Mio. Mio. Mio. Mio. Mio. Mio. Mio. Mio. Mio. Mio. Mio. Mio. Mio. Mio. Mio. Mio. Mio. Mio. Mio. Mio. Mio. Mio. Mio. Mio. Mio. Mio. Mio. Mio. Mio.

Mio. Mio. Mio. Mio. Mio. Mio. Mio. Mio. Mio. Mio. Mio. Mio. Mio. Mio. Mio. Mio. Mio. Mio. Mio. Mio. Mio. Mio. Mio. Mio. Mio. Mio. Mio. Mio. Mio. Mio. Mio. Mio. Mio. Mio. Mio. Mio. Mio. Mio. Mio. Mio. Mio. Mio. Mio. Mio. Mio. Mio. Mio. Mio. Mio. Mio. Mio. Mio. Mio. Mio. Mio. Mio. Mio. Mio. Mio. Mio. Mio. Mio. Mio. Mio. Mio. Mio. Mio. Mio. Mio. Mio. Mio. Mio. Mio. Mio. Mio. Mio. Mio. Mio. Mio. Mio. Mio. Mio. Mio. Mio. Mio. Mio. Mio. Mio. Mio. Mio. Mio. Mio. Mio. Mio.

Mio. Mio. Mio. Mio. Mio. Mio. Mio. Mio. Mio. Mio. Mio. Mio. Mio. Mio. Mio. Mio. Mio. Mio. Mio. Mio. Mio. Mio. Mio. Mio. Mio. Mio. Mio. Mio. Mio. Mio. Mio. Mio. Mio. Mio. Mio. Mio. Mio. Mio. Mio. Mio. Mio. Mio. Mio. Mio. Mio. Mio. Mio. Mio. Mio. Mio. Mio. Mio. Mio. Mio. Mio. Mio. Mio. Mio. Mio. Mio. Mio. Mio. Mio. Mio. Mio. Mio.

Mio. Mio. Mio. Mio. Mio. Mio. Mio. Mio. Mio. Mio. Mio. Mio. Mio. Mio. Mio. Mio. Mio. Mio. Mio. Mio. Mio. Mio. Mio. Mio. Mio. Mio. Mio. Mio. Mio. Mio. Mio. Mio. Mio. Mio. Mio. Mio. Mio. Mio. Mio. Mio. Mio. Mio. Mio. Mio. Mio. Mio. Mio. Mio. Mio. Mio. Mio. Mio.

Mio. Mio. Mio. Mio. Mio. Mio. Mio. Mio. Mio. Mio. Mio. Mio. Mio. Mio. Mio. Mio. Mio. Mio. Mio. Mio. Mio. Mio. Mio. Mio. Mio. Mio. Mio. Mio. Mio. Mio. Mio. Mio. Mio. Mio. Mio. Mio. Mio. Mio. Mio.

Mio. Mio. Mio. Mio. Mio. Mio. Mio. Mio. Mio. Mio. Mio. Mio. Mio. Mio. Mio. Mio. Mio. Mio. Mio. Mio. Mio. Mio. Mio. Mio. Mio. Mio. Mio. Mio. Mio. Mio. Mio. Mio. Mio. Mio. Mio. Mio. Mio. Mio. Mio. Mio. Mio. Mio. Mio. Mio.

Mio. Mio. Mio. Mio. Mio. Mio. Mio. Mio. Mio. Mio. Mio.
Mio. Mio. Mio. Mio. Mio. Mio. Mio. Mio. Mio. Mio. Mio.

Mio. Mio. Mio. Mio. Mio. Mio. Mio. Mio. Mio. Mio. Mio.
Mio. Mio. Mio. Mio. Mio. Mio. Mio. Mio. Mio. Mio. Mio.
Mio. Mio. Mio. Mio. Mio. Mio. Mio. Mio. Mio. Mio. Mio.
Mio. Mio. Mio. Mio. Mio. Mio. Mio. Mio. Mio. Mio. Mio.
Mio. Mio. Mio. Mio. Mio. Mio. Mio. Mio. Mio. Mio. Mio.
Mio. Mio. Mio. Mio. Mio. Mio. Mio. Mio. Mio. Mio. Mio.
Mio. Mio. Mio. Mio. Mio. Mio. Mio. Mio. Mio. Mio. Mio.
Mio. Mio. Mio. Mio. Mio. Mio. Mio. Mio. Mio. Mio. Mio.
Mio. Mio. Mio. Mio. Mio. Mio.

Mio. Mio. Mio. Mio. Mio. Mio. Mio. Mio. Mio. Mio. Mio.
Mio. Mio. Mio. Mio. Mio. Mio. Mio. Mio. Mio. Mio. Mio.
Mio. Mio. Mio. Mio. Mio. Mio. Mio. Mio. Mio. Mio. Mio.
Mio. Mio. Mio. Mio. Mio. Mio. Mio. Mio. Mio. Mio. Mio.
Mio. Mio. Mio. Mio. Mio. Mio. Mio. Mio. Mio. Mio. Mio.
Mio. Mio. Mio. Mio. Mio. Mio. Mio. Mio. Mio. Mio. Mio.

Mio. Mio. Mio. Mio. Mio. Mio. Mio. Mio. Mio. Mio. Mio.
Mio. Mio. Mio. Mio. Mio. Mio. Mio. Mio. Mio. Mio. Mio.
Mio. Mio. Mio. Mio. Mio. Mio. Mio. Mio. Mio. Mio. Mio.
Mio. Mio. Mio. Mio. Mio. Mio. Mio. Mio. Mio. Mio. Mio.
Mio. Mio. Mio. Mio. Mio. Mio. Mio. Mio.

Mio. Mio. Mio. Mio. Mio. Mio. Mio. Mio. Mio. Mio. Mio.
Mio. Mio. Mio. Mio. Mio. Mio. Mio. Mio. Mio. Mio. Mio.
Mio. Mio. Mio. Mio. Mio. Mio. Mio. Mio. Mio. Mio. Mio.
Mio. Mio. Mio. Mio. Mio. Mio.

Mio. Mio. Mio. Mio. Mio. Mio. Mio. Mio. Mio. Mio. Mio.
Mio. Mio. Mio. Mio. Mio. Mio. Mio. Mio. Mio. Mio. Mio.

Mio. Mio.

Mio. Mio. Mio. Mio. Mio. Mio. Mio. Mio. Mio. Mio. Mio. Mio. Mio. Mio. Mio. Mio. Mio. Mio. Mio. Mio. Mio. Mio. Mio. Mio. Mio. Mio. Mio. Mio. Mio. Mio. Mio. Mio. Mio. Mio. Mio. Mio. Mio. Mio. Mio. Mio. Mio. Mio. Mio. Mio. Mio. Mio. Mio. Mio. Mio. Mio. Mio. Mio. Mio. Mio. Mio. Mio. Mio. Mio. Mio. Mio. Mio. Mio. Mio. Mio. Mio. Mio.

Mio. Mio. Mio. Mio. Mio. Mio. Mio. Mio. Mio. Mio. Mio. Mio. Mio. Mio. Mio. Mio. Mio. Mio. Mio. Mio. Mio. Mio. Mio. Mio. Mio. Mio. Mio. Mio. Mio. Mio. Mio. Mio. Mio. Mio. Mio. Mio. Mio. Mio. Mio. Mio. Mio. Mio. Mio. Mio. Mio. Mio. Mio. Mio. Mio. Mio. Mio. Mio.

Mio. Mio. Mio. Mio. Mio. Mio. Mio. Mio. Mio. Mio. Mio. Mio. Mio. Mio. Mio. Mio. Mio. Mio. Mio. Mio. Mio. Mio. Mio. Mio. Mio. Mio. Mio. Mio. Mio. Mio. Mio. Mio. Mio. Mio. Mio. Mio. Mio. Mio. Mio.

Mio. Mio. Mio. Mio. Mio. Mio. Mio. Mio. Mio. Mio. Mio. Mio. Mio. Mio. Mio. Mio. Mio. Mio. Mio. Mio. Mio. Mio.

Mio. Mio. Mio. Mio. Mio. Mio. Mio. Mio. Mio. Mio. Mio. Mio. Mio. Mio. Mio. Mio. Mio. Mio. Mio. Mio. Mio. Mio.

Mio. Mio. Mio. Mio. Mio. Mio. Mio. Mio. Mio. Mio. Mio. Mio. Mio. Mio. Mio. Mio. Mio. Mio. Mio. Mio. Mio. Mio. Mio. Mio. Mio. Mio. Mio. Mio. Mio. Mio. Mio. Mio. Mio. Mio. Mio. Mio. Mio. Mio. Mio. Mio. Mio. Mio. Mio. Mio. Mio. Mio. Mio. Mio. Mio. Mio. Mio. Mio. Mio. Mio. Mio. Mio. Mio. Mio. Mio. Mio. Mio. Mio. Mio. Mio. Mio. Mio. Mio. Mio. Mio. Mio. Mio. Mio. Mio. Mio. Mio. Mio. Mio. Mio. Mio. Mio. Mio. Mio. Mio. Mio. Mio. Mio. Mio. Mio. Mio. Mio. Mio. Mio. Mio. Mio.

Mio. Mio. Mio. Mio. Mio. Mio. Mio. Mio. Mio. Mio. Mio. Mio. Mio. Mio. Mio. Mio. Mio. Mio. Mio. Mio. Mio. Mio. Mio. Mio. Mio. Mio. Mio. Mio. Mio. Mio. Mio. Mio. Mio. Mio. Mio. Mio. Mio. Mio. Mio. Mio. Mio. Mio. Mio. Mio. Mio. Mio. Mio. Mio. Mio. Mio. Mio. Mio. Mio. Mio. Mio. Mio. Mio. Mio. Mio. Mio. Mio. Mio. Mio. Mio. Mio. Mio.

Mio. Mio. Mio. Mio. Mio. Mio. Mio. Mio. Mio. Mio. Mio. Mio. Mio. Mio. Mio. Mio. Mio. Mio. Mio. Mio. Mio. Mio. Mio. Mio. Mio. Mio. Mio. Mio. Mio. Mio. Mio. Mio. Mio. Mio. Mio. Mio. Mio. Mio. Mio. Mio. Mio. Mio. Mio. Mio. Mio. Mio. Mio. Mio. Mio. Mio. Mio. Mio.

Mio. Mio. Mio. Mio. Mio. Mio. Mio. Mio. Mio. Mio. Mio. Mio. Mio. Mio. Mio. Mio. Mio. Mio. Mio. Mio. Mio. Mio. Mio. Mio. Mio. Mio. Mio. Mio. Mio. Mio. Mio. Mio. Mio. Mio. Mio. Mio. Mio. Mio. Mio.

Mio. Mio. Mio. Mio. Mio. Mio. Mio. Mio. Mio. Mio. Mio. Mio. Mio. Mio. Mio. Mio. Mio. Mio. Mio. Mio. Mio. Mio.

Mio. Mio. Mio. Mio. Mio. Mio. Mio. Mio. Mio. Mio. Mio. Mio. Mio. Mio. Mio. Mio. Mio. Mio. Mio. Mio. Mio. Mio.

Mio. Mio. Mio. Mio. Mio. Mio. Mio. Mio. Mio. Mio. Mio. Mio. Mio. Mio. Mio. Mio. Mio. Mio. Mio. Mio. Mio. Mio. Mio. Mio. Mio. Mio. Mio. Mio. Mio. Mio. Mio. Mio. Mio. Mio. Mio. Mio. Mio. Mio. Mio. Mio. Mio. Mio. Mio. Mio. Mio. Mio. Mio. Mio. Mio. Mio. Mio. Mio. Mio. Mio. Mio. Mio. Mio. Mio. Mio. Mio. Mio. Mio. Mio. Mio. Mio. Mio. Mio. Mio. Mio. Mio. Mio. Mio. Mio. Mio. Mio. Mio. Mio. Mio. Mio. Mio. Mio. Mio. Mio. Mio. Mio. Mio. Mio. Mio. Mio. Mio. Mio. Mio. Mio. Mio.

Mio. Mio. Mio. Mio. Mio. Mio. Mio. Mio. Mio. Mio. Mio. Mio. Mio. Mio. Mio. Mio. Mio. Mio. Mio. Mio. Mio. Mio. Mio. Mio. Mio. Mio. Mio. Mio. Mio. Mio. Mio. Mio. Mio. Mio. Mio. Mio. Mio. Mio. Mio. Mio. Mio. Mio. Mio. Mio. Mio. Mio. Mio. Mio. Mio. Mio. Mio. Mio. Mio. Mio. Mio. Mio. Mio. Mio. Mio. Mio. Mio. Mio. Mio. Mio. Mio. Mio.

Mio. Mio. Mio. Mio. Mio. Mio. Mio. Mio. Mio. Mio. Mio. Mio. Mio. Mio. Mio. Mio. Mio. Mio. Mio. Mio. Mio. Mio. Mio. Mio. Mio. Mio. Mio. Mio. Mio. Mio. Mio. Mio. Mio. Mio. Mio. Mio. Mio. Mio. Mio. Mio. Mio. Mio. Mio. Mio. Mio. Mio. Mio. Mio. Mio. Mio. Mio. Mio.

Mio. Mio. Mio. Mio. Mio. Mio. Mio. Mio. Mio. Mio. Mio. Mio. Mio. Mio. Mio. Mio. Mio. Mio. Mio. Mio. Mio. Mio. Mio. Mio. Mio. Mio. Mio. Mio. Mio. Mio. Mio. Mio. Mio. Mio. Mio. Mio. Mio. Mio. Mio.

Mio. Mio. Mio. Mio. Mio. Mio. Mio. Mio. Mio. Mio. Mio. Mio. Mio. Mio. Mio. Mio. Mio. Mio. Mio. Mio. Mio. Mio. Mio. Mio. Mio. Mio. Mio. Mio. Mio. Mio. Mio. Mio. Mio. Mio. Mio. Mio. Mio. Mio. Mio. Mio. Mio. Mio. Mio. Mio.

Mio. Mio. Mio. Mio. Mio. Mio. Mio. Mio. Mio. Mio. Mio. Mio. Mio. Mio. Mio. Mio. Mio. Mio. Mio. Mio. Mio. Mio. Mio. Mio. Mio. Mio. Mio. Mio. Mio. Mio. Mio. Mio. Mio. Mio. Mio. Mio. Mio. Mio. Mio. Mio. Mio. Mio. Mio. Mio. Mio. Mio. Mio. Mio. Mio. Mio. Mio. Mio. Mio. Mio. Mio. Mio. Mio. Mio. Mio. Mio. Mio. Mio. Mio. Mio. Mio. Mio. Mio. Mio. Mio. Mio. Mio. Mio. Mio. Mio. Mio. Mio. Mio. Mio. Mio. Mio. Mio. Mio. Mio. Mio. Mio. Mio. Mio. Mio. Mio. Mio. Mio. Mio. Mio. Mio.

Mio. Mio. Mio. Mio. Mio. Mio. Mio. Mio. Mio. Mio. Mio. Mio. Mio. Mio. Mio. Mio. Mio. Mio. Mio. Mio. Mio. Mio. Mio. Mio. Mio. Mio. Mio. Mio. Mio. Mio. Mio. Mio. Mio. Mio. Mio. Mio. Mio. Mio. Mio. Mio. Mio. Mio. Mio. Mio. Mio. Mio. Mio. Mio. Mio. Mio. Mio. Mio. Mio. Mio. Mio. Mio. Mio. Mio. Mio. Mio. Mio. Mio. Mio. Mio. Mio. Mio.

Mio. Mio. Mio. Mio. Mio. Mio. Mio. Mio. Mio. Mio. Mio. Mio. Mio. Mio. Mio. Mio. Mio. Mio. Mio. Mio. Mio. Mio. Mio. Mio. Mio. Mio. Mio. Mio. Mio. Mio. Mio. Mio. Mio. Mio. Mio. Mio. Mio. Mio. Mio. Mio. Mio. Mio. Mio. Mio. Mio. Mio. Mio. Mio. Mio. Mio. Mio. Mio.

Mio. Mio. Mio. Mio. Mio. Mio. Mio. Mio. Mio. Mio. Mio. Mio. Mio. Mio. Mio. Mio. Mio. Mio. Mio. Mio. Mio. Mio. Mio. Mio. Mio. Mio. Mio. Mio. Mio. Mio. Mio. Mio. Mio. Mio. Mio. Mio. Mio. Mio. Mio.

Mio. Mio. Mio. Mio. Mio. Mio. Mio. Mio. Mio. Mio. Mio. Mio. Mio. Mio. Mio. Mio. Mio. Mio. Mio. Mio. Mio. Mio. Mio. Mio. Mio. Mio. Mio. Mio. Mio. Mio. Mio. Mio. Mio. Mio. Mio. Mio. Mio. Mio. Mio. Mio. Mio. Mio. Mio. Mio.

Mio. Mio. Mio. Mio. Mio. Mio. Mio. Mio. Mio. Mio. Mio. Mio. Mio. Mio. Mio. Mio. Mio. Mio. Mio. Mio. Mio. Mio. Mio. Mio. Mio. Mio. Mio. Mio. Mio. Mio. Mio. Mio. Mio. Mio. Mio. Mio. Mio. Mio. Mio. Mio. Mio. Mio. Mio. Mio. Mio. Mio. Mio. Mio. Mio. Mio. Mio. Mio. Mio. Mio. Mio. Mio. Mio. Mio. Mio. Mio. Mio. Mio. Mio. Mio. Mio. Mio. Mio. Mio. Mio. Mio. Mio. Mio. Mio. Mio. Mio. Mio. Mio. Mio. Mio. Mio. Mio. Mio. Mio. Mio. Mio. Mio. Mio. Mio. Mio. Mio. Mio. Mio. Mio. Mio.

Mio. Mio. Mio. Mio. Mio. Mio. Mio. Mio. Mio. Mio. Mio. Mio. Mio. Mio. Mio. Mio. Mio. Mio. Mio. Mio. Mio. Mio. Mio. Mio. Mio. Mio. Mio. Mio. Mio. Mio. Mio. Mio. Mio. Mio. Mio. Mio. Mio. Mio. Mio. Mio. Mio. Mio. Mio. Mio. Mio. Mio. Mio. Mio. Mio. Mio. Mio. Mio. Mio. Mio. Mio. Mio. Mio. Mio. Mio. Mio. Mio. Mio. Mio. Mio. Mio. Mio.

Mio. Mio. Mio. Mio. Mio. Mio. Mio. Mio. Mio. Mio. Mio. Mio. Mio. Mio. Mio. Mio. Mio. Mio. Mio. Mio. Mio. Mio. Mio. Mio. Mio. Mio. Mio. Mio. Mio. Mio. Mio. Mio. Mio. Mio. Mio. Mio. Mio. Mio. Mio. Mio. Mio. Mio. Mio. Mio. Mio. Mio. Mio. Mio. Mio. Mio. Mio. Mio.

Mio. Mio. Mio. Mio. Mio. Mio. Mio. Mio. Mio. Mio. Mio. Mio. Mio. Mio. Mio. Mio. Mio. Mio. Mio. Mio. Mio. Mio. Mio. Mio. Mio. Mio. Mio. Mio. Mio. Mio. Mio. Mio. Mio. Mio. Mio. Mio. Mio. Mio. Mio.

Mio. Mio. Mio. Mio. Mio. Mio. Mio. Mio. Mio. Mio. Mio. Mio. Mio. Mio. Mio. Mio. Mio. Mio. Mio. Mio. Mio. Mio. Mio. Mio. Mio. Mio. Mio. Mio. Mio. Mio. Mio. Mio. Mio. Mio. Mio. Mio. Mio. Mio. Mio. Mio. Mio. Mio. Mio. Mio.

Mio. Mio. Mio. Mio. Mio. Mio. Mio. Mio. Mio. Mio. Mio. Mio. Mio. Mio. Mio. Mio. Mio. Mio. Mio. Mio. Mio. Mio. Mio. Mio. Mio. Mio. Mio. Mio. Mio. Mio. Mio. Mio. Mio. Mio. Mio. Mio. Mio. Mio. Mio. Mio. Mio. Mio. Mio. Mio. Mio. Mio. Mio. Mio. Mio. Mio. Mio. Mio. Mio. Mio. Mio. Mio. Mio. Mio. Mio. Mio. Mio. Mio. Mio. Mio. Mio. Mio. Mio. Mio. Mio. Mio. Mio. Mio. Mio. Mio. Mio. Mio. Mio. Mio. Mio. Mio. Mio. Mio. Mio. Mio. Mio. Mio. Mio. Mio. Mio. Mio. Mio. Mio. Mio. Mio.

Mio. Mio. Mio. Mio. Mio. Mio. Mio. Mio. Mio. Mio. Mio. Mio. Mio. Mio. Mio. Mio. Mio. Mio. Mio. Mio. Mio. Mio. Mio. Mio. Mio. Mio. Mio. Mio. Mio. Mio. Mio. Mio. Mio. Mio. Mio. Mio. Mio. Mio. Mio. Mio. Mio. Mio. Mio. Mio. Mio. Mio. Mio. Mio. Mio. Mio. Mio. Mio. Mio. Mio. Mio. Mio. Mio. Mio. Mio. Mio. Mio. Mio. Mio. Mio. Mio. Mio.

Mio. Mio. Mio. Mio. Mio. Mio. Mio. Mio. Mio. Mio. Mio. Mio. Mio. Mio. Mio. Mio. Mio. Mio. Mio. Mio. Mio. Mio. Mio. Mio. Mio. Mio. Mio. Mio. Mio. Mio. Mio. Mio. Mio. Mio. Mio. Mio. Mio. Mio. Mio. Mio. Mio. Mio. Mio. Mio. Mio. Mio. Mio. Mio. Mio. Mio. Mio. Mio.

Mio. Mio. Mio. Mio. Mio. Mio. Mio. Mio. Mio. Mio. Mio. Mio. Mio. Mio. Mio. Mio. Mio. Mio. Mio. Mio. Mio. Mio. Mio. Mio. Mio. Mio. Mio. Mio. Mio. Mio. Mio. Mio. Mio. Mio. Mio. Mio. Mio. Mio. Mio.

Mio. Mio. Mio. Mio. Mio. Mio. Mio. Mio. Mio. Mio. Mio. Mio. Mio. Mio. Mio. Mio. Mio. Mio. Mio. Mio. Mio. Mio. Mio. Mio. Mio. Mio. Mio. Mio. Mio. Mio. Mio. Mio. Mio. Mio. Mio. Mio. Mio. Mio. Mio. Mio. Mio. Mio. Mio. Mio.

Mio. Mio. Mio. Mio. Mio. Mio. Mio. Mio. Mio. Mio. Mio. Mio. Mio. Mio. Mio. Mio. Mio. Mio. Mio. Mio. Mio. Mio. Mio. Mio. Mio. Mio. Mio. Mio. Mio. Mio. Mio. Mio. Mio. Mio. Mio. Mio. Mio. Mio. Mio. Mio. Mio. Mio. Mio. Mio. Mio. Mio. Mio. Mio. Mio. Mio. Mio. Mio. Mio. Mio. Mio. Mio. Mio. Mio. Mio. Mio. Mio. Mio. Mio. Mio. Mio. Mio. Mio. Mio. Mio. Mio. Mio. Mio. Mio. Mio. Mio. Mio. Mio. Mio. Mio. Mio. Mio. Mio. Mio. Mio. Mio. Mio. Mio. Mio. Mio. Mio. Mio. Mio. Mio. Mio.

Mio. Mio. Mio. Mio. Mio. Mio. Mio. Mio. Mio. Mio. Mio. Mio. Mio. Mio. Mio. Mio. Mio. Mio. Mio. Mio. Mio. Mio. Mio. Mio. Mio. Mio. Mio. Mio. Mio. Mio. Mio. Mio. Mio. Mio. Mio. Mio. Mio. Mio. Mio. Mio. Mio. Mio. Mio. Mio. Mio. Mio. Mio. Mio. Mio. Mio. Mio. Mio. Mio. Mio. Mio. Mio. Mio. Mio. Mio. Mio. Mio. Mio. Mio. Mio. Mio. Mio.

Mio. Mio. Mio. Mio. Mio. Mio. Mio. Mio. Mio. Mio. Mio. Mio. Mio. Mio. Mio. Mio. Mio. Mio. Mio. Mio. Mio. Mio. Mio. Mio. Mio. Mio. Mio. Mio. Mio. Mio. Mio. Mio. Mio. Mio. Mio. Mio. Mio. Mio. Mio. Mio. Mio. Mio. Mio. Mio. Mio. Mio. Mio. Mio. Mio. Mio. Mio. Mio.

Mio. Mio. Mio. Mio. Mio. Mio. Mio. Mio. Mio. Mio. Mio. Mio. Mio. Mio. Mio. Mio. Mio. Mio. Mio. Mio. Mio. Mio. Mio. Mio. Mio. Mio. Mio. Mio. Mio. Mio. Mio. Mio. Mio. Mio. Mio. Mio. Mio. Mio. Mio.

Mio. Mio. Mio. Mio. Mio. Mio. Mio. Mio. Mio. Mio. Mio. Mio. Mio. Mio. Mio. Mio. Mio. Mio. Mio. Mio. Mio. Mio. Mio. Mio. Mio. Mio. Mio. Mio. Mio. Mio. Mio. Mio. Mio. Mio. Mio. Mio. Mio. Mio. Mio. Mio. Mio. Mio. Mio. Mio.

Mio. Mio. Mio. Mio. Mio. Mio. Mio. Mio. Mio. Mio. Mio. Mio. Mio. Mio. Mio. Mio. Mio. Mio. Mio. Mio. Mio. Mio. Mio. Mio. Mio. Mio. Mio. Mio. Mio. Mio. Mio. Mio. Mio. Mio. Mio. Mio. Mio. Mio. Mio. Mio. Mio. Mio. Mio. Mio. Mio. Mio. Mio. Mio. Mio. Mio. Mio. Mio. Mio. Mio. Mio. Mio. Mio. Mio. Mio. Mio. Mio. Mio. Mio. Mio. Mio. Mio. Mio. Mio. Mio. Mio. Mio. Mio. Mio. Mio. Mio. Mio. Mio. Mio. Mio. Mio. Mio. Mio. Mio.

Mio. Mio. Mio. Mio. Mio. Mio. Mio. Mio. Mio. Mio. Mio. Mio. Mio. Mio. Mio. Mio. Mio. Mio. Mio. Mio. Mio. Mio. Mio. Mio. Mio. Mio. Mio. Mio. Mio. Mio. Mio. Mio. Mio. Mio. Mio. Mio. Mio. Mio. Mio. Mio. Mio. Mio. Mio. Mio. Mio. Mio. Mio. Mio. Mio. Mio. Mio. Mio. Mio. Mio. Mio. Mio. Mio. Mio. Mio. Mio. Mio. Mio. Mio. Mio. Mio. Mio.

Mio. Mio. Mio. Mio. Mio. Mio. Mio. Mio. Mio. Mio. Mio. Mio. Mio. Mio. Mio. Mio. Mio. Mio. Mio. Mio. Mio. Mio. Mio. Mio. Mio. Mio. Mio. Mio. Mio. Mio. Mio. Mio. Mio. Mio. Mio. Mio. Mio. Mio. Mio. Mio. Mio. Mio. Mio. Mio. Mio. Mio. Mio. Mio. Mio. Mio. Mio. Mio.

Mio. Mio. Mio. Mio. Mio. Mio. Mio. Mio. Mio. Mio. Mio. Mio. Mio. Mio. Mio. Mio. Mio. Mio. Mio. Mio. Mio. Mio. Mio. Mio. Mio. Mio. Mio. Mio. Mio. Mio. Mio. Mio. Mio. Mio. Mio. Mio. Mio. Mio. Mio.

Mio. Mio. Mio. Mio. Mio. Mio. Mio. Mio. Mio. Mio. Mio. Mio. Mio. Mio. Mio. Mio. Mio. Mio. Mio. Mio. Mio. Mio. Mio. Mio. Mio. Mio. Mio. Mio. Mio. Mio. Mio. Mio. Mio. Mio. Mio. Mio. Mio. Mio. Mio. Mio. Mio. Mio. Mio. Mio.

Mio. Mio. Mio. Mio. Mio. Mio. Mio. Mio. Mio. Mio. Mio. Mio. Mio. Mio. Mio. Mio. Mio. Mio. Mio. Mio. Mio. Mio. Mio. Mio. Mio. Mio. Mio. Mio. Mio. Mio. Mio. Mio. Mio. Mio. Mio. Mio. Mio. Mio. Mio. Mio. Mio. Mio. Mio. Mio. Mio. Mio. Mio. Mio. Mio. Mio. Mio. Mio. Mio. Mio. Mio. Mio. Mio. Mio. Mio. Mio. Mio. Mio. Mio. Mio. Mio. Mio. Mio. Mio. Mio. Mio. Mio. Mio. Mio.

Mio. Mio. Mio. Mio. Mio. Mio. Mio. Mio. Mio. Mio. Mio. Mio. Mio. Mio. Mio. Mio. Mio. Mio. Mio. Mio. Mio. Mio. Mio. Mio. Mio. Mio. Mio. Mio. Mio. Mio. Mio. Mio. Mio. Mio. Mio. Mio. Mio. Mio. Mio. Mio. Mio. Mio. Mio. Mio. Mio. Mio. Mio. Mio. Mio. Mio. Mio. Mio. Mio. Mio. Mio. Mio. Mio. Mio. Mio. Mio. Mio. Mio. Mio.

Mio. Mio. Mio. Mio. Mio. Mio. Mio. Mio. Mio. Mio. Mio. Mio. Mio. Mio. Mio. Mio. Mio. Mio. Mio. Mio. Mio. Mio. Mio. Mio. Mio. Mio. Mio. Mio. Mio. Mio. Mio. Mio. Mio. Mio. Mio. Mio. Mio. Mio. Mio. Mio. Mio. Mio. Mio. Mio. Mio. Mio. Mio. Mio. Mio. Mio. Mio. Mio. Mio. Mio. Mio. Mio. Mio. Mio. Mio. Mio. Mio. Mio. Mio. Mio. Mio. Mio. Mio. Mio. Mio. Mio. Mio. Mio. Mio. Mio.

Mio. Mio. Mio. Mio. Mio. Mio. Mio. Mio. Mio. Mio. Mio. Mio. Mio. Mio. Mio. Mio. Mio. Mio. Mio. Mio. Mio. Mio. Mio. Mio. Mio. Mio. Mio. Mio. Mio. Mio. Mio. Mio. Mio. Mio. Mio. Mio. Mio. Mio. Mio. Mio. Mio. Mio. Mio. Mio.

Mio. Mio. Mio. Mio. Mio. Mio. Mio. Mio. Mio. Mio. Mio. Mio. Mio. Mio. Mio. Mio. Mio. Mio. Mio. Mio. Mio. Mio. Mio. Mio. Mio. Mio. Mio. Mio. Mio. Mio. Mio. Mio. Mio. Mio. Mio. Mio. Mio. Mio.

Mio. Mio. Mio. Mio. Mio. Mio. Mio. Mio. Mio. Mio. Mio. Mio. Mio. Mio. Mio. Mio. Mio. Mio. Mio. Mio. Mio. Mio. Mio. Mio. Mio. Mio. Mio. Mio. Mio. Mio. Mio. Mio. Mio. Mio. Mio. Mio. Mio. Mio. Mio. Mio. Mio. Mio. Mio. Mio. Mio. Mio. Mio. Mio. Mio.

Mio. Mio. Mio. Mio. Mio. Mio. Mio. Mio. Mio. Mio. Mio. Mio. Mio. Mio. Mio. Mio. Mio. Mio. Mio. Mio. Mio. Mio. Mio. Mio. Mio. Mio. Mio. Mio. Mio. Mio. Mio. Mio. Mio. Mio. Mio. Mio. Mio. Mio. Mio. Mio. Mio. Mio. Mio. Mio. Mio. Mio. Mio. Mio. Mio. Mio. Mio. Mio. Mio. Mio. Mio. Mio. Mio. Mio. Mio. Mio. Mio. Mio. Mio. Mio. Mio. Mio. Mio. Mio. Mio. Mio. Mio. Mio. Mio. Mio. Mio. Mio. Mio. Mio. Mio. Mio. Mio. Mio. Mio. Mio. Mio. Mio. Mio. Mio. Mio. Mio. Mio. Mio. Mio. Mio. Mio. Mio. Mio. Mio. Mio.

Mio. Mio. Mio. Mio. Mio. Mio. Mio. Mio. Mio. Mio. Mio. Mio. Mio. Mio. Mio. Mio. Mio. Mio. Mio. Mio. Mio. Mio. Mio. Mio. Mio. Mio. Mio. Mio. Mio. Mio. Mio. Mio. Mio. Mio. Mio. Mio. Mio. Mio. Mio. Mio. Mio. Mio. Mio. Mio. Mio. Mio. Mio. Mio. Mio. Mio. Mio. Mio. Mio. Mio. Mio. Mio. Mio. Mio. Mio. Mio. Mio. Mio. Mio. Mio. Mio. Mio. Mio. Mio. Mio. Mio. Mio. Mio. .

Mio. Mio. Mio. Mio. Mio. Mio. Mio. Mio. Mio. Mio. Mio. Mio. Mio. Mio. Mio. Mio. Mio. Mio. Mio. Mio. Mio. Mio. Mio. Mio. Mio. Mio. Mio. Mio. Mio. Mio. Mio. Mio. Mio.

Mio. Mio. Mio. Mio. Mio. Mio. Mio. Mio. Mio. Mio. Mio. Mio. Mio. Mio. Mio. Mio. Mio. Mio. Mio. Mio. Mio. Mio. Mio. Mio. Mio. Mio. Mio. Mio. Mio. Mio. Mio. Mio.

Mio. Mio. Mio. Mio. Mio. Mio. Mio. Mio. Mio. Mio. Mio. Mio. Mio. Mio. Mio. Mio. Mio. Mio. Mio. Mio. Mio. Mio. Mio. Mio. Mio. Mio. Mio. Mio. Mio. Mio. Mio. Mio. Mio. Mio. Mio. Mio. Mio. Mio. Mio. Mio. Mio. Mio. Mio. Mio. Mio. Mio. Mio. Mio. Mio. Mio. Mio. Mio. Mio. Mio. Mio. Mio. Mio. Mio. Mio. Mio. Mio. Mio. Mio.

Mio. Mio. Mio. Mio. Mio. Mio. Mio. Mio. Mio. Mio. Mio. Mio. Mio. Mio. Mio. Mio. Mio. Mio. Mio. Mio. Mio. Mio. Mio. Mio. Mio. Mio. Mio. Mio. Mio. Mio. Mio. Mio. Mio. Mio. Mio. Mio. Mio. Mio. Mio. Mio. Mio. Mio. Mio. Mio. Mio. Mio. Mio. Mio. Mio. Mio. Mio. Mio. Mio. Mio. Mio. Mio. Mio. Mio. Mio. Mio. Mio. Mio. Mio. Mio. Mio. Mio. Mio. Mio. Mio. Mio. Mio. Mio. Mio. Mio. Mio. Mio. Mio. Mio. Mio. Mio. Mio. Mio. Mio. Mio. Mio. Mio. Mio. Mio. Mio. Mio. Mio. Mio. Mio. Mio. Mio. Mio. Mio. Mio. Mio.

Mio. Mio. Mio. Mio. Mio. Mio. Mio. Mio. Mio. Mio. Mio. Mio. Mio. Mio. Mio. Mio. Mio. Mio. Mio. Mio. Mio. Mio. Mio. Mio. Mio. Mio. Mio. Mio. Mio. Mio. Mio. Mio. Mio. Mio. Mio. Mio. Mio. Mio. Mio. Mio. Mio. Mio. Mio. Mio. Mio. Mio. Mio. Mio. Mio. Mio. Mio. Mio. Mio. Mio. Mio. Mio. Mio. Mio. Mio. Mio. Mio. Mio. Mio. Mio. Mio. Mio. Mio. Mio. Mio. Mio. Mio. Mio. Mio. Mio. Mio. Mio. Mio. Mio. Mio. Mio. Mio. Mio. Mio. Mio. Mio. Mio.

Mio. Mio. Mio. Mio. Mio. Mio. Mio. Mio. Mio. Mio. Mio. Mio. Mio. Mio. Mio. Mio. Mio. Mio. Mio. Mio. Mio. Mio.

Mio. Mio. Mio. Mio. Mio. Mio. Mio. Mio. Mio. Mio. Mio. Mio. Mio. Mio. Mio. Mio. Mio. Mio. Mio. Mio. Mio. Mio. Mio. Mio. Mio. Mio. Mio. Mio. Mio. Mio. Mio. Mio.

Mio. Mio. Mio. Mio. Mio. Mio. Mio. Mio. Mio. Mio. Mio. Mio. Mio. Mio. Mio. Mio. Mio. Mio. Mio. Mio. Mio. Mio. Mio. Mio. Mio. Mio. Mio. Mio. Mio. Mio. Mio. Mio. Mio. Mio. Mio. Mio. Mio. Mio. Mio. Mio. Mio. Mio. Mio. Mio. Mio. Mio. Mio. Mio. Mio. Mio. Mio. Mio. Mio. Mio. Mio. Mio. Mio. Mio. Mio. Mio. Mio. Mio. Mio.

Mio. Mio. Mio. Mio. Mio. Mio. Mio. Mio. Mio. Mio. Mio. Mio. Mio. Mio. Mio. Mio. Mio. Mio. Mio. Mio. Mio. Mio. Mio. Mio. Mio. Mio. Mio. Mio. Mio. Mio. Mio. Mio. Mio. Mio. Mio. Mio. Mio. Mio. Mio. Mio. Mio. Mio. Mio. Mio. Mio. Mio. Mio. Mio. Mio. Mio. Mio. Mio. Mio. Mio. Mio. Mio. Mio. Mio. Mio. Mio. Mio. Mio. Mio. Mio. Mio. Mio. Mio. Mio. Mio. Mio. Mio. Mio. Mio. Mio. Mio. Mio. Mio. Mio. Mio. Mio. Mio. Mio. Mio. Mio. Mio. Mio. Mio. Mio. Mio. Mio. Mio. Mio. Mio. Mio. Mio. Mio. Mio. Mio. Mio.

Mio. Mio. Mio. Mio. Mio. Mio. Mio. Mio. Mio. Mio. Mio. Mio. Mio. Mio. Mio. Mio. Mio. Mio. Mio. Mio. Mio. Mio. Mio. Mio. Mio. Mio. Mio. Mio. Mio. Mio. Mio. Mio. Mio. Mio. Mio. Mio. Mio. Mio. Mio. Mio. Mio. Mio. Mio. Mio. Mio. Mio. Mio. Mio. Mio. Mio. Mio. Mio. Mio. Mio. Mio. Mio. Mio. Mio. Mio. Mio. Mio. Mio. Mio. Mio. Mio. Mio. Mio. Mio. Mio. Mio. Mio. Mio. Mio. Mio. Mio. Mio. Mio. Mio. Mio. Mio. Mio. Mio. Mio. Mio. Mio. Mio.

Mio. Mio. Mio. Mio. Mio. Mio. Mio. Mio. Mio. Mio. Mio. Mio. Mio. Mio. Mio. Mio. Mio. Mio. Mio. Mio. Mio. Mio.

Mio. Mio. Mio. Mio. Mio. Mio. Mio. Mio. Mio. Mio. Mio. Mio. Mio. Mio. Mio. Mio. Mio. Mio. Mio. Mio. Mio.

Mio. Mio. Mio. Mio. Mio. Mio. Mio. Mio. Mio. Mio. Mio. Mio. Mio. Mio. Mio. Mio. Mio. Mio. Mio. Mio. Mio. Mio. Mio. Mio. Mio. Mio. Mio. Mio. Mio. Mio. Mio. Mio.

Mio. Mio. Mio. Mio. Mio. Mio. Mio. Mio. Mio. Mio. Mio. Mio. Mio. Mio. Mio. Mio. Mio. Mio. Mio. Mio. Mio. Mio. Mio. Mio. Mio. Mio. Mio. Mio. Mio. Mio. Mio. Mio. Mio. Mio. Mio. Mio. Mio. Mio. Mio. Mio. Mio. Mio. Mio. Mio. Mio. Mio. Mio. Mio. Mio. Mio. Mio. Mio. Mio. Mio. Mio. Mio. Mio. Mio. Mio. Mio. Mio. Mio. Mio.

Mio. Mio. Mio. Mio. Mio. Mio. Mio. Mio. Mio. Mio. Mio. Mio. Mio. Mio. Mio. Mio. Mio. Mio. Mio. Mio. Mio. Mio. Mio. Mio. Mio. Mio. Mio. Mio. Mio. Mio. Mio. Mio. Mio. Mio. Mio. Mio. Mio. Mio. Mio. Mio. Mio. Mio. Mio. Mio. Mio. Mio. Mio. Mio. Mio. Mio. Mio. Mio. Mio. Mio. Mio. Mio. Mio. Mio. Mio. Mio. Mio. Mio. Mio. Mio. Mio. Mio. Mio. Mio. Mio. Mio. Mio. Mio. Mio. Mio. Mio. Mio. Mio. Mio. Mio. Mio. Mio. Mio. Mio. Mio. Mio. Mio. Mio. Mio. Mio. Mio. Mio. Mio. Mio. Mio. Mio. Mio. Mio. Mio. Mio.

Mio. Mio. Mio. Mio. Mio. Mio. Mio. Mio. Mio. Mio. Mio. Mio. Mio. Mio. Mio. Mio. Mio. Mio. Mio. Mio. Mio. Mio. Mio. Mio. Mio. Mio. Mio. Mio. Mio. Mio. Mio. Mio. Mio. Mio. Mio. Mio. Mio. Mio. Mio. Mio. Mio. Mio. Mio. Mio. Mio. Mio. Mio. Mio. Mio. Mio. Mio. Mio. Mio. Mio. Mio. Mio. Mio. Mio. Mio. Mio. Mio. Mio. Mio. Mio. Mio. Mio. Mio. Mio. Mio. Mio. Mio. Mio. Mio. Mio. Mio. Mio. Mio. Mio. Mio. Mio. Mio. Mio. Mio. Mio. Mio. Mio.

Mio. Mio. Mio. Mio. Mio. Mio. Mio. Mio. Mio. Mio. Mio. Mio. Mio. Mio. Mio. Mio. Mio. Mio. Mio. Mio. Mio. Mio. Mio. Mio. Mio. Mio. Mio. Mio. Mio. Mio. Mio. Mio. Mio. Mio. Mio. Mio. Mio. Mio. Mio. Mio. Mio. Mio. Mio. Mio. Mio. Mio. Mio. Mio. Mio. Mio. Mio. Mio. Mio. Mio.

Mio. Mio. Mio. Mio. Mio. Mio. Mio. Mio. Mio. Mio. Mio. Mio. Mio. Mio. Mio. Mio. Mio. Mio. Mio. Mio. Mio. Mio. Mio. Mio. Mio. Mio. Mio. Mio. Mio. Mio. Mio. Mio. Mio. Mio. Mio. Mio. Mio. Mio. Mio. Mio. Mio. Mio. Mio. Mio. Mio. Mio. Mio. Mio. Mio. Mio. Mio. Mio. Mio. Mio. Mio. Mio. Mio. Mio. Mio. Mio. Mio. Mio. Mio.

Mio. Mio. Mio. Mio. Mio. Mio. Mio. Mio. Mio. Mio. Mio. Mio. Mio. Mio. Mio. Mio. Mio. Mio. Mio. Mio. Mio. Mio. Mio. Mio. Mio. Mio. Mio. Mio. Mio. Mio. Mio. Mio. Mio. Mio. Mio. Mio. Mio. Mio. Mio. Mio. Mio. Mio. Mio. Mio. Mio. Mio. Mio. Mio. Mio. Mio. Mio. Mio. Mio. Mio. Mio. Mio. Mio. Mio. Mio. Mio. Mio. Mio. Mio. Mio. Mio. Mio. Mio. Mio. Mio. Mio. Mio. Mio. Mio. Mio. Mio. Mio. Mio. Mio. Mio. Mio. Mio. Mio. Mio. Mio. Mio. Mio. Mio. Mio. Mio. Mio. Mio. Mio. Mio. Mio. Mio. Mio. Mio. Mio. Mio.

Mio. Mio. Mio. Mio. Mio. Mio. Mio. Mio. Mio. Mio. Mio. Mio. Mio. Mio. Mio. Mio. Mio. Mio. Mio. Mio. Mio. Mio. Mio. Mio. Mio. Mio. Mio. Mio. Mio. Mio. Mio. Mio. Mio. Mio. Mio. Mio. Mio. Mio. Mio. Mio. Mio. Mio. Mio. Mio. Mio. Mio. Mio. Mio. Mio. Mio. Mio. Mio. Mio. Mio. Mio. Mio. Mio. Mio. Mio. Mio. Mio. Mio. Mio. Mio. Mio. Mio. Mio. Mio. Mio. Mio. Mio. Mio. Mio. Mio. Mio. Mio. Mio. Mio. Mio. Mio. Mio. Mio. Mio. Mio. Mio. Mio.

Mio. Mio. Mio. Mio. Mio. Mio. Mio. Mio. Mio. Mio. Mio. Mio. Mio. Mio. Mio. Mio. Mio. Mio. Mio. Mio. Mio. Mio.

Mio. Mio. Mio. Mio. Mio. Mio. Mio. Mio. Mio. Mio. Mio. Mio. Mio. Mio. Mio. Mio. Mio. Mio. Mio. Mio. Mio. Mio. Mio. Mio. Mio. Mio. Mio. Mio. Mio. Mio. Mio. Mio.

Mio. Mio. Mio. Mio. Mio. Mio. Mio. Mio. Mio. Mio. Mio. Mio. Mio. Mio. Mio. Mio. Mio. Mio. Mio. Mio. Mio. Mio. Mio. Mio. Mio. Mio. Mio. Mio. Mio. Mio. Mio. Mio. Mio. Mio. Mio. Mio. Mio. Mio. Mio. Mio. Mio. Mio. Mio. Mio. Mio. Mio. Mio. Mio. Mio. Mio. Mio. Mio. Mio. Mio. Mio. Mio. Mio. Mio. Mio. Mio. Mio. Mio. Mio.

Mio. Mio. Mio. Mio. Mio. Mio. Mio. Mio. Mio. Mio. Mio. Mio. Mio. Mio. Mio. Mio. Mio. Mio. Mio. Mio. Mio. Mio. Mio. Mio. Mio. Mio. Mio. Mio. Mio. Mio. Mio. Mio. Mio. Mio. Mio. Mio. Mio. Mio. Mio. Mio. Mio. Mio. Mio. Mio. Mio. Mio. Mio. Mio. Mio. Mio. Mio. Mio. Mio. Mio. Mio. Mio. Mio. Mio. Mio. Mio. Mio. Mio. Mio. Mio. Mio. Mio. Mio. Mio. Mio. Mio. Mio. Mio. Mio. Mio. Mio. Mio. Mio. Mio. Mio. Mio. Mio. Mio. Mio. Mio. Mio. Mio. Mio. Mio. Mio. Mio. Mio. Mio. Mio. Mio. Mio. Mio. Mio. Mio. Mio.

Mio. Mio. Mio. Mio. Mio. Mio. Mio. Mio. Mio. Mio. Mio. Mio. Mio. Mio. Mio. Mio. Mio. Mio. Mio. Mio. Mio. Mio. Mio. Mio. Mio. Mio. Mio. Mio. Mio. Mio. Mio. Mio. Mio. Mio. Mio. Mio. Mio. Mio. Mio. Mio. Mio. Mio. Mio. Mio. Mio. Mio. Mio. Mio. Mio. Mio. Mio. Mio. Mio. Mio. Mio. Mio. Mio. Mio. Mio. Mio. Mio. Mio. Mio. Mio. Mio. Mio. Mio. Mio. Mio. Mio. Mio. Mio. Mio. Mio. Mio. Mio. Mio. Mio. Mio. Mio. Mio. Mio. Mio. Mio. Mio. Mio.

Mio. Mio. Mio. Mio. Mio. Mio. Mio. Mio. Mio. Mio. Mio. Mio. Mio. Mio. Mio. Mio. Mio. Mio. Mio. Mio. Mio. Mio.

Mio. Mio. Mio. Mio. Mio. Mio. Mio. Mio. Mio. Mio. Mio. Mio. Mio. Mio. Mio. Mio. Mio. Mio. Mio. Mio. Mio. Mio. Mio. Mio. Mio. Mio. Mio. Mio. Mio. Mio. Mio. Mio.

Mio. Mio. Mio. Mio. Mio. Mio. Mio. Mio. Mio. Mio. Mio. Mio. Mio. Mio. Mio. Mio. Mio. Mio. Mio. Mio. Mio. Mio. Mio. Mio. Mio. Mio. Mio. Mio. Mio. Mio. Mio. Mio. Mio. Mio. Mio. Mio. Mio. Mio. Mio. Mio. Mio. Mio. Mio. Mio. Mio. Mio. Mio. Mio. Mio. Mio. Mio. Mio. Mio. Mio. Mio. Mio. Mio. Mio. Mio. Mio. Mio. Mio. Mio.

Mio. Mio. Mio. Mio. Mio. Mio. Mio. Mio. Mio. Mio. Mio. Mio. Mio. Mio. Mio. Mio. Mio. Mio. Mio. Mio. Mio. Mio. Mio. Mio. Mio. Mio. Mio. Mio. Mio. Mio. Mio. Mio. Mio. Mio. Mio. Mio. Mio. Mio. Mio. Mio. Mio. Mio. Mio. Mio. Mio. Mio. Mio. Mio. Mio. Mio. Mio. Mio. Mio. Mio. Mio. Mio. Mio. Mio. Mio. Mio. Mio. Mio. Mio. Mio. Mio. Mio. Mio. Mio. Mio. Mio. Mio. Mio. Mio. Mio. Mio. Mio. Mio. Mio. Mio. Mio. Mio. Mio. Mio. Mio. Mio. Mio. Mio. Mio. Mio. Mio. Mio. Mio. Mio. Mio. Mio. Mio. Mio. Mio. Mio.

Mio. Mio. Mio. Mio. Mio. Mio. Mio. Mio. Mio. Mio. Mio. Mio. Mio. Mio. Mio. Mio. Mio. Mio. Mio. Mio. Mio. Mio. Mio. Mio. Mio. Mio. Mio. Mio. Mio. Mio. Mio. Mio. Mio. Mio. Mio. Mio. Mio. Mio. Mio. Mio. Mio. Mio. Mio. Mio. Mio. Mio. Mio. Mio. Mio. Mio. Mio. Mio. Mio. Mio. Mio. Mio. Mio. Mio. Mio. Mio. Mio. Mio. Mio. Mio. Mio. Mio. Mio. Mio. Mio. Mio. Mio. Mio. Mio. Mio. Mio. Mio. Mio. Mio. Mio. Mio. Mio. Mio. Mio. Mio. Mio. Mio.

Mio. Mio. Mio. Mio. Mio. Mio. Mio. Mio. Mio. Mio. Mio. Mio. Mio. Mio. Mio. Mio. Mio. Mio. Mio. Mio. Mio. Mio. Mio. Mio. Mio. Mio. Mio. Mio. Mio. Mio. Mio. Mio. Mio. Mio. Mio. Mio. Mio. Mio. Mio. Mio. Mio. Mio. Mio. Mio. Mio. Mio. Mio. Mio. Mio. Mio. Mio. Mio. Mio. Mio.

Mio. Mio. Mio. Mio. Mio. Mio. Mio. Mio. Mio. Mio. Mio. Mio. Mio. Mio. Mio. Mio. Mio. Mio. Mio. Mio. Mio. Mio. Mio. Mio. Mio. Mio. Mio. Mio. Mio. Mio. Mio. Mio. Mio. Mio. Mio. Mio. Mio. Mio. Mio. Mio. Mio. Mio. Mio. Mio. Mio. Mio. Mio. Mio. Mio. Mio. Mio. Mio. Mio. Mio. Mio. Mio. Mio. Mio. Mio. Mio. Mio. Mio. Mio.

Mio. Mio. Mio. Mio. Mio. Mio. Mio. Mio. Mio. Mio. Mio. Mio. Mio. Mio. Mio. Mio. Mio. Mio. Mio. Mio. Mio. Mio. Mio. Mio. Mio. Mio. Mio. Mio. Mio. Mio. Mio. Mio. Mio. Mio. Mio. Mio. Mio. Mio. Mio. Mio. Mio. Mio. Mio. Mio. Mio. Mio. Mio. Mio. Mio. Mio. Mio. Mio. Mio. Mio. Mio. Mio. Mio. Mio. Mio. Mio. Mio. Mio. Mio. Mio. Mio. Mio. Mio. Mio. Mio. Mio. Mio. Mio. Mio. Mio. Mio. Mio. Mio. Mio. Mio. Mio. Mio. Mio. Mio. Mio. Mio. Mio. Mio. Mio. Mio. Mio. Mio. Mio. Mio. Mio. Mio. Mio. Mio. Mio. Mio.

Mio. Mio. Mio. Mio. Mio. Mio. Mio. Mio. Mio. Mio. Mio. Mio. Mio. Mio. Mio. Mio. Mio. Mio. Mio. Mio. Mio. Mio. Mio. Mio. Mio. Mio. Mio. Mio. Mio. Mio. Mio. Mio. Mio. Mio. Mio. Mio. Mio. Mio. Mio. Mio. Mio. Mio. Mio. Mio. Mio. Mio. Mio. Mio. Mio. Mio. Mio. Mio. Mio. Mio. Mio. Mio. Mio. Mio. Mio. Mio. Mio. Mio. Mio. Mio. Mio. Mio. Mio. Mio. Mio. Mio. Mio. Mio. Mio. Mio. Mio. Mio. Mio. Mio. Mio. Mio. Mio. Mio. Mio. Mio. Mio. Mio.

Mio. Mio. Mio. Mio. Mio. Mio. Mio. Mio. Mio. Mio. Mio. Mio. Mio. Mio. Mio. Mio. Mio. Mio. Mio. Mio. Mio. Mio. Mio. Mio. Mio. Mio. Mio. Mio. Mio. Mio. Mio. Mio. Mio. Mio. Mio. Mio. Mio. Mio. Mio. Mio. Mio. Mio. Mio. Mio. Mio. Mio. Mio. Mio. Mio. Mio. Mio. Mio. Mio. Mio.

Mio. Mio. Mio. Mio. Mio. Mio. Mio. Mio. Mio. Mio. Mio. Mio. Mio. Mio. Mio. Mio. Mio. Mio. Mio. Mio. Mio. Mio. Mio. Mio. Mio. Mio. Mio. Mio. Mio. Mio. Mio. Mio. Mio. Mio. Mio. Mio. Mio. Mio. Mio. Mio. Mio. Mio. Mio. Mio. Mio. Mio. Mio. Mio. Mio. Mio. Mio. Mio. Mio. Mio. Mio. Mio. Mio. Mio. Mio. Mio. Mio. Mio. Mio.

Mio. Mio. Mio. Mio. Mio. Mio. Mio. Mio. Mio. Mio. Mio. Mio. Mio. Mio. Mio. Mio. Mio. Mio. Mio. Mio. Mio. Mio. Mio. Mio. Mio. Mio. Mio. Mio. Mio. Mio. Mio. Mio. Mio. Mio. Mio. Mio. Mio. Mio. Mio. Mio. Mio. Mio. Mio. Mio. Mio. Mio. Mio. Mio. Mio. Mio. Mio. Mio. Mio. Mio. Mio. Mio. Mio. Mio. Mio. Mio. Mio. Mio. Mio. Mio. Mio. Mio. Mio. Mio. Mio. Mio. Mio. Mio. Mio. Mio. Mio. Mio. Mio. Mio. Mio. Mio. Mio. Mio. Mio. Mio. Mio. Mio. Mio. Mio. Mio. Mio. Mio. Mio. Mio. Mio. Mio. Mio. Mio. Mio. Mio.

Mio. Mio. Mio. Mio. Mio. Mio. Mio. Mio. Mio. Mio. Mio. Mio. Mio. Mio. Mio. Mio. Mio. Mio. Mio. Mio. Mio. Mio. Mio. Mio. Mio. Mio. Mio. Mio. Mio. Mio. Mio. Mio. Mio. Mio. Mio. Mio. Mio. Mio. Mio. Mio. Mio. Mio. Mio. Mio. Mio. Mio. Mio. Mio. Mio. Mio. Mio. Mio. Mio. Mio. Mio. Mio. Mio. Mio. Mio. Mio. Mio. Mio. Mio. Mio. Mio. Mio. Mio. Mio. Mio. Mio. Mio. Mio. Mio. Mio. Mio. Mio. Mio. Mio. Mio. Mio. Mio. Mio. Mio. Mio. Mio. Mio.

Mio. Mio. Mio. Mio. Mio. Mio. Mio. Mio. Mio. Mio. Mio. Mio. Mio. Mio. Mio. Mio. Mio. Mio. Mio. Mio. Mio. Mio. Mio. Mio. Mio. Mio. Mio. Mio. Mio. Mio. Mio. Mio. Mio. Mio. Mio. Mio. Mio. Mio. Mio. Mio. Mio. Mio. Mio. Mio. Mio. Mio. Mio. Mio. Mio. Mio. Mio. Mio. Mio. Mio.

Mio. Mio. Mio. Mio. Mio. Mio. Mio. Mio. Mio. Mio. Mio. Mio. Mio. Mio. Mio. Mio. Mio. Mio. Mio. Mio. Mio. Mio. Mio. Mio. Mio. Mio. Mio. Mio. Mio. Mio. Mio. Mio. Mio. Mio. Mio. Mio. Mio. Mio. Mio. Mio. Mio. Mio. Mio. Mio. Mio. Mio. Mio. Mio. Mio. Mio. Mio. Mio. Mio. Mio. Mio. Mio. Mio. Mio. Mio. Mio. Mio. Mio. Mio.

Mio. Mio. Mio. Mio. Mio. Mio. Mio. Mio. Mio. Mio. Mio. Mio. Mio. Mio. Mio. Mio. Mio. Mio. Mio. Mio. Mio. Mio. Mio. Mio. Mio. Mio. Mio. Mio. Mio. Mio. Mio. Mio. Mio. Mio. Mio. Mio. Mio. Mio. Mio. Mio. Mio. Mio. Mio. Mio. Mio. Mio. Mio. Mio. Mio. Mio. Mio. Mio. Mio. Mio. Mio. Mio. Mio. Mio. Mio. Mio. Mio. Mio. Mio. Mio. Mio. Mio. Mio. Mio. Mio. Mio. Mio. Mio. Mio. Mio. Mio. Mio. Mio. Mio. Mio. Mio. Mio. Mio. Mio. Mio. Mio. Mio. Mio. Mio. Mio. Mio. Mio. Mio. Mio. Mio. Mio. Mio. Mio. Mio. Mio.

Mio. Mio. Mio. Mio. Mio. Mio. Mio. Mio. Mio. Mio. Mio. Mio. Mio. Mio. Mio. Mio. Mio. Mio. Mio. Mio. Mio. Mio. Mio. Mio. Mio. Mio. Mio. Mio. Mio. Mio. Mio. Mio. Mio. Mio. Mio. Mio. Mio. Mio. Mio. Mio. Mio. Mio. Mio. Mio. Mio. Mio. Mio. Mio. Mio. Mio. Mio. Mio. Mio. Mio. Mio. Mio. Mio. Mio. Mio. Mio. Mio. Mio. Mio. Mio. Mio. Mio. Mio. Mio. Mio. Mio. Mio. Mio. Mio. Mio. Mio. Mio. Mio. Mio. Mio. Mio. Mio. Mio. Mio. Mio. Mio. Mio.

Mio. Mio. Mio. Mio. Mio. Mio. Mio. Mio. Mio. Mio. Mio.
Mio. Mio. Mio. Mio. Mio. Mio. Mio. Mio. Mio. Mio. Mio.
Mio. Mio. Mio. Mio. Mio. Mio. Mio. Mio. Mio. Mio. Mio.
Mio. Mio. Mio. Mio. Mio. Mio. Mio. Mio. Mio. Mio. Mio.
Mio. Mio. Mio. Mio. Mio. Mio. Mio. Mio.

Mio. Mio. Mio. Mio. Mio. Mio. Mio. Mio. Mio. Mio. Mio.
Mio. Mio. Mio. Mio. Mio. Mio. Mio. Mio. Mio. Mio. Mio.
Mio. Mio. Mio. Mio. Mio. Mio. Mio. Mio. Mio. Mio. Mio.
Mio. Mio. Mio. Mio. Mio. Mio. Mio. Mio. Mio. Mio. Mio.
Mio. Mio. Mio. Mio. Mio. Mio. Mio. Mio. Mio. Mio. Mio.
Mio. Mio. Mio. Mio. Mio. Mio. Mio. Mio.

Mio. Mio. Mio. Mio. Mio. Mio. Mio. Mio. Mio. Mio. Mio.
Mio. Mio. Mio. Mio. Mio. Mio. Mio. Mio. Mio. Mio. Mio.
Mio. Mio. Mio. Mio. Mio. Mio. Mio. Mio. Mio. Mio. Mio.
Mio. Mio. Mio. Mio. Mio. Mio. Mio. Mio. Mio. Mio. Mio.
Mio. Mio. Mio. Mio. Mio. Mio. Mio. Mio. Mio.

Mio. Mio. Mio. Mio. Mio. Mio. Mio. Mio. Mio. Mio. Mio.
Mio. Mio. Mio. Mio. Mio. Mio. Mio. Mio. Mio. Mio. Mio.
Mio. Mio. Mio. Mio. Mio. Mio. Mio. Mio. Mio. Mio. Mio.
Mio. Mio. Mio. Mio. Mio. Mio. Mio. Mio. Mio. Mio. Mio.
Mio. Mio. Mio. Mio. Mio. Mio. Mio. Mio. Mio. Mio. Mio.
Mio. Mio. Mio. Mio. Mio. Mio. Mio. Mio. Mio. Mio. Mio.
Mio. Mio. Mio. Mio. Mio. Mio. Mio. Mio. Mio.

Mio. Mio. Mio. Mio. Mio. Mio. Mio. Mio. Mio. Mio. Mio.
Mio. Mio. Mio. Mio. Mio. Mio. Mio. Mio. Mio. Mio. Mio.
Mio. Mio. Mio. Mio. Mio. Mio. Mio. Mio. Mio. Mio. Mio.
Mio. Mio. Mio. Mio. Mio. Mio. Mio. Mio. Mio. Mio. Mio.
Mio. Mio. Mio. Mio. Mio. Mio. Mio. Mio. Mio. Mio. Mio.

Mio. Mio. Mio. Mio. Mio. Mio. Mio. Mio. Mio. Mio. Mio. Mio. Mio. Mio. Mio. Mio. Mio. Mio. Mio. Mio. Mio.

Mio. Mio. Mio. Mio. Mio. Mio. Mio. Mio. Mio. Mio. Mio. Mio. Mio. Mio. Mio. Mio. Mio. Mio. Mio. Mio. Mio. Mio. Mio. Mio. Mio. Mio. Mio. Mio. Mio. Mio. Mio. Mio. Mio. Mio. Mio. Mio. Mio. Mio. Mio. Mio. Mio. Mio. Mio. Mio. Mio. Mio. Mio. Mio. Mio. Mio. Mio. Mio. Mio. Mio. Mio. Mio. Mio. Mio. Mio. Mio. Mio. Mio. Mio. Mio. Mio.

Mio. Mio. Mio. Mio. Mio. Mio. Mio. Mio. Mio. Mio. Mio. Mio. Mio. Mio. Mio. Mio. Mio. Mio. Mio. Mio. Mio. Mio. Mio. Mio. Mio. Mio. Mio. Mio. Mio. Mio. Mio. Mio. Mio. Mio. Mio. Mio. Mio. Mio. Mio. Mio. Mio. Mio. Mio. Mio. Mio. Mio. Mio. Mio. Mio. Mio. Mio. Mio. Mio. Mio. Mio. Mio. Mio. Mio. Mio. Mio. Mio. Mio. Mio. Mio. Mio. Mio. Mio. Mio. Mio. Mio. Mio. Mio. Mio. Mio. Mio. Mio. Mio. Mio. Mio. Mio. Mio. Mio. Mio. Mio. Mio. Mio. Mio. Mio. Mio. Mio. Mio. Mio. Mio. Mio. Mio.

Mio. Mio. Mio. Mio. Mio. Mio. Mio. Mio. Mio. Mio. Mio. Mio. Mio. Mio. Mio. Mio. Mio. Mio. Mio. Mio. Mio. Mio. Mio. Mio. Mio. Mio. Mio. Mio. Mio. Mio. Mio. Mio. Mio. Mio. Mio. Mio. Mio. Mio. Mio. Mio. Mio. Mio. Mio. Mio. Mio. Mio. Mio. Mio. Mio. Mio. Mio. Mio. Mio. Mio. Mio. Mio. Mio. Mio. Mio. Mio. Mio. Mio. Mio. Mio.

Mio. Mio. Mio. Mio. Mio. Mio. Mio. Mio. Mio. Mio. Mio. Mio. Mio. Mio. Mio. Mio. Mio. Mio. Mio. Mio. Mio. Mio. Mio. Mio. Mio. Mio. Mio. Mio. Mio. Mio. Mio. Mio. Mio. Mio. Mio. Mio. Mio. Mio. Mio. Mio. Mio. Mio. Mio. Mio. Mio. Mio. Mio. Mio. Mio. Mio. Mio. Mio. Mio. Mio. Mio.

Mio. Mio. Mio. Mio. Mio. Mio. Mio. Mio. Mio. Mio. Mio.
Mio. Mio. Mio. Mio. Mio. Mio. Mio. Mio. Mio. Mio. Mio.
Mio. Mio. Mio. Mio. Mio. Mio. Mio. Mio. Mio. Mio. Mio.
Mio. Mio. Mio. Mio. Mio. Mio. Mio. Mio. Mio. Mio. Mio.

Mio. Mio. Mio. Mio. Mio. Mio. Mio. Mio. Mio. Mio. Mio.
Mio. Mio. Mio. Mio. Mio. Mio. Mio. Mio. Mio. Mio. Mio.
Mio. Mio. Mio. Mio. Mio. Mio. Mio. Mio. Mio. Mio. Mio.
Mio. Mio. Mio. Mio. Mio. Mio. Mio. Mio. Mio. Mio. Mio.
Mio. Mio. Mio. Mio. Mio. Mio. Mio. Mio. Mio. Mio. Mio.
Mio. Mio. Mio. Mio. Mio. Mio. Mio. Mio. Mio. Mio. Mio.
Mio. Mio. Mio. Mio. Mio. Mio. Mio. Mio. Mio. Mio.

Mio. Mio. Mio. Mio. Mio. Mio. Mio. Mio. Mio. Mio. Mio.
Mio. Mio. Mio. Mio. Mio. Mio. Mio. Mio. Mio. Mio. Mio.
Mio. Mio. Mio. Mio. Mio. Mio. Mio. Mio. Mio. Mio. Mio.
Mio. Mio. Mio. Mio. Mio. Mio. Mio. Mio. Mio. Mio. Mio.
Mio. Mio. Mio. Mio. Mio. Mio. Mio. Mio. Mio. Mio. Mio.
Mio. Mio. Mio. Mio. Mio. Mio. Mio. Mio. Mio. Mio. Mio.
Mio. Mio. Mio.

Mio. Mio. Mio. Mio. Mio. Mio. Mio. Mio. Mio. Mio. Mio.
Mio. Mio. Mio. Mio. Mio. Mio. Mio. Mio. Mio. Mio. Mio.
Mio. Mio. Mio. Mio. Mio. Mio. Mio. Mio. Mio. Mio. Mio.
Mio. Mio. Mio. Mio. Mio. Mio. Mio. Mio. Mio. Mio. Mio.
Mio. Mio. Mio. Mio. Mio. Mio. Mio. Mio. Mio. Mio. Mio.
Mio. Mio. Mio. Mio. Mio. Mio. Mio. Mio. Mio. Mio. Mio.
Mio. Mio. Mio. Mio. Mio. Mio. Mio. Mio. .

Mio. Mio. Mio. Mio. Mio. Mio. Mio. Mio. Mio. Mio. Mio.
Mio. Mio. Mio. Mio. Mio. Mio. Mio. Mio. Mio. Mio. Mio.
Mio. Mio. Mio. Mio. Mio. Mio. Mio. Mio. Mio. Mio. Mio.

Mio. Mio. Mio. Mio. Mio. Mio. Mio. Mio. Mio. Mio. Mio. Mio. Mio. Mio. Mio. Mio. Mio. Mio. Mio. Mio. Mio. Mio. Mio. Mio. Mio. Mio. Mio. Mio. Mio. Mio. Mio. Mio.

Mio. Mio. Mio. Mio. Mio. Mio. Mio. Mio. Mio. Mio. Mio. Mio. Mio. Mio. Mio. Mio. Mio. Mio. Mio. Mio. Mio. Mio. Mio. Mio. Mio. Mio. Mio. Mio. Mio. Mio. Mio. Mio. Mio. Mio. Mio. Mio. Mio. Mio. Mio. Mio. Mio. Mio. Mio. Mio. Mio. Mio. Mio. Mio. Mio. Mio. Mio. Mio. Mio. Mio. Mio. Mio. Mio.

Mio. Mio. Mio. Mio. Mio. Mio. Mio. Mio. Mio. Mio. Mio. Mio. Mio. Mio. Mio. Mio. Mio. Mio. Mio. Mio. Mio. Mio. Mio. Mio. Mio. Mio. Mio. Mio. Mio. Mio. Mio. Mio. Mio. Mio. Mio. Mio. Mio. Mio. Mio. Mio. Mio. Mio. Mio. Mio. Mio. Mio. Mio. Mio. Mio. Mio. Mio. Mio. Mio. Mio. Mio. Mio. Mio. Mio. Mio. Mio. Mio. Mio. Mio. Mio. Mio. Mio. Mio. Mio. Mio. Mio. Mio. Mio. Mio. Mio. Mio. Mio. Mio. Mio. Mio. Mio. Mio. Mio. Mio. Mio. Mio. Mio. Mio. Mio. Mio. Mio. Mio. Mio. Mio. Mio. Mio. Mio. Mio. Mio. Mio.

Mio. Mio. Mio. Mio. Mio. Mio. Mio. Mio. Mio. Mio. Mio. Mio. Mio. Mio. Mio. Mio. Mio. Mio. Mio. Mio. Mio. Mio. Mio. Mio. Mio. Mio. Mio. Mio. Mio. Mio. Mio. Mio. Mio. Mio. Mio. Mio. Mio. Mio. Mio. Mio. Mio. Mio. Mio. Mio. Mio. Mio. Mio. Mio. Mio. Mio. Mio. Mio. Mio. Mio. Mio. Mio. Mio. Mio. Mio. Mio. Mio. Mio. Mio. Mio. Mio. Mio. Mio. Mio. Mio. Mio. Mio. Mio. Mio. Mio. Mio. Mio. Mio. Mio. Mio. Mio. Mio. Mio. Mio. Mio. Mio. Mio. Mio. Mio. Mio. Mio. Mio. Mio. Mio. Mio. Mio. Mio. Mio. Mio. Mio.

Mio. Mio. Mio. Mio. Mio. Mio. Mio. Mio. Mio. Mio. Mio. Mio. Mio. Mio. Mio. Mio. Mio. Mio. Mio. Mio. Mio. Mio. Mio. Mio. Mio. Mio. Mio. Mio. Mio. Mio. Mio. Mio. Mio. Mio. Mio. Mio. Mio. Mio. Mio. Mio. Mio. Mio. Mio. Mio. Mio. Mio. Mio. Mio. Mio. Mio. Mio. Mio. Mio. Mio. Mio. Mio. Mio. Mio. Mio. Mio. Mio. Mio. Mio. Mio. Mio. Mio. Mio. Mio. Mio. Mio. Mio. Mio. Mio. Mio. Mio. Mio. Mio. Mio. Mio. Mio. Mio. Mio. Mio. Mio. Mio. Mio. Mio. Mio. Mio. Mio. Mio. Mio. Mio. Mio. Mio.

Mio. Mio. Mio. Mio. Mio. Mio. Mio. Mio. Mio. Mio. Mio. Mio. Mio. Mio. Mio. Mio. Mio. Mio. Mio. Mio. Mio. Mio. Mio. Mio. Mio. Mio. Mio. Mio. Mio. Mio. Mio. Mio. Mio. Mio. Mio. Mio. Mio. Mio. Mio. Mio. Mio. Mio. Mio. Mio. Mio. Mio. Mio. Mio. Mio. Mio. Mio. Mio. Mio. Mio. Mio. Mio. Mio. Mio. Mio. Mio. Mio. Mio. Mio. Mio. Mio. Mio. Mio. Mio. Mio. Mio. Mio. Mio. Mio.

Mio. Mio. Mio. Mio. Mio. Mio. Mio. Mio. Mio. Mio. Mio. Mio. Mio. Mio. Mio. Mio. Mio. Mio. Mio. Mio. Mio. Mio. Mio. Mio. Mio. Mio. Mio. Mio. Mio. Mio. Mio. Mio. Mio. Mio. Mio. Mio. Mio. Mio. Mio. Mio. Mio. Mio. Mio. Mio. Mio. Mio. Mio. Mio. Mio. Mio. Mio. Mio. Mio. Mio. Mio. Mio. Mio. Mio. Mio. Mio. Mio. Mio. Mio.

Mio. Mio. Mio. Mio. Mio. Mio. Mio. Mio. Mio. Mio. Mio. Mio. Mio. Mio. Mio. Mio. Mio. Mio. Mio. Mio. Mio. Mio. Mio. Mio. Mio. Mio. Mio. Mio. Mio. Mio. Mio. Mio. Mio. Mio. Mio. Mio. Mio. Mio. Mio. Mio. Mio. Mio. Mio. Mio. Mio. Mio. Mio. Mio. Mio. Mio. Mio. Mio. Mio. Mio. Mio. Mio. Mio. Mio. Mio. Mio. Mio. Mio. Mio. Mio. Mio. Mio. Mio. Mio. Mio. Mio. Mio. Mio. Mio. Mio. Mio. Mio. Mio.

Mio. Mio. Mio. Mio. Mio. Mio. Mio. Mio. Mio. Mio. Mio.
Mio. Mio. Mio. Mio. Mio. Mio. Mio. Mio. Mio. Mio. Mio.

Mio. Mio. Mio. Mio. Mio. Mio. Mio. Mio. Mio. Mio. Mio.
Mio. Mio. Mio. Mio. Mio. Mio. Mio. Mio. Mio. Mio. Mio.
Mio. Mio. Mio. Mio. Mio. Mio. Mio. Mio. Mio. Mio. Mio.
Mio. Mio. Mio. Mio. Mio. Mio. Mio. Mio. Mio. Mio. Mio.
Mio. Mio. Mio. Mio. Mio. Mio. Mio. Mio. Mio. Mio. Mio.
Mio. Mio. Mio. Mio. Mio. Mio. Mio. Mio. Mio.

Mio. Mio. Mio. Mio. Mio. Mio. Mio. Mio. Mio. Mio. Mio.
Mio. Mio. Mio. Mio. Mio. Mio. Mio. Mio. Mio. Mio. Mio.
Mio. Mio. Mio. Mio. Mio. Mio. Mio. Mio. Mio. Mio. Mio.
Mio. Mio. Mio. Mio. Mio. Mio. Mio. Mio. Mio. Mio. Mio.
Mio. Mio. Mio. Mio. Mio. Mio. Mio. Mio. Mio. Mio. Mio.
Mio. Mio. Mio. Mio. Mio. Mio. Mio. Mio. Mio. Mio. Mio.
Mio. Mio. Mio. Mio. Mio. Mio. Mio. Mio. Mio. Mio. Mio.
Mio. Mio. Mio. Mio. Mio. Mio.

Mio. Mio. Mio. Mio. Mio. Mio. Mio. Mio. Mio. Mio. Mio.
Mio. Mio. Mio. Mio. Mio. Mio. Mio. Mio. Mio. Mio. Mio.
Mio. Mio. Mio. Mio. Mio. Mio. Mio. Mio. Mio. Mio. Mio.
Mio. Mio. Mio. Mio. Mio. Mio. Mio. Mio. Mio. Mio. Mio.
Mio. Mio. Mio. Mio. Mio. Mio. Mio. Mio. Mio. Mio. Mio.
Mio. Mio. Mio. Mio. Mio. Mio. Mio. Mio.

Mio. Mio. Mio. Mio. Mio. Mio. Mio. Mio. Mio. Mio. Mio.
Mio. Mio. Mio. Mio. Mio. Mio. Mio. Mio. Mio. Mio. Mio.
Mio. Mio. Mio. Mio. Mio. Mio. Mio. Mio. Mio. Mio. Mio.
Mio. Mio. Mio. Mio. Mio. Mio. Mio. Mio. Mio. Mio. Mio.
Mio. Mio. Mio. Mio. Mio. Mio. Mio. Mio. Mio. Mio. Mio.

Mio. Mio. Mio. Mio. Mio. Mio. Mio. Mio. Mio. Mio. Mio. Mio. Mio. Mio. Mio. Mio. Mio. Mio. Mio. Mio. Mio.

Mio. Mio. Mio. Mio. Mio. Mio. Mio. Mio. Mio. Mio. Mio. Mio. Mio. Mio. Mio. Mio. Mio. Mio. Mio. Mio. Mio. Mio. Mio. Mio. Mio. Mio. Mio. Mio. Mio. Mio. Mio. Mio. Mio. Mio. Mio. Mio. Mio. Mio. Mio. Mio. Mio. Mio. Mio. Mio. Mio. Mio. Mio. Mio. Mio. Mio. Mio. Mio. Mio. Mio. Mio. Mio. Mio. Mio. Mio. Mio. Mio. Mio. Mio. Mio. Mio. Mio. Mio. Mio. Mio.

Mio. Mio. Mio. Mio. Mio. Mio. Mio. Mio. Mio. Mio. Mio. Mio. Mio. Mio. Mio. Mio. Mio. Mio. Mio. Mio. Mio. Mio. Mio. Mio. Mio. Mio. Mio. Mio. Mio. Mio. Mio. Mio. Mio. Mio. Mio. Mio. Mio. Mio. Mio. Mio. Mio. Mio. Mio. Mio. Mio. Mio. Mio. Mio. Mio. Mio. Mio. Mio. Mio. Mio. Mio. Mio. Mio. Mio. Mio. Mio. Mio. Mio.

Mio. Mio. Mio. Mio. Mio. Mio. Mio. Mio. Mio. Mio. Mio. Mio. Mio. Mio. Mio. Mio. Mio. Mio. Mio. Mio. Mio. Mio. Mio. Mio. Mio. Mio. Mio. Mio. Mio. Mio. Mio. Mio. Mio. Mio. Mio. Mio. Mio. Mio. Mio. Mio. Mio. Mio. Mio. Mio. Mio. Mio. Mio. Mio. Mio. Mio. Mio. Mio. Mio. Mio. Mio. Mio. Mio. Mio. Mio. Mio. Mio. Mio. Mio. Mio. Mio. Mio. Mio. Mio. Mio. Mio. Mio. Mio. Mio. Mio. Mio. Mio. Mio. Mio. Mio. Mio. Mio. Mio. Mio. Mio. Mio. Mio. Mio. Mio. Mio. Mio. Mio. Mio. Mio. Mio.

Mio. Mio. Mio. Mio. Mio. Mio. Mio. Mio. Mio. Mio. Mio. Mio. Mio. Mio. Mio. Mio. Mio. Mio. Mio. Mio. Mio. Mio. Mio. Mio. Mio. Mio. Mio. Mio. Mio. Mio. Mio. Mio. Mio. Mio. Mio. Mio. Mio. Mio. Mio. Mio. Mio. Mio. Mio. Mio.

Mio. Mio. Mio. Mio. Mio. Mio. Mio. Mio. Mio. Mio. Mio. Mio. Mio. Mio. Mio. Mio. Mio. Mio. Mio. Mio. Mio. Mio. Mio. Mio. Mio. Mio. Mio. Mio. Mio. Mio. Mio.

Mio. Mio. Mio. Mio. Mio. Mio. Mio. Mio. Mio. Mio. Mio. Mio. Mio. Mio. Mio. Mio. Mio. Mio. Mio. Mio. Mio. Mio. Mio. Mio. Mio. Mio. Mio. Mio. Mio. Mio. Mio. Mio. Mio. Mio. Mio. Mio. Mio. Mio. Mio. Mio. Mio. Mio. Mio. Mio. Mio. Mio. Mio. Mio. Mio. Mio. Mio. Mio. Mio. Mio. Mio. Mio. Mio. Mio. Mio. Mio. Mio. Mio. Mio. Mio. Mio. Mio. Mio. Mio. Mio. Mio. Mio. Mio. Mio. Mio. Mio. Mio.

Mio. Mio. Mio. Mio. Mio. Mio. Mio. Mio. Mio. Mio. Mio. Mio. Mio. Mio. Mio. Mio. Mio. Mio. Mio. Mio. Mio. Mio. Mio. Mio. Mio. Mio. Mio. Mio. Mio. Mio. Mio. Mio. Mio. Mio. Mio. Mio. Mio. Mio. Mio. Mio. Mio. Mio. Mio. Mio. Mio. Mio. Mio. Mio. Mio. Mio. Mio. Mio. Mio. Mio. Mio. Mio. Mio. Mio. Mio. Mio. Mio. Mio. Mio. Mio. Mio. Mio. Mio. Mio. Mio. Mio. Mio. Mio. Mio. Mio. Mio. Mio. Mio. Mio. Mio. Mio. Mio. Mio. Mio. Mio. Mio. Mio. Mio. Mio. Mio. Mio. Mio. Mio. Mio. Mio. Mio. Mio. Mio. Mio. Mio.

Mio. Mio. Mio. Mio. Mio. Mio. Mio. Mio. Mio. Mio. Mio. Mio. Mio. Mio. Mio. Mio. Mio. Mio. Mio. Mio. Mio. Mio. Mio. Mio. Mio. Mio. Mio. Mio. Mio. Mio. Mio. Mio. Mio. Mio. Mio. Mio. Mio. Mio. Mio. Mio. Mio. Mio. Mio. Mio. Mio. Mio. Mio. Mio. Mio. Mio. Mio. Mio. Mio. Mio. Mio. Mio. Mio. Mio. Mio. Mio. Mio. Mio. Mio. Mio. Mio. Mio. Mio. Mio. Mio. Mio. Mio. Mio. Mio. Mio. Mio. Mio. Mio. Mio. Mio. Mio. Mio. Mio. Mio. Mio. Mio. Mio. Mio. Mio. Mio. Mio. Mio. Mio. Mio. Mio. Mio. Mio. Mio.

Mio. Mio. Mio. Mio. Mio. Mio. Mio. Mio. Mio. Mio. Mio. Mio. Mio. Mio. Mio. Mio. Mio. Mio. Mio. Mio. Mio. Mio. Mio. Mio. Mio. Mio. Mio. Mio. Mio. Mio. Mio. Mio. Mio. Mio. Mio. Mio. Mio. Mio. Mio. Mio. Mio. Mio. Mio. Mio. Mio. Mio. Mio. Mio. Mio. Mio. Mio. Mio. Mio. Mio. Mio. Mio. Mio. Mio. Mio. Mio. Mio. Mio. Mio. Mio. Mio. Mio. Mio. Mio. Mio. Mio. Mio. Mio. Mio. Mio. Mio. Mio.

Mio. Mio. Mio. Mio. Mio. Mio. Mio. Mio. Mio. Mio. Mio. Mio. Mio. Mio. Mio. Mio. Mio. Mio. Mio. Mio. Mio. Mio. Mio. Mio. Mio. Mio. Mio. Mio. Mio. Mio. Mio. Mio. Mio. Mio. Mio. Mio. Mio. Mio. Mio. Mio. Mio. Mio. Mio. Mio. Mio. Mio. Mio. Mio. Mio. Mio. Mio. Mio. Mio. Mio. Mio. Mio. Mio. Mio. Mio. Mio. Mio. Mio. Mio. Mio.

Mio. Mio. Mio. Mio. Mio. Mio. Mio. Mio. Mio. Mio. Mio. Mio. Mio. Mio. Mio. Mio. Mio. Mio. Mio. Mio. Mio. Mio. Mio. Mio. Mio. Mio. Mio. Mio. Mio. Mio. Mio. Mio. Mio. Mio. Mio. Mio. Mio. Mio. Mio. Mio. Mio. Mio. Mio. Mio. Mio. Mio. Mio. Mio. Mio. Mio. Mio. Mio. Mio. Mio. Mio. Mio. Mio. Mio. Mio. Mio. Mio. Mio. Mio. Mio. Mio. Mio. Mio. Mio. Mio. Mio. Mio. Mio. Mio. Mio. Mio. Mio. Mio. Mio. Mio. Mio. Mio. Mio. Mio. Mio. Mio. Mio. Mio. Mio. Mio. Mio. Mio. Mio. Mio. Mio. Mio. Mio. Mio. Mio. Mio.

Mio. Mio. Mio. Mio. Mio. Mio. Mio. Mio. Mio. Mio. Mio. Mio. Mio. Mio. Mio. Mio. Mio. Mio. Mio. Mio. Mio. Mio. Mio. Mio. Mio. Mio. Mio. Mio. Mio. Mio. Mio. Mio. Mio. Mio. Mio. Mio. Mio. Mio. Mio. Mio. Mio. Mio. Mio. Mio. Mio. Mio. Mio. Mio. Mio. Mio. Mio. Mio. Mio. Mio. Mio. Mio. Mio. Mio. Mio. Mio. Mio. Mio. Mio. Mio. Mio. Mio. Mio. Mio. Mio. Mio. Mio. Mio. Mio. Mio. Mio. Mio. Mio.

Mio. Mio. Mio. Mio. Mio. Mio. Mio. Mio. Mio. Mio. Mio. Mio. Mio. Mio. Mio. Mio. Mio. Mio. Mio.

Mio. Mio. Mio. Mio. Mio. Mio. Mio. Mio. Mio. Mio. Mio. Mio. Mio. Mio. Mio. Mio. Mio. Mio. Mio. Mio. Mio. Mio. Mio. Mio. Mio. Mio. Mio. Mio. Mio. Mio. Mio. Mio. Mio. Mio. Mio. Mio. Mio. Mio. Mio. Mio. Mio. Mio. Mio. Mio. Mio. Mio. Mio. Mio. Mio. Mio. Mio. Mio. Mio. Mio.

Mio. Mio. Mio. Mio. Mio. Mio. Mio. Mio. Mio. Mio. Mio. Mio. Mio. Mio. Mio. Mio. Mio. Mio. Mio. Mio. Mio. Mio. Mio. Mio. Mio. Mio. Mio. Mio. Mio. Mio. Mio. Mio. Mio. Mio. Mio. Mio. Mio. Mio. Mio. Mio. Mio. Mio. Mio. Mio. Mio. Mio. Mio. Mio. Mio. Mio. Mio. Mio. Mio. Mio. Mio. Mio. Mio. Mio. Mio. Mio. Mio. Mio. Mio. Mio. Mio. Mio. Mio. Mio. Mio. Mio. Mio. Mio. Mio. Mio. Mio. Mio. Mio. Mio. Mio. Mio. Mio. Mio. Mio. Mio. Mio. Mio. Mio. Mio. Mio. Mio.

Mio. Mio. Mio. Mio. Mio. Mio. Mio. Mio. Mio. Mio. Mio. Mio. Mio. Mio. Mio. Mio. Mio. Mio. Mio. Mio. Mio. Mio. Mio. Mio. Mio. Mio. Mio. Mio. Mio.

Mio. Mio. Mio. Mio. Mio. Mio. Mio. Mio. Mio. Mio. Mio. Mio. Mio. Mio. Mio. Mio. Mio. Mio. Mio. Mio. Mio. Mio. Mio. Mio. Mio. Mio. Mio. Mio. Mio. Mio. Mio. Mio. Mio. Mio. Mio. Mio. Mio. Mio. Mio. Mio. Mio. Mio. Mio. Mio. Mio. Mio. Mio. Mio. Mio. Mio. Mio. Mio. Mio. Mio. Mio. Mio. Mio. Mio. Mio. Mio. Mio. Mio. Mio. Mio. Mio. Mio. Mio. Mio. Mio. Mio. Mio. Mio. Mio. Mio. Mio. Mio. Mio. Mio. Mio. Mio. Mio. Mio. Mio. Mio. Mio. Mio. Mio. Mio. Mio. Mio. Mio. Mio. Mio. Mio. Mio. Mio.

Mio. Mio. Mio. Mio. Mio. Mio. Mio. Mio. Mio. Mio. Mio. Mio. Mio. Mio. Mio. Mio. Mio. Mio. Mio. Mio. Mio. Mio. Mio. Mio. Mio. Mio. Mio. Mio. Mio. Mio. Mio. Mio. Mio. Mio. Mio. Mio. Mio. Mio. Mio. Mio. Mio. Mio. Mio. Mio. Mio. Mio. Mio. Mio. Mio. Mio. Mio. Mio. Mio. Mio. Mio. Mio. Mio. Mio. Mio. Mio. Mio. Mio. Mio. Mio. Mio. Mio. Mio. Mio. Mio. Mio. Mio. Mio. Mio. Mio. Mio. Mio. Mio. Mio. Mio. Mio. Mio. Mio. Mio. Mio. Mio. Mio. Mio. Mio. Mio. Mio. Mio. Mio. Mio. Mio. Mio. Mio. Mio. Mio. Mio.

Mio. Mio. Mio. Mio. Mio. Mio. Mio. Mio. Mio. Mio. Mio. Mio. Mio. Mio. Mio. Mio. Mio. Mio. Mio. Mio. Mio. Mio. Mio. Mio. Mio. Mio. Mio. Mio. Mio. Mio. Mio. Mio. Mio. Mio. Mio. Mio. Mio. Mio. Mio. Mio. Mio. Mio. Mio. Mio. Mio. Mio. Mio. Mio. Mio. Mio. Mio. Mio. Mio. Mio. Mio. Mio. Mio. Mio. Mio. Mio. Mio. Mio. Mio. Mio. Mio. Mio. Mio. Mio. Mio. Mio. Mio. Mio. Mio. Mio. Mio. Mio. Mio. Mio. Mio. Mio. Mio. Mio. Mio. Mio. Mio. Mio. Mio. Mio. Mio. Mio. Mio. Mio. Mio. Mio. Mio.

Mio. Mio. Mio. Mio. Mio. Mio. Mio. Mio. Mio. Mio. Mio. Mio. Mio. Mio. Mio. Mio. Mio. Mio. Mio. Mio. Mio. Mio. Mio. Mio. Mio. Mio. Mio. Mio. Mio. Mio. Mio. Mio. Mio. Mio. Mio. Mio. Mio. Mio. Mio. Mio. Mio. Mio. Mio. Mio. Mio. Mio. Mio. Mio. Mio. Mio. Mio. Mio. Mio. Mio. Mio. Mio. Mio. Mio. Mio. Mio. Mio. Mio. Mio. Mio. Mio. Mio. Mio. Mio. Mio. Mio. Mio. Mio. Mio. Mio. Mio. Mio. Mio. Mio. Mio. Mio. Mio. Mio. Mio. Mio. Mio. Mio. Mio. Mio. Mio. Mio. Mio. Mio. Mio. Mio. Mio. Mio. Mio. Mio. Mio.

Mio. Mio. Mio. Mio. Mio. Mio. Mio. Mio. Mio. Mio. Mio. Mio. Mio. Mio. Mio. Mio. Mio. Mio. Mio. Mio. Mio. Mio.

Mio. Mio. Mio. Mio. Mio. Mio. Mio. Mio. Mio. Mio. Mio. Mio. Mio. Mio. Mio. Mio. Mio. Mio. Mio. Mio. Mio. Mio. Mio. Mio. Mio. Mio. Mio. Mio. Mio. Mio. Mio. Mio. Mio. Mio. Mio. Mio. Mio. Mio. Mio. Mio. Mio. Mio. Mio.

Mio. Mio. Mio. Mio. Mio. Mio. Mio. Mio. Mio. Mio. Mio. Mio. Mio. Mio. Mio. Mio. Mio. Mio. Mio. Mio. Mio. Mio. Mio. Mio. Mio. Mio. Mio. Mio. Mio. Mio. Mio. Mio. Mio. Mio. Mio. Mio. Mio. Mio. Mio. Mio. Mio. Mio. Mio. Mio. Mio. Mio. Mio. Mio. Mio. Mio. Mio. Mio. Mio. Mio. Mio. Mio. Mio. Mio. Mio. Mio. Mio. Mio. Mio. Mio.

Mio. Mio. Mio. Mio. Mio. Mio. Mio. Mio. Mio. Mio. Mio. Mio. Mio. Mio. Mio. Mio. Mio. Mio. Mio. Mio. Mio. Mio. Mio. Mio. Mio. Mio. Mio. Mio. Mio. Mio. Mio. Mio. Mio. Mio. Mio. Mio. Mio. Mio. Mio. Mio. Mio. Mio. Mio. Mio. Mio. Mio. Mio. Mio. Mio. Mio. Mio. Mio. Mio. Mio. Mio. Mio. Mio. Mio. Mio. Mio. Mio. Mio. Mio. Mio. Mio. Mio. Mio. Mio. Mio. Mio. Mio. Mio. Mio. Mio. Mio. Mio. Mio. Mio. Mio. Mio. Mio. Mio. Mio. Mio. Mio. Mio. Mio. Mio. Mio. Mio. Mio. Mio. Mio. Mio. Mio. Mio. Mio. Mio. Mio.

Mio. Mio. Mio. Mio. Mio. Mio. Mio. Mio. Mio. Mio. Mio. Mio. Mio. Mio. Mio. Mio. Mio. Mio. Mio. Mio. Mio. Mio. Mio. Mio. Mio. Mio. Mio. Mio. Mio. Mio. Mio. Mio. Mio. Mio. Mio. Mio. Mio. Mio. Mio. Mio. Mio. Mio. Mio. Mio. Mio. Mio. Mio. Mio. Mio. Mio. Mio. Mio. Mio. Mio. Mio. Mio. Mio. Mio. Mio. Mio. Mio. Mio. Mio. Mio. Mio. Mio. Mio. Mio. Mio. Mio. Mio. Mio. Mio. Mio. Mio. Mio. Mio. Mio. Mio. Mio. Mio. Mio. Mio. Mio. Mio. Mio. Mio. Mio. Mio. Mio. Mio. Mio. Mio. Mio. Mio. Mio. Mio. Mio. Mio.

Mio. Mio. Mio. Mio. Mio. Mio. Mio. Mio. Mio. Mio. Mio. Mio. Mio. Mio. Mio. Mio. Mio. Mio. Mio. Mio. Mio. Mio. Mio. Mio. Mio. Mio. Mio. Mio. Mio. Mio. Mio. Mio. Mio. Mio. Mio. Mio. Mio. Mio. Mio. Mio. Mio. Mio. Mio. Mio. Mio. Mio. Mio. Mio. Mio. Mio. Mio. Mio. Mio. Mio. Mio. Mio. Mio. Mio. Mio. Mio. Mio. Mio. Mio. Mio. Mio. Mio. Mio. Mio. Mio. Mio. Mio. Mio. Mio. Mio. Mio. Mio. Mio. Mio. Mio. Mio. Mio. Mio. Mio. Mio. Mio. Mio. Mio. Mio. Mio. Mio. Mio. Mio. Mio. Mio. Mio. Mio. Mio.

Mio. Mio. Mio. Mio. Mio. Mio. Mio. Mio. Mio. Mio. Mio. Mio. Mio. Mio. Mio. Mio. Mio. Mio. Mio. Mio. Mio. Mio. Mio. Mio. Mio. Mio. Mio. Mio. Mio. Mio. Mio. Mio. Mio. Mio. Mio. Mio. Mio. Mio. Mio. Mio. Mio. Mio. Mio. Mio. Mio. Mio. Mio. Mio. Mio. Mio. Mio. Mio. Mio. Mio. Mio. Mio. Mio. Mio. Mio. Mio. Mio. Mio. Mio. Mio. Mio. Mio. Mio. Mio. Mio. Mio. Mio. Mio. Mio. Mio. Mio. Mio. Mio. Mio. Mio. Mio. Mio. Mio.

Mio. Mio. Mio. Mio. Mio. Mio. Mio. Mio. Mio. Mio. Mio. Mio. Mio. Mio. Mio. Mio. Mio. Mio. Mio. Mio. Mio. Mio. Mio. Mio. Mio. Mio. Mio. Mio. Mio. Mio. Mio. Mio. Mio. Mio. Mio. Mio. Mio. Mio. Mio. Mio. Mio. Mio. Mio. Mio. Mio. Mio. Mio. Mio. Mio. Mio. Mio. Mio. Mio. Mio. Mio. Mio. Mio. Mio. Mio. Mio. Mio. Mio. Mio. Mio. Mio. Mio. Mio. Mio. Mio. Mio. Mio. Mio. Mio. Mio. Mio. Mio. Mio. Mio. Mio. Mio. Mio. Mio. Mio. Mio. Mio. Mio. Mio. Mio. Mio. Mio. Mio. Mio. Mio. Mio. Mio. Mio. Mio.

Mio. Mio. Mio. Mio. Mio. Mio. Mio. Mio. Mio. Mio. Mio. Mio. Mio. Mio. Mio. Mio. Mio. Mio. Mio. Mio. Mio. Mio. Mio. Mio. Mio. Mio. Mio. Mio. Mio. Mio. Mio. Mio. Mio.

Mio. Mio. Mio. Mio. Mio. Mio. Mio. Mio. Mio. Mio. Mio. Mio. Mio. Mio. Mio. Mio. Mio. Mio. Mio. Mio. Mio.

Mio. Mio. Mio. Mio. Mio. Mio. Mio. Mio. Mio. Mio. Mio. Mio. Mio. Mio. Mio. Mio. Mio. Mio. Mio. Mio. Mio. Mio. Mio. Mio. Mio. Mio. Mio. Mio. Mio. Mio. Mio. Mio. Mio. Mio. Mio. Mio. Mio. Mio. Mio. Mio. Mio. Mio. Mio. Mio. Mio. Mio. Mio. Mio. Mio. Mio. Mio. Mio. Mio. Mio. Mio. Mio. Mio. Mio. Mio. Mio. Mio. Mio. Mio. Mio. Mio.

Mio. Mio. Mio. Mio. Mio. Mio. Mio. Mio. Mio. Mio. Mio. Mio. Mio. Mio. Mio. Mio. Mio. Mio. Mio. Mio. Mio. Mio. Mio. Mio. Mio. Mio. Mio. Mio. Mio. Mio. Mio. Mio. Mio. Mio. Mio. Mio. Mio. Mio. Mio. Mio. Mio. Mio. Mio. Mio. Mio. Mio. Mio. Mio. Mio. Mio. Mio. Mio. Mio. Mio. Mio. Mio. Mio. Mio. Mio. Mio. Mio. Mio.

Mio. Mio. Mio. Mio. Mio. Mio. Mio. Mio. Mio. Mio. Mio. Mio. Mio. Mio. Mio. Mio. Mio. Mio. Mio. Mio. Mio. Mio. Mio. Mio. Mio. Mio. Mio. Mio. Mio. Mio. Mio. Mio. Mio. Mio. Mio. Mio. Mio. Mio. Mio. Mio. Mio. Mio. Mio. Mio. Mio. Mio. Mio. Mio. Mio. Mio. Mio. Mio. Mio. Mio. Mio. Mio. Mio. Mio. Mio. Mio. Mio. Mio. Mio. Mio. Mio. Mio. Mio. Mio. Mio. Mio. Mio. Mio. Mio. Mio. Mio. Mio. Mio. Mio. Mio. Mio. Mio. Mio. Mio. Mio. Mio. Mio. Mio. Mio. Mio. Mio. Mio. Mio. Mio. Mio. Mio. Mio. Mio. Mio. Mio.

Mio. Mio. Mio. Mio. Mio. Mio. Mio. Mio. Mio. Mio. Mio. Mio. Mio. Mio. Mio. Mio. Mio. Mio. Mio. Mio. Mio. Mio. Mio. Mio. Mio. Mio. Mio. Mio. Mio. Mio. Mio. Mio. Mio. Mio. Mio. Mio. Mio. Mio. Mio. Mio. Mio. Mio. Mio. Mio. Mio. Mio. Mio. Mio. Mio. Mio. Mio. Mio. Mio. Mio. Mio.

Mio. Mio. Mio. Mio. Mio. Mio. Mio. Mio. Mio. Mio. Mio. Mio. Mio. Mio. Mio. Mio. Mio. Mio. Mio. Mio. Mio. Mio. Mio. Mio. Mio. Mio. Mio. Mio. Mio. Mio. Mio. Mio. Mio. Mio. Mio. Mio. Mio. Mio. Mio. Mio. Mio. Mio.

Mio. Mio. Mio. Mio. Mio. Mio. Mio. Mio. Mio. Mio. Mio. Mio. Mio. Mio. Mio. Mio. Mio. Mio. Mio. Mio. Mio. Mio. Mio. Mio. Mio. Mio. Mio. Mio. Mio. Mio. Mio. Mio. Mio. Mio. Mio. Mio. Mio. Mio. Mio. Mio. Mio. Mio. Mio. Mio. Mio. Mio. Mio. Mio. Mio. Mio. Mio. Mio. Mio. Mio. Mio. Mio. Mio. Mio. Mio. Mio. Mio. Mio. Mio. Mio. Mio. Mio. Mio. Mio. Mio. Mio. Mio. Mio. Mio. Mio. Mio. Mio. Mio. Mio. Mio. Mio. Mio. Mio. Mio. Mio. Mio. Mio. Mio. Mio. Mio. Mio. Mio. Mio. Mio. Mio. Mio.

Mio. Mio. Mio. Mio. Mio. Mio. Mio. Mio. Mio. Mio. Mio. Mio. Mio. Mio. Mio. Mio. Mio. Mio. Mio. Mio. Mio. Mio. Mio. Mio. Mio. Mio. Mio. Mio. Mio. Mio. Mio. Mio. Mio. Mio. Mio. Mio. Mio. Mio. Mio. Mio. Mio. Mio. Mio. Mio. Mio. Mio. Mio. Mio. Mio. Mio. Mio. Mio. Mio. Mio. Mio. Mio. Mio. Mio. Mio. Mio. Mio. Mio. Mio. Mio. Mio. Mio. Mio. Mio. Mio. Mio. Mio. Mio. Mio. Mio. Mio. Mio. Mio. Mio. Mio. Mio. Mio. Mio. Mio. Mio. Mio. Mio. Mio. Mio. Mio. Mio. Mio. Mio. Mio. Mio. Mio. Mio. Mio. Mio. Mio.

Mio. Mio. Mio. Mio. Mio. Mio. Mio. Mio. Mio. Mio. Mio. Mio. Mio. Mio. Mio. Mio. Mio. Mio. Mio. Mio. Mio. Mio. Mio. Mio. Mio. Mio. Mio. Mio. Mio. Mio. Mio. Mio. Mio. Mio. Mio. Mio. Mio. Mio. Mio. Mio. Mio. Mio. Mio. Mio. Mio. Mio. Mio. Mio. Mio. Mio. Mio. Mio. Mio. Mio. Mio.

Mio. Mio. Mio. Mio. Mio. Mio. Mio. Mio. Mio. Mio. Mio. Mio. Mio. Mio. Mio. Mio. Mio. Mio. Mio. Mio. Mio.

Mio. Mio. Mio. Mio. Mio. Mio. Mio. Mio. Mio. Mio. Mio. Mio. Mio. Mio. Mio. Mio. Mio. Mio. Mio. Mio. Mio. Mio. Mio. Mio. Mio. Mio. Mio.

Mio. Mio. Mio. Mio. Mio. Mio. Mio. Mio. Mio. Mio. Mio. Mio. Mio. Mio. Mio. Mio. Mio. Mio. Mio. Mio. Mio. Mio. Mio. Mio. Mio. Mio. Mio. Mio. Mio. Mio. Mio. Mio. Mio. Mio. Mio. Mio. Mio. Mio. Mio. Mio. Mio. Mio. Mio. Mio. Mio. Mio. Mio. Mio. Mio. Mio. Mio. Mio. Mio. Mio. Mio. Mio. Mio. Mio. Mio. Mio. Mio. Mio. Mio. Mio. Mio. Mio. Mio. Mio. Mio.

Mio. Mio. Mio. Mio. Mio. Mio. Mio. Mio. Mio. Mio. Mio. Mio. Mio. Mio. Mio. Mio. Mio. Mio. Mio. Mio. Mio. Mio. Mio. Mio. Mio. Mio. Mio. Mio. Mio. Mio. Mio. Mio. Mio. Mio. Mio. Mio. Mio. Mio. Mio. Mio. Mio. Mio. Mio. Mio. Mio. Mio. Mio. Mio. Mio. Mio. Mio. Mio. Mio. Mio. Mio. Mio. Mio. Mio. Mio. Mio. Mio. Mio. Mio.

Mio. Mio. Mio. Mio. Mio. Mio. Mio. Mio. Mio. Mio. Mio. Mio. Mio. Mio. Mio. Mio. Mio. Mio. Mio. Mio. Mio. Mio. Mio. Mio. Mio. Mio. Mio. Mio. Mio. Mio. Mio. Mio. Mio. Mio. Mio. Mio. Mio. Mio. Mio. Mio. Mio. Mio. Mio. Mio. Mio. Mio. Mio. Mio. Mio. Mio. Mio. Mio. Mio. Mio. Mio. Mio. Mio. Mio. Mio. Mio. Mio. Mio. Mio. Mio. Mio. Mio. Mio. Mio. Mio. Mio. Mio. Mio. Mio. Mio. Mio. Mio. Mio. Mio. Mio. Mio. Mio. Mio. Mio. Mio. Mio. Mio. Mio. Mio. Mio. Mio. Mio. Mio. Mio. Mio. Mio. Mio. Mio. Mio. Mio.

Mio. Mio. Mio. Mio. Mio. Mio. Mio. Mio. Mio. Mio. Mio. Mio. Mio. Mio. Mio. Mio. Mio. Mio. Mio. Mio. Mio. Mio. Mio. Mio. Mio. Mio. Mio. Mio. Mio. Mio. Mio. Mio. Mio. Mio. Mio. Mio. Mio. Mio. Mio. Mio. Mio. Mio. Mio. Mio. Mio. Mio. Mio. Mio. Mio. Mio. Mio. Mio. Mio. Mio. Mio. Mio. Mio. Mio. Mio. Mio. Mio. Mio. Mio. Mio. Mio. Mio. Mio. Mio. Mio. Mio. Mio. Mio. Mio. Mio. Mio. Mio.

Mio. Mio. Mio. Mio. Mio. Mio. Mio. Mio. Mio. Mio. Mio. Mio. Mio. Mio. Mio. Mio. Mio. Mio. Mio. Mio. Mio. Mio. Mio. Mio. Mio. Mio. Mio. Mio. Mio. Mio. Mio. Mio. Mio. Mio. Mio. Mio. Mio. Mio. Mio. Mio. Mio. Mio. Mio. Mio. Mio. Mio. Mio. Mio. Mio. Mio. Mio. Mio. Mio. Mio. Mio. Mio. Mio. Mio. Mio. Mio. Mio. Mio. Mio. Mio. Mio. Mio. Mio. Mio. Mio. Mio. Mio. Mio. Mio. Mio.

Mio. Mio. Mio. Mio. Mio. Mio. Mio. Mio. Mio. Mio. Mio. Mio. Mio. Mio. Mio. Mio. Mio. Mio. Mio. Mio. Mio. Mio. Mio. Mio. Mio. Mio. Mio. Mio. Mio. Mio. Mio. Mio. Mio. Mio. Mio. Mio. Mio. Mio. Mio. Mio. Mio. Mio. Mio. Mio. Mio. Mio. Mio. Mio. Mio. Mio. Mio. Mio. Mio. Mio. Mio. Mio. Mio. Mio. Mio. Mio. Mio. Mio. Mio. Mio. Mio. Mio. Mio. Mio. Mio. Mio. Mio. Mio. Mio. Mio.

Mio. Mio. Mio. Mio. Mio. Mio. Mio. Mio. Mio. Mio. Mio. Mio. Mio. Mio. Mio. Mio. Mio. Mio. Mio. Mio. Mio. Mio. Mio. Mio. Mio.

Mio. Mio. Mio. Mio. Mio. Mio. Mio. Mio. Mio. Mio. Mio. Mio. Mio. Mio. Mio. Mio. Mio. Mio. Mio. Mio. Mio. Mio. Mio. Mio. Mio. Mio. Mio. Mio. Mio. Mio. Mio. Mio. Mio.

Mio. Mio. Mio. Mio. Mio. Mio. Mio. Mio. Mio. Mio. Mio.
Mio. Mio. Mio. Mio. Mio. Mio. Mio. Mio. Mio. Mio. Mio.
Mio. Mio. Mio. Mio. Mio. Mio. Mio. Mio. Mio. Mio. Mio.
Mio. Mio. Mio. Mio. Mio. Mio. Mio. Mio. Mio. Mio. Mio.
Mio. Mio. Mio. Mio. Mio. Mio. Mio. Mio. Mio. Mio. Mio.
Mio. Mio. Mio. Mio. Mio. Mio. Mio. Mio.

Mio. Mio. Mio. Mio. Mio. Mio. Mio. Mio. Mio. Mio. Mio.
Mio. Mio. Mio. Mio. Mio. Mio. Mio. Mio. Mio. Mio. Mio.
Mio. Mio. Mio. Mio. Mio. Mio. Mio. Mio. Mio. Mio. Mio.
Mio. Mio. Mio. Mio. Mio. Mio. Mio. Mio. Mio. Mio. Mio.
Mio. Mio. Mio. Mio. Mio. Mio. Mio. Mio. Mio. Mio. Mio.
Mio. Mio. Mio. Mio. Mio. Mio. Mio.

Mio. Mio. Mio. Mio. Mio. Mio. Mio. Mio. Mio. Mio. Mio.
Mio. Mio. Mio. Mio. Mio. Mio. Mio. Mio. Mio. Mio. Mio.
Mio. Mio. Mio. Mio. Mio. Mio. Mio. Mio. Mio. Mio. Mio.
Mio. Mio. Mio. Mio.

Mio. Mio. Mio. Mio. Mio. Mio. Mio. Mio. Mio. Mio. Mio.
Mio. Mio. Mio. Mio. Mio. Mio. Mio. Mio. Mio. Mio. Mio.
Mio. Mio. Mio. Mio. Mio. Mio. Mio. Mio. Mio. Mio. Mio.
Mio. Mio. Mio. Mio. Mio. Mio. Mio. Mio. Mio. Mio. Mio.
Mio. Mio. Mio. Mio. Mio. Mio. Mio. Mio. Mio. Mio. Mio.
Mio. Mio. Mio. Mio. Mio. Mio. Mio. Mio.

Mio. Mio. Mio. Mio. Mio. Mio. Mio. Mio. Mio. Mio. Mio.
Mio. Mio. Mio. Mio. Mio. Mio. Mio. Mio. Mio. Mio. Mio.
Mio. Mio. Mio. Mio. Mio. Mio. Mio. Mio. Mio. Mio. Mio.
Mio. Mio. Mio. Mio. Mio. Mio. Mio. Mio. Mio. Mio. Mio.
Mio. Mio. Mio. Mio. Mio. Mio. Mio. Mio. Mio. Mio. Mio.

Mio. Mio. Mio. Mio. Mio. Mio. Mio. Mio. Mio. Mio. Mio. Mio. Mio. Mio. Mio. Mio.

Mio. Mio. Mio. Mio. Mio. Mio. Mio. Mio. Mio. Mio. Mio. Mio. Mio. Mio. Mio. Mio. Mio. Mio. Mio. Mio. Mio. Mio. Mio. Mio. Mio. Mio. Mio. Mio. Mio. Mio. Mio. Mio. Mio. Mio. Mio. Mio. Mio. Mio. Mio. Mio. Mio. Mio. Mio. Mio. Mio. Mio. Mio. Mio. Mio. Mio. Mio. Mio. Mio.

Mio. Mio. Mio. Mio. Mio. Mio. Mio. Mio. Mio. Mio. Mio. Mio. Mio. Mio. Mio. Mio. Mio. Mio. Mio. Mio. Mio. Mio. Mio. Mio. Mio. Mio. Mio. Mio. Mio. Mio. Mio. Mio. Mio. Mio. Mio. Mio. Mio. Mio. Mio. Mio. Mio. Mio.

Mio. Mio. Mio. Mio. Mio. Mio. Mio. Mio. Mio. Mio. Mio. Mio. Mio. Mio. Mio. Mio. Mio. Mio. Mio. Mio. Mio. Mio. Mio. Mio. Mio. Mio. Mio. Mio. Mio. Mio. Mio.

Mio. Mio. Mio. Mio. Mio. Mio. Mio. Mio. Mio. Mio. Mio. Mio. Mio. Mio. Mio. Mio. Mio. Mio. Mio. Mio. Mio. Mio. Mio. Mio. Mio. Mio. Mio. Mio. Mio. Mio. Mio. Mio. Mio. Mio. Mio. Mio. Mio. Mio. Mio. Mio. Mio. Mio. Mio. Mio. Mio. Mio. Mio. Mio. Mio. Mio. Mio. Mio. Mio. Mio. Mio. Mio. Mio. Mio. Mio. Mio. Mio. Mio. Mio. Mio. Mio. Mio. Mio. Mio. Mio. Mio. Mio. Mio. Mio. Mio. Mio. Mio. Mio. Mio. Mio. Mio. Mio. Mio.

Mio. Mio. Mio. Mio. Mio. Mio. Mio. Mio. Mio. Mio. Mio. Mio. Mio. Mio. Mio. Mio. Mio. Mio. Mio. Mio. Mio. Mio. Mio. Mio. Mio. Mio. Mio. Mio. Mio. Mio. Mio. Mio. Mio. Mio. Mio. Mio. Mio. Mio. Mio. Mio. Mio. Mio. Mio. Mio. Mio. Mio. Mio. Mio. Mio. Mio. Mio. Mio. Mio. Mio.

Mio. Mio. Mio. Mio. Mio. Mio. Mio. Mio. Mio. Mio. Mio. Mio. Mio. Mio. Mio. Mio. Mio. Mio. Mio. Mio. Mio. Mio. Mio. Mio. Mio. Mio. Mio. Mio. Mio. Mio. Mio. Mio. Mio. Mio. Mio. Mio. Mio. Mio. Mio. Mio. Mio. Mio. Mio. Mio. Mio. Mio. Mio. Mio. Mio. Mio. Mio. Mio. Mio. Mio. Mio. Mio. Mio. Mio. Mio. Mio. Mio. Mio. Mio. Mio. Mio. Mio. Mio. Mio. Mio. Mio. Mio. Mio. Mio. Mio. Mio.

Mio. Mio. Mio. Mio. Mio. Mio. Mio. Mio. Mio. Mio. Mio. Mio. Mio. Mio. Mio. Mio. Mio. Mio. Mio. Mio. Mio. Mio. Mio. Mio.

Mio. Mio. Mio. Mio. Mio. Mio. Mio. Mio. Mio. Mio. Mio. Mio. Mio. Mio. Mio. Mio. Mio. Mio. Mio. Mio. Mio. Mio. Mio. Mio. Mio. Mio. Mio. Mio. Mio. Mio. Mio. Mio. Mio. Mio. Mio. Mio. Mio. Mio. Mio. Mio. Mio. Mio. Mio. Mio. Mio. Mio. Mio. Mio. Mio. Mio. Mio. Mio. Mio. Mio. Mio. Mio. Mio. Mio. Mio. Mio. Mio. Mio. Mio. Mio. Mio. Mio. Mio. Mio. Mio. Mio. Mio. Mio. Mio. Mio. Mio. Mio. Mio. Mio. Mio. Mio. Mio. Mio. Mio. Mio. Mio. Mio. Mio. Mio. Mio. Mio. Mio. Mio. Mio. Mio. Mio. Mio. Mio. Mio. Mio.

Mio. Mio. Mio. Mio. Mio. Mio. Mio. Mio. Mio. Mio. Mio. Mio. Mio. Mio. Mio. Mio. Mio. Mio. Mio. Mio. Mio. Mio. Mio. Mio. Mio. Mio. Mio. Mio. Mio. Mio. Mio. Mio. Mio. Mio. Mio. Mio. Mio. Mio. Mio. Mio. Mio. Mio. Mio. Mio. Mio. Mio. Mio. Mio. Mio. Mio. Mio. Mio. Mio. Mio. Mio. Mio. Mio. Mio. Mio. Mio. Mio. Mio. Mio. Mio. Mio. Mio. Mio. Mio. Mio. Mio. Mio. Mio. Mio. Mio. Mio. Mio. Mio. Mio. Mio. Mio. Mio. Mio. Mio. Mio. Mio. Mio. Mio. Mio. Mio. Mio. Mio. Mio. Mio. Mio. Mio. Mio. Mio. Mio. Mio.

Mio. Mio. Mio. Mio. Mio. Mio. Mio. Mio. Mio. Mio. Mio.
Mio. Mio. Mio. Mio. Mio. Mio. Mio. Mio. Mio. Mio. Mio.
Mio. Mio. Mio. Mio. Mio. Mio. Mio. Mio. Mio. Mio. Mio.
Mio. Mio. Mio. Mio. Mio. Mio. Mio. Mio. Mio. Mio. Mio.
Mio. Mio. Mio. Mio. Mio. Mio. Mio. Mio. Mio. Mio. Mio.
Mio. Mio. Mio. Mio. Mio. Mio. Mio. Mio. Mio. Mio. Mio.
Mio. Mio. Mio. Mio. Mio. Mio. Mio. Mio.

Mio. Mio. Mio. Mio. Mio. Mio. Mio. Mio. Mio. Mio. Mio.
Mio. Mio. Mio. Mio. Mio. Mio. Mio. Mio. Mio. Mio. Mio.
Mio. Mio. Mio.

Mio. Mio. Mio. Mio. Mio. Mio. Mio. Mio. Mio. Mio. Mio.
Mio. Mio. Mio. Mio. Mio. Mio. Mio. Mio. Mio. Mio. Mio.
Mio. Mio. Mio. Mio. Mio. Mio. Mio. Mio. Mio. Mio. Mio.
Mio. Mio. Mio. Mio. Mio. Mio. Mio. Mio. Mio. Mio. Mio.
Mio. Mio. Mio. Mio. Mio. Mio. Mio. Mio. Mio. Mio. Mio.
Mio. Mio. Mio. Mio. Mio. Mio. Mio. Mio. Mio. Mio. Mio.
Mio. Mio. Mio. Mio. Mio. Mio. Mio.

Mio. Mio. Mio. Mio. Mio. Mio. Mio. Mio. Mio. Mio. Mio.
Mio. Mio. Mio. Mio. Mio. Mio. Mio. Mio. Mio. Mio. Mio.
Mio. Mio. Mio. Mio.

Mio. Mio. Mio. Mio. Mio. Mio. Mio. Mio. Mio. Mio. Mio.
Mio. Mio. Mio. Mio. Mio. Mio. Mio. Mio. Mio. Mio. Mio.
Mio. Mio. Mio. Mio. Mio. Mio. Mio. Mio. Mio. Mio. Mio.
Mio. Mio. Mio. Mio. Mio. Mio. Mio. Mio. Mio. Mio. Mio.
Mio. Mio. Mio. Mio. Mio. Mio. Mio. Mio. Mio. Mio. Mio.
Mio. Mio. Mio. Mio. Mio. Mio. Mio. Mio. Mio. Mio. Mio.
Mio. Mio. Mio. Mio. Mio. Mio. Mio. Mio. Mio. Mio. Mio.

Mio. Mio. Mio. Mio. Mio. Mio. Mio. Mio. Mio. Mio. Mio. Mio. Mio. Mio. Mio. Mio. Mio. Mio. Mio. Mio. Mio. Mio.

Mio. Mio. Mio. Mio. Mio. Mio. Mio. Mio. Mio. Mio. Mio. Mio. Mio. Mio. Mio. Mio. Mio. Mio. Mio. Mio. Mio. Mio. Mio. Mio. Mio. Mio. Mio. Mio. Mio. Mio. Mio. Mio. Mio. Mio. Mio. Mio. Mio. Mio. Mio. Mio. Mio. Mio. Mio. Mio. Mio. Mio. Mio. Mio. Mio. Mio. Mio. Mio. Mio. Mio. Mio. Mio. Mio. Mio. Mio. Mio. Mio.

Mio. Mio. Mio. Mio. Mio. Mio. Mio. Mio. Mio. Mio. Mio. Mio. Mio. Mio. Mio. Mio. Mio. Mio. Mio. Mio. Mio. Mio. Mio. Mio. Mio. Mio. Mio. Mio. Mio. Mio. Mio. Mio. Mio. Mio. Mio. Mio. Mio. Mio.

Mio. Mio. Mio. Mio. Mio. Mio. Mio. Mio. Mio. Mio. Mio. Mio. Mio. Mio. Mio. Mio. Mio. Mio. Mio. Mio. Mio. Mio. Mio. Mio. Mio. Mio. Mio. Mio. Mio. Mio. Mio. Mio. Mio. Mio. Mio. Mio. Mio. Mio. Mio. Mio. Mio. Mio. Mio. Mio. Mio. Mio. Mio. Mio. Mio. Mio. Mio. Mio. Mio. Mio. Mio. Mio. Mio. Mio. Mio. Mio. Mio. Mio. Mio. Mio. Mio. Mio. Mio. Mio. Mio. Mio. Mio. Mio. Mio. Mio.

Mio. Mio. Mio. Mio. Mio. Mio. Mio. Mio. Mio. Mio. Mio. Mio. Mio. Mio. Mio. Mio. Mio. Mio. Mio. Mio. Mio. Mio. Mio. Mio. Mio. Mio. Mio. Mio. Mio. Mio. Mio. Mio. Mio. Mio. Mio. Mio. Mio. Mio. Mio. Mio. Mio. Mio. Mio. Mio. Mio. Mio. Mio. Mio. Mio. Mio. Mio. Mio. Mio. Mio. Mio. Mio. Mio. Mio. Mio. Mio. Mio. Mio. Mio. Mio. Mio. Mio. Mio. Mio. Mio. Mio. Mio. Mio. Mio. Mio. Mio. Mio. Mio. Mio. Mio. Mio. Mio. Mio. Mio. Mio. Mio. Mio. Mio. Mio. Mio. Mio. Mio. Mio. Mio. Mio. Mio. Mio. Mio.

Mio. Mio. Mio. Mio. Mio. Mio. Mio. Mio. Mio. Mio. Mio. Mio. Mio. Mio. Mio. Mio. Mio. Mio. Mio. Mio. Mio. Mio. Mio. Mio. Mio. Mio. Mio. Mio. Mio. Mio. Mio. Mio. Mio. Mio. Mio. Mio. Mio. Mio. Mio. Mio. Mio. Mio. Mio. Mio. Mio. Mio. Mio. Mio. Mio. Mio. Mio. Mio. Mio. Mio. Mio. Mio. Mio. Mio. Mio. Mio. Mio. Mio. Mio. Mio. Mio. Mio. Mio. Mio. Mio. Mio. Mio. Mio. Mio. Mio. Mio.

Mio. Mio. Mio. Mio. Mio. Mio. Mio. Mio. Mio. Mio. Mio. Mio. Mio. Mio. Mio. Mio. Mio. Mio. Mio. Mio. Mio. Mio. Mio. Mio.

Mio. Mio. Mio. Mio. Mio. Mio. Mio. Mio. Mio. Mio. Mio. Mio. Mio. Mio. Mio. Mio. Mio. Mio. Mio. Mio. Mio. Mio. Mio. Mio. Mio. Mio. Mio. Mio. Mio. Mio. Mio. Mio. Mio. Mio. Mio. Mio. Mio. Mio. Mio. Mio. Mio. Mio. Mio. Mio. Mio. Mio. Mio. Mio. Mio. Mio. Mio. Mio. Mio. Mio. Mio. Mio. Mio. Mio.

Mio. Mio. Mio. Mio. Mio. Mio. Mio. Mio. Mio. Mio. Mio. Mio. Mio. Mio. Mio. Mio. Mio. Mio. Mio. Mio. Mio. Mio. Mio. Mio. Mio. Mio. Mio. Mio. Mio. Mio. Mio. Mio. Mio. Mio. Mio. Mio. Mio. Mio. Mio. Mio. Mio.

Mio. Mio. Mio. Mio. Mio. Mio. Mio. Mio. Mio. Mio. Mio. Mio. Mio. Mio. Mio. Mio. Mio. Mio. Mio. Mio. Mio. Mio. Mio. Mio. Mio. Mio. Mio. Mio. Mio. Mio. Mio. Mio. Mio. Mio. Mio. Mio. Mio. Mio. Mio. Mio. Mio. Mio. Mio. Mio. Mio. Mio. Mio. Mio. Mio. Mio. Mio. Mio.

Mio. Mio. Mio. Mio. Mio. Mio. Mio. Mio. Mio. Mio. Mio. Mio. Mio. Mio. Mio. Mio. Mio. Mio. Mio. Mio. Mio. Mio. Mio. Mio. Mio. Mio. Mio. Mio. Mio. Mio. Mio. Mio. Mio.

Mio. Mio. Mio. Mio. Mio. Mio. Mio. Mio. Mio. Mio. Mio. Mio. Mio. Mio.

Mio. Mio. Mio. Mio. Mio. Mio. Mio. Mio. Mio. Mio. Mio. Mio. Mio. Mio. Mio. Mio. Mio. Mio. Mio. Mio. Mio. Mio. Mio. Mio. Mio. Mio. Mio. Mio. Mio. Mio. Mio. Mio. Mio. Mio. Mio. Mio. Mio. Mio. Mio. Mio. Mio. Mio. Mio. Mio. Mio. Mio. Mio. Mio.

Mio. Mio. Mio. Mio. Mio. Mio. Mio. Mio. Mio. Mio. Mio. Mio. Mio. Mio. Mio. Mio. Mio. Mio. Mio. Mio. Mio. Mio. Mio. Mio. Mio. Mio. Mio. Mio. Mio. Mio. Mio. Mio. Mio. Mio. Mio. Mio. Mio. Mio. Mio. Mio. Mio. Mio. Mio. Mio. Mio. Mio. Mio. Mio. Mio. Mio. Mio.

Mio. Mio. Mio. Mio. Mio. Mio. Mio. Mio. Mio. Mio. Mio. Mio. Mio. Mio. Mio. Mio. Mio. Mio. Mio. Mio. Mio. Mio. Mio. Mio. Mio. Mio. Mio. Mio. Mio. Mio. Mio. Mio. Mio. Mio. Mio. Mio. Mio. Mio. Mio. Mio. Mio. Mio. Mio. Mio. Mio. Mio. Mio. Mio. Mio. Mio. Mio. Mio. Mio. Mio. Mio. Mio. Mio. Mio. Mio. Mio.

Mio. Mio. Mio. Mio. Mio. Mio. Mio. Mio. Mio. Mio. Mio. Mio. Mio. Mio. Mio. Mio. Mio. Mio. Mio. Mio. Mio. Mio. Mio. Mio. Mio. Mio. Mio. Mio. Mio. Mio. Mio. Mio. Mio. Mio. Mio. Mio. Mio. Mio. Mio.

Mio. Mio. Mio. Mio. Mio. Mio. Mio. Mio. Mio. Mio. Mio. Mio. Mio. Mio. Mio. Mio. Mio. Mio. Mio. Mio. Mio. Mio. Mio. Mio. Mio. Mio. Mio. Mio. Mio. Mio. Mio. Mio. Mio. Mio. Mio. Mio. Mio. Mio. Mio. Mio. Mio. Mio. Mio. Mio. Mio. Mio. Mio. Mio. Mio. Mio. Mio. Mio. Mio. Mio. Mio. Mio. Mio. Mio. Mio. Mio. Mio. Mio. Mio. Mio. Mio. Mio.

Mio. Mio. Mio. Mio. Mio. Mio. Mio. Mio. Mio. Mio. Mio. Mio. Mio. Mio. Mio. Mio. Mio. Mio. Mio. Mio. Mio. Mio. Mio. Mio. Mio. Mio. Mio. Mio. Mio. Mio. Mio. Mio. Mio.

Mio. Mio. Mio. Mio. Mio. Mio. Mio. Mio. Mio. Mio. Mio. Mio. Mio. Mio. Mio. Mio. Mio. Mio. Mio. Mio. Mio. Mio. Mio. Mio. Mio. Mio. Mio. Mio. Mio. Mio. Mio. Mio. Mio. Mio. Mio. Mio. Mio. Mio. Mio. Mio. Mio. Mio. Mio. Mio. Mio. Mio. Mio. Mio. Mio. Mio. Mio. Mio. Mio. Mio. Mio. Mio. Mio. Mio. Mio. Mio. Mio. Mio. Mio. Mio. Mio. Mio. Mio. Mio. Mio. Mio. Mio. Mio. Mio. Mio. Mio. Mio. Mio. Mio. Mio. Mio. Mio. Mio. Mio. Mio. Mio. Mio. Mio. Mio. Mio. Mio. Mio. Mio. Mio. Mio.

Mio. Mio. Mio. Mio. Mio. Mio. Mio. Mio. Mio. Mio. Mio. Mio. Mio. Mio. Mio. Mio. Mio. Mio. Mio. Mio. Mio. Mio. Mio. Mio. Mio. Mio. Mio. Mio. Mio. Mio. Mio. Mio. Mio. Mio. Mio. Mio. Mio. Mio. Mio. Mio. Mio. Mio. Mio. Mio. Mio. Mio. Mio. Mio. Mio. Mio. Mio. Mio. Mio. Mio. Mio. Mio. Mio. Mio. Mio. Mio. Mio. Mio. Mio. Mio. Mio. Mio. Mio. Mio. Mio. Mio. Mio. Mio.

Mio. Mio. Mio. Mio. Mio. Mio. Mio. Mio. Mio. Mio. Mio. Mio. Mio. Mio. Mio. Mio. Mio. Mio. Mio. Mio. Mio. Mio. Mio. Mio. Mio. Mio. Mio.

Mio. Mio. Mio. Mio. Mio. Mio. Mio. Mio. Mio. Mio. Mio. Mio. Mio. Mio. Mio. Mio. Mio. Mio. Mio. Mio. Mio. Mio. Mio. Mio. Mio. Mio. Mio. Mio. Mio. Mio. Mio. Mio. Mio. Mio. Mio. Mio. Mio. Mio. Mio. Mio. Mio. Mio. Mio. Mio. Mio. Mio. Mio. Mio. Mio. Mio. Mio. Mio. Mio. Mio. Mio. Mio. Mio. Mio. Mio. Mio. Mio. Mio. Mio. Mio. Mio. Mio.

Mio. Mio. Mio. Mio. Mio. Mio. Mio. Mio. Mio. Mio. Mio. Mio. Mio. Mio. Mio. Mio. Mio. Mio. Mio. Mio. Mio. Mio. Mio. Mio. Mio. Mio. Mio. Mio. Mio. Mio. Mio. Mio. Mio.

Mio. Mio. Mio. Mio. Mio. Mio. Mio. Mio. Mio. Mio. Mio. Mio. Mio. Mio. Mio. Mio. Mio. Mio. Mio. Mio. Mio. Mio. Mio. Mio. Mio. Mio. Mio. Mio. Mio. Mio. Mio. Mio. Mio. Mio. Mio. Mio. Mio. Mio. Mio. Mio. Mio. Mio. Mio. Mio. Mio. Mio. Mio. Mio. Mio. Mio. Mio. Mio.

Mio. Mio. Mio. Mio. Mio. Mio. Mio. Mio. Mio. Mio. Mio. Mio. Mio. Mio. Mio. Mio. Mio. Mio. Mio. Mio. Mio. Mio. Mio. Mio. Mio. Mio. Mio. Mio. Mio. Mio. Mio. Mio. Mio. Mio. Mio. Mio. Mio. Mio. Mio. Mio. Mio. Mio. Mio. Mio. Mio. Mio. Mio.

Mio. Mio. Mio. Mio. Mio. Mio. Mio. Mio. Mio. Mio. Mio. Mio. Mio. Mio. Mio. Mio. Mio. Mio. Mio. Mio. Mio. Mio. Mio. Mio. Mio. Mio. Mio. Mio. Mio. Mio. Mio. Mio. Mio. Mio. Mio. Mio. Mio. Mio. Mio. Mio. Mio. Mio. Mio. Mio. Mio. Mio. Mio. Mio. Mio. Mio. Mio. Mio. Mio. Mio. Mio. Mio. Mio. Mio. Mio. Mio. Mio. Mio. Mio. Mio.

Mio. Mio. Mio. Mio. Mio. Mio. Mio. Mio. Mio. Mio. Mio. Mio. Mio. Mio. Mio. Mio. Mio. Mio. Mio. Mio. Mio. Mio. Mio. Mio. Mio. Mio. Mio. Mio. Mio. Mio. Mio. Mio. Mio. Mio. Mio. Mio. Mio. Mio. Mio. Mio. Mio. Mio. Mio. Mio. Mio. Mio. Mio. Mio. Mio. Mio. Mio. Mio. Mio. Mio. Mio. Mio. Mio. Mio. Mio. Mio. Mio. Mio. Mio. Mio. Mio. Mio. Mio. Mio. Mio. Mio. Mio. Mio. Mio. Mio. Mio. Mio. Mio. Mio. Mio. Mio. Mio. Mio. Mio. Mio. Mio. Mio. Mio. Mio. Mio. Mio. Mio. Mio. Mio.

Mio. Mio. Mio. Mio. Mio. Mio.

Mio. Mio. Mio. Mio. Mio. Mio. Mio. Mio. Mio. Mio. Mio.
Mio. Mio. Mio. Mio. Mio. Mio. Mio. Mio. Mio. Mio. Mio.
Mio. Mio. Mio. Mio. Mio. Mio. Mio. Mio. Mio. Mio. Mio.
Mio. Mio. Mio. Mio. Mio. Mio. Mio. Mio. Mio. Mio. Mio.
Mio. Mio. Mio. Mio. Mio. Mio. Mio. Mio. Mio. Mio. Mio.
Mio. Mio. Mio. Mio. Mio. Mio. Mio. Mio. Mio.

Mio. Mio. Mio. Mio. Mio. Mio. Mio. Mio. Mio. Mio. Mio.
Mio. Mio. Mio. Mio. Mio. Mio. Mio. Mio. Mio. Mio. Mio.
Mio. Mio. Mio. Mio. Mio. Mio. Mio. Mio. Mio. Mio. Mio.
Mio. Mio.

Mio. Mio. Mio. Mio. Mio. Mio. Mio. Mio. Mio. Mio. Mio.
Mio. Mio. Mio. Mio. Mio. Mio. Mio. Mio. Mio. Mio. Mio.
Mio. Mio. Mio. Mio. Mio. Mio. Mio. Mio. Mio. Mio. Mio.
Mio. Mio. Mio. Mio. Mio. Mio. Mio. Mio. Mio. Mio. Mio.
Mio. Mio. Mio. Mio. Mio. Mio. Mio. Mio. Mio. Mio. Mio.
Mio. Mio. Mio. Mio. Mio. Mio. Mio. Mio. Mio.

Mio. Mio. Mio. Mio. Mio. Mio. Mio. Mio. Mio. Mio. Mio.
Mio. Mio. Mio. Mio. Mio. Mio. Mio. Mio. Mio. Mio. Mio.
Mio. Mio. Mio. Mio. Mio. Mio. Mio. Mio. Mio. Mio. Mio.

Mio. Mio.

Mio. Mio. Mio. Mio. Mio. Mio. Mio. Mio. Mio. Mio. Mio.
Mio. Mio. Mio. Mio. Mio. Mio. Mio. Mio. Mio. Mio. Mio.
Mio. Mio. Mio. Mio. Mio. Mio. Mio. Mio. Mio. Mio. Mio.
Mio. Mio. Mio. Mio. Mio. Mio. Mio. Mio. Mio. Mio. Mio.
Mio. Mio. Mio. Mio. Mio. Mio. Mio. Mio. Mio. Mio. Mio.

Mio. Mio. Mio. Mio. Mio. Mio. Mio. Mio. Mio. Mio. Mio. Mio. Mio. Mio. Mio. Mio. Mio. Mio.

Mio. Mio. Mio. Mio. Mio. Mio. Mio. Mio. Mio. Mio. Mio. Mio. Mio. Mio. Mio. Mio. Mio. Mio. Mio. Mio. Mio. Mio. Mio. Mio. Mio. Mio.

Mio. Mio. Mio. Mio. Mio. Mio. Mio. Mio. Mio. Mio. Mio. Mio. Mio. Mio. Mio. Mio. Mio. Mio. Mio. Mio. Mio. Mio. Mio. Mio. Mio. Mio. Mio. Mio. Mio. Mio. Mio. Mio. Mio. Mio. Mio. Mio. Mio. Mio. Mio. Mio. Mio. Mio. Mio. Mio. Mio. Mio. Mio. Mio. Mio. Mio. Mio. Mio. Mio. Mio. Mio. Mio. Mio. Mio. Mio. Mio. Mio. Mio.

Mio. Mio. Mio. Mio. Mio. Mio. Mio. Mio. Mio. Mio. Mio. Mio. Mio. Mio. Mio. Mio. Mio. Mio. Mio. Mio. Mio. Mio. Mio. Mio. Mio. Mio. Mio. Mio. Mio. Mio. Mio. Mio. Mio. Mio. Mio. Mio. Mio.

Mio. Mio. Mio. Mio. Mio. Mio. Mio. Mio. Mio. Mio. Mio. Mio. Mio. Mio. Mio. Mio. Mio. Mio. Mio. Mio. Mio. Mio. Mio. Mio. Mio. Mio. Mio. Mio. Mio. Mio. Mio. Mio. Mio. Mio. Mio. Mio. Mio. Mio. Mio. Mio. Mio. Mio. Mio. Mio. Mio. Mio. Mio. Mio. Mio. Mio. Mio. Mio. Mio. Mio. Mio. Mio. Mio. Mio. Mio. Mio. Mio. Mio. Mio. Mio.

Mio. Mio. Mio. Mio. Mio. Mio. Mio. Mio. Mio. Mio. Mio. Mio. Mio. Mio. Mio. Mio. Mio. Mio. Mio. Mio. Mio. Mio. Mio. Mio. Mio. Mio. Mio. Mio. Mio. Mio. Mio. Mio. Mio. Mio. Mio.

Mio. Mio. Mio. Mio. Mio. Mio. Mio. Mio. Mio. Mio. Mio. Mio. Mio. Mio. Mio. Mio. Mio. Mio. Mio. Mio. Mio. Mio.

Mio. Mio. Mio. Mio. Mio. Mio. Mio. Mio. Mio. Mio. Mio. Mio. Mio. Mio. Mio. Mio. Mio. Mio. Mio. Mio. Mio. Mio. Mio. Mio. Mio. Mio. Mio. Mio. Mio. Mio. Mio. Mio. Mio. Mio. Mio. Mio. Mio. Mio. Mio.

Mio. Mio. Mio. Mio. Mio. Mio. Mio. Mio. Mio. Mio. Mio. Mio. Mio. Mio. Mio. Mio. Mio. Mio. Mio. Mio. Mio. Mio. Mio. Mio. Mio. Mio. Mio. Mio. Mio. Mio. Mio. Mio. Mio. Mio. Mio. Mio. Mio. Mio.

Mio. Mio. Mio. Mio. Mio. Mio. Mio. Mio. Mio. Mio. Mio. Mio. Mio. Mio. Mio. Mio. Mio. Mio. Mio. Mio. Mio. Mio. Mio. Mio. Mio. Mio. Mio. Mio. Mio. Mio. Mio. Mio. Mio. Mio. Mio.

Mio. Mio. Mio. Mio. Mio. Mio. Mio. Mio. Mio. Mio. Mio. Mio. Mio. Mio. Mio. Mio. Mio. Mio. Mio. Mio. Mio. Mio. Mio. Mio. Mio. Mio. Mio. Mio. Mio. Mio. Mio. Mio. Mio. Mio. Mio. Mio. Mio. Mio. Mio. Mio. Mio. Mio. Mio. Mio. Mio. Mio. Mio. Mio. Mio. Mio. Mio. Mio. Mio. Mio. Mio. Mio. Mio. Mio. Mio. Mio. Mio. Mio. Mio. Mio.

Mio. Mio. Mio. Mio. Mio. Mio. Mio. Mio. Mio. Mio. Mio. Mio. Mio. Mio. Mio. Mio. Mio. Mio. Mio. Mio. Mio. Mio. Mio. Mio. Mio. Mio. Mio. Mio. Mio. Mio. Mio. Mio. Mio. Mio. Mio. Mio. Mio. Mio. Mio. Mio. Mio. Mio. Mio. Mio. Mio. Mio. Mio. Mio. Mio. Mio.

Mio. Mio. Mio. Mio. Mio. Mio. Mio. Mio. Mio. Mio. Mio. Mio. Mio. Mio. Mio. Mio. Mio. Mio. Mio. Mio. Mio. Mio. Mio. Mio. Mio. Mio. Mio. Mio. Mio. Mio. Mio. Mio. Mio.

Mio. Mio. Mio. Mio. Mio. Mio. Mio. Mio. Mio. Mio. Mio. Mio. Mio. Mio. Mio. Mio.

Mio. Mio. Mio. Mio. Mio. Mio. Mio. Mio. Mio. Mio. Mio. Mio. Mio. Mio. Mio. Mio. Mio. Mio. Mio. Mio. Mio. Mio. Mio. Mio. Mio. Mio. Mio. Mio. Mio. Mio. Mio. Mio. Mio. Mio. Mio. Mio. Mio. Mio. Mio. Mio. Mio. Mio. Mio. Mio. Mio. Mio. Mio. Mio. Mio. Mio. Mio. Mio. Mio. Mio. Mio. Mio. Mio. Mio. Mio. Mio. Mio. Mio. Mio.

Mio. Mio. Mio. Mio. Mio. Mio. Mio. Mio. Mio. Mio. Mio. Mio. Mio. Mio. Mio. Mio. Mio. Mio. Mio. Mio. Mio. Mio. Mio. Mio. Mio. Mio. Mio. Mio. Mio. Mio. Mio. Mio. Mio. Mio. Mio. Mio.
Mio. Mio. Mio. Mio. Mio. Mio. Mio. Mio. Mio. Mio. Mio. Mio. Mio. Mio. Mio. Mio. Mio. Mio. Mio. Mio. Mio. Mio. Mio. Mio. Mio. Mio. Mio. Mio. Mio. Mio. Mio. Mio. Mio. Mio. Mio. Mio. Mio. Mio. Mio. Mio. Mio. Mio. Mio. Mio. Mio. Mio. Mio. Mio. Mio. Mio. Mio. Mio.

Mio. Mio. Mio. Mio. Mio. Mio. Mio. Mio. Mio. Mio. Mio. Mio. Mio. Mio. Mio. Mio. Mio. Mio. Mio. Mio. Mio. Mio. Mio. Mio. Mio. Mio. Mio. Mio. Mio. Mio. Mio. Mio. Mio. Mio. Mio. Mio. Mio. Mio. Mio. Mio. Mio. Mio. Mio. Mio. Mio. Mio. Mio.

Mio. Mio. Mio. Mio. Mio. Mio. Mio. Mio. Mio. Mio. Mio. Mio. Mio. Mio. Mio. Mio. Mio. Mio. Mio. Mio. Mio. Mio. Mio. Mio. Mio. Mio. Mio. Mio. Mio. Mio. Mio. Mio. Mio. Mio. Mio. Mio. Mio. Mio. Mio. Mio. Mio. Mio. Mio. Mio. Mio. Mio. Mio. Mio. Mio. Mio. Mio. Mio. Mio. Mio. Mio. Mio. Mio. Mio. Mio. Mio. Mio. Mio. Mio. Mio. Mio. Mio.

Mio. Mio. Mio. Mio. Mio. Mio. Mio. Mio. Mio. Mio. Mio. Mio. Mio. Mio. Mio. Mio. Mio. Mio. Mio. Mio. Mio. Mio. Mio. Mio. Mio. Mio. Mio. Mio. Mio. Mio. Mio. Mio. Mio.

Mio. Mio. Mio. Mio. Mio. Mio. Mio. Mio. Mio. Mio. Mio. Mio. Mio. Mio. Mio. Mio. Mio. Mio. Mio. Mio. Mio. Mio. Mio. Mio. Mio. Mio. Mio. Mio. Mio. Mio. Mio. Mio. Mio. Mio. Mio. Mio. Mio. Mio. Mio. Mio. Mio. Mio. Mio. Mio. Mio. Mio. Mio. Mio. Mio. Mio. Mio. Mio. Mio. Mio. Mio. Mio. Mio. Mio. Mio. Mio. Mio. Mio. Mio. Mio. Mio. Mio. Mio. Mio. Mio. Mio. Mio. Mio. Mio. Mio. Mio. Mio. Mio. Mio. Mio. Mio. Mio. Mio. Mio. Mio. Mio. Mio. Mio. Mio. Mio. Mio. Mio. Mio. Mio. Mio. Mio. Mio. Mio.

Mio. Mio. Mio. Mio. Mio. Mio. Mio. Mio. Mio. Mio. Mio. Mio. Mio. Mio. Mio. Mio. Mio. Mio. Mio. Mio. Mio. Mio. Mio. Mio. Mio. Mio. Mio. Mio. Mio. Mio. Mio. Mio. Mio. Mio. Mio. Mio. Mio. Mio. Mio. Mio. Mio. Mio. Mio. Mio. Mio. Mio. Mio. Mio. Mio. Mio. Mio. Mio. Mio. Mio. Mio. Mio. Mio. Mio. Mio. Mio. Mio. Mio. Mio. Mio. Mio. Mio. Mio. Mio. Mio. Mio. Mio. Mio. Mio. Mio. Mio.

Mio. Mio. Mio. Mio. Mio. Mio. Mio. Mio. Mio. Mio. Mio. Mio. Mio. Mio. Mio. Mio. Mio. Mio. Mio. Mio. Mio. Mio. Mio. Mio. Mio. Mio. Mio. Mio. Mio. Mio. Mio. Mio. Mio. Mio. Mio. Mio. Mio. Mio. Mio. Mio. Mio. Mio. Mio. Mio. Mio. Mio. Mio. Mio. Mio.

Mio. Mio. Mio. Mio. Mio. Mio. Mio. Mio. Mio. Mio. Mio. Mio. Mio. Mio. Mio. Mio. Mio. Mio. Mio. Mio. Mio. Mio. Mio. Mio. Mio. Mio. Mio. Mio. Mio. Mio. Mio. Mio. Mio.

Mio. Mio. Mio. Mio. Mio. Mio. Mio. Mio. Mio. Mio. Mio. Mio. Mio. Mio. Mio. Mio. Mio.

Mio. Mio. Mio. Mio. Mio. Mio. Mio. Mio. Mio. Mio. Mio. Mio. Mio. Mio. Mio. Mio. Mio. Mio. Mio. Mio. Mio. Mio. Mio. Mio. Mio. Mio. Mio. Mio. Mio. Mio. Mio. Mio. Mio. Mio. Mio. Mio. Mio. Mio. Mio. Mio. Mio. Mio. Mio. Mio. Mio. Mio. Mio.

Mio. Mio. Mio. Mio. Mio. Mio. Mio. Mio. Mio. Mio. Mio. Mio. Mio. Mio. Mio. Mio. Mio. Mio. Mio. Mio. Mio. Mio. Mio. Mio. Mio. Mio. Mio. Mio. Mio. Mio. Mio. Mio. Mio. Mio. Mio. Mio. Mio. Mio. Mio. Mio. Mio. Mio. Mio. Mio. Mio. Mio. Mio. Mio. Mio. Mio. Mio. Mio.

Mio. Mio. Mio. Mio. Mio. Mio. Mio. Mio. Mio. Mio. Mio. Mio. Mio. Mio. Mio. Mio. Mio. Mio. Mio. Mio. Mio. Mio. Mio. Mio. Mio. Mio. Mio. Mio. Mio. Mio. Mio. Mio. Mio. Mio. Mio. Mio. Mio. Mio. Mio. Mio. Mio. Mio. Mio. Mio. Mio. Mio. Mio. Mio. Mio.

Mio. Mio. Mio. Mio. Mio. Mio. Mio. Mio. Mio. Mio. Mio. Mio. Mio. Mio. Mio. Mio. Mio. Mio. Mio. Mio. Mio. Mio. Mio. Mio. Mio. Mio. Mio. Mio. Mio. Mio. Mio. Mio. Mio. Mio. Mio. Mio. Mio. Mio. Mio. Mio. Mio. Mio. Mio. Mio. Mio. Mio. Mio. Mio. Mio. Mio.

Mio. Mio. Mio. Mio. Mio. Mio. Mio. Mio. Mio. Mio. Mio. Mio. Mio. Mio. Mio. Mio. Mio. Mio. Mio. Mio. Mio. Mio. Mio. Mio. Mio. Mio. Mio. Mio. Mio. Mio. Mio. Mio. Mio. Mio. Mio. Mio. Mio. Mio. Mio. Mio. Mio. Mio. Mio. Mio. Mio. Mio. Mio. Mio. Mio. Mio. Mio. Mio. Mio. Mio. Mio. Mio. Mio. Mio. Mio. Mio. Mio. Mio. Mio. Mio. Mio. Mio.

Mio. Mio. Mio. Mio. Mio. Mio. Mio. Mio. Mio. Mio. Mio. Mio. Mio. Mio. Mio. Mio. Mio. Mio. Mio. Mio. Mio. Mio. Mio. Mio. Mio. Mio. Mio. Mio. Mio. Mio.

Mio. Mio. Mio. Mio. Mio. Mio. Mio. Mio. Mio. Mio. Mio. Mio. Mio. Mio. Mio. Mio. Mio. Mio. Mio. Mio. Mio. Mio. Mio. Mio. Mio. Mio. Mio. Mio. Mio. Mio. Mio. Mio. Mio. Mio. Mio. Mio. Mio. Mio. Mio. Mio. Mio. Mio. Mio. Mio. Mio. Mio. Mio. Mio. Mio. Mio. Mio. Mio. Mio. Mio. Mio. Mio. Mio. Mio. Mio. Mio. Mio. Mio.

Mio. Mio. Mio. Mio. Mio. Mio. Mio. Mio. Mio. Mio. Mio. Mio. Mio. Mio. Mio. Mio. Mio. Mio. Mio. Mio. Mio. Mio. Mio. Mio. Mio. Mio. Mio. Mio. Mio. Mio. Mio. Mio. Mio. Mio. Mio. Mio. Mio.

Mio. Mio. Mio. Mio. Mio. Mio. Mio. Mio. Mio. Mio. Mio. Mio. Mio. Mio. Mio. Mio. Mio. Mio. Mio. Mio. Mio. Mio. Mio. Mio. Mio. Mio. Mio. Mio. Mio. Mio. Mio. Mio. Mio. Mio. Mio. Mio. Mio. Mio. Mio. Mio. Mio. Mio. Mio. Mio. Mio. Mio. Mio. Mio. Mio. Mio. Mio. Mio. Mio.

Mio. Mio. Mio. Mio. Mio. Mio. Mio. Mio. Mio. Mio. Mio. Mio. Mio. Mio. Mio. Mio. Mio. Mio. Mio. Mio. Mio. Mio. Mio. Mio. Mio. Mio. Mio. Mio. Mio. Mio. Mio. Mio. Mio. Mio. Mio. Mio. Mio. Mio. Mio. Mio. Mio. Mio. Mio. Mio. Mio. Mio.
Mio. Mio. Mio. Mio. Mio. Mio. Mio. Mio. Mio. Mio. Mio. Mio. Mio. Mio. Mio. Mio. Mio. Mio. Mio. Mio. Mio. Mio. Mio. Mio. Mio. Mio. Mio. Mio. Mio. Mio. Mio. Mio. Mio. Mio. Mio. Mio. Mio. Mio. Mio. Mio. Mio. Mio. Mio. Mio. Mio. Mio. Mio. Mio. Mio. Mio. Mio. Mio. Mio. Mio. Mio.

Mio. Mio. Mio. Mio. Mio. Mio. Mio. Mio. Mio. Mio. Mio.
Mio. Mio. Mio. Mio. Mio. Mio. Mio.

Mio. Mio. Mio. Mio. Mio. Mio. Mio. Mio. Mio. Mio. Mio.
Mio. Mio. Mio. Mio. Mio. Mio. Mio. Mio. Mio. Mio. Mio.
Mio. Mio. Mio. Mio.

Mio. Mio. Mio. Mio. Mio. Mio. Mio. Mio. Mio. Mio. Mio.
Mio. Mio. Mio. Mio. Mio. Mio. Mio. Mio. Mio. Mio. Mio.
Mio. Mio. Mio. Mio. Mio. Mio. Mio. Mio. Mio. Mio. Mio.
Mio. Mio. Mio. Mio. Mio. Mio. Mio. Mio. Mio. Mio. Mio.
Mio. Mio. Mio. Mio. Mio. Mio. Mio. Mio.

Mio. Mio. Mio. Mio. Mio. Mio. Mio. Mio. Mio. Mio. Mio.
Mio. Mio. Mio. Mio. Mio. Mio. Mio. Mio. Mio. Mio. Mio.
Mio. Mio. Mio. Mio. Mio. Mio. Mio. Mio. Mio. Mio. Mio.
Mio. Mio. Mio. Mio. Mio. Mio. Mio. Mio. Mio. Mio. Mio.
Mio. Mio. Mio.

Mio. Mio. Mio. Mio. Mio. Mio. Mio. Mio. Mio. Mio. Mio.
Mio. Mio. Mio. Mio. Mio. Mio. Mio. Mio. Mio. Mio. Mio.
Mio. Mio. Mio. Mio. Mio. Mio. Mio. Mio. Mio. Mio. Mio.
Mio. Mio. Mio. Mio. Mio. Mio. Mio. Mio. Mio. Mio. Mio.
Mio. Mio. Mio. Mio. Mio. Mio. Mio. Mio. Mio. Mio. Mio.
Mio. Mio. Mio. Mio. Mio. Mio. Mio.

Mio. Mio. Mio. Mio. Mio. Mio. Mio. Mio. Mio. Mio. Mio.
Mio. Mio. Mio. Mio. Mio. Mio. Mio. Mio. Mio. Mio. Mio.
Mio. Mio. Mio. Mio. Mio. Mio. Mio. Mio. Mio. Mio. Mio.
Mio. Mio. Mio. Mio.

Mio. Mio. Mio. Mio. Mio. Mio. Mio. Mio. Mio. Mio. Mio.
Mio. Mio. Mio. Mio. Mio. Mio. Mio. Mio. Mio. Mio. Mio.

Mio. Mio. Mio. Mio. Mio. Mio. Mio. Mio. Mio. Mio. Mio. Mio. Mio. Mio. Mio. Mio. Mio. Mio. Mio. Mio. Mio. Mio. Mio. Mio. Mio. Mio. Mio. Mio. Mio. Mio. Mio. Mio. Mio. Mio. Mio. Mio. Mio. Mio. Mio. Mio. Mio. Mio. Mio. Mio. Mio. Mio. Mio. Mio. Mio. Mio. Mio. Mio. Mio.

Mio. Mio. Mio. Mio. Mio. Mio. Mio. Mio. Mio. Mio. Mio. Mio. Mio. Mio. Mio. Mio. Mio. Mio. Mio. Mio. Mio. Mio. Mio. Mio.

Mio. Mio. Mio. Mio. Mio. Mio. Mio. Mio. Mio. Mio. Mio. Mio. Mio. Mio. Mio. Mio. Mio. Mio. Mio. Mio. Mio. Mio. Mio. Mio. Mio. Mio. Mio. Mio. Mio. Mio. Mio. Mio. Mio. Mio. Mio. Mio. Mio. Mio. Mio. Mio. Mio. Mio. Mio. Mio. Mio. Mio. Mio. Mio. Mio. Mio. Mio. Mio. Mio. Mio. Mio. Mio. Mio. Mio. Mio. Mio. Mio. Mio. Mio. Mio.

Mio. Mio. Mio. Mio. Mio. Mio. Mio. Mio. Mio. Mio. Mio. Mio. Mio. Mio. Mio. Mio. Mio. Mio. Mio. Mio. Mio. Mio. Mio. Mio. Mio. Mio. Mio. Mio. Mio. Mio. Mio. Mio. Mio. Mio. Mio.
Mio. Mio. Mio. Mio. Mio. Mio. Mio. Mio. Mio. Mio. Mio. Mio. Mio. Mio. Mio. Mio. Mio. Mio. Mio. Mio. Mio. Mio. Mio. Mio. Mio. Mio. Mio. Mio. Mio. Mio. Mio. Mio. Mio. Mio. Mio. Mio. Mio. Mio. Mio. Mio. Mio. Mio. Mio. Mio. Mio. Mio. Mio. Mio. Mio. Mio. Mio.

Mio. Mio. Mio. Mio. Mio. Mio. Mio. Mio. Mio. Mio. Mio. Mio. Mio. Mio. Mio. Mio. Mio. Mio. Mio. Mio. Mio. Mio. Mio. Mio. Mio. Mio. Mio. Mio. Mio. Mio. Mio. Mio. Mio. Mio. Mio. Mio. Mio. Mio. Mio. Mio. Mio. Mio. Mio. Mio. Mio. Mio. Mio. Mio.

Mio. Mio. Mio. Mio. Mio. Mio. Mio. Mio. Mio. Mio. Mio. Mio. Mio. Mio. Mio. Mio. Mio. Mio. Mio. Mio. Mio. Mio. Mio. Mio. Mio. Mio. Mio. Mio. Mio. Mio. Mio. Mio. Mio. Mio. Mio. Mio. Mio. Mio. Mio. Mio. Mio. Mio. Mio. Mio. Mio. Mio. Mio. Mio. Mio. Mio. Mio. Mio. Mio. Mio. Mio. Mio. Mio. Mio. Mio. Mio. Mio. Mio. Mio. Mio. Mio. Mio. Mio. Mio. Mio. Mio. Mio. Mio. Mio.

Mio. Mio. Mio. Mio. Mio. Mio. Mio. Mio. Mio. Mio. Mio. Mio. Mio. Mio. Mio. Mio. Mio. Mio. Mio. Mio. Mio. Mio. Mio. Mio. Mio. Mio.
Mio. Mio. Mio. Mio. Mio. Mio. Mio. Mio. Mio. Mio. Mio. Mio. Mio. Mio. Mio. Mio. Mio. Mio. Mio. Mio. Mio. Mio. Mio. Mio. Mio. Mio. Mio. Mio. Mio. Mio. Mio. Mio. Mio. Mio. Mio. Mio. Mio. Mio. Mio. Mio. Mio. Mio. Mio. Mio. Mio. Mio. Mio. Mio. Mio.

Mio. Mio. Mio. Mio. Mio. Mio. Mio. Mio. Mio. Mio. Mio. Mio. Mio. Mio. Mio. Mio. Mio. Mio. Mio. Mio. Mio. Mio. Mio. Mio. Mio. Mio. Mio. Mio. Mio. Mio. Mio. Mio. Mio. Mio. Mio. Mio. Mio. Mio. Mio. Mio. Mio. Mio. Mio. Mio. Mio. Mio. Mio. Mio. Mio. Mio.

Mio. Mio. Mio. Mio. Mio. Mio. Mio. Mio. Mio. Mio. Mio. Mio. Mio. Mio. Mio. Mio. Mio. Mio. Mio. Mio. Mio. Mio. Mio. Mio. Mio. Mio. Mio. Mio. Mio. Mio. Mio. Mio. Mio. Mio. Mio. Mio. Mio. Mio. Mio. Mio. Mio. Mio. Mio. Mio. Mio. Mio. Mio. Mio. Mio. Mio. Mio. Mio. Mio. Mio. Mio. Mio. Mio. Mio. Mio. Mio. Mio. Mio. Mio. Mio. Mio. Mio. Mio. Mio. Mio. Mio. Mio. Mio. Mio. Mio. Mio. Mio. Mio. Mio. Mio. Mio. Mio. Mio. Mio. Mio. Mio. Mio. Mio. Mio. Mio. Mio. Mio. Mio. Mio. Mio. Mio. Mio. Mio. Mio. Mio.

Mio. Mio. Mio. Mio. Mio. Mio. Mio. Mio. Mio. Mio. Mio. Mio. Mio. Mio. Mio. Mio. Mio. Mio. Mio. Mio. Mio. Mio. Mio. Mio. Mio. Mio. Mio. Mio. Mio. Mio. Mio. Mio. Mio. Mio. Mio. Mio. Mio. Mio. Mio. Mio. Mio. Mio. Mio. Mio. Mio. Mio. Mio. Mio. Mio. Mio. Mio. Mio. Mio. Mio. Mio. Mio. Mio. Mio. Mio. Mio. Mio. Mio. Mio. Mio. Mio. Mio. Mio. Mio. Mio. Mio. Mio. Mio. Mio. Mio. Mio. Mio. Mio. Mio. Mio. Mio. Mio. Mio. Mio. Mio. Mio. Mio. Mio. Mio. Mio. Mio. Mio. Mio. Mio. Mio. Mio. Mio. Mio. Mio. Mio.

Mio. Mio. Mio. Mio. Mio. Mio. Mio. Mio. Mio. Mio. Mio. Mio. Mio. Mio. Mio. Mio. Mio. Mio. Mio. Mio. Mio. Mio. Mio. Mio. Mio. Mio. Mio. Mio. Mio. Mio. Mio. Mio. Mio. Mio. Mio. Mio. Mio. Mio.

Mio. Mio. Mio. Mio. Mio. Mio. Mio. Mio. Mio. Mio. Mio. Mio. Mio. Mio. Mio. Mio. Mio. Mio. Mio. Mio. Mio. Mio. Mio. Mio. Mio. Mio. Mio. Mio. Mio. Mio. Mio. Mio. Mio. Mio. Mio. Mio. Mio. Mio. Mio. Mio. Mio. Mio. Mio. Mio. Mio. Mio. Mio. Mio. Mio. Mio. Mio. Mio. Mio. Mio. Mio. Mio. Mio. Mio. Mio. Mio. Mio. Mio. Mio. Mio. Mio. Mio. Mio. Mio. Mio. Mio. Mio. Mio.

Mio. Mio. Mio. Mio. Mio. Mio. Mio. Mio. Mio. Mio. Mio. Mio. Mio. Mio. Mio. Mio.

Mio. Mio. Mio. Mio. Mio. Mio. Mio. Mio. Mio. Mio. Mio. Mio. Mio. Mio. Mio. Mio. Mio. Mio. Mio. Mio. Mio. Mio. Mio. Mio. Mio. Mio. Mio. Mio. Mio. Mio. Mio. Mio. Mio. Mio. Mio. Mio. Mio. Mio. Mio. Mio. Mio. Mio. Mio. Mio. Mio. Mio. Mio. Mio. Mio. Mio. Mio. Mio. Mio. Mio. Mio.

Mio. Mio. Mio. Mio. Mio. Mio. Mio. Mio. Mio. Mio. Mio. Mio. Mio. Mio. Mio. Mio. Mio.

Mio. Mio. Mio. Mio. Mio. Mio. Mio. Mio. Mio. Mio. Mio. Mio. Mio. Mio. Mio. Mio. Mio. Mio. Mio. Mio. Mio. Mio. Mio. Mio. Mio. Mio. Mio. Mio. Mio. Mio. Mio. Mio. Mio. Mio. Mio. Mio. Mio. Mio. Mio. Mio. Mio. Mio. Mio. Mio. Mio. Mio. Mio. Mio. Mio. Mio.

Mio. Mio. Mio. Mio. Mio. Mio. Mio. Mio. Mio. Mio. Mio. Mio. Mio. Mio. Mio. Mio. Mio. Mio. Mio. Mio. Mio. Mio. Mio. Mio. Mio. Mio. Mio. Mio. Mio. Mio. Mio. Mio. Mio. Mio. Mio. Mio. Mio. Mio. Mio. Mio. Mio. Mio. Mio. Mio. Mio. Mio. Mio. Mio. Mio.

Mio. Mio. Mio. Mio. Mio. Mio. Mio. Mio. Mio. Mio. Mio. Mio. Mio. Mio. Mio. Mio. Mio. Mio. Mio. Mio. Mio. Mio. Mio. Mio. Mio. Mio. Mio. Mio. Mio. Mio. Mio. Mio. Mio. Mio. Mio. Mio. Mio. Mio. Mio. Mio. Mio. Mio. Mio. Mio. Mio. Mio. Mio. Mio. Mio. Mio. Mio. Mio. Mio. Mio. Mio. Mio. Mio. Mio. Mio. Mio. Mio. Mio. Mio. Mio. Mio. Mio. Mio. Mio. Mio. Mio. Mio. Mio. Mio. Mio.

Mio. Mio. Mio. Mio. Mio. Mio. Mio. Mio. Mio. Mio. Mio. Mio. Mio. Mio. Mio. Mio. Mio. Mio. Mio. Mio. Mio. Mio. Mio. Mio. Mio.

Mio. Mio. Mio. Mio. Mio. Mio. Mio. Mio. Mio. Mio. Mio. Mio. Mio. Mio. Mio. Mio. Mio. Mio. Mio. Mio. Mio. Mio. Mio. Mio. Mio. Mio. Mio. Mio. Mio. Mio. Mio. Mio. Mio. Mio. Mio. Mio. Mio. Mio. Mio. Mio. Mio. Mio. Mio. Mio. Mio. Mio. Mio. Mio. Mio. Mio. Mio. Mio. Mio. Mio. Mio. Mio. Mio. Mio. Mio. Mio. Mio. Mio. Mio. Mio. Mio. Mio.

Mio. Mio. Mio. Mio. Mio. Mio. Mio. Mio. Mio. Mio. Mio.
Mio. Mio. Mio. Mio. Mio. Mio.

Mio. Mio. Mio. Mio. Mio. Mio. Mio. Mio. Mio. Mio. Mio.
Mio. Mio. Mio. Mio. Mio.

Mio. Mio. Mio. Mio. Mio. Mio. Mio. Mio. Mio. Mio. Mio.
Mio. Mio. Mio. Mio. Mio. Mio. Mio. Mio. Mio. Mio. Mio.
Mio. Mio. Mio. Mio. Mio. Mio. Mio. Mio. Mio. Mio. Mio.
Mio. Mio. Mio. Mio. Mio. Mio. Mio. Mio. Mio. Mio. Mio.
Mio. Mio. Mio. Mio. Mio. Mio. Mio.

Mio. Mio. Mio. Mio. Mio. Mio. Mio. Mio. Mio. Mio. Mio.
Mio. Mio. Mio. Mio. Mio. Mio. Mio. Mio. Mio. Mio. Mio.
Mio. Mio. Mio. Mio. Mio. Mio. Mio. Mio. Mio. Mio. Mio.
Mio. Mio. Mio. Mio. Mio. Mio. Mio. Mio. Mio. Mio. Mio.
Mio. Mio. Mio. Mio.

Mio. Mio. Mio. Mio. Mio. Mio. Mio. Mio. Mio. Mio. Mio.
Mio. Mio. Mio.

Mio. Mio. Mio. Mio. Mio. Mio. Mio. Mio. Mio. Mio. Mio.
Mio. Mio. Mio. Mio. Mio. Mio. Mio. Mio. Mio. Mio. Mio.
Mio. Mio. Mio. Mio. Mio. Mio. Mio. Mio. Mio. Mio. Mio.
Mio. Mio. Mio. Mio. Mio. Mio. Mio. Mio. Mio. Mio. Mio.
Mio. Mio. Mio. Mio. Mio. Mio. Mio. Mio. Mio. Mio. Mio.
Mio. Mio. Mio. Mio. Mio. Mio. Mio. Mio. Mio. Mio. Mio.
Mio. Mio. Mio. Mio. Mio. Mio. Mio. Mio. Mio. Mio. Mio.
Mio. Mio. Mio. Mio. Mio. Mio. Mio. Mio.

Mio. Mio. Mio. Mio. Mio. Mio. Mio. Mio. Mio. Mio. Mio.
Mio. Mio. Mio. Mio. Mio. Mio. Mio. Mio. Mio. Mio. Mio.
Mio. Mio. Mio. Mio. Mio. Mio. Mio. Mio. Mio. Mio. Mio.

Mio. Mio. Mio. Mio. Mio. Mio. Mio. Mio. Mio. Mio. Mio.
Mio. Mio. Mio. Mio. Mio. Mio. Mio. Mio. Mio. Mio. Mio.
Mio. Mio. Mio. Mio. Mio. Mio. Mio. Mio. Mio. Mio. Mio.
Mio. Mio. Mio. Mio. Mio. Mio.

Mio. Mio. Mio. Mio. Mio. Mio. Mio. Mio. Mio. Mio. Mio.
Mio. Mio. Mio. Mio. Mio. Mio. Mio. Mio. Mio. Mio. Mio.
Mio. Mio. Mio. Mio. Mio.
Mio. Mio. Mio. Mio. Mio. Mio. Mio. Mio. Mio. Mio. Mio.
Mio. Mio. Mio. Mio. Mio. Mio. Mio. Mio. Mio. Mio. Mio.
Mio. Mio. Mio. Mio. Mio. Mio. Mio. Mio. Mio. Mio. Mio.
Mio. Mio. Mio. Mio. Mio. Mio.

Mio. Mio. Mio. Mio. Mio. Mio. Mio. Mio. Mio. Mio. Mio.
Mio. Mio. Mio. Mio. Mio. Mio. Mio. Mio. Mio. Mio. Mio.
Mio. Mio. Mio. Mio. Mio. Mio. Mio. Mio. Mio. Mio. Mio.
Mio. Mio. Mio. Mio. Mio. Mio. Mio. Mio. Mio. Mio. Mio.
Mio. Mio. Mio. Mio. Mio. Mio. Mio. Mio. Mio. Mio. Mio.
Mio. Mio. Mio. Mio. Mio.

Mio. Mio. Mio. Mio. Mio. Mio. Mio. Mio. Mio. Mio. Mio.
Mio. Mio. Mio. Mio. Mio. Mio. Mio. Mio. Mio. Mio. Mio.
Mio. Mio. Mio. Mio. Mio. Mio. Mio. Mio. Mio. Mio. Mio.
Mio. Mio. Mio. Mio. Mio. Mio. Mio. Mio. Mio. Mio. Mio.
Mio. Mio. Mio. Mio. Mio. Mio. Mio. Mio. Mio. Mio. Mio.
Mio. Mio. Mio. Mio. Mio. Mio. Mio. Mio.

Mio. Mio. Mio. Mio. Mio. Mio. Mio. Mio. Mio. Mio. Mio.
Mio. Mio. Mio. Mio. Mio. Mio. Mio. Mio. Mio. Mio. Mio.
Mio. Mio. Mio. Mio. Mio. Mio. Mio. Mio. Mio. Mio. Mio.
Mio. Mio. Mio.

Mio. Mio. Mio. Mio. Mio. Mio. Mio. Mio. Mio. Mio. Mio.
Mio. Mio. Mio. Mio. Mio. Mio. Mio. Mio. Mio. Mio. Mio.
Mio. Mio. Mio. Mio. Mio. Mio. Mio. Mio. Mio. Mio. Mio.
Mio. Mio. Mio. Mio. Mio. Mio. Mio. Mio. Mio. Mio. Mio.
Mio. Mio. Mio. Mio. Mio. Mio. Mio. Mio. Mio. Mio. Mio.
Mio. Mio. Mio. Mio.

Mio. Mio. Mio. Mio. Mio. Mio. Mio. Mio. Mio. Mio. Mio.
Mio. Mio. Mio. Mio. Mio. Mio. Mio. Mio. Mio. Mio. Mio.
Mio. Mio. Mio. Mio. Mio. Mio. Mio. Mio. Mio. Mio. Mio.
Mio. Mio. Mio. Mio. Mio. Mio. Mio.

Mio. Mio. Mio. Mio. Mio. Mio. Mio. Mio. Mio. Mio. Mio.
Mio. Mio. Mio. Mio. Mio. Mio. Mio. Mio. Mio. Mio. Mio.
Mio. Mio. Mio. Mio. Mio. Mio. Mio. Mio. Mio. Mio. Mio.
Mio. Mio. Mio. Mio. Mio. Mio. Mio. Mio. Mio. Mio. Mio.
Mio. Mio. Mio. Mio. Mio.

Mio. Mio. Mio. Mio. Mio. Mio. Mio. Mio. Mio. Mio. Mio.
Mio. Mio. Mio. Mio. Mio. Mio. Mio. Mio. Mio. Mio. Mio.
Mio. Mio. Mio. Mio. Mio. Mio. Mio. Mio. Mio. Mio. Mio.
Mio. Mio. Mio. Mio. Mio. Mio. Mio. Mio. Mio. Mio. Mio.
Mio. Mio. Mio. Mio. Mio. Mio.

Mio. Mio. Mio. Mio. Mio. Mio. Mio. Mio. Mio. Mio. Mio.
Mio. Mio. Mio. Mio. Mio. Mio. Mio. Mio. Mio. Mio. Mio.
Mio. Mio. Mio. Mio. Mio. Mio. Mio. Mio. Mio. Mio. Mio.
Mio. Mio. Mio. Mio. Mio. Mio. Mio. Mio. Mio. Mio. Mio.
Mio. Mio. Mio. Mio. Mio. Mio. Mio. Mio. Mio. Mio. Mio.
Mio. Mio. Mio. Mio. Mio. Mio. Mio. Mio. Mio. Mio. Mio.
Mio. Mio. Mio. Mio. Mio. Mio. Mio. Mio. Mio. Mio. Mio.

Mio. Mio. Mio. Mio. Mio. Mio. Mio. Mio. Mio. Mio. Mio. Mio. Mio. Mio. Mio. Mio.

Mio. Mio. Mio. Mio. Mio. Mio.

Mio. Mio. Mio. Mio. Mio. Mio. Mio. Mio. Mio. Mio. Mio. Mio. Mio. Mio. Mio. Mio. Mio. Mio. Mio. Mio. Mio. Mio. Mio. Mio. Mio. Mio. Mio. Mio. Mio. Mio. Mio. Mio. Mio. Mio. Mio. Mio. Mio. Mio. Mio. Mio. Mio. Mio. Mio. Mio. Mio. Mio. Mio. Mio. Mio.

Mio. Mio. Mio. Mio. Mio. Mio. Mio. Mio. Mio. Mio. Mio. Mio. Mio. Mio. Mio. Mio. Mio. Mio. Mio. Mio. Mio. Mio. Mio. Mio. Mio. Mio. Mio. Mio. Mio. Mio. Mio. Mio. Mio. Mio. Mio. Mio. Mio. Mio. Mio. Mio. Mio. Mio. Mio. Mio. Mio. Mio. Mio. Mio. Mio. Mio.

Mio. Mio. Mio. Mio. Mio. Mio. Mio. Mio. Mio. Mio. Mio. Mio. Mio. Mio. Mio. Mio. Mio. Mio. Mio. Mio. Mio. Mio. Mio. Mio. Mio. Mio. Mio. Mio. Mio. Mio. Mio. Mio. Mio. Mio. Mio. Mio. Mio. Mio. Mio. Mio. Mio. Mio. Mio. Mio. Mio. Mio. Mio. Mio. Mio. Mio. Mio. Mio.

Mio. Mio.

Mio. Mio. Mio. Mio. Mio. Mio. Mio. Mio. Mio. Mio. Mio. Mio. Mio. Mio. Mio. Mio. Mio. Mio. Mio. Mio. Mio. Mio. Mio. Mio. Mio. Mio. Mio. Mio. Mio. Mio. Mio. Mio. Mio. Mio. Mio. Mio.

Mio. Mio. Mio. Mio. Mio. Mio. Mio. Mio. Mio. Mio. Mio. Mio. Mio. Mio. Mio. Mio. Mio. Mio. Mio. Mio. Mio. Mio. Mio. Mio. Mio. Mio. Mio. Mio. Mio. Mio. Mio. Mio. Mio. Mio. Mio. Mio. Mio. Mio. Mio. Mio. Mio. Mio. Mio. Mio. Mio. Mio. Mio. Mio. Mio. Mio. Mio.

Mio. Mio. Mio. Mio. Mio. Mio. Mio. Mio. Mio. Mio. Mio. Mio. Mio. Mio. Mio. Mio. Mio. Mio. Mio. Mio. Mio. Mio. Mio. Mio. Mio. Mio. Mio. Mio. Mio. Mio. Mio. Mio. Mio. Mio. Mio. Mio. Mio. Mio. Mio. Mio. Mio. Mio. Mio. Mio. Mio. Mio. Mio. Mio.

Mio. Mio. Mio. Mio. Mio. Mio. Mio. Mio. Mio. Mio. Mio. Mio. Mio. Mio. Mio. Mio. Mio. Mio. Mio. Mio. Mio. Mio. Mio. Mio. Mio. Mio. Mio. Mio. Mio. Mio. Mio. Mio. Mio. Mio. Mio. Mio. Mio. Mio. Mio. Mio. Mio. Mio. Mio. Mio. Mio. Mio. Mio. Mio. Mio. Mio. Mio. Mio.

Mio. Mio. Mio. Mio. Mio. Mio. Mio. Mio. Mio. Mio. Mio. Mio. Mio. Mio. Mio. Mio. Mio. Mio. Mio. Mio. Mio. Mio. Mio. Mio. Mio. Mio. Mio. Mio. Mio. Mio. Mio. Mio. Mio. Mio. Mio. Mio. Mio. Mio. Mio. Mio. Mio. Mio. Mio. Mio. Mio. Mio. Mio.

Mio. Mio. Mio. Mio. Mio. Mio. Mio. Mio. Mio. Mio. Mio. Mio. Mio. Mio. Mio. Mio. Mio. Mio. Mio. Mio. Mio. Mio. Mio. Mio. Mio. Mio. Mio. Mio. Mio. Mio. Mio. Mio. Mio. Mio. Mio. Mio. Mio. Mio. Mio. Mio. Mio. Mio. Mio. Mio.

Mio. Mio. Mio. Mio. Mio. Mio. Mio. Mio. Mio. Mio. Mio. Mio. Mio. Mio. Mio. Mio. Mio. Mio. Mio. Mio. Mio. Mio. Mio. Mio. Mio. Mio. Mio. Mio.

Mio. Mio. Mio. Mio. Mio. Mio. Mio. Mio. Mio. Mio. Mio. Mio. Mio. Mio. Mio. Mio. Mio. Mio. Mio. Mio. Mio. Mio. Mio. Mio. Mio. Mio. Mio.

Mio. Mio. Mio. Mio. Mio. Mio. Mio. Mio. Mio. Mio. Mio. Mio. Mio. Mio. Mio.

Mio. Mio. Mio. Mio. Mio. Mio. Mio. Mio. Mio. Mio. Mio. Mio. Mio. Mio. Mio. Mio. Mio. Mio. Mio. Mio. Mio. Mio. Mio. Mio. Mio. Mio. Mio. Mio. Mio. Mio. Mio. Mio. Mio. Mio. Mio. Mio. Mio.

Mio. Mio. Mio. Mio. Mio. Mio. Mio. Mio. Mio. Mio. Mio. Mio. Mio. Mio. Mio. Mio. Mio. Mio. Mio. Mio. Mio. Mio. Mio. Mio. Mio. Mio. Mio. Mio. Mio. Mio. Mio. Mio. Mio. Mio. Mio. Mio. Mio. Mio. Mio. Mio. Mio. Mio. Mio. Mio. Mio. Mio. Mio.

Mio. Mio. Mio. Mio. Mio. Mio. Mio. Mio. Mio. Mio. Mio. Mio. Mio. Mio. Mio. Mio. Mio. Mio. Mio. Mio. Mio. Mio. Mio. Mio. Mio. Mio. Mio. Mio. Mio. Mio. Mio. Mio. Mio. Mio. Mio. Mio. Mio. Mio. Mio. Mio. Mio. Mio. Mio. Mio. Mio. Mio. Mio. Mio. Mio. Mio. Mio. Mio.

Mio. Mio. Mio. Mio. Mio. Mio. Mio. Mio. Mio. Mio. Mio. Mio. Mio. Mio. Mio. Mio. Mio. Mio. Mio. Mio. Mio. Mio. Mio. Mio. Mio. Mio. Mio. Mio. Mio. Mio. Mio. Mio. Mio. Mio. Mio. Mio. Mio. Mio. Mio. Mio. Mio. Mio. Mio. Mio. Mio. Mio. Mio.

Mio. Mio. Mio. Mio. Mio. Mio. Mio. Mio. Mio. Mio. Mio. Mio. Mio. Mio. Mio. Mio. Mio. Mio. Mio. Mio. Mio. Mio. Mio. Mio. Mio. Mio. Mio. Mio. Mio. Mio. Mio. Mio. Mio. Mio. Mio. Mio. Mio. Mio. Mio. Mio. Mio. Mio. Mio. Mio. Mio. Mio. Mio. Mio. Mio. Mio. Mio. Mio. Mio. Mio. Mio. Mio. Mio. Mio. Mio. Mio. Mio. Mio. Mio.

Mio. Mio. Mio. Mio. Mio. Mio. Mio. Mio. Mio. Mio. Mio. Mio. Mio. Mio. Mio. Mio. Mio. Mio. Mio. Mio. Mio. Mio. Mio. Mio. Mio. Mio. Mio. Mio. Mio. Mio. Mio. Mio. Mio. Mio. Mio. Mio.

Mio. Mio. Mio. Mio. Mio. Mio. Mio. Mio. Mio. Mio. Mio. Mio. Mio. Mio. Mio. Mio. Mio. Mio. Mio. Mio. Mio. Mio. Mio. Mio. Mio. Mio. Mio. Mio. Mio. Mio. Mio. Mio. Mio. Mio. Mio. Mio. Mio. Mio. Mio. Mio. Mio. Mio. Mio. Mio. Mio. Mio. Mio. Mio. Mio. Mio.

Mio. Mio. Mio. Mio. Mio. Mio. Mio. Mio. Mio. Mio. Mio. Mio. Mio. Mio. Mio. Mio. Mio. Mio. Mio. Mio. Mio. Mio. Mio. Mio. Mio. Mio. Mio. Mio. Mio. Mio. Mio. Mio. Mio. Mio. Mio. Mio. Mio. Mio. Mio. Mio. Mio. Mio. Mio. Mio. Mio. Mio. Mio. Mio. Mio.

Mio. Mio. Mio. Mio. Mio. Mio. Mio. Mio. Mio. Mio. Mio. Mio. Mio. Mio. Mio. Mio. Mio. Mio. Mio. Mio. Mio. Mio. Mio. Mio. Mio. Mio. Mio. Mio. Mio. Mio. Mio. Mio. Mio. Mio. Mio. Mio. Mio. Mio. Mio. Mio. Mio. Mio. Mio. Mio. Mio. Mio. Mio. Mio. Mio. Mio. Mio. Mio.

Mio. Mio. Mio. Mio. Mio. Mio. Mio. Mio. Mio. Mio. Mio. Mio. Mio. Mio. Mio. Mio. Mio. Mio. Mio. Mio. Mio. Mio. Mio. Mio. Mio. Mio. Mio. Mio. Mio. Mio. Mio. Mio. Mio.

Mio. Mio. Mio. Mio. Mio. Mio. Mio. Mio. Mio. Mio. Mio. Mio. Mio. Mio.

Mio. Mio. Mio. Mio. Mio. Mio. Mio. Mio. Mio. Mio. Mio. Mio. Mio. Mio. Mio. Mio. Mio. Mio. Mio. Mio. Mio. Mio. Mio. Mio. Mio. Mio. Mio. Mio. Mio. Mio. Mio. Mio. Mio. Mio. Mio. Mio. Mio. Mio. Mio. Mio. Mio. Mio. Mio. Mio. Mio. Mio. Mio. Mio. Mio. Mio. Mio. Mio. Mio. Mio. Mio. Mio. Mio. Mio. Mio. Mio. Mio.

Mio. Mio. Mio. Mio. Mio. Mio. Mio. Mio. Mio. Mio. Mio. Mio. Mio. Mio. Mio. Mio. Mio. Mio. Mio. Mio. Mio. Mio. Mio. Mio. Mio. Mio. Mio. Mio. Mio. Mio. Mio. Mio. Mio. Mio. Mio. Mio. Mio. Mio.

Mio. Mio. Mio. Mio. Mio. Mio. Mio. Mio. Mio. Mio. Mio. Mio. Mio. Mio. Mio. Mio. Mio. Mio. Mio. Mio. Mio. Mio. Mio. Mio. Mio. Mio. Mio. Mio. Mio. Mio. Mio. Mio. Mio. Mio. Mio. Mio. Mio. Mio. Mio. Mio. Mio. Mio. Mio. Mio. Mio. Mio. Mio. Mio. Mio. Mio. Mio. Mio.

Mio. Mio. Mio. Mio. Mio. Mio. Mio. Mio. Mio. Mio. Mio. Mio. Mio. Mio. Mio. Mio. Mio. Mio. Mio. Mio. Mio. Mio. Mio. Mio. Mio. Mio. Mio. Mio. Mio. Mio. Mio. Mio. Mio. Mio. Mio. Mio. Mio. Mio. Mio. Mio. Mio. Mio. Mio. Mio. Mio. Mio. Mio.

Mio. Mio. Mio. Mio. Mio. Mio. Mio. Mio. Mio. Mio. Mio. Mio. Mio. Mio. Mio. Mio. Mio. Mio. Mio. Mio. Mio. Mio. Mio. Mio. Mio. Mio. Mio. Mio. Mio. Mio. Mio. Mio. Mio. Mio. Mio. Mio. Mio. Mio. Mio. Mio. Mio. Mio. Mio. Mio. Mio. Mio. Mio. Mio. Mio. Mio. Mio. Mio. Mio. Mio. Mio. Mio. Mio. Mio. Mio. Mio. Mio. Mio. Mio. Mio. Mio. Mio.

Mio. Mio. Mio. Mio. Mio. Mio. Mio. Mio. Mio. Mio. Mio. Mio. Mio. Mio. Mio. Mio. Mio. Mio. Mio. Mio. Mio. Mio. Mio. Mio. Mio. Mio. Mio. Mio. Mio. Mio. Mio. Mio. Mio.

Mio. Mio. Mio. Mio. Mio. Mio. Mio. Mio. Mio. Mio. Mio. Mio. Mio. Mio. Mio. Mio. Mio. Mio. Mio. Mio. Mio. Mio. Mio. Mio. Mio. Mio. Mio. Mio. Mio. Mio. Mio. Mio. Mio. Mio. Mio. Mio. Mio. Mio. Mio. Mio. Mio. Mio. Mio. Mio. Mio. Mio. Mio. Mio. Mio. Mio. Mio. Mio. Mio. Mio. Mio. Mio. Mio. Mio. Mio. Mio. Mio. Mio. Mio. Mio.

Mio. Mio. Mio. Mio. Mio. Mio. Mio. Mio. Mio. Mio. Mio. Mio. Mio. Mio. Mio. Mio. Mio. Mio. Mio. Mio. Mio. Mio. Mio. Mio. Mio. Mio. Mio. Mio. Mio. Mio. Mio. Mio. Mio. Mio. Mio.
Mio. Mio. Mio. Mio. Mio. Mio. Mio. Mio. Mio. Mio. Mio. Mio. Mio. Mio. Mio. Mio. Mio. Mio. Mio. Mio. Mio. Mio. Mio. Mio. Mio. Mio. Mio. Mio. Mio. Mio. Mio. Mio. Mio. Mio. Mio. Mio. Mio. Mio. Mio. Mio. Mio. Mio. Mio. Mio. Mio. Mio.

Mio. Mio. Mio. Mio. Mio. Mio. Mio. Mio. Mio. Mio. Mio. Mio. Mio. Mio. Mio. Mio. Mio. Mio. Mio. Mio. Mio. Mio. Mio. Mio. Mio. Mio. Mio. Mio. Mio. Mio. Mio. Mio. Mio. Mio. Mio. Mio. Mio. Mio. Mio. Mio. Mio. Mio. Mio. Mio. Mio. Mio. Mio. Mio. Mio. Mio. Mio. Mio. Mio.

Mio. Mio. Mio. Mio. Mio. Mio. Mio. Mio. Mio. Mio. Mio. Mio. Mio. Mio. Mio. Mio. Mio. Mio. Mio. Mio. Mio. Mio. Mio. Mio. Mio. Mio. Mio. Mio. Mio. Mio. Mio. Mio. Mio. Mio. Mio. Mio. Mio. Mio. Mio. Mio.

Mio. Mio. Mio. Mio. Mio. Mio. Mio. Mio. Mio. Mio. Mio.
Mio. Mio. Mio. Mio. Mio. Mio. Mio. Mio. Mio. Mio. Mio.
Mio. Mio. Mio. Mio. Mio. Mio. Mio. Mio. Mio. Mio. Mio.
Mio. Mio. Mio. Mio. Mio. Mio. Mio. Mio. Mio. Mio. Mio.
Mio. Mio. Mio. Mio. Mio. Mio. Mio. Mio. Mio. Mio. Mio.
Mio. Mio. Mio. Mio.

Mio. Mio. Mio. Mio. Mio. Mio. Mio. Mio. Mio. Mio. Mio.
Mio. Mio. Mio. Mio. Mio. Mio. Mio. Mio. Mio. Mio. Mio.
Mio. Mio. Mio. Mio. Mio. Mio. Mio. Mio. Mio. Mio. Mio.
Mio. Mio. Mio. Mio. Mio. Mio. Mio. Mio. Mio. Mio. Mio.
Mio. Mio. Mio. Mio. Mio. Mio.
Mio. Mio. Mio. Mio. Mio. Mio. Mio. Mio. Mio. Mio. Mio.
Mio. Mio. Mio. Mio. Mio. Mio. Mio. Mio. Mio. Mio. Mio.
Mio. Mio. Mio. Mio. Mio. Mio. Mio. Mio. Mio. Mio. Mio.
Mio. Mio. Mio. Mio. Mio. Mio. Mio. Mio. Mio. Mio. Mio.
Mio. Mio. Mio. Mio. Mio.

Mio. Mio. Mio. Mio. Mio. Mio. Mio. Mio. Mio. Mio. Mio.
Mio. Mio. Mio. Mio. Mio. Mio. Mio. Mio. Mio. Mio. Mio.
Mio. Mio. Mio. Mio. Mio. Mio. Mio. Mio. Mio. Mio. Mio.
Mio. Mio. Mio. Mio. Mio. Mio. Mio. Mio. Mio. Mio. Mio.
Mio. Mio. Mio. Mio. Mio. Mio. Mio. Mio. Mio. Mio. Mio.
Mio. Mio. Mio. Mio. Mio. Mio. Mio. Mio. Mio. Mio. Mio.
Mio. Mio. Mio. Mio. Mio. Mio.

Mio. Mio. Mio. Mio. Mio. Mio. Mio. Mio. Mio. Mio. Mio.
Mio. Mio. Mio. Mio. Mio. Mio. Mio. Mio. Mio. Mio. Mio.
Mio. Mio. Mio. Mio. Mio.

Mio. Mio. Mio. Mio. Mio. Mio. Mio. Mio. Mio. Mio. Mio.
Mio. Mio. Mio. Mio. Mio. Mio. Mio. Mio. Mio. Mio. Mio.

Mio. Mio. Mio. Mio. Mio. Mio. Mio. Mio. Mio. Mio. Mio. Mio. Mio. Mio. Mio. Mio. Mio. Mio. Mio. Mio. Mio. Mio. Mio. Mio. Mio. Mio. Mio. Mio. Mio. Mio. Mio. Mio. Mio. Mio. Mio. Mio. Mio. Mio. Mio. Mio. Mio. Mio.

Mio. Mio. Mio. Mio. Mio. Mio. Mio. Mio. Mio. Mio. Mio. Mio. Mio. Mio. Mio. Mio. Mio. Mio. Mio. Mio. Mio. Mio. Mio. Mio. Mio. Mio. Mio. Mio. Mio. Mio. Mio. Mio. Mio. Mio. Mio.

Mio. Mio. Mio. Mio. Mio. Mio. Mio. Mio. Mio. Mio. Mio. Mio. Mio. Mio. Mio. Mio. Mio. Mio. Mio. Mio. Mio. Mio. Mio. Mio. Mio. Mio. Mio. Mio. Mio. Mio. Mio. Mio. Mio. Mio. Mio. Mio. Mio. Mio. Mio. Mio. Mio. Mio. Mio. Mio. Mio. Mio. Mio. Mio. Mio. Mio. Mio. Mio. Mio. Mio. Mio. Mio. Mio. Mio. Mio. Mio. Mio. Mio.

Mio. Mio. Mio. Mio. Mio. Mio. Mio. Mio. Mio. Mio. Mio. Mio. Mio. Mio. Mio. Mio. Mio. Mio. Mio. Mio. Mio. Mio. Mio. Mio. Mio. Mio. Mio. Mio. Mio. Mio. Mio. Mio. Mio. Mio. Mio. Mio. Mio.

Mio. Mio. Mio. Mio. Mio. Mio. Mio. Mio. Mio. Mio. Mio. Mio. Mio. Mio. Mio. Mio. Mio. Mio. Mio. Mio. Mio. Mio. Mio. Mio. Mio. Mio. Mio. Mio. Mio. Mio. Mio. Mio. Mio. Mio. Mio. Mio. Mio. Mio. Mio. Mio. Mio. Mio. Mio. Mio. Mio. Mio. Mio. Mio. Mio. Mio. Mio. Mio. Mio. Mio. Mio. Mio. Mio. Mio. Mio. Mio. Mio. Mio. Mio. Mio. Mio. Mio. Mio. Mio. Mio. Mio. Mio. Mio. Mio. Mio. Mio. Mio. Mio. Mio. Mio. Mio. Mio. Mio. Mio. Mio. Mio. Mio. Mio. Mio. Mio. Mio. Mio. Mio. Mio. Mio. Mio. Mio. Mio. Mio. Mio.

Mio. Mio. Mio. Mio. Mio. Mio. Mio. Mio. Mio. Mio. Mio. Mio. Mio. Mio. Mio. Mio. Mio. Mio. Mio. Mio. Mio. Mio. Mio. Mio. Mio. Mio. Mio. Mio. Mio. Mio. Mio. Mio. Mio. Mio. Mio. Mio. Mio. Mio. Mio. Mio. Mio.

Mio. Mio. Mio. Mio. Mio. Mio. Mio. Mio. Mio. Mio. Mio. Mio. Mio. Mio. Mio. Mio. Mio. Mio. Mio. Mio. Mio. Mio. Mio. Mio. Mio. Mio. Mio. Mio. Mio. Mio. Mio. Mio. Mio. Mio. Mio. Mio. Mio. Mio. Mio. Mio. Mio. Mio. Mio. Mio. Mio. Mio. Mio. Mio. Mio. Mio. Mio. Mio. Mio. Mio. Mio. Mio. Mio. Mio.

Mio. Mio. Mio. Mio. Mio. Mio. Mio. Mio. Mio. Mio. Mio. Mio. Mio. Mio. Mio. Mio. Mio. Mio. Mio. Mio. Mio. Mio. Mio. Mio. Mio. Mio. Mio. Mio. Mio. Mio. Mio. Mio. Mio. Mio. Mio. Mio. Mio. Mio. Mio. Mio. Mio. Mio. Mio. Mio. Mio. Mio. Mio. Mio. Mio. Mio. Mio. Mio. Mio. Mio. Mio. Mio. Mio. Mio. Mio. Mio. Mio. Mio. Mio. Mio. Mio. Mio. Mio. Mio. Mio. Mio. Mio. Mio. Mio. Mio. Mio. Mio. Mio. Mio. Mio. Mio. Mio. Mio. Mio. Mio. Mio. Mio. Mio. Mio. Mio. Mio. Mio. Mio. Mio. Mio. Mio. Mio. Mio. Mio. Mio.

Mio. Mio. Mio. Mio. Mio. Mio. Mio. Mio. Mio. Mio. Mio. Mio. Mio. Mio. Mio. Mio. Mio. Mio. Mio. Mio. Mio. Mio. Mio. Mio. Mio. Mio. Mio. Mio. Mio. Mio. Mio. Mio. Mio. Mio. Mio. Mio. Mio. Mio. Mio. Mio. Mio. Mio. Mio. Mio. Mio. Mio. Mio. Mio. Mio. Mio. Mio. Mio. Mio. Mio. Mio. Mio. Mio. Mio. Mio. Mio. Mio. Mio. Mio. Mio. Mio.

Mio. Mio. Mio. Mio. Mio. Mio. Mio. Mio. Mio. Mio. Mio. Mio. Mio. Mio. Mio. Mio. Mio. Mio. Mio. Mio. Mio. Mio. Mio. Mio. Mio. Mio. Mio. Mio. Mio. Mio. Mio. Mio. Mio. Mio.

Mio. Mio. Mio. Mio. Mio. Mio. Mio. Mio. Mio. Mio. Mio. Mio. Mio. Mio. Mio. Mio. Mio. Mio. Mio. Mio. Mio. Mio. Mio. Mio. Mio. Mio. Mio. Mio. Mio. Mio. Mio. Mio. Mio. Mio. Mio. Mio. Mio. Mio. Mio. Mio. Mio. Mio. Mio. Mio. Mio. Mio. Mio. Mio. Mio. Mio. Mio. Mio. Mio. Mio. Mio. Mio. Mio. Mio. Mio. Mio. Mio. Mio. Mio. Mio. Mio. Mio. Mio. Mio. Mio. Mio. Mio. Mio. Mio. Mio. Mio. Mio. Mio. Mio. Mio. Mio. Mio. Mio. Mio. Mio. Mio. Mio. Mio. Mio. Mio. Mio. Mio. Mio. Mio. Mio. Mio. Mio. Mio. Mio. Mio.

Mio. Mio. Mio. Mio. Mio. Mio. Mio. Mio. Mio. Mio. Mio. Mio. Mio. Mio. Mio. Mio. Mio. Mio. Mio. Mio. Mio. Mio. Mio. Mio. Mio. Mio. Mio. Mio. Mio. Mio. Mio. Mio. Mio. Mio. Mio. Mio. Mio. Mio. Mio. Mio. Mio. Mio. Mio. Mio. Mio. Mio. Mio. Mio. Mio. Mio. Mio. Mio. Mio. Mio. Mio. Mio. Mio. Mio. Mio. Mio. Mio. Mio. Mio. Mio. Mio. Mio. Mio. Mio. Mio. Mio. Mio. Mio. Mio. Mio. Mio. Mio. Mio. Mio. Mio. Mio. Mio. Mio. Mio. Mio. Mio. Mio. Mio. Mio. Mio. Mio. Mio. Mio. Mio. Mio. Mio. Mio. Mio. Mio. Mio.

Mio. Mio. Mio. Mio. Mio. Mio. Mio. Mio. Mio. Mio. Mio. Mio. Mio. Mio. Mio. Mio. Mio. Mio. Mio. Mio. Mio. Mio. Mio. Mio. Mio. Mio. Mio. Mio. Mio. Mio. Mio. Mio. Mio. Mio. Mio. Mio. Mio. Mio. Mio. Mio. Mio. Mio. Mio. Mio. Mio. Mio. Mio. Mio. Mio. Mio. Mio.

Mio. Mio. Mio. Mio. Mio. Mio. Mio. Mio. Mio. Mio. Mio. Mio. Mio. Mio. Mio. Mio. Mio. Mio. Mio. Mio. Mio. Mio. Mio. Mio. Mio. Mio. Mio. Mio. Mio. Mio. Mio. Mio. Mio. Mio. Mio. Mio. Mio. Mio. Mio. Mio. Mio. Mio. Mio. Mio. Mio. Mio. Mio. Mio.

Mio. Mio. Mio. Mio. Mio. Mio. Mio. Mio. Mio. Mio. Mio. Mio. Mio. Mio. Mio. Mio. Mio. Mio. Mio. Mio. Mio. Mio. Mio. Mio. Mio. Mio. Mio. Mio. Mio. Mio. Mio. Mio. Mio. Mio. Mio. Mio. Mio. Mio. Mio. Mio. Mio.

Mio. Mio. Mio. Mio. Mio. Mio. Mio. Mio. Mio. Mio. Mio. Mio. Mio. Mio. Mio. Mio. Mio. Mio. Mio. Mio. Mio. Mio. Mio. Mio. Mio. Mio. Mio. Mio. Mio. Mio. Mio. Mio. Mio. Mio. Mio. Mio. Mio. Mio. Mio. Mio. Mio. Mio. Mio. Mio. Mio. Mio. Mio. Mio. Mio. Mio. Mio. Mio. Mio. Mio. Mio. Mio. Mio. Mio.

Mio. Mio. Mio. Mio. Mio. Mio. Mio. Mio. Mio. Mio. Mio. Mio. Mio. Mio. Mio. Mio. Mio. Mio. Mio. Mio. Mio. Mio. Mio. Mio. Mio. Mio. Mio. Mio. Mio. Mio. Mio. Mio. Mio. Mio. Mio. Mio. Mio. Mio. Mio. Mio. Mio. Mio. Mio. Mio. Mio. Mio. Mio. Mio. Mio. Mio. Mio. Mio. Mio. Mio. Mio. Mio. Mio. Mio. Mio.

Mio. Mio. Mio. Mio. Mio. Mio. Mio. Mio. Mio. Mio. Mio. Mio. Mio. Mio. Mio. Mio. Mio. Mio. Mio. Mio. Mio. Mio. Mio. Mio. Mio. Mio. Mio. Mio. Mio. Mio. Mio. Mio. Mio. Mio. Mio. Mio. Mio. Mio. Mio. Mio.

Mio. Mio. Mio. Mio. Mio. Mio. Mio. Mio. Mio. Mio. Mio. Mio. Mio. Mio. Mio. Mio. Mio. Mio. Mio. Mio. Mio. Mio. Mio. Mio. Mio. Mio. Mio. Mio. Mio. Mio. Mio. Mio. Mio. Mio. Mio. Mio. Mio. Mio. Mio. Mio. Mio. Mio. Mio. Mio. Mio. Mio. Mio. Mio. Mio. Mio. Mio.

Mio. Mio. Mio. Mio. Mio. Mio. Mio. Mio. Mio. Mio. Mio. Mio. Mio. Mio. Mio. Mio. Mio. Mio. Mio. Mio. Mio. Mio. Mio. Mio. Mio. Mio. Mio. Mio. Mio. Mio. Mio. Mio. Mio.

Mio. Mio. Mio. Mio. Mio. Mio. Mio. Mio. Mio. Mio. Mio.
Mio. Mio. Mio. Mio.

Mio. Mio. Mio. Mio. Mio. Mio. Mio. Mio. Mio. Mio. Mio.
Mio. Mio. Mio. Mio. Mio. Mio. Mio. Mio. Mio. Mio. Mio.
Mio. Mio. Mio. Mio. Mio. Mio. Mio. Mio. Mio. Mio. Mio.
Mio. Mio. Mio. Mio. Mio. Mio. Mio. Mio. Mio. Mio. Mio.
Mio. Mio. Mio. Mio. Mio. Mio. Mio. Mio. Mio. Mio. Mio.
Mio. Mio. Mio. Mio. Mio. Mio. Mio.

Mio. Mio. Mio. Mio. Mio. Mio. Mio. Mio. Mio. Mio. Mio.
Mio. Mio. Mio. Mio. Mio. Mio. Mio. Mio. Mio. Mio. Mio.
Mio. Mio. Mio. Mio. Mio. Mio. Mio. Mio. Mio. Mio. Mio.
Mio. Mio. Mio. Mio.
Mio. Mio. Mio. Mio. Mio. Mio. Mio. Mio. Mio. Mio. Mio.
Mio. Mio. Mio. Mio. Mio. Mio. Mio. Mio. Mio. Mio. Mio.
Mio. Mio. Mio. Mio. Mio. Mio. Mio. Mio. Mio. Mio. Mio.
Mio. Mio. Mio. Mio. Mio. Mio. Mio. Mio. Mio. Mio. Mio.
Mio. Mio. Mio. Mio. Mio. Mio. Mio.
Mio. Mio. Mio. Mio. Mio. Mio. Mio. Mio. Mio. Mio. Mio.
Mio. Mio. Mio. Mio. Mio. Mio. Mio. Mio. Mio. Mio. Mio.
Mio. Mio. Mio. Mio. Mio. Mio. Mio. Mio. Mio. Mio. Mio.
Mio. Mio. Mio. Mio. Mio. Mio. Mio. Mio. Mio. Mio. Mio.
Mio. Mio. Mio. Mio.

Mio. Mio. Mio. Mio. Mio. Mio. Mio. Mio. Mio. Mio. Mio.
Mio. Mio. Mio. Mio. Mio. Mio. Mio. Mio. Mio. Mio. Mio.
Mio. Mio. Mio. Mio. Mio. Mio. Mio. Mio. Mio. Mio. Mio.
Mio. Mio. Mio. Mio. Mio. Mio. Mio. Mio. Mio. Mio. Mio.
Mio. Mio. Mio. Mio. Mio. Mio. Mio. Mio. Mio. Mio. Mio.
Mio. Mio. Mio. Mio. Mio. Mio. Mio. Mio. Mio. Mio. Mio.
Mio. Mio. Mio. Mio. Mio. Mio. Mio. Mio. Mio. Mio. Mio.

Mio. Mio. Mio. Mio. Mio. Mio. Mio. Mio. Mio. Mio. Mio. Mio. Mio. Mio. Mio. Mio. Mio. Mio. Mio. Mio. Mio. Mio.

Mio. Mio. Mio. Mio. Mio. Mio. Mio. Mio. Mio. Mio. Mio. Mio. Mio. Mio. Mio. Mio. Mio. Mio. Mio. Mio. Mio. Mio. Mio. Mio. Mio. Mio. Mio. Mio. Mio. Mio. Mio. Mio. Mio. Mio. Mio. Mio. Mio. Mio. Mio. Mio. Mio. Mio. Mio. Mio. Mio. Mio. Mio. Mio. Mio. Mio.

Mio. Mio. Mio. Mio. Mio. Mio. Mio. Mio. Mio. Mio. Mio. Mio. Mio. Mio. Mio. Mio. Mio. Mio. Mio. Mio. Mio. Mio. Mio. Mio. Mio. Mio. Mio. Mio. Mio. Mio. Mio. Mio. Mio. Mio. Mio. Mio. Mio. Mio. Mio. Mio. Mio. Mio. Mio. Mio. Mio. Mio. Mio. Mio. Mio.

Mio. Mio. Mio. Mio. Mio. Mio. Mio. Mio. Mio. Mio. Mio. Mio. Mio. Mio. Mio. Mio. Mio. Mio. Mio. Mio. Mio. Mio. Mio. Mio. Mio. Mio. Mio. Mio. Mio. Mio. Mio. Mio. Mio. Mio. Mio. Mio. Mio. Mio. Mio. Mio. Mio. Mio. Mio. Mio. Mio. Mio. Mio. Mio. Mio. Mio. Mio. Mio. Mio. Mio. Mio. Mio. Mio. Mio. Mio. Mio. Mio. Mio. Mio. Mio.

Mio. Mio. Mio. Mio. Mio. Mio. Mio. Mio. Mio. Mio. Mio. Mio. Mio. Mio. Mio. Mio. Mio. Mio. Mio. Mio. Mio. Mio. Mio. Mio. Mio. Mio. Mio. Mio. Mio. Mio. Mio. Mio. Mio. Mio. Mio.
Mio. Mio. Mio. Mio. Mio. Mio. Mio. Mio. Mio. Mio. Mio. Mio. Mio. Mio. Mio. Mio. Mio. Mio. Mio. Mio. Mio. Mio. Mio. Mio. Mio. Mio. Mio. Mio. Mio. Mio. Mio. Mio. Mio. Mio. Mio. Mio. Mio. Mio. Mio. Mio. Mio. Mio. Mio. Mio. Mio. Mio. Mio. Mio. Mio. Mio. Mio. Mio. Mio. Mio. Mio. Mio. Mio. Mio. Mio. Mio. Mio. Mio. Mio. Mio. Mio. Mio.

Mio. Mio. Mio. Mio. Mio. Mio. Mio. Mio. Mio. Mio. Mio. Mio. Mio. Mio. Mio. Mio. Mio. Mio. Mio. Mio. Mio. Mio. Mio. Mio. Mio. Mio. Mio. Mio. Mio. Mio. Mio. Mio. Mio.

Mio. Mio. Mio. Mio. Mio. Mio. Mio. Mio. Mio. Mio. Mio. Mio. Mio. Mio. Mio. Mio. Mio. Mio. Mio. Mio. Mio. Mio. Mio. Mio. Mio. Mio. Mio. Mio. Mio. Mio. Mio. Mio. Mio. Mio. Mio. Mio. Mio. Mio. Mio. Mio. Mio. Mio. Mio. Mio. Mio. Mio. Mio. Mio. Mio.

Mio. Mio. Mio. Mio. Mio. Mio. Mio. Mio. Mio. Mio. Mio. Mio. Mio. Mio. Mio. Mio. Mio. Mio. Mio. Mio. Mio. Mio. Mio. Mio. Mio. Mio. Mio. Mio. Mio. Mio. Mio. Mio. Mio. Mio. Mio. Mio. Mio. Mio. Mio. Mio. Mio. Mio. Mio. Mio. Mio. Mio. Mio. Mio. Mio. Mio. Mio. Mio. Mio. Mio. Mio. Mio. Mio. Mio. Mio. Mio. Mio. Mio. Mio. Mio. Mio. Mio. Mio. Mio. Mio. Mio. Mio. Mio. Mio. Mio. Mio. Mio. Mio. Mio. Mio. Mio. Mio. Mio. Mio. Mio. Mio. Mio. Mio. Mio. Mio. Mio. Mio. Mio. Mio. Mio.

Mio. Mio. Mio. Mio. Mio. Mio. Mio. Mio. Mio. Mio. Mio. Mio. Mio. Mio. Mio. Mio. Mio. Mio. Mio. Mio. Mio. Mio. Mio. Mio. Mio. Mio. Mio. Mio. Mio. Mio. Mio. Mio. Mio. Mio. Mio. Mio. Mio. Mio. Mio. Mio. Mio. Mio. Mio. Mio. Mio. Mio. Mio. Mio. Mio. Mio. Mio. Mio. Mio. Mio. Mio.

Mio. Mio. Mio. Mio. Mio. Mio. Mio. Mio. Mio. Mio. Mio. Mio. Mio. Mio. Mio. Mio. Mio. Mio. Mio. Mio. Mio. Mio. Mio. Mio. Mio. Mio. Mio. Mio. Mio. Mio. Mio. Mio. Mio. Mio. Mio. Mio. Mio. Mio. Mio. Mio. Mio. Mio. Mio. Mio. Mio. Mio. Mio. Mio. Mio. Mio. Mio. Mio. Mio. Mio. Mio. Mio. Mio. Mio. Mio. Mio. Mio. Mio. Mio. Mio. Mio. Mio.

Mio. Mio. Mio. Mio. Mio. Mio. Mio. Mio. Mio. Mio. Mio. Mio. Mio. Mio. Mio. Mio. Mio. Mio. Mio. Mio. Mio. Mio. Mio. Mio. Mio. Mio. Mio. Mio. Mio. Mio. Mio. Mio. Mio.

Mio. Mio. Mio. Mio. Mio. Mio. Mio. Mio. Mio. Mio. Mio. Mio. Mio. Mio. Mio. Mio. Mio. Mio. Mio. Mio. Mio. Mio. Mio. Mio. Mio. Mio. Mio. Mio. Mio. Mio. Mio. Mio. Mio. Mio. Mio. Mio. Mio. Mio. Mio. Mio. Mio. Mio. Mio. Mio. Mio. Mio. Mio. Mio. Mio. Mio.

Mio. Mio. Mio. Mio. Mio. Mio. Mio. Mio. Mio. Mio. Mio. Mio. Mio. Mio. Mio. Mio. Mio. Mio. Mio. Mio. Mio. Mio. Mio. Mio. Mio. Mio. Mio. Mio. Mio. Mio. Mio. Mio. Mio. Mio. Mio. Mio. Mio. Mio. Mio. Mio. Mio. Mio. Mio. Mio. Mio. Mio. Mio. Mio. Mio.

Mio. Mio. Mio. Mio. Mio. Mio. Mio. Mio. Mio. Mio. Mio. Mio. Mio. Mio. Mio. Mio. Mio. Mio. Mio. Mio. Mio. Mio. Mio. Mio. Mio. Mio. Mio. Mio. Mio. Mio. Mio. Mio. Mio. Mio. Mio. Mio. Mio. Mio. Mio. Mio. Mio. Mio. Mio. Mio. Mio. Mio. Mio. Mio. Mio. Mio. Mio. Mio. Mio. Mio. Mio. Mio. Mio. Mio. Mio. Mio. Mio.

Mio. Mio. Mio. Mio. Mio. Mio. Mio. Mio. Mio. Mio. Mio. Mio. Mio. Mio. Mio. Mio. Mio. Mio. Mio. Mio. Mio. Mio. Mio. Mio. Mio. Mio. Mio. Mio. Mio. Mio. Mio. Mio. Mio. Mio. Mio. Mio. Mio. Mio.

Mio. Mio. Mio. Mio. Mio. Mio. Mio. Mio. Mio. Mio. Mio. Mio. Mio. Mio. Mio. Mio. Mio. Mio. Mio. Mio. Mio. Mio. Mio. Mio. Mio. Mio. Mio. Mio. Mio. Mio. Mio. Mio. Mio. Mio. Mio. Mio. Mio. Mio. Mio. Mio. Mio. Mio. Mio. Mio. Mio. Mio. Mio. Mio. Mio. Mio. Mio. Mio. Mio. Mio. Mio.

Mio. Mio. Mio. Mio. Mio. Mio. Mio. Mio. Mio. Mio. Mio. Mio. Mio. Mio. Mio. Mio. Mio. Mio. Mio. Mio. Mio. Mio. Mio. Mio. Mio. Mio. Mio. Mio. Mio. Mio. Mio. Mio. Mio. Mio. Mio. Mio. Mio. Mio. Mio. Mio. Mio. Mio. Mio. Mio. Mio. Mio. Mio. Mio. Mio. Mio. Mio. Mio. Mio. Mio. Mio. Mio. Mio. Mio. Mio. Mio. Mio. Mio.

Mio. Mio. Mio. Mio. Mio. Mio. Mio. Mio. Mio. Mio. Mio. Mio. Mio. Mio. Mio. Mio. Mio. Mio. Mio. Mio. Mio. Mio. Mio. Mio. Mio. Mio. Mio. Mio. Mio. Mio. Mio. Mio. Mio. Mio. Mio. Mio. Mio. Mio. Mio. Mio. Mio. Mio. Mio. Mio. Mio. Mio. Mio. Mio. Mio. Mio. Mio. Mio. Mio. Mio. Mio. Mio. Mio. Mio. Mio. Mio. Mio. Mio. Mio. Mio. Mio. Mio. Mio. Mio. Mio. Mio. Mio. Mio. Mio. Mio. Mio. Mio. Mio. Mio. Mio. Mio. Mio.

Mio. Mio. Mio. Mio. Mio. Mio. Mio. Mio. Mio. Mio. Mio. Mio. Mio. Mio. Mio. Mio. Mio. Mio. Mio. Mio. Mio. Mio. Mio. Mio. Mio. Mio. Mio. Mio. Mio. Mio. Mio. Mio. Mio. Mio. Mio. Mio. Mio. Mio. Mio. Mio. Mio. Mio. Mio. Mio. Mio. Mio. Mio. Mio. Mio. Mio. Mio.

Mio. Mio. Mio. Mio. Mio. Mio. Mio. Mio. Mio. Mio. Mio. Mio. Mio. Mio. Mio. Mio. Mio. Mio. Mio. Mio. Mio. Mio. Mio. Mio. Mio. Mio. Mio. Mio. Mio. Mio. Mio. Mio. Mio. Mio. Mio. Mio. Mio. Mio. Mio. Mio. Mio. Mio. Mio. Mio. Mio. Mio. Mio. Mio.

Mio. Mio. Mio. Mio. Mio. Mio. Mio. Mio. Mio. Mio. Mio. Mio. Mio. Mio. Mio. Mio. Mio. Mio. Mio. Mio. Mio. Mio. Mio. Mio. Mio. Mio. Mio. Mio. Mio. Mio. Mio. Mio. Mio. Mio. Mio. Mio. Mio. Mio. Mio. Mio. Mio. Mio. Mio. Mio. Mio. Mio. Mio. Mio. Mio. Mio. Mio. Mio. Mio. Mio. Mio.

Mio. Mio. Mio. Mio. Mio. Mio. Mio. Mio. Mio. Mio. Mio. Mio. Mio. Mio. Mio. Mio. Mio.

Mio. Mio. Mio. Mio. Mio. Mio. Mio. Mio. Mio. Mio. Mio. Mio. Mio. Mio. Mio. Mio. Mio. Mio. Mio. Mio. Mio. Mio. Mio. Mio. Mio. Mio. Mio.

Mio. Mio. Mio. Mio. Mio. Mio. Mio. Mio. Mio. Mio. Mio. Mio. Mio. Mio. Mio. Mio. Mio. Mio. Mio. Mio. Mio. Mio. Mio. Mio. Mio. Mio. Mio. Mio. Mio. Mio. Mio. Mio. Mio. Mio. Mio. Mio.

Mio. Mio. Mio.

Mio. Mio. Mio. Mio. Mio. Mio. Mio. Mio. Mio. Mio. Mio. Mio. Mio. Mio. Mio. Mio. Mio. Mio. Mio. Mio. Mio. Mio. Mio. Mio. Mio. Mio. Mio. Mio. Mio. Mio. Mio. Mio. Mio. Mio. Mio. Mio.

Mio. Mio. Mio. Mio. Mio. Mio. Mio. Mio. Mio. Mio. Mio. Mio. Mio. Mio. Mio. Mio. Mio. Mio. Mio. Mio. Mio. Mio. Mio. Mio.

Mio. Mio. Mio. Mio. Mio. Mio. Mio. Mio. Mio. Mio. Mio. Mio. Mio. Mio. Mio. Mio. Mio. Mio. Mio. Mio. Mio. Mio. Mio. Mio. Mio. Mio. Mio. Mio. Mio. Mio. Mio. Mio. Mio. Mio. Mio. Mio. Mio. Mio. Mio. Mio. Mio. Mio. Mio. Mio. Mio. Mio. Mio. Mio. Mio. Mio. Mio. Mio. Mio. Mio. Mio. Mio. Mio. Mio. Mio. Mio. Mio. Mio.

Mio. Mio. Mio. Mio. Mio. Mio. Mio. Mio. Mio. Mio. Mio. Mio. Mio. Mio. Mio. Mio. Mio. Mio. Mio. Mio. Mio. Mio. Mio. Mio. Mio. Mio. Mio. Mio. Mio. Mio. Mio. Mio. Mio. Mio. Mio. Mio. Mio. Mio. Mio. Mio. Mio. Mio. Mio. Mio. Mio. Mio. Mio. Mio. Mio. Mio. Mio. Mio. Mio. Mio. Mio.

Mio. Mio. Mio. Mio. Mio. Mio. Mio. Mio. Mio. Mio. Mio. Mio. Mio. Mio. Mio. Mio. Mio. Mio. Mio. Mio. Mio. Mio. Mio. Mio. Mio. Mio.

Mio. Mio. Mio. Mio. Mio. Mio. Mio. Mio. Mio. Mio. Mio. Mio. Mio. Mio. Mio. Mio. Mio. Mio. Mio. Mio. Mio. Mio. Mio. Mio. Mio. Mio. Mio. Mio. Mio. Mio. Mio. Mio. Mio. Mio. Mio. Mio. Mio. Mio. Mio. Mio. Mio. Mio. Mio. Mio. Mio. Mio. Mio. Mio. Mio. Mio. Mio.

Mio. Mio. Mio. Mio. Mio. Mio. Mio. Mio. Mio. Mio. Mio. Mio. Mio. Mio. Mio. Mio. Mio. Mio. Mio. Mio. Mio. Mio. Mio. Mio. Mio. Mio. Mio. Mio. Mio. Mio. Mio. Mio. Mio. Mio. Mio. Mio. Mio. Mio. Mio. Mio. Mio. Mio. Mio. Mio. Mio. Mio. Mio. Mio.
Mio. Mio. Mio. Mio. Mio. Mio. Mio. Mio. Mio. Mio. Mio. Mio. Mio. Mio. Mio. Mio. Mio. Mio. Mio. Mio. Mio. Mio. Mio. Mio. Mio. Mio. Mio. Mio. Mio. Mio. Mio. Mio. Mio. Mio. Mio. Mio. Mio. Mio. Mio. Mio. Mio. Mio. Mio. Mio. Mio. Mio. Mio. Mio. Mio. Mio. Mio. Mio. Mio. Mio. Mio. Mio. Mio. Mio. Mio. Mio. Mio. Mio. Mio. Mio. Mio. Mio. Mio. Mio. Mio. Mio. Mio. Mio.

Mio. Mio. Mio. Mio. Mio. Mio. Mio. Mio. Mio. Mio. Mio. Mio. Mio. Mio. Mio. Mio. Mio. Mio. Mio. Mio. Mio. Mio. Mio. Mio. Mio. Mio. Mio.

Mio. Mio. Mio. Mio. Mio. Mio. Mio. Mio. Mio. Mio. Mio. Mio. Mio. Mio. Mio. Mio. Mio. Mio. Mio. Mio. Mio. Mio. Mio. Mio. Mio. Mio. Mio. Mio. Mio. Mio. Mio. Mio. Mio. Mio. Mio. Mio.

Mio. Mio. Mio.

Mio. Mio. Mio. Mio. Mio. Mio. Mio. Mio. Mio. Mio. Mio. Mio. Mio. Mio. Mio. Mio. Mio. Mio. Mio. Mio. Mio. Mio. Mio. Mio. Mio. Mio. Mio. Mio. Mio. Mio. Mio. Mio. Mio. Mio. Mio. Mio.

Mio. Mio. Mio. Mio. Mio. Mio. Mio. Mio. Mio. Mio. Mio. Mio. Mio. Mio. Mio. Mio. Mio. Mio. Mio. Mio. Mio. Mio. Mio. Mio.

Mio. Mio. Mio. Mio. Mio. Mio. Mio. Mio. Mio. Mio. Mio. Mio. Mio. Mio. Mio. Mio. Mio. Mio. Mio. Mio. Mio. Mio. Mio. Mio. Mio. Mio. Mio. Mio. Mio. Mio. Mio. Mio. Mio. Mio. Mio. Mio. Mio. Mio. Mio. Mio. Mio. Mio. Mio. Mio. Mio. Mio. Mio. Mio. Mio. Mio. Mio. Mio. Mio. Mio. Mio. Mio. Mio. Mio. Mio. Mio. Mio. Mio.

Mio. Mio. Mio. Mio. Mio. Mio. Mio. Mio. Mio. Mio. Mio. Mio. Mio. Mio. Mio. Mio. Mio. Mio. Mio. Mio. Mio. Mio. Mio. Mio. Mio. Mio. Mio. Mio. Mio. Mio. Mio. Mio. Mio. Mio. Mio. Mio. Mio. Mio. Mio. Mio. Mio. Mio. Mio. Mio. Mio. Mio. Mio. Mio. Mio. Mio. Mio. Mio. Mio. Mio. Mio. Mio. Mio. Mio. Mio. Mio. Mio. Mio. Mio. Mio. Mio. Mio. Mio. Mio. Mio. Mio. Mio. Mio. Mio. Mio. Mio. Mio. Mio. Mio. Mio. Mio. Mio.

Mio. Mio. Mio. Mio. Mio. Mio. Mio. Mio. Mio. Mio. Mio. Mio. Mio. Mio. Mio. Mio. Mio. Mio. Mio. Mio. Mio. Mio. Mio. Mio. Mio. Mio. Mio. Mio. Mio. Mio. Mio. Mio. Mio. Mio. Mio. Mio. Mio. Mio. Mio. Mio. Mio. Mio. Mio. Mio. Mio. Mio. Mio. Mio. Mio. Mio. Mio.

Mio. Mio. Mio. Mio. Mio. Mio. Mio. Mio. Mio. Mio. Mio. Mio. Mio. Mio. Mio. Mio. Mio. Mio. Mio. Mio. Mio. Mio. Mio. Mio. Mio. Mio. Mio. Mio. Mio. Mio. Mio. Mio. Mio.

Mio. Mio. Mio. Mio. Mio. Mio. Mio. Mio. Mio. Mio. Mio. Mio. Mio. Mio. Mio.

Mio. Mio. Mio. Mio. Mio. Mio. Mio. Mio. Mio. Mio. Mio. Mio. Mio. Mio. Mio. Mio. Mio. Mio. Mio. Mio. Mio. Mio. Mio. Mio. Mio. Mio. Mio. Mio. Mio. Mio. Mio. Mio. Mio. Mio. Mio. Mio. Mio. Mio. Mio. Mio. Mio. Mio. Mio. Mio. Mio. Mio. Mio. Mio. Mio. Mio. Mio. Mio. Mio. Mio. Mio. Mio. Mio. Mio. Mio. Mio. Mio. Mio. Mio. Mio. Mio. Mio. Mio. Mio. Mio. Mio. Mio. Mio.

Mio. Mio. Mio. Mio. Mio. Mio. Mio. Mio. Mio. Mio. Mio. Mio. Mio. Mio. Mio. Mio. Mio. Mio. Mio. Mio. Mio. Mio. Mio. Mio. Mio. Mio. Mio.

Mio. Mio. Mio. Mio. Mio. Mio. Mio. Mio. Mio. Mio. Mio. Mio. Mio. Mio. Mio. Mio. Mio. Mio. Mio. Mio. Mio. Mio. Mio. Mio. Mio. Mio. Mio. Mio. Mio. Mio. Mio. Mio. Mio. Mio. Mio. Mio.

Mio. Mio. Mio.

Mio. Mio. Mio. Mio. Mio. Mio. Mio. Mio. Mio. Mio. Mio. Mio. Mio. Mio. Mio. Mio. Mio. Mio. Mio. Mio. Mio. Mio. Mio. Mio. Mio. Mio. Mio. Mio. Mio. Mio. Mio. Mio. Mio. Mio. Mio. Mio.

Mio. Mio. Mio. Mio. Mio. Mio. Mio. Mio. Mio. Mio. Mio. Mio. Mio. Mio. Mio. Mio. Mio. Mio. Mio. Mio. Mio. Mio. Mio. Mio.

Mio. Mio. Mio. Mio. Mio. Mio. Mio. Mio. Mio. Mio. Mio. Mio. Mio. Mio. Mio. Mio. Mio. Mio. Mio. Mio. Mio. Mio. Mio. Mio. Mio. Mio. Mio. Mio. Mio. Mio. Mio. Mio. Mio. Mio. Mio. Mio. Mio. Mio. Mio. Mio. Mio. Mio. Mio. Mio.

Mio. Mio. Mio. Mio. Mio. Mio. Mio. Mio. Mio. Mio. Mio. Mio. Mio. Mio. Mio. Mio. Mio. Mio.
Mio. Mio. Mio. Mio. Mio. Mio. Mio. Mio. Mio. Mio. Mio. Mio. Mio. Mio. Mio. Mio. Mio. Mio. Mio. Mio. Mio. Mio. Mio. Mio. Mio. Mio. Mio. Mio. Mio. Mio. Mio. Mio. Mio. Mio. Mio. Mio. Mio. Mio. Mio. Mio. Mio. Mio. Mio. Mio. Mio. Mio. Mio. Mio. Mio. Mio. Mio. Mio. Mio. Mio. Mio. Mio. Mio. Mio. Mio. Mio. Mio. Mio. Mio. Mio. Mio. Mio. Mio. Mio. Mio. Mio. Mio.

Mio. Mio. Mio. Mio. Mio. Mio. Mio. Mio. Mio. Mio. Mio. Mio. Mio. Mio. Mio. Mio. Mio. Mio. Mio. Mio. Mio. Mio. Mio. Mio. Mio. Mio. Mio. Mio. Mio. Mio. Mio. Mio. Mio. Mio. Mio. Mio. Mio. Mio. Mio. Mio. Mio. Mio. Mio. Mio. Mio. Mio. Mio. Mio. Mio. Mio. Mio.

Mio. Mio. Mio. Mio. Mio. Mio. Mio. Mio. Mio. Mio. Mio. Mio. Mio. Mio. Mio. Mio. Mio. Mio. Mio. Mio. Mio. Mio. Mio. Mio. Mio. Mio. Mio. Mio. Mio. Mio. Mio. Mio. Mio. Mio. Mio. Mio. Mio. Mio. Mio. Mio. Mio. Mio. Mio. Mio. Mio. Mio. Mio. Mio.
Mio. Mio. Mio. Mio. Mio. Mio. Mio. Mio. Mio. Mio. Mio. Mio. Mio. Mio. Mio. Mio. Mio. Mio. Mio. Mio. Mio. Mio. Mio. Mio. Mio. Mio. Mio. Mio. Mio. Mio. Mio. Mio. Mio. Mio. Mio. Mio. Mio. Mio. Mio. Mio. Mio. Mio. Mio. Mio. Mio. Mio. Mio. Mio. Mio. Mio. Mio. Mio. Mio. Mio. Mio. Mio. Mio. Mio. Mio. Mio. Mio. Mio. Mio. Mio. Mio. Mio. Mio. Mio. Mio. Mio. Mio. Mio.

Mio. Mio. Mio. Mio. Mio. Mio. Mio. Mio. Mio. Mio. Mio. Mio. Mio. Mio. Mio. Mio. Mio. Mio. Mio. Mio. Mio. Mio. Mio. Mio. Mio. Mio. Mio.

Mio. Mio. Mio. Mio. Mio. Mio. Mio. Mio. Mio. Mio. Mio. Mio. Mio. Mio. Mio. Mio.

Mio. Mio. Mio. Mio. Mio. Mio. Mio. Mio. Mio. Mio. Mio. Mio. Mio. Mio. Mio. Mio. Mio. Mio. Mio. Mio.

Mio. Mio. Mio.

Mio. Mio. Mio. Mio. Mio. Mio. Mio. Mio. Mio. Mio. Mio. Mio. Mio. Mio. Mio. Mio. Mio. Mio. Mio. Mio. Mio. Mio. Mio. Mio. Mio. Mio. Mio. Mio. Mio. Mio. Mio. Mio. Mio. Mio. Mio. Mio.
Mio. Mio. Mio. Mio. Mio. Mio. Mio. Mio. Mio. Mio. Mio. Mio. Mio. Mio. Mio. Mio. Mio. Mio. Mio. Mio. Mio. Mio. Mio. Mio.

Mio. Mio. Mio. Mio. Mio. Mio. Mio. Mio. Mio. Mio. Mio. Mio. Mio. Mio. Mio. Mio. Mio. Mio. Mio. Mio. Mio. Mio. Mio. Mio. Mio. Mio. Mio. Mio. Mio. Mio. Mio. Mio. Mio. Mio. Mio. Mio. Mio. Mio. Mio. Mio. Mio. Mio. Mio. Mio. Mio. Mio. Mio. Mio. Mio. Mio. Mio.

Mio. Mio. Mio. Mio. Mio. Mio. Mio. Mio. Mio. Mio. Mio. Mio. Mio. Mio. Mio. Mio. Mio. Mio. Mio. Mio. Mio. Mio. Mio. Mio. Mio. Mio. Mio. Mio. Mio. Mio. Mio. Mio. Mio. Mio. Mio. Mio. Mio. Mio. Mio. Mio. Mio. Mio. Mio. Mio. Mio. Mio. Mio. Mio.
Mio. Mio. Mio. Mio. Mio. Mio. Mio. Mio. Mio. Mio. Mio. Mio. Mio. Mio. Mio. Mio. Mio. Mio. Mio. Mio. Mio. Mio.

Mio. Mio. Mio. Mio. Mio. Mio. Mio. Mio. Mio. Mio. Mio. Mio. Mio. Mio. Mio. Mio. Mio. Mio. Mio. Mio. Mio. Mio. Mio. Mio. Mio. Mio. Mio. Mio. Mio. Mio. Mio. Mio. Mio. Mio. Mio. Mio. Mio. Mio. Mio. Mio. Mio. Mio. Mio. Mio. Mio. Mio. Mio. Mio. Mio. Mio.

Mio. Mio. Mio. Mio. Mio. Mio. Mio. Mio. Mio. Mio. Mio. Mio. Mio. Mio. Mio. Mio. Mio. Mio. Mio. Mio. Mio. Mio. Mio. Mio. Mio. Mio. Mio.

Mio. Mio. Mio. Mio. Mio. Mio. Mio. Mio. Mio. Mio. Mio. Mio. Mio. Mio. Mio. Mio.

Mio. Mio. Mio. Mio. Mio. Mio. Mio. Mio. Mio. Mio. Mio. Mio. Mio. Mio. Mio. Mio. Mio. Mio. Mio. Mio.

Mio. Mio. Mio.

Mio. Mio. Mio. Mio. Mio. Mio. Mio. Mio. Mio. Mio. Mio. Mio. Mio. Mio. Mio. Mio. Mio. Mio. Mio. Mio. Mio. Mio. Mio. Mio. Mio. Mio. Mio. Mio. Mio. Mio. Mio. Mio. Mio. Mio. Mio. Mio.
Mio. Mio. Mio. Mio. Mio. Mio. Mio. Mio. Mio. Mio. Mio. Mio. Mio. Mio. Mio. Mio. Mio. Mio. Mio. Mio. Mio. Mio. Mio. Mio.

Mio. Mio. Mio. Mio. Mio. Mio. Mio. Mio. Mio. Mio. Mio. Mio. Mio. Mio. Mio. Mio. Mio. Mio. Mio. Mio. Mio. Mio. Mio. Mio. Mio. Mio. Mio. Mio. Mio. Mio. Mio. Mio. Mio. Mio. Mio. Mio. Mio. Mio. Mio. Mio. Mio. Mio. Mio. Mio. Mio. Mio. Mio. Mio. Mio. Mio. Mio.

Mio. Mio. Mio. Mio. Mio. Mio. Mio. Mio. Mio. Mio. Mio. Mio. Mio. Mio. Mio. Mio. Mio. Mio. Mio. Mio. Mio. Mio.

Mio. Mio. Mio. Mio. Mio. Mio. Mio. Mio. Mio. Mio. Mio. Mio. Mio. Mio. Mio. Mio. Mio. Mio. Mio. Mio. Mio. Mio. Mio. Mio. Mio. Mio.

Mio. Mio. Mio. Mio. Mio. Mio. Mio. Mio. Mio. Mio. Mio. Mio. Mio. Mio. Mio. Mio. Mio. Mio. Mio. Mio. Mio. Mio. Mio. Mio. Mio. Mio. Mio. Mio. Mio. Mio. Mio. Mio. Mio. Mio. Mio. Mio. Mio. Mio. Mio. Mio. Mio. Mio. Mio. Mio. Mio. Mio. Mio. Mio. Mio. Mio. Mio. Mio. Mio. Mio. Mio. Mio. Mio. Mio. Mio. Mio. Mio. Mio. Mio. Mio. Mio. Mio. Mio. Mio. Mio. Mio. Mio. Mio.

Mio. Mio. Mio. Mio. Mio. Mio. Mio. Mio. Mio. Mio. Mio. Mio. Mio. Mio. Mio. Mio. Mio. Mio. Mio. Mio. Mio. Mio. Mio. Mio. Mio. Mio. Mio.

Mio. Mio. Mio. Mio. Mio. Mio. Mio. Mio. Mio. Mio. Mio. Mio. Mio. Mio. Mio. Mio.

Mio. Mio. Mio. Mio. Mio. Mio. Mio. Mio. Mio. Mio. Mio. Mio. Mio. Mio. Mio. Mio. Mio. Mio. Mio. Mio.

Mio. Mio. Mio.

Mio. Mio. Mio. Mio. Mio. Mio. Mio. Mio. Mio. Mio. Mio. Mio. Mio. Mio. Mio. Mio. Mio. Mio. Mio. Mio. Mio. Mio. Mio. Mio. Mio. Mio. Mio. Mio. Mio. Mio. Mio. Mio. Mio. Mio. Mio. Mio.

Mio. Mio. Mio. Mio. Mio. Mio. Mio. Mio. Mio. Mio. Mio. Mio. Mio. Mio. Mio. Mio. Mio. Mio. Mio. Mio. Mio. Mio. Mio. Mio.

Mio. Mio. Mio. Mio. Mio. Mio. Mio. Mio. Mio. Mio. Mio. Mio. Mio. Mio. Mio. Mio. Mio. Mio. Mio. Mio. Mio. Mio.

Mio. Mio. Mio. Mio. Mio. Mio. Mio. Mio. Mio. Mio. Mio. Mio. Mio. Mio. Mio. Mio. Mio. Mio. Mio. Mio. Mio. Mio. Mio. Mio. Mio. Mio. Mio. Mio. Mio.

Mio. Mio. Mio. Mio. Mio. Mio. Mio. Mio. Mio. Mio. Mio. Mio. Mio.
Mio. Mio. Mio. Mio. Mio. Mio. Mio. Mio. Mio. Mio. Mio. Mio. Mio. Mio. Mio. Mio.

Mio. Mio. Mio. Mio. Mio. Mio. Mio. Mio. Mio. Mio. Mio. Mio. Mio. Mio. Mio. Mio. Mio. Mio. Mio.
Mio. Mio. Mio. Mio. Mio. Mio. Mio. Mio. Mio. Mio. Mio. Mio. Mio. Mio. Mio. Mio. Mio. Mio. Mio. Mio. Mio. Mio. Mio. Mio. Mio. Mio.
Mio. Mio. Mio. Mio. Mio. Mio. Mio. Mio. Mio. Mio. Mio. Mio. Mio. Mio. Mio. Mio. Mio. Mio. Mio. Mio. Mio. Mio. Mio. Mio. Mio. Mio. Mio. Mio. Mio. Mio. Mio. Mio. Mio. Mio. Mio. Mio. Mio. Mio. Mio. Mio. Mio. Mio. Mio. Mio. Mio. Mio.

Mio. Mio. Mio. Mio. Mio. Mio. Mio. Mio. Mio. Mio. Mio. Mio. Mio. Mio. Mio. Mio. Mio. Mio. Mio. Mio. Mio. Mio. Mio. Mio. Mio. Mio. Mio.

Mio. Mio. Mio. Mio. Mio. Mio. Mio. Mio. Mio. Mio. Mio. Mio. Mio. Mio. Mio. Mio.

Mio. Mio. Mio. Mio. Mio. Mio. Mio. Mio. Mio. Mio. Mio. Mio. Mio. Mio. Mio. Mio. Mio. Mio. Mio. Mio.

Mio. Mio. Mio.

Mio. Mio. Mio. Mio. Mio. Mio. Mio. Mio. Mio. Mio. Mio. Mio. Mio. Mio. Mio. Mio.

Mio. Mio. Mio. Mio. Mio. Mio. Mio. Mio. Mio. Mio. Mio.
Mio. Mio. Mio. Mio. Mio. Mio. Mio. Mio. Mio.
Mio. Mio. Mio. Mio. Mio. Mio. Mio. Mio. Mio. Mio. Mio.
Mio. Mio. Mio. Mio. Mio. Mio. Mio. Mio. Mio. Mio. Mio.
Mio. Mio.

Mio. Mio. Mio. Mio. Mio. Mio. Mio. Mio. Mio. Mio. Mio.
Mio. Mio. Mio. Mio. Mio. Mio. Mio.
Mio. Mio. Mio. Mio. Mio. Mio. Mio. Mio. Mio. Mio. Mio.
Mio. Mio. Mio. Mio. Mio. Mio. Mio. Mio. Mio. Mio. Mio.
Mio. Mio. Mio. Mio. Mio. Mio. Mio. Mio. Mio. Mio. Mio.

Mio. Mio. Mio. Mio. Mio. Mio.
Mio. Mio. Mio. Mio. Mio. Mio. Mio. Mio. Mio. Mio. Mio.
Mio. Mio. Mio. Mio. Mio. Mio. Mio. Mio. Mio. Mio. Mio.
Mio. Mio. Mio. Mio. Mio.
Mio. Mio. Mio. Mio. Mio. Mio. Mio. Mio. Mio. Mio. Mio.
Mio. Mio. Mio. Mio.
Mio. Mio. Mio. Mio. Mio. Mio. Mio. Mio. Mio. Mio. Mio.
Mio. Mio. Mio. Mio. Mio.
Mio. Mio. Mio. Mio. Mio. Mio. Mio. Mio. Mio. Mio. Mio.
Mio. Mio. Mio. Mio. Mio. Mio. Mio. Mio. Mio. Mio. Mio.
Mio. Mio. Mio. Mio. Mio. Mio. Mio. Mio. Mio. Mio. Mio.
Mio. Mio. Mio. Mio. Mio. Mio.

Mio. Mio. Mio. Mio. Mio. Mio. Mio. Mio. Mio. Mio. Mio.
Mio. Mio. Mio. Mio. Mio. Mio.

Mio. Mio. Mio. Mio. Mio. Mio. Mio. Mio. Mio. Mio. Mio.
Mio. Mio. Mio. Mio. Mio. Mio. Mio. Mio. Mio. Mio. Mio.
Mio. Mio. Mio. Mio. Mio.

Mio. Mio. Mio. Mio. Mio. Mio. Mio. Mio. Mio. Mio. Mio. Mio. Mio. Mio. Mio. Mio.

Mio. Mio. Mio. Mio. Mio. Mio. Mio. Mio. Mio. Mio. Mio. Mio. Mio. Mio. Mio. Mio. Mio. Mio. Mio. Mio.

Mio. Mio. Mio.

Mio. Mio. Mio. Mio. Mio. Mio. Mio. Mio. Mio. Mio. Mio. Mio. Mio. Mio. Mio. Mio. Mio. Mio. Mio. Mio. Mio. Mio. Mio. Mio. Mio. Mio. Mio. Mio. Mio. Mio. Mio. Mio. Mio. Mio. Mio. Mio.

Mio. Mio. Mio. Mio. Mio. Mio. Mio. Mio. Mio. Mio. Mio. Mio. Mio. Mio. Mio. Mio. Mio. Mio. Mio. Mio. Mio. Mio. Mio. Mio.

Mio. Mio. Mio. Mio. Mio. Mio. Mio. Mio. Mio. Mio. Mio. Mio. Mio. Mio. Mio. Mio. Mio. Mio. Mio. Mio. Mio. Mio. Mio. Mio. Mio. Mio. Mio. Mio.

Mio. Mio. Mio. Mio. Mio. Mio. Mio. Mio. Mio. Mio. Mio. Mio. Mio. Mio. Mio. Mio. Mio. Mio. Mio. Mio. Mio. Mio. Mio.

Mio. Mio. Mio. Mio. Mio. Mio. Mio. Mio. Mio. Mio. Mio. Mio. Mio. Mio. Mio. Mio. Mio. Mio. Mio. Mio. Mio. Mio. Mio. Mio. Mio.

Mio. Mio. Mio. Mio. Mio. Mio. Mio. Mio. Mio. Mio. Mio. Mio. Mio. Mio. Mio. Mio. Mio. Mio. Mio. Mio. Mio. Mio. Mio.

Mio. Mio. Mio. Mio. Mio. Mio. Mio. Mio. Mio. Mio. Mio. Mio. Mio. Mio. Mio. Mio. Mio. Mio. Mio. Mio. Mio. Mio. Mio. Mio. Mio. Mio. Mio. Mio. Mio. Mio. Mio. Mio. Mio.

Mio. Mio. Mio. Mio. Mio. Mio. Mio. Mio. Mio. Mio. Mio. Mio. Mio. Mio. Mio. Mio. Mio.

Mio. Mio. Mio. Mio. Mio. Mio. Mio. Mio. Mio. Mio. Mio. Mio. Mio. Mio. Mio. Mio. Mio. Mio. Mio. Mio. Mio. Mio.

Mio. Mio. Mio. Mio. Mio. Mio. Mio. Mio. Mio. Mio. Mio. Mio. Mio. Mio. Mio. Mio. Mio. Mio. Mio. Mio. Mio. Mio. Mio. Mio. Mio. Mio. Mio.

Mio. Mio. Mio. Mio. Mio. Mio. Mio. Mio. Mio. Mio. Mio. Mio. Mio. Mio. Mio. Mio.

Mio. Mio. Mio. Mio. Mio. Mio. Mio. Mio. Mio. Mio. Mio. Mio. Mio. Mio. Mio. Mio. Mio. Mio. Mio. Mio.

Mio. Mio. Mio.

Mio. Mio. Mio. Mio. Mio. Mio. Mio. Mio. Mio. Mio. Mio. Mio. Mio. Mio. Mio. Mio. Mio. Mio. Mio. Mio. Mio. Mio. Mio. Mio. Mio. Mio. Mio. Mio. Mio. Mio. Mio. Mio. Mio. Mio. Mio. Mio.

Mio. Mio. Mio. Mio. Mio. Mio. Mio. Mio. Mio. Mio. Mio. Mio. Mio. Mio. Mio. Mio. Mio. Mio. Mio. Mio. Mio. Mio. Mio. Mio.

Mio. Mio. Mio. Mio. Mio. Mio. Mio. Mio. Mio. Mio. Mio. Mio. Mio. Mio. Mio. Mio. Mio. Mio. Mio. Mio. Mio. Mio. Mio. Mio. Mio. Mio. Mio. Mio. Mio. Mio. Mio. Mio. Mio. Mio. Mio. Mio. Mio. Mio. Mio. Mio. Mio. Mio. Mio. Mio. Mio. Mio. Mio. Mio. Mio. Mio. Mio.

Mio. Mio. Mio. Mio. Mio. Mio. Mio. Mio. Mio. Mio. Mio. Mio. Mio. Mio. Mio. Mio. Mio. Mio. Mio. Mio. Mio. Mio. Mio. Mio. Mio. Mio. Mio. Mio. Mio. Mio. Mio. Mio. Mio.

Mio. Mio. Mio. Mio. Mio. Mio. Mio. Mio. Mio. Mio. Mio.
Mio. Mio. Mio. Mio.
Mio. Mio. Mio. Mio. Mio. Mio. Mio. Mio. Mio. Mio. Mio.
Mio. Mio. Mio. Mio. Mio. Mio. Mio. Mio. Mio. Mio. Mio.
Mio. Mio. Mio. Mio. Mio. Mio. Mio. Mio. Mio. Mio. Mio.
Mio. Mio. Mio. Mio. Mio. Mio. Mio. Mio. Mio. Mio. Mio.
Mio. Mio. Mio. Mio. Mio. Mio. Mio. Mio. Mio. Mio. Mio.
Mio. Mio. Mio. Mio. Mio. Mio. Mio. Mio. Mio. Mio. Mio.
Mio. Mio. Mio. Mio. Mio. Mio.

Mio. Mio. Mio. Mio. Mio. Mio. Mio. Mio. Mio. Mio. Mio.
Mio. Mio. Mio. Mio. Mio. Mio. Mio. Mio. Mio. Mio. Mio.
Mio. Mio. Mio. Mio. Mio.

Mio. Mio. Mio. Mio. Mio. Mio. Mio. Mio. Mio. Mio. Mio.
Mio. Mio. Mio. Mio. Mio.

Mio. Mio. Mio. Mio. Mio. Mio. Mio. Mio. Mio. Mio. Mio.
Mio. Mio. Mio. Mio. Mio. Mio. Mio. Mio. Mio.

Mio. Mio. Mio.

Mio. Mio. Mio. Mio. Mio. Mio. Mio. Mio. Mio. Mio. Mio.
Mio. Mio. Mio. Mio. Mio. Mio. Mio. Mio. Mio. Mio. Mio.
Mio. Mio. Mio. Mio. Mio. Mio. Mio. Mio. Mio. Mio. Mio.
Mio. Mio. Mio.
Mio. Mio. Mio. Mio. Mio. Mio. Mio. Mio. Mio. Mio. Mio.
Mio. Mio. Mio. Mio. Mio. Mio. Mio. Mio. Mio. Mio. Mio.
Mio. Mio.

Mio. Mio. Mio. Mio. Mio. Mio. Mio. Mio. Mio. Mio. Mio.
Mio. Mio. Mio. Mio. Mio. Mio. Mio. Mio. Mio. Mio. Mio.
Mio. Mio. Mio. Mio. Mio. Mio. Mio. Mio. Mio. Mio. Mio.

Mio. Mio. Mio. Mio. Mio. Mio. Mio. Mio. Mio. Mio. Mio. Mio. Mio. Mio. Mio. Mio. Mio. Mio.

Mio. Mio. Mio. Mio. Mio. Mio. Mio. Mio. Mio. Mio. Mio. Mio. Mio. Mio. Mio. Mio. Mio. Mio. Mio. Mio. Mio. Mio. Mio. Mio. Mio. Mio. Mio. Mio. Mio. Mio. Mio. Mio. Mio. Mio. Mio. Mio. Mio. Mio. Mio. Mio. Mio. Mio. Mio. Mio. Mio. Mio. Mio. Mio.

Mio. Mio. Mio. Mio. Mio. Mio. Mio. Mio. Mio. Mio. Mio. Mio. Mio. Mio. Mio. Mio. Mio. Mio. Mio. Mio. Mio. Mio. Mio. Mio. Mio. Mio. Mio. Mio. Mio. Mio. Mio. Mio. Mio. Mio. Mio. Mio. Mio. Mio. Mio. Mio. Mio. Mio. Mio. Mio. Mio. Mio. Mio. Mio. Mio. Mio. Mio. Mio. Mio. Mio. Mio. Mio. Mio. Mio. Mio. Mio. Mio. Mio. Mio. Mio. Mio. Mio. Mio. Mio. Mio. Mio. Mio. Mio.

Mio. Mio. Mio. Mio. Mio. Mio. Mio. Mio. Mio. Mio. Mio. Mio. Mio. Mio. Mio. Mio. Mio. Mio. Mio. Mio. Mio. Mio. Mio. Mio. Mio. Mio. Mio.

Mio. Mio. Mio. Mio. Mio. Mio. Mio. Mio. Mio. Mio. Mio. Mio. Mio. Mio. Mio. Mio.

Mio. Mio. Mio. Mio. Mio. Mio. Mio. Mio. Mio. Mio. Mio. Mio. Mio. Mio. Mio. Mio. Mio. Mio. Mio. Mio.

Mio. Mio. Mio.

Mio. Mio. Mio. Mio. Mio. Mio. Mio. Mio. Mio. Mio. Mio. Mio. Mio. Mio. Mio. Mio. Mio. Mio. Mio. Mio. Mio. Mio. Mio. Mio. Mio. Mio. Mio. Mio. Mio. Mio. Mio. Mio. Mio. Mio. Mio. Mio.

Mio. Mio. Mio. Mio. Mio. Mio. Mio. Mio. Mio. Mio. Mio.

Mio. Mio. Mio. Mio. Mio. Mio. Mio. Mio. Mio. Mio. Mio. Mio. Mio.

Mio. Mio. Mio.

Mio. Mio. Mio. Mio. Mio. Mio. Mio. Mio. Mio. Mio. Mio. Mio. Mio. Mio. Mio. Mio. Mio. Mio. Mio. Mio. Mio. Mio. Mio. Mio. Mio. Mio. Mio. Mio. Mio. Mio. Mio. Mio. Mio. Mio. Mio. Mio.

Mio. Mio. Mio. Mio. Mio. Mio. Mio. Mio. Mio. Mio. Mio. Mio. Mio. Mio. Mio. Mio. Mio. Mio. Mio. Mio. Mio. Mio. Mio. Mio.

Mio. Mio. Mio. Mio. Mio. Mio. Mio. Mio. Mio. Mio. Mio. Mio. Mio. Mio. Mio. Mio. Mio. Mio. Mio. Mio. Mio. Mio. Mio. Mio. Mio. Mio. Mio. Mio. Mio. Mio. Mio. Mio. Mio. Mio. Mio. Mio. Mio. Mio. Mio. Mio. Mio. Mio. Mio. Mio. Mio. Mio. Mio. Mio. Mio. Mio. Mio.

Mio. Mio. Mio. Mio. Mio. Mio. Mio. Mio. Mio. Mio. Mio. Mio. Mio. Mio. Mio. Mio. Mio. Mio. Mio. Mio. Mio. Mio. Mio. Mio. Mio. Mio. Mio. Mio. Mio. Mio. Mio. Mio. Mio. Mio. Mio. Mio. Mio. Mio. Mio. Mio. Mio. Mio. Mio. Mio. Mio. Mio. Mio. Mio.

Mio. Mio. Mio. Mio. Mio. Mio. Mio. Mio. Mio. Mio. Mio. Mio. Mio. Mio. Mio. Mio. Mio. Mio. Mio. Mio. Mio. Mio. Mio. Mio. Mio. Mio. Mio. Mio. Mio. Mio. Mio. Mio. Mio. Mio. Mio. Mio. Mio. Mio. Mio. Mio. Mio. Mio. Mio. Mio. Mio. Mio. Mio. Mio. Mio. Mio. Mio. Mio. Mio. Mio. Mio. Mio. Mio. Mio. Mio. Mio. Mio. Mio. Mio. Mio. Mio. Mio. Mio. Mio. Mio. Mio. Mio. Mio.

Mio. Mio. Mio. Mio. Mio. Mio. Mio. Mio. Mio. Mio. Mio. Mio. Mio. Mio. Mio. Mio. Mio. Mio. Mio. Mio. Mio. Mio. Mio. Mio. Mio. Mio. Mio.

Mio. Mio. Mio. Mio. Mio. Mio. Mio. Mio. Mio. Mio. Mio. Mio. Mio. Mio. Mio. Mio.

Mio. Mio. Mio. Mio. Mio. Mio. Mio. Mio. Mio. Mio. Mio. Mio. Mio. Mio. Mio. Mio. Mio. Mio. Mio. Mio.

Mio. Mio. Mio.

Mio. Mio. Mio. Mio. Mio. Mio. Mio. Mio. Mio. Mio. Mio. Mio. Mio. Mio. Mio. Mio. Mio. Mio. Mio. Mio. Mio. Mio. Mio. Mio. Mio. Mio. Mio. Mio. Mio. Mio. Mio. Mio. Mio. Mio. Mio. Mio.
Mio. Mio. Mio. Mio. Mio. Mio. Mio. Mio. Mio. Mio. Mio. Mio. Mio. Mio. Mio. Mio. Mio. Mio. Mio. Mio. Mio. Mio. Mio. Mio.

Mio. Mio. Mio.

Mio. Mio. Mio. Mio. Mio. Mio. Mio. Mio. Mio. Mio. Mio. Mio. Mio. Mio. Mio. Mio. Mio. Mio. Mio. Mio. Mio. Mio. Mio. Mio. Mio. Mio. Mio. Mio. Mio. Mio. Mio. Mio. Mio. Mio. Mio. Mio.
Mio. Mio. Mio. Mio. Mio. Mio. Mio. Mio. Mio. Mio. Mio. Mio. Mio. Mio. Mio. Mio. Mio. Mio. Mio. Mio. Mio. Mio. Mio. Mio.

Mio. Mio. Mio. Mio. Mio. Mio. Mio. Mio. Mio. Mio. Mio. Mio. Mio. Mio. Mio. Mio. Mio. Mio. Mio. Mio. Mio. Mio. Mio. Mio. Mio. Mio. Mio. Mio. Mio. Mio. Mio. Mio. Mio.

Mio. Mio. Mio. Mio. Mio. Mio. Mio. Mio. Mio. Mio. Mio.
Mio. Mio. Mio. Mio. Mio. Mio. Mio.

Mio. Mio. Mio. Mio. Mio. Mio. Mio. Mio. Mio. Mio. Mio.
Mio. Mio. Mio. Mio. Mio. Mio. Mio. Mio. Mio. Mio. Mio.
Mio. Mio. Mio. Mio. Mio. Mio. Mio. Mio. Mio. Mio. Mio.
Mio. Mio. Mio. Mio. Mio. Mio. Mio. Mio. Mio. Mio. Mio.
Mio. Mio. Mio. Mio.
Mio. Mio. Mio. Mio. Mio. Mio. Mio. Mio. Mio. Mio. Mio.
Mio. Mio. Mio. Mio. Mio. Mio. Mio. Mio. Mio. Mio. Mio.
Mio. Mio. Mio. Mio. Mio. Mio. Mio. Mio. Mio. Mio. Mio.
Mio. Mio. Mio. Mio. Mio. Mio. Mio. Mio. Mio. Mio. Mio.
Mio. Mio. Mio. Mio. Mio. Mio. Mio. Mio. Mio. Mio. Mio.
Mio. Mio. Mio. Mio. Mio. Mio. Mio. Mio. Mio. Mio. Mio.
Mio. Mio. Mio. Mio. Mio. Mio.

Mio. Mio. Mio. Mio. Mio. Mio. Mio. Mio. Mio. Mio. Mio.
Mio. Mio. Mio. Mio. Mio. Mio. Mio. Mio. Mio. Mio. Mio.
Mio. Mio. Mio. Mio. Mio.

Mio. Mio. Mio. Mio. Mio. Mio. Mio. Mio. Mio. Mio. Mio.
Mio. Mio. Mio. Mio. Mio.

Mio. Mio. Mio. Mio. Mio. Mio. Mio. Mio. Mio. Mio. Mio.
Mio. Mio. Mio. Mio. Mio. Mio. Mio. Mio. Mio.

Mio. Mio. Mio.

Mio. Mio. Mio. Mio. Mio. Mio. Mio. Mio. Mio. Mio. Mio.
Mio. Mio. Mio. Mio. Mio. Mio. Mio. Mio. Mio. Mio. Mio.
Mio. Mio. Mio. Mio. Mio. Mio. Mio. Mio. Mio. Mio. Mio.
Mio. Mio. Mio.
Mio. Mio. Mio. Mio. Mio. Mio. Mio. Mio. Mio. Mio. Mio.

Mio. Mio. Mio. Mio. Mio. Mio. Mio. Mio. Mio. Mio. Mio. Mio. Mio.

Mio. Mio. Mio.

Mio. Mio. Mio. Mio. Mio. Mio. Mio. Mio. Mio. Mio. Mio. Mio. Mio. Mio. Mio. Mio. Mio. Mio. Mio. Mio. Mio. Mio. Mio. Mio. Mio. Mio. Mio. Mio. Mio. Mio. Mio. Mio. Mio. Mio. Mio. Mio.

Mio. Mio. Mio. Mio. Mio. Mio. Mio. Mio. Mio. Mio. Mio. Mio. Mio. Mio. Mio. Mio. Mio. Mio. Mio. Mio. Mio. Mio. Mio. Mio.

Mio. Mio. Mio. Mio. Mio. Mio. Mio. Mio. Mio. Mio. Mio. Mio. Mio. Mio. Mio. Mio. Mio. Mio. Mio. Mio. Mio. Mio. Mio. Mio. Mio. Mio. Mio. Mio. Mio. Mio. Mio. Mio. Mio. Mio. Mio. Mio. Mio. Mio. Mio. Mio. Mio. Mio. Mio. Mio. Mio. Mio. Mio. Mio. Mio. Mio. Mio.

Mio. Mio. Mio. Mio. Mio. Mio. Mio. Mio. Mio. Mio. Mio. Mio. Mio. Mio. Mio. Mio. Mio. Mio. Mio. Mio. Mio. Mio. Mio. Mio. Mio. Mio. Mio. Mio. Mio. Mio. Mio. Mio. Mio. Mio. Mio. Mio. Mio. Mio. Mio. Mio. Mio. Mio. Mio. Mio. Mio. Mio. Mio. Mio.

Mio. Mio. Mio. Mio. Mio. Mio. Mio. Mio. Mio. Mio. Mio. Mio. Mio. Mio. Mio. Mio. Mio. Mio. Mio. Mio. Mio. Mio. Mio. Mio. Mio. Mio. Mio. Mio. Mio. Mio. Mio. Mio. Mio. Mio. Mio. Mio. Mio. Mio. Mio. Mio. Mio. Mio. Mio. Mio. Mio. Mio. Mio. Mio. Mio. Mio. Mio. Mio. Mio. Mio. Mio. Mio. Mio. Mio. Mio. Mio. Mio. Mio. Mio. Mio. Mio. Mio. Mio. Mio. Mio. Mio. Mio. Mio.

Mio. Mio. Mio. Mio. Mio. Mio. Mio. Mio. Mio. Mio. Mio. Mio. Mio. Mio. Mio. Mio. Mio. Mio. Mio. Mio. Mio. Mio. Mio. Mio. Mio. Mio. Mio.

Mio. Mio. Mio. Mio. Mio. Mio. Mio. Mio. Mio. Mio. Mio. Mio. Mio. Mio. Mio. Mio.

Mio. Mio. Mio. Mio. Mio. Mio. Mio. Mio. Mio. Mio. Mio. Mio. Mio. Mio. Mio. Mio. Mio. Mio. Mio. Mio.

Mio. Mio. Mio.

Mio. Mio. Mio. Mio. Mio. Mio. Mio. Mio. Mio. Mio. Mio. Mio. Mio. Mio. Mio. Mio. Mio. Mio. Mio. Mio. Mio. Mio. Mio. Mio. Mio. Mio. Mio. Mio. Mio. Mio. Mio. Mio. Mio. Mio. Mio. Mio.
Mio. Mio. Mio. Mio. Mio. Mio. Mio. Mio. Mio. Mio. Mio. Mio. Mio. Mio. Mio. Mio. Mio. Mio. Mio. Mio. Mio. Mio. Mio. Mio.

Mio. Mio. Mio.

Mio. Mio. Mio. Mio. Mio. Mio. Mio. Mio. Mio. Mio. Mio. Mio. Mio. Mio. Mio. Mio. Mio. Mio. Mio. Mio. Mio. Mio. Mio. Mio. Mio. Mio. Mio. Mio. Mio. Mio. Mio. Mio. Mio. Mio. Mio. Mio.
Mio. Mio. Mio. Mio. Mio. Mio. Mio. Mio. Mio. Mio. Mio. Mio. Mio. Mio. Mio. Mio. Mio. Mio. Mio. Mio. Mio. Mio. Mio. Mio.

Mio. Mio. Mio. Mio. Mio. Mio. Mio. Mio. Mio. Mio. Mio. Mio. Mio. Mio. Mio. Mio. Mio. Mio. Mio. Mio. Mio. Mio. Mio. Mio. Mio. Mio. Mio. Mio. Mio. Mio. Mio. Mio. Mio.

Mio. Mio. Mio. Mio. Mio. Mio. Mio. Mio. Mio. Mio. Mio. Mio. Mio. Mio. Mio. Mio. Mio. Mio.

Mio. Mio. Mio. Mio. Mio. Mio. Mio. Mio. Mio. Mio. Mio. Mio. Mio. Mio. Mio. Mio. Mio. Mio. Mio. Mio. Mio. Mio. Mio. Mio. Mio. Mio. Mio. Mio. Mio. Mio. Mio. Mio. Mio. Mio. Mio. Mio. Mio. Mio. Mio. Mio. Mio. Mio. Mio. Mio. Mio. Mio. Mio. Mio.
Mio. Mio. Mio. Mio. Mio. Mio. Mio. Mio. Mio. Mio. Mio. Mio. Mio. Mio. Mio. Mio. Mio. Mio. Mio. Mio. Mio. Mio. Mio. Mio. Mio. Mio. Mio. Mio. Mio. Mio. Mio. Mio. Mio. Mio. Mio. Mio. Mio. Mio. Mio. Mio. Mio. Mio. Mio. Mio. Mio. Mio. Mio. Mio. Mio. Mio. Mio. Mio. Mio. Mio. Mio. Mio. Mio. Mio. Mio. Mio. Mio. Mio. Mio. Mio. Mio. Mio. Mio. Mio. Mio. Mio. Mio. Mio.

Mio. Mio. Mio. Mio. Mio. Mio. Mio. Mio. Mio. Mio. Mio. Mio. Mio. Mio. Mio. Mio. Mio. Mio. Mio. Mio. Mio. Mio. Mio. Mio. Mio. Mio. Mio.

Mio. Mio. Mio. Mio. Mio. Mio. Mio. Mio. Mio. Mio. Mio. Mio. Mio. Mio. Mio. Mio.

Mio. Mio. Mio. Mio. Mio. Mio. Mio. Mio. Mio. Mio. Mio. Mio. Mio. Mio. Mio. Mio. Mio. Mio. Mio. Mio.

Mio. Mio. Mio.

Mio. Mio. Mio. Mio. Mio. Mio. Mio. Mio. Mio. Mio. Mio. Mio. Mio. Mio. Mio. Mio. Mio. Mio. Mio. Mio. Mio. Mio. Mio. Mio. Mio. Mio. Mio. Mio. Mio. Mio. Mio. Mio. Mio. Mio. Mio. Mio.
Mio. Mio. Mio. Mio. Mio. Mio. Mio. Mio. Mio. Mio. Mio.

Mio. Mio. Mio. Mio. Mio. Mio. Mio. Mio. Mio. Mio. Mio. Mio. Mio.

Mio. Mio. Mio.

Mio. Mio. Mio. Mio. Mio. Mio. Mio. Mio. Mio. Mio. Mio. Mio. Mio. Mio. Mio. Mio. Mio. Mio. Mio. Mio. Mio. Mio. Mio. Mio. Mio. Mio. Mio. Mio. Mio. Mio. Mio. Mio. Mio. Mio. Mio. Mio.

Mio. Mio. Mio. Mio. Mio. Mio. Mio. Mio. Mio. Mio. Mio. Mio. Mio. Mio. Mio. Mio. Mio. Mio. Mio. Mio. Mio. Mio. Mio. Mio.

Mio. Mio. Mio. Mio. Mio. Mio. Mio. Mio. Mio. Mio. Mio. Mio. Mio. Mio. Mio. Mio. Mio. Mio. Mio. Mio. Mio. Mio. Mio. Mio. Mio. Mio. Mio. Mio. Mio. Mio. Mio. Mio. Mio. Mio. Mio. Mio. Mio. Mio. Mio. Mio. Mio. Mio. Mio. Mio. Mio. Mio. Mio. Mio. Mio. Mio. Mio.

Mio. Mio. Mio. Mio. Mio. Mio. Mio. Mio. Mio. Mio. Mio. Mio. Mio. Mio. Mio. Mio. Mio. Mio. Mio. Mio. Mio. Mio. Mio. Mio. Mio. Mio. Mio. Mio. Mio. Mio. Mio. Mio. Mio. Mio. Mio. Mio. Mio. Mio. Mio. Mio. Mio. Mio. Mio. Mio. Mio. Mio. Mio. Mio.

Mio. Mio. Mio. Mio. Mio. Mio. Mio. Mio. Mio. Mio. Mio. Mio. Mio. Mio. Mio. Mio. Mio. Mio. Mio. Mio. Mio. Mio. Mio. Mio. Mio. Mio. Mio. Mio. Mio. Mio. Mio. Mio. Mio. Mio. Mio. Mio. Mio. Mio. Mio. Mio. Mio. Mio. Mio. Mio. Mio. Mio. Mio. Mio. Mio. Mio. Mio. Mio. Mio. Mio. Mio. Mio. Mio. Mio. Mio. Mio. Mio. Mio. Mio. Mio. Mio. Mio. Mio. Mio. Mio. Mio. Mio. Mio.

Mio. Mio. Mio. Mio. Mio. Mio. Mio. Mio. Mio. Mio. Mio. Mio. Mio. Mio. Mio. Mio. Mio. Mio. Mio. Mio. Mio. Mio. Mio. Mio. Mio. Mio. Mio.

Mio. Mio. Mio. Mio. Mio. Mio. Mio. Mio. Mio. Mio. Mio. Mio. Mio. Mio. Mio. Mio.

Mio. Mio. Mio. Mio. Mio. Mio. Mio. Mio. Mio. Mio. Mio. Mio. Mio. Mio. Mio. Mio. Mio. Mio. Mio. Mio.

Mio. Mio. Mio.

Mio. Mio. Mio. Mio. Mio. Mio. Mio. Mio. Mio. Mio. Mio. Mio. Mio. Mio. Mio. Mio. Mio. Mio. Mio. Mio. Mio. Mio. Mio. Mio. Mio. Mio. Mio. Mio. Mio. Mio. Mio. Mio. Mio. Mio. Mio. Mio.
Mio. Mio. Mio. Mio. Mio. Mio. Mio. Mio. Mio. Mio. Mio. Mio. Mio. Mio. Mio. Mio. Mio. Mio. Mio. Mio. Mio. Mio. Mio. Mio.

Mio. Mio. Mio.

Mio. Mio. Mio. Mio. Mio. Mio. Mio. Mio. Mio. Mio. Mio. Mio. Mio. Mio. Mio. Mio. Mio. Mio. Mio. Mio. Mio. Mio. Mio. Mio. Mio. Mio. Mio. Mio. Mio. Mio. Mio. Mio. Mio. Mio. Mio. Mio.
Mio. Mio. Mio. Mio. Mio. Mio. Mio. Mio. Mio. Mio. Mio. Mio. Mio. Mio. Mio. Mio. Mio. Mio. Mio. Mio. Mio. Mio. Mio. Mio.

Mio. Mio. Mio. Mio. Mio. Mio. Mio. Mio. Mio. Mio. Mio. Mio. Mio. Mio. Mio. Mio. Mio. Mio. Mio. Mio. Mio. Mio. Mio. Mio. Mio. Mio. Mio. Mio. Mio. Mio. Mio. Mio. Mio.

Mio. Mio. Mio. Mio. Mio. Mio. Mio. Mio. Mio. Mio. Mio. Mio. Mio. Mio. Mio. Mio. Mio. Mio.

Mio. Mio. Mio. Mio. Mio. Mio. Mio. Mio. Mio. Mio. Mio. Mio. Mio. Mio. Mio. Mio. Mio. Mio. Mio. Mio. Mio. Mio. Mio. Mio. Mio. Mio. Mio. Mio. Mio. Mio. Mio. Mio. Mio. Mio. Mio. Mio. Mio. Mio. Mio. Mio. Mio. Mio. Mio. Mio. Mio. Mio. Mio. Mio.

Mio. Mio. Mio. Mio. Mio. Mio. Mio. Mio. Mio. Mio. Mio. Mio. Mio. Mio. Mio. Mio. Mio. Mio. Mio. Mio. Mio. Mio. Mio. Mio. Mio. Mio. Mio. Mio. Mio. Mio. Mio. Mio. Mio. Mio. Mio. Mio. Mio. Mio. Mio. Mio. Mio. Mio. Mio. Mio. Mio. Mio. Mio. Mio. Mio. Mio. Mio. Mio. Mio. Mio. Mio. Mio. Mio. Mio. Mio. Mio. Mio. Mio. Mio. Mio. Mio. Mio. Mio. Mio. Mio. Mio. Mio. Mio.

Mio. Mio. Mio. Mio. Mio. Mio. Mio. Mio. Mio. Mio. Mio. Mio. Mio. Mio. Mio. Mio. Mio. Mio. Mio. Mio. Mio. Mio. Mio. Mio. Mio. Mio. Mio.

Mio. Mio. Mio. Mio. Mio. Mio. Mio. Mio. Mio. Mio. Mio. Mio. Mio. Mio. Mio. Mio.

Mio. Mio. Mio. Mio. Mio. Mio. Mio. Mio. Mio. Mio. Mio. Mio. Mio. Mio. Mio. Mio. Mio. Mio. Mio. Mio.

Mio. Mio. Mio.

Mio. Mio. Mio. Mio. Mio. Mio. Mio. Mio. Mio. Mio. Mio. Mio. Mio. Mio. Mio. Mio. Mio. Mio. Mio. Mio. Mio. Mio. Mio. Mio. Mio. Mio. Mio. Mio. Mio. Mio. Mio. Mio. Mio. Mio. Mio. Mio.

Mio. Mio. Mio. Mio. Mio. Mio. Mio. Mio. Mio. Mio. Mio.

Mio. Mio. Mio. Mio. Mio. Mio. Mio. Mio. Mio. Mio. Mio. Mio. Mio.

Mio. Mio. Mio.

Mio. Mio. Mio. Mio. Mio. Mio. Mio. Mio. Mio. Mio. Mio. Mio. Mio. Mio. Mio. Mio. Mio. Mio. Mio. Mio. Mio. Mio. Mio. Mio. Mio. Mio. Mio. Mio. Mio. Mio. Mio. Mio. Mio. Mio. Mio. Mio.

Mio. Mio. Mio. Mio. Mio. Mio. Mio. Mio. Mio. Mio. Mio. Mio. Mio. Mio. Mio. Mio. Mio. Mio. Mio. Mio. Mio. Mio. Mio. Mio.

Mio. Mio. Mio. Mio. Mio. Mio. Mio. Mio. Mio. Mio. Mio. Mio. Mio. Mio. Mio. Mio. Mio. Mio. Mio. Mio. Mio. Mio. Mio. Mio. Mio. Mio. Mio. Mio. Mio. Mio. Mio. Mio. Mio. Mio. Mio. Mio. Mio. Mio. Mio. Mio. Mio. Mio. Mio. Mio. Mio. Mio. Mio. Mio. Mio. Mio. Mio.

Mio. Mio. Mio. Mio. Mio. Mio. Mio. Mio. Mio. Mio. Mio. Mio. Mio. Mio. Mio. Mio. Mio. Mio. Mio. Mio. Mio. Mio. Mio. Mio. Mio. Mio. Mio. Mio. Mio. Mio. Mio. Mio. Mio. Mio. Mio. Mio. Mio. Mio. Mio. Mio. Mio. Mio. Mio. Mio. Mio. Mio. Mio. Mio.

Mio. Mio. Mio. Mio. Mio. Mio. Mio. Mio. Mio. Mio. Mio. Mio. Mio. Mio. Mio. Mio. Mio. Mio. Mio. Mio. Mio. Mio. Mio. Mio. Mio. Mio. Mio. Mio. Mio. Mio. Mio. Mio. Mio. Mio. Mio. Mio. Mio. Mio. Mio. Mio. Mio. Mio. Mio. Mio. Mio. Mio. Mio. Mio. Mio. Mio. Mio. Mio. Mio. Mio. Mio. Mio. Mio. Mio. Mio. Mio. Mio. Mio. Mio. Mio. Mio. Mio. Mio. Mio. Mio. Mio. Mio. Mio.

Mio. Mio. Mio. Mio. Mio. Mio. Mio. Mio. Mio. Mio. Mio. Mio. Mio. Mio. Mio. Mio. Mio. Mio. Mio. Mio. Mio. Mio. Mio. Mio. Mio. Mio. Mio.

Mio. Mio. Mio. Mio. Mio. Mio. Mio. Mio. Mio. Mio. Mio. Mio. Mio. Mio. Mio. Mio.

Mio. Mio. Mio. Mio. Mio. Mio. Mio. Mio. Mio. Mio. Mio. Mio. Mio. Mio. Mio. Mio. Mio. Mio. Mio. Mio.

Mio. Mio. Mio.

Mio. Mio. Mio. Mio. Mio. Mio. Mio. Mio. Mio. Mio. Mio. Mio. Mio. Mio. Mio. Mio. Mio. Mio. Mio. Mio. Mio. Mio. Mio. Mio. Mio. Mio. Mio. Mio. Mio. Mio. Mio. Mio. Mio. Mio. Mio. Mio.

Mio. Mio. Mio. Mio. Mio. Mio. Mio. Mio. Mio. Mio. Mio. Mio. Mio. Mio. Mio. Mio. Mio. Mio. Mio. Mio. Mio. Mio. Mio. Mio.

Mio. Mio. Mio.

Mio. Mio. Mio. Mio. Mio. Mio. Mio. Mio. Mio. Mio. Mio. Mio. Mio. Mio. Mio. Mio. Mio. Mio. Mio. Mio. Mio. Mio. Mio. Mio. Mio. Mio. Mio. Mio. Mio. Mio. Mio. Mio. Mio. Mio. Mio. Mio.

Mio. Mio. Mio. Mio. Mio. Mio. Mio. Mio. Mio. Mio. Mio. Mio. Mio. Mio. Mio. Mio. Mio. Mio. Mio. Mio. Mio. Mio. Mio. Mio.

Mio. Mio. Mio. Mio. Mio. Mio. Mio. Mio. Mio. Mio. Mio. Mio. Mio. Mio. Mio. Mio. Mio. Mio. Mio. Mio. Mio. Mio. Mio. Mio. Mio. Mio. Mio. Mio. Mio. Mio. Mio. Mio. Mio.

Mio. Mio. Mio. Mio. Mio. Mio. Mio. Mio. Mio. Mio. Mio. Mio. Mio. Mio. Mio. Mio. Mio. Mio.

Mio. Mio. Mio. Mio. Mio. Mio. Mio. Mio. Mio. Mio. Mio. Mio. Mio. Mio. Mio. Mio. Mio. Mio. Mio. Mio. Mio. Mio. Mio. Mio. Mio. Mio. Mio. Mio. Mio. Mio. Mio. Mio. Mio. Mio. Mio. Mio. Mio. Mio. Mio. Mio. Mio. Mio. Mio. Mio. Mio. Mio. Mio. Mio.

Mio. Mio. Mio. Mio. Mio. Mio. Mio. Mio. Mio. Mio. Mio. Mio. Mio. Mio. Mio.

Mio. Mio. Mio. Mio. Mio. Mio. Mio. Mio. Mio. Mio. Mio. Mio. Mio. Mio. Mio. Mio. Mio. Mio. Mio. Mio. Mio. Mio. Mio. Mio. Mio. Mio. Mio. Mio. Mio. Mio. Mio. Mio. Mio. Mio. Mio. Mio. Mio. Mio. Mio. Mio. Mio. Mio. Mio. Mio. Mio. Mio. Mio. Mio. Mio. Mio. Mio. Mio. Mio. Mio. Mio. Mio. Mio.

Mio. Mio. Mio. Mio. Mio. Mio. Mio. Mio. Mio. Mio. Mio. Mio. Mio. Mio. Mio. Mio. Mio. Mio. Mio. Mio. Mio. Mio. Mio. Mio. Mio. Mio. Mio.

Mio. Mio. Mio. Mio. Mio. Mio. Mio. Mio. Mio. Mio. Mio. Mio. Mio. Mio. Mio. Mio.

Mio. Mio. Mio. Mio. Mio. Mio. Mio. Mio. Mio. Mio. Mio. Mio. Mio. Mio. Mio. Mio. Mio. Mio. Mio. Mio.

Mio. Mio. Mio.

Mio. Mio. Mio. Mio. Mio. Mio. Mio. Mio. Mio. Mio. Mio. Mio. Mio. Mio. Mio. Mio.

Mio. Mio. Mio. Mio. Mio. Mio. Mio. Mio. Mio. Mio. Mio. Mio. Mio. Mio. Mio. Mio. Mio. Mio. Mio. Mio.

Mio. Mio. Mio. Mio. Mio. Mio. Mio. Mio. Mio. Mio. Mio. Mio. Mio. Mio. Mio. Mio. Mio. Mio. Mio. Mio. Mio. Mio. Mio. Mio.

Mio. Mio. Mio. Mio. Mio. Mio. Mio. Mio. Mio. Mio. Mio. Mio. Mio. Mio. Mio. Mio. Mio. Mio.

Mio. Mio. Mio. Mio. Mio. Mio. Mio. Mio. Mio. Mio. Mio. Mio. Mio. Mio. Mio. Mio. Mio. Mio. Mio. Mio. Mio. Mio. Mio. Mio. Mio. Mio. Mio. Mio. Mio. Mio. Mio. Mio. Mio. Mio. Mio. Mio. Mio. Mio. Mio. Mio. Mio. Mio. Mio. Mio. Mio. Mio. Mio. Mio.

Mio. Mio. Mio. Mio. Mio. Mio. Mio. Mio. Mio. Mio. Mio. Mio. Mio. Mio. Mio.

Mio. Mio. Mio. Mio. Mio. Mio. Mio. Mio. Mio. Mio. Mio. Mio. Mio. Mio. Mio. Mio. Mio. Mio. Mio. Mio. Mio. Mio. Mio. Mio. Mio. Mio. Mio. Mio. Mio. Mio. Mio. Mio. Mio. Mio. Mio. Mio. Mio. Mio. Mio. Mio. Mio. Mio. Mio. Mio. Mio. Mio. Mio. Mio. Mio. Mio. Mio. Mio. Mio. Mio. Mio. Mio. Mio.

Mio. Mio. Mio. Mio. Mio. Mio. Mio. Mio. Mio. Mio. Mio. Mio. Mio. Mio. Mio. Mio. Mio. Mio. Mio. Mio. Mio. Mio. Mio. Mio. Mio. Mio. Mio.

Mio. Mio. Mio. Mio. Mio. Mio. Mio. Mio. Mio. Mio. Mio. Mio. Mio. Mio. Mio. Mio.

Mio. Mio. Mio. Mio. Mio. Mio. Mio. Mio. Mio. Mio. Mio. Mio. Mio. Mio. Mio. Mio. Mio. Mio. Mio. Mio.

Mio. Mio. Mio.

Mio. Mio. Mio. Mio. Mio. Mio. Mio. Mio. Mio. Mio. Mio. Mio. Mio. Mio. Mio. Mio.

Mio. Mio. Mio. Mio. Mio. Mio. Mio. Mio. Mio. Mio. Mio. Mio. Mio. Mio. Mio. Mio. Mio. Mio. Mio. Mio.

Mio. Mio. Mio. Mio. Mio. Mio. Mio. Mio. Mio. Mio. Mio. Mio. Mio. Mio. Mio. Mio. Mio. Mio. Mio. Mio. Mio. Mio. Mio. Mio.

Mio. Mio. Mio. Mio. Mio. Mio. Mio. Mio. Mio. Mio. Mio. Mio. Mio. Mio. Mio. Mio. Mio. Mio.

Mio. Mio. Mio. Mio. Mio. Mio. Mio. Mio. Mio. Mio. Mio. Mio. Mio. Mio. Mio. Mio. Mio. Mio. Mio. Mio. Mio. Mio. Mio. Mio. Mio. Mio. Mio. Mio. Mio. Mio. Mio. Mio. Mio. Mio. Mio. Mio. Mio. Mio. Mio. Mio. Mio. Mio. Mio. Mio. Mio. Mio. Mio. Mio.

Mio. Mio. Mio. Mio. Mio. Mio. Mio. Mio. Mio. Mio. Mio. Mio. Mio. Mio. Mio.

Mio. Mio. Mio. Mio. Mio. Mio. Mio. Mio. Mio. Mio. Mio. Mio. Mio. Mio. Mio. Mio. Mio. Mio. Mio. Mio. Mio. Mio. Mio. Mio. Mio. Mio. Mio. Mio. Mio. Mio. Mio. Mio. Mio. Mio. Mio. Mio. Mio. Mio. Mio. Mio. Mio. Mio. Mio. Mio. Mio. Mio. Mio. Mio. Mio. Mio. Mio. Mio. Mio. Mio. Mio. Mio. Mio.

Mio. Mio. Mio. Mio. Mio. Mio. Mio. Mio. Mio. Mio. Mio. Mio. Mio. Mio. Mio. Mio. Mio. Mio. Mio. Mio. Mio. Mio. Mio. Mio. Mio. Mio. Mio.

Mio. Mio. Mio. Mio. Mio. Mio. Mio. Mio. Mio. Mio. Mio. Mio. Mio. Mio. Mio. Mio.

Mio. Mio. Mio. Mio. Mio. Mio. Mio. Mio. Mio. Mio. Mio. Mio. Mio. Mio. Mio. Mio. Mio. Mio. Mio. Mio.

Mio. Mio. Mio.

Mio. Mio. Mio. Mio. Mio. Mio. Mio. Mio. Mio. Mio. Mio. Mio. Mio. Mio. Mio. Mio.

Mio. Mio. Mio. Mio. Mio. Mio. Mio. Mio. Mio. Mio. Mio. Mio. Mio. Mio. Mio. Mio. Mio. Mio. Mio. Mio.

Mio. Mio. Mio. Mio. Mio. Mio. Mio. Mio. Mio. Mio. Mio. Mio. Mio. Mio. Mio. Mio. Mio. Mio. Mio. Mio. Mio. Mio. Mio. Mio.

Mio. Mio. Mio. Mio. Mio. Mio. Mio. Mio. Mio. Mio. Mio. Mio. Mio. Mio. Mio. Mio. Mio. Mio.

Mio. Mio. Mio. Mio. Mio. Mio. Mio. Mio. Mio. Mio. Mio. Mio. Mio. Mio. Mio. Mio. Mio. Mio. Mio. Mio. Mio. Mio. Mio. Mio. Mio. Mio. Mio. Mio. Mio. Mio. Mio. Mio. Mio. Mio. Mio. Mio. Mio. Mio. Mio. Mio. Mio. Mio. Mio. Mio. Mio. Mio. Mio. Mio.

Mio. Mio. Mio. Mio. Mio. Mio. Mio. Mio. Mio. Mio. Mio. Mio. Mio. Mio. Mio.

Mio. Mio. Mio. Mio. Mio. Mio. Mio. Mio. Mio. Mio. Mio. Mio. Mio. Mio. Mio. Mio. Mio. Mio. Mio. Mio. Mio. Mio. Mio. Mio. Mio. Mio. Mio. Mio. Mio. Mio. Mio. Mio. Mio. Mio. Mio. Mio. Mio. Mio. Mio. Mio. Mio. Mio. Mio. Mio. Mio. Mio. Mio. Mio. Mio. Mio. Mio. Mio. Mio. Mio. Mio. Mio. Mio.

Mio. Mio. Mio. Mio. Mio. Mio. Mio. Mio. Mio. Mio. Mio. Mio. Mio. Mio. Mio. Mio. Mio. Mio. Mio. Mio. Mio. Mio. Mio. Mio. Mio. Mio. Mio.

Mio. Mio. Mio. Mio. Mio. Mio. Mio. Mio. Mio. Mio. Mio. Mio. Mio. Mio. Mio. Mio. Mio. Mio. Mio. Mio. Mio. Mio. Mio. Mio. Mio. Mio. Mio. Mio. Mio. Mio. Mio. Mio. Mio. Mio. Mio. Mio.

Mio. Mio. Mio.

Mio. Mio. Mio. Mio. Mio. Mio. Mio. Mio.

Mio. Mio. Mio. Mio. Mio. Mio. Mio. Mio.

Mio. Mio. Mio. Mio. Mio. Mio. Mio. Mio. Mio. Mio. Mio. Mio. Mio. Mio. Mio. Mio. Mio. Mio. Mio. Mio.

Mio. Mio. Mio. Mio. Mio. Mio. Mio. Mio. Mio. Mio. Mio. Mio. Mio. Mio. Mio. Mio. Mio. Mio. Mio. Mio. Mio. Mio. Mio. Mio.

Mio. Mio. Mio. Mio. Mio. Mio. Mio. Mio. Mio. Mio. Mio. Mio. Mio. Mio. Mio. Mio. Mio. Mio.

Mio. Mio. Mio. Mio. Mio. Mio. Mio. Mio. Mio. Mio. Mio. Mio. Mio. Mio. Mio. Mio. Mio. Mio. Mio. Mio. Mio. Mio. Mio. Mio. Mio. Mio. Mio. Mio. Mio. Mio. Mio. Mio. Mio.

Mio. Mio. Mio. Mio. Mio. Mio. Mio. Mio. Mio. Mio. Mio. Mio. Mio. Mio. Mio.

Mio. Mio. Mio. Mio. Mio. Mio. Mio. Mio. Mio. Mio. Mio. Mio. Mio. Mio. Mio.

Mio. Mio. Mio. Mio. Mio. Mio. Mio. Mio. Mio. Mio. Mio. Mio. Mio. Mio. Mio. Mio. Mio. Mio. Mio. Mio. Mio. Mio. Mio. Mio. Mio. Mio. Mio. Mio. Mio. Mio. Mio. Mio. Mio. Mio. Mio. Mio. Mio. Mio. Mio. Mio. Mio. Mio. Mio. Mio. Mio. Mio. Mio. Mio. Mio. Mio. Mio. Mio. Mio. Mio. Mio. Mio. Mio.

Mio. Mio. Mio. Mio. Mio. Mio. Mio. Mio. Mio. Mio. Mio. Mio. Mio. Mio. Mio. Mio. Mio. Mio. Mio. Mio. Mio. Mio. Mio. Mio. Mio. Mio. Mio.

Mio. Mio. Mio. Mio. Mio. Mio. Mio. Mio. Mio. Mio. Mio. Mio. Mio. Mio. Mio. Mio. Mio. Mio. Mio. Mio. Mio. Mio. Mio. Mio. Mio. Mio. Mio. Mio. Mio. Mio. Mio. Mio. Mio. Mio. Mio. Mio.

Mio. Mio. Mio.

Mio. Mio. Mio. Mio. Mio. Mio. Mio. Mio.

Mio. Mio. Mio. Mio. Mio. Mio. Mio. Mio.

Mio. Mio. Mio. Mio. Mio. Mio. Mio. Mio. Mio. Mio. Mio. Mio. Mio. Mio. Mio. Mio. Mio. Mio. Mio. Mio.

Mio. Mio. Mio. Mio. Mio. Mio. Mio. Mio. Mio. Mio. Mio. Mio. Mio. Mio. Mio. Mio. Mio. Mio. Mio. Mio. Mio. Mio. Mio. Mio.

Mio. Mio. Mio. Mio. Mio. Mio. Mio. Mio. Mio. Mio. Mio. Mio. Mio. Mio. Mio. Mio. Mio. Mio.

Mio. Mio. Mio. Mio. Mio. Mio. Mio. Mio. Mio. Mio. Mio. Mio. Mio. Mio. Mio. Mio. Mio. Mio. Mio. Mio. Mio. Mio. Mio. Mio. Mio. Mio. Mio. Mio. Mio. Mio. Mio. Mio. Mio. Mio. Mio. Mio. Mio. Mio. Mio. Mio. Mio. Mio. Mio. Mio. Mio. Mio. Mio. Mio.

Mio. Mio. Mio. Mio. Mio. Mio. Mio. Mio. Mio. Mio. Mio. Mio. Mio. Mio. Mio.

Mio. Mio. Mio. Mio. Mio. Mio. Mio. Mio. Mio. Mio. Mio. Mio. Mio. Mio. Mio. Mio. Mio. Mio. Mio. Mio. Mio. Mio. Mio. Mio. Mio. Mio. Mio. Mio. Mio. Mio. Mio. Mio. Mio. Mio. Mio. Mio. Mio. Mio. Mio. Mio. Mio. Mio. Mio. Mio. Mio. Mio. Mio. Mio. Mio. Mio. Mio. Mio. Mio. Mio. Mio. Mio. Mio.

Mio. Mio. Mio. Mio. Mio. Mio. Mio. Mio. Mio. Mio. Mio. Mio. Mio. Mio. Mio. Mio. Mio. Mio. Mio. Mio. Mio. Mio. Mio. Mio. Mio. Mio. Mio.

Mio. Mio. Mio. Mio. Mio. Mio. Mio. Mio. Mio. Mio. Mio. Mio. Mio. Mio. Mio. Mio. Mio. Mio. Mio. Mio. Mio. Mio. Mio. Mio. Mio. Mio. Mio. Mio. Mio. Mio. Mio. Mio. Mio. Mio. Mio. Mio.

Mio. Mio. Mio.

Mio. Mio. Mio. Mio. Mio. Mio. Mio. Mio.

Mio. Mio. Mio. Mio. Mio. Mio. Mio. Mio.

Mio. Mio. Mio. Mio. Mio. Mio. Mio. Mio. Mio. Mio. Mio. Mio. Mio. Mio. Mio. Mio. Mio. Mio. Mio. Mio.

Mio. Mio. Mio. Mio. Mio. Mio. Mio. Mio. Mio. Mio. Mio. Mio. Mio. Mio. Mio. Mio. Mio. Mio. Mio. Mio. Mio. Mio. Mio. Mio.

Mio. Mio. Mio. Mio. Mio. Mio. Mio. Mio. Mio. Mio. Mio. Mio. Mio. Mio. Mio. Mio. Mio. Mio.

Mio. Mio. Mio. Mio. Mio. Mio. Mio. Mio. Mio. Mio. Mio. Mio. Mio. Mio. Mio. Mio. Mio. Mio. Mio. Mio. Mio. Mio. Mio. Mio. Mio. Mio. Mio. Mio. Mio. Mio. Mio. Mio. Mio. Mio. Mio. Mio. Mio. Mio. Mio. Mio. Mio. Mio. Mio. Mio. Mio. Mio. Mio. Mio.

Mio. Mio. Mio. Mio. Mio. Mio. Mio. Mio. Mio. Mio. Mio. Mio. Mio. Mio. Mio.

Mio. Mio. Mio. Mio. Mio. Mio. Mio. Mio. Mio. Mio. Mio. Mio. Mio. Mio. Mio. Mio. Mio. Mio. Mio. Mio. Mio. Mio. Mio. Mio. Mio. Mio. Mio. Mio. Mio. Mio. Mio. Mio. Mio. Mio. Mio. Mio. Mio. Mio. Mio. Mio. Mio. Mio. Mio. Mio. Mio. Mio. Mio. Mio. Mio. Mio. Mio. Mio. Mio. Mio. Mio. Mio. Mio.

Mio. Mio. Mio. Mio. Mio. Mio. Mio. Mio. Mio. Mio. Mio. Mio. Mio. Mio. Mio. Mio. Mio. Mio. Mio. Mio. Mio. Mio. Mio. Mio. Mio. Mio. Mio.

Mio. Mio. Mio. Mio. Mio. Mio. Mio. Mio. Mio. Mio. Mio. Mio. Mio. Mio. Mio. Mio. Mio. Mio. Mio. Mio. Mio. Mio. Mio. Mio. Mio. Mio. Mio. Mio. Mio. Mio. Mio. Mio. Mio. Mio. Mio. Mio.

Mio. Mio. Mio.

Mio. Mio. Mio. Mio. Mio. Mio. Mio. Mio.

Mio. Mio. Mio. Mio. Mio. Mio. Mio. Mio.

Mio. Mio. Mio. Mio. Mio. Mio. Mio. Mio. Mio. Mio. Mio.
Mio. Mio. Mio. Mio. Mio. Mio. Mio. Mio. Mio.

Mio. Mio. Mio. Mio. Mio. Mio. Mio. Mio. Mio. Mio. Mio.
Mio. Mio. Mio. Mio. Mio. Mio. Mio. Mio. Mio. Mio. Mio.
Mio. Mio.

Mio. Mio. Mio. Mio. Mio. Mio. Mio. Mio. Mio. Mio. Mio.
Mio. Mio. Mio. Mio. Mio. Mio. Mio.

Mio. Mio. Mio. Mio. Mio. Mio. Mio. Mio. Mio. Mio. Mio.
Mio. Mio. Mio. Mio. Mio. Mio. Mio. Mio. Mio. Mio. Mio.
Mio. Mio. Mio. Mio. Mio. Mio. Mio. Mio. Mio. Mio. Mio.
Mio. Mio. Mio. Mio. Mio. Mio. Mio. Mio. Mio. Mio. Mio.
Mio. Mio. Mio. Mio.

Mio. Mio. Mio. Mio. Mio. Mio. Mio. Mio. Mio. Mio. Mio.
Mio. Mio. Mio. Mio.

Mio. Mio. Mio. Mio. Mio. Mio. Mio. Mio. Mio. Mio. Mio.
Mio. Mio. Mio. Mio. Mio. Mio. Mio. Mio. Mio. Mio. Mio.
Mio. Mio. Mio. Mio. Mio. Mio. Mio. Mio. Mio. Mio. Mio.
Mio. Mio. Mio. Mio. Mio. Mio. Mio. Mio. Mio. Mio. Mio.
Mio. Mio. Mio. Mio. Mio. Mio. Mio. Mio. Mio. Mio. Mio.
Mio. Mio.

Mio. Mio. Mio. Mio. Mio. Mio. Mio. Mio. Mio. Mio. Mio.
Mio. Mio. Mio. Mio. Mio. Mio. Mio. Mio. Mio. Mio. Mio.
Mio. Mio. Mio. Mio. Mio.

Mio. Mio. Mio. Mio. Mio. Mio. Mio. Mio. Mio. Mio. Mio. Mio. Mio. Mio. Mio. Mio. Mio. Mio. Mio. Mio. Mio. Mio. Mio. Mio. Mio. Mio. Mio. Mio. Mio. Mio. Mio. Mio. Mio. Mio. Mio. Mio.

Mio. Mio. Mio.

Mio. Mio. Mio. Mio. Mio. Mio. Mio. Mio.

Mio. Mio. Mio. Mio. Mio. Mio. Mio. Mio.

Mio. Mio. Mio. Mio. Mio. Mio. Mio. Mio. Mio. Mio. Mio. Mio. Mio. Mio. Mio. Mio. Mio. Mio. Mio. Mio. Mio. Mio. Mio. Mio. Mio. Mio. Mio. Mio. Mio. Mio. Mio. Mio. Mio. Mio. Mio. Mio. Mio. Mio. Mio. Mio. Mio. Mio. Mio. Mio.

Mio. Mio. Mio. Mio. Mio. Mio. Mio. Mio. Mio. Mio. Mio. Mio. Mio. Mio. Mio. Mio. Mio. Mio.

Mio. Mio. Mio. Mio. Mio. Mio. Mio. Mio. Mio. Mio. Mio. Mio. Mio. Mio. Mio. Mio. Mio. Mio. Mio. Mio. Mio. Mio. Mio. Mio. Mio. Mio. Mio. Mio. Mio. Mio. Mio. Mio. Mio. Mio. Mio. Mio. Mio. Mio. Mio. Mio. Mio. Mio. Mio. Mio. Mio. Mio. Mio. Mio.

Mio. Mio. Mio. Mio. Mio. Mio. Mio. Mio. Mio. Mio. Mio. Mio. Mio. Mio. Mio.

Mio. Mio. Mio. Mio. Mio. Mio. Mio. Mio. Mio. Mio. Mio. Mio. Mio. Mio. Mio. Mio. Mio. Mio. Mio. Mio. Mio. Mio. Mio. Mio. Mio. Mio. Mio. Mio. Mio. Mio. Mio. Mio. Mio. Mio. Mio. Mio. Mio. Mio. Mio. Mio. Mio. Mio. Mio. Mio. Mio. Mio. Mio. Mio. Mio. Mio. Mio. Mio. Mio. Mio. Mio. Mio. Mio.

Mio. Mio. Mio. Mio. Mio. Mio. Mio. Mio. Mio. Mio. Mio. Mio. Mio. Mio. Mio. Mio. Mio. Mio. Mio. Mio. Mio. Mio. Mio. Mio. Mio. Mio. Mio.

Mio. Mio. Mio. Mio. Mio. Mio. Mio. Mio. Mio. Mio. Mio. Mio. Mio. Mio. Mio. Mio. Mio. Mio. Mio. Mio. Mio. Mio. Mio. Mio. Mio. Mio. Mio. Mio. Mio. Mio. Mio. Mio. Mio. Mio. Mio. Mio.

Mio. Mio. Mio.

Mio. Mio. Mio. Mio. Mio. Mio. Mio. Mio.

Mio. Mio. Mio. Mio. Mio. Mio. Mio. Mio.

Mio. Mio. Mio. Mio. Mio. Mio. Mio. Mio. Mio. Mio. Mio. Mio. Mio. Mio. Mio. Mio. Mio. Mio. Mio. Mio.

Mio. Mio. Mio. Mio. Mio. Mio. Mio. Mio. Mio. Mio. Mio. Mio. Mio. Mio. Mio. Mio. Mio. Mio. Mio. Mio. Mio. Mio. Mio. Mio.

Mio. Mio. Mio. Mio. Mio. Mio. Mio. Mio. Mio. Mio. Mio. Mio. Mio. Mio. Mio. Mio. Mio. Mio.

Mio. Mio. Mio. Mio. Mio. Mio. Mio. Mio. Mio. Mio. Mio. Mio. Mio. Mio. Mio. Mio. Mio. Mio. Mio. Mio. Mio. Mio. Mio. Mio. Mio. Mio. Mio. Mio. Mio. Mio. Mio. Mio. Mio. Mio. Mio. Mio. Mio. Mio. Mio. Mio. Mio. Mio. Mio. Mio. Mio. Mio. Mio. Mio.

Mio. Mio. Mio. Mio. Mio. Mio. Mio. Mio. Mio. Mio. Mio. Mio. Mio. Mio. Mio.

Mio. Mio. Mio. Mio. Mio. Mio. Mio. Mio. Mio. Mio. Mio. Mio. Mio. Mio. Mio. Mio. Mio. Mio. Mio. Mio. Mio. Mio. Mio. Mio. Mio. Mio. Mio. Mio. Mio. Mio. Mio. Mio. Mio. Mio. Mio. Mio. Mio. Mio. Mio. Mio. Mio. Mio. Mio. Mio. Mio. Mio. Mio. Mio. Mio. Mio. Mio. Mio. Mio. Mio. Mio. Mio. Mio.

Mio. Mio. Mio. Mio. Mio. Mio. Mio. Mio. Mio. Mio. Mio. Mio. Mio. Mio. Mio. Mio. Mio. Mio. Mio. Mio. Mio. Mio. Mio. Mio. Mio. Mio. Mio.

Mio. Mio. Mio. Mio. Mio. Mio. Mio. Mio. Mio. Mio. Mio. Mio. Mio. Mio. Mio. Mio. Mio. Mio. Mio. Mio. Mio. Mio. Mio. Mio. Mio. Mio. Mio. Mio. Mio. Mio. Mio. Mio. Mio. Mio. Mio. Mio.

Mio. Mio. Mio.

Mio. Mio. Mio. Mio. Mio. Mio. Mio. Mio.

Mio. Mio. Mio. Mio. Mio. Mio. Mio. Mio.

Mio. Mio. Mio. Mio. Mio. Mio. Mio. Mio. Mio. Mio. Mio. Mio. Mio. Mio. Mio. Mio. Mio. Mio. Mio. Mio.

Mio. Mio. Mio. Mio. Mio. Mio. Mio. Mio. Mio. Mio. Mio. Mio. Mio. Mio. Mio. Mio. Mio. Mio. Mio. Mio. Mio. Mio. Mio. Mio.

Mio. Mio. Mio. Mio. Mio. Mio. Mio. Mio. Mio. Mio. Mio. Mio. Mio. Mio. Mio. Mio. Mio. Mio.

Mio. Mio. Mio. Mio. Mio. Mio. Mio. Mio. Mio. Mio. Mio. Mio. Mio. Mio. Mio. Mio. Mio. Mio. Mio. Mio. Mio. Mio. Mio. Mio. Mio. Mio. Mio. Mio. Mio. Mio. Mio. Mio. Mio.

Mio. Mio. Mio. Mio. Mio. Mio. Mio. Mio. Mio. Mio. Mio. Mio. Mio. Mio. Mio.

Mio. Mio. Mio. Mio. Mio. Mio. Mio. Mio. Mio. Mio. Mio. Mio. Mio. Mio. Mio.

Mio. Mio. Mio. Mio. Mio. Mio. Mio. Mio. Mio. Mio. Mio. Mio. Mio. Mio. Mio. Mio. Mio. Mio. Mio. Mio. Mio. Mio. Mio. Mio. Mio. Mio. Mio. Mio. Mio. Mio. Mio. Mio. Mio. Mio. Mio. Mio. Mio. Mio. Mio. Mio. Mio. Mio. Mio. Mio. Mio. Mio. Mio. Mio. Mio. Mio. Mio. Mio. Mio. Mio. Mio. Mio. Mio.

Mio. Mio. Mio. Mio. Mio. Mio. Mio. Mio. Mio. Mio. Mio. Mio. Mio. Mio. Mio. Mio. Mio. Mio. Mio. Mio. Mio. Mio. Mio. Mio. Mio. Mio. Mio.

Mio. Mio. Mio. Mio. Mio. Mio. Mio. Mio. Mio. Mio. Mio. Mio. Mio. Mio. Mio. Mio. Mio. Mio. Mio. Mio. Mio. Mio. Mio. Mio. Mio. Mio. Mio. Mio. Mio. Mio. Mio. Mio. Mio. Mio. Mio. Mio. Mio. Mio. Mio.

Mio. Mio. Mio. Mio. Mio. Mio. Mio. Mio.

Mio. Mio. Mio. Mio. Mio. Mio. Mio. Mio. Mio. Mio. Mio. Mio. Mio. Mio. Mio. Mio. Mio. Mio. Mio. Mio. Mio. Mio. Mio. Mio. Mio. Mio. Mio. Mio.

Mio. Mio. Mio. Mio. Mio. Mio. Mio. Mio. Mio. Mio. Mio. Mio. Mio. Mio. Mio. Mio. Mio. Mio. Mio. Mio. Mio. Mio. Mio. Mio.

Mio. Mio. Mio. Mio. Mio. Mio. Mio. Mio. Mio. Mio. Mio. Mio. Mio. Mio. Mio. Mio. Mio. Mio. Mio. Mio. Mio. Mio.

Mio. Mio. Mio. Mio. Mio. Mio. Mio. Mio. Mio. Mio. Mio. Mio. Mio. Mio. Mio. Mio. Mio.

Mio. Mio. Mio. Mio. Mio. Mio. Mio. Mio.

Mio. Mio. Mio. Mio. Mio. Mio. Mio.Mio. Mio. Mio. Mio. Mio. Mio. Mio. Mio. Mio. Mio. Mio.Mio. Mio. Mio. Mio. Mio. Mio. Mio. Mio. Mio. Mio.

Mio. Mio. Mio. Mio. Mio. Mio. Mio. Mio. Mio. Mio. Mio. Mio. Mio

Mio. Mio. Mio. Mio. Mio. Mio. Mio. Mio. Mio. Mio. Mio. Mio. Mio. Mio. Mio. Mio. Mio. Mio. Mio. Mio. Mio. Mio. Mio. Mio. Mio. Mio. Mio. Mio. Mio. Mio. Mio. Mio. Mio. Mio. Mio. Mio. Mio. Mio. Mio. Mio. Mio. Mio. Mio. Mio. Mio. Mio. Mio. Mio. Mio. Mio. Mio. Mio. Mio. Mio. Mio. Mio. Mio.

Mio. Mio. Mio. Mio. Mio. Mio. Mio. Mio. Mio. Mio. Mio. Mio. Mio. Mio. Mio. Mio. Mio. Mio. Mio. Mio. Mio. Mio. Mio. Mio. Mio. Mio. Mio. Mio. Mio. Mio. Mio. Mio. Mio. Mio. Mio. Mio. Mio. Mio. Mio. Mio. Mio. Mio. Mio. Mio. Mio. Mio. Mio. Mio. Mio. Mio. Mio. Mio. Mio. Mio. Mio.

Mio. Mio. Mio. Mio. Mio. Mio. Mio. Mio. Mio. Mio. Mio. Mio. Mio. Mio. Mio. Mio. Mio. Mio. Mio. Mio. Mio. Mio. Mio. Mio. Mio. Mio. Mio. Mio. Mio. Mio. Mio. Mio. Mio. Mio. Mio. Mio. Mio. Mio. Mio. Mio. Mio. Mio. Mio. Mio. Mio. Mio. Mio. Mio. Mio. Mio. Mio. Mio. Mio. Mio. Mio. Mio. Mio. Mio. Mio. Mio. Mio. Mio. Mio. Mio. Mio. Mio. Mio. Mio. Mio. Mio. Mio. Mio. Mio. Mio. Mio. Mio. Mio. Mio. Mio. Mio. Mio. Mio. Mio. Mio. Mio. Mio. Mio. Mio.

Mio. Mio. Mio. Mio. Mio. Mio. Mio. Mio. Mio. Mio. Mio. Mio. Mio. Mio. Mio. Mio. Mio. Mio. Mio. Mio. Mio. Mio.

Mio. Mio. Mio. Mio. Mio. Mio. Mio. Mio. Mio. Mio. Mio. Mio. Mio. Mio. Mio. Mio. Mio. Mio. Mio. Mio. Mio. Mio. Mio. Mio. Mio. Mio. Mio. Mio. Mio. Mio. Mio. Mio. Mio. Mio. Mio. Mio. Mio. Mio. Mio. Mio. Mio. Mio. Mio. Mio. Mio. Mio. Mio. Mio. Mio. Mio. Mio. Mio. Mio. Mio. Mio.

Mio. Mio.

Mio. Mio. Mio. Mio.

Mio. Mio. Mio. Mio. Mio. Mio. Mio. Mio. Mio. Mio. Mio. Mio. Mio. Mio. Mio. Mio. Mio. Mio. Mio. Mio. Mio. Mio. Mio. Mio. Mio. Mio. Mio. Mio. Mio. Mio. Mio. Mio. Mio. Mio. Mio. Mio. Mio. Mio. Mio. Mio. Mio. Mio. Mio. Mio. Mio. Mio. Mio. Mio. Mio. Mio. Mio. Mio. Mio. Mio. Mio.

Mio. Mio. Mio. Mio. Mio. Mio. Mio. Mio. Mio. Mio. Mio. Mio. Mio. Mio. Mio. Mio. Mio. Mio. Mio. Mio. Mio. Mio. Mio. Mio. Mio. Mio. Mio. Mio. Mio. Mio. Mio. Mio. Mio. Mio. Mio. Mio. Mio. Mio. Mio. Mio. Mio. Mio. Mio. Mio. Mio. Mio. Mio. Mio. Mio. Mio. Mio. Mio. Mio. Mio. Mio.

Mio. Mio. Mio. Mio. Mio. Mio. Mio. Mio. Mio. Mio. Mio. Mio. Mio. Mio. Mio. Mio. Mio. Mio. Mio. Mio. Mio. Mio. Mio. Mio. Mio. Mio. Mio. Mio. Mio. Mio. Mio. Mio. Mio. Mio. Mio. Mio. Mio. Mio. Mio. Mio. Mio. Mio. Mio. Mio. Mio. Mio. Mio. Mio. Mio. Mio. Mio.

Mio. Mio. Mio. Mio. Mio. Mio. Mio. Mio. Mio. Mio. Mio. Mio. Mio. Mio. Mio.

Mio. Mio. Mio. Mio. Mio. Mio. Mio. Mio. Mio. Mio. Mio. Mio. Mio. Mio. Mio.

Mio. Mio. Mio. Mio. Mio. Mio. Mio. Mio. Mio. Mio. Mio. Mio. Mio. Mio. Mio. Mio. Mio. Mio. Mio. Mio. Mio. Mio. Mio. Mio. Mio. Mio. Mio. Mio. Mio. Mio. Mio. Mio. Mio. Mio. Mio. Mio. Mio. Mio. Mio. Mio. Mio. Mio. Mio. Mio. Mio. Mio. Mio. Mio. Mio. Mio. Mio. Mio. Mio. Mio. Mio. Mio. Mio.

Mio. Mio. Mio. Mio. Mio. Mio. Mio. Mio. Mio. Mio. Mio. Mio. Mio. Mio. Mio. Mio. Mio. Mio. Mio. Mio. Mio. Mio. Mio. Mio. Mio. Mio. Mio.

Mio. Mio. Mio. Mio. Mio. Mio. Mio. Mio. Mio. Mio. Mio. Mio. Mio. Mio. Mio. Mio. Mio. Mio. Mio. Mio. Mio. Mio. Mio. Mio. Mio. Mio. Mio. Mio. Mio. Mio. Mio. Mio. Mio. Mio. Mio. Mio. Mio. Mio. Mio.

Mio. Mio. Mio. Mio. Mio. Mio. Mio. Mio.

Mio. Mio. Mio. Mio. Mio. Mio. Mio. Mio. Mio. Mio. Mio. Mio. Mio. Mio. Mio. Mio. Mio. Mio. Mio. Mio. Mio. Mio. Mio. Mio. Mio. Mio. Mio. Mio.

Mio. Mio. Mio. Mio. Mio. Mio. Mio. Mio. Mio. Mio. Mio. Mio. Mio. Mio. Mio. Mio. Mio. Mio. Mio. Mio. Mio. Mio. Mio. Mio.

Mio. Mio. Mio. Mio. Mio. Mio. Mio. Mio. Mio. Mio. Mio. Mio. Mio. Mio. Mio. Mio. Mio. Mio. Mio. Mio. Mio. Mio. Mio. Mio. Mio. Mio. Mio. Mio. Mio. Mio. Mio. Mio. Mio. Mio. Mio. Mio. Mio. Mio. Mio.

Mio. Mio. Mio. Mio. Mio. Mio. Mio. Mio.

Mio. Mio. Mio. Mio. Mio. Mio. Mio. Mio. Mio. Mio. Mio. Mio. Mio. Mio. Mio. Mio. Mio. Mio. Mio. Mio. Mio. Mio. Mio. Mio. Mio. Mio. Mio. Mio.

Mio. Mio. Mio. Mio. Mio. Mio. Mio. Mio. Mio. Mio. Mio. Mio. Mio

Mio. Mio. Mio. Mio. Mio. Mio. Mio. Mio. Mio. Mio. Mio. Mio. Mio. Mio. Mio.

Mio. Mio. Mio. Mio. Mio. Mio. Mio. Mio. Mio. Mio. Mio. Mio. Mio. Mio. Mio.

Mio. Mio. Mio. Mio. Mio. Mio. Mio. Mio. Mio. Mio. Mio. Mio. Mio. Mio. Mio. Mio. Mio. Mio. Mio. Mio. Mio. Mio. Mio. Mio. Mio. Mio. Mio. Mio. Mio. Mio. Mio. Mio. Mio. Mio. Mio. Mio. Mio. Mio. Mio. Mio. Mio. Mio. Mio. Mio. Mio. Mio. Mio. Mio. Mio. Mio. Mio. Mio. Mio. Mio. Mio. Mio. Mio.

Mio. Mio. Mio. Mio. Mio. Mio. Mio. Mio. Mio. Mio. Mio. Mio. Mio. Mio. Mio. Mio. Mio. Mio. Mio. Mio. Mio. Mio. Mio. Mio. Mio. Mio. Mio.

Mio. Mio. Mio. Mio. Mio. Mio. Mio. Mio. Mio. Mio. Mio. Mio. Mio. Mio. Mio. Mio. Mio. Mio. Mio. Mio. Mio. Mio. Mio. Mio. Mio. Mio. Mio. Mio. Mio. Mio. Mio. Mio. Mio. Mio. Mio. Mio. Mio. Mio. Mio.

Mio. Mio. Mio. Mio. Mio. Mio. Mio. Mio.

Mio. Mio. Mio. Mio. Mio. Mio. Mio. Mio. Mio. Mio. Mio. Mio. Mio. Mio. Mio. Mio. Mio. Mio. Mio. Mio. Mio. Mio. Mio. Mio. Mio. Mio. Mio. Mio.

Mio. Mio. Mio. Mio. Mio. Mio. Mio. Mio. Mio. Mio. Mio. Mio. Mio. Mio. Mio. Mio. Mio. Mio. Mio. Mio. Mio. Mio. Mio. Mio.

Mio. Mio. Mio. Mio. Mio. Mio. Mio. Mio. Mio. Mio. Mio. Mio. Mio. Mio. Mio. Mio. Mio. Mio. Mio. Mio. Mio. Mio. Mio. Mio. Mio. Mio. Mio. Mio. Mio. Mio. Mio. Mio. Mio. Mio. Mio. Mio. Mio. Mio. Mio.

Mio. Mio. Mio. Mio. Mio. Mio. Mio. Mio.

Mio. Mio. Mio. Mio. Mio. Mio. Mio. Mio. Mio. Mio. Mio. Mio. Mio. Mio. Mio. Mio. Mio. Mio. Mio. Mio. Mio. Mio. Mio. Mio. Mio. Mio. Mio. Mio.

Mio. Mio. Mio. Mio. Mio. Mio. Mio. Mio. Mio. Mio. Mio. Mio. Mio.

Mio. Mio. Mio. Mio. Mio. Mio. Mio. Mio. Mio. Mio. Mio. Mio. Mio. Mio. Mio.

Mio. Mio. Mio. Mio. Mio. Mio. Mio. Mio. Mio. Mio. Mio. Mio. Mio. Mio. Mio.

Mio. Mio. Mio. Mio. Mio. Mio. Mio. Mio. Mio. Mio. Mio. Mio. Mio. Mio. Mio. Mio. Mio. Mio. Mio. Mio. Mio. Mio. Mio. Mio. Mio. Mio. Mio. Mio. Mio. Mio. Mio. Mio. Mio. Mio. Mio. Mio. Mio. Mio. Mio. Mio. Mio. Mio. Mio. Mio. Mio. Mio. Mio. Mio. Mio. Mio. Mio. Mio. Mio. Mio. Mio. Mio. Mio.

Mio. Mio. Mio. Mio. Mio. Mio. Mio. Mio. Mio. Mio. Mio. Mio. Mio. Mio. Mio. Mio. Mio. Mio. Mio. Mio. Mio. Mio. Mio. Mio. Mio. Mio. Mio.

Mio. Mio. Mio. Mio. Mio. Mio. Mio. Mio. Mio. Mio. Mio. Mio. Mio. Mio. Mio. Mio. Mio. Mio. Mio. Mio. Mio. Mio. Mio. Mio. Mio. Mio. Mio. Mio. Mio. Mio. Mio. Mio. Mio. Mio. Mio. Mio. Mio. Mio. Mio.

Mio. Mio. Mio. Mio. Mio. Mio. Mio. Mio.

Mio. Mio. Mio. Mio. Mio. Mio. Mio. Mio. Mio. Mio. Mio. Mio. Mio. Mio. Mio. Mio. Mio. Mio. Mio. Mio. Mio. Mio. Mio. Mio. Mio. Mio. Mio. Mio.

Mio. Mio. Mio. Mio. Mio. Mio. Mio. Mio. Mio. Mio. Mio. Mio. Mio. Mio. Mio. Mio. Mio. Mio. Mio. Mio. Mio. Mio. Mio. Mio.

Mio. Mio. Mio. Mio. Mio. Mio. Mio. Mio. Mio. Mio. Mio. Mio. Mio. Mio. Mio. Mio. Mio. Mio. Mio. Mio. Mio. Mio. Mio. Mio. Mio. Mio. Mio. Mio. Mio. Mio. Mio. Mio. Mio. Mio. Mio. Mio. Mio. Mio. Mio.

Mio. Mio. Mio. Mio. Mio. Mio. Mio. Mio.

Mio. Mio. Mio. Mio. Mio. Mio. Mio. Mio. Mio. Mio. Mio. Mio. Mio. Mio. Mio. Mio. Mio. Mio. Mio. Mio. Mio. Mio. Mio. Mio. Mio. Mio. Mio. Mio.

Mio. Mio. Mio. Mio. Mio. Mio. Mio. Mio. Mio. Mio. Mio. Mio. Mio.

Mio. Mio. Mio. Mio. Mio. Mio. Mio. Mio. Mio. Mio. Mio. Mio. Mio. Mio. Mio. Mio. Mio. Mio. Mio. Mio. Mio. Mio. Mio. Mio. Mio. Mio. Mio.

Mio. Mio. Mio. Mio. Mio. Mio. Mio. Mio. Mio. Mio. Mio. Mio. Mio. Mio. Mio. Mio. Mio. Mio. Mio. Mio. Mio. Mio. Mio. Mio. Mio. Mio. Mio. Mio. Mio. Mio. Mio. Mio. Mio. Mio. Mio. Mio. Mio. Mio. Mio.

Mio. Mio. Mio. Mio. Mio. Mio. Mio. Mio.

Mio. Mio. Mio. Mio. Mio. Mio. Mio. Mio. Mio. Mio. Mio. Mio. Mio. Mio. Mio. Mio. Mio. Mio. Mio. Mio. Mio. Mio. Mio. Mio. Mio. Mio. Mio. Mio.

Mio. Mio. Mio. Mio. Mio. Mio. Mio. Mio. Mio. Mio. Mio. Mio. Mio. Mio. Mio. Mio. Mio. Mio. Mio. Mio. Mio. Mio. Mio. Mio.

Mio. Mio. Mio. Mio. Mio. Mio. Mio. Mio. Mio. Mio. Mio. Mio. Mio. Mio. Mio. Mio. Mio. Mio. Mio. Mio. Mio. Mio. Mio. Mio. Mio. Mio. Mio. Mio. Mio. Mio. Mio. Mio. Mio. Mio. Mio. Mio. Mio. Mio. Mio.

Mio. Mio. Mio. Mio. Mio. Mio. Mio. Mio.

Mio. Mio. Mio. Mio. Mio. Mio. Mio. Mio. Mio. Mio. Mio. Mio. Mio. Mio. Mio. Mio. Mio. Mio. Mio. Mio. Mio. Mio. Mio. Mio. Mio. Mio. Mio. Mio.

Mio. Mio. Mio. Mio. Mio. Mio. Mio. Mio. Mio. Mio. Mio. Mio.

Mio.

Capítulo 4

¿Soy yo?

¿Soy yo? ¿Soy yo?

¿Soy yo? ¿Soy yo?

¿Soy yo? ¿Soy yo? ¿Soy yo? ¿Soy yo? ¿Soy yo? ¿Soy yo? ¿Soy yo? ¿Soy yo? ¿Soy yo?¿Soy yo? ¿Soy yo? ¿Soy yo? ¿Soy yo? ¿Soy yo? ¿Soy yo? ¿Soy yo? ¿Soy yo? ¿Soy yo? ¿Soy yo? ¿Soy yo? ¿Soy yo?

¿Soy yo? ¿Soy yo?

¿Soy yo? ¿Soy yo?¿Soy yo? ¿Soy yo?

¿Soy yo? ¿Soy yo?

¿Soy yo? ¿Soy yo? ¿Soy yo? ¿Soy yo? ¿Soy yo? ¿Soy yo?
¿Soy yo? ¿Soy yo? ¿Soy yo? ¿Soy yo? ¿Soy yo? ¿Soy yo?
¿Soy yo? ¿Soy yo? ¿Soy yo? ¿Soy yo? ¿Soy yo? ¿Soy yo?
¿Soy yo? ¿Soy yo? ¿Soy yo? ¿Soy yo? ¿Soy yo? ¿Soy yo?

¿Soy yo? ¿Soy yo? ¿Soy yo? ¿Soy yo? ¿Soy yo? ¿Soy yo?
¿Soy yo? ¿Soy yo? ¿Soy yo? ¿Soy yo? ¿Soy yo? ¿Soy yo?
¿Soy yo? ¿Soy yo? ¿Soy yo? ¿Soy yo? ¿Soy yo? ¿Soy yo?
¿Soy yo? ¿Soy yo?

¿Soy yo? ¿Soy yo? ¿Soy yo? ¿Soy yo? ¿Soy yo? ¿Soy yo?
¿Soy yo? ¿Soy yo? ¿Soy yo? ¿Soy yo? ¿Soy yo? ¿Soy yo?
¿Soy yo? ¿Soy yo? ¿Soy yo? ¿Soy yo? ¿Soy yo? ¿Soy yo?
¿Soy yo? ¿Soy yo? ¿Soy yo? ¿Soy yo? ¿Soy yo? ¿Soy yo?
¿Soy yo? ¿Soy yo? ¿Soy yo? ¿Soy yo? ¿Soy yo? ¿Soy yo?
¿Soy yo? ¿Soy yo?
¿Soy yo? ¿Soy yo? ¿Soy yo? ¿Soy yo? ¿Soy yo? ¿Soy yo?
¿Soy yo? ¿Soy yo?¿Soy yo? ¿Soy yo? ¿Soy yo? ¿Soy yo?
¿Soy yo? ¿Soy yo? ¿Soy yo? ¿Soy yo? ¿Soy yo? ¿Soy yo?
¿Soy yo? ¿Soy yo? ¿Soy yo? ¿Soy yo? ¿Soy yo?

¿Soy yo? ¿Soy yo? ¿Soy yo? ¿Soy yo? ¿Soy yo? ¿Soy yo?
¿Soy yo? ¿Soy yo? ¿Soy yo? ¿Soy yo? ¿Soy yo? ¿Soy yo?
¿Soy yo? ¿Soy yo? ¿Soy yo? ¿Soy yo? ¿Soy yo? ¿Soy yo?
¿Soy yo? ¿Soy yo? ¿Soy yo? ¿Soy yo? ¿Soy yo? ¿Soy yo?
¿Soy yo? ¿Soy yo? ¿Soy yo? ¿Soy yo? ¿Soy yo? ¿Soy yo?
¿Soy yo? ¿Soy yo? ¿Soy yo? ¿Soy yo? ¿Soy yo? ¿Soy yo?
¿Soy yo? ¿Soy yo? ¿Soy yo?

¿Soy yo? ¿Soy yo? ¿Soy yo? ¿Soy yo? ¿Soy yo? ¿Soy yo?
¿Soy yo? ¿Soy yo? ¿Soy yo? ¿Soy yo? ¿Soy yo? ¿Soy yo?
¿Soy yo? ¿Soy yo? ¿Soy yo? ¿Soy yo? ¿Soy yo? ¿Soy yo?

¿Soy yo? ¿Soy yo?

¿Soy yo? ¿Soy yo? ¿Soy yo? ¿Soy yo? ¿Soy yo? ¿Soy yo? ¿Soy yo? ¿Soy yo? ¿Soy yo? ¿Soy yo? ¿Soy yo? ¿Soy yo? ¿Soy yo? ¿Soy yo? ¿Soy yo? ¿Soy yo? ¿Soy yo? ¿Soy yo? ¿Soy yo? ¿Soy yo?¿Soy yo? ¿Soy yo? ¿Soy yo? ¿Soy yo? ¿Soy yo?

¿Soy yo? ¿Soy yo?

¿Soy yo? ¿Soy yo?

¿Soy yo? ¿Soy yo?

¿Soy yo? ¿Soy yo? ¿Soy yo? ¿Soy yo? ¿Soy yo? ¿Soy yo? ¿Soy yo? ¿Soy yo? ¿Soy yo? ¿Soy yo? ¿Soy yo? ¿Soy yo? ¿Soy yo? ¿Soy yo?

¿Soy yo? ¿Soy yo?

¿Soy yo? ¿Soy yo? ¿Soy yo? ¿Soy yo? ¿Soy yo?¿Soy yo? ¿Soy yo?

¿Soy yo? ¿Soy yo? ¿Soy yo? ¿Soy yo? ¿Soy yo? ¿Soy yo? ¿Soy yo? ¿Soy yo? ¿Soy yo? ¿Soy yo? ¿Soy yo? ¿Soy yo?

¿Soy yo? ¿Soy yo? ¿Soy yo? ¿Soy yo? ¿Soy yo? ¿Soy yo? ¿Soy yo? ¿Soy yo?

¿Soy yo? ¿Soy yo?

¿Soy yo? ¿Soy yo?
¿Soy yo? ¿Soy yo? ¿Soy yo? ¿Soy yo? ¿Soy yo? ¿Soy yo? ¿Soy yo? ¿Soy yo? ¿Soy yo? ¿Soy yo? ¿Soy yo? ¿Soy yo? ¿Soy yo? ¿Soy yo? ¿Soy yo? ¿Soy yo?

¿Soy yo? ¿Soy yo?
¿Soy yo? ¿Soy yo?¿Soy yo? ¿Soy yo? ¿Soy yo? ¿Soy yo? ¿Soy yo? ¿Soy yo?

¿Soy yo? ¿Soy yo?

¿Soy yo? ¿Soy yo?

¿Soy yo? ¿Soy yo?
¿Soy yo? ¿Soy yo? ¿Soy yo? ¿Soy yo? ¿Soy yo? ¿Soy yo? ¿Soy yo? ¿Soy yo? ¿Soy yo? ¿Soy yo? ¿Soy yo? ¿Soy yo? ¿Soy yo? ¿Soy yo? ¿Soy yo?

¿Soy yo? ¿Soy yo?

¿Soy yo? ¿Soy yo? ¿Soy yo? ¿Soy yo? ¿Soy yo? ¿Soy yo?
¿Soy yo? ¿Soy yo? ¿Soy yo? ¿Soy yo? ¿Soy yo? ¿Soy yo?
¿Soy yo? ¿Soy yo? ¿Soy yo? ¿Soy yo? ¿Soy yo? ¿Soy yo?
¿Soy yo? ¿Soy yo? ¿Soy yo? ¿Soy yo? ¿Soy yo? ¿Soy yo?
¿Soy yo? ¿Soy yo? ¿Soy yo? ¿Soy yo? ¿Soy yo? ¿Soy yo?

¿Soy yo? ¿Soy yo? ¿Soy yo? ¿Soy yo? ¿Soy yo? ¿Soy yo?
¿Soy yo? ¿Soy yo? ¿Soy yo? ¿Soy yo? ¿Soy yo? ¿Soy yo?
¿Soy yo? ¿Soy yo?
¿Soy yo? ¿Soy yo? ¿Soy yo? ¿Soy yo? ¿Soy yo? ¿Soy yo?
¿Soy yo? ¿Soy yo? ¿Soy yo? ¿Soy yo? ¿Soy yo? ¿Soy yo?
¿Soy yo? ¿Soy yo? ¿Soy yo? ¿Soy yo?¿Soy yo? ¿Soy yo?
¿Soy yo? ¿Soy yo? ¿Soy yo?

¿Soy yo? ¿Soy yo? ¿Soy yo? ¿Soy yo? ¿Soy yo? ¿Soy yo?
¿Soy yo? ¿Soy yo? ¿Soy yo? ¿Soy yo? ¿Soy yo? ¿Soy yo?
¿Soy yo? ¿Soy yo? ¿Soy yo? ¿Soy yo? ¿Soy yo? ¿Soy yo?
¿Soy yo? ¿Soy yo? ¿Soy yo? ¿Soy yo? ¿Soy yo? ¿Soy yo?
¿Soy yo? ¿Soy yo? ¿Soy yo?

¿Soy yo? ¿Soy yo? ¿Soy yo? ¿Soy yo? ¿Soy yo? ¿Soy yo?
¿Soy yo? ¿Soy yo? ¿Soy yo? ¿Soy yo? ¿Soy yo? ¿Soy yo?
¿Soy yo? ¿Soy yo? ¿Soy yo? ¿Soy yo? ¿Soy yo? ¿Soy yo?
¿Soy yo? ¿Soy yo? ¿Soy yo? ¿Soy yo?

¿Soy yo? ¿Soy yo? ¿Soy yo? ¿Soy yo? ¿Soy yo? ¿Soy yo?
¿Soy yo? ¿Soy yo? ¿Soy yo? ¿Soy yo? ¿Soy yo? ¿Soy yo?
¿Soy yo? ¿Soy yo? ¿Soy yo? ¿Soy yo? ¿Soy yo? ¿Soy yo?
¿Soy yo? ¿Soy yo? ¿Soy yo? ¿Soy yo? ¿Soy yo? ¿Soy yo?
¿Soy yo? ¿Soy yo? ¿Soy yo? ¿Soy yo? ¿Soy yo? ¿Soy yo?
¿Soy yo? ¿Soy yo? ¿Soy yo? ¿Soy yo? ¿Soy yo? ¿Soy yo?
¿Soy yo? ¿Soy yo? ¿Soy yo? ¿Soy yo? ¿Soy yo? ¿Soy yo?

¿Soy yo? ¿Soy yo?

¿Soy yo? ¿Soy yo?

¿Soy yo? ¿Soy yo? ¿Soy yo? ¿Soy yo? ¿Soy yo? ¿Soy yo? ¿Soy yo? ¿Soy yo? ¿Soy yo? ¿Soy yo? ¿Soy yo? ¿Soy yo? ¿Soy yo? ¿Soy yo? ¿Soy yo? ¿Soy yo? ¿Soy yo? ¿Soy yo? ¿Soy yo? ¿Soy yo?

¿Soy yo? ¿Soy yo? ¿Soy yo? ¿Soy yo? ¿Soy yo? ¿Soy yo? ¿Soy yo? ¿Soy yo? ¿Soy yo? ¿Soy yo?¿Soy yo? ¿Soy yo? ¿Soy yo? ¿Soy yo? ¿Soy yo?

¿Soy yo? ¿Soy yo?

¿Soy yo? ¿Soy yo?

¿Soy yo? ¿Soy yo?

¿Soy yo? ¿Soy yo? ¿Soy yo? ¿Soy yo? ¿Soy yo? ¿Soy yo? ¿Soy yo? ¿Soy yo? ¿Soy yo?¿Soy yo? ¿Soy yo?

¿Soy yo? ¿Soy yo?

¿Soy yo? ¿Soy yo?
¿Soy yo? ¿Soy yo? ¿Soy yo? ¿Soy yo? ¿Soy yo? ¿Soy yo? ¿Soy yo? ¿Soy yo? ¿Soy yo? ¿Soy yo? ¿Soy yo? ¿Soy yo? ¿Soy yo? ¿Soy yo? ¿Soy yo? ¿Soy yo?

¿Soy yo? ¿Soy yo?

¿Soy yo? ¿Soy yo?

¿Soy yo? ¿Soy yo? ¿Soy yo? ¿Soy yo? ¿Soy yo? ¿Soy yo? ¿Soy yo? ¿Soy yo? ¿Soy yo? ¿Soy yo? ¿Soy yo? ¿Soy yo? ¿Soy yo? ¿Soy yo? ¿Soy yo? ¿Soy yo? ¿Soy yo? ¿Soy yo? ¿Soy yo?

¿Soy yo? ¿Soy yo? ¿Soy yo? ¿Soy yo? ¿Soy yo? ¿Soy yo? ¿Soy yo? ¿Soy yo? ¿Soy yo? ¿Soy yo? ¿Soy yo?¿Soy yo? ¿Soy yo? ¿Soy yo? ¿Soy yo? ¿Soy yo?

¿Soy yo? ¿Soy yo?

¿Soy yo? ¿Soy yo? ¿Soy yo? ¿Soy yo? ¿Soy yo? ¿Soy yo? ¿Soy yo? ¿Soy yo? ¿Soy yo? ¿Soy yo? ¿Soy yo? ¿Soy yo? ¿Soy yo?

¿Soy yo? ¿Soy yo?

¿Soy yo? ¿Soy yo? ¿Soy yo? ¿Soy yo? ¿Soy yo? ¿Soy yo? ¿Soy yo? ¿Soy yo? ¿Soy yo?¿Soy yo? ¿Soy yo?

¿Soy yo? ¿Soy yo?

¿Soy yo? ¿Soy yo?

¿Soy yo? ¿Soy yo?

¿Soy yo? ¿Soy yo? ¿Soy yo? ¿Soy yo? ¿Soy yo? ¿Soy yo? ¿Soy yo? ¿Soy yo? ¿Soy yo? ¿Soy yo? ¿Soy yo? ¿Soy yo? ¿Soy yo? ¿Soy yo? ¿Soy yo? ¿Soy yo? ¿Soy yo? ¿Soy yo? ¿Soy yo?

¿Soy yo? ¿Soy yo?

¿Soy yo?¿Soy yo? ¿Soy yo?

¿Soy yo? ¿Soy yo?

¿Soy yo? ¿Soy yo?

¿Soy yo? ¿Soy yo?

¿Soy yo? ¿Soy yo?

¿Soy yo? ¿Soy yo?

¿Soy yo? ¿Soy yo? ¿Soy yo? ¿Soy yo?¿Soy yo? ¿Soy yo?

¿Soy yo? ¿Soy yo?

¿Soy yo? ¿Soy yo? ¿Soy yo? ¿Soy yo? ¿Soy yo? ¿Soy yo? ¿Soy yo? ¿Soy yo? ¿Soy yo? ¿Soy yo? ¿Soy yo?

¿Soy yo? ¿Soy yo?

¿Soy yo? ¿Soy yo? ¿Soy yo? ¿Soy yo? ¿Soy yo? ¿Soy yo? ¿Soy yo? ¿Soy yo? ¿Soy yo? ¿Soy yo? ¿Soy yo? ¿Soy yo? ¿Soy yo? ¿Soy yo? ¿Soy yo? ¿Soy yo? ¿Soy yo? ¿Soy yo?

¿Soy yo? ¿Soy yo?

¿Soy yo? ¿Soy yo?¿Soy yo? ¿Soy yo? ¿Soy yo? ¿Soy yo? ¿Soy yo? ¿Soy yo? ¿Soy yo? ¿Soy yo? ¿Soy yo? ¿Soy yo? ¿Soy yo? ¿Soy yo? ¿Soy yo? ¿Soy yo? ¿Soy yo?

¿Soy yo? ¿Soy yo? ¿Soy yo? ¿Soy yo? ¿Soy yo? ¿Soy yo? ¿Soy yo? ¿Soy yo? ¿Soy yo? ¿Soy yo? ¿Soy yo? ¿Soy yo? ¿Soy yo? ¿Soy yo? ¿Soy yo?

¿Soy yo? ¿Soy yo?

¿Soy yo? ¿Soy yo?

¿Soy yo? ¿Soy yo? ¿Soy yo? ¿Soy yo? ¿Soy yo? ¿Soy yo? ¿Soy yo? ¿Soy yo? ¿Soy yo? ¿Soy yo? ¿Soy yo? ¿Soy yo? ¿Soy yo? ¿Soy yo? ¿Soy yo? ¿Soy yo? ¿Soy yo? ¿Soy yo? ¿Soy yo? ¿Soy yo?

¿Soy yo? ¿Soy yo?

¿Soy yo? ¿Soy yo?

¿Soy yo? ¿Soy yo? ¿Soy yo? ¿Soy yo? ¿Soy yo? ¿Soy yo? ¿Soy yo? ¿Soy yo? ¿Soy yo? ¿Soy yo? ¿Soy yo? ¿Soy yo?

¿Soy yo? ¿Soy yo?
¿Soy yo? ¿Soy yo? ¿Soy yo? ¿Soy yo? ¿Soy yo? ¿Soy yo? ¿Soy yo? ¿Soy yo? ¿Soy yo? ¿Soy yo? ¿Soy yo? ¿Soy yo? ¿Soy yo? ¿Soy yo? ¿Soy yo? ¿Soy yo?

¿Soy yo? ¿Soy yo?

¿Soy yo? ¿Soy yo?

¿Soy yo? ¿Soy yo? ¿Soy yo? ¿Soy yo? ¿Soy yo? ¿Soy yo? ¿Soy yo? ¿Soy yo? ¿Soy yo? ¿Soy yo? ¿Soy yo? ¿Soy yo?

¿Soy yo? ¿Soy yo?

¿Soy yo? ¿Soy yo?
¿Soy yo? ¿Soy yo?

¿Soy yo? ¿Soy yo?
¿Soy yo? ¿Soy yo? ¿Soy yo? ¿Soy yo? ¿Soy yo? ¿Soy yo? ¿Soy yo? ¿Soy yo?¿Soy yo? ¿Soy yo? ¿Soy yo? ¿Soy yo? ¿Soy yo?

¿Soy yo? ¿Soy yo?

¿Soy yo? ¿Soy yo? ¿Soy yo? ¿Soy yo? ¿Soy yo? ¿Soy yo? ¿Soy yo? ¿Soy yo? ¿Soy yo? ¿Soy yo? ¿Soy yo? ¿Soy yo? ¿Soy yo? ¿Soy yo? ¿Soy yo? ¿Soy yo? ¿Soy yo? ¿Soy yo? ¿Soy yo? ¿Soy yo?

¿Soy yo? ¿Soy yo? ¿Soy yo? ¿Soy yo? ¿Soy yo? ¿Soy yo? ¿Soy yo? ¿Soy yo? ¿Soy yo? ¿Soy yo? ¿Soy yo? ¿Soy yo? ¿Soy yo? ¿Soy yo? ¿Soy yo? ¿Soy yo?

¿Soy yo? ¿Soy yo?
¿Soy yo? ¿Soy yo?

¿Soy yo? ¿Soy yo?
¿Soy yo? ¿Soy yo?¿Soy yo? ¿Soy yo? ¿Soy yo? ¿Soy yo? ¿Soy yo?

¿Soy yo? ¿Soy yo?

¿Soy yo? ¿Soy yo? ¿Soy yo? ¿Soy yo? ¿Soy yo? ¿Soy yo? ¿Soy yo? ¿Soy yo? ¿Soy yo? ¿Soy yo? ¿Soy yo? ¿Soy yo? ¿Soy yo? ¿Soy yo? ¿Soy yo? ¿Soy yo? ¿Soy yo? ¿Soy yo? ¿Soy yo?

¿Soy yo? ¿Soy yo? ¿Soy yo? ¿Soy yo? ¿Soy yo? ¿Soy yo? ¿Soy yo? ¿Soy yo? ¿Soy yo? ¿Soy yo? ¿Soy yo? ¿Soy yo? ¿Soy yo? ¿Soy yo? ¿Soy yo? ¿Soy yo? ¿Soy yo? ¿Soy yo? ¿Soy yo? ¿Soy yo?
¿Soy yo? ¿Soy yo? ¿Soy yo? ¿Soy yo? ¿Soy yo? ¿Soy yo? ¿Soy yo? ¿Soy yo? ¿Soy yo? ¿Soy yo? ¿Soy yo? ¿Soy yo? ¿Soy yo? ¿Soy yo? ¿Soy yo? ¿Soy yo?

¿Soy yo? ¿Soy yo?
¿Soy yo? ¿Soy yo?

¿Soy yo? ¿Soy yo?

¿Soy yo? ¿Soy yo? ¿Soy yo? ¿Soy yo? ¿Soy yo? ¿Soy yo? ¿Soy yo? ¿Soy yo? ¿Soy yo? ¿Soy yo? ¿Soy yo? ¿Soy yo?

¿Soy yo? ¿Soy yo? ¿Soy yo? ¿Soy yo? ¿Soy yo? ¿Soy yo?
¿Soy yo? ¿Soy yo? ¿Soy yo? ¿Soy yo? ¿Soy yo? ¿Soy yo?
¿Soy yo? ¿Soy yo? ¿Soy yo? ¿Soy yo? ¿Soy yo? ¿Soy yo?
¿Soy yo? ¿Soy yo? ¿Soy yo? ¿Soy yo? ¿Soy yo? ¿Soy yo?
¿Soy yo? ¿Soy yo? ¿Soy yo? ¿Soy yo? ¿Soy yo? ¿Soy yo?
¿Soy yo? ¿Soy yo? ¿Soy yo? ¿Soy yo? ¿Soy yo? ¿Soy yo?
¿Soy yo?

¿Soy yo? ¿Soy yo? ¿Soy yo? ¿Soy yo? ¿Soy yo? ¿Soy yo?
¿Soy yo? ¿Soy yo? ¿Soy yo? ¿Soy yo? ¿Soy yo? ¿Soy yo?
¿Soy yo? ¿Soy yo? ¿Soy yo? ¿Soy yo? ¿Soy yo? ¿Soy yo?
¿Soy yo? ¿Soy yo?
¿Soy yo? ¿Soy yo? ¿Soy yo? ¿Soy yo? ¿Soy yo? ¿Soy yo?
¿Soy yo? ¿Soy yo? ¿Soy yo? ¿Soy yo? ¿Soy yo? ¿Soy yo?
¿Soy yo? ¿Soy yo? ¿Soy yo? ¿Soy yo?

¿Soy yo? ¿Soy yo? ¿Soy yo? ¿Soy yo? ¿Soy yo? ¿Soy yo?
¿Soy yo? ¿Soy yo? ¿Soy yo? ¿Soy yo? ¿Soy yo? ¿Soy yo?
¿Soy yo? ¿Soy yo? ¿Soy yo? ¿Soy yo? ¿Soy yo? ¿Soy yo?
¿Soy yo? ¿Soy yo? ¿Soy yo? ¿Soy yo? ¿Soy yo? ¿Soy yo?
¿Soy yo? ¿Soy yo? ¿Soy yo? ¿Soy yo? ¿Soy yo? ¿Soy yo?
¿Soy yo? ¿Soy yo? ¿Soy yo? ¿Soy yo?
¿Soy yo? ¿Soy yo? ¿Soy yo? ¿Soy yo? ¿Soy yo? ¿Soy yo?
¿Soy yo? ¿Soy yo? ¿Soy yo? ¿Soy yo? ¿Soy yo? ¿Soy yo?
¿Soy yo? ¿Soy yo?

¿Soy yo? ¿Soy yo? ¿Soy yo? ¿Soy yo? ¿Soy yo? ¿Soy yo?
¿Soy yo? ¿Soy yo? ¿Soy yo? ¿Soy yo? ¿Soy yo? ¿Soy yo?
¿Soy yo? ¿Soy yo? ¿Soy yo? ¿Soy yo? ¿Soy yo? ¿Soy yo?
¿Soy yo? ¿Soy yo? ¿Soy yo? ¿Soy yo? ¿Soy yo? ¿Soy yo?
¿Soy yo? ¿Soy yo? ¿Soy yo? ¿Soy yo? ¿Soy yo? ¿Soy yo?
¿Soy yo? ¿Soy yo? ¿Soy yo? ¿Soy yo? ¿Soy yo?

¿Soy yo? ¿Soy yo?

¿Soy yo? ¿Soy yo?

¿Soy yo? ¿Soy yo? ¿Soy yo? ¿Soy yo? ¿Soy yo? ¿Soy yo? ¿Soy yo? ¿Soy yo? ¿Soy yo? ¿Soy yo? ¿Soy yo? ¿Soy yo? ¿Soy yo? ¿Soy yo? ¿Soy yo? ¿Soy yo? ¿Soy yo? ¿Soy yo? ¿Soy yo? ¿Soy yo?

¿Soy yo? ¿Soy yo?

¿Soy yo? ¿Soy yo?

¿Soy yo? ¿Soy yo? ¿Soy yo? ¿Soy yo? ¿Soy yo? ¿Soy yo?
¿Soy yo? ¿Soy yo? ¿Soy yo? ¿Soy yo? ¿Soy yo?

¿Soy yo? ¿Soy yo? ¿Soy yo? ¿Soy yo? ¿Soy yo? ¿Soy yo?
¿Soy yo? ¿Soy yo? ¿Soy yo? ¿Soy yo? ¿Soy yo? ¿Soy yo?
¿Soy yo? ¿Soy yo? ¿Soy yo? ¿Soy yo? ¿Soy yo? ¿Soy yo?
¿Soy yo? ¿Soy yo? ¿Soy yo? ¿Soy yo? ¿Soy yo? ¿Soy yo?
¿Soy yo? ¿Soy yo? ¿Soy yo? ¿Soy yo? ¿Soy yo? ¿Soy yo?
¿Soy yo? ¿Soy yo?
¿Soy yo? ¿Soy yo? ¿Soy yo? ¿Soy yo? ¿Soy yo? ¿Soy yo?
¿Soy yo? ¿Soy yo? ¿Soy yo? ¿Soy yo? ¿Soy yo? ¿Soy yo?
¿Soy yo? ¿Soy yo? ¿Soy yo? ¿Soy yo? ¿Soy yo?

¿Soy yo? ¿Soy yo? ¿Soy yo? ¿Soy yo? ¿Soy yo? ¿Soy yo?
¿Soy yo? ¿Soy yo? ¿Soy yo? ¿Soy yo? ¿Soy yo? ¿Soy yo?
¿Soy yo? ¿Soy yo? ¿Soy yo? ¿Soy yo? ¿Soy yo? ¿Soy yo?
¿Soy yo? ¿Soy yo? ¿Soy yo? ¿Soy yo? ¿Soy yo? ¿Soy yo?
¿Soy yo? ¿Soy yo? ¿Soy yo? ¿Soy yo? ¿Soy yo? ¿Soy yo?
¿Soy yo? ¿Soy yo? ¿Soy yo? ¿Soy yo? ¿Soy yo? ¿Soy yo?

¿Soy yo? ¿Soy yo? ¿Soy yo? ¿Soy yo? ¿Soy yo? ¿Soy yo?
¿Soy yo? ¿Soy yo? ¿Soy yo? ¿Soy yo? ¿Soy yo? ¿Soy yo?
¿Soy yo? ¿Soy yo? ¿Soy yo? ¿Soy yo? ¿Soy yo? ¿Soy yo?
¿Soy yo?
¿Soy yo? ¿Soy yo? ¿Soy yo? ¿Soy yo? ¿Soy yo? ¿Soy yo?
¿Soy yo? ¿Soy yo? ¿Soy yo? ¿Soy yo? ¿Soy yo? ¿Soy yo?
¿Soy yo? ¿Soy yo? ¿Soy yo? ¿Soy yo? ¿Soy yo? ¿Soy yo?
¿Soy yo? ¿Soy yo? ¿Soy yo? ¿Soy yo? ¿Soy yo? ¿Soy yo?
¿Soy yo? ¿Soy yo? ¿Soy yo? ¿Soy yo? ¿Soy yo?

¿Soy yo? ¿Soy yo? ¿Soy yo? ¿Soy yo? ¿Soy yo? ¿Soy yo?
¿Soy yo? ¿Soy yo? ¿Soy yo? ¿Soy yo? ¿Soy yo? ¿Soy yo?

¿Soy yo? ¿Soy yo?

¿Soy yo? ¿Soy yo?

¿Soy yo? ¿Soy yo?

¿Soy yo? ¿Soy yo?

¿Soy yo? ¿Soy yo? ¿Soy yo? ¿Soy yo? ¿Soy yo? ¿Soy yo? ¿Soy yo? ¿Soy yo? ¿Soy yo? ¿Soy yo? ¿Soy yo? ¿Soy yo? ¿Soy yo? ¿Soy yo?

¿Soy yo? ¿Soy yo? ¿Soy yo? ¿Soy yo?¿Soy yo? ¿Soy yo?

¿Soy yo? ¿Soy yo? ¿Soy yo? ¿Soy yo? ¿Soy yo? ¿Soy yo?
¿Soy yo? ¿Soy yo? ¿Soy yo? ¿Soy yo? ¿Soy yo? ¿Soy yo?
¿Soy yo? ¿Soy yo? ¿Soy yo? ¿Soy yo? ¿Soy yo? ¿Soy yo?
¿Soy yo? ¿Soy yo? ¿Soy yo? ¿Soy yo? ¿Soy yo? ¿Soy yo?
¿Soy yo? ¿Soy yo? ¿Soy yo? ¿Soy yo? ¿Soy yo? ¿Soy yo?
¿Soy yo? ¿Soy yo?
¿Soy yo? ¿Soy yo? ¿Soy yo?

¿Soy yo? ¿Soy yo? ¿Soy yo? ¿Soy yo? ¿Soy yo? ¿Soy yo?
¿Soy yo? ¿Soy yo? ¿Soy yo? ¿Soy yo? ¿Soy yo? ¿Soy yo?
¿Soy yo? ¿Soy yo? ¿Soy yo? ¿Soy yo? ¿Soy yo? ¿Soy yo?
¿Soy yo? ¿Soy yo? ¿Soy yo? ¿Soy yo? ¿Soy yo? ¿Soy yo?
¿Soy yo? ¿Soy yo? ¿Soy yo? ¿Soy yo? ¿Soy yo? ¿Soy yo?
¿Soy yo? ¿Soy yo?
¿Soy yo? ¿Soy yo? ¿Soy yo? ¿Soy yo? ¿Soy yo? ¿Soy yo?
¿Soy yo? ¿Soy yo? ¿Soy yo? ¿Soy yo? ¿Soy yo? ¿Soy yo?
¿Soy yo? ¿Soy yo? ¿Soy yo? ¿Soy yo? ¿Soy yo?

¿Soy yo? ¿Soy yo? ¿Soy yo? ¿Soy yo? ¿Soy yo? ¿Soy yo?
¿Soy yo? ¿Soy yo? ¿Soy yo? ¿Soy yo? ¿Soy yo? ¿Soy yo?
¿Soy yo? ¿Soy yo? ¿Soy yo? ¿Soy yo? ¿Soy yo? ¿Soy yo?
¿Soy yo? ¿Soy yo? ¿Soy yo? ¿Soy yo? ¿Soy yo? ¿Soy yo?
¿Soy yo? ¿Soy yo? ¿Soy yo? ¿Soy yo? ¿Soy yo? ¿Soy yo?
¿Soy yo? ¿Soy yo? ¿Soy yo? ¿Soy yo? ¿Soy yo? ¿Soy yo?

¿Soy yo? ¿Soy yo? ¿Soy yo? ¿Soy yo? ¿Soy yo? ¿Soy yo?
¿Soy yo? ¿Soy yo? ¿Soy yo? ¿Soy yo? ¿Soy yo? ¿Soy yo?
¿Soy yo? ¿Soy yo?

¿Soy yo? ¿Soy yo? ¿Soy yo? ¿Soy yo?¿Soy yo? ¿Soy yo?
¿Soy yo? ¿Soy yo? ¿Soy yo? ¿Soy yo? ¿Soy yo? ¿Soy yo?
¿Soy yo? ¿Soy yo? ¿Soy yo? ¿Soy yo? ¿Soy yo? ¿Soy yo?

¿Soy yo? ¿Soy yo? ¿Soy yo? ¿Soy yo? ¿Soy yo? ¿Soy yo? ¿Soy yo? ¿Soy yo? ¿Soy yo? ¿Soy yo? ¿Soy yo? ¿Soy yo? ¿Soy yo? ¿Soy yo? ¿Soy yo? ¿Soy yo?

¿Soy yo? ¿Soy yo? ¿Soy yo? ¿Soy yo? ¿Soy yo? ¿Soy yo? ¿Soy yo? ¿Soy yo? ¿Soy yo? ¿Soy yo? ¿Soy yo? ¿Soy yo? ¿Soy yo? ¿Soy yo? ¿Soy yo? ¿Soy yo? ¿Soy yo? ¿Soy yo? ¿Soy yo? ¿Soy yo?

¿Soy yo? ¿Soy yo? ¿Soy yo? ¿Soy yo? ¿Soy yo? ¿Soy yo? ¿Soy yo? ¿Soy yo? ¿Soy yo? ¿Soy yo?¿Soy yo? ¿Soy yo? ¿Soy yo? ¿Soy yo? ¿Soy yo?

¿Soy yo? ¿Soy yo?
¿Soy yo? ¿Soy yo?

¿Soy yo? ¿Soy yo?

¿Soy yo? ¿Soy yo? ¿Soy yo? ¿Soy yo? ¿Soy yo? ¿Soy yo? ¿Soy yo? ¿Soy yo? ¿Soy yo? ¿Soy yo? ¿Soy yo? ¿Soy yo? ¿Soy yo? ¿Soy yo? ¿Soy yo? ¿Soy yo? ¿Soy yo? ¿Soy yo?

¿Soy yo? ¿Soy yo? ¿Soy yo? ¿Soy yo? ¿Soy yo? ¿Soy yo?
¿Soy yo? ¿Soy yo? ¿Soy yo? ¿Soy yo? ¿Soy yo? ¿Soy yo?
¿Soy yo? ¿Soy yo? ¿Soy yo? ¿Soy yo? ¿Soy yo? ¿Soy yo?
¿Soy yo? ¿Soy yo? ¿Soy yo? ¿Soy yo? ¿Soy yo? ¿Soy yo?
¿Soy yo? ¿Soy yo? ¿Soy yo? ¿Soy yo? ¿Soy yo? ¿Soy yo?

¿Soy yo? ¿Soy yo? ¿Soy yo? ¿Soy yo? ¿Soy yo?
¿Soy yo? ¿Soy yo? ¿Soy yo? ¿Soy yo? ¿Soy yo? ¿Soy yo?
¿Soy yo? ¿Soy yo? ¿Soy yo? ¿Soy yo? ¿Soy yo? ¿Soy yo?
¿Soy yo? ¿Soy yo? ¿Soy yo? ¿Soy yo? ¿Soy yo? ¿Soy yo?
¿Soy yo? ¿Soy yo? ¿Soy yo? ¿Soy yo? ¿Soy yo? ¿Soy yo?
¿Soy yo?¿Soy yo? ¿Soy yo? ¿Soy yo? ¿Soy yo? ¿Soy yo?

¿Soy yo? ¿Soy yo? ¿Soy yo? ¿Soy yo? ¿Soy yo? ¿Soy yo?
¿Soy yo? ¿Soy yo? ¿Soy yo? ¿Soy yo? ¿Soy yo? ¿Soy yo?
¿Soy yo? ¿Soy yo? ¿Soy yo? ¿Soy yo? ¿Soy yo? ¿Soy yo?
¿Soy yo? ¿Soy yo? ¿Soy yo?
¿Soy yo? ¿Soy yo? ¿Soy yo? ¿Soy yo? ¿Soy yo? ¿Soy yo?
¿Soy yo? ¿Soy yo? ¿Soy yo? ¿Soy yo? ¿Soy yo? ¿Soy yo?
¿Soy yo? ¿Soy yo? ¿Soy yo? ¿Soy yo? ¿Soy yo? ¿Soy yo?
¿Soy yo? ¿Soy yo? ¿Soy yo? ¿Soy yo? ¿Soy yo? ¿Soy yo?
¿Soy yo? ¿Soy yo? ¿Soy yo? ¿Soy yo?

¿Soy yo? ¿Soy yo? ¿Soy yo? ¿Soy yo? ¿Soy yo? ¿Soy yo?
¿Soy yo? ¿Soy yo? ¿Soy yo? ¿Soy yo? ¿Soy yo? ¿Soy yo?
¿Soy yo? ¿Soy yo? ¿Soy yo? ¿Soy yo? ¿Soy yo? ¿Soy yo?
¿Soy yo? ¿Soy yo?

¿Soy yo? ¿Soy yo? ¿Soy yo? ¿Soy yo? ¿Soy yo? ¿Soy yo?
¿Soy yo? ¿Soy yo? ¿Soy yo? ¿Soy yo? ¿Soy yo? ¿Soy yo?
¿Soy yo? ¿Soy yo? ¿Soy yo? ¿Soy yo?

¿Soy yo? ¿Soy yo?

¿Soy yo? ¿Soy yo?

¿Soy yo? ¿Soy yo?

¿Soy yo? ¿Soy yo? ¿Soy yo? ¿Soy yo? ¿Soy yo? ¿Soy yo? ¿Soy yo? ¿Soy yo? ¿Soy yo? ¿Soy yo? ¿Soy yo? ¿Soy yo? ¿Soy yo? ¿Soy yo? ¿Soy yo? ¿Soy yo? ¿Soy yo? ¿Soy yo? ¿Soy yo? ¿Soy yo?

¿Soy yo? ¿Soy yo?

¿Soy yo? ¿Soy yo?

¿Soy yo? ¿Soy yo? ¿Soy yo? ¿Soy yo? ¿Soy yo? ¿Soy yo? ¿Soy yo? ¿Soy yo? ¿Soy yo? ¿Soy yo? ¿Soy yo? ¿Soy yo?

¿Soy yo? ¿Soy yo?

¿Soy yo? ¿Soy yo?

¿Soy yo? ¿Soy yo?

¿Soy yo? ¿Soy yo? ¿Soy yo? ¿Soy yo? ¿Soy yo? ¿Soy yo? ¿Soy yo? ¿Soy yo? ¿Soy yo? ¿Soy yo? ¿Soy yo? ¿Soy yo? ¿Soy yo? ¿Soy yo? ¿Soy yo? ¿Soy yo? ¿Soy yo? ¿Soy yo?

¿Soy yo? ¿Soy yo? ¿Soy yo? ¿Soy yo? ¿Soy yo? ¿Soy yo? ¿Soy yo? ¿Soy yo? ¿Soy yo? ¿Soy yo? ¿Soy yo? ¿Soy yo? ¿Soy yo? ¿Soy yo? ¿Soy yo? ¿Soy yo? ¿Soy yo? ¿Soy yo?

¿Soy yo? ¿Soy yo?

¿Soy yo? ¿Soy yo?

¿Soy yo? ¿Soy yo?

¿Soy yo? ¿Soy yo? ¿Soy yo? ¿Soy yo? ¿Soy yo? ¿Soy yo? ¿Soy yo? ¿Soy yo? ¿Soy yo? ¿Soy yo? ¿Soy yo? ¿Soy yo?

¿Soy yo? ¿Soy yo?

¿Soy yo? ¿Soy yo?

¿Soy yo? ¿Soy yo?

¿Soy yo? ¿Soy yo?

¿Soy yo? ¿Soy yo?

¿Soy yo? ¿Soy yo?

¿Soy yo? ¿Soy yo?

¿Soy yo? ¿Soy yo? ¿Soy yo? ¿Soy yo?¿Soy yo? ¿Soy yo? ¿Soy yo? ¿Soy yo? ¿Soy yo?

¿Soy yo? ¿Soy yo?

¿Soy yo? ¿Soy yo? ¿Soy yo? ¿Soy yo? ¿Soy yo? ¿Soy yo?
¿Soy yo?

¿Soy yo? ¿Soy yo? ¿Soy yo? ¿Soy yo? ¿Soy yo? ¿Soy yo?
¿Soy yo? ¿Soy yo? ¿Soy yo? ¿Soy yo? ¿Soy yo? ¿Soy yo?
¿Soy yo? ¿Soy yo? ¿Soy yo? ¿Soy yo? ¿Soy yo? ¿Soy yo?
¿Soy yo? ¿Soy yo?
¿Soy yo? ¿Soy yo? ¿Soy yo? ¿Soy yo? ¿Soy yo? ¿Soy yo?
¿Soy yo? ¿Soy yo? ¿Soy yo? ¿Soy yo? ¿Soy yo? ¿Soy yo?
¿Soy yo? ¿Soy yo? ¿Soy yo? ¿Soy yo?

¿Soy yo? ¿Soy yo? ¿Soy yo? ¿Soy yo? ¿Soy yo? ¿Soy yo?
¿Soy yo? ¿Soy yo? ¿Soy yo? ¿Soy yo? ¿Soy yo? ¿Soy yo?
¿Soy yo? ¿Soy yo? ¿Soy yo? ¿Soy yo? ¿Soy yo? ¿Soy yo?
¿Soy yo? ¿Soy yo? ¿Soy yo? ¿Soy yo? ¿Soy yo? ¿Soy yo?
¿Soy yo? ¿Soy yo? ¿Soy yo? ¿Soy yo? ¿Soy yo? ¿Soy yo?
¿Soy yo? ¿Soy yo? ¿Soy yo? ¿Soy yo? ¿Soy yo? ¿Soy yo?
¿Soy yo? ¿Soy yo? ¿Soy yo? ¿Soy yo? ¿Soy yo? ¿Soy yo?
¿Soy yo? ¿Soy yo? ¿Soy yo? ¿Soy yo? ¿Soy yo? ¿Soy yo?

¿Soy yo? ¿Soy yo? ¿Soy yo? ¿Soy yo? ¿Soy yo? ¿Soy yo?
¿Soy yo? ¿Soy yo? ¿Soy yo? ¿Soy yo? ¿Soy yo? ¿Soy yo?
¿Soy yo? ¿Soy yo? ¿Soy yo? ¿Soy yo? ¿Soy yo? ¿Soy yo?
¿Soy yo?
¿Soy yo? ¿Soy yo? ¿Soy yo? ¿Soy yo? ¿Soy yo? ¿Soy yo?
¿Soy yo? ¿Soy yo? ¿Soy yo? ¿Soy yo? ¿Soy yo?¿Soy yo?
¿Soy yo? ¿Soy yo? ¿Soy yo? ¿Soy yo?

¿Soy yo? ¿Soy yo? ¿Soy yo? ¿Soy yo? ¿Soy yo? ¿Soy yo?
¿Soy yo? ¿Soy yo? ¿Soy yo? ¿Soy yo? ¿Soy yo? ¿Soy yo?
¿Soy yo? ¿Soy yo? ¿Soy yo? ¿Soy yo? ¿Soy yo? ¿Soy yo?
¿Soy yo? ¿Soy yo? ¿Soy yo? ¿Soy yo? ¿Soy yo? ¿Soy yo?

¿Soy yo? ¿Soy yo?

¿Soy yo? ¿Soy yo?

¿Soy yo? ¿Soy yo?

¿Soy yo? ¿Soy yo?

¿Soy yo? ¿Soy yo? ¿Soy yo? ¿Soy yo? ¿Soy yo? ¿Soy yo? ¿Soy yo? ¿Soy yo? ¿Soy yo? ¿Soy yo? ¿Soy yo? ¿Soy yo? ¿Soy yo? ¿Soy yo? ¿Soy yo? ¿Soy yo? ¿Soy yo? ¿Soy yo?

¿Soy yo? ¿Soy yo? ¿Soy yo? ¿Soy yo? ¿Soy yo? ¿Soy yo?
¿Soy yo? ¿Soy yo? ¿Soy yo? ¿Soy yo? ¿Soy yo? ¿Soy yo?
¿Soy yo? ¿Soy yo? ¿Soy yo? ¿Soy yo? ¿Soy yo? ¿Soy yo?
¿Soy yo? ¿Soy yo? ¿Soy yo? ¿Soy yo? ¿Soy yo? ¿Soy yo?
¿Soy yo? ¿Soy yo? ¿Soy yo? ¿Soy yo? ¿Soy yo? ¿Soy yo?
¿Soy yo?

¿Soy yo? ¿Soy yo?

Capítulo 5

¿Fui yo?

¿Fui yo? ¿Fui yo? ¿Fui yo? ¿Fui yo? ¿Fui yo? ¿Fui yo? ¿Fui
yo? ¿Fui yo? ¿Fui yo? ¿Fui yo? ¿Fui yo? ¿Fui yo? ¿Fui yo?
¿Fui yo? ¿Fui yo? ¿Fui yo? ¿Fui yo? ¿Fui yo? ¿Fui yo? ¿Fui
yo? ¿Fui yo? ¿Fui yo? ¿Fui yo? ¿Fui yo? ¿Fui yo? ¿Fui yo?
¿Fui yo? ¿Fui yo? ¿Fui yo? ¿Fui yo? ¿Fui yo? ¿Fui yo? ¿Fui
yo? ¿Fui yo? ¿Fui yo? ¿Fui yo? ¿Fui yo? ¿Fui yo? ¿Fui yo?
¿Fui yo? ¿Fui yo? ¿Fui yo?

¿Fui yo? ¿Fui yo? ¿Fui yo? ¿Fui yo? ¿Fui yo? ¿Fui yo? ¿Fui
yo? ¿Fui yo? ¿Fui yo? ¿Fui yo? ¿Fui yo? ¿Fui yo? ¿Fui yo?
¿Fui yo? ¿Fui yo? ¿Fui yo? ¿Fui yo? ¿Fui yo? ¿Fui yo? ¿Fui
yo? ¿Fui yo? ¿Fui yo? ¿Fui yo? ¿Fui yo? ¿Fui yo? ¿Fui yo?
¿Fui yo? ¿Fui yo? ¿Fui yo? ¿Fui yo? ¿Fui yo? ¿Fui yo? ¿Fui
yo? ¿Fui yo? ¿Fui yo? ¿Fui yo? ¿Fui yo? ¿Fui yo? ¿Fui yo?
¿Fui yo? ¿Fui yo? ¿Fui yo?
¿Fui yo? ¿Fui yo? ¿Fui yo? ¿Fui yo? ¿Fui yo? ¿Fui yo? ¿Fui
yo? ¿Fui yo? ¿Fui yo? ¿Fui yo? ¿Fui yo? ¿Fui yo? ¿Fui yo?

¿Fui yo? ¿Fui yo?

¿Fui yo? ¿Fui yo?

¿Fui yo? ¿Fui yo?

¿Fui yo? ¿Fui yo?

¿Fui yo? ¿Fui yo? ¿Fui yo? ¿Fui yo? ¿Fui yo? ¿Fui yo? ¿Fui yo? ¿Fui yo? ¿Fui yo? ¿Fui yo? ¿Fui yo? ¿Fui yo? ¿Fui yo? ¿Fui yo? ¿Fui yo? ¿Fui yo? ¿Fui yo?

¿Fui yo? ¿Fui yo?

¿Fui yo? ¿Fui yo?

¿Fui yo? ¿Fui

yo? ¿Fui yo? ¿Fui yo? ¿Fui yo? ¿Fui yo? ¿Fui yo? ¿Fui yo? ¿Fui yo? ¿Fui yo? ¿Fui yo?

¿Fui yo? ¿Fui yo?

¿Fui yo? ¿Fui yo?

¿Fui yo? ¿Fui yo?

¿Fui yo? ¿Fui

yo? ¿Fui yo? ¿Fui yo? ¿Fui yo? ¿Fui yo? ¿Fui yo? ¿Fui yo?
¿Fui yo? ¿Fui yo? ¿Fui yo?

¿Fui yo? ¿Fui yo? ¿Fui yo? ¿Fui yo? ¿Fui yo? ¿Fui yo? ¿Fui
yo? ¿Fui yo? ¿Fui yo? ¿Fui yo? ¿Fui yo? ¿Fui yo? ¿Fui yo?
¿Fui yo? ¿Fui yo? ¿Fui yo? ¿Fui yo? ¿Fui yo? ¿Fui yo? ¿Fui
yo? ¿Fui yo? ¿Fui yo? ¿Fui yo? ¿Fui yo? ¿Fui yo? ¿Fui yo?
¿Fui yo? ¿Fui yo? ¿Fui yo? ¿Fui yo? ¿Fui yo? ¿Fui yo? ¿Fui
yo? ¿Fui yo? ¿Fui yo? ¿Fui yo? ¿Fui yo? ¿Fui yo? ¿Fui yo?
¿Fui yo? ¿Fui yo? ¿Fui yo?

¿Fui yo? ¿Fui yo? ¿Fui yo? ¿Fui yo? ¿Fui yo? ¿Fui yo? ¿Fui
yo? ¿Fui yo? ¿Fui yo? ¿Fui yo? ¿Fui yo? ¿Fui yo? ¿Fui yo?
¿Fui yo? ¿Fui yo? ¿Fui yo? ¿Fui yo? ¿Fui yo? ¿Fui yo? ¿Fui
yo? ¿Fui yo? ¿Fui yo? ¿Fui yo? ¿Fui yo? ¿Fui yo? ¿Fui yo?
¿Fui yo? ¿Fui yo? ¿Fui yo? ¿Fui yo? ¿Fui yo? ¿Fui yo? ¿Fui
yo? ¿Fui yo? ¿Fui yo? ¿Fui yo? ¿Fui yo? ¿Fui yo?

¿Fui yo? ¿Fui yo? ¿Fui yo? ¿Fui yo? ¿Fui yo? ¿Fui yo? ¿Fui
yo? ¿Fui yo? ¿Fui yo? ¿Fui yo? ¿Fui yo? ¿Fui yo? ¿Fui yo?
¿Fui yo? ¿Fui yo? ¿Fui yo? ¿Fui yo? ¿Fui yo? ¿Fui yo? ¿Fui
yo? ¿Fui yo? ¿Fui yo? ¿Fui yo? ¿Fui yo? ¿Fui yo? ¿Fui yo?
¿Fui yo? ¿Fui yo? ¿Fui yo? ¿Fui yo? ¿Fui yo? ¿Fui yo? ¿Fui
yo? ¿Fui yo? ¿Fui yo? ¿Fui yo? ¿Fui yo? ¿Fui yo? ¿Fui yo?
¿Fui yo? ¿Fui yo? ¿Fui yo? ¿Fui yo? ¿Fui yo? ¿Fui yo? ¿Fui
yo? ¿Fui yo? ¿Fui yo? ¿Fui yo? ¿Fui yo? ¿Fui yo? ¿Fui yo?
¿Fui yo? ¿Fui yo? ¿Fui yo? ¿Fui yo? ¿Fui yo? ¿Fui yo? ¿Fui
yo? ¿Fui yo? ¿Fui yo? ¿Fui yo? ¿Fui yo? ¿Fui yo? ¿Fui yo?
¿Fui yo? ¿Fui yo? ¿Fui yo? ¿Fui yo? ¿Fui yo? ¿Fui yo? ¿Fui
yo? ¿Fui yo? ¿Fui yo? ¿Fui yo? ¿Fui yo? ¿Fui yo? ¿Fui yo?
¿Fui yo? ¿Fui yo? ¿Fui yo? ¿Fui yo? ¿Fui yo? ¿Fui yo?

¿Fui yo? ¿Fui yo?

¿Fui yo? ¿Fui yo?

¿Fui yo? ¿Fui yo?

¿Fui yo? ¿Fui yo? ¿Fui yo? ¿Fui yo? ¿Fui yo? ¿Fui yo? ¿Fui yo? ¿Fui yo? ¿Fui yo? ¿Fui yo? ¿Fui yo? ¿Fui yo? ¿Fui yo? ¿Fui yo?

¿Fui yo? ¿Fui yo?

¿Fui yo? ¿Fui yo?

¿Fui yo? ¿Fui yo?

¿Fui yo? ¿Fui yo?

¿Fui yo? ¿Fui yo?

¿Fui yo? ¿Fui yo?

¿Fui yo? ¿Fui yo?
¿Fui yo? ¿Fui yo?

¿Fui yo? ¿Fui

yo? ¿Fui yo? ¿Fui yo? ¿Fui yo? ¿Fui yo? ¿Fui yo? ¿Fui yo? ¿Fui yo? ¿Fui yo? ¿Fui yo?

¿Fui yo? ¿Fui yo?

¿Fui yo? ¿Fui yo?
¿Fui yo? ¿Fui yo? ¿Fui yo? ¿Fui yo? ¿Fui yo? ¿Fui yo? ¿Fui yo? ¿Fui yo? ¿Fui yo? ¿Fui yo? ¿Fui yo? ¿Fui yo? ¿Fui yo? ¿Fui yo? ¿Fui yo? ¿Fui yo? ¿Fui yo? ¿Fui yo? ¿Fui yo? ¿Fui yo?

¿Fui yo? ¿Fui yo?

¿Fui yo? ¿Fui

yo? ¿Fui yo? ¿Fui yo? ¿Fui yo? ¿Fui yo? ¿Fui yo? ¿Fui yo? ¿Fui yo? ¿Fui yo? ¿Fui yo?

¿Fui yo? ¿Fui yo?

¿Fui yo? ¿Fui yo? ¿Fui yo? ¿Fui yo? ¿Fui yo? ¿Fui yo? ¿Fui yo? ¿Fui yo? ¿Fui yo? ¿Fui yo? ¿Fui yo? ¿Fui yo? ¿Fui yo? ¿Fui yo? ¿Fui yo? ¿Fui yo? ¿Fui yo? ¿Fui yo? ¿Fui yo? ¿Fui yo?

¿Fui yo? ¿Fui yo? ¿Fui yo? ¿Fui yo? ¿Fui yo? ¿Fui yo? ¿Fui yo? ¿Fui yo? ¿Fui yo? ¿Fui yo? ¿Fui yo? ¿Fui yo? ¿Fui yo? ¿Fui yo? ¿Fui yo? ¿Fui yo?
¿Fui yo? ¿Fui yo?

¿Fui yo? ¿Fui

yo? ¿Fui yo? ¿Fui yo? ¿Fui yo? ¿Fui yo? ¿Fui yo? ¿Fui yo? ¿Fui yo? ¿Fui yo? ¿Fui yo?

¿Fui yo? ¿Fui yo?

¿Fui yo? ¿Fui yo?

¿Fui yo? ¿Fui yo?
¿Fui yo? ¿Fui yo? ¿Fui yo? ¿Fui yo? ¿Fui yo? ¿Fui yo? ¿Fui yo? ¿Fui yo? ¿Fui yo? ¿Fui yo? ¿Fui yo? ¿Fui yo? ¿Fui yo? ¿Fui yo? ¿Fui yo? ¿Fui yo? ¿Fui yo? ¿Fui yo? ¿Fui yo?

¿Fui yo? ¿Fui yo?

¿Fui yo? ¿Fui yo?

¿Fui yo? ¿Fui yo?
¿Fui yo? ¿Fui yo?
¿Fui yo? ¿Fui yo?

¿Fui yo? ¿Fui yo? ¿Fui yo? ¿Fui yo? ¿Fui yo? ¿Fui yo? ¿Fui yo? ¿Fui yo? ¿Fui yo? ¿Fui yo? ¿Fui yo?
¿Fui yo? ¿Fui yo?

¿Fui yo?

Capítulo 6

¿Quiero yo?

¿Quiero yo? ¿Quiero yo? ¿Quiero yo? ¿Quiero yo?
¿Quiero yo? ¿Quiero yo? ¿Quiero yo? ¿Quiero yo?
¿Quiero yo? ¿Quiero yo? ¿Quiero yo? ¿Quiero yo
¿Quiero yo? ¿Quiero yo? ¿Quiero yo? ¿Quiero yo?
¿Quiero yo? ¿Quiero yo? ¿Quiero yo? ¿Quiero yo?
¿Quiero yo? ¿Quiero yo? ¿Quiero yo? ¿Quiero yo?
¿Quiero yo?

¿Quiero yo? ¿Quiero yo? ¿Quiero yo? ¿Quiero yo?
¿Quiero yo? ¿Quiero yo? ¿Quiero yo? ¿Quiero yo?
¿Quiero yo? ¿Quiero yo? ¿Quiero yo? ¿Quiero yo
¿Quiero yo? ¿Quiero yo? ¿Quiero yo? ¿Quiero yo?
¿Quiero yo? ¿Quiero yo? ¿Quiero yo? ¿Quiero yo?
¿Quiero yo? ¿Quiero yo? ¿Quiero yo? ¿Quiero yo?
¿Quiero yo?

¿Quiero yo? ¿Quiero yo? ¿Quiero yo? ¿Quiero yo?
¿Quiero yo? ¿Quiero yo? ¿Quiero yo? ¿Quiero yo?
¿Quiero yo? ¿Quiero yo? ¿Quiero yo? ¿Quiero yo
¿Quiero yo? ¿Quiero yo? ¿Quiero yo? ¿Quiero yo?
¿Quiero yo? ¿Quiero yo? ¿Quiero yo? ¿Quiero yo?
¿Quiero yo? ¿Quiero yo? ¿Quiero yo? ¿Quiero yo?
¿Quiero yo?

¿Quiero yo? ¿Quiero yo? ¿Quiero yo? ¿Quiero yo?
¿Quiero yo? ¿Quiero yo? ¿Quiero yo? ¿Quiero yo?

¿Quiero yo? ¿Quiero yo? ¿Quiero yo? ¿Quiero yo
¿Quiero yo? ¿Quiero yo? ¿Quiero yo? ¿Quiero yo?
¿Quiero yo? ¿Quiero yo? ¿Quiero yo? ¿Quiero yo?
¿Quiero yo? ¿Quiero yo? ¿Quiero yo? ¿Quiero yo?
¿Quiero yo? ¿Quiero yo? ¿Quiero yo? ¿Quiero yo?
¿Quiero yo? ¿Quiero yo? ¿Quiero yo? ¿Quiero yo?
¿Quiero yo? ¿Quiero yo? ¿Quiero yo? ¿Quiero yo?
¿Quiero yo ¿Quiero yo? ¿Quiero yo? ¿Quiero yo? ¿Quiero
yo? ¿Quiero yo? ¿Quiero yo? ¿Quiero yo? ¿Quiero yo?
¿Quiero yo? ¿Quiero yo? ¿Quiero yo? ¿Quiero yo?
¿Quiero yo? ¿Quiero yo? ¿Quiero yo? ¿Quiero yo?
¿Quiero yo? ¿Quiero yo? ¿Quiero yo? ¿Quiero yo?
¿Quiero yo? ¿Quiero yo? ¿Quiero yo? ¿Quiero yo?
¿Quiero yo ¿Quiero yo? ¿Quiero yo? ¿Quiero yo? ¿Quiero
yo? ¿Quiero yo? ¿Quiero yo? ¿Quiero yo? ¿Quiero yo?
¿Quiero yo? ¿Quiero yo? ¿Quiero yo? ¿Quiero yo?
¿Quiero yo?

¿Quiero yo? ¿Quiero yo? ¿Quiero yo? ¿Quiero yo?
¿Quiero yo? ¿Quiero yo? ¿Quiero yo? ¿Quiero yo?
¿Quiero yo? ¿Quiero yo? ¿Quiero yo? ¿Quiero yo?
¿Quiero yo? ¿Quiero yo? ¿Quiero yo? ¿Quiero yo?
¿Quiero yo? ¿Quiero yo? ¿Quiero yo? ¿Quiero yo?
¿Quiero yo ¿Quiero yo? ¿Quiero yo? ¿Quiero yo? ¿Quiero
yo? ¿Quiero yo? ¿Quiero yo? ¿Quiero yo? ¿Quiero yo?
¿Quiero yo? ¿Quiero yo? ¿Quiero yo? ¿Quiero yo?
¿Quiero yo? ¿Quiero yo? ¿Quiero yo? ¿Quiero yo?
¿Quiero yo? ¿Quiero yo? ¿Quiero yo? ¿Quiero yo?
¿Quiero yo? ¿Quiero yo? ¿Quiero yo? ¿Quiero yo?
¿Quiero yo ¿Quiero yo? ¿Quiero yo? ¿Quiero yo? ¿Quiero
yo? ¿Quiero yo? ¿Quiero yo? ¿Quiero yo? ¿Quiero yo?

¿Quiero yo? ¿Quiero yo? ¿Quiero yo? ¿Quiero yo? ¿Quiero yo?

¿Quiero yo? ¿Quiero yo ¿Quiero yo? ¿Quiero yo ¿Quiero yo? ¿Quiero yo? ¿Quiero yo? ¿Quiero yo? ¿Quiero yo? ¿Quiero yo? ¿Quiero yo? ¿Quiero yo? ¿Quiero yo? ¿Quiero yo? ¿Quiero yo? ¿Quiero yo? ¿Quiero yo?

¿Quiero yo? ¿Quiero yo ¿Quiero yo? ¿Quiero yo ¿Quiero yo? ¿Quiero yo? ¿Quiero yo? ¿Quiero yo? ¿Quiero yo? ¿Quiero yo? ¿Quiero yo? ¿Quiero yo? ¿Quiero yo? ¿Quiero yo? ¿Quiero yo? ¿Quiero yo? ¿Quiero yo?

¿Quiero yo? ¿Quiero yo ¿Quiero yo? ¿Quiero yo ¿Quiero yo? ¿Quiero yo ¿Quiero yo? ¿Quiero yo ¿Quiero yo? ¿Quiero yo? ¿Quiero yo? ¿Quiero yo? ¿Quiero yo? ¿Quiero yo? ¿Quiero yo? ¿Quiero yo?

¿Quiero yo? ¿Quiero yo? ¿Quiero yo? ¿Quiero yo?
¿Quiero yo? ¿Quiero yo?

¿Quiero yo? ¿Quiero yo? ¿Quiero yo? ¿Quiero yo?
¿Quiero yo? ¿Quiero yo? ¿Quiero yo? ¿Quiero yo?
¿Quiero yo? ¿Quiero yo? ¿Quiero yo? ¿Quiero yo?
¿Quiero yo? ¿Quiero yo? ¿Quiero yo? ¿Quiero yo?
¿Quiero yo? ¿Quiero yo? ¿Quiero yo? ¿Quiero yo?
¿Quiero yo ¿Quiero yo? ¿Quiero yo? ¿Quiero yo? ¿Quiero
yo? ¿Quiero yo? ¿Quiero yo? ¿Quiero yo? ¿Quiero yo?
¿Quiero yo? ¿Quiero yo? ¿Quiero yo? ¿Quiero yo?
¿Quiero yo? ¿Quiero yo? ¿Quiero yo? ¿Quiero yo?
¿Quiero yo? ¿Quiero yo? ¿Quiero yo? ¿Quiero yo?
¿Quiero yo? ¿Quiero yo? ¿Quiero yo? ¿Quiero yo?
¿Quiero yo ¿Quiero yo? ¿Quiero yo? ¿Quiero yo? ¿Quiero
yo? ¿Quiero yo? ¿Quiero yo? ¿Quiero yo? ¿Quiero yo?
¿Quiero yo? ¿Quiero yo? ¿Quiero yo? ¿Quiero yo?
¿Quiero yo?

¿Quiero yo? ¿Quiero yo? ¿Quiero yo? ¿Quiero yo?
¿Quiero yo? ¿Quiero yo? ¿Quiero yo? ¿Quiero yo?
¿Quiero yo? ¿Quiero yo? ¿Quiero yo? ¿Quiero yo?
¿Quiero yo? ¿Quiero yo? ¿Quiero yo? ¿Quiero yo?
¿Quiero yo? ¿Quiero yo? ¿Quiero yo? ¿Quiero yo?
¿Quiero yo ¿Quiero yo? ¿Quiero yo? ¿Quiero yo? ¿Quiero
yo? ¿Quiero yo? ¿Quiero yo? ¿Quiero yo? ¿Quiero yo?
¿Quiero yo? ¿Quiero yo? ¿Quiero yo? ¿Quiero yo?
¿Quiero yo? ¿Quiero yo? ¿Quiero yo? ¿Quiero yo?
¿Quiero yo? ¿Quiero yo? ¿Quiero yo? ¿Quiero yo?
¿Quiero yo? ¿Quiero yo? ¿Quiero yo? ¿Quiero yo?
¿Quiero yo ¿Quiero yo? ¿Quiero yo? ¿Quiero yo? ¿Quiero

yo? ¿Quiero yo? ¿Quiero yo? ¿Quiero yo? ¿Quiero yo? ¿Quiero yo? ¿Quiero yo? ¿Quiero yo? ¿Quiero yo? ¿Quiero yo?

¿Quiero yo? ¿Quiero yo ¿Quiero yo? ¿Quiero yo ¿Quiero yo? ¿Quiero yo? ¿Quiero yo? ¿Quiero yo? ¿Quiero yo? ¿Quiero yo? ¿Quiero yo? ¿Quiero yo? ¿Quiero yo? ¿Quiero yo? ¿Quiero yo? ¿Quiero yo? ¿Quiero yo?

¿Quiero yo? ¿Quiero yo ¿Quiero yo?

¿Quiero yo ¿Quiero yo? ¿Quiero yo? ¿Quiero yo? ¿Quiero yo? ¿Quiero yo? ¿Quiero yo? ¿Quiero yo? ¿Quiero yo? ¿Quiero yo? ¿Quiero yo? ¿Quiero yo? ¿Quiero yo? ¿Quiero yo?

¿Quiero yo? ¿Quiero yo ¿Quiero yo? ¿Quiero yo ¿Quiero yo? ¿Quiero yo? ¿Quiero yo? ¿Quiero yo? ¿Quiero yo? ¿Quiero yo? ¿Quiero yo? ¿Quiero yo? ¿Quiero yo? ¿Quiero yo?

¿Quiero yo? ¿Quiero yo? ¿Quiero yo?

¿Quiero yo? ¿Quiero yo ¿Quiero yo? ¿Quiero yo? ¿Quiero yo? ¿Quiero yo? ¿Quiero yo? ¿Quiero yo? ¿Quiero yo? ¿Quiero yo? ¿Quiero yo? ¿Quiero yo? ¿Quiero yo? ¿Quiero yo? ¿Quiero yo?

¿Quiero yo? ¿Quiero yo? ¿Quiero yo? ¿Quiero yo?
¿Quiero yo? ¿Quiero yo? ¿Quiero yo? ¿Quiero yo?
¿Quiero yo? ¿Quiero yo? ¿Quiero yo? ¿Quiero yo?
¿Quiero yo ¿Quiero yo? ¿Quiero yo? ¿Quiero yo? ¿Quiero
yo? ¿Quiero yo? ¿Quiero yo? ¿Quiero yo? ¿Quiero yo?
¿Quiero yo? ¿Quiero yo? ¿Quiero yo? ¿Quiero yo?
¿Quiero yo?

¿Quiero yo? ¿Quiero yo? ¿Quiero yo? ¿Quiero yo?
¿Quiero yo? ¿Quiero yo? ¿Quiero yo? ¿Quiero yo?
¿Quiero yo? ¿Quiero yo?
¿Quiero yo? ¿Quiero yo? ¿Quiero yo? ¿Quiero yo?
¿Quiero yo? ¿Quiero yo? ¿Quiero yo? ¿Quiero yo?
¿Quiero yo? ¿Quiero yo? ¿Quiero yo ¿Quiero yo?
¿Quiero yo? ¿Quiero yo? ¿Quiero yo? ¿Quiero yo?
¿Quiero yo? ¿Quiero yo? ¿Quiero yo? ¿Quiero yo?
¿Quiero yo? ¿Quiero yo? ¿Quiero yo? ¿Quiero yo?
¿Quiero yo? ¿Quiero yo? ¿Quiero yo? ¿Quiero yo?
¿Quiero yo? ¿Quiero yo? ¿Quiero yo? ¿Quiero yo?
¿Quiero yo? ¿Quiero yo? ¿Quiero yo? ¿Quiero yo
¿Quiero yo? ¿Quiero yo? ¿Quiero yo? ¿Quiero yo?
¿Quiero yo? ¿Quiero yo? ¿Quiero yo? ¿Quiero yo?
¿Quiero yo? ¿Quiero yo? ¿Quiero yo? ¿Quiero yo?
¿Quiero yo?

¿Quiero yo? ¿Quiero yo? ¿Quiero yo? ¿Quiero yo?
¿Quiero yo? ¿Quiero yo? ¿Quiero yo? ¿Quiero yo?
¿Quiero yo? ¿Quiero yo? ¿Quiero yo? ¿Quiero yo?
¿Quiero yo? ¿Quiero yo? ¿Quiero yo? ¿Quiero yo?
¿Quiero yo? ¿Quiero yo? ¿Quiero yo? ¿Quiero yo?
¿Quiero yo ¿Quiero yo? ¿Quiero yo? ¿Quiero yo? ¿Quiero

yo? ¿Quiero yo? ¿Quiero yo? ¿Quiero yo? ¿Quiero yo?
¿Quiero yo? ¿Quiero yo? ¿Quiero yo? ¿Quiero yo?
¿Quiero yo? ¿Quiero yo? ¿Quiero yo? ¿Quiero yo?
¿Quiero yo? ¿Quiero yo? ¿Quiero yo? ¿Quiero yo?
¿Quiero yo? ¿Quiero yo? ¿Quiero yo? ¿Quiero yo?
¿Quiero yo ¿Quiero yo? ¿Quiero yo? ¿Quiero yo? ¿Quiero
yo? ¿Quiero yo? ¿Quiero yo? ¿Quiero yo? ¿Quiero yo?
¿Quiero yo? ¿Quiero yo? ¿Quiero yo? ¿Quiero yo?
¿Quiero yo?

¿Quiero yo? ¿Quiero yo? ¿Quiero yo? ¿Quiero yo?
¿Quiero yo? ¿Quiero yo? ¿Quiero yo? ¿Quiero yo?
¿Quiero yo? ¿Quiero yo? ¿Quiero yo? ¿Quiero yo?
¿Quiero yo? ¿Quiero yo? ¿Quiero yo? ¿Quiero yo?
¿Quiero yo? ¿Quiero yo? ¿Quiero yo? ¿Quiero yo?
¿Quiero yo ¿Quiero yo? ¿Quiero yo? ¿Quiero yo? ¿Quiero
yo? ¿Quiero yo? ¿Quiero yo? ¿Quiero yo? ¿Quiero yo?
¿Quiero yo? ¿Quiero yo? ¿Quiero yo? ¿Quiero yo?
¿Quiero yo? ¿Quiero yo? ¿Quiero yo? ¿Quiero yo?
¿Quiero yo? ¿Quiero yo? ¿Quiero yo? ¿Quiero yo?
¿Quiero yo? ¿Quiero yo? ¿Quiero yo? ¿Quiero yo?
¿Quiero yo ¿Quiero yo? ¿Quiero yo? ¿Quiero yo? ¿Quiero
yo? ¿Quiero yo? ¿Quiero yo? ¿Quiero yo? ¿Quiero yo?
¿Quiero yo? ¿Quiero yo? ¿Quiero yo? ¿Quiero yo?
¿Quiero yo?

¿Quiero yo? ¿Quiero yo? ¿Quiero yo? ¿Quiero yo?
¿Quiero yo? ¿Quiero yo? ¿Quiero yo? ¿Quiero yo?
¿Quiero yo? ¿Quiero yo? ¿Quiero yo? ¿Quiero yo?
¿Quiero yo? ¿Quiero yo? ¿Quiero yo? ¿Quiero yo?
¿Quiero yo? ¿Quiero yo? ¿Quiero yo? ¿Quiero yo?

¿Quiero yo ¿Quiero yo? ¿Quiero yo ¿Quiero yo? ¿Quiero yo? ¿Quiero yo? ¿Quiero yo? ¿Quiero yo? ¿Quiero yo? ¿Quiero yo? ¿Quiero yo? ¿Quiero yo? ¿Quiero yo? ¿Quiero yo? ¿Quiero yo? ¿Quiero yo?

¿Quiero yo? ¿Quiero yo ¿Quiero yo? ¿Quiero yo ¿Quiero yo? ¿Quiero yo? ¿Quiero yo? ¿Quiero yo? ¿Quiero yo? ¿Quiero yo? ¿Quiero yo? ¿Quiero yo? ¿Quiero yo? ¿Quiero yo? ¿Quiero yo? ¿Quiero yo? ¿Quiero yo? ¿Quiero yo?
¿Quiero yo? ¿Quiero yo? ¿Quiero yo? ¿Quiero yo? ¿Quiero yo? ¿Quiero yo? ¿Quiero yo? ¿Quiero yo? ¿Quiero yo?
¿Quiero yo? ¿Quiero yo? ¿Quiero yo? ¿Quiero yo? ¿Quiero yo? ¿Quiero yo? ¿Quiero yo? ¿Quiero yo?

¿Quiero yo? ¿Quiero yo? ¿Quiero yo? ¿Quiero yo ¿Quiero yo? ¿Quiero yo ¿Quiero yo? ¿Quiero yo? ¿Quiero yo? ¿Quiero yo? ¿Quiero yo? ¿Quiero yo? ¿Quiero yo? ¿Quiero yo? ¿Quiero yo? ¿Quiero yo? ¿Quiero yo? ¿Quiero yo? ¿Quiero yo?

¿Quiero yo? ¿Quiero yo ¿Quiero yo? ¿Quiero yo ¿Quiero yo? ¿Quiero yo ¿Quiero yo? ¿Quiero yo ¿Quiero yo? ¿Quiero yo? ¿Quiero yo? ¿Quiero yo? ¿Quiero yo? ¿Quiero yo? ¿Quiero yo? ¿Quiero yo? ¿Quiero yo? ¿Quiero yo? ¿Quiero yo? ¿Quiero yo? ¿Quiero yo?

¿Quiero yo? ¿Quiero yo ¿Quiero yo? ¿Quiero yo ¿Quiero yo? ¿Quiero yo? ¿Quiero yo? ¿Quiero yo? ¿Quiero yo? ¿Quiero yo? ¿Quiero yo? ¿Quiero yo? ¿Quiero yo? ¿Quiero yo? ¿Quiero yo? ¿Quiero yo? ¿Quiero yo?

¿Quiero yo? ¿Quiero yo? ¿Quiero yo? ¿Quiero yo? ¿Quiero yo? ¿Quiero yo? ¿Quiero yo? ¿Quiero yo? ¿Quiero yo? ¿Quiero yo? ¿Quiero yo? ¿Quiero yo? ¿Quiero yo? ¿Quiero yo? ¿Quiero yo? ¿Quiero yo? ¿Quiero yo? ¿Quiero yo? ¿Quiero yo? ¿Quiero yo?

¿Quiero yo ¿Quiero yo? ¿Quiero yo ¿Quiero yo? ¿Quiero yo? ¿Quiero yo? ¿Quiero yo? ¿Quiero yo? ¿Quiero yo? ¿Quiero yo? ¿Quiero yo? ¿Quiero yo? ¿Quiero yo? ¿Quiero yo? ¿Quiero yo? ¿Quiero yo?
¿Quiero yo? ¿Quiero yo ¿Quiero yo? ¿Quiero yo ¿Quiero yo? ¿Quiero yo? ¿Quiero yo? ¿Quiero yo? ¿Quiero yo? ¿Quiero yo? ¿Quiero yo? ¿Quiero yo? ¿Quiero yo? ¿Quiero yo? ¿Quiero yo? ¿Quiero yo? ¿Quiero yo?
¿Quiero yo?

¿Quiero yo? ¿Quiero yo? ¿Quiero yo? ¿Quiero yo? ¿Quiero yo? ¿Quiero yo? ¿Quiero yo? ¿Quiero yo? ¿Quiero yo? ¿Quiero yo? ¿Quiero yo? ¿Quiero yo? ¿Quiero yo? ¿Quiero yo? ¿Quiero yo? ¿Quiero yo? ¿Quiero yo? ¿Quiero yo? ¿Quiero yo? ¿Quiero yo?

¿Quiero yo ¿Quiero yo? ¿Quiero yo? ¿Quiero yo? ¿Quiero
yo? ¿Quiero yo? ¿Quiero yo? ¿Quiero yo? ¿Quiero yo?
¿Quiero yo? ¿Quiero yo? ¿Quiero yo? ¿Quiero yo?
¿Quiero yo? ¿Quiero yo? ¿Quiero yo? ¿Quiero yo?
¿Quiero yo? ¿Quiero yo? ¿Quiero yo? ¿Quiero yo?
¿Quiero yo? ¿Quiero yo? ¿Quiero yo? ¿Quiero yo?
¿Quiero yo ¿Quiero yo? ¿Quiero yo? ¿Quiero yo? ¿Quiero
yo? ¿Quiero yo? ¿Quiero yo? ¿Quiero yo? ¿Quiero yo?
¿Quiero yo? ¿Quiero yo? ¿Quiero yo? ¿Quiero yo?
¿Quiero yo?

¿Quiero yo? ¿Quiero yo? ¿Quiero yo? ¿Quiero yo?
¿Quiero yo? ¿Quiero yo? ¿Quiero yo? ¿Quiero yo?
¿Quiero yo? ¿Quiero yo? ¿Quiero yo? ¿Quiero yo?
¿Quiero yo? ¿Quiero yo? ¿Quiero yo? ¿Quiero yo?
¿Quiero yo? ¿Quiero yo? ¿Quiero yo? ¿Quiero yo?
¿Quiero yo ¿Quiero yo? ¿Quiero yo? ¿Quiero yo? ¿Quiero
yo? ¿Quiero yo? ¿Quiero yo? ¿Quiero yo? ¿Quiero yo?
¿Quiero yo? ¿Quiero yo? ¿Quiero yo? ¿Quiero yo?
¿Quiero yo? ¿Quiero yo? ¿Quiero yo? ¿Quiero yo?
¿Quiero yo? ¿Quiero yo? ¿Quiero yo? ¿Quiero yo?
¿Quiero yo? ¿Quiero yo? ¿Quiero yo? ¿Quiero yo?
¿Quiero yo ¿Quiero yo? ¿Quiero yo? ¿Quiero yo? ¿Quiero
yo? ¿Quiero yo? ¿Quiero yo? ¿Quiero yo? ¿Quiero yo?
¿Quiero yo? ¿Quiero yo? ¿Quiero yo? ¿Quiero yo?
¿Quiero yo? ¿Quiero yo? ¿Quiero yo? ¿Quiero yo?
¿Quiero yo? ¿Quiero yo? ¿Quiero yo? ¿Quiero yo?
¿Quiero yo? ¿Quiero yo? ¿Quiero yo? ¿Quiero yo?
¿Quiero yo? ¿Quiero yo? ¿Quiero yo? ¿Quiero yo?
¿Quiero yo? ¿Quiero yo? ¿Quiero yo? ¿Quiero yo?
¿Quiero yo? ¿Quiero yo ¿Quiero yo? ¿Quiero yo? ¿Quiero

yo? ¿Quiero yo? ¿Quiero yo? ¿Quiero yo? ¿Quiero yo?
¿Quiero yo? ¿Quiero yo? ¿Quiero yo? ¿Quiero yo?
¿Quiero yo? ¿Quiero yo? ¿Quiero yo? ¿Quiero yo?
¿Quiero yo? ¿Quiero yo? ¿Quiero yo? ¿Quiero yo?
¿Quiero yo? ¿Quiero yo? ¿Quiero yo? ¿Quiero yo?
¿Quiero yo? ¿Quiero yo ¿Quiero yo? ¿Quiero yo? ¿Quiero
yo? ¿Quiero yo? ¿Quiero yo? ¿Quiero yo? ¿Quiero yo?
¿Quiero yo? ¿Quiero yo? ¿Quiero yo? ¿Quiero yo?
¿Quiero yo? ¿Quiero yo?

¿Quiero yo? ¿Quiero yo? ¿Quiero yo? ¿Quiero yo?
¿Quiero yo? ¿Quiero yo? ¿Quiero yo? ¿Quiero yo?
¿Quiero yo? ¿Quiero yo? ¿Quiero yo? ¿Quiero yo?
¿Quiero yo? ¿Quiero yo? ¿Quiero yo? ¿Quiero yo?
¿Quiero yo? ¿Quiero yo? ¿Quiero yo? ¿Quiero yo?
¿Quiero yo ¿Quiero yo? ¿Quiero yo? ¿Quiero yo? ¿Quiero
yo? ¿Quiero yo? ¿Quiero yo? ¿Quiero yo? ¿Quiero yo?
¿Quiero yo? ¿Quiero yo? ¿Quiero yo? ¿Quiero yo?
¿Quiero yo? ¿Quiero yo? ¿Quiero yo? ¿Quiero yo?
¿Quiero yo? ¿Quiero yo? ¿Quiero yo? ¿Quiero yo?
¿Quiero yo? ¿Quiero yo? ¿Quiero yo? ¿Quiero yo?
¿Quiero yo ¿Quiero yo? ¿Quiero yo? ¿Quiero yo? ¿Quiero
yo? ¿Quiero yo? ¿Quiero yo? ¿Quiero yo? ¿Quiero yo?
¿Quiero yo? ¿Quiero yo? ¿Quiero yo? ¿Quiero yo?
¿Quiero yo? ¿Quiero yo? ¿Quiero yo? ¿Quiero yo?
¿Quiero yo? ¿Quiero yo? ¿Quiero yo? ¿Quiero yo?
¿Quiero yo? ¿Quiero yo? ¿Quiero yo? ¿Quiero yo?
¿Quiero yo? ¿Quiero yo? ¿Quiero yo? ¿Quiero yo?
¿Quiero yo? ¿Quiero yo? ¿Quiero yo? ¿Quiero yo?
¿Quiero yo? ¿Quiero yo ¿Quiero yo? ¿Quiero yo? ¿Quiero
yo? ¿Quiero yo? ¿Quiero yo? ¿Quiero yo? ¿Quiero yo?

¿Quiero yo? ¿Quiero yo? ¿Quiero yo? ¿Quiero yo? ¿Quiero yo? ¿Quiero yo? ¿Quiero yo? ¿Quiero yo? ¿Quiero yo? ¿Quiero yo? ¿Quiero yo? ¿Quiero yo? ¿Quiero yo? ¿Quiero yo? ¿Quiero yo? ¿Quiero yo? ¿Quiero yo? ¿Quiero yo ¿Quiero yo? ¿Quiero yo ¿Quiero yo? ¿Quiero yo ¿Quiero yo?

¿Quiero yo? ¿Quiero yo ¿Quiero yo? ¿Quiero yo? ¿Quiero yo? ¿Quiero yo? ¿Quiero yo? ¿Quiero yo? ¿Quiero yo? ¿Quiero yo?

¿Quiero yo? ¿Quiero yo? ¿Quiero yo? ¿Quiero yo?
¿Quiero yo? ¿Quiero yo? ¿Quiero yo? ¿Quiero yo?
¿Quiero yo? ¿Quiero yo? ¿Quiero yo? ¿Quiero yo?
¿Quiero yo? ¿Quiero yo? ¿Quiero yo? ¿Quiero yo?
¿Quiero yo ¿Quiero yo? ¿Quiero yo? ¿Quiero yo? ¿Quiero
yo? ¿Quiero yo? ¿Quiero yo? ¿Quiero yo? ¿Quiero yo?
¿Quiero yo? ¿Quiero yo? ¿Quiero yo? ¿Quiero yo?
¿Quiero yo?

¿Quiero yo? ¿Quiero yo? ¿Quiero yo? ¿Quiero yo?
¿Quiero yo? ¿Quiero yo? ¿Quiero yo? ¿Quiero yo?
¿Quiero yo? ¿Quiero yo? ¿Quiero yo? ¿Quiero yo?
¿Quiero yo? ¿Quiero yo? ¿Quiero yo? ¿Quiero yo?
¿Quiero yo? ¿Quiero yo? ¿Quiero yo? ¿Quiero yo?
¿Quiero yo ¿Quiero yo? ¿Quiero yo? ¿Quiero yo? ¿Quiero
yo? ¿Quiero yo? ¿Quiero yo? ¿Quiero yo? ¿Quiero yo?
¿Quiero yo? ¿Quiero yo? ¿Quiero yo? ¿Quiero yo?
¿Quiero yo? ¿Quiero yo? ¿Quiero yo? ¿Quiero yo?
¿Quiero yo? ¿Quiero yo? ¿Quiero yo? ¿Quiero yo?
¿Quiero yo? ¿Quiero yo? ¿Quiero yo? ¿Quiero yo?
¿Quiero yo ¿Quiero yo? ¿Quiero yo? ¿Quiero yo? ¿Quiero
yo? ¿Quiero yo? ¿Quiero yo? ¿Quiero yo? ¿Quiero yo?
¿Quiero yo? ¿Quiero yo? ¿Quiero yo? ¿Quiero yo?
¿Quiero yo?

¿Quiero yo? ¿Quiero yo? ¿Quiero yo? ¿Quiero yo?
¿Quiero yo? ¿Quiero yo? ¿Quiero yo? ¿Quiero yo?
¿Quiero yo? ¿Quiero yo? ¿Quiero yo? ¿Quiero yo?
¿Quiero yo? ¿Quiero yo? ¿Quiero yo? ¿Quiero yo?
¿Quiero yo? ¿Quiero yo? ¿Quiero yo? ¿Quiero yo?
¿Quiero yo ¿Quiero yo? ¿Quiero yo? ¿Quiero yo? ¿Quiero

yo? ¿Quiero yo? ¿Quiero yo? ¿Quiero yo? ¿Quiero yo?
¿Quiero yo? ¿Quiero yo? ¿Quiero yo? ¿Quiero yo?
¿Quiero yo? ¿Quiero yo? ¿Quiero yo? ¿Quiero yo?
¿Quiero yo? ¿Quiero yo? ¿Quiero yo? ¿Quiero yo?
¿Quiero yo? ¿Quiero yo? ¿Quiero yo? ¿Quiero yo?
¿Quiero yo? ¿Quiero yo? ¿Quiero yo? ¿Quiero yo?
¿Quiero yo? ¿Quiero yo? ¿Quiero yo? ¿Quiero yo?
¿Quiero yo? ¿Quiero yo? ¿Quiero yo ¿Quiero yo?
¿Quiero yo? ¿Quiero yo? ¿Quiero yo? ¿Quiero yo?
¿Quiero yo? ¿Quiero yo? ¿Quiero yo? ¿Quiero yo?
¿Quiero yo? ¿Quiero yo? ¿Quiero yo? ¿Quiero yo?
¿Quiero yo? ¿Quiero yo? ¿Quiero yo? ¿Quiero yo?
¿Quiero yo? ¿Quiero yo? ¿Quiero yo? ¿Quiero yo?
¿Quiero yo? ¿Quiero yo? ¿Quiero yo? ¿Quiero yo
¿Quiero yo? ¿Quiero yo? ¿Quiero yo? ¿Quiero yo?
¿Quiero yo? ¿Quiero yo? ¿Quiero yo? ¿Quiero yo?
¿Quiero yo? ¿Quiero yo? ¿Quiero yo? ¿Quiero yo?
¿Quiero yo? ¿Quiero yo? ¿Quiero yo? ¿Quiero yo?
¿Quiero yo? ¿Quiero yo? ¿Quiero yo? ¿Quiero yo?
¿Quiero yo? ¿Quiero yo? ¿Quiero yo? ¿Quiero yo
¿Quiero yo? ¿Quiero yo? ¿Quiero yo? ¿Quiero yo?
¿Quiero yo? ¿Quiero yo? ¿Quiero yo? ¿Quiero yo?
¿Quiero yo? ¿Quiero yo? ¿Quiero yo? ¿Quiero yo?
¿Quiero yo?

¿Quiero yo? ¿Quiero yo? ¿Quiero yo? ¿Quiero yo?
¿Quiero yo? ¿Quiero yo? ¿Quiero yo? ¿Quiero yo?
¿Quiero yo? ¿Quiero yo? ¿Quiero yo? ¿Quiero yo?
¿Quiero yo? ¿Quiero yo? ¿Quiero yo? ¿Quiero yo?
¿Quiero yo? ¿Quiero yo? ¿Quiero yo? ¿Quiero yo?
¿Quiero yo ¿Quiero yo? ¿Quiero yo? ¿Quiero yo? ¿Quiero

yo? ¿Quiero yo ¿Quiero yo? ¿Quiero yo? ¿Quiero yo? ¿Quiero yo? ¿Quiero yo? ¿Quiero yo? ¿Quiero yo? ¿Quiero yo? ¿Quiero yo? ¿Quiero yo? ¿Quiero yo? ¿Quiero yo? ¿Quiero yo?

¿Quiero yo? ¿Quiero yo ¿Quiero yo? ¿Quiero yo ¿Quiero yo? ¿Quiero yo? ¿Quiero yo? ¿Quiero yo? ¿Quiero yo? ¿Quiero yo? ¿Quiero yo? ¿Quiero yo? ¿Quiero yo? ¿Quiero yo? ¿Quiero yo? ¿Quiero yo?

¿Quiero yo? ¿Quiero yo ¿Quiero yo? ¿Quiero yo ¿Quiero yo? ¿Quiero yo? ¿Quiero yo? ¿Quiero yo? ¿Quiero yo? ¿Quiero yo? ¿Quiero yo? ¿Quiero yo? ¿Quiero yo? ¿Quiero yo? ¿Quiero yo? ¿Quiero yo?

¿Quiero yo?

Capítulo 7

Es Mí.

Es Mí. Es Mí. Es Mí. Es Mí. Es Mí. Es Mí. Es Mí. Es Mí. Es Mí. Es Mí. Es Mí. Es Mí. Es Mí. Es Mí. Es Mí. Es Mí. Es Mí. Es Mí. Es Mí. Es Mí. Es Mí. Es Mí. Es Mí. Es Mí. Es Mí. Es Mí. Es Mí. Es Mí. Es Mí. Es Mí. Es Mí. Es Mí. Es Mí. Es Mí. Es Mí. Es Mí. Es Mí. Es Mí. Es Mí. Es Mí. Es Mí. Es Mí. Es Mí. Es Mí. Es Mí. Es Mí. Es Mí. Es Mí. Es Mí. Es Mí. Es Mí. Es Mí. Es Mí. Es Mí. Es Mí. Es Mí. Es Mí. Es Mí. Es Mí. Es Mí. Es Mí. Es Mí. Es Mí. Es Mí. Es Mí. Es Mí. Es Mí. Es Mí. Es Mí. Es Mí. Es Mí. Es Mí. Es Mí. Es Mí. Es Mí. Es Mí. Es Mí. Es Mí. Es Mí. Es Mí. Es Mí. Es Mí. Es Mí. Es Mí.

Es Mí. Es Mí. Es Mí. Es Mí. Es Mí. Es Mí. Es Mí. Es Mí. Es
Mí. Es Mí. Es Mí. Es Mí. Es Mí. Es Mí. Es Mí. Es Mí. Es Mí.
Es Mí. Es Mí. Es Mí. Es Mí. Es Mí. Es Mí. Es Mí. Es Mí. Es
Mí. Es Mí. Es Mí. Es Mí. Es Mí. Es Mí. Es Mí. Es Mí. Es Mí.
Es Mí. Es Mí. Es Mí. Es Mí. Es Mí. Es Mí. Es Mí. Es Mí. Es
Mí. Es Mí. Es Mí. Es Mí.

Es Mí. Es Mí. Es Mí. Es Mí. Es Mí. Es Mí. Es Mí. Es Mí. Es
Mí. Es Mí. Es Mí. Es Mí. Es Mí. Es Mí. Es Mí. Es Mí. Es Mí.
Es Mí. Es Mí. Es Mí. Es Mí. Es Mí. Es Mí. Es Mí. Es Mí. Es
Mí. Es Mí. Es Mí. Es Mí. Es Mí. Es Mí. Es Mí. Es Mí. Es Mí.
Es Mí. Es Mí. Es Mí. Es Mí. Es Mí. Es Mí. Es Mí. Es Mí. Es
Mí. Es Mí. Es Mí. Es Mí. Es Mí. Es Mí. Es Mí. Es Mí.

Es Mí. Es Mí. Es Mí. Es Mí. Es Mí. Es Mí. Es Mí. Es Mí. Es
Mí. Es Mí. Es Mí. Es Mí. Es Mí. Es Mí. Es Mí. Es Mí. Es Mí.
Es Mí. Es Mí. Es Mí. Es Mí. Es Mí. Es Mí. Es Mí. Es Mí. Es
Mí. Es Mí. Es Mí. Es Mí. Es Mí. Es Mí. Es Mí. Es Mí. Es Mí.
Es Mí. Es Mí. Es Mí. Es Mí. Es Mí. Es Mí. Es Mí. Es Mí. Es
Mí. Es Mí. Es Mí. Es Mí. Es Mí. Es Mí. Es Mí. Es Mí. Es Mí.
Es Mí. Es Mí.

Es Mí. Es Mí. Es Mí. Es Mí. Es Mí. Es Mí. Es Mí. Es Mí. Es
Mí. Es Mí. Es Mí. Es Mí. Es Mí. Es Mí. Es Mí. Es Mí. Es Mí.
Es Mí. Es Mí. Es Mí. Es Mí. Es Mí. Es Mí. Es Mí. Es Mí. Es
Mí. Es Mí. Es Mí. Es Mí. Es Mí. Es Mí. Es Mí. Es Mí. Es Mí.
Es Mí. Es Mí. Es Mí. Es Mí. Es Mí. Es Mí. Es Mí. Es Mí. Es
Mí. Es Mí. Es Mí. Es Mí. Es Mí. Es Mí. Es Mí. Es Mí. Es Mí.
Es Mí. Es Mí. Es Mí.

Es Mí. Es Mí. Es Mí. Es Mí. Es Mí. Es Mí. Es Mí. Es Mí. Es
Mí. Es Mí. Es Mí. Es Mí. Es Mí. Es Mí. Es Mí. Es Mí. Es Mí.

Es Mí. Es Mí. Es Mí. Es Mí. Es Mí. Es Mí. Es Mí. Es Mí. Es Mí. Es Mí. Es Mí. Es Mí. Es Mí. Es Mí. Es Mí. Es Mí. Es Mí. Es Mí. Es Mí. Es
Mí. Es Mí. Es Mí. Es Mí. Es Mí. Es Mí. Es Mí. Es Mí. Es Mí. Es Mí.

Es Mí. Es Mí.

Es Mí. Es Mí.

Es Mí. Es Mí.

Es Mí. Es Mí. Es Mí. Es Mí. Es Mí. Es Mí. Es Mí. Es Mí. Es Mí. Es Mí.

Es Mí. Es

Mí. Es Mí. Es Mí. Es Mí. Es Mí. Es Mí. Es Mí. Es Mí. Es Mí. Es Mí. Es Mí. Es Mí. Es Mí. Es Mí. Es Mí. Es Mí. Es Mí. Es Mí. Es Mí. Es Mí. Es Mí. Es Mí. Es Mí. Es Mí. Es Mí. Es Mí. Es Mí. Es Mí. Es Mí. Es Mí. Es Mí. Es Mí. Es Mí. Es Mí. Es Mí. Es Mí. Es Mí. Es Mí. Es Mí. Es Mí.

Es Mí. Es Mí. Es Mí. Es Mí. Es Mí. Es Mí. Es Mí. Es Mí. Es Mí. Es Mí. Es Mí. Es Mí. Es Mí. Es Mí. Es Mí. Es Mí. Es Mí. Es Mí. Es Mí.

Es Mí. Es Mí. Es Mí. Es Mí. Es Mí. Es Mí. Es Mí. Es Mí. Es Mí. Es Mí. Es Mí. Es Mí. Es Mí. Es Mí. Es Mí. Es Mí. Es Mí. Es Mí. Es Mí. Es Mí. Es Mí. Es Mí. Es Mí. Es Mí. Es Mí. Es Mí. Es Mí. Es Mí. Es Mí. Es Mí. Es Mí. Es Mí. Es Mí. Es Mí. Es Mí. Es Mí. Es Mí.
Es Mí. Es Mí. Es Mí. Es Mí. Es Mí. Es Mí. Es Mí. Es Mí. Es Mí. Es Mí. Es Mí. Es Mí. Es Mí. Es Mí. Es Mí. Es Mí. Es Mí. Es Mí. Es Mí.

Es Mí. Es Mí.

Es Mí. Es Mí. Es Mí. Es Mí. Es Mí. Es Mí. Es Mí. Es Mí. Es Mí. Es Mí. Es Mí. Es Mí. Es Mí. Es Mí. Es Mí. Es Mí. Es Mí.

Es Mí. Es Mí.
Es Mí. Es Mí.

Es Mí. Es Mí.

Es Mí. Es Mí. Es Mí. Es Mí. Es Mí. Es Mí. Es Mí. Es Mí. Es Mí. Es Mí. Es Mí. Es Mí. Es Mí. Es Mí. Es Mí. Es Mí. Es Mí. Es Mí. Es Mí. Es Mí.

Es Mí. Es Mí.

Es Mí. Es Mí.

Es Mí. Es Mí. Es Mí. Es Mí. Es Mí. Es Mí. Es Mí. Es Mí. Es Mí. Es Mí. Es Mí. Es Mí.

Es Mí. Es Mí.

Es Mí. Es Mí.

Es Mí. Es Mí.

Es Mí. Es Mí.

Es Mí. Es Mí.

Es Mí. Es Mí. Es Mí. Es Mí. Es Mí. Es Mí. Es Mí. Es Mí. Es Mí. Es Mí. Es Mí. Es Mí.

Es Mí. Es Mí. Es Mí. Es Mí. Es Mí. Es Mí. Es Mí. Es Mí. Es Mí. Es Mí. Es Mí. Es Mí. Es Mí. Es Mí. Es Mí. Es Mí. Es Mí. Es Mí. Es Mí. Es Mí. Es Mí. Es Mí. Es Mí. Es Mí. Es Mí. Es Mí. Es Mí. Es Mí. Es Mí. Es Mí. Es Mí. Es Mí. Es Mí. Es Mí. Es Mí. Es Mí. Es Mí. Es Mí. Es Mí. Es Mí. Es Mí.

Es Mí. Es Mí. Es Mí. Es Mí. Es Mí. Es Mí. Es Mí. Es Mí. Es Mí. Es Mí. Es Mí.

Es Mí. Es Mí.

Es Mí. Es Mí.

Es Mí. Es Mí. Es Mí. Es Mí. Es Mí. Es Mí. Es Mí. Es Mí. Es
Mí. Es Mí. Es Mí. Es Mí. Es Mí. Es Mí. Es Mí. Es Mí. Es Mí.
Es Mí. Es Mí. Es Mí. Es Mí. Es Mí. Es Mí. Es Mí. Es Mí. Es
Mí. Es Mí. Es Mí.

Es Mí. Es Mí. Es Mí. Es Mí. Es Mí. Es Mí. Es Mí. Es Mí. Es
Mí. Es Mí. Es Mí. Es Mí.

Es Mí. Es Mí. Es Mí. Es Mí. Es Mí. Es Mí. Es Mí. Es Mí. Es
Mí. Es Mí. Es Mí. Es Mí. Es Mí. Es Mí. Es Mí. Es Mí. Es Mí.
Es Mí. Es Mí. Es Mí. Es Mí. Es Mí. Es Mí. Es Mí. Es Mí. Es
Mí. Es Mí. Es Mí. Es Mí. Es Mí. Es Mí. Es Mí. Es Mí. Es Mí.
Es Mí. Es Mí. Es Mí. Es Mí. Es Mí. Es Mí. Es Mí.

Es Mí. Es Mí. Es Mí. Es Mí. Es Mí. Es Mí. Es Mí. Es Mí. Es
Mí. Es Mí. Es Mí. Es Mí. Es Mí. Es Mí. Es Mí. Es Mí. Es Mí.
Es Mí. Es Mí. Es Mí. Es Mí. Es Mí. Es Mí. Es Mí. Es Mí. Es
Mí. Es Mí. Es Mí. Es Mí. Es Mí. Es Mí. Es Mí. Es Mí. Es Mí.
Es Mí. Es Mí. Es Mí. Es Mí.

Es Mí. Es Mí. Es Mí. Es Mí. Es Mí. Es Mí. Es Mí. Es Mí. Es
Mí. Es Mí. Es Mí. Es Mí. Es Mí. Es Mí. Es Mí. Es Mí. Es Mí.
Es Mí. Es Mí. Es Mí. Es Mí. Es Mí. Es Mí. Es Mí. Es Mí. Es
Mí. Es Mí. Es Mí. Es Mí. Es Mí. Es Mí. Es Mí. Es Mí. Es Mí.
Es Mí. Es Mí. Es Mí. Es Mí. Es Mí. Es Mí. Es Mí. Es Mí. Es
Mí. Es Mí. Es Mí. Es Mí. Es Mí.

Es Mí. Es Mí. Es Mí. Es Mí. Es Mí. Es Mí. Es Mí. Es Mí. Es
Mí. Es Mí. Es Mí. Es Mí. Es Mí. Es Mí. Es Mí. Es Mí. Es Mí.
Es Mí. Es Mí. Es Mí. Es Mí. Es Mí. Es Mí. Es Mí. Es Mí. Es
Mí. Es Mí. Es Mí. Es Mí. Es Mí. Es Mí. Es Mí. Es Mí. Es Mí.
Es Mí. Es Mí. Es Mí. Es Mí. Es Mí. Es Mí. Es Mí. Es Mí. Es
Mí. Es Mí. Es Mí. Es Mí. Es Mí. Es Mí.

Es Mí. Es Mí.

Es Mí. Es Mí.

Es Mí. Es Mí. Es Mí.

Es Mí. Es Mí.

Es Mí. Es Mí.

Es Mí. Es Mí.

Es Mí. Es Mí.

Es Mí. Es Mí. Es Mí. Es Mí. Es Mí. Es Mí. Es Mí. Es Mí. Es Mí. Es Mí. Es Mí. Es Mí.

Es Mí. Es Mí.

Es Mí. Es Mí.

Es Mí. Es Mí. Es Mí. Es Mí. Es Mí. Es Mí. Es Mí. Es Mí. Es Mí. Es Mí. Es Mí. Es Mí. Es Mí. Es Mí. Es Mí. Es Mí. Es Mí. Es Mí.

Es Mí. Es Mí. Es Mí. Es Mí. Es Mí. Es Mí. Es Mí. Es Mí. Es Mí. Es Mí. Es Mí. Es Mí.

Es Mí. Es Mí. Es Mí. Es Mí.

Es Mí. Es Mí. Es Mí. Es Mí. Es Mí. Es Mí. Es Mí. Es Mí. Es Mí. Es Mí. Es Mí. Es Mí. Es Mí. Es Mí. Es Mí. Es Mí. Es Mí. Es Mí. Es Mí. Es Mí. Es Mí. Es Mí. Es Mí. Es Mí. Es Mí. Es Mí. Es Mí. Es Mí. Es Mí. Es Mí. Es Mí. Es Mí. Es Mí. Es Mí. Es Mí. Es Mí. Es Mí. Es Mí.

Es Mí. Es Mí. Es Mí. Es Mí. Es Mí. Es Mí. Es Mí. Es Mí. Es Mí. Es Mí. Es Mí. Es Mí. Es Mí. Es Mí. Es Mí. Es Mí. Es Mí. Es Mí. Es Mí. Es Mí. Es Mí. Es Mí. Es Mí. Es Mí. Es Mí. Es Mí. Es Mí. Es Mí. Es Mí. Es Mí. Es Mí. Es Mí. Es Mí. Es Mí. Es Mí.

Es Mí. Es Mí. Es Mí. Es Mí. Es Mí. Es Mí. Es Mí. Es Mí. Es Mí. Es Mí. Es Mí. Es Mí. Es Mí. Es Mí. Es Mí. Es Mí. Es Mí. Es Mí. Es Mí. Es Mí. Es Mí. Es Mí. Es Mí. Es Mí. Es Mí. Es Mí. Es Mí. Es Mí. Es Mí. Es Mí. Es Mí.

Es Mí. Es Mí.

Es Mí. Es Mí. Es Mí. Es Mí. Es Mí. Es Mí. Es Mí. Es Mí. Es Mí. Es Mí. Es Mí. Es Mí. Es Mí. Es Mí. Es Mí. Es Mí. Es Mí. Es Mí. Es Mí. Es Mí. Es Mí. Es Mí. Es Mí. Es Mí. Es Mí. Es Mí. Es Mí. Es Mí. Es Mí. Es Mí. Es Mí. Es Mí. Es Mí. Es Mí. Es Mí. Es Mí. Es Mí. Es Mí. Es Mí. Es Mí. Es Mí. Es Mí. Es Mí. Es

Mí. Es Mí. Es Mí. Es Mí. Es Mí. Es Mí. Es Mí. Es Mí. Es Mí. Es Mí. Es Mí.

Es Mí. Es Mí.

Es Mí. Es Mí.

Es Mí. Es Mí.

Es Mí. Es Mí.

Es Mí. Es Mí.
Es Mí. Es Mí. Es Mí. Es Mí. Es Mí. Es Mí. Es Mí. Es Mí. Es Mí. Es Mí. Es Mí. Es Mí. Es Mí. Es Mí. Es Mí. Es Mí. Es Mí. Es Mí.

Es Mí. Es Mí. Es Mí. Es Mí. Es Mí. Es Mí. Es Mí. Es Mí. Es Mí. Es Mí. Es Mí. Es Mí. Es Mí. Es Mí. Ist Es Mí. Es Mí. Es Mí. Es Mí. Es Mí. Es Mí. Es Mí.

Es Mí. Es Mí. Es Mí. Es Mí. Es Mí.

Es Mí. Es Mí.
Es Mí. Es Mí.

Es Mí. Es Mí.

Es Mí. Es Mí.
Es Mí. Es Mí.

Es Mí. Es Mí. Es Mí. Es Mí. Es Mí. Es Mí. Es Mí. Es Mí. Es Mí. Es Mí. Es Mí. Es Mí. Es Mí. Es Mí. Es Mí. Es Mí. Es Mí. Es Mí. Es Mí.

Es Mí. Es Mí.

Es Mí. Es Mí. Es Mí. Es Mí. Es Mí. Es Mí.

Es Mí. Es Mí. Es Mí. Es Mí. Es Mí. Es Mí. Es Mí. Es Mí. Es Mí. Es Mí. Es Mí. Es Mí. Es Mí. Es Mí. Es Mí. Es Mí. Es Mí. Es Mí. Es Mí. Es Mí.

Es Mí. Es Mí. Es Mí. Es Mí. Es Mí. Es Mí. Es Mí. Es Mí. Es Mí. Es Mí. Es Mí.

Es Mí. Es Mí.

Es Mí. Es Mí. Es Mí. Es Mí. Es Mí. Es Mí. Es Mí. Es Mí. Es Mí. Es Mí. Es Mí. Es Mí. Es Mí. Es Mí. Es Mí. Es Mí. Es Mí. Es Mí. Es Mí.

Es Mí. Es Mí.

Es Mí. Es Mí. Es Mí. Es Mí. Es Mí. Es Mí.

Es Mí. Es Mí. Es Mí. Es Mí. Es Mí. Es Mí. Es Mí. Es Mí. Es Mí. Es Mí. Es Mí. Es Mí. Es Mí. Es Mí. Es Mí. Es Mí. Es Mí. Es Mí. Es Mí. Es Mí.

Es Mí. Es Mí. Es Mí. Es Mí. Es Mí. Es Mí. Es Mí. Es Mí. Es Mí. Es Mí. Es Mí.

Es Mí. Es

Mí. Es Mí. Es Mí. Es Mí. Es Mí. Es Mí. Es Mí. Es Mí. Es Mí. Es Mí. Es Mí.

Es Mí. Es Mí.

Es Mí. Es Mí. Es Mí. Es Mí. Es Mí. Es Mí.

Es Mí. Es Mí. Es Mí. Es Mí. Es Mí. Es Mí. Es Mí. Es Mí. Es Mí. Es Mí. Es Mí. Es Mí. Es Mí. Es Mí. Es Mí. Es Mí. Es Mí. Es Mí. Es Mí. Es Mí.

Es Mí. Es Mí. Es Mí. Es Mí. Es Mí. Es Mí. Es Mí. Es Mí. Es Mí. Es Mí. Es Mí.

Es Mí. Mí. Es Mí. Es Mí. Es Mí. Es Mí. Es Mí. Es Mí. Es Mí. Es Mí. Es Mí. Es Mí.

Es Mí. Es Mí.

Es Mí. Es Mí.

Es Mí. Es Mí.

Es Mí. Es Mí. Es Mí. Es Mí. Es Mí. Es Mí. Es Mí. Es Mí.

Es Mí. Es Mí.

Es Mí. Es Mí.

Es Mí. Es Mí. Es Mí. Es Mí. Es Mí. Es Mí. Es Mí. Es Mí. Es Mí. Es Mí. Es Mí. Es Mí. Es Mí. Es Mí. Es Mí. Es Mí. Es Mí. Es Mí.

Es Mí. Es Mí. Es Mí. Es Mí. Es Mí. Es Mí. Es Mí. Es Mí. Es Mí.

Es Mí. Es Mí. Es Mí. Es Mí. Es Mí. Es Mí. Es Mí. Es Mí. Es Mí. Es Mí. Es Mí. Es Mí. Es Mí. Es Mí. Es Mí. Es Mí. Es Mí. Es Mí. Es Mí. Es Mí. Es Mí. Es Mí. Es Mí. Es Mí. Es Mí. Es Mí. Es Mí. Es Mí. Es Mí. Es Mí.

Es Mí. Es Mí. Es Mí. Es Mí. Es Mí. Es Mí. Es Mí. Es Mí. Es Mí. Es Mí.
Es Mí. Es Mí. Es Mí. Es Mí. Es Mí. Es Mí. Es Mí. Es Mí. Es Mí. Es Mí. Es Mí. Es Mí. Es Mí. Es Mí. Es Mí. Es Mí. Es Mí.

Es Mí. Es Mí.

Es Mí. Es Mí. Es Mí. Es Mí. Es Mí. Es Mí. Es Mí. Es Mí. Es Mí. Es Mí. Es Mí. Es Mí. Es Mí. Es Mí. Es Mí. Es Mí. Es Mí. Es Mí. Es Mí. Es Mí. Es Mí. Es Mí. Es Mí. Es Mí. Es Mí. Es Mí. Es Mí. Es Mí. Es Mí. Es Mí. Es Mí. Es Mí. Es Mí. Es Mí. Es Mí. Es Mí.

Es Mí. Es Mí. Es Mí. Es Mí. Es Mí. Es Mí. Es Mí. Es Mí. Es Mí. Es Mí. Es Mí. Es Mí. Es Mí. Es Mí. Es Mí. Es Mí. Es Mí.

Es Mí. Es Mí.

Es Mí. Es Mí.
Es Mí. Es Mí. Es Mí. Es Mí. Es Mí. Es Mí. Es Mí. Es Mí. Es Mí. Es Mí. Es Mí. Es Mí. Es Mí. Es Mí. Es Mí. Es Mí. Es Mí.

Es Mí. Es Mí.

Es Mí. Es Mí.

Es Mí. Es Mí. Es Mí. Es Mí. Es Mí. Es Mí. Es Mí. Es Mí. Es Mí. Es Mí. Es Mí. Es Mí. Es Mí. Es Mí. Es Mí. Es Mí. Es Mí.

Es Mí. Es Mí.

Es Mí. Es Mí.
Es Mí. Es Mí. Es Mí. Es Mí. Es Mí. Es Mí. Es Mí. Es Mí. Es Mí. Es Mí. Es Mí. Es Mí. Es Mí. Es Mí. Es Mí. Es Mí. Es Mí.

Es Mí. Es Mí.

Es Mí. Es Mí.

Capitolo 8

Yo y Mí

Yo y Mí. Yo y Mí.

Yo y Mí. Yo y Mí. Yo y Mí. Yo y Mí. Yo y Mí. Yo y Mí. Yo y Mí. Yo y Mí. Yo y Mí. Yo y Mí. Yo y Mí. Yo y Mí. Yo y Mí. Yo y Mí. Yo y Mí. Yo y Mí.
Yo y Mí. Yo y Mí. Yo y Mí. Yo y Mí. Yo y Mí. Yo y Mí. Yo y Mí. Yo y Mí.
Yo y Mí. Yo y Mí. Yo y Mí. Yo y Mí. Yo y Mí. Yo y Mí. Yo y Mí. Yo y Mí. Yo y Mí. Yo y Mí. Yo y Mí. Yo y Mí.

Yo y Mí. Yo y Mí. Yo y Mí. Yo y Mí. Yo y Mí. Yo y Mí. Yo y Mí. Yo y Mí. Yo y Mí. Yo y Mí. Yo y Mí. Yo y Mí. Yo y Mí. Yo y Mí. Yo y Mí. Yo y Mí.
Yo y Mí. Yo y Mí.

Yo y Mí. Yo y Mí.

Yo y Mí. Yo y Mí.

Yo y Mí. Yo y Mí. Yo y Mí. Yo y Mí. Yo y Mí. Yo y Mí. Yo y Mí. Yo y Mí. Yo y Mí. Yo y Mí. Yo y Mí. Yo y Mí. Yo y Mí. Yo y Mí. Yo y Mí. Yo y Mí.
Yo y Mí. Yo y Mí. Yo y Mí. Yo y Mí. Yo y Mí. Yo y Mí. Yo y Mí. Yo y Mí.
Yo y Mí. Yo y Mí. Yo y Mí. Yo y Mí. Yo y Mí. Yo y Mí. Yo y Mí. Yo y Mí. Yo y Mí. Yo y Mí. Yo y Mí. Yo y Mí. Yo y Mí.

Yo y Mí. Yo y Mí. Yo y Mí. Yo y Mí. Yo y Mí. Yo y Mí. Yo y Mí. Yo y Mí. Yo y Mí. Yo y Mí. Yo y Mí. Yo y Mí. Yo y Mí. Yo y Mí. Yo y Mí. Yo y Mí.
Yo y Mí. Yo y Mí. Yo y Mí. Yo y Mí. Yo y Mí. Yo y Mí. Yo y Mí. Yo y Mí. Yo y Mí. Yo y Mí. Yo y Mí. Yo y Mí. Yo y Mí. Yo y Mí. Yo y Mí. Yo y Mí. Yo y Mí. Yo y Mí. Yo y Mí. Yo y Mí.

Yo y Mí. Yo y Mí.

Yo y Mí. Yo y Mí. Yo y Mí. Yo y Mí. Yo y Mí. Yo y Mí. Yo y Mí. Yo y Mí. Yo y Mí. Yo y Mí.

Yo y Mí. Yo y Mí. Yo y Mí. Yo y Mí. Yo y Mí. Yo y Mí. Yo y Mí. Yo y Mí. Yo y Mí. Yo y Mí. Yo y Mí. Yo y Mí. Yo y Mí. Yo y Mí. Yo y Mí. Yo y Mí.
Yo y Mí. Yo y Mí. Yo y Mí. Yo y Mí. Yo y Mí. Yo y Mí. Yo y Mí. Yo y Mí.
Yo y Mí. Yo y Mí. Yo y Mí. Yo y Mí. Yo y Mí. Yo y Mí. Yo y Mí. Yo y Mí. Yo y Mí. Yo y Mí. Yo y Mí. Yo y Mí. Yo y Mí.

Yo y Mí. Yo y Mí. Yo y Mí. Yo y Mí. Yo y Mí. Yo y Mí. Yo y Mí. Yo y Mí. Yo y Mí. Yo y Mí. Yo y Mí. Yo y Mí. Yo y Mí. Yo y Mí. Yo y Mí. Yo y Mí.
Yo y Mí. Yo y Mí. Yo y Mí. Yo y Mí. Yo y Mí. Yo y Mí. Yo y Mí. Yo y Mí. Yo y Mí. Yo y Mí. Yo y Mí. Yo y Mí. Yo y Mí. Yo y Mí. Yo y Mí. Yo y Mí. Yo y Mí. Yo y Mí. Yo y Mí. Yo y Mí.

Yo y Mí. Yo y Mí. Yo y Mí. Yo y Mí. Yo y Mí. Yo y Mí. Yo y Mí. Yo y Mí. Yo y Mí. Yo y Mí.

Yo y Mí. Yo y Mí. Yo y Mí. Yo y Mí. Yo y Mí. Yo y Mí. Yo y Mí. Yo y Mí. Yo y Mí. Yo y Mí. Yo y Mí. Yo y Mí. Yo y Mí. Yo y Mí. Yo y Mí. Yo y Mí. Yo y Mí. Yo y Mí. Yo y Mí. Yo y

Mí. Yo y Mí. Yo y Mí. Yo y Mí. Yo y Mí. Yo y Mí. Yo y Mí. Yo y Mí. Yo y Mí. Yo y Mí. Yo y Mí. Yo y Mí. Yo y Mí. Yo y Mí. Yo y Mí. Yo y Mí. Yo y Mí.

Yo y Mí. Yo y Mí. Yo y Mí. Yo y Mí. Yo y Mí. Yo y Mí. Yo y Mí. Yo y Mí. Yo y Mí. Yo y Mí. Yo y Mí. Yo y Mí. Yo y Mí. Yo y Mí. Yo y Mí. Yo y Mí.
Yo y Mí. Yo y Mí. Yo y Mí. Yo y Mí. Yo y Mí. Yo y Mí. Yo y Mí. Yo y Mí.
Yo y Mí. Yo y Mí. Yo y Mí. Yo y Mí. Yo y Mí. Yo y Mí. Yo y Mí. Yo y Mí. Yo y Mí. Yo y Mí. Yo y Mí. Yo y Mí.

Yo y Mí. Yo y Mí. Yo y Mí. Yo y Mí. Yo y Mí. Yo y Mí. Yo y Mí. Yo y Mí. Yo y Mí. Yo y Mí. Yo y Mí. Yo y Mí. Yo y Mí. Yo y Mí. Yo y Mí. Yo y Mí.
Yo y Mí. Yo y Mí. Yo y Mí. Yo y Mí. Yo y Mí. Yo y Mí. Yo y Mí. Yo y Mí. Yo y Mí. Yo y Mí. Yo y Mí. Yo y Mí. Yo y Mí. Yo y Mí. Yo y Mí. Yo y Mí. Yo y Mí. Yo y Mí. Yo y Mí. Yo y Mí.

Yo y Mí. Yo y Mí. Yo y Mí. Yo y Mí. Yo y Mí. Yo y Mí. Yo y Mí. Yo y Mí. Yo y Mí. Yo y Mí.

Yo y Mí. Yo y Mí. Yo y Mí. Yo y Mí. Yo y Mí. Yo y Mí. Yo y Mí. Yo y Mí. Yo y Mí. Yo y Mí.

Yo y Mí. Yo y Mí. Yo y Mí. Yo y Mí. Yo y Mí. Yo y Mí. Yo y Mí. Yo y Mí. Yo y Mí. Yo y Mí. Yo y Mí. Yo y Mí. Yo y Mí. Yo y Mí. Yo y Mí. Yo y Mí.
Yo y Mí. Yo y Mí. Yo y Mí. Yo y Mí. Yo y Mí. Yo y Mí. Yo y Mí. Yo y Mí.
Yo y Mí. Yo y Mí. Yo y Mí. Yo y Mí. Yo y Mí. Yo y Mí. Yo y Mí. Yo y Mí. Yo y Mí. Yo y Mí. Yo y Mí. Yo y Mí.

Yo y Mí. Yo y Mí. Yo y Mí. Yo y Mí. Yo y Mí. Yo y Mí. Yo y Mí. Yo y Mí. Yo y Mí. Yo y Mí. Yo y Mí. Yo y Mí. Yo y Mí. Yo y Mí. Yo y Mí. Yo y Mí.
Yo y Mí. Yo y Mí. Yo y Mí. Yo y Mí. Yo y Mí. Yo y Mí. Yo y Mí. Yo y Mí. Yo y Mí. Yo y Mí. Yo y Mí. Yo y Mí. Yo y Mí. Yo y Mí. Yo y Mí. Yo y Mí. Yo y Mí. Yo y Mí. Yo y Mí. Yo y Mí.

Yo y Mí. Yo y Mí. Yo y Mí. Yo y Mí. Yo y Mí. Yo y Mí. Yo y Mí. Yo y Mí. Yo y Mí. Yo y Mí.

Yo y Mí. Yo y Mí. Yo y Mí. Yo y Mí. Yo y Mí. Yo y Mí. Yo y Mí. Yo y Mí. Yo y Mí. Yo y Mí.

Yo y Mí. Yo y Mí. Yo y Mí. Yo y Mí. Yo y Mí. Yo y Mí. Yo y Mí. Yo y Mí. Yo y Mí. Yo y Mí. Yo y Mí. Yo y Mí. Yo y Mí. Yo y Mí. Yo y Mí. Yo y Mí.

Yo y Mí. Yo y Mí. Yo y Mí. Yo y Mí. Yo y Mí. Yo y Mí. Yo y Mí. Yo y Mí.
Yo y Mí. Yo y Mí. Yo y Mí. Yo y Mí. Yo y Mí. Yo y Mí. Yo y Mí. Yo y Mí. Yo y Mí. Yo y Mí. Yo y Mí. Yo y Mí.

Yo y Mí. Yo y Mí. Yo y Mí. Yo y Mí. Yo y Mí. Yo y Mí. Yo y Mí. Yo y Mí. Yo y Mí. Yo y Mí. Yo y Mí. Yo y Mí. Yo y Mí. Yo y Mí. Yo y Mí. Yo y Mí.
Yo y Mí. Yo y Mí. Yo y Mí. Yo y Mí. Yo y Mí. Yo y Mí. Yo y Mí. Yo y Mí. Yo y Mí. Yo y Mí. Yo y Mí. Yo y Mí. Yo y Mí. Yo y Mí. Yo y Mí. Yo y Mí. Yo y Mí. Yo y Mí. Yo y Mí. Yo y Mí.

Yo y Mí. Yo y Mí. Yo y Mí. Yo y Mí. Yo y Mí. Yo y Mí. Yo y Mí. Yo y Mí. Yo y Mí. Yo y Mí. Yo y Mí. Yo y Mí. Yo y Mí. Yo y Mí. Yo y Mí. Yo y Mí.

Yo y Mí. Yo y Mí. Yo y Mí. Yo y Mí. Yo y Mí. Yo y Mí. Yo y Mí. Yo y Mí. Yo y Mí. Yo y Mí. Yo y Mí. Yo y Mí. Yo y Mí. Yo y Mí. Yo y Mí. Yo y Mí. Yo y Mí.

Yo y Mí. Yo y Mí. Yo y Mí.

Yo y Mí. Yo y Mí.

Yo y Mí. Yo y Mí. Yo y Mí. Yo y Mí. Yo y Mí. Yo y Mí. Yo y Mí. Yo y Mí. Yo y Mí. Yo y Mí. Yo y Mí. Yo y Mí. Yo y Mí. Yo y Mí. Yo y Mí. Yo y Mí.
Yo y Mí. Yo y Mí. Yo y Mí. Yo y Mí. Yo y Mí. Yo y Mí. Yo y

Mí. Yo y Mí.
Yo y Mí. Yo y Mí. Yo y Mí. Yo y Mí. Yo y Mí. Yo y Mí. Yo y Mí. Yo y Mí. Yo y Mí. Yo y Mí. Yo y Mí. Yo y Mí.

Yo y Mí. Yo y Mí. Yo y Mí. Yo y Mí. Yo y Mí. Yo y Mí. Yo y Mí. Yo y Mí. Yo y Mí. Yo y Mí. Yo y Mí. Yo y Mí. Yo y Mí. Yo y Mí. Yo y Mí. Yo y Mí.
Yo y Mí. Yo y Mí. Yo y Mí. Yo y Mí. Yo y Mí. Yo y Mí. Yo y Mí. Yo y Mí. Yo y Mí. Yo y Mí. Yo y Mí. Yo y Mí. Yo y Mí. Yo y Mí. Yo y Mí. Yo y Mí. Yo y Mí. Yo y Mí. Yo y Mí. Yo y Mí.

Yo y Mí. Yo y Mí.

Yo y Mí. Yo y Mí.

Yo y Mí. Yo y Mí. Yo y Mí. Yo y Mí. Yo y Mí. Yo y Mí. Yo y Mí. Yo y Mí. Yo y Mí. Yo y Mí. Yo y Mí. Yo y Mí. Yo y Mí. Yo y Mí. Yo y Mí. Yo y Mí.
Yo y Mí. Yo y Mí. Yo y Mí. Yo y Mí. Yo y Mí. Yo y Mí. Yo y Mí. Yo y Mí.
Yo y Mí. Yo y Mí. Yo y Mí. Yo y Mí. Yo y Mí. Yo y Mí. Yo y Mí. Yo y Mí. Yo y Mí. Yo y Mí. Yo y Mí. Yo y Mí.

Yo y Mí. Yo y Mí. Yo y Mí. Yo y Mí. Yo y Mí. Yo y Mí. Yo y Mí. Yo y Mí. Yo y Mí. Yo y Mí. Yo y Mí. Yo y Mí. Yo y Mí. Yo y Mí. Yo y Mí. Yo y Mí.
Yo y Mí. Yo y Mí. Yo y Mí. Yo y Mí. Yo y Mí. Yo y Mí. Yo y Mí. Yo y Mí. Yo y Mí. Yo y Mí. Yo y Mí. Yo y Mí. Yo y Mí. Yo y Mí. Yo y Mí. Yo y Mí. Yo y Mí. Yo y Mí. Yo y Mí. Yo y Mí.

Yo y Mí. Yo y Mí.

Yo y Mí. Yo y Mí.

Yo y Mí. Yo y Mí. Yo y Mí. Yo y Mí. Yo y Mí. Yo y Mí. Yo y Mí. Yo y Mí. Yo y Mí. Yo y Mí. Yo y Mí. Yo y Mí. Yo y Mí. Yo y Mí. Yo y Mí. Yo y Mí.
Yo y Mí. Yo y Mí. Yo y Mí. Yo y Mí. Yo y Mí. Yo y Mí. Yo y Mí. Yo y Mí.
Yo y Mí. Yo y Mí. Yo y Mí. Yo y Mí. Yo y Mí. Yo y Mí. Yo y Mí. Yo y Mí. Yo y Mí. Yo y Mí. Yo y Mí. Yo y Mí.

Yo y Mí. Yo y Mí. Yo y Mí. Yo y Mí. Yo y Mí. Yo y Mí. Yo y Mí. Yo y Mí. Yo y Mí. Yo y Mí. Yo y Mí. Yo y Mí. Yo y Mí. Yo y Mí. Yo y Mí. Yo y Mí.

Yo y Mí. Yo y Mí. Yo y Mí. Yo y Mí. Yo y Mí. Yo y Mí. Yo y Mí. Yo y Mí. Yo y Mí. Yo y Mí. Yo y Mí. Yo y Mí. Yo y Mí. Yo y Mí. Yo y Mí. Yo y Mí. Yo y Mí. Yo y Mí. Yo y Mí. Yo y Mí.

Yo y Mí. Yo y Mí.

Yo y Mí. Yo y Mí.

Yo y Mí. Yo y Mí. Yo y Mí. Yo y Mí. Yo y Mí. Yo y Mí. Yo y Mí. Yo y Mí. Yo y Mí. Yo y Mí. Yo y Mí. Yo y Mí. Yo y Mí. Yo y Mí. Yo y Mí. Yo y Mí.
Yo y Mí. Yo y Mí. Yo y Mí. Yo y Mí. Yo y Mí. Yo y Mí. Yo y Mí. Yo y Mí.
Yo y Mí. Yo y Mí. Yo y Mí. Yo y Mí. Yo y Mí. Yo y Mí. Yo y Mí. Yo y Mí. Yo y Mí. Yo y Mí. Yo y Mí. Yo y Mí.

Yo y Mí. Yo y Mí. Yo y Mí. Yo y Mí. Yo y Mí. Yo y Mí. Yo y Mí. Yo y Mí. Yo y Mí. Yo y Mí. Yo y Mí. Yo y Mí. Yo y Mí. Yo y Mí. Yo y Mí. Yo y Mí.
Yo y Mí. Yo y Mí. Yo y Mí. Yo y Mí. Yo y Mí. Yo y Mí. Yo y Mí. Yo y Mí. Yo y Mí. Yo y Mí. Yo y Mí. Yo y Mí. Yo y Mí. Yo y Mí. Yo y Mí. Yo y Mí. Yo y Mí. Yo y Mí. Yo y Mí. Yo y Mí.

Yo y Mí. Yo y Mí.

Yo y Mí. Yo y Mí.

Yo y Mí. Yo y Mí.

Capitolo 9

Mí es.

Mí es. Mí es. Mí es. Mí es. Mí es. Mí es. Mí es. Mí es. Mí es. Mí es. Mí es. Mí es. Mí es. Mí es. Mí es. Mí es. Mí es. Mí es. Mí es.

Mí es. Mí es.

Mí es. Mí es. Mí es. Mí es. Mí es. Mí es. Mí es. Mí es. Mí es. Mí es. Mí es. Mí es. Mí es. Mí es. Mí es. Mí es. Mí es. Mí es. Mí es.

Mí es. Mí es.

Mí es. Mí es. Mí es. Mí es. Mí es. Mí es. Mí es. Mí es. Mí es. Mí es. Mí es. Mí es. Mí es. Mí es. Mí es. Mí es. Mí es. Mí es. Mí es.

Mí es. Mí es.

Mí es. Mí es. Mí es. Mí es. Mí es. Mí es. Mí es. Mí es. Mí es. Mí es. Mí es. Mí es. Mí es. Mí es. Mí es. Mí es. Mí es. Mí es. Mí es.

Mí es. Mí es.

Mí es. Mí es. Mí es. Mí es. Mí es. Mí es. Mí es. Mí es. Mí es. Mí es. Mí es. Mí es. Mí es. Mí es. Mí es. Mí es. Mí es. Mí es. Mí es. Mí es.

Mí es. Mí es.

Mí es. Mí es. Mí es. Mí es. Mí es. Mí es. Mí es. Mí es. Mí es. Mí es. Mí es. Mí es. Mí es. Mí es. Mí es. Mí es. Mí es. Mí es. Mí es. Mí es.

Mí es. Mí es.

Mí es. Mí es. Mí es. Mí es. Mí es. Mí es. Mí es. Mí es. Mí es. Mí es. Mí es. Mí es. Mí es. Mí es. Mí es. Mí es. Mí es. Mí es. Mí es. Mí es.

Mí es. Mí es.

Mí es. Mí es. Mí es. Mí es. Mí es. Mí es. Mí es. Mí es. Mí es. Mí es. Mí es. Mí es. Mí es. Mí es. Mí es. Mí es. Mí es. Mí es. Mí es. Mí es.

Mí es. Mí es.

Mí es. Mí es. Mí es. Mí es. Mí es. Mí es. Mí es. Mí es. Mí es. Mí es. Mí es. Mí es. Mí es. Mí es. Mí es. Mí es. Mí es. Mí es. Mí es.

Mí es. Mí es.

Mí es. Mí es. Mí es. Mí es. Mí es. Mí es. Mí es. Mí es. Mí es. Mí es. Mí es. Mí es. Mí es. Mí es. Mí es. Mí es. Mí es. Mí es. Mí es.

Mí es. Mí es.

Mí es. Mí es. Mí es. Mí es. Mí es. Mí es. Mí es. Mí es. Mí es. Mí es. Mí es. Mí es. Mí es. Mí es. Mí es. Mí es. Mí es. Mí es. Mí es.

Mí es. Mí es. Mí es. Mí es. Mí es. Mí es. Mí es. Mí es. Mí es. Mí es. Mí es. Mí es. Mí es. Mí es. Mí es. Mí es.

Mí es. Mí es.

Mí es. Mí es. Mí es. Mí es. Mí es. Mí es. Mí es. Mí es. Mí es. Mí es. Mí es. Mí es. Mí es. Mí es. Mí es. Mí es. Mí es. Mí es. Mí es. Mí es.

Mí es. Mí es.

Mí es. Mí es. Mí es. Mí es. Mí es. Mí es. Mí es. Mí es. Mí es. Mí es. Mí es. Mí es. Mí es. Mí es. Mí es. Mí es. Mí es. Mí es. Mí es. Mí es.

Mí es. Mí es.

Mí es. Mí es. Mí es. Mí es. Mí es. Mí es. Mí es. Mí es. Mí es. Mí es. Mí es. Mí es. Mí es. Mí es. Mí es. Mí es. Mí es. Mí es. Mí es. Mí es.

Mí es. Mí es.

Mí es. Mí es. Mí es. Mí es. Mí es. Mí es. Mí es. Mí es. Mí es. Mí es. Mí es. Mí es. Mí es. Mí es. Mí es. Mí es. Mí es. Mí es. Mí es. Mí es.

Mí es. Mí es.

Mí es. Mí es. Mí es. Mí es. Mí es. Mí es. Mí es. Mí es. Mí es. Mí es. Mí es. Mí es. Mí es. Mí es. Mí es. Mí es. Mí es. Mí es. Mí es. Mí es.

Mí es. Mí es.

Mí es. Mí es. Mí es. Mí es. Mí es. Mí es. Mí es. Mí es. Mí es. Mí es. Mí es. Mí es. Mí es. Mí es. Mí es. Mí es. Mí es. Mí es. Mí es. Mí es.

Mí es. Mí es.

Mí es. Mí es. Mí es. Mí es. Mí es. Mí es. Mí es. Mí es. Mí es. Mí es. Mí es. Mí es. Mí es. Mí es. Mí es. Mí es. Mí es. Mí es. Mí es. Mí es.

Mí es. Mí es.

Mí es. Mí es. Mí es. Mí es. Mí es. Mí es. Mí es. Mí es. Mí es. Mí es. Mí es. Mí es. Mí es. Mí es. Mí es. Mí es. Mí es. Mí es. Mí es. Mí es.

Mí es. Mí es.

Mí es. Mí es. Mí es. Mí es. Mí es. Mí es. Mí es. Mí es. Mí es. Mí es. Mí es. Mí es. Mí es. Mí es. Mí es. Mí es. Mí es. Mí es. Mí es. Mí es.

Mí es. Mí es.

Mí es. Mí es. Mí es. Mí es. Mí es. Mí es. Mí es. Mí es. Mí es. Mí es. Mí es. Mí es. Mí es. Mí es. Mí es. Mí es. Mí es. Mí es. Mí es. Mí es.

Mí es. Mí es. Mí es. Mí es. Mí es. Mí es. Mí es. Mí es. Mí es. Mí es. Mí es. Mí es. Mí es. Mí es. Mí es. Mí es. Mí es.

Mí es. Mí es.

Mí es. Mí es. Mí es. Mí es. Mí es. Mí es. Mí es. Mí es. Mí es. Mí es. Mí es. Mí es. Mí es. Mí es. Mí es. Mí es. Mí es. Mí es. Mí es. Mí es.

Mí es. Mí es.

Mí es. Mí es. Mí es. Mí es. Mí es. Mí es. Mí es. Mí es. Mí es. Mí es. Mí es. Mí es. Mí es. Mí es. Mí es. Mí es. Mí es. Mí es. Mí es. Mí es.

Mí es. Mí es.

Mí es. Mí es. Mí es. Mí es. Mí es. Mí es. Mí es. Mí es. Mí es. Mí es. Mí es. Mí es. Mí es. Mí es. Mí es. Mí es. Mí es. Mí es. Mí es. Mí es.

Mí es. Mí es.

Mí es. Mí es. Mí es. Mí es. Mí es. Mí es. Mí es. Mí es. Mí es. Mí es. Mí es. Mí es. Mí es. Mí es. Mí es. Mí es. Mí es. Mí es. Mí es.

Mí es. Mí es.

Mí es. Mí es. Mí es. Mí es. Mí es. Mí es. Mí es. Mí es. Mí es. Mí es. Mí es. Mí es. Mí es. Mí es. Mí es. Mí es. Mí es. Mí es. Mí es.

Mí es. Mí es.

Mí es. Mí es. Mí es. Mí es. Mí es. Mí es. Mí es. Mí es. Mí es. Mí es. Mí es. Mí es. Mí es. Mí es. Mí es. Mí es. Mí es. Mí es. Mí es.

Mí es. Mí es.

Mí es. Mí es. Mí es. Mí es. Mí es. Mí es. Mí es. Mí es. Mí es. Mí es. Mí es. Mí es. Mí es. Mí es. Mí es. Mí es. Mí es. Mí es. Mí es.

Mí es. Mí es.

Mí es. Mí es. Mí es. Mí es. Mí es. Mí es. Mí es. Mí es. Mí es. Mí es. Mí es. Mí es. Mí es. Mí es. Mí es. Mí es. Mí es. Mí es. Mí es.

Mí es. Mí es.

Mí es. Mí es. Mí es. Mí es. Mí es. Mí es. Mí es. Mí es. Mí es. Mí es. Mí es. Mí es. Mí es. Mí es. Mí es. Mí es. Mí es. Mí es. Mí es.

Mí es. Mí es.

Mí es. Mí es. Mí es. Mí es. Mí es. Mí es. Mí es. Mí es. Mí es. Mí es. Mí es. Mí es. Mí es. Mí es. Mí es. Mí es. Mí es. Mí es. Mí es.

Mí es. Mí es. Mí es. Mí es. Mí es. Mí es. Mí es. Mí es. Mí es. Mí es. Mí es. Mí es. Mí es. Mí es. Mí es. Mí es.

Mí es. Mí es.

Mí es. Mí es. Mí es. Mí es. Mí es. Mí es. Mí es. Mí es. Mí es. Mí es. Mí es. Mí es. Mí es. Mí es. Mí es. Mí es. Mí es. Mí es. Mí es. Mí es.

Mí es. Mí es.

Mí es. Mí es. Mí es. Mí es. Mí es. Mí es. Mí es. Mí es. Mí es. Mí es. Mí es. Mí es. Mí es. Mí es. Mí es. Mí es. Mí es. Mí es. Mí es. Mí es.

Mí es. Mí es.

Mí es. Mí es. Mí es. Mí es. Mí es. Mí es. Mí es. Mí es. Mí es. Mí es. Mí es. Mí es. Mí es. Mí es. Mí es. Mí es. Mí es. Mí es. Mí es. Mí es.

Mí es. Mí es.

Mí es. Mí es. Mí es. Mí es. Mí es. Mí es. Mí es. Mí es. Mí es. Mí es. Mí es. Mí es. Mí es. Mí es. Mí es. Mí es. Mí es. Mí es. Mí es. Mí es.

Mí es. Mí es.

Mí es. Mí es. Mí es. Mí es. Mí es. Mí es. Mí es. Mí es. Mí es. Mí es. Mí es. Mí es. Mí es. Mí es. Mí es. Mí es. Mí es. Mí es. Mí es. Mí es.

Mí es. Mí es.

Mí es. Mí es. Mí es. Mí es. Mí es. Mí es. Mí es. Mí es. Mí es. Mí es. Mí es. Mí es. Mí es. Mí es. Mí es. Mí es. Mí es. Mí es. Mí es. Mí es.

Mí es. Mí es.

Mí es. Mí es. Mí es. Mí es. Mí es. Mí es. Mí es. Mí es. Mí es. Mí es. Mí es. Mí es. Mí es. Mí es. Mí es. Mí es. Mí es. Mí es. Mí es. Mí es.

Mí es. Mí es.

Mí es. Mí es. Mí es. Mí es. Mí es. Mí es. Mí es. Mí es. Mí es. Mí es. Mí es. Mí es. Mí es. Mí es. Mí es. Mí es. Mí es. Mí es. Mí es.

Mí es. Mí es.

Mí es. Mí es. Mí es. Mí es. Mí es. Mí es. Mí es. Mí es. Mí es. Mí es. Mí es. Mí es. Mí es. Mí es. Mí es. Mí es. Mí es. Mí es. Mí es.

Mí es. Mí es.

Mí es. Mí es. Mí es. Mí es. Mí es. Mí es. Mí es. Mí es. Mí es. Mí es. Mí es. Mí es. Mí es. Mí es. Mí es. Mí es. Mí es. Mí es. Mí es.

Mí es. Mí

es. Mí es. Mí es. Mí es. Mí es. Mí es. Mí es. Mí es. Mí es. Mí es. Mí es. Mí es. Mí es. Mí es. Mí es.

Mí es. Mí es. Mí es. Mí es. Mí es. Mí es. Mí es. Mí es. Mí es. Mí es. Mí es. Mí es. Mí es. Mí es. Mí es. Mí es. Mí es. Mí es. Mí es.

Mí es. Mí es.

Mí es. Mí es. Mí es. Mí es. Mí es. Mí es. Mí es. Mí es. Mí es. Mí es. Mí es. Mí es. Mí es. Mí es. Mí es. Mí es. Mí es. Mí es. Mí es.

Mí es. Mí es.

Mí es. Mí es. Mí es. Mí es. Mí es. Mí es. Mí es. Mí es. Mí es. Mí es. Mí es. Mí es. Mí es. Mí es. Mí es. Mí es. Mí es. Mí es. Mí es.

Mí es. Mí es.

Mí es. Mí es. Mí es. Mí es. Mí es. Mí es. Mí es. Mí es. Mí es. Mí es. Mí es. Mí es. Mí es. Mí es. Mí es. Mí es. Mí es. Mí es. Mí es. Mí es.

Mí es. Mí es.

Mí es. Mí es. Mí es. Mí es. Mí es. Mí es. Mí es. Mí es. Mí es. Mí es. Mí es. Mí es. Mí es. Mí es. Mí es. Mí es. Mí es. Mí es. Mí es. Mí es.

Mí es. Mí es.

Mí es. Mí es. Mí es. Mí es. Mí es. Mí es. Mí es. Mí es. Mí es. Mí es. Mí es. Mí es. Mí es. Mí es. Mí es. Mí es. Mí es. Mí es. Mí es. Mí es.

Mí es. Mí es.

Mí es. Mí es. Mí es. Mí es. Mí es. Mí es. Mí es. Mí es. Mí es. Mí es. Mí es. Mí es. Mí es. Mí es. Mí es. Mí es. Mí es. Mí es. Mí es. Mí es.

Mí es. Mí es.

Mí es. Mí es. Mí es. Mí es. Mí es. Mí es. Mí es. Mí es. Mí es. Mí es. Mí es. Mí es. Mí es. Mí es. Mí es. Mí es. Mí es. Mí es. Mí es. Mí es.

Mí es. Mí es.

Mí es. Mí es. Mí es. Mí es. Mí es. Mí es. Mí es. Mí es. Mí es. Mí es. Mí es. Mí es. Mí es. Mí es. Mí es. Mí es. Mí es. Mí es. Mí es. Mí es.

Mí es. Mí es.

Mí es. Mí es. Mí es. Mí es. Mí es. Mí es. Mí es. Mí es. Mí es. Mí es. Mí es. Mí es. Mí es. Mí es. Mí es. Mí es. Mí es. Mí es. Mí es. Mí es.

Mí es. Mí

es. Mí es. Mí es. Mí es. Mí es. Mí es. Mí es. Mí es. Mí es. Mí es. Mí es. Mí es. Mí es. Mí es. Mí es.

Mí es. Mí es. Mí es. Mí es. Mí es. Mí es. Mí es. Mí es. Mí es. Mí es. Mí es. Mí es. Mí es. Mí es. Mí es. Mí es. Mí es. Mí es. Mí es.

Mí es. Mí es.

Mí es. Mí es. Mí es. Mí es. Mí es. Mí es. Mí es. Mí es. Mí es. Mí es. Mí es. Mí es. Mí es. Mí es. Mí es. Mí es. Mí es. Mí es. Mí es.

Mí es. Mí es.

Mí es. Mí es. Mí es. Mí es. Mí es. Mí es. Mí es. Mí es. Mí es. Mí es. Mí es. Mí es. Mí es. Mí es. Mí es. Mí es. Mí es. Mí es. Mí es.

Mí es. Mí es.

Mí es. Mí es. Mí es. Mí es. Mí es. Mí es. Mí es. Mí es. Mí es. Mí es. Mí es. Mí es. Mí es. Mí es. Mí es. Mí es. Mí es. Mí es. Mí es.

Mí es. Mí es.

Mí es. Mí es. Mí es. Mí es. Mí es. Mí es. Mí es. Mí es. Mí es. Mí es. Mí es. Mí es. Mí es. Mí es. Mí es. Mí es. Mí es. Mí es. Mí es.

Mí es. Mí es.

Mí es. Mí es. Mí es. Mí es. Mí es. Mí es. Mí es. Mí es. Mí es. Mí es. Mí es. Mí es. Mí es. Mí es. Mí es. Mí es. Mí es. Mí es. Mí es.

Mí es. Mí es.

Mí es. Mí es. Mí es. Mí es. Mí es. Mí es. Mí es. Mí es. Mí es. Mí es. Mí es. Mí es. Mí es. Mí es. Mí es. Mí es. Mí es. Mí es. Mí es.

Mí es. Mí es.

Mí es. Mí es. Mí es. Mí es. Mí es. Mí es. Mí es. Mí es. Mí es. Mí es. Mí es. Mí es. Mí es. Mí es. Mí es. Mí es. Mí es. Mí es. Mí es. Mí es.

Mí es. Mí es.

Mí es. Mí es. Mí es. Mí es. Mí es. Mí es. Mí es. Mí es. Mí es. Mí es. Mí es. Mí es. Mí es. Mí es. Mí es. Mí es. Mí es. Mí es. Mí es. Mí es.

Mí es. Mí es.

Mí es. Mí es. Mí es. Mí es. Mí es. Mí es. Mí es. Mí es. Mí es. Mí es. Mí es. Mí es. Mí es. Mí es. Mí es. Mí es. Mí es. Mí es. Mí es. Mí es.

Mí es. Mí

es. Mí es. Mí es. Mí es. Mí es. Mí es. Mí es. Mí es. Mí es. Mí es. Mí es. Mí es. Mí es. Mí es. Mí es.

Mí es. Mí es. Mí es. Mí es. Mí es. Mí es. Mí es. Mí es. Mí es. Mí es. Mí es. Mí es. Mí es. Mí es. Mí es. Mí es. Mí es. Mí es. Mí es. Mí es.

Mí es. Mí es.

Mí es. Mí es. Mí es. Mí es. Mí es. Mí es. Mí es. Mí es. Mí es. Mí es. Mí es. Mí es. Mí es. Mí es. Mí es. Mí es. Mí es. Mí es. Mí es. Mí es.

Mí es. Mí es.

Mí es. Mí es. Mí es. Mí es. Mí es. Mí es. Mí es. Mí es. Mí es. Mí es. Mí es. Mí es. Mí es. Mí es. Mí es. Mí es. Mí es. Mí es. Mí es. Mí es.

Mí es. Mí es.

Mí es. Mí es. Mí es. Mí es. Mí es. Mí es. Mí es. Mí es. Mí es. Mí es. Mí es. Mí es. Mí es. Mí es. Mí es. Mí es. Mí es. Mí es. Mí es.

Mí es. Mí es.

Mí es. Mí es. Mí es. Mí es. Mí es. Mí es. Mí es. Mí es. Mí es. Mí es. Mí es. Mí es. Mí es. Mí es. Mí es. Mí es. Mí es. Mí es. Mí es.

Mí es. Mí es.

Mí es. Mí es. Mí es. Mí es. Mí es. Mí es. Mí es. Mí es. Mí es. Mí es. Mí es. Mí es. Mí es. Mí es. Mí es. Mí es. Mí es. Mí es. Mí es.

Mí es. Mí es.

Mí es. Mí es. Mí es. Mí es. Mí es. Mí es. Mí es. Mí es. Mí es. Mí es. Mí es. Mí es. Mí es. Mí es. Mí es. Mí es. Mí es. Mí es. Mí es.

Mí es. Mí es.

Mí es. Mí es. Mí es. Mí es. Mí es. Mí es. Mí es. Mí es. Mí es. Mí es. Mí es. Mí es. Mí es. Mí es. Mí es. Mí es. Mí es. Mí es. Mí es.

Mí es. Mí es.

Mí es. Mí es. Mí es. Mí es. Mí es. Mí es. Mí es. Mí es. Mí es. Mí es. Mí es. Mí es. Mí es. Mí es. Mí es. Mí es. Mí es. Mí es. Mí es.

Mí es. Mí es.

Mí es. Mí es. Mí es. Mí es. Mí es. Mí es. Mí es. Mí es. Mí es. Mí es. Mí es. Mí es. Mí es. Mí es. Mí es. Mí es. Mí es. Mí es. Mí es.

Mí es. Mí

es. Mí es. Mí es. Mí es. Mí es. Mí es. Mí es. Mí es. Mí es. Mí es. Mí es. Mí es. Mí es. Mí es. Mí es.

Mí es. Mí es. Mí es. Mí es. Mí es. Mí es. Mí es. Mí es. Mí es. Mí es. Mí es. Mí es. Mí es. Mí es. Mí es. Mí es. Mí es. Mí es. Mí es.

Mí es. Mí es.

Mí es. Mí es. Mí es. Mí es. Mí es. Mí es. Mí es. Mí es. Mí es. Mí es. Mí es. Mí es. Mí es. Mí es. Mí es. Mí es. Mí es. Mí es. Mí es.

Mí es. Mí es.

Mí es. Mí es. Mí es. Mí es. Mí es. Mí es. Mí es. Mí es. Mí es. Mí es. Mí es. Mí es. Mí es. Mí es. Mí es. Mí es. Mí es. Mí es. Mí es.

Mí es. Mí es.

Mí es. Mí es. Mí es. Mí es. Mí es. Mí es. Mí es. Mí es. Mí es. Mí es. Mí es. Mí es. Mí es. Mí es. Mí es. Mí es. Mí es. Mí es. Mí es. Mí es.

Mí es. Mí es.

Mí es. Mí es. Mí es. Mí es. Mí es. Mí es. Mí es. Mí es. Mí es. Mí es. Mí es. Mí es. Mí es. Mí es. Mí es. Mí es. Mí es. Mí es. Mí es. Mí es.

Mí es. Mí es.

Mí es. Mí es. Mí es. Mí es. Mí es. Mí es. Mí es. Mí es. Mí es. Mí es. Mí es. Mí es. Mí es. Mí es. Mí es. Mí es. Mí es. Mí es. Mí es. Mí es.

Mí es. Mí es.

Mí es. Mí es. Mí es. Mí es. Mí es. Mí es. Mí es. Mí es. Mí es. Mí es. Mí es. Mí es. Mí es. Mí es. Mí es. Mí es. Mí es. Mí es. Mí es. Mí es.

Mí es. Mí es.

Mí es. Mí es. Mí es. Mí es. Mí es. Mí es. Mí es. Mí es. Mí es. Mí es. Mí es. Mí es. Mí es. Mí es. Mí es. Mí es. Mí es. Mí es. Mí es. Mí es.

Mí es. Mí es.

Mí es. Mí es. Mí es. Mí es. Mí es. Mí es. Mí es. Mí es. Mí es. Mí es. Mí es. Mí es. Mí es. Mí es. Mí es. Mí es. Mí es. Mí es. Mí es. Mí es.

Mí es. Mí es.

Mí es. Mí es. Mí es. Mí es. Mí es. Mí es. Mí es. Mí es. Mí es. Mí es. Mí es. Mí es. Mí es. Mí es. Mí es. Mí es. Mí es. Mí es. Mí es. Mí es.

Mí es. Mí

es. Mí es. Mí es. Mí es. Mí es. Mí es. Mí es. Mí es. Mí es. Mí es. Mí es. Mí es. Mí es. Mí es. Mí es.

Mí es. Mí es. Mí es. Mí es. Mí es. Mí es. Mí es. Mí es. Mí es. Mí es. Mí es. Mí es. Mí es. Mí es. Mí es. Mí es. Mí es. Mí es. Mí es. Mí es.

Mí es. Mí es.

Mí es. Mí es. Mí es. Mí es. Mí es. Mí es. Mí es. Mí es. Mí es. Mí es. Mí es. Mí es. Mí es. Mí es. Mí es. Mí es. Mí es. Mí es. Mí es. Mí es.

Mí es. Mí es.

Mí es. Mí es. Mí es. Mí es. Mí es. Mí es. Mí es. Mí es. Mí es. Mí es. Mí es. Mí es. Mí es. Mí es. Mí es. Mí es. Mí es. Mí es. Mí es. Mí es.

Mí es. Mí es.

Mí es. Mí es. Mí es. Mí es. Mí es. Mí es. Mí es. Mí es. Mí es. Mí es. Mí es. Mí es. Mí es. Mí es. Mí es. Mí es. Mí es. Mí es. Mí es. Mí es.

Mí es. Mí es.

Mí es. Mí es. Mí es. Mí es. Mí es. Mí es. Mí es. Mí es. Mí es. Mí es. Mí es. Mí es. Mí es. Mí es. Mí es. Mí es. Mí es. Mí es. Mí es. Mí es.

Mí es. Mí es.

¿Y yo? Lo estoy.

Capitolo 10

Mío es

Mío es. Mío es. Mío es. Mío es. Mío es. Mío es. Mío es. Mío es. Mío es. Mío es. Mío es. Mío es. Mío es. Mío es. Mío es. Mío es.

Mío es. Mío es. Mío es. Mío es. Mío es. Mío es. Mío es. Mío es. Mío es. Mío es. Mío es. Mío es. Mío es. Mío es. Mío es. Mío es.Mío es. Mío es.

Mío es. Mío es. Mío es. Mío es. Mío es. Mío es. Mío es. Mío es. Mío es. Mío es. Mío es. Mío es. Mío es. Mío es. Mío es. Mío es.

Mío es. Mío es. Mío es. Mío es. Mío es. Mío es. Mío es. Mío es. Mío es. Mío es. Mío es. Mío es. Mío es. Mío es. Mío es. Mío es.Mío es. Mío es.

Mío es. Mío es. Mío es. Mío es. Mío es. Mío es. Mío es. Mío es. Mío es. Mío es. Mío es. Mío es. Mío es. Mío es. Mío es. Mío es.

Mío es. Mío es. Mío es. Mío es. Mío es. Mío es. Mío es. Mío es. Mío es. Mío es. Mío es. Mío es. Mío es. Mío es. Mío es. Mío es.Mío es. Mío es.

Mío es. Mío es. Mío es. Mío es. Mío es. Mío es. Mío es. Mío es. Mío es. Mío es. Mío es. Mío es. Mío es. Mío es. Mío es. Mío es.

Mío es. Mío es. Mío es. Mío es. Mío es. Mío es. Mío es. Mío es. Mío es. Mío es. Mío es. Mío es. Mío es. Mío es. Mío es. Mío es.Mío es. Mío es.

Mío es. Mío es. Mío es. Mío es. Mío es. Mío es. Mío es. Mío es. Mío es. Mío es. Mío es. Mío es. Mío es. Mío es. Mío es. Mío es.

Mío es. Mío es. Mío es. Mío es. Mío es. Mío es. Mío es. Mío es. Mío es. Mío es. Mío es. Mío es. Mío es. Mío es. Mío es. Mío es.Mío es. Mío es.

Mío es. Mío es. Mío es. Mío es. Mío es. Mío es. Mío es. Mío es. Mío es. Mío es. Mío es. Mío es. Mío es. Mío es. Mío es. Mío es.

Mío es. Mío es. Mío es. Mío es. Mío es. Mío es. Mío es. Mío es. Mío es. Mío es. Mío es. Mío es. Mío es. Mío es. Mío es. Mío es.Mío es. Mío es.

Mío es. Mío es. Mío es. Mío es. Mío es. Mío es. Mío es. Mío es. Mío es. Mío es. Mío es. Mío es. Mío es.

Mío es. Mío es. Mío es. Mío es. Mío es. Mío es. Mío es. Mío es. Mío es. Mío es. Mío es. Mío es. Mío es. Mío es. Mío es. Mío es.

Mío es. Mío es. Mío es. Mío es. Mío es. Mío es. Mío es. Mío es. Mío es. Mío es. Mío es. Mío es. Mío es. Mío es. Mío es. Mío es. Mío es.Mío es. Mío es.

Mío es. Mío es.

Mío es. Mío es. Mío es. Mío es. Mío es. Mío es. Mío es. Mío es. Mío es. Mío es. Mío es. Mío es. Mío es. Mío es. Mío es. Mío es.

Mío es. Mío es. Mío es. Mío es. Mío es. Mío es. Mío es. Mío es. Mío es. Mío es. Mío es. Mío es. Mío es. Mío es. Mío es. Mío es. Mío es.Mío es. Mío es.

Mío es. Mío es. Mío es. Mío es. Mío es. Mío es. Mío es. Mío es. Mío es. Mío es. Mío es. Mío es. Mío es. Mío es. Mío es. Mío es.

Mío es. Mío es. Mío es. Mío es. Mío es. Mío es. Mío es. Mío es. Mío es. Mío es. Mío es. Mío es. Mío es. Mío es. Mío es. Mío es.Mío es. Mío es.

Mío es. Mío es. Mío es. Mío es. Mío es. Mío es. Mío es. Mío es. Mío es. Mío es. Mío es. Mío es. Mío es. Mío es. Mío es. Mío es.

Mío es. Mío es. Mío es. Mío es. Mío es. Mío es. Mío es. Mío es. Mío es. Mío es. Mío es. Mío es. Mío es. Mío es. Mío es. Mío es.Mío es. Mío es.

Mío es. Mío es. Mío es. Mío es. Mío es. Mío es. Mío es. Mío es. Mío es. Mío es. Mío es. Mío es. Mío es. Mío es. Mío es. Mío es.

Mío es. Mío es. Mío es. Mío es. Mío es. Mío es. Mío es. Mío es. Mío es. Mío es. Mío es. Mío es. Mío es. Mío es. Mío es. Mío es.Mío es. Mío es. Mío es. Mío es. Mío es.

Mío es. Mío es.

Mío es. Mío es. Mío es. Mío es. Mío es. Mío es. Mío es. Mío es. Mío es. Mío es. Mío es. Mío es. Mío es. Mío es. Mío es. Mío es.

Mío es. Mío es. Mío es. Mío es. Mío es. Mío es. Mío es. Mío es. Mío es. Mío es. Mío es. Mío es. Mío es. Mío es. Mío es. Mío es.Mío es. Mío es.

Mío es. Mío es. Mío es. Mío es. Mío es. Mío es. Mío es. Mío es. Mío es. Mío es. Mío es. Mío es. Mío es. Mío es. Mío es. Mío es.

Mío es. Mío es. Mío es. Mío es. Mío es. Mío es. Mío es. Mío es. Mío es. Mío es. Mío es. Mío es. Mío es. Mío es. Mío es. Mío es.Mío es. Mío es.

Mío es. Mío es.

Mío es. Mío es. Mío es. Mío es. Mío es. Mío es. Mío es. Mío es. Mío es. Mío es. Mío es. Mío es. Mío es. Mío es. Mío es. Mío es.

Mío es. Mío es. Mío es. Mío es. Mío es. Mío es. Mío es. Mío es. Mío es. Mío es. Mío es. Mío es. Mío es. Mío es. Mío es. Mío es.Mío es. Mío es.

Mío es. Mío es. Mío es. Mío es. Mío es. Mío es. Mío es. Mío es. Mío es. Mío es. Mío es. Mío es. Mío es. Mío es. Mío es. Mío es.

Mío es. Mío es. Mío es. Mío es. Mío es. Mío es. Mío es. Mío es. Mío es. Mío es. Mío es. Mío es. Mío es. Mío es. Mío es. Mío es.Mío es. Mío es.

Mío es. Mío es. Mío es. Mío es. Mío es. Mío es. Mío es. Mío es. Mío es. Mío es. Mío es. Mío es. Mío es. Mío es. Mío es. Mío es.

Mío es. Mío es. Mío es. Mío es. Mío es. Mío es. Mío es. Mío es. Mío es. Mío es. Mío es. Mío es. Mío es. Mío es. Mío es. Mío es.Mío es. Mío es. Mío es. Mío es. Mío es. Mío es. Mío es. Mío es. Mío es. Mío es. Mío es. Mío es. Mío es. Mío es. Mío es. Mío es. Mío es. Mío es. Mío es.

Mío es. Mío es. Mío es. Mío es. Mío es. Mío es. Mío es. Mío es. Mío es. Mío es. Mío es. Mío es. Mío es.

Mío es. Mío es. Mío es. Mío es. Mío es. Mío es. Mío es. Mío es. Mío es. Mío es. Mío es. Mío es. Mío es. Mío es. Mío es. Mío es.

Mío es. Mío es. Mío es. Mío es. Mío es. Mío es. Mío es. Mío es. Mío es. Mío es. Mío es. Mío es. Mío es. Mío es. Mío es. Mío es.Mío es. Mío es.

Mío es. Mío es. Mío es. Mío es. Mío es. Mío es. Mío es. Mío es. Mío es. Mío es. Mío es. Mío es. Mío es. Mío es. Mío es. Mío es.

Mío es. Mío es. Mío es. Mío es. Mío es. Mío es. Mío es. Mío es. Mío es. Mío es. Mío es. Mío es. Mío es. Mío es. Mío es. Mío es.Mío es. Mío es.

Mío es. Mío es. Mío es. Mío es. Mío es. Mío es. Mío es. Mío es. Mío es. Mío es. Mío es. Mío es. Mío es. Mío es. Mío es. Mío es.

Mío es. Mío es. Mío es. Mío es. Mío es. Mío es. Mío es. Mío es. Mío es. Mío es. Mío es. Mío es. Mío es. Mío es.

Mío es. Mío es.Mío es. Mío es. Mío es. Mío es. Mío es. Mío es. Mío es. Mío es. Mío es.
Mío es. Mío es.

Mío es. Mío es. Mío es. Mío es. Mío es. Mío es. Mío es. Mío es. Mío es. Mío es. Mío es. Mío es. Mío es. Mío es. Mío es. Mío es.

Mío es. Mío es. Mío es. Mío es. Mío es. Mío es. Mío es. Mío es. Mío es. Mío es. Mío es. Mío es. Mío es. Mío es. Mío es. Mío es.Mío es. Mío es.

Mío es. Mío es. Mío es. Mío es. Mío es. Mío es. Mío es. Mío es. Mío es. Mío es. Mío es. Mío es. Mío es. Mío es. Mío es. Mío es.

Mío es. Mío es. Mío es. Mío es. Mío es. Mío es. Mío es. Mío es. Mío es. Mío es. Mío es. Mío es. Mío es. Mío es. Mío es. Mío es.Mío es. Mío es.

Mío es. Mío es. Mío es. Mío es. Mío es. Mío es. Mío es. Mío es. Mío es. Mío es. Mío es. Mío es. Mío es. Mío es. Mío es. Mío es.

Mío es. Mío es. Mío es. Mío es. Mío es. Mío es. Mío es. Mío es. Mío es. Mío es. Mío es. Mío es. Mío es. Mío es. Mío es. Mío es.Mío es. Mío es.

Mío es. Mío es. Mío es. Mío es. Mío es. Mío es. Mío es. Mío es. Mío es. Mío es. Mío es. Mío es. Mío es. Mío es. Mío es. Mío es.

Mío es. Mío es. Mío es. Mío es. Mío es. Mío es. Mío es. Mío es. Mío es. Mío es. Mío es. Mío es. Mío es. Mío es. Mío es. Mío es.Mío es. Mío es. Mío es. Mío es. Mío es. Mío es. Mío es. Mío es. Mío es.

Mío es. Mío es.

Mío es. Mío es. Mío es. Mío es. Mío es. Mío es. Mío es. Mío es. Mío es. Mío es. Mío es. Mío es. Mío es. Mío es. Mío es. Mío es.

Mío es. Mío es. Mío es. Mío es. Mío es. Mío es. Mío es. Mío es. Mío es. Mío es. Mío es. Mío es. Mío es. Mío es. Mío es. Mío es.Mío es. Mío es. Mío es. Mío es. Mío es. Mío es. Mío es. Mío es. Mío es. Mío es. Mío es. Mío es.

Mío es. Mío es. Mío es. Mío es. Mío es. Mío es. Mío es.
Mío es. Mío es. Mío es. Mío es. Mío es. Mío es. Mío es.
Mío es. Mío es. Mío es. Mío es. Mío es. Mío es.

Mío es. Mío es. Mío es. Mío es. Mío es. Mío es. Mío es.
Mío es. Mío es. Mío es. Mío es. Mío es. Mío es. Mío es.
Mío es. Mío es.

Mío es. Mío es. Mío es. Mío es. Mío es. Mío es. Mío es.
Mío es. Mío es. Mío es.

Mío es. Mío es. Mío es. Mío es. Mío es. Mío es.Mío es.
Mío es. Mío es. Mío es. Mío es. Mío es. Mío es. Mío es.
Mío es. Mío es. Mío es. Mío es. Mío es. Mío es.
Mío es. Mío es. Mío es. Mío es. Mío es. Mío es. Mío es.
Mío es. Mío es. Mío es. Mío es. Mío es. Mío es. Mío es.
Mío es. Mío es. Mío es. Mío es.

Mío es. Mío es.

Mío es. Mío es. Mío es. Mío es. Mío es. Mío es. Mío es.
Mío es. Mío es. Mío es. Mío es. Mío es. Mío es. Mío es.

Mío es. Mío es. Mío es. Mío es. Mío es. Mío es. Mío es.
Mío es. Mío es. Mío es. Mío es. Mío es. Mío es. Mío es.
Mío es. Mío es.Mío es. Mío es. Mío es. Mío es. Mío es.
Mío es. Mío es. Mío es.
Mío es. Mío es. Mío es. Mío es. Mío es. Mío es. Mío es.
Mío es. Mío es. Mío es. Mío es. Mío es. Mío es. Mío es.
Mío es. Mío es. Mío es. Mío es. Mío es. Mío es. Mío es.
Mío es. Mío es. Mío es.

Mío es. Mío es. Mío es. Mío es. Mío es. Mío es. Mío es.
Mío es. Mío es. Mío es. Mío es. Mío es. Mío es. Mío es.
Mío es. Mío es.

Mío es. Mío es. Mío es. Mío es. Mío es. Mío es. Mío es.
Mío es. Mío es. Mío es Mío es. Mío es. Mío es. Mío es.
Mío es. Mío es. Mío es. Mío es. Mío es. Mío es. Mío es.
Mío es. Mío es. Mío es. Mío es.
Mío es. Mío es. Mío es. Mío es. Mío es. Mío es. Mío es.
Mío es. Mío es. Mío es.

Mío es. Mío es. Mío es. Mío es. Mío es. Mío es. Mío es.
Mío es. Mío es. Mío es. Mío es. Mío es. Mío es.

Mío es. Mío es. Mío es. Mío es. Mío es. Mío es. Mío es.
Mío es. Mío es. Mío es. Mío es. Mío es. Mío es. Mío es.
Mío es. Mío es.

Mío es. Mío es. Mío es. Mío es. Mío es. Mío es. Mío es.
Mío es. Mío es. Mío es. Mío es. Mío es. Mío es. Mío es.
Mío es. Mío es.Mío es. Mío es. Mío es. Mío es. Mío es.
Mío es. Mío es. Mío es. Mío es. Mío es. Mío es. Mío es.
Mío es. Mío es. Mío es. Mío es. Mío es. Mío es. Mío es.
Mío es. Mío es. Mío es. Mío es. Mío es. Mío es. Mío es.
Mío es. Mío es. Mío es. Mío es. Mío es. Mío es.

Mío es. Mío es. Mío es. Mío es. Mío es. Mío es. Mío es.
Mío es. Mío es. Mío es. Mío es. Mío es. Mío es. Mío es.
Mío es. Mío es.

Mío es. Mío es. Mío es. Mío es. Mío es. Mío es. Mío es.
Mío es. Mío es. Mío es. Mío es. Mío es. Mío es. Mío es.
Mío es. Mío es.Mío es. Mío es. Mío es. Mío es. Mío es.

Mío es. Mío es. Mío es. Mío es.
Mío es. Mío es. Mío es. Mío es. Mío es. Mío es. Mío es.
Mío es. Mío es. Mío es. Mío es. Mío es. Mío es. Mío es.
Mío es. Mío es. Mío es. Mío es. Mío es. Mío es. Mío es.
Mío es. Mío es.

Mío es. Mío es. Mío es. Mío es. Mío es. Mío es. Mío es.
Mío es. Mío es. Mío es. Mío es. Mío es. Mío es. Mío es.
Mío es. Mío es.

Mío es. Mío es. Mío es. Mío es. Mío es. Mío es. Mío es.
Mío es. Mío es. Mío es. Mío es. Mío es. Mío es. Mío es.
Mío es. Mío es.Mío es. Mío es. Mío es. Mío es. Mío es.
Mío es. Mío es. Mío es. Mío es. Mío es. Mío es. Mío es.
Mío es. Mío es. Mío es. Mío es. Mío es. Mío es. Mío es.
Mío es. Mío es. Mío es. Mío es. Mío es. Mío es. Mío es.
Mío es. Mío es. Mío es. Mío es. Mío es. Mío es.

Mío es. Mío es. Mío es. Mío es. Mío es. Mío es. Mío es.
Mío es. Mío es. Mío es. Mío es. Mío es. Mío es. Mío es.
Mío es. Mío es.

Mío es. Mío es. Mío es. Mío es. Mío es. Mío es. Mío es.
Mío es. Mío es. Mío es.

Mío es. Mío es. Mío es. Mío es. Mío es. Mío es.Mío es.
Mío es. Mío es. Mío es. Mío es. Mío es. Mío es. Mío es.
Mío es. Mío es. Mío es. Mío es. Mío es. Mío es.
Mío es. Mío es. Mío es. Mío es. Mío es. Mío es. Mío es.
Mío es. Mío es. Mío es. Mío es. Mío es. Mío es. Mío es.
Mío es. Mío es. Mío es. Mío es.

Mío es. Mío es.

Mío es. Mío es. Mío es. Mío es. Mío es. Mío es. Mío es.
Mío es. Mío es. Mío es. Mío es. Mío es. Mío es. Mío es.

Mío es. Mío es. Mío es. Mío es. Mío es. Mío es. Mío es.
Mío es. Mío es. Mío es. Mío es. Mío es. Mío es. Mío es.
Mío es. Mío es.Mío es. Mío es. Mío es. Mío es. Mío es.
Mío es. Mío es. Mío es.
Mío es. Mío es. Mío es. Mío es. Mío es. Mío es. Mío es.
Mío es. Mío es. Mío es. Mío es. Mío es. Mío es. Mío es.
Mío es. Mío es. Mío es. Mío es. Mío es. Mío es. Mío es.
Mío es. Mío es. Mío es.

Mío es. Mío es. Mío es. Mío es. Mío es. Mío es. Mío es.
Mío es. Mío es. Mío es. Mío es. Mío es. Mío es. Mío es.
Mío es. Mío es.

Mío es. Mío es. Mío es. Mío es. Mío es. Mío es. Mío es.
Mío es. Mío es. Mío es Mío es. Mío es. Mío es. Mío es.
Mío es. Mío es.Mío es. Mío es. Mío es. Mío es. Mío es.
Mío es. Mío es. Mío es. Mío es.
Mío es. Mío es. Mío es. Mío es. Mío es. Mío es. Mío es.
Mío es. Mío es. Mío es.

Mío es. Mío es. Mío es. Mío es. Mío es. Mío es. Mío es.
Mío es. Mío es. Mío es. Mío es. Mío es. Mío es.

Mío es. Mío es. Mío es. Mío es. Mío es. Mío es. Mío es.
Mío es. Mío es. Mío es. Mío es. Mío es. Mío es. Mío es.
Mío es. Mío es.

Mío es. Mío es. Mío es. Mío es. Mío es. Mío es. Mío es.
Mío es. Mío es. Mío es Mío es. Mío es. Mío es. Mío es.
Mío es. Mío es.Mío es. Mío es. Mío es. Mío es. Mío es.

Mío es. Mío es. Mío es. Mío es.
Mío es. Mío es. Mío es. Mío es. Mío es. Mío es. Mío es.
Mío es. Mío es. Mío es.

Mío es. Mío es. Mío es. Mío es. Mío es. Mío es. Mío es.
Mío es. Mío es. Mío es. Mío es. Mío es. Mío es.

Mío es. Mío es. Mío es. Mío es. Mío es. Mío es. Mío es.
Mío es. Mío es. Mío es. Mío es. Mío es. Mío es. Mío es.
Mío es. Mío es.

Mío es. Mío es. Mío es. Mío es. Mío es. Mío es. Mío es.
Mío es. Mío es. Mío es. Mío es. Mío es. Mío es. Mío es.
Mío es. Mío es.Mío es. Mío es. Mío es. Mío es. Mío es.
Mío es. Mío es. Mío es. Mío es. Mío es. Mío es. Mío es.
Mío es. Mío es. Mío es. Mío es. Mío es. Mío es. Mío es.
Mío es. Mío es. Mío es. Mío es. Mío es. Mío es. Mío es.
Mío es. Mío es. Mío es. Mío es. Mío es. Mío es.

Mío es. Mío es. Mío es. Mío es. Mío es. Mío es. Mío es.
Mío es. Mío es. Mío es. Mío es. Mío es. Mío es. Mío es.
Mío es. Mío es.

Mío es. Mío es. Mío es. Mío es. Mío es. Mío es. Mío es.
Mío es. Mío es. Mío es. Mío es. Mío es. Mío es. Mío es.
Mío es. Mío es.Mío es. Mío es. Mío es. Mío es. Mío es.
Mío es. Mío es. Mío es. Mío es.
Mío es. Mío es. Mío es. Mío es. Mío es. Mío es. Mío es.
Mío es. Mío es. Mío es. Mío es. Mío es. Mío es. Mío es.
Mío es. Mío es. Mío es. Mío es. Mío es. Mío es. Mío es.
Mío es. Mío es.

Mío es. Mío es. Mío es. Mío es. Mío es. Mío es. Mío es. Mío es. Mío es. Mío es. Mío es. Mío es. Mío es. Mío es. Mío es. Mío es.

Mío es. Mío es. Mío es. Mío es. Mío es. Mío es. Mío es. Mío es. Mío es. Mío es. Mío es. Mío es. Mío es. Mío es. Mío es. Mío es.Mío es. Mío es.

Mío es. Mío es. Mío es. Mío es. Mío es. Mío es. Mío es. Mío es. Mío es. Mío es. Mío es. Mío es. Mío es. Mío es. Mío es. Mío es.

Mío es. Mío es. Mío es. Mío es. Mío es. Mío es. Mío es. Mío es. Mío es. Mío es.

Mío es. Mío es. Mío es. Mío es. Mío es. Mío es.Mío es. Mío es. Mío es. Mío es. Mío es. Mío es. Mío es. Mío es. Mío es. Mío es. Mío es. Mío es. Mío es. Mío es.
Mío es. Mío es. Mío es. Mío es. Mío es. Mío es. Mío es. Mío es. Mío es. Mío es. Mío es. Mío es. Mío es. Mío es. Mío es. Mío es. Mío es. Mío es.

Mío es. Mío es.

Mío es. Mío es. Mío es. Mío es. Mío es. Mío es. Mío es. Mío es. Mío es. Mío es. Mío es. Mío es. Mío es. Mío es.

Mío es. Mío es. Mío es. Mío es. Mío es. Mío es. Mío es. Mío es. Mío es. Mío es. Mío es. Mío es. Mío es. Mío es. Mío es. Mío es. Mío es.Mío es. Mío es. Mío es. Mío es. Mío es.

Mío es. Mío es. Mío es.
Mío es. Mío es. Mío es. Mío es. Mío es. Mío es. Mío es.
Mío es. Mío es. Mío es. Mío es. Mío es. Mío es. Mío es.
Mío es. Mío es. Mío es. Mío es. Mío es. Mío es. Mío es.
Mío es. Mío es. Mío es.

Mío es. Mío es. Mío es. Mío es. Mío es. Mío es. Mío es.
Mío es. Mío es. Mío es. Mío es. Mío es. Mío es. Mío es.
Mío es. Mío es.

Mío es. Mío es. Mío es. Mío es. Mío es. Mío es. Mío es.
Mío es. Mío es. Mío es Mío es. Mío es. Mío es. Mío es.
Mío es. Mío es.Mío es. Mío es. Mío es. Mío es. Mío es.
Mío es. Mío es. Mío es. Mío es.
Mío es. Mío es. Mío es. Mío es. Mío es. Mío es. Mío es.
Mío es. Mío es. Mío es.
Mío es. Mío es. Mío es. Mío es. Mío es. Mío es. Mío es.
Mío es. Mío es. Mío es. Mío es. Mío es. Mío es. Mío es.
Mío es. Mío es.

Mío es. Mío es. Mío es. Mío es. Mío es. Mío es. Mío es.
Mío es. Mío es. Mío es Mío es. Mío es. Mío es. Mío es.
Mío es. Mío es.Mío es. Mío es. Mío es. Mío es. Mío es.
Mío es. Mío es. Mío es. Mío es.
Mío es. Mío es. Mío es. Mío es. Mío es. Mío es. Mío es.
Mío es. Mío es. Mío es.

Mío es. Mío es. Mío es. Mío es. Mío es. Mío es. Mío es.
Mío es. Mío es. Mío es. Mío es. Mío es. Mío es.

Mío es. Mío es. Mío es. Mío es. Mío es. Mío es. Mío es.
Mío es. Mío es. Mío es. Mío es. Mío es. Mío es. Mío es.
Mío es. Mío es.

Mío es. Mío es. Mío es. Mío es. Mío es. Mío es. Mío es.
Mío es. Mío es. Mío es. Mío es. Mío es. Mío es. Mío es.
Mío es. Mío es.Mío es. Mío es. Mío es. Mío es. Mío es.
Mío es. Mío es. Mío es. Mío es. Mío es. Mío es. Mío es.
Mío es. Mío es. Mío es. Mío es. Mío es. Mío es. Mío es.
Mío es. Mío es. Mío es. Mío es. Mío es. Mío es. Mío es.
Mío es. Mío es. Mío es. Mío es. Mío es. Mío es.

Mío es. Mío es. Mío es. Mío es. Mío es. Mío es. Mío es.
Mío es. Mío es. Mío es. Mío es. Mío es. Mío es. Mío es.
Mío es. Mío es.

Mío es. Mío es. Mío es. Mío es. Mío es. Mío es. Mío es.
Mío es. Mío es. Mío es. Mío es. Mío es. Mío es. Mío es.
Mío es. Mío es.Mío es. Mío es. Mío es. Mío es. Mío es.
Mío es. Mío es. Mío es. Mío es.
Mío es. Mío es. Mío es. Mío es. Mío es. Mío es. Mío es.
Mío es. Mío es. Mío es. Mío es. Mío es. Mío es. Mío es.
Mío es. Mío es. Mío es. Mío es. Mío es. Mío es. Mío es.
Mío es. Mío es.

Mío es. Mío es. Mío es. Mío es. Mío es. Mío es. Mío es.
Mío es. Mío es. Mío es. Mío es. Mío es. Mío es. Mío es.
Mío es. Mío es.

Mío es. Mío es. Mío es. Mío es. Mío es. Mío es. Mío es.
Mío es. Mío es. Mío es. Mío es. Mío es. Mío es. Mío es.
Mío es. Mío es.Mío es. Mío es. Mío es. Mío es. Mío es.
Mío es. Mío es. Mío es. Mío es. Mío es. Mío es. Mío es.
Mío es. Mío es. Mío es. Mío es. Mío es. Mío es. Mío es.
Mío es. Mío es. Mío es. Mío es. Mío es. Mío es. Mío es.
Mío es. Mío es. Mío es. Mío es. Mío es. Mío es.

Mío es. Mío es. Mío es. Mío es. Mío es. Mío es. Mío es. Mío es. Mío es. Mío es. Mío es. Mío es. Mío es. Mío es. Mío es. Mío es.

Mío es. Mío es. Mío es. Mío es. Mío es. Mío es. Mío es. Mío es. Mío es. Mío es.

Mío es. Mío es. Mío es. Mío es. Mío es. Mío es.Mío es. Mío es. Mío es. Mío es. Mío es. Mío es. Mío es. Mío es. Mío es. Mío es. Mío es. Mío es. Mío es. Mío es.
Mío es. Mío es. Mío es. Mío es. Mío es. Mío es. Mío es. Mío es. Mío es. Mío es. Mío es. Mío es. Mío es. Mío es. Mío es. Mío es. Mío es. Mío es.

Mío es. Mío es.

Mío es. Mío es. Mío es. Mío es. Mío es. Mío es. Mío es. Mío es. Mío es. Mío es. Mío es. Mío es. Mío es. Mío es.

Mío es. Mío es.
Mío es. Mío es.

Mío es. Mío es. Mío es. Mío es. Mío es. Mío es. Mío es. Mío es. Mío es. Mío es. Mío es. Mío es. Mío es. Mío es. Mío es. Mío es.

Mío es. Mío es. Mío es. Mío es. Mío es. Mío es. Mío es. Mío es. Mío es. Mío es Mío es. Mío es. Mío es. Mío es.

Mío es. Mío es.Mío es. Mío es. Mío es. Mío es. Mío es.
Mío es. Mío es. Mío es. Mío es.
Mío es. Mío es. Mío es. Mío es. Mío es. Mío es. Mío es.
Mío es. Mío es. Mío es.

Mío es. Mío es mío.

Capitolo 11

Mí mismo.

Mí mismo. Mí mismo. Mí mismo. Mí mismo. Mí mismo.
Mí mismo. Mí mismo. Mí mismo. Mí mismo. Mí mismo.
Mí mismo. Mí mismo. Mí mismo. Mí mismo. Mí mismo.
Mí mismo. Mí mismo.
Mí mismo. Mí mismo. Mí mismo. Mí mismo. Mí mismo.
Mí mismo. Mí mismo. Mí mismo.

Mí mismo. Mí mismo. Mí mismo. Mí mismo. Mí mismo.
Mí mismo. Mí mismo. Mí mismo. Mí mismo.
Mí mismo.

Mí mismo. Mí mismo. Mí mismo. Mí mismo. Mí mismo.
Mí mismo. Mí mismo. Mí mismo. Mí mismo. Mí mismo.
Mí mismo. Mí mismo.

Mí mismo. Mí mismo. Mí mismo. Mí mismo. Mí mismo.
Mí mismo. Mí mismo. Mí mismo.

Mí mismo. Mí mismo. Mí mismo. Mí mismo. Mí mismo.
Mí mismo. Mí mismo. Mí mismo. Mí mismo. Mí mismo.

Mí mismo. Mí mismo. Mí mismo. Mí mismo. Mí mismo.
Mí mismo. Mí mismo. Mí mismo. Mí mismo. Mí mismo.
Mí mismo. Mí mismo. Mí mismo. Mí mismo. Mí mismo.
Mí mismo. Mí mismo.
Mí mismo. Mí mismo. Mí mismo. Mí mismo. Mí mismo.
Mí mismo. Mí mismo. Mí mismo.

Mí mismo. Mí mismo. Mí mismo. Mí mismo. Mí mismo.
Mí mismo. Mí mismo. Mí mismo. Mí mismo.
Mí mismo.

Mí mismo. Mí mismo. Mí mismo. Mí mismo. Mí mismo.
Mí mismo. Mí mismo. Mí mismo. Mí mismo. Mí mismo.
Mí mismo. Mí mismo.

Mí mismo. Mí mismo. Mí mismo. Mí mismo. Mí mismo.
Mí mismo. Mí mismo. Mí mismo.

Mí mismo. Mí mismo. Mí mismo.
Mí mismo. Mí mismo.
Mí mismo. Mí mismo. Mí mismo. Mí mismo. Mí mismo.

Mí mismo. Mí mismo. Mí mismo. Mí mismo. Mí mismo.
Mí mismo. Mí mismo. Mí mismo. Mí mismo. Mí mismo.
Mí mismo. Mí mismo. Mí mismo. Mí mismo. Mí mismo.
Mí mismo. Mí mismo.
Mí mismo. Mí mismo. Mí mismo. Mí mismo. Mí mismo.
Mí mismo. Mí mismo. Mí mismo.

Mí mismo. Mí mismo. Mí mismo. Mí mismo. Mí mismo.
Mí mismo. Mí mismo. Mí mismo. Mí mismo.
Mí mismo.

Mí mismo. Mí mismo. Mí mismo. Mí mismo. Mí mismo.
Mí mismo. Mí mismo. Mí mismo. Mí mismo. Mí mismo.
Mí mismo. Mí mismo.

Mí mismo. Mí mismo. Mí mismo. Mí mismo. Mí mismo.
Mí mismo. Mí mismo. Mí mismo.

Mí mismo. Mí mismo. Mí mismo. Mí mismo. Mí mismo.
Mí mismo. Mí mismo. Mí mismo. Mí mismo. Mí mismo.

Mí mismo. Mí mismo. Mí mismo. Mí mismo. Mí mismo.
Mí mismo. Mí mismo. Mí mismo. Mí mismo. Mí mismo.
Mí mismo. Mí mismo. Mí mismo. Mí mismo. Mí mismo.
Mí mismo. Mí mismo.
Mí mismo. Mí mismo. Mí mismo. Mí mismo. Mí mismo.
Mí mismo. Mí mismo. Mí mismo.

Mí mismo. Mí mismo. Mí mismo. Mí mismo. Mí mismo.
Mí mismo. Mí mismo. Mí mismo. Mí mismo.
Mí mismo.

Mí mismo. Mí mismo. Mí mismo. Mí mismo. Mí mismo.
Mí mismo. Mí mismo. Mí mismo. Mí mismo. Mí mismo.
Mí mismo. Mí mismo.

Mí mismo. Mí mismo. Mí mismo. Mí mismo. Mí mismo.
Mí mismo. Mí mismo. Mí mismo.

Mí mismo. Mí mismo. Mí mismo. Mí mismo. Mí mismo.
Mí mismo. Mí mismo. Mí mismo. Mí mismo. Mí mismo.

Mí mismo. Mí mismo. Mí mismo. Mí mismo. Mí mismo.
Mí mismo. Mí mismo. Mí mismo. Mí mismo. Mí mismo.
Mí mismo. Mí mismo. Mí mismo. Mí mismo. Mí mismo.
Mí mismo. Mí mismo.
Mí mismo. Mí mismo. Mí mismo. Mí mismo. Mí mismo.
Mí mismo. Mí mismo. Mí mismo.

Mí mismo. Mí mismo. Mí mismo. Mí mismo. Mí mismo.
Mí mismo. Mí mismo. Mí mismo. Mí mismo.
Mí mismo.

Mí mismo. Mí mismo. Mí mismo. Mí mismo. Mí mismo.
Mí mismo. Mí mismo. Mí mismo. Mí mismo. Mí mismo.
Mí mismo. Mí mismo.

Mí mismo. Mí mismo. Mí mismo. Mí mismo. Mí mismo.
Mí mismo. Mí mismo. Mí mismo.

Mí mismo. Mí mismo. Mí mismo.
Mí mismo. Mí mismo.
Mí mismo. Mí mismo. Mí mismo. Mí mismo. Mí mismo.

Mí mismo. Mí mismo. Mí mismo. Mí mismo. Mí mismo.
Mí mismo. Mí mismo. Mí mismo. Mí mismo. Mí mismo.
Mí mismo. Mí mismo. Mí mismo. Mí mismo. Mí mismo.
Mí mismo. Mí mismo.
Mí mismo. Mí mismo. Mí mismo. Mí mismo. Mí mismo.
Mí mismo. Mí mismo. Mí mismo.

Mí mismo. Mí mismo. Mí mismo. Mí mismo. Mí mismo.
Mí mismo. Mí mismo. Mí mismo. Mí mismo.
Mí mismo.

Mí mismo. Mí mismo. Mí mismo. Mí mismo. Mí mismo. Mí mismo. Mí mismo. Mí mismo. Mí mismo. Mí mismo. Mí mismo. Mí mismo.

Mí mismo. Mí mismo. Mí mismo. Mí mismo. Mí mismo. Mí mismo. Mí mismo. Mí mismo.

Mí mismo. Mí mismo. Mí mismo. Mí mismo. Mí mismo. Mí mismo. Mí mismo. Mí mismo. Mí mismo. Mí mismo.

Mí mismo. Mí mismo. Mí mismo. Mí mismo. Mí mismo. Mí mismo. Mí mismo. Mí mismo. Mí mismo. Mí mismo. Mí mismo. Mí mismo. Mí mismo. Mí mismo. Mí mismo. Mí mismo. Mí mismo.
Mí mismo. Mí mismo. Mí mismo. Mí mismo. Mí mismo. Mí mismo. Mí mismo. Mí mismo.

Mí mismo. Mí mismo. Mí mismo. Mí mismo. Mí mismo. Mí mismo. Mí mismo. Mí mismo. Mí mismo.
Mí mismo.

Mí mismo. Mí mismo. Mí mismo. Mí mismo. Mí mismo. Mí mismo. Mí mismo. Mí mismo. Mí mismo. Mí mismo. Mí mismo. Mí mismo.

Mí mismo. Mí mismo. Mí mismo. Mí mismo. Mí mismo. Mí mismo. Mí mismo. Mí mismo.

Mí mismo. Mí mismo. Mí mismo. Mí mismo. Mí mismo. Mí mismo. Mí mismo. Mí mismo. Mí mismo. Mí mismo.

Mí mismo. Mí mismo. Mí mismo. Mí mismo. Mí mismo. Mí mismo. Mí mismo. Mí mismo. Mí mismo. Mí mismo. Mí mismo. Mí mismo. Mí mismo. Mí mismo. Mí mismo.

Mí mismo. Mí mismo.
Mí mismo. Mí mismo. Mí mismo. Mí mismo. Mí mismo.
Mí mismo. Mí mismo. Mí mismo.

Mí mismo. Mí mismo. Mí mismo. Mí mismo. Mí mismo.
Mí mismo. Mí mismo. Mí mismo. Mí mismo.
Mí mismo.

Mí mismo. Mí mismo. Mí mismo. Mí mismo. Mí mismo.
Mí mismo. Mí mismo. Mí mismo. Mí mismo. Mí mismo.
Mí mismo. Mí mismo.

Mí mismo. Mí mismo. Mí mismo. Mí mismo. Mí mismo.
Mí mismo. Mí mismo. Mí mismo.

Mí mismo. Mí mismo. Mí mismo.
Mí mismo. Mí mismo.
Mí mismo. Mí mismo. Mí mismo. Mí mismo. Mí mismo.

Mí mismo. Mí mismo. Mí mismo. Mí mismo. Mí mismo.
Mí mismo. Mí mismo. Mí mismo. Mí mismo. Mí mismo.
Mí mismo. Mí mismo. Mí mismo. Mí mismo. Mí mismo.
Mí mismo. Mí mismo.
Mí mismo. Mí mismo. Mí mismo. Mí mismo. Mí mismo.
Mí mismo. Mí mismo. Mí mismo.

Mí mismo. Mí mismo. Mí mismo. Mí mismo. Mí mismo.
Mí mismo. Mí mismo. Mí mismo. Mí mismo.
Mí mismo.

Mí mismo. Mí mismo. Mí mismo. Mí mismo. Mí mismo.
Mí mismo. Mí mismo. Mí mismo. Mí mismo. Mí mismo.
Mí mismo. Mí mismo.

Mí mismo. Mí mismo. Mí mismo. Mí mismo. Mí mismo.
Mí mismo. Mí mismo. Mí mismo.

Mí mismo. Mí mismo. Mí mismo. Mí mismo. Mí mismo.
Mí mismo. Mí mismo. Mí mismo. Mí mismo. Mí mismo.

Mí mismo. Mí mismo. Mí mismo. Mí mismo. Mí mismo.
Mí mismo. Mí mismo. Mí mismo. Mí mismo. Mí mismo.
Mí mismo. Mí mismo. Mí mismo. Mí mismo. Mí mismo.
Mí mismo. Mí mismo.
Mí mismo. Mí mismo. Mí mismo. Mí mismo. Mí mismo.
Mí mismo. Mí mismo. Mí mismo.

Mí mismo. Mí mismo. Mí mismo. Mí mismo. Mí mismo.
Mí mismo. Mí mismo. Mí mismo. Mí mismo.
Mí mismo.

Mí mismo. Mí mismo. Mí mismo. Mí mismo. Mí mismo.
Mí mismo. Mí mismo. Mí mismo. Mí mismo. Mí mismo.
Mí mismo. Mí mismo.

Mí mismo. Mí mismo. Mí mismo. Mí mismo. Mí mismo.
Mí mismo. Mí mismo. Mí mismo.

Mí mismo. Mí mismo. Mí mismo. Mí mismo. Mí mismo.
Mí mismo. Mí mismo. Mí mismo. Mí mismo. Mí mismo.

Mí mismo. Mí mismo. Mí mismo. Mí mismo. Mí mismo.
Mí mismo. Mí mismo. Mí mismo. Mí mismo. Mí mismo.
Mí mismo. Mí mismo. Mí mismo. Mí mismo. Mí mismo.
Mí mismo. Mí mismo.
Mí mismo. Mí mismo. Mí mismo. Mí mismo. Mí mismo.
Mí mismo. Mí mismo. Mí mismo.

Mí mismo. Mí mismo. Mí mismo. Mí mismo. Mí mismo.
Mí mismo. Mí mismo. Mí mismo. Mí mismo.
Mí mismo.

Mí mismo. Mí mismo. Mí mismo. Mí mismo. Mí mismo.
Mí mismo. Mí mismo. Mí mismo. Mí mismo. Mí mismo.
Mí mismo. Mí mismo.

Mí mismo. Mí mismo. Mí mismo. Mí mismo. Mí mismo.
Mí mismo. Mí mismo. Mí mismo.

Mí mismo. Mí mismo. Mí mismo.
Mí mismo. Mí mismo.
Mí mismo. Mí mismo. Mí mismo. Mí mismo. Mí mismo.

Mí mismo. Mí mismo. Mí mismo. Mí mismo. Mí mismo.
Mí mismo. Mí mismo. Mí mismo. Mí mismo. Mí mismo.
Mí mismo. Mí mismo. Mí mismo. Mí mismo. Mí mismo.
Mí mismo. Mí mismo.
Mí mismo. Mí mismo. Mí mismo. Mí mismo. Mí mismo.
Mí mismo. Mí mismo. Mí mismo.

Mí mismo. Mí mismo. Mí mismo. Mí mismo. Mí mismo.
Mí mismo. Mí mismo. Mí mismo. Mí mismo.
Mí mismo.

Mí mismo. Mí mismo. Mí mismo. Mí mismo. Mí mismo.
Mí mismo. Mí mismo. Mí mismo. Mí mismo. Mí mismo.
Mí mismo. Mí mismo.

Mí mismo. Mí mismo. Mí mismo. Mí mismo. Mí mismo.
Mí mismo. Mí mismo. Mí mismo.

Mí mismo. Mí mismo. Mí mismo. Mí mismo. Mí mismo.
Mí mismo. Mí mismo. Mí mismo. Mí mismo. Mí mismo.

Mí mismo. Mí mismo. Mí mismo. Mí mismo. Mí mismo.
Mí mismo. Mí mismo. Mí mismo. Mí mismo. Mí mismo.
Mí mismo. Mí mismo. Mí mismo. Mí mismo. Mí mismo.
Mí mismo. Mí mismo.
Mí mismo. Mí mismo. Mí mismo. Mí mismo. Mí mismo.
Mí mismo. Mí mismo. Mí mismo.

Mí mismo. Mí mismo. Mí mismo. Mí mismo. Mí mismo.
Mí mismo. Mí mismo. Mí mismo. Mí mismo.
Mí mismo.

Mí mismo. Mí mismo. Mí mismo. Mí mismo. Mí mismo.
Mí mismo. Mí mismo. Mí mismo. Mí mismo. Mí mismo.
Mí mismo. Mí mismo.

Mí mismo. Mí mismo. Mí mismo. Mí mismo. Mí mismo.
Mí mismo. Mí mismo. Mí mismo.

Mí mismo. Mí mismo. Mí mismo. Mí mismo. Mí mismo.
Mí mismo. Mí mismo. Mí mismo. Mí mismo. Mí mismo.

Mí mismo. Mí mismo. Mí mismo. Mí mismo. Mí mismo.
Mí mismo. Mí mismo. Mí mismo. Mí mismo. Mí mismo.
Mí mismo. Mí mismo. Mí mismo. Mí mismo. Mí mismo.
Mí mismo. Mí mismo.
Mí mismo. Mí mismo. Mí mismo. Mí mismo. Mí mismo.
Mí mismo. Mí mismo. Mí mismo.

Mí mismo. Mí mismo. Mí mismo. Mí mismo. Mí mismo.
Mí mismo. Mí mismo. Mí mismo. Mí mismo.
Mí mismo.

Mí mismo. Mí mismo. Mí mismo. Mí mismo. Mí mismo.
Mí mismo. Mí mismo. Mí mismo. Mí mismo. Mí mismo.
Mí mismo. Mí mismo.

Mí mismo. Mí mismo. Mí mismo. Mí mismo. Mí mismo.
Mí mismo. Mí mismo. Mí mismo.

Mí mismo. Mí mismo. Mí mismo.
Mí mismo. Mí mismo.
Mí mismo. Mí mismo. Mí mismo. Mí mismo. Mí mismo.

Mí mismo. Mí mismo. Mí mismo. Mí mismo. Mí mismo.
Mí mismo. Mí mismo. Mí mismo. Mí mismo. Mí mismo.
Mí mismo. Mí mismo. Mí mismo. Mí mismo. Mí mismo.
Mí mismo. Mí mismo.
Mí mismo. Mí mismo. Mí mismo. Mí mismo. Mí mismo.
Mí mismo. Mí mismo. Mí mismo.

Mí mismo. Mí mismo. Mí mismo. Mí mismo. Mí mismo.
Mí mismo. Mí mismo. Mí mismo. Mí mismo.
Mí mismo.

Mí mismo. Mí mismo. Mí mismo. Mí mismo. Mí mismo.
Mí mismo. Mí mismo. Mí mismo. Mí mismo. Mí mismo.
Mí mismo. Mí mismo.

Mí mismo. Mí mismo. Mí mismo. Mí mismo. Mí mismo.
Mí mismo. Mí mismo. Mí mismo.

Mí mismo. Mí mismo. Mí mismo. Mí mismo. Mí mismo.
Mí mismo. Mí mismo. Mí mismo. Mí mismo.

Mí mismo.

Capitolo 12.

Mi Yo

Mi Yo. Mi Yo. Mi Yo. Mi Yo. Mi Yo. Mi Yo. Mi Yo. Mi Yo.
Mi Yo. Mi Yo. Mi Yo. Mi Yo. Mi Yo. Mi Yo. Mi Yo. Mi Yo.
Mi Yo. Mi Yo. Mi Yo. Mi Yo. Mi Yo. Mi Yo. Mi Yo. Mi Yo.
Mi Yo. Mi Yo. Mi Yo. Mi Yo. Mi Yo. Mi Yo. Mi Yo. Mi Yo.

Mi Yo. Mi Yo. Mi Yo. Mi Yo. Mi Yo. Mi Yo. Mi Yo. Mi Yo.
Mi Yo. Mi Yo. Mi Yo. Mi Yo. Mi Yo. Mi Yo. Mi Yo. Mi Yo.

Mi Yo. Mi Yo. Mi Yo. Mi Yo. Mi Yo. Mi Yo. Mi Yo. Mi Yo.
Mi Yo. Mi Yo. Mi Yo. Mi Yo.
Mi Yo. Mi Yo. Mi Yo. Mi Yo. Mi Yo. Mi Yo. Mi Yo. Mi Yo.
Mi Yo. Mi Yo. Mi Yo. Mi Yo. Mi Yo. Mi Yo. Mi Yo. Mi Yo.
Mi Yo. Mi Yo. Mi Yo. Mi Yo.

Mi Yo. Mi Yo. Mi Yo. Mi Yo. Mi Yo. Mi Yo. Mi Yo. Mi Yo.
Mi Yo. Mi Yo. Mi Yo. Mi Yo. Mi Yo. Mi Yo. Mi Yo. Mi Yo.

Mi Yo. Mi Yo. Mi Yo. Mi Yo. Mi Yo. Mi Yo. Mi Yo. Mi Yo.
Mi Yo. Mi Yo. Mi Yo. Mi Yo. Mi Yo. Mi Yo. Mi Yo. Mi Yo.

Mi Yo. Mi Yo. Mi Yo. Mi Yo. Mi Yo. Mi Yo. Mi Yo. Mi Yo.
Mi Yo. Mi Yo. Mi Yo. Mi Yo. Mi Yo. Mi Yo. Mi Yo. Mi Yo.

Mi Yo. Mi Yo. Mi Yo. Mi Yo. Mi Yo. Mi Yo. Mi Yo. Mi Yo.
Mi Yo. Mi Yo. Mi Yo. Mi Yo. Mi Yo. Mi Yo. Mi Yo. Mi Yo.

Mi Yo. Mi Yo. Mi Yo. Mi Yo. Mi Yo. Mi Yo. Mi Yo. Mi Yo.
Mi Yo. Mi Yo. Mi Yo. Mi Yo.
Mi Yo. Mi Yo. Mi Yo. Mi Yo. Mi Yo. Mi Yo. Mi Yo. Mi Yo.
Mi Yo. Mi Yo. Mi Yo. Mi Yo. Mi Yo. Mi Yo. Mi Yo. Mi Yo.
Mi Yo. Mi Yo. Mi Yo. Mi Yo.

Mi Yo. Mi Yo. Mi Yo. Mi Yo. Mi Yo. Mi Yo. Mi Yo. Mi Yo.
Mi Yo. Mi Yo. Mi Yo. Mi Yo. Mi Yo. Mi Yo. Mi Yo. Mi Yo.

Mi Yo. Mi Yo. Mi Yo. Mi Yo. Mi Yo. Mi Yo. Mi Yo. Mi Yo.
Mi Yo. Mi Yo. Mi Yo. Mi Yo. Mi Yo. Mi Yo. Mi Yo. Mi Yo.
Mi Yo. Mi Yo. Mi Yo. Mi Yo. Mi Yo. Mi Yo. Mi Yo. Mi Yo.
Mi Yo. Mi Yo. Mi Yo. Mi Yo. Mi Yo. Mi Yo. Mi Yo. Mi Yo.

Mi Yo. Mi Yo. Mi Yo. Mi Yo. Mi Yo. Mi Yo. Mi Yo. Mi Yo.
Mi Yo. Mi Yo. Mi Yo. Mi Yo. Mi Yo. Mi Yo. Mi Yo. Mi Yo.

Mi Yo. Mi Yo. Mi Yo. Mi Yo. Mi Yo. Mi Yo. Mi Yo. Mi Yo.
Mi Yo. Mi Yo. Mi Yo. Mi Yo.
Mi Yo. Mi Yo. Mi Yo. Mi Yo. Mi Yo. Mi Yo. Mi Yo. Mi Yo.
Mi Yo. Mi Yo. Mi Yo. Mi Yo. Mi Yo. Mi Yo. Mi Yo. Mi Yo.
Mi Yo. Mi Yo. Mi Yo. Mi Yo.

Mi Yo. Mi Yo. Mi Yo. Mi Yo. Mi Yo. Mi Yo. Mi Yo. Mi Yo.
Mi Yo. Mi Yo. Mi Yo. Mi Yo. Mi Yo. Mi Yo. Mi Yo. Mi Yo.

Mi Yo. Mi Yo. Mi Yo. Mi Yo. Mi Yo. Mi Yo. Mi Yo. Mi Yo.
Mi Yo. Mi Yo. Mi Yo. Mi Yo. Mi Yo. Mi Yo. Mi Yo. Mi Yo.

Mi Yo. Mi Yo. Mi Yo. Mi Yo. Mi Yo. Mi Yo. Mi Yo. Mi Yo.
Mi Yo. Mi Yo. Mi Yo. Mi Yo. Mi Yo. Mi Yo. Mi Yo. Mi Yo.

Mi Yo. Mi Yo. Mi Yo. Mi Yo. Mi Yo. Mi Yo. Mi Yo. Mi Yo.
Mi Yo. Mi Yo. Mi Yo. Mi Yo. Mi Yo. Mi Yo. Mi Yo. Mi Yo.

Mi Yo. Mi Yo. Mi Yo. Mi Yo. Mi Yo. Mi Yo. Mi Yo. Mi Yo.
Mi Yo. Mi Yo. Mi Yo. Mi Yo.
Mi Yo. Mi Yo. Mi Yo. Mi Yo. Mi Yo. Mi Yo. Mi Yo. Mi Yo.
Mi Yo. Mi Yo. Mi Yo. Mi Yo. Mi Yo. Mi Yo. Mi Yo. Mi Yo.
Mi Yo. Mi Yo. Mi Yo. Mi Yo.

Mi Yo. Mi Yo. Mi Yo. Mi Yo. Mi Yo. Mi Yo. Mi Yo. Mi Yo.
Mi Yo. Mi Yo. Mi Yo. Mi Yo.

Mi Yo. Mi Yo. Mi Yo. Mi Yo.

Mi Yo. Mi Yo. Mi Yo. Mi Yo. Mi Yo. Mi Yo. Mi Yo. Mi Yo.
Mi Yo. Mi Yo. Mi Yo. Mi Yo. Mi Yo. Mi Yo. Mi Yo. Mi Yo.
Mi Yo. Mi Yo. Mi Yo. Mi Yo. Mi Yo. Mi Yo. Mi Yo. Mi Yo.
Mi Yo. Mi Yo. Mi Yo. Mi Yo. Mi Yo. Mi Yo. Mi Yo. Mi Yo.

Mi Yo. Mi Yo. Mi Yo. Mi Yo. Mi Yo. Mi Yo. Mi Yo. Mi Yo.
Mi Yo. Mi Yo. Mi Yo. Mi Yo. Mi Yo. Mi Yo. Mi Yo. Mi Yo.

Mi Yo. Mi Yo. Mi Yo. Mi Yo. Mi Yo. Mi Yo. Mi Yo. Mi Yo.
Mi Yo. Mi Yo. Mi Yo. Mi Yo.
Mi Yo. Mi Yo. Mi Yo. Mi Yo. Mi Yo. Mi Yo. Mi Yo. Mi Yo.
Mi Yo. Mi Yo. Mi Yo. Mi Yo. Mi Yo. Mi Yo. Mi Yo. Mi Yo.
Mi Yo. Mi Yo. Mi Yo. Mi Yo.

Mi Yo. Mi Yo. Mi Yo. Mi Yo. Mi Yo. Mi Yo. Mi Yo. Mi Yo.
Mi Yo. Mi Yo. Mi Yo. Mi Yo. Mi Yo. Mi Yo. Mi Yo. Mi Yo.

Mi Yo. Mi Yo. Mi Yo. Mi Yo. Mi Yo. Mi Yo. Mi Yo. Mi Yo.
Mi Yo. Mi Yo. Mi Yo. Mi Yo. Mi Yo. Mi Yo. Mi Yo. Mi Yo.
Mi Yo. Mi Yo. Mi Yo. Mi Yo. Mi Yo. Mi Yo. Mi Yo. Mi Yo.
Mi Yo. Mi Yo. Mi Yo. Mi Yo. Mi Yo. Mi Yo. Mi Yo. Mi Yo.

Mi Yo. Mi Yo. Mi Yo. Mi Yo. Mi Yo. Mi Yo. Mi Yo. Mi Yo.
Mi Yo. Mi Yo. Mi Yo. Mi Yo. Mi Yo. Mi Yo. Mi Yo. Mi Yo.

Mi Yo. Mi Yo. Mi Yo. Mi Yo. Mi Yo. Mi Yo. Mi Yo. Mi Yo.
Mi Yo. Mi Yo. Mi Yo. Mi Yo.
Mi Yo. Mi Yo. Mi Yo. Mi Yo. Mi Yo. Mi Yo. Mi Yo. Mi Yo.
Mi Yo. Mi Yo. Mi Yo. Mi Yo. Mi Yo. Mi Yo. Mi Yo. Mi Yo.
Mi Yo. Mi Yo. Mi Yo. Mi Yo.

Mi Yo. Mi Yo. Mi Yo. Mi Yo. Mi Yo. Mi Yo. Mi Yo. Mi Yo.
Mi Yo. Mi Yo. Mi Yo. Mi Yo. Mi Yo. Mi Yo. Mi Yo. Mi Yo.

Mi Yo. Mi Yo. Mi Yo. Mi Yo. Mi Yo. Mi Yo. Mi Yo. Mi Yo.
Mi Yo. Mi Yo. Mi Yo. Mi Yo. Mi Yo. Mi Yo. Mi Yo. Mi Yo.
Mi Yo. Mi Yo. Mi Yo. Mi Yo. Mi Yo. Mi Yo. Mi Yo. Mi Yo.
Mi Yo. Mi Yo. Mi Yo. Mi Yo. Mi Yo. Mi Yo. Mi Yo. Mi Yo.

Mi Yo. Mi Yo. Mi Yo. Mi Yo. Mi Yo. Mi Yo. Mi Yo. Mi Yo.
Mi Yo. Mi Yo. Mi Yo. Mi Yo. Mi Yo. Mi Yo. Mi Yo. Mi Yo.

Mi Yo. Mi Yo. Mi Yo. Mi Yo. Mi Yo. Mi Yo. Mi Yo. Mi Yo.
Mi Yo. Mi Yo. Mi Yo. Mi Yo.
Mi Yo. Mi Yo. Mi Yo. Mi Yo. Mi Yo. Mi Yo. Mi Yo. Mi Yo.
Mi Yo. Mi Yo. Mi Yo. Mi Yo. Mi Yo. Mi Yo. Mi Yo. Mi Yo.
Mi Yo. Mi Yo. Mi Yo. Mi Yo.

Mi Yo. Mi Yo. Mi Yo. Mi Yo. Mi Yo. Mi Yo. Mi Yo. Mi Yo.
Mi Yo. Mi Yo. Mi Yo. Mi Yo. Mi Yo. Mi Yo. Mi Yo. Mi Yo.

Mi Yo. Mi Yo. Mi Yo. Mi Yo. Mi Yo. Mi Yo. Mi Yo. Mi Yo.
Mi Yo. Mi Yo. Mi Yo. Mi Yo. Mi Yo. Mi Yo. Mi Yo. Mi Yo.
Mi Yo. Mi Yo. Mi Yo. Mi Yo. Mi Yo. Mi Yo. Mi Yo. Mi Yo.
Mi Yo. Mi Yo. Mi Yo. Mi Yo. Mi Yo. Mi Yo. Mi Yo. Mi Yo.

Mi Yo. Mi Yo. Mi Yo. Mi Yo. Mi Yo. Mi Yo. Mi Yo. Mi Yo.
Mi Yo. Mi Yo. Mi Yo. Mi Yo. Mi Yo. Mi Yo. Mi Yo. Mi Yo.

Mi Yo. Mi Yo. Mi Yo. Mi Yo. Mi Yo. Mi Yo. Mi Yo. Mi Yo.
Mi Yo. Mi Yo. Mi Yo. Mi Yo.
Mi Yo. Mi Yo. Mi Yo. Mi Yo. Mi Yo. Mi Yo. Mi Yo. Mi Yo. Mi Yo. Mi Yo. Mi Yo. Mi Yo. Mi Yo. Mi Yo. Mi Yo. Mi Yo. Mi Yo. Mi Yo. Mi Yo. Mi Yo.

Mi Yo. Mi Yo. Mi Yo. Mi Yo. Mi Yo. Mi Yo. Mi Yo. Mi Yo.
Mi Yo. Mi Yo. Mi Yo. Mi Yo.

Mi Yo. Mi Yo. Mi Yo. Mi Yo.

Mi Yo. Mi Yo. Mi Yo. Mi Yo. Mi Yo. Mi Yo. Mi Yo. Mi Yo.
Mi Yo. Mi Yo. Mi Yo. Mi Yo. Mi Yo. Mi Yo. Mi Yo. Mi Yo.
Mi Yo. Mi Yo. Mi Yo. Mi Yo. Mi Yo. Mi Yo. Mi Yo. Mi Yo.
Mi Yo. Mi Yo. Mi Yo. Mi Yo. Mi Yo. Mi Yo. Mi Yo. Mi Yo.

Mi Yo. Mi Yo. Mi Yo. Mi Yo. Mi Yo. Mi Yo. Mi Yo. Mi Yo.
Mi Yo. Mi Yo. Mi Yo. Mi Yo. Mi Yo. Mi Yo. Mi Yo. Mi Yo.

Mi Yo. Mi Yo. Mi Yo. Mi Yo. Mi Yo. Mi Yo. Mi Yo. Mi Yo.
Mi Yo. Mi Yo. Mi Yo. Mi Yo.
Mi Yo. Mi Yo. Mi Yo. Mi Yo. Mi Yo. Mi Yo. Mi Yo. Mi Yo.
Mi Yo. Mi Yo. Mi Yo. Mi Yo. Mi Yo. Mi Yo. Mi Yo. Mi Yo.
Mi Yo. Mi Yo. Mi Yo. Mi Yo.

Mi Yo. Mi Yo. Mi Yo. Mi Yo. Mi Yo. Mi Yo. Mi Yo. Mi Yo.
Mi Yo. Mi Yo. Mi Yo. Mi Yo. Mi Yo. Mi Yo. Mi Yo. Mi Yo.

Mi Yo. Mi Yo. Mi Yo. Mi Yo. Mi Yo. Mi Yo. Mi Yo. Mi Yo.
Mi Yo. Mi Yo. Mi Yo. Mi Yo. Mi Yo. Mi Yo. Mi Yo. Mi Yo.
Mi Yo. Mi Yo. Mi Yo. Mi Yo. Mi Yo. Mi Yo. Mi Yo. Mi Yo.
Mi Yo. Mi Yo. Mi Yo. Mi Yo. Mi Yo. Mi Yo. Mi Yo. Mi Yo.

Mi Yo. Mi Yo. Mi Yo. Mi Yo. Mi Yo. Mi Yo. Mi Yo. Mi Yo.
Mi Yo. Mi Yo. Mi Yo. Mi Yo. Mi Yo. Mi Yo. Mi Yo. Mi Yo.

Mi Yo. Mi Yo. Mi Yo. Mi Yo. Mi Yo. Mi Yo. Mi Yo. Mi Yo.
Mi Yo. Mi Yo. Mi Yo. Mi Yo.
Mi Yo. Mi Yo. Mi Yo. Mi Yo. Mi Yo. Mi Yo. Mi Yo. Mi Yo.
Mi Yo. Mi Yo. Mi Yo. Mi Yo. Mi Yo. Mi Yo. Mi Yo. Mi Yo.
Mi Yo. Mi Yo. Mi Yo. Mi Yo.

Mi Yo. Mi Yo. Mi Yo. Mi Yo. Mi Yo. Mi Yo. Mi Yo. Mi Yo.
Mi Yo. Mi Yo. Mi Yo. Mi Yo. Mi Yo. Mi Yo. Mi Yo. Mi Yo.

Mi Yo. Mi Yo. Mi Yo. Mi Yo. Mi Yo. Mi Yo. Mi Yo. Mi Yo.
Mi Yo. Mi Yo. Mi Yo. Mi Yo.
Mi Yo. Mi Yo. Mi Yo. Mi Yo. Mi Yo. Mi Yo. Mi Yo. Mi Yo.
Mi Yo. Mi Yo. Mi Yo. Mi Yo. Mi Yo. Mi Yo. Mi Yo. Mi Yo.
Mi Yo. Mi Yo. Mi Yo. Mi Yo.

Mi Yo. Mi Yo. Mi Yo. Mi Yo. Mi Yo. Mi Yo. Mi Yo. Mi Yo.
Mi Yo. Mi Yo. Mi Yo. Mi Yo. Mi Yo. Mi Yo. Mi Yo. Mi Yo.

Mi Yo. Mi Yo. Mi Yo. Mi Yo. Mi Yo. Mi Yo. Mi Yo. Mi Yo.
Mi Yo. Mi Yo. Mi Yo. Mi Yo.
Mi Yo. Mi Yo. Mi Yo. Mi Yo. Mi Yo. Mi Yo. Mi Yo. Mi Yo.
Mi Yo. Mi Yo. Mi Yo. Mi Yo. Mi Yo. Mi Yo. Mi Yo. Mi Yo.
Mi Yo. Mi Yo. Mi Yo. Mi Yo.

Mi Yo. Mi Yo. Mi Yo. Mi Yo. Mi Yo. Mi Yo. Mi Yo. Mi Yo.
Mi Yo. Mi Yo. Mi Yo. Mi Yo. Mi Yo. Mi Yo. Mi Yo. Mi Yo.

Mi Yo. Mi Yo. Mi Yo. Mi Yo. Mi Yo. Mi Yo. Mi Yo. Mi Yo.
Mi Yo. Mi Yo. Mi Yo. Mi Yo. Mi Yo. Mi Yo. Mi Yo. Mi Yo.
Mi Yo. Mi Yo. Mi Yo. Mi Yo. Mi Yo. Mi Yo. Mi Yo. Mi Yo.
Mi Yo. Mi Yo. Mi Yo. Mi Yo. Mi Yo. Mi Yo. Mi Yo. Mi Yo.

Mi Yo. Mi Yo. Mi Yo. Mi Yo. Mi Yo. Mi Yo. Mi Yo. Mi Yo.
Mi Yo. Mi Yo. Mi Yo. Mi Yo. Mi Yo. Mi Yo. Mi Yo. Mi Yo.

Mi Yo. Mi Yo. Mi Yo. Mi Yo. Mi Yo. Mi Yo. Mi Yo. Mi Yo.
Mi Yo. Mi Yo. Mi Yo. Mi Yo.
Mi Yo. Mi Yo. Mi Yo. Mi Yo. Mi Yo. Mi Yo. Mi Yo. Mi Yo.
Mi Yo. Mi Yo. Mi Yo. Mi Yo. Mi Yo. Mi Yo. Mi Yo. Mi Yo.
Mi Yo. Mi Yo. Mi Yo. Mi Yo.

Mi Yo. Mi Yo. Mi Yo. Mi Yo. Mi Yo. Mi Yo. Mi Yo. Mi Yo.
Mi Yo. Mi Yo. Mi Yo. Mi Yo.

Mi Yo. Mi Yo. Mi Yo. Mi Yo.

Mi Yo. Mi Yo. Mi Yo. Mi Yo. Mi Yo. Mi Yo. Mi Yo. Mi Yo.
Mi Yo. Mi Yo. Mi Yo. Mi Yo. Mi Yo. Mi Yo. Mi Yo. Mi Yo.

Mi Yo. Mi Yo. Mi Yo. Mi Yo. Mi Yo. Mi Yo. Mi Yo. Mi Yo.
Mi Yo. Mi Yo. Mi Yo. Mi Yo.
Mi Yo. Mi Yo. Mi Yo. Mi Yo. Mi Yo. Mi Yo. Mi Yo. Mi Yo.
Mi Yo. Mi Yo. Mi Yo. Mi Yo. Mi Yo. Mi Yo. Mi Yo. Mi Yo.
Mi Yo. Mi Yo. Mi Yo. Mi Yo.

Mi Yo. Mi Yo. Mi Yo. Mi Yo. Mi Yo. Mi Yo. Mi Yo. Mi Yo.
Mi Yo. Mi Yo. Mi Yo. Mi Yo. Mi Yo. Mi Yo. Mi Yo. Mi Yo.

Mi Yo. Mi Yo. Mi Yo. Mi Yo. Mi Yo. Mi Yo. Mi Yo. Mi Yo.
Mi Yo. Mi Yo. Mi Yo. Mi Yo. Mi Yo. Mi Yo. Mi Yo. Mi Yo.
Mi Yo. Mi Yo. Mi Yo. Mi Yo. Mi Yo. Mi Yo. Mi Yo. Mi Yo.
Mi Yo. Mi Yo. Mi Yo. Mi Yo. Mi Yo. Mi Yo. Mi Yo. Mi Yo.

Mi Yo. Mi Yo. Mi Yo. Mi Yo. Mi Yo. Mi Yo. Mi Yo. Mi Yo.
Mi Yo. Mi Yo. Mi Yo. Mi Yo. Mi Yo. Mi Yo. Mi Yo. Mi Yo.

Mi Yo. Mi Yo. Mi Yo. Mi Yo. Mi Yo. Mi Yo. Mi Yo. Mi Yo.
Mi Yo. Mi Yo. Mi Yo. Mi Yo.
Mi Yo. Mi Yo. Mi Yo. Mi Yo. Mi Yo. Mi Yo. Mi Yo. Mi Yo.
Mi Yo. Mi Yo. Mi Yo. Mi Yo. Mi Yo. Mi Yo. Mi Yo. Mi Yo.
Mi Yo. Mi Yo. Mi Yo. Mi Yo.

Mi Yo. Mi Yo. Mi Yo. Mi Yo. Mi Yo. Mi Yo. Mi Yo. Mi Yo.
Mi Yo. Mi Yo. Mi Yo. Mi Yo. Mi Yo. Mi Yo. Mi Yo. Mi Yo.

Mi Yo. Mi Yo. Mi Yo. Mi Yo. Mi Yo. Mi Yo. Mi Yo. Mi Yo.
Mi Yo. Mi Yo. Mi Yo. Mi Yo.
Mi Yo. Mi Yo. Mi Yo. Mi Yo. Mi Yo. Mi Yo. Mi Yo. Mi Yo.
Mi Yo. Mi Yo. Mi Yo. Mi Yo. Mi Yo. Mi Yo. Mi Yo. Mi Yo.
Mi Yo. Mi Yo. Mi Yo. Mi Yo.

Mi Yo. Mi Yo. Mi Yo. Mi Yo. Mi Yo. Mi Yo. Mi Yo. Mi Yo.
Mi Yo. Mi Yo. Mi Yo. Mi Yo. Mi Yo. Mi Yo. Mi Yo. Mi Yo.

Mi Yo. Mi Yo. Mi Yo. Mi Yo. Mi Yo. Mi Yo. Mi Yo. Mi Yo.
Mi Yo. Mi Yo. Mi Yo. Mi Yo.
Mi Yo. Mi Yo. Mi Yo. Mi Yo. Mi Yo. Mi Yo. Mi Yo. Mi Yo.
Mi Yo. Mi Yo. Mi Yo. Mi Yo. Mi Yo. Mi Yo. Mi Yo. Mi Yo.
Mi Yo. Mi Yo. Mi Yo. Mi Yo.

Mi Yo. Mi Yo. Mi Yo. Mi Yo. Mi Yo. Mi Yo. Mi Yo. Mi Yo.
Mi Yo. Mi Yo. Mi Yo. Mi Yo. Mi Yo. Mi Yo. Mi Yo. Mi Yo.

Mi Yo. Mi Yo. Mi Yo. Mi Yo. Mi Yo. Mi Yo. Mi Yo. Mi Yo.
Mi Yo. Mi Yo. Mi Yo. Mi Yo. Mi Yo. Mi Yo. Mi Yo. Mi Yo.
Mi Yo. Mi Yo. Mi Yo. Mi Yo. Mi Yo. Mi Yo. Mi Yo. Mi Yo.
Mi Yo. Mi Yo. Mi Yo. Mi Yo. Mi Yo. Mi Yo. Mi Yo. Mi Yo.

Mi Yo. Mi Yo. Mi Yo. Mi Yo. Mi Yo. Mi Yo. Mi Yo. Mi Yo.
Mi Yo. Mi Yo. Mi Yo. Mi Yo. Mi Yo. Mi Yo. Mi Yo. Mi Yo.

Mi Yo. Mi Yo. Mi Yo. Mi Yo. Mi Yo. Mi Yo. Mi Yo. Mi Yo.
Mi Yo. Mi Yo. Mi Yo. Mi Yo.
Mi Yo. Mi Yo. Mi Yo. Mi Yo. Mi Yo. Mi Yo. Mi Yo. Mi Yo.
Mi Yo. Mi Yo. Mi Yo. Mi Yo. Mi Yo. Mi Yo. Mi Yo. Mi Yo.
Mi Yo. Mi Yo. Mi Yo. Mi Yo.

Mi Yo. Mi Yo. Mi Yo. Mi Yo. Mi Yo. Mi Yo. Mi Yo. Mi Yo.
Mi Yo. Mi Yo. Mi Yo. Mi Yo.

Mi Yo. Mi Yo. Mi Yo. Mi Yo.

Mi Yo. Mi Yo. Mi Yo. Mi Yo. Mi Yo. Mi Yo. Mi Yo. Mi Yo.
Mi Yo. Mi Yo. Mi Yo. Mi Yo. Mi Yo. Mi Yo. Mi Yo. Mi Yo.

Mi Yo. Mi Yo. Mi Yo. Mi Yo. Mi Yo. Mi Yo. Mi Yo. Mi Yo.
Mi Yo. Mi Yo. Mi Yo. Mi Yo.
Mi Yo. Mi Yo. Mi Yo. Mi Yo. Mi Yo. Mi Yo. Mi Yo. Mi Yo.
Mi Yo. Mi Yo. Mi Yo. Mi Yo. Mi Yo. Mi Yo. Mi Yo. Mi Yo.
Mi Yo. Mi Yo. Mi Yo. Mi Yo.

Mi Yo. Mi Yo. Mi Yo. Mi Yo. Mi Yo. Mi Yo. Mi Yo. Mi Yo.
Mi Yo. Mi Yo. Mi Yo. Mi Yo. Mi Yo. Mi Yo. Mi Yo. Mi Yo.

Mi Yo. Mi Yo. Mi Yo. Mi Yo. Mi Yo. Mi Yo. Mi Yo. Mi Yo.
Mi Yo. Mi Yo. Mi Yo. Mi Yo. Mi Yo. Mi Yo. Mi Yo. Mi Yo.

Mi Yo. Mi Yo. Mi Yo. Mi Yo. Mi Yo. Mi Yo. Mi Yo. Mi Yo.
Mi Yo. Mi Yo. Mi Yo. Mi Yo. Mi Yo. Mi Yo. Mi Yo. Mi Yo.

Mi Yo. Mi Yo. Mi Yo. Mi Yo. Mi Yo. Mi Yo. Mi Yo. Mi Yo.
Mi Yo. Mi Yo. Mi Yo. Mi Yo. Mi Yo. Mi Yo. Mi Yo. Mi Yo.

Mi Yo. Mi Yo. Mi Yo. Mi Yo. Mi Yo. Mi Yo. Mi Yo. Mi Yo.
Mi Yo. Mi Yo. Mi Yo. Mi Yo.
Mi Yo. Mi Yo. Mi Yo. Mi Yo. Mi Yo. Mi Yo. Mi Yo. Mi Yo.
Mi Yo. Mi Yo. Mi Yo. Mi Yo. Mi Yo. Mi Yo. Mi Yo. Mi Yo.
Mi Yo. Mi Yo. Mi Yo. Mi Yo.

Mi Yo. Mi Yo. Mi Yo. Mi Yo. Mi Yo. Mi Yo. Mi Yo. Mi Yo.
Mi Yo. Mi Yo. Mi Yo. Mi Yo. Mi Yo. Mi Yo. Mi Yo. Mi Yo.

Mi Yo. Mi Yo. Mi Yo. Mi Yo. Mi Yo. Mi Yo. Mi Yo. Mi Yo.
Mi Yo. Mi Yo. Mi Yo. Mi Yo.
Mi Yo. Mi Yo. Mi Yo. Mi Yo. Mi Yo. Mi Yo. Mi Yo. Mi Yo.
Mi Yo. Mi Yo. Mi Yo. Mi Yo. Mi Yo. Mi Yo. Mi Yo. Mi Yo.
Mi Yo. Mi Yo. Mi Yo. Mi Yo.

Mi Yo. Mi Yo. Mi Yo. Mi Yo. Mi Yo. Mi Yo. Mi Yo. Mi Yo.
Mi Yo. Mi Yo. Mi Yo. Mi Yo. Mi Yo. Mi Yo. Mi Yo. Mi Yo.

Mi Yo. Mi Yo. Mi Yo. Mi Yo. Mi Yo. Mi Yo. Mi Yo. Mi Yo.
Mi Yo. Mi Yo. Mi Yo. Mi Yo.
Mi Yo. Mi Yo. Mi Yo. Mi Yo. Mi Yo. Mi Yo. Mi Yo. Mi Yo.
Mi Yo. Mi Yo. Mi Yo. Mi Yo. Mi Yo. Mi Yo. Mi Yo. Mi Yo.
Mi Yo. Mi Yo. Mi Yo. Mi Yo.

Mi Yo. Mi Yo. Mi Yo. Mi Yo. Mi Yo. Mi Yo. Mi Yo. Mi Yo.
Mi Yo. Mi Yo. Mi Yo. Mi Yo. Mi Yo. Mi Yo. Mi Yo. Mi Yo.

Mi Yo. Mi Yo. Mi Yo. Mi Yo. Mi Yo. Mi Yo. Mi Yo. Mi Yo.
Mi Yo. Mi Yo. Mi Yo. Mi Yo. Mi Yo. Mi Yo. Mi Yo. Mi Yo.
Mi Yo. Mi Yo. Mi Yo. Mi Yo. Mi Yo. Mi Yo. Mi Yo. Mi Yo.
Mi Yo. Mi Yo. Mi Yo. Mi Yo. Mi Yo. Mi Yo. Mi Yo. Mi Yo.

Mi Yo. Mi Yo. Mi Yo. Mi Yo. Mi Yo. Mi Yo. Mi Yo. Mi Yo.
Mi Yo. Mi Yo. Mi Yo. Mi Yo. Mi Yo. Mi Yo. Mi Yo. Mi Yo.

Mi Yo. Mi Yo. Mi Yo. Mi Yo. Mi Yo. Mi Yo. Mi Yo. Mi Yo.
Mi Yo. Mi Yo. Mi Yo. Mi Yo.
Mi Yo. Mi Yo. Mi Yo. Mi Yo. Mi Yo. Mi Yo. Mi Yo. Mi Yo.
Mi Yo. Mi Yo. Mi Yo. Mi Yo. Mi Yo. Mi Yo. Mi Yo. Mi Yo.
Mi Yo. Mi Yo. Mi Yo. Mi Yo.

Mi Yo. Mi Yo. Mi Yo. Mi Yo. Mi Yo. Mi Yo. Mi Yo. Mi Yo.
Mi Yo. Mi Yo. Mi Yo. Mi Yo.

Mi Yo. Mi Yo. Mi Yo. Mi Yo.

Mi Yo. Mi Yo. Mi Yo. Mi Yo. Mi Yo. Mi Yo. Mi Yo. Mi Yo.
Mi Yo. Mi Yo. Mi Yo. Mi Yo. Mi Yo. Mi Yo. Mi Yo. Mi Yo.

Mi Yo. Mi Yo. Mi Yo. Mi Yo. Mi Yo. Mi Yo. Mi Yo. Mi Yo.
Mi Yo. Mi Yo. Mi Yo. Mi Yo.
Mi Yo. Mi Yo. Mi Yo. Mi Yo. Mi Yo. Mi Yo. Mi Yo. Mi Yo.
Mi Yo. Mi Yo. Mi Yo. Mi Yo. Mi Yo. Mi Yo. Mi Yo. Mi Yo.
Mi Yo. Mi Yo. Mi Yo. Mi Yo.

Mi Yo. Mi Yo. Mi Yo. Mi Yo. Mi Yo. Mi Yo. Mi Yo. Mi Yo.
Mi Yo. Mi Yo. Mi Yo. Mi Yo. Mi Yo. Mi Yo. Mi Yo. Mi Yo.

Mi Yo. Mi Yo. Mi Yo. Mi Yo. Mi Yo. Mi Yo. Mi Yo. Mi Yo.
Mi Yo. Mi Yo. Mi Yo. Mi Yo. Mi Yo. Mi Yo. Mi Yo. Mi Yo.

Mi Yo. Mi Yo. Mi Yo. Mi Yo. Mi Yo. Mi Yo. Mi Yo. Mi Yo.
Mi Yo. Mi Yo. Mi Yo. Mi Yo. Mi Yo. Mi Yo. Mi Yo. Mi Yo.

Mi Yo. Mi Yo. Mi Yo. Mi Yo. Mi Yo. Mi Yo. Mi Yo. Mi Yo.
Mi Yo. Mi Yo. Mi Yo. Mi Yo. Mi Yo. Mi Yo. Mi Yo. Mi Yo.

Mi Yo. Mi Yo. Mi Yo. Mi Yo. Mi Yo. Mi Yo. Mi Yo. Mi Yo.
Mi Yo. Mi Yo. Mi Yo. Mi Yo.
Mi Yo. Mi Yo. Mi Yo. Mi Yo. Mi Yo. Mi Yo. Mi Yo. Mi Yo.
Mi Yo. Mi Yo. Mi Yo. Mi Yo. Mi Yo. Mi Yo. Mi Yo. Mi Yo.
Mi Yo. Mi Yo. Mi Yo. Mi Yo.

Mi Yo. Mi Yo. Mi Yo. Mi Yo. Mi Yo. Mi Yo. Mi Yo. Mi Yo.
Mi Yo. Mi Yo. Mi Yo. Mi Yo. Mi Yo. Mi Yo. Mi Yo. Mi Yo.

Mi Yo. Mi Yo. Mi Yo. Mi Yo. Mi Yo. Mi Yo. Mi Yo. Mi Yo.
Mi Yo. Mi Yo. Mi Yo. Mi Yo.
Mi Yo. Mi Yo. Mi Yo. Mi Yo. Mi Yo. Mi Yo. Mi Yo. Mi Yo.
Mi Yo. Mi Yo. Mi Yo. Mi Yo. Mi Yo. Mi Yo. Mi Yo. Mi Yo.
Mi Yo. Mi Yo. Mi Yo. Mi Yo.

Mi Yo. Mi Yo. Mi Yo. Mi Yo. Mi Yo. Mi Yo. Mi Yo. Mi Yo.
Mi Yo. Mi Yo. Mi Yo. Mi Yo. Mi Yo. Mi Yo. Mi Yo. Mi Yo.

Mi Yo. Mi Yo. Mi Yo. Mi Yo. Mi Yo. Mi Yo. Mi Yo. Mi Yo.
Mi Yo. Mi Yo. Mi Yo. Mi Yo.
Mi Yo. Mi Yo. Mi Yo. Mi Yo. Mi Yo. Mi Yo. Mi Yo. Mi Yo.
Mi Yo. Mi Yo. Mi Yo. Mi Yo. Mi Yo. Mi Yo. Mi Yo. Mi Yo.
Mi Yo. Mi Yo. Mi Yo. Mi Yo.

Mi Yo. Mi Yo. Mi Yo. Mi Yo. Mi Yo. Mi Yo. Mi Yo. Mi Yo.
Mi Yo. Mi Yo. Mi Yo. Mi Yo. Mi Yo. Mi Yo. Mi Yo. Mi Yo.

Mi Yo. Mi Yo. Mi Yo. Mi Yo. Mi Yo. Mi Yo. Mi Yo. Mi Yo.
Mi Yo. Mi Yo. Mi Yo. Mi Yo. Mi Yo. Mi Yo. Mi Yo. Mi Yo.
Mi Yo. Mi Yo. Mi Yo. Mi Yo. Mi Yo. Mi Yo. Mi Yo. Mi Yo.
Mi Yo. Mi Yo. Mi Yo. Mi Yo. Mi Yo. Mi Yo. Mi Yo. Mi Yo.

Mi Yo. Mi Yo. Mi Yo. Mi Yo. Mi Yo. Mi Yo. Mi Yo. Mi Yo.
Mi Yo. Mi Yo. Mi Yo. Mi Yo. Mi Yo. Mi Yo. Mi Yo. Mi Yo.

Mi Yo. Mi Yo. Mi Yo. Mi Yo. Mi Yo. Mi Yo. Mi Yo. Mi Yo.
Mi Yo. Mi Yo. Mi Yo. Mi Yo.
Mi Yo. Mi Yo. Mi Yo. Mi Yo. Mi Yo. Mi Yo. Mi Yo. Mi Yo.
Mi Yo. Mi Yo. Mi Yo. Mi Yo. Mi Yo. Mi Yo. Mi Yo. Mi Yo.
Mi Yo. Mi Yo. Mi Yo. Mi Yo.

Mi Yo. Mi Yo. Mi Yo. Mi Yo. Mi Yo. Mi Yo. Mi Yo. Mi Yo.
Mi Yo. Mi Yo. Mi Yo. Mi Yo.

Mi Yo. Mi Yo. Mi Yo. Mi Yo.

Mi Yo. Mi Yo. Mi Yo. Mi Yo. Mi Yo. Mi Yo. Mi Yo. Mi Yo.
Mi Yo. Mi Yo. Mi Yo. Mi Yo. Mi Yo. Mi Yo. Mi Yo. Mi Yo.

Mi Yo. Mi Yo. Mi Yo. Mi Yo. Mi Yo. Mi Yo. Mi Yo. Mi Yo.
Mi Yo. Mi Yo. Mi Yo. Mi Yo.
Mi Yo. Mi Yo. Mi Yo. Mi Yo. Mi Yo. Mi Yo. Mi Yo. Mi Yo.
Mi Yo. Mi Yo. Mi Yo. Mi Yo. Mi Yo. Mi Yo. Mi Yo. Mi Yo.
Mi Yo. Mi Yo. Mi Yo. Mi Yo.

Mi Yo. Mi Yo. Mi Yo. Mi Yo. Mi Yo. Mi Yo. Mi Yo. Mi Yo.
Mi Yo. Mi Yo. Mi Yo. Mi Yo. Mi Yo. Mi Yo. Mi Yo. Mi Yo.

Mi Yo. Mi Yo. Mi Yo. Mi Yo. Mi Yo. Mi Yo. Mi Yo. Mi Yo.
Mi Yo. Mi Yo. Mi Yo. Mi Yo. Mi Yo. Mi Yo. Mi Yo. Mi Yo.

Mi Yo. Mi Yo. Mi Yo. Mi Yo. Mi Yo. Mi Yo. Mi Yo. Mi Yo.
Mi Yo. Mi Yo. Mi Yo. Mi Yo. Mi Yo. Mi Yo. Mi Yo. Mi Yo.

Mi Yo. Mi Yo. Mi Yo. Mi Yo. Mi Yo. Mi Yo. Mi Yo. Mi Yo.
Mi Yo. Mi Yo. Mi Yo. Mi Yo. Mi Yo. Mi Yo. Mi Yo. Mi Yo.

Mi Yo. Mi Yo. Mi Yo. Mi Yo. Mi Yo. Mi Yo. Mi Yo. Mi Yo.
Mi Yo. Mi Yo. Mi Yo. Mi Yo.
Mi Yo. Mi Yo. Mi Yo. Mi Yo. Mi Yo. Mi Yo. Mi Yo. Mi Yo.
Mi Yo. Mi Yo. Mi Yo. Mi Yo. Mi Yo. Mi Yo. Mi Yo. Mi Yo.
Mi Yo. Mi Yo. Mi Yo. Mi Yo.

Mi Yo. Mi Yo. Mi Yo. Mi Yo. Mi Yo. Mi Yo. Mi Yo. Mi Yo.
Mi Yo. Mi Yo. Mi Yo. Mi Yo. Mi Yo. Mi Yo. Mi Yo. Mi Yo.

Mi Yo. Mi Yo. Mi Yo. Mi Yo. Mi Yo. Mi Yo. Mi Yo. Mi Yo.
Mi Yo. Mi Yo. Mi Yo. Mi Yo.
Mi Yo. Mi Yo. Mi Yo. Mi Yo. Mi Yo. Mi Yo. Mi Yo. Mi Yo.
Mi Yo. Mi Yo. Mi Yo. Mi Yo. Mi Yo. Mi Yo. Mi Yo. Mi Yo.
Mi Yo. Mi Yo. Mi Yo. Mi Yo.

Mi Yo. Mi Yo. Mi Yo. Mi Yo. Mi Yo. Mi Yo. Mi Yo. Mi Yo.
Mi Yo. Mi Yo. Mi Yo. Mi Yo. Mi Yo. Mi Yo. Mi Yo. Mi Yo.

Mi Yo. Mi Yo. Mi Yo. Mi Yo. Mi Yo. Mi Yo. Mi Yo. Mi Yo.
Mi Yo. Mi Yo. Mi Yo. Mi Yo.
Mi Yo. Mi Yo. Mi Yo. Mi Yo. Mi Yo. Mi Yo. Mi Yo. Mi Yo.
Mi Yo. Mi Yo. Mi Yo. Mi Yo. Mi Yo. Mi Yo. Mi Yo. Mi Yo.
Mi Yo. Mi Yo. Mi Yo. Mi Yo.

Mi Yo. Mi Yo. Mi Yo. Mi Yo. Mi Yo. Mi Yo. Mi Yo. Mi Yo.
Mi Yo. Mi Yo. Mi Yo. Mi Yo. Mi Yo. Mi Yo. Mi Yo. Mi Yo.

Mi Yo. Mi Yo. Mi Yo. Mi Yo. Mi Yo. Mi Yo. Mi Yo. Mi Yo.
Mi Yo. Mi Yo. Mi Yo. Mi Yo. Mi Yo. Mi Yo. Mi Yo. Mi Yo.
Mi Yo. Mi Yo. Mi Yo. Mi Yo. Mi Yo. Mi Yo. Mi Yo. Mi Yo.
Mi Yo. Mi Yo. Mi Yo. Mi Yo. Mi Yo. Mi Yo. Mi Yo. Mi Yo.

Mi Yo. Mi Yo. Mi Yo. Mi Yo. Mi Yo. Mi Yo. Mi Yo. Mi Yo.
Mi Yo. Mi Yo. Mi Yo. Mi Yo. Mi Yo. Mi Yo. Mi Yo. Mi Yo.

Mi Yo. Mi Yo. Mi Yo. Mi Yo. Mi Yo. Mi Yo. Mi Yo. Mi Yo.
Mi Yo. Mi Yo. Mi Yo. Mi Yo.
Mi Yo. Mi Yo. Mi Yo. Mi Yo. Mi Yo. Mi Yo. Mi Yo. Mi Yo.
Mi Yo. Mi Yo. Mi Yo. Mi Yo. Mi Yo. Mi Yo. Mi Yo. Mi Yo.
Mi Yo. Mi Yo. Mi Yo. Mi Yo.

Mi Yo. Mi Yo. Mi Yo. Mi Yo. Mi Yo. Mi Yo. Mi Yo. Mi Yo.
Mi Yo. Mi Yo. Mi Yo. Mi Yo.

Mi Yo. Mi Yo. Mi Yo. Mi Yo.

Mi Yo. Mi Yo. Mi Yo. Mi Yo. Mi Yo. Mi Yo. Mi Yo. Mi Yo.
Mi Yo. Mi Yo. Mi Yo. Mi Yo. Mi Yo. Mi Yo. Mi Yo. Mi Yo.

Mi Yo. Mi Yo. Mi Yo. Mi Yo. Mi Yo. Mi Yo. Mi Yo. Mi Yo.
Mi Yo. Mi Yo. Mi Yo. Mi Yo.
Mi Yo. Mi Yo. Mi Yo. Mi Yo. Mi Yo. Mi Yo. Mi Yo. Mi Yo.
Mi Yo. Mi Yo. Mi Yo. Mi Yo. Mi Yo. Mi Yo. Mi Yo. Mi Yo.
Mi Yo. Mi Yo. Mi Yo. Mi Yo.

Mi Yo. Mi Yo. Mi Yo. Mi Yo. Mi Yo. Mi Yo. Mi Yo. Mi Yo.
Mi Yo. Mi Yo. Mi Yo. Mi Yo. Mi Yo. Mi Yo. Mi Yo. Mi Yo.

Mi Yo. Mi Yo. Mi Yo. Mi Yo. Mi Yo. Mi Yo. Mi Yo. Mi Yo.
Mi Yo. Mi Yo. Mi Yo. Mi Yo. Mi Yo. Mi Yo. Mi Yo. Mi Yo.

Mi Yo. Mi Yo. Mi Yo. Mi Yo. Mi Yo. Mi Yo. Mi Yo. Mi Yo.
Mi Yo. Mi Yo. Mi Yo. Mi Yo. Mi Yo. Mi Yo. Mi Yo. Mi Yo.

Mi Yo. Mi Yo. Mi Yo. Mi Yo. Mi Yo. Mi Yo. Mi Yo. Mi Yo.
Mi Yo. Mi Yo. Mi Yo. Mi Yo. Mi Yo. Mi Yo. Mi Yo. Mi Yo.

Mi Yo. Mi Yo. Mi Yo. Mi Yo. Mi Yo. Mi Yo. Mi Yo. Mi Yo.
Mi Yo. Mi Yo. Mi Yo. Mi Yo.
Mi Yo. Mi Yo. Mi Yo. Mi Yo. Mi Yo. Mi Yo. Mi Yo. Mi Yo.
Mi Yo. Mi Yo. Mi Yo. Mi Yo. Mi Yo. Mi Yo. Mi Yo. Mi Yo.
Mi Yo. Mi Yo. Mi Yo. Mi Yo.

Mi Yo. Mi Yo. Mi Yo. Mi Yo. Mi Yo. Mi Yo. Mi Yo. Mi Yo.
Mi Yo. Mi Yo. Mi Yo. Mi Yo. Mi Yo. Mi Yo. Mi Yo. Mi Yo.

Mi Yo. Mi Yo. Mi Yo. Mi Yo. Mi Yo. Mi Yo. Mi Yo. Mi Yo.
Mi Yo. Mi Yo. Mi Yo. Mi Yo.
Mi Yo. Mi Yo. Mi Yo. Mi Yo. Mi Yo. Mi Yo. Mi Yo. Mi Yo.
Mi Yo. Mi Yo. Mi Yo. Mi Yo. Mi Yo. Mi Yo. Mi Yo. Mi Yo.
Mi Yo. Mi Yo. Mi Yo. Mi Yo.

Mi Yo. Mi Yo. Mi Yo. Mi Yo. Mi Yo. Mi Yo. Mi Yo. Mi Yo.
Mi Yo. Mi Yo. Mi Yo. Mi Yo. Mi Yo. Mi Yo. Mi Yo. Mi Yo.

Mi Yo. Mi Yo. Mi Yo. Mi Yo. Mi Yo. Mi Yo. Mi Yo. Mi Yo.
Mi Yo. Mi Yo. Mi Yo. Mi Yo.
Mi Yo. Mi Yo. Mi Yo. Mi Yo. Mi Yo. Mi Yo. Mi Yo. Mi Yo.
Mi Yo. Mi Yo. Mi Yo. Mi Yo. Mi Yo. Mi Yo. Mi Yo. Mi Yo.
Mi Yo. Mi Yo. Mi Yo. Mi Yo.

Mi Yo. Mi Yo. Mi Yo. Mi Yo. Mi Yo. Mi Yo. Mi Yo. Mi Yo.
Mi Yo. Mi Yo. Mi Yo. Mi Yo. Mi Yo. Mi Yo. Mi Yo. Mi Yo.

Mi Yo. Mi Yo. Mi Yo. Mi Yo. Mi Yo. Mi Yo. Mi Yo. Mi Yo.
Mi Yo. Mi Yo. Mi Yo. Mi Yo. Mi Yo. Mi Yo. Mi Yo. Mi Yo.
Mi Yo. Mi Yo. Mi Yo. Mi Yo. Mi Yo. Mi Yo. Mi Yo. Mi Yo.
Mi Yo. Mi Yo. Mi Yo. Mi Yo. Mi Yo. Mi Yo. Mi Yo. Mi Yo.

Mi Yo. Mi Yo. Mi Yo. Mi Yo. Mi Yo. Mi Yo. Mi Yo. Mi Yo.
Mi Yo. Mi Yo. Mi Yo. Mi Yo. Mi Yo. Mi Yo. Mi Yo. Mi Yo.

Mi Yo. Mi Yo. Mi Yo. Mi Yo. Mi Yo. Mi Yo. Mi Yo. Mi Yo.
Mi Yo. Mi Yo. Mi Yo. Mi Yo.
Mi Yo. Mi Yo. Mi Yo. Mi Yo. Mi Yo. Mi Yo. Mi Yo. Mi Yo.
Mi Yo. Mi Yo. Mi Yo. Mi Yo. Mi Yo. Mi Yo. Mi Yo. Mi Yo.
Mi Yo. Mi Yo. Mi Yo. Mi Yo.

Mi Yo. Mi Yo. Mi Yo. Mi Yo. Mi Yo. Mi Yo. Mi Yo. Mi Yo.
Mi Yo. Mi Yo. Mi Yo. Mi Yo.

Mi Yo. Mi Yo. Mi Yo. Mi Yo.

Mi Yo. Mi Yo. Mi Yo. Mi Yo. Mi Yo. Mi Yo. Mi Yo. Mi Yo.
Mi Yo. Mi Yo. Mi Yo. Mi Yo. Mi Yo. Mi Yo. Mi Yo. Mi Yo.

Mi Yo. Mi Yo. Mi Yo. Mi Yo. Mi Yo. Mi Yo. Mi Yo. Mi Yo.
Mi Yo. Mi Yo. Mi Yo. Mi Yo.
Mi Yo. Mi Yo. Mi Yo. Mi Yo. Mi Yo. Mi Yo. Mi Yo. Mi Yo.
Mi Yo. Mi Yo. Mi Yo. Mi Yo. Mi Yo. Mi Yo. Mi Yo. Mi Yo.
Mi Yo. Mi Yo. Mi Yo. Mi Yo.

Mi Yo. Mi Yo. Mi Yo. Mi Yo. Mi Yo. Mi Yo. Mi Yo. Mi Yo.
Mi Yo. Mi Yo. Mi Yo. Mi Yo. Mi Yo. Mi Yo. Mi Yo. Mi Yo.

Mi Yo. Mi Yo. Mi Yo. Mi Yo. Mi Yo. Mi Yo. Mi Yo. Mi Yo.
Mi Yo. Mi Yo. Mi Yo. Mi Yo. Mi Yo. Mi Yo. Mi Yo. Mi Yo.

Mi Yo. Mi Yo. Mi Yo. Mi Yo. Mi Yo. Mi Yo. Mi Yo. Mi Yo.
Mi Yo. Mi Yo. Mi Yo. Mi Yo. Mi Yo. Mi Yo. Mi Yo. Mi Yo.

Mi Yo. Mi Yo. Mi Yo. Mi Yo. Mi Yo. Mi Yo. Mi Yo. Mi Yo.
Mi Yo. Mi Yo. Mi Yo. Mi Yo. Mi Yo. Mi Yo. Mi Yo. Mi Yo.

Mi Yo. Mi Yo. Mi Yo. Mi Yo. Mi Yo. Mi Yo. Mi Yo. Mi Yo.
Mi Yo. Mi Yo. Mi Yo. Mi Yo.
Mi Yo. Mi Yo. Mi Yo. Mi Yo. Mi Yo. Mi Yo. Mi Yo. Mi Yo.
Mi Yo. Mi Yo. Mi Yo. Mi Yo. Mi Yo. Mi Yo. Mi Yo. Mi Yo.
Mi Yo. Mi Yo. Mi Yo. Mi Yo.

Mi Yo. Mi Yo. Mi Yo. Mi Yo. Mi Yo. Mi Yo. Mi Yo. Mi Yo.
Mi Yo. Mi Yo. Mi Yo. Mi Yo. Mi Yo. Mi Yo. Mi Yo. Mi Yo.

Mi Yo. Mi Yo. Mi Yo. Mi Yo. Mi Yo. Mi Yo. Mi Yo. Mi Yo.
Mi Yo. Mi Yo. Mi Yo. Mi Yo.
Mi Yo. Mi Yo. Mi Yo. Mi Yo. Mi Yo. Mi Yo. Mi Yo. Mi Yo.
Mi Yo. Mi Yo. Mi Yo. Mi Yo. Mi Yo. Mi Yo. Mi Yo. Mi Yo.
Mi Yo. Mi Yo. Mi Yo. Mi Yo.

Mi Yo. Mi Yo. Mi Yo. Mi Yo. Mi Yo. Mi Yo. Mi Yo. Mi Yo.
Mi Yo. Mi Yo. Mi Yo. Mi Yo. Mi Yo. Mi Yo. Mi Yo. Mi Yo.

Mi Yo. Mi Yo. Mi Yo. Mi Yo. Mi Yo. Mi Yo. Mi Yo. Mi Yo.
Mi Yo. Mi Yo. Mi Yo. Mi Yo.
Mi Yo. Mi Yo. Mi Yo. Mi Yo. Mi Yo. Mi Yo. Mi Yo. Mi Yo.
Mi Yo. Mi Yo. Mi Yo. Mi Yo. Mi Yo. Mi Yo. Mi Yo. Mi Yo.
Mi Yo. Mi Yo. Mi Yo. Mi Yo.

Mi Yo. Mi Yo. Mi Yo. Mi Yo. Mi Yo. Mi Yo. Mi Yo. Mi Yo.
Mi Yo. Mi Yo. Mi Yo. Mi Yo. Mi Yo. Mi Yo. Mi Yo. Mi Yo.

Mi Yo. Mi Yo. Mi Yo. Mi Yo. Mi Yo. Mi Yo. Mi Yo. Mi Yo.
Mi Yo. Mi Yo. Mi Yo. Mi Yo. Mi Yo. Mi Yo. Mi Yo. Mi Yo.
Mi Yo. Mi Yo. Mi Yo. Mi Yo. Mi Yo. Mi Yo. Mi Yo. Mi Yo.
Mi Yo. Mi Yo. Mi Yo. Mi Yo. Mi Yo. Mi Yo. Mi Yo. Mi Yo.

Mi Yo. Mi Yo. Mi Yo. Mi Yo. Mi Yo. Mi Yo. Mi Yo. Mi Yo.
Mi Yo. Mi Yo. Mi Yo. Mi Yo. Mi Yo. Mi Yo. Mi Yo. Mi Yo.

Mi Yo. Mi Yo. Mi Yo. Mi Yo. Mi Yo. Mi Yo. Mi Yo. Mi Yo.
Mi Yo. Mi Yo. Mi Yo. Mi Yo.
Mi Yo. Mi Yo. Mi Yo. Mi Yo. Mi Yo. Mi Yo. Mi Yo. Mi Yo.
Mi Yo. Mi Yo. Mi Yo. Mi Yo. Mi Yo. Mi Yo. Mi Yo. Mi Yo.
Mi Yo. Mi Yo. Mi Yo. Mi Yo.

Mi Yo. Mi Yo. Mi Yo. Mi Yo. Mi Yo. Mi Yo. Mi Yo. Mi Yo.
Mi Yo. Mi Yo. Mi Yo. Mi Yo.

Mi Yo. Mi Yo. Mi Yo. Mi Yo.

Mi Yo. Mi Yo. Mi Yo. Mi Yo. Mi Yo. Mi Yo. Mi Yo. Mi Yo.
Mi Yo. Mi Yo. Mi Yo. Mi Yo. Mi Yo. Mi Yo. Mi Yo. Mi Yo.

Mi Yo. Mi Yo. Mi Yo. Mi Yo. Mi Yo. Mi Yo. Mi Yo. Mi Yo.
Mi Yo. Mi Yo. Mi Yo. Mi Yo.
Mi Yo. Mi Yo. Mi Yo. Mi Yo. Mi Yo. Mi Yo. Mi Yo. Mi Yo.
Mi Yo. Mi Yo. Mi Yo. Mi Yo. Mi Yo. Mi Yo. Mi Yo. Mi Yo.
Mi Yo. Mi Yo. Mi Yo. Mi Yo.

Mi Yo. Mi Yo. Mi Yo. Mi Yo. Mi Yo. Mi Yo. Mi Yo. Mi Yo.
Mi Yo. Mi Yo. Mi Yo. Mi Yo. Mi Yo. Mi Yo. Mi Yo. Mi Yo.

Mi Yo. Mi Yo. Mi Yo. Mi Yo. Mi Yo. Mi Yo. Mi Yo. Mi Yo.
Mi Yo. Mi Yo. Mi Yo. Mi Yo. Mi Yo. Mi Yo. Mi Yo. Mi Yo.

Mi Yo. Mi Yo. Mi Yo. Mi Yo. Mi Yo. Mi Yo. Mi Yo. Mi Yo.
Mi Yo. Mi Yo. Mi Yo. Mi Yo. Mi Yo. Mi Yo. Mi Yo. Mi Yo.

Mi Yo. Mi Yo. Mi Yo. Mi Yo. Mi Yo. Mi Yo. Mi Yo. Mi Yo.
Mi Yo. Mi Yo. Mi Yo. Mi Yo. Mi Yo. Mi Yo. Mi Yo. Mi Yo.

Mi Yo. Mi Yo. Mi Yo. Mi Yo. Mi Yo. Mi Yo. Mi Yo. Mi Yo.
Mi Yo. Mi Yo. Mi Yo. Mi Yo.
Mi Yo. Mi Yo. Mi Yo. Mi Yo. Mi Yo. Mi Yo. Mi Yo. Mi Yo.
Mi Yo. Mi Yo. Mi Yo. Mi Yo. Mi Yo. Mi Yo. Mi Yo. Mi Yo.
Mi Yo. Mi Yo. Mi Yo. Mi Yo.

Mi Yo. Mi Yo. Mi Yo. Mi Yo. Mi Yo. Mi Yo. Mi Yo. Mi Yo.
Mi Yo. Mi Yo. Mi Yo. Mi Yo. Mi Yo. Mi Yo. Mi Yo. Mi Yo.

Mi Yo. Mi Yo. Mi Yo. Mi Yo. Mi Yo. Mi Yo. Mi Yo. Mi Yo.
Mi Yo. Mi Yo. Mi Yo. Mi Yo.
Mi Yo. Mi Yo. Mi Yo. Mi Yo. Mi Yo. Mi Yo. Mi Yo. Mi Yo.
Mi Yo. Mi Yo. Mi Yo. Mi Yo. Mi Yo. Mi Yo. Mi Yo. Mi Yo.
Mi Yo. Mi Yo. Mi Yo. Mi Yo.

Mi Yo. Mi Yo. Mi Yo. Mi Yo. Mi Yo. Mi Yo. Mi Yo. Mi Yo.
Mi Yo. Mi Yo. Mi Yo. Mi Yo. Mi Yo. Mi Yo. Mi Yo. Mi Yo.

Mi Yo. Mi Yo. Mi Yo. Mi Yo. Mi Yo. Mi Yo. Mi Yo. Mi Yo.
Mi Yo. Mi Yo. Mi Yo. Mi Yo.
Mi Yo. Mi Yo. Mi Yo. Mi Yo. Mi Yo. Mi Yo. Mi Yo. Mi Yo.
Mi Yo. Mi Yo. Mi Yo. Mi Yo. Mi Yo. Mi Yo. Mi Yo. Mi Yo.
Mi Yo. Mi Yo. Mi Yo. Mi Yo.

Mi Yo. Mi Yo. Mi Yo. Mi Yo. Mi Yo. Mi Yo. Mi Yo. Mi Yo.
Mi Yo. Mi Yo. Mi Yo. Mi Yo. Mi Yo. Mi Yo. Mi Yo. Mi Yo.

Mi Yo. Mi Yo. Mi Yo. Mi Yo. Mi Yo. Mi Yo. Mi Yo. Mi Yo.
Mi Yo. Mi Yo. Mi Yo. Mi Yo. Mi Yo. Mi Yo. Mi Yo. Mi Yo.
Mi Yo. Mi Yo. Mi Yo. Mi Yo. Mi Yo. Mi Yo. Mi Yo. Mi Yo.
Mi Yo. Mi Yo. Mi Yo. Mi Yo. Mi Yo. Mi Yo. Mi Yo. Mi Yo.

Mi Yo. Mi Yo. Mi Yo. Mi Yo. Mi Yo. Mi Yo. Mi Yo. Mi Yo.
Mi Yo. Mi Yo. Mi Yo. Mi Yo. Mi Yo. Mi Yo. Mi Yo. Mi Yo.

Mi Yo. Mi Yo. Mi Yo. Mi Yo. Mi Yo. Mi Yo. Mi Yo. Mi Yo.
Mi Yo. Mi Yo. Mi Yo. Mi Yo.
Mi Yo. Mi Yo. Mi Yo. Mi Yo. Mi Yo. Mi Yo. Mi Yo. Mi Yo.
Mi Yo. Mi Yo. Mi Yo. Mi Yo. Mi Yo. Mi Yo. Mi Yo. Mi Yo.
Mi Yo. Mi Yo. Mi Yo. Mi Yo.

Mi Yo. Mi Yo. Mi Yo. Mi Yo. Mi Yo. Mi Yo. Mi Yo. Mi Yo.
Mi Yo. Mi Yo. Mi Yo. Mi Yo.

Mi Yo. Mi Yo. Mi Yo. Mi Yo.

Mi Yo. Mi Yo. Mi Yo. Mi Yo. Mi Yo. Mi Yo. Mi Yo. Mi Yo.
Mi Yo. Mi Yo. Mi Yo. Mi Yo. Mi Yo. Mi Yo. Mi Yo. Mi Yo.

Mi Yo. Mi Yo. Mi Yo. Mi Yo. Mi Yo. Mi Yo. Mi Yo. Mi Yo.
Mi Yo. Mi Yo. Mi Yo. Mi Yo.
Mi Yo. Mi Yo. Mi Yo. Mi Yo. Mi Yo. Mi Yo. Mi Yo. Mi Yo.
Mi Yo. Mi Yo. Mi Yo. Mi Yo. Mi Yo. Mi Yo. Mi Yo. Mi Yo.
Mi Yo. Mi Yo. Mi Yo. Mi Yo.

Mi Yo. Mi Yo. Mi Yo. Mi Yo. Mi Yo. Mi Yo. Mi Yo. Mi Yo.
Mi Yo. Mi Yo. Mi Yo. Mi Yo. Mi Yo. Mi Yo. Mi Yo. Mi Yo.

Mi Yo. Mi Yo. Mi Yo. Mi Yo. Mi Yo. Mi Yo. Mi Yo. Mi Yo.
Mi Yo. Mi Yo. Mi Yo. Mi Yo. Mi Yo. Mi Yo. Mi Yo. Mi Yo.

Mi Yo. Mi Yo. Mi Yo. Mi Yo. Mi Yo. Mi Yo. Mi Yo. Mi Yo.
Mi Yo. Mi Yo. Mi Yo. Mi Yo. Mi Yo. Mi Yo. Mi Yo. Mi Yo.

Mi Yo. Mi Yo. Mi Yo. Mi Yo. Mi Yo. Mi Yo. Mi Yo. Mi Yo.
Mi Yo. Mi Yo. Mi Yo. Mi Yo. Mi Yo. Mi Yo. Mi Yo. Mi Yo.

Mi Yo. Mi Yo. Mi Yo. Mi Yo. Mi Yo. Mi Yo. Mi Yo. Mi Yo.
Mi Yo. Mi Yo. Mi Yo. Mi Yo.
Mi Yo. Mi Yo. Mi Yo. Mi Yo. Mi Yo. Mi Yo. Mi Yo. Mi Yo.
Mi Yo. Mi Yo. Mi Yo. Mi Yo. Mi Yo. Mi Yo. Mi Yo. Mi Yo.
Mi Yo. Mi Yo. Mi Yo. Mi Yo.

Mi Yo. Mi Yo. Mi Yo. Mi Yo. Mi Yo. Mi Yo. Mi Yo. Mi Yo.
Mi Yo. Mi Yo. Mi Yo. Mi Yo. Mi Yo. Mi Yo. Mi Yo. Mi Yo.

Mi Yo. Mi Yo. Mi Yo. Mi Yo. Mi Yo. Mi Yo. Mi Yo. Mi Yo.
Mi Yo. Mi Yo. Mi Yo. Mi Yo.
Mi Yo. Mi Yo. Mi Yo. Mi Yo. Mi Yo. Mi Yo. Mi Yo. Mi Yo.
Mi Yo. Mi Yo. Mi Yo. Mi Yo. Mi Yo. Mi Yo. Mi Yo. Mi Yo.
Mi Yo. Mi Yo. Mi Yo. Mi Yo.

Mi Yo. Mi Yo. Mi Yo. Mi Yo. Mi Yo. Mi Yo. Mi Yo. Mi Yo.
Mi Yo. Mi Yo. Mi Yo. Mi Yo. Mi Yo. Mi Yo. Mi Yo. Mi Yo.

Mi Yo. Mi Yo. Mi Yo. Mi Yo. Mi Yo. Mi Yo. Mi Yo. Mi Yo.
Mi Yo. Mi Yo. Mi Yo. Mi Yo.
Mi Yo. Mi Yo. Mi Yo. Mi Yo. Mi Yo. Mi Yo. Mi Yo. Mi Yo.
Mi Yo. Mi Yo. Mi Yo. Mi Yo. Mi Yo. Mi Yo. Mi Yo. Mi Yo.
Mi Yo. Mi Yo. Mi Yo. Mi Yo.

Mi Yo. Mi Yo. Mi Yo. Mi Yo. Mi Yo. Mi Yo. Mi Yo. Mi Yo.
Mi Yo. Mi Yo. Mi Yo. Mi Yo. Mi Yo. Mi Yo. Mi Yo. Mi Yo.

Mi Yo. Mi Yo. Mi Yo. Mi Yo. Mi Yo. Mi Yo. Mi Yo. Mi Yo.
Mi Yo. Mi Yo. Mi Yo. Mi Yo. Mi Yo. Mi Yo. Mi Yo. Mi Yo.
Mi Yo. Mi Yo. Mi Yo. Mi Yo. Mi Yo. Mi Yo. Mi Yo. Mi Yo.
Mi Yo. Mi Yo. Mi Yo. Mi Yo. Mi Yo. Mi Yo. Mi Yo. Mi Yo.

Mi Yo. Mi Yo. Mi Yo. Mi Yo. Mi Yo. Mi Yo. Mi Yo. Mi Yo.
Mi Yo. Mi Yo. Mi Yo. Mi Yo. Mi Yo. Mi Yo. Mi Yo. Mi Yo.

Mi Yo. Mi Yo. Mi Yo. Mi Yo. Mi Yo. Mi Yo. Mi Yo. Mi Yo.
Mi Yo. Mi Yo. Mi Yo. Mi Yo.
Mi Yo. Mi Yo. Mi Yo. Mi Yo. Mi Yo. Mi Yo. Mi Yo. Mi Yo.
Mi Yo. Mi Yo. Mi Yo. Mi Yo. Mi Yo. Mi Yo. Mi Yo. Mi Yo.
Mi Yo. Mi Yo. Mi Yo. Mi Yo.

Mi Yo. Mi Yo. Mi Yo. Mi Yo. Mi Yo. Mi Yo. Mi Yo. Mi Yo.
Mi Yo. Mi Yo. Mi Yo. Mi Yo.

Mi Yo. Mi Yo. Mi Yo. Mi Yo.

Mi Yo. Mi Yo. Mi Yo. Mi Yo. Mi Yo. Mi Yo. Mi Yo. Mi Yo.
Mi Yo. Mi Yo. Mi Yo. Mi Yo. Mi Yo. Mi Yo. Mi Yo. Mi Yo.

Mi Yo. Mi Yo. Mi Yo. Mi Yo. Mi Yo. Mi Yo. Mi Yo. Mi Yo.
Mi Yo. Mi Yo. Mi Yo. Mi Yo.
Mi Yo. Mi Yo. Mi Yo. Mi Yo. Mi Yo. Mi Yo. Mi Yo. Mi Yo.
Mi Yo. Mi Yo. Mi Yo. Mi Yo. Mi Yo. Mi Yo. Mi Yo. Mi Yo.
Mi Yo. Mi Yo. Mi Yo. Mi Yo.

Mi Yo. Mi Yo. Mi Yo. Mi Yo. Mi Yo. Mi Yo. Mi Yo. Mi Yo.
Mi Yo. Mi Yo. Mi Yo. Mi Yo. Mi Yo. Mi Yo. Mi Yo. Mi Yo.

Mi Yo. Mi Yo. Mi Yo. Mi Yo. Mi Yo. Mi Yo. Mi Yo. Mi Yo.
Mi Yo. Mi Yo. Mi Yo. Mi Yo. Mi Yo. Mi Yo. Mi Yo. Mi Yo.

Mi Yo. Mi Yo. Mi Yo. Mi Yo. Mi Yo. Mi Yo. Mi Yo. Mi Yo.
Mi Yo. Mi Yo. Mi Yo. Mi Yo. Mi Yo. Mi Yo. Mi Yo. Mi Yo.

Mi Yo. Mi Yo. Mi Yo. Mi Yo. Mi Yo. Mi Yo. Mi Yo. Mi Yo.
Mi Yo. Mi Yo. Mi Yo. Mi Yo. Mi Yo. Mi Yo. Mi Yo. Mi Yo.

Mi Yo. Mi Yo. Mi Yo. Mi Yo. Mi Yo. Mi Yo. Mi Yo. Mi Yo.
Mi Yo. Mi Yo. Mi Yo. Mi Yo.
Mi Yo. Mi Yo. Mi Yo. Mi Yo. Mi Yo. Mi Yo. Mi Yo. Mi Yo.
Mi Yo. Mi Yo. Mi Yo. Mi Yo. Mi Yo. Mi Yo. Mi Yo. Mi Yo.
Mi Yo. Mi Yo. Mi Yo. Mi Yo.

Mi Yo. Mi Yo. Mi Yo. Mi Yo. Mi Yo. Mi Yo. Mi Yo. Mi Yo.
Mi Yo. Mi Yo. Mi Yo. Mi Yo. Mi Yo. Mi Yo. Mi Yo. Mi Yo.

Mi Yo. Mi Yo. Mi Yo. Mi Yo. Mi Yo. Mi Yo. Mi Yo. Mi Yo.
Mi Yo. Mi Yo. Mi Yo. Mi Yo.
Mi Yo. Mi Yo. Mi Yo. Mi Yo. Mi Yo. Mi Yo. Mi Yo. Mi Yo.
Mi Yo. Mi Yo. Mi Yo. Mi Yo. Mi Yo. Mi Yo. Mi Yo. Mi Yo.
Mi Yo. Mi Yo. Mi Yo. Mi Yo.

Mi Yo. Mi Yo. Mi Yo. Mi Yo. Mi Yo. Mi Yo. Mi Yo. Mi Yo.
Mi Yo. Mi Yo. Mi Yo. Mi Yo. Mi Yo. Mi Yo. Mi Yo. Mi Yo.

Mi Yo. Mi Yo. Mi Yo. Mi Yo. Mi Yo. Mi Yo. Mi Yo. Mi Yo.
Mi Yo. Mi Yo. Mi Yo. Mi Yo.
Mi Yo. Mi Yo. Mi Yo. Mi Yo. Mi Yo. Mi Yo. Mi Yo. Mi Yo.
Mi Yo. Mi Yo. Mi Yo. Mi Yo. Mi Yo. Mi Yo. Mi Yo. Mi Yo.
Mi Yo. Mi Yo. Mi Yo. Mi Yo.

Mi Yo. Mi Yo. Mi Yo. Mi Yo. Mi Yo. Mi Yo. Mi Yo. Mi Yo.
Mi Yo. Mi Yo. Mi Yo. Mi Yo. Mi Yo. Mi Yo. Mi Yo. Mi Yo.

Mi Yo. Mi Yo. Mi Yo. Mi Yo. Mi Yo. Mi Yo. Mi Yo. Mi Yo.
Mi Yo. Mi Yo. Mi Yo. Mi Yo. Mi Yo. Mi Yo. Mi Yo. Mi Yo.
Mi Yo. Mi Yo. Mi Yo. Mi Yo. Mi Yo. Mi Yo. Mi Yo. Mi Yo.
Mi Yo. Mi Yo. Mi Yo. Mi Yo. Mi Yo. Mi Yo. Mi Yo. Mi Yo.

Mi Yo. Mi Yo. Mi Yo. Mi Yo. Mi Yo. Mi Yo. Mi Yo. Mi Yo.
Mi Yo. Mi Yo. Mi Yo. Mi Yo. Mi Yo. Mi Yo. Mi Yo. Mi Yo.

Mi Yo. Mi Yo. Mi Yo. Mi Yo. Mi Yo. Mi Yo. Mi Yo. Mi Yo.
Mi Yo. Mi Yo. Mi Yo. Mi Yo.
Mi Yo. Mi Yo. Mi Yo. Mi Yo. Mi Yo. Mi Yo. Mi Yo. Mi Yo.
Mi Yo. Mi Yo. Mi Yo. Mi Yo. Mi Yo. Mi Yo. Mi Yo. Mi Yo.
Mi Yo. Mi Yo. Mi Yo. Mi Yo.

Mi Yo. Mi Yo. Mi Yo. Mi Yo. Mi Yo. Mi Yo. Mi Yo. Mi Yo.
Mi Yo. Mi Yo. Mi Yo. Mi Yo.

Mi Yo. Mi Yo. Mi Yo. Mi Yo.

Mi Yo. Mi Yo. Mi Yo. Mi Yo. Mi Yo. Mi Yo. Mi Yo. Mi Yo.
Mi Yo. Mi Yo. Mi Yo. Mi Yo. Mi Yo. Mi Yo. Mi Yo. Mi Yo.

Mi Yo. Mi Yo. Mi Yo. Mi Yo. Mi Yo. Mi Yo. Mi Yo. Mi Yo.
Mi Yo. Mi Yo. Mi Yo. Mi Yo.
Mi Yo. Mi Yo. Mi Yo. Mi Yo. Mi Yo. Mi Yo. Mi Yo. Mi Yo.
Mi Yo. Mi Yo. Mi Yo. Mi Yo. Mi Yo. Mi Yo. Mi Yo. Mi Yo.
Mi Yo. Mi Yo. Mi Yo. Mi Yo.

Mi Yo. Mi Yo. Mi Yo. Mi Yo. Mi Yo. Mi Yo. Mi Yo. Mi Yo.
Mi Yo. Mi Yo. Mi Yo. Mi Yo. Mi Yo. Mi Yo. Mi Yo. Mi Yo.

Mi Yo. Mi Yo. Mi Yo. Mi Yo. Mi Yo. Mi Yo. Mi Yo. Mi Yo.
Mi Yo. Mi Yo. Mi Yo. Mi Yo. Mi Yo. Mi Yo. Mi Yo. Mi Yo.

Mi Yo. Mi Yo. Mi Yo. Mi Yo. Mi Yo. Mi Yo. Mi Yo. Mi Yo.
Mi Yo. Mi Yo. Mi Yo. Mi Yo. Mi Yo. Mi Yo. Mi Yo. Mi Yo.

Mi Yo. Mi Yo. Mi Yo. Mi Yo. Mi Yo. Mi Yo. Mi Yo. Mi Yo.
Mi Yo. Mi Yo. Mi Yo. Mi Yo. Mi Yo. Mi Yo. Mi Yo. Mi Yo.

Mi Yo. Mi Yo. Mi Yo. Mi Yo. Mi Yo. Mi Yo. Mi Yo. Mi Yo.
Mi Yo. Mi Yo. Mi Yo. Mi Yo.
Mi Yo. Mi Yo. Mi Yo. Mi Yo. Mi Yo. Mi Yo. Mi Yo. Mi Yo.
Mi Yo. Mi Yo. Mi Yo. Mi Yo. Mi Yo. Mi Yo. Mi Yo. Mi Yo.
Mi Yo. Mi Yo. Mi Yo. Mi Yo.

Mi Yo. Mi Yo. Mi Yo. Mi Yo. Mi Yo. Mi Yo. Mi Yo. Mi Yo.
Mi Yo. Mi Yo. Mi Yo. Mi Yo. Mi Yo. Mi Yo. Mi Yo. Mi Yo.

Mi Yo. Mi Yo. Mi Yo. Mi Yo. Mi Yo. Mi Yo. Mi Yo. Mi Yo.
Mi Yo. Mi Yo. Mi Yo. Mi Yo.
Mi Yo. Mi Yo. Mi Yo. Mi Yo. Mi Yo. Mi Yo. Mi Yo. Mi Yo.
Mi Yo. Mi Yo. Mi Yo. Mi Yo. Mi Yo. Mi Yo. Mi Yo. Mi Yo.
Mi Yo. Mi Yo. Mi Yo. Mi Yo.

Mi Yo. Mi Yo. Mi Yo. Mi Yo. Mi Yo. Mi Yo. Mi Yo. Mi Yo.
Mi Yo. Mi Yo. Mi Yo. Mi Yo. Mi Yo. Mi Yo. Mi Yo. Mi Yo.

Mi Yo. Mi Yo. Mi Yo. Mi Yo. Mi Yo. Mi Yo. Mi Yo. Mi Yo.
Mi Yo. Mi Yo. Mi Yo. Mi Yo.
Mi Yo. Mi Yo. Mi Yo. Mi Yo. Mi Yo. Mi Yo. Mi Yo. Mi Yo.
Mi Yo. Mi Yo. Mi Yo. Mi Yo. Mi Yo. Mi Yo. Mi Yo. Mi Yo.
Mi Yo. Mi Yo. Mi Yo. Mi Yo.

Mi Yo. Mi Yo. Mi Yo. Mi Yo. Mi Yo. Mi Yo. Mi Yo. Mi Yo.
Mi Yo. Mi Yo. Mi Yo. Mi Yo. Mi Yo. Mi Yo. Mi Yo. Mi Yo.

Mi Yo. Mi Yo. Mi Yo. Mi Yo. Mi Yo. Mi Yo. Mi Yo. Mi Yo.
Mi Yo. Mi Yo. Mi Yo. Mi Yo. Mi Yo. Mi Yo. Mi Yo. Mi Yo.
Mi Yo. Mi Yo. Mi Yo. Mi Yo. Mi Yo. Mi Yo. Mi Yo. Mi Yo.
Mi Yo. Mi Yo. Mi Yo. Mi Yo. Mi Yo. Mi Yo. Mi Yo. Mi Yo.

Mi Yo. Mi Yo. Mi Yo. Mi Yo. Mi Yo. Mi Yo. Mi Yo. Mi Yo.
Mi Yo. Mi Yo. Mi Yo. Mi Yo. Mi Yo. Mi Yo. Mi Yo. Mi Yo.

Mi Yo. Mi Yo. Mi Yo. Mi Yo. Mi Yo. Mi Yo. Mi Yo. Mi Yo.
Mi Yo. Mi Yo. Mi Yo. Mi Yo.
Mi Yo. Mi Yo. Mi Yo. Mi Yo. Mi Yo. Mi Yo. Mi Yo. Mi Yo.
Mi Yo. Mi Yo. Mi Yo. Mi Yo. Mi Yo. Mi Yo. Mi Yo. Mi Yo.
Mi Yo. Mi Yo. Mi Yo. Mi Yo.

Mi Yo. Mi Yo. Mi Yo. Mi Yo. Mi Yo. Mi Yo. Mi Yo. Mi Yo.
Mi Yo. Mi Yo. Mi Yo. Mi Yo.

Mi Yo. Mi Yo. Mi Yo. Mi Yo.

Mi Yo. Mi Yo. Mi Yo. Mi Yo. Mi Yo. Mi Yo. Mi Yo. Mi Yo.
Mi Yo. Mi Yo. Mi Yo. Mi Yo. Mi Yo. Mi Yo. Mi Yo. Mi Yo.

Mi Yo. Mi Yo. Mi Yo. Mi Yo. Mi Yo. Mi Yo. Mi Yo. Mi Yo.
Mi Yo. Mi Yo. Mi Yo. Mi Yo.
Mi Yo. Mi Yo. Mi Yo. Mi Yo. Mi Yo. Mi Yo. Mi Yo. Mi Yo.
Mi Yo. Mi Yo. Mi Yo. Mi Yo. Mi Yo. Mi Yo. Mi Yo. Mi Yo.
Mi Yo. Mi Yo. Mi Yo. Mi Yo.

Mi Yo. Mi Yo. Mi Yo. Mi Yo. Mi Yo. Mi Yo. Mi Yo. Mi Yo.
Mi Yo. Mi Yo. Mi Yo. Mi Yo. Mi Yo. Mi Yo. Mi Yo. Mi Yo.

Mi Yo. Mi Yo. Mi Yo. Mi Yo. Mi Yo. Mi Yo. Mi Yo. Mi Yo.
Mi Yo. Mi Yo. Mi Yo. Mi Yo. Mi Yo. Mi Yo. Mi Yo. Mi Yo.

Mi Yo. Mi Yo. Mi Yo. Mi Yo. Mi Yo. Mi Yo. Mi Yo. Mi Yo.
Mi Yo. Mi Yo. Mi Yo. Mi Yo. Mi Yo. Mi Yo. Mi Yo. Mi Yo.

Mi Yo. Mi Yo. Mi Yo. Mi Yo. Mi Yo. Mi Yo. Mi Yo. Mi Yo.
Mi Yo. Mi Yo. Mi Yo. Mi Yo. Mi Yo. Mi Yo. Mi Yo. Mi Yo.

Mi Yo. Mi Yo. Mi Yo. Mi Yo. Mi Yo. Mi Yo. Mi Yo. Mi Yo.
Mi Yo. Mi Yo. Mi Yo. Mi Yo.
Mi Yo. Mi Yo. Mi Yo. Mi Yo. Mi Yo. Mi Yo. Mi Yo. Mi Yo.
Mi Yo. Mi Yo. Mi Yo. Mi Yo. Mi Yo. Mi Yo. Mi Yo. Mi Yo.
Mi Yo. Mi Yo. Mi Yo. Mi Yo.

Mi Yo. Mi Yo. Mi Yo. Mi Yo. Mi Yo. Mi Yo. Mi Yo. Mi Yo.
Mi Yo. Mi Yo. Mi Yo. Mi Yo. Mi Yo. Mi Yo. Mi Yo. Mi Yo.

Mi Yo. Mi Yo. Mi Yo. Mi Yo. Mi Yo. Mi Yo. Mi Yo. Mi Yo.
Mi Yo. Mi Yo. Mi Yo. Mi Yo.
Mi Yo. Mi Yo. Mi Yo. Mi Yo. Mi Yo. Mi Yo. Mi Yo. Mi Yo.
Mi Yo. Mi Yo. Mi Yo. Mi Yo. Mi Yo. Mi Yo. Mi Yo. Mi Yo.
Mi Yo. Mi Yo. Mi Yo. Mi Yo.

Mi Yo. Mi Yo. Mi Yo. Mi Yo. Mi Yo. Mi Yo. Mi Yo. Mi Yo.
Mi Yo. Mi Yo. Mi Yo. Mi Yo. Mi Yo. Mi Yo. Mi Yo. Mi Yo.

Mi Yo. Mi Yo. Mi Yo. Mi Yo. Mi Yo. Mi Yo. Mi Yo. Mi Yo.
Mi Yo. Mi Yo. Mi Yo. Mi Yo.
Mi Yo. Mi Yo. Mi Yo. Mi Yo. Mi Yo. Mi Yo. Mi Yo. Mi Yo.
Mi Yo. Mi Yo. Mi Yo. Mi Yo. Mi Yo. Mi Yo. Mi Yo. Mi Yo.
Mi Yo. Mi Yo. Mi Yo. Mi Yo.

Mi Yo. Mi Yo. Mi Yo. Mi Yo. Mi Yo. Mi Yo. Mi Yo. Mi Yo.
Mi Yo. Mi Yo. Mi Yo. Mi Yo. Mi Yo. Mi Yo. Mi Yo. Mi Yo.

Mi Yo. Mi Yo. Mi Yo. Mi Yo. Mi Yo. Mi Yo. Mi Yo. Mi Yo.
Mi Yo. Mi Yo. Mi Yo. Mi Yo. Mi Yo. Mi Yo. Mi Yo. Mi Yo.
Mi Yo. Mi Yo. Mi Yo. Mi Yo. Mi Yo. Mi Yo. Mi Yo. Mi Yo.
Mi Yo. Mi Yo. Mi Yo. Mi Yo. Mi Yo. Mi Yo. Mi Yo. Mi Yo.

Mi Yo. Mi Yo. Mi Yo. Mi Yo. Mi Yo. Mi Yo. Mi Yo. Mi Yo.
Mi Yo. Mi Yo. Mi Yo. Mi Yo. Mi Yo. Mi Yo. Mi Yo. Mi Yo.

Mi Yo. Mi Yo. Mi Yo. Mi Yo. Mi Yo. Mi Yo. Mi Yo. Mi Yo.
Mi Yo. Mi Yo. Mi Yo. Mi Yo.
Mi Yo. Mi Yo. Mi Yo. Mi Yo. Mi Yo. Mi Yo. Mi Yo. Mi Yo.
Mi Yo. Mi Yo. Mi Yo. Mi Yo. Mi Yo. Mi Yo. Mi Yo. Mi Yo.
Mi Yo. Mi Yo. Mi Yo. Mi Yo.

Mi Yo. Mi Yo. Mi Yo. Mi Yo. Mi Yo. Mi Yo. Mi Yo. Mi Yo.
Mi Yo. Mi Yo. Mi Yo. Mi Yo.

Mi Yo. Mi Yo. Mi Yo. Mi Yo.

Mi Yo. Mi Yo. Mi Yo. Mi Yo. Mi Yo. Mi Yo. Mi Yo. Mi Yo.
Mi Yo. Mi Yo. Mi Yo. Mi Yo. Mi Yo. Mi Yo. Mi Yo. Mi Yo.

Mi Yo. Mi Yo. Mi Yo. Mi Yo. Mi Yo. Mi Yo. Mi Yo. Mi Yo.
Mi Yo. Mi Yo. Mi Yo. Mi Yo.
Mi Yo. Mi Yo. Mi Yo. Mi Yo. Mi Yo. Mi Yo. Mi Yo. Mi Yo.
Mi Yo. Mi Yo. Mi Yo. Mi Yo. Mi Yo. Mi Yo. Mi Yo. Mi Yo.
Mi Yo. Mi Yo. Mi Yo. Mi Yo.

Mi Yo. Mi Yo. Mi Yo. Mi Yo. Mi Yo. Mi Yo. Mi Yo. Mi Yo.
Mi Yo. Mi Yo. Mi Yo. Mi Yo. Mi Yo. Mi Yo. Mi Yo. Mi Yo.

Mi Yo. Mi Yo. Mi Yo. Mi Yo. Mi Yo. Mi Yo. Mi Yo. Mi Yo.
Mi Yo. Mi Yo. Mi Yo. Mi Yo. Mi Yo. Mi Yo. Mi Yo. Mi Yo.

Mi Yo. Mi Yo. Mi Yo. Mi Yo. Mi Yo. Mi Yo. Mi Yo. Mi Yo.
Mi Yo. Mi Yo. Mi Yo. Mi Yo. Mi Yo. Mi Yo. Mi Yo. Mi Yo.

Mi Yo. Mi Yo. Mi Yo. Mi Yo. Mi Yo. Mi Yo. Mi Yo. Mi Yo.
Mi Yo. Mi Yo. Mi Yo. Mi Yo. Mi Yo. Mi Yo. Mi Yo. Mi Yo.

Mi Yo. Mi Yo. Mi Yo. Mi Yo. Mi Yo. Mi Yo. Mi Yo. Mi Yo.
Mi Yo. Mi Yo. Mi Yo. Mi Yo.
Mi Yo. Mi Yo. Mi Yo. Mi Yo. Mi Yo. Mi Yo. Mi Yo. Mi Yo.
Mi Yo. Mi Yo. Mi Yo. Mi Yo. Mi Yo. Mi Yo. Mi Yo. Mi Yo.
Mi Yo. Mi Yo. Mi Yo. Mi Yo.

Mi Yo. Mi Yo. Mi Yo. Mi Yo. Mi Yo. Mi Yo. Mi Yo. Mi Yo.
Mi Yo. Mi Yo. Mi Yo. Mi Yo. Mi Yo. Mi Yo. Mi Yo. Mi Yo.

Mi Yo. Mi Yo. Mi Yo. Mi Yo. Mi Yo. Mi Yo. Mi Yo. Mi Yo.
Mi Yo. Mi Yo. Mi Yo. Mi Yo.
Mi Yo. Mi Yo. Mi Yo. Mi Yo. Mi Yo. Mi Yo. Mi Yo. Mi Yo.
Mi Yo. Mi Yo. Mi Yo. Mi Yo. Mi Yo. Mi Yo. Mi Yo. Mi Yo.
Mi Yo. Mi Yo. Mi Yo. Mi Yo.

Mi Yo. Mi Yo. Mi Yo. Mi Yo. Mi Yo. Mi Yo. Mi Yo. Mi Yo.
Mi Yo. Mi Yo. Mi Yo. Mi Yo. Mi Yo. Mi Yo. Mi Yo. Mi Yo.

Mi Yo. Mi Yo. Mi Yo. Mi Yo. Mi Yo. Mi Yo. Mi Yo. Mi Yo.
Mi Yo. Mi Yo. Mi Yo. Mi Yo.
Mi Yo. Mi Yo. Mi Yo. Mi Yo. Mi Yo. Mi Yo. Mi Yo. Mi Yo.
Mi Yo. Mi Yo. Mi Yo. Mi Yo. Mi Yo. Mi Yo. Mi Yo. Mi Yo.
Mi Yo. Mi Yo. Mi Yo. Mi Yo.

Mi Yo. Mi Yo. Mi Yo. Mi Yo. Mi Yo. Mi Yo. Mi Yo. Mi Yo.
Mi Yo. Mi Yo. Mi Yo. Mi Yo. Mi Yo. Mi Yo. Mi Yo. Mi Yo.

Mi Yo. Mi Yo. Mi Yo. Mi Yo. Mi Yo. Mi Yo. Mi Yo. Mi Yo.
Mi Yo. Mi Yo. Mi Yo. Mi Yo. Mi Yo. Mi Yo. Mi Yo. Mi Yo.
Mi Yo. Mi Yo. Mi Yo. Mi Yo. Mi Yo. Mi Yo. Mi Yo. Mi Yo.
Mi Yo. Mi Yo. Mi Yo. Mi Yo. Mi Yo. Mi Yo. Mi Yo. Mi Yo.

Mi Yo. Mi Yo. Mi Yo. Mi Yo. Mi Yo. Mi Yo. Mi Yo. Mi Yo.
Mi Yo. Mi Yo. Mi Yo. Mi Yo. Mi Yo. Mi Yo. Mi Yo. Mi Yo.

Mi Yo. Mi Yo. Mi Yo. Mi Yo. Mi Yo. Mi Yo. Mi Yo. Mi Yo.
Mi Yo. Mi Yo. Mi Yo. Mi Yo.
Mi Yo. Mi Yo. Mi Yo. Mi Yo. Mi Yo. Mi Yo. Mi Yo. Mi Yo.
Mi Yo. Mi Yo. Mi Yo. Mi Yo. Mi Yo. Mi Yo. Mi Yo. Mi Yo.
Mi Yo. Mi Yo. Mi Yo. Mi Yo.

Mi Yo. Mi Yo. Mi Yo. Mi Yo. Mi Yo. Mi Yo. Mi Yo. Mi Yo.
Mi Yo. Mi Yo. Mi Yo. Mi Yo.

Mi Yo. Mi Yo. Mi Yo. Mi Yo.

Mi Yo. Mi Yo. Mi Yo. Mi Yo. Mi Yo. Mi Yo. Mi Yo. Mi Yo.
Mi Yo. Mi Yo. Mi Yo. Mi Yo. Mi Yo. Mi Yo. Mi Yo. Mi Yo.

Mi Yo. Mi Yo. Mi Yo. Mi Yo. Mi Yo. Mi Yo. Mi Yo. Mi Yo.
Mi Yo. Mi Yo. Mi Yo. Mi Yo.
Mi Yo. Mi Yo. Mi Yo. Mi Yo. Mi Yo. Mi Yo. Mi Yo. Mi Yo.
Mi Yo. Mi Yo. Mi Yo. Mi Yo. Mi Yo. Mi Yo. Mi Yo. Mi Yo.
Mi Yo. Mi Yo. Mi Yo. Mi Yo.

Mi Yo. Mi Yo. Mi Yo. Mi Yo. Mi Yo. Mi Yo. Mi Yo. Mi Yo.
Mi Yo. Mi Yo. Mi Yo. Mi Yo. Mi Yo. Mi Yo. Mi Yo. Mi Yo.

Mi Yo. Mi Yo. Mi Yo. Mi Yo. Mi Yo. Mi Yo. Mi Yo. Mi Yo.
Mi Yo. Mi Yo. Mi Yo. Mi Yo. Mi Yo. Mi Yo. Mi Yo. Mi Yo.

Mi Yo. Mi Yo. Mi Yo. Mi Yo. Mi Yo. Mi Yo. Mi Yo. Mi Yo.
Mi Yo. Mi Yo. Mi Yo. Mi Yo. Mi Yo. Mi Yo. Mi Yo. Mi Yo.

Mi Yo. Mi Yo. Mi Yo. Mi Yo. Mi Yo. Mi Yo. Mi Yo. Mi Yo.
Mi Yo. Mi Yo. Mi Yo. Mi Yo. Mi Yo. Mi Yo. Mi Yo. Mi Yo.

Mi Yo. Mi Yo. Mi Yo. Mi Yo. Mi Yo. Mi Yo. Mi Yo. Mi Yo.
Mi Yo. Mi Yo. Mi Yo. Mi Yo.
Mi Yo. Mi Yo. Mi Yo. Mi Yo. Mi Yo. Mi Yo. Mi Yo. Mi Yo.
Mi Yo. Mi Yo. Mi Yo. Mi Yo. Mi Yo. Mi Yo. Mi Yo. Mi Yo.
Mi Yo. Mi Yo. Mi Yo. Mi Yo.

Mi Yo. Mi Yo. Mi Yo. Mi Yo. Mi Yo. Mi Yo. Mi Yo. Mi Yo.
Mi Yo. Mi Yo. Mi Yo. Mi Yo. Mi Yo. Mi Yo. Mi Yo. Mi Yo.

Mi Yo. Mi Yo. Mi Yo. Mi Yo. Mi Yo. Mi Yo. Mi Yo. Mi Yo.
Mi Yo. Mi Yo. Mi Yo. Mi Yo.
Mi Yo. Mi Yo. Mi Yo. Mi Yo. Mi Yo. Mi Yo. Mi Yo. Mi Yo.
Mi Yo. Mi Yo. Mi Yo. Mi Yo. Mi Yo. Mi Yo. Mi Yo. Mi Yo.
Mi Yo. Mi Yo. Mi Yo. Mi Yo.

Mi Yo. Mi Yo. Mi Yo. Mi Yo. Mi Yo. Mi Yo. Mi Yo. Mi Yo.
Mi Yo. Mi Yo. Mi Yo. Mi Yo. Mi Yo. Mi Yo. Mi Yo. Mi Yo.

Mi Yo. Mi Yo. Mi Yo. Mi Yo. Mi Yo. Mi Yo. Mi Yo. Mi Yo.
Mi Yo. Mi Yo. Mi Yo. Mi Yo.
Mi Yo. Mi Yo. Mi Yo. Mi Yo. Mi Yo. Mi Yo. Mi Yo. Mi Yo.
Mi Yo. Mi Yo. Mi Yo. Mi Yo. Mi Yo. Mi Yo. Mi Yo. Mi Yo.
Mi Yo. Mi Yo. Mi Yo. Mi Yo.

Mi Yo. Mi Yo. Mi Yo. Mi Yo. Mi Yo. Mi Yo. Mi Yo. Mi Yo.
Mi Yo. Mi Yo. Mi Yo. Mi Yo. Mi Yo. Mi Yo. Mi Yo. Mi Yo.

Mi Yo. Mi Yo. Mi Yo. Mi Yo. Mi Yo. Mi Yo. Mi Yo. Mi Yo.
Mi Yo. Mi Yo. Mi Yo. Mi Yo. Mi Yo. Mi Yo. Mi Yo. Mi Yo.
Mi Yo. Mi Yo. Mi Yo. Mi Yo. Mi Yo. Mi Yo. Mi Yo. Mi Yo.
Mi Yo. Mi Yo. Mi Yo. Mi Yo. Mi Yo. Mi Yo. Mi Yo. Mi Yo.

Mi Yo. Mi Yo. Mi Yo. Mi Yo. Mi Yo. Mi Yo. Mi Yo. Mi Yo.
Mi Yo. Mi Yo. Mi Yo. Mi Yo. Mi Yo. Mi Yo. Mi Yo. Mi Yo.

Mi Yo. Mi Yo. Mi Yo. Mi Yo. Mi Yo. Mi Yo. Mi Yo. Mi Yo.
Mi Yo. Mi Yo. Mi Yo. Mi Yo.
Mi Yo. Mi Yo. Mi Yo. Mi Yo. Mi Yo. Mi Yo. Mi Yo. Mi Yo.
Mi Yo. Mi Yo. Mi Yo. Mi Yo. Mi Yo. Mi Yo. Mi Yo. Mi Yo.
Mi Yo. Mi Yo. Mi Yo. Mi Yo.

Mi Yo. Mi Yo. Mi Yo. Mi Yo. Mi Yo. Mi Yo. Mi Yo. Mi Yo.
Mi Yo. Mi Yo. Mi Yo. Mi Yo.

Mi Yo. Mi Yo. Mi Yo. Mi Yo.

Mi Yo. Mi Yo. Mi Yo. Mi Yo. Mi Yo. Mi Yo. Mi Yo. Mi Yo.
Mi Yo. Mi Yo. Mi Yo. Mi Yo. Mi Yo. Mi Yo. Mi Yo. Mi Yo.

Mi Yo. Mi Yo. Mi Yo. Mi Yo. Mi Yo. Mi Yo. Mi Yo. Mi Yo.
Mi Yo. Mi Yo. Mi Yo. Mi Yo.
Mi Yo. Mi Yo. Mi Yo. Mi Yo. Mi Yo. Mi Yo. Mi Yo. Mi Yo.
Mi Yo. Mi Yo. Mi Yo. Mi Yo. Mi Yo. Mi Yo. Mi Yo. Mi Yo.
Mi Yo. Mi Yo. Mi Yo. Mi Yo.

Mi Yo. Mi Yo. Mi Yo. Mi Yo. Mi Yo. Mi Yo. Mi Yo. Mi Yo.
Mi Yo. Mi Yo. Mi Yo. Mi Yo. Mi Yo. Mi Yo. Mi Yo. Mi Yo.

Mi Yo. Mi Yo. Mi Yo. Mi Yo. Mi Yo. Mi Yo. Mi Yo. Mi Yo.
Mi Yo. Mi Yo. Mi Yo. Mi Yo. Mi Yo. Mi Yo. Mi Yo. Mi Yo.

Mi Yo. Mi Yo. Mi Yo. Mi Yo. Mi Yo. Mi Yo. Mi Yo. Mi Yo.
Mi Yo. Mi Yo. Mi Yo. Mi Yo. Mi Yo. Mi Yo. Mi Yo. Mi Yo.

Mi Yo. Mi Yo. Mi Yo. Mi Yo. Mi Yo. Mi Yo. Mi Yo. Mi Yo.
Mi Yo. Mi Yo. Mi Yo. Mi Yo. Mi Yo. Mi Yo. Mi Yo. Mi Yo.

Mi Yo. Mi Yo. Mi Yo. Mi Yo. Mi Yo. Mi Yo. Mi Yo. Mi Yo.
Mi Yo. Mi Yo. Mi Yo. Mi Yo.
Mi Yo. Mi Yo. Mi Yo. Mi Yo. Mi Yo. Mi Yo. Mi Yo. Mi Yo.
Mi Yo. Mi Yo. Mi Yo. Mi Yo. Mi Yo. Mi Yo. Mi Yo. Mi Yo.
Mi Yo. Mi Yo. Mi Yo. Mi Yo.

Mi Yo. Mi Yo. Mi Yo. Mi Yo. Mi Yo. Mi Yo. Mi Yo. Mi Yo.
Mi Yo. Mi Yo. Mi Yo. Mi Yo. Mi Yo. Mi Yo. Mi Yo. Mi Yo.

Mi Yo. Mi Yo. Mi Yo. Mi Yo. Mi Yo. Mi Yo. Mi Yo. Mi Yo.
Mi Yo. Mi Yo. Mi Yo. Mi Yo.
Mi Yo. Mi Yo. Mi Yo. Mi Yo. Mi Yo. Mi Yo. Mi Yo. Mi Yo.
Mi Yo. Mi Yo. Mi Yo. Mi Yo. Mi Yo. Mi Yo. Mi Yo. Mi Yo.
Mi Yo. Mi Yo. Mi Yo. Mi Yo.

Mi Yo. Mi Yo. Mi Yo. Mi Yo. Mi Yo. Mi Yo. Mi Yo. Mi Yo.
Mi Yo. Mi Yo. Mi Yo. Mi Yo. Mi Yo. Mi Yo. Mi Yo. Mi Yo.

Mi Yo. Mi Yo. Mi Yo. Mi Yo. Mi Yo. Mi Yo. Mi Yo. Mi Yo.
Mi Yo. Mi Yo. Mi Yo. Mi Yo.
Mi Yo. Mi Yo. Mi Yo. Mi Yo. Mi Yo. Mi Yo. Mi Yo. Mi Yo.
Mi Yo. Mi Yo. Mi Yo. Mi Yo. Mi Yo. Mi Yo. Mi Yo. Mi Yo.
Mi Yo. Mi Yo. Mi Yo. Mi Yo.

Mi Yo. Mi Yo. Mi Yo. Mi Yo. Mi Yo. Mi Yo. Mi Yo. Mi Yo.
Mi Yo. Mi Yo. Mi Yo. Mi Yo. Mi Yo. Mi Yo. Mi Yo. Mi Yo.

Mi Yo. Mi Yo. Mi Yo. Mi Yo. Mi Yo. Mi Yo. Mi Yo. Mi Yo.
Mi Yo. Mi Yo. Mi Yo. Mi Yo. Mi Yo. Mi Yo. Mi Yo. Mi Yo.
Mi Yo. Mi Yo. Mi Yo. Mi Yo. Mi Yo. Mi Yo. Mi Yo. Mi Yo.
Mi Yo. Mi Yo. Mi Yo. Mi Yo. Mi Yo. Mi Yo. Mi Yo. Mi Yo.

Mi Yo. Mi Yo. Mi Yo. Mi Yo. Mi Yo. Mi Yo. Mi Yo. Mi Yo.
Mi Yo. Mi Yo. Mi Yo. Mi Yo. Mi Yo. Mi Yo. Mi Yo. Mi Yo.

Mi Yo. Mi Yo. Mi Yo. Mi Yo. Mi Yo. Mi Yo. Mi Yo. Mi Yo.
Mi Yo. Mi Yo. Mi Yo. Mi Yo.
Mi Yo. Mi Yo. Mi Yo. Mi Yo. Mi Yo. Mi Yo. Mi Yo. Mi Yo.
Mi Yo. Mi Yo. Mi Yo. Mi Yo. Mi Yo. Mi Yo. Mi Yo. Mi Yo.
Mi Yo. Mi Yo. Mi Yo. Mi Yo.

Mi Yo. Mi Yo. Mi Yo. Mi Yo. Mi Yo. Mi Yo. Mi Yo. Mi Yo.
Mi Yo. Mi Yo. Mi Yo. Mi Yo.

Mi Yo. Mi Yo. Mi Yo. Mi Yo.

Mi Yo. Mi Yo. Mi Yo. Mi Yo. Mi Yo. Mi Yo. Mi Yo. Mi Yo.
Mi Yo. Mi Yo. Mi Yo. Mi Yo. Mi Yo. Mi Yo. Mi Yo. Mi Yo.

Mi Yo. Mi Yo. Mi Yo. Mi Yo. Mi Yo. Mi Yo. Mi Yo. Mi Yo.
Mi Yo. Mi Yo. Mi Yo. Mi Yo.
Mi Yo. Mi Yo. Mi Yo. Mi Yo. Mi Yo. Mi Yo. Mi Yo. Mi Yo.
Mi Yo. Mi Yo. Mi Yo. Mi Yo. Mi Yo. Mi Yo. Mi Yo. Mi Yo.
Mi Yo. Mi Yo. Mi Yo. Mi Yo.

Mi Yo. Mi Yo. Mi Yo. Mi Yo. Mi Yo. Mi Yo. Mi Yo. Mi Yo.
Mi Yo. Mi Yo. Mi Yo. Mi Yo. Mi Yo. Mi Yo. Mi Yo. Mi Yo.

Mi Yo. Mi Yo. Mi Yo. Mi Yo. Mi Yo. Mi Yo. Mi Yo. Mi Yo.
Mi Yo. Mi Yo. Mi Yo. Mi Yo. Mi Yo. Mi Yo. Mi Yo. Mi Yo.

Mi Yo. Mi Yo. Mi Yo. Mi Yo. Mi Yo. Mi Yo. Mi Yo. Mi Yo.
Mi Yo. Mi Yo. Mi Yo. Mi Yo. Mi Yo. Mi Yo. Mi Yo. Mi Yo.

Mi Yo. Mi Yo. Mi Yo. Mi Yo. Mi Yo. Mi Yo. Mi Yo. Mi Yo.
Mi Yo. Mi Yo. Mi Yo. Mi Yo. Mi Yo. Mi Yo. Mi Yo. Mi Yo.

Mi Yo. Mi Yo. Mi Yo. Mi Yo. Mi Yo. Mi Yo. Mi Yo. Mi Yo.
Mi Yo. Mi Yo. Mi Yo. Mi Yo.

Mi Yo. Mi Yo. Mi Yo. Mi Yo. Mi Yo. Mi Yo. Mi Yo. Mi Yo.
Mi Yo. Mi Yo. Mi Yo. Mi Yo. Mi Yo. Mi Yo. Mi Yo. Mi Yo.
Mi Yo. Mi Yo. Mi Yo. Mi Yo.

Mi Yo. Mi Yo. Mi Yo. Mi Yo. Mi Yo. Mi Yo. Mi Yo. Mi Yo.
Mi Yo. Mi Yo. Mi Yo. Mi Yo. Mi Yo. Mi Yo. Mi Yo. Mi Yo.

Mi Yo. Mi Yo. Mi Yo. Mi Yo. Mi Yo. Mi Yo. Mi Yo. Mi Yo.
Mi Yo. Mi Yo. Mi Yo. Mi Yo.

Mi Yo. Mi Yo. Mi Yo. Mi Yo. Mi Yo. Mi Yo. Mi Yo. Mi Yo.
Mi Yo. Mi Yo. Mi Yo. Mi Yo. Mi Yo. Mi Yo. Mi Yo. Mi Yo.
Mi Yo. Mi Yo. Mi Yo. Mi Yo.

Mi Yo. Mi Yo. Mi Yo. Mi Yo. Mi Yo. Mi Yo. Mi Yo. Mi Yo.
Mi Yo. Mi Yo. Mi Yo. Mi Yo. Mi Yo. Mi Yo. Mi Yo. Mi Yo.

Mi Yo. Mi Yo. Mi Yo. Mi Yo. Mi Yo. Mi Yo. Mi Yo. Mi Yo.
Mi Yo. Mi Yo. Mi Yo. Mi Yo.

Mi Yo. Mi Yo. Mi Yo. Mi Yo. Mi Yo. Mi Yo. Mi Yo. Mi Yo.
Mi Yo. Mi Yo. Mi Yo. Mi Yo. Mi Yo. Mi Yo. Mi Yo. Mi Yo.
Mi Yo. Mi Yo. Mi Yo. Mi Yo.

Mi Yo. Mi Yo. Mi Yo. Mi Yo. Mi Yo. Mi Yo. Mi Yo. Mi Yo.
Mi Yo. Mi Yo. Mi Yo. Mi Yo. Mi Yo. Mi Yo. Mi Yo. Mi Yo.

Mi Yo. Mi Yo. Mi Yo. Mi Yo. Mi Yo. Mi Yo. Mi Yo. Mi Yo.
Mi Yo. Mi Yo. Mi Yo. Mi Yo. Mi Yo. Mi Yo. Mi Yo. Mi Yo.
Mi Yo. Mi Yo. Mi Yo. Mi Yo. Mi Yo. Mi Yo. Mi Yo. Mi Yo.
Mi Yo. Mi Yo. Mi Yo. Mi Yo. Mi Yo. Mi Yo. Mi Yo. Mi Yo.

Mi Yo. Mi Yo. Mi Yo. Mi Yo. Mi Yo. Mi Yo. Mi Yo. Mi Yo.
Mi Yo. Mi Yo. Mi Yo. Mi Yo. Mi Yo. Mi Yo. Mi Yo. Mi Yo.

Mi Yo. Mi Yo. Mi Yo. Mi Yo. Mi Yo. Mi Yo. Mi Yo. Mi Yo.
Mi Yo. Mi Yo. Mi Yo. Mi Yo.
Mi Yo. Mi Yo. Mi Yo. Mi Yo. Mi Yo. Mi Yo. Mi Yo. Mi Yo.
Mi Yo. Mi Yo. Mi Yo. Mi Yo. Mi Yo. Mi Yo. Mi Yo. Mi Yo.
Mi Yo. Mi Yo. Mi Yo. Mi Yo.

Mi Yo. Mi Yo. Mi Yo. Mi Yo. Mi Yo. Mi Yo. Mi Yo. Mi Yo.
Mi Yo. Mi Yo. Mi Yo. Mi Yo.

Mi Yo. Mi Yo. Mi Yo. Mi Yo.

Mi Yo. Mi Yo. Mi Yo. Mi Yo. Mi Yo. Mi Yo. Mi Yo. Mi Yo.
Mi Yo. Mi Yo. Mi Yo. Mi Yo. Mi Yo. Mi Yo. Mi Yo. Mi Yo.

Mi Yo. Mi Yo. Mi Yo. Mi Yo. Mi Yo. Mi Yo. Mi Yo. Mi Yo.
Mi Yo. Mi Yo. Mi Yo. Mi Yo.
Mi Yo. Mi Yo. Mi Yo. Mi Yo. Mi Yo. Mi Yo. Mi Yo. Mi Yo.
Mi Yo. Mi Yo. Mi Yo. Mi Yo. Mi Yo. Mi Yo. Mi Yo. Mi Yo.
Mi Yo. Mi Yo. Mi Yo. Mi Yo.

Mi Yo. Mi Yo. Mi Yo. Mi Yo. Mi Yo. Mi Yo. Mi Yo. Mi Yo.
Mi Yo. Mi Yo. Mi Yo. Mi Yo. Mi Yo. Mi Yo. Mi Yo. Mi Yo.

Mi Yo. Mi Yo. Mi Yo. Mi Yo. Mi Yo. Mi Yo. Mi Yo. Mi Yo.
Mi Yo. Mi Yo. Mi Yo. Mi Yo. Mi Yo. Mi Yo. Mi Yo. Mi Yo.

Mi Yo. Mi Yo. Mi Yo. Mi Yo. Mi Yo. Mi Yo. Mi Yo. Mi Yo.
Mi Yo. Mi Yo. Mi Yo. Mi Yo. Mi Yo. Mi Yo. Mi Yo. Mi Yo.

Mi Yo. Mi Yo. Mi Yo. Mi Yo. Mi Yo. Mi Yo. Mi Yo. Mi Yo.
Mi Yo. Mi Yo. Mi Yo. Mi Yo. Mi Yo. Mi Yo. Mi Yo. Mi Yo.

Mi Yo. Mi Yo. Mi Yo. Mi Yo. Mi Yo. Mi Yo. Mi Yo. Mi Yo.
Mi Yo. Mi Yo. Mi Yo. Mi Yo.
Mi Yo. Mi Yo. Mi Yo. Mi Yo. Mi Yo. Mi Yo. Mi Yo. Mi Yo.
Mi Yo. Mi Yo. Mi Yo. Mi Yo. Mi Yo. Mi Yo. Mi Yo. Mi Yo.
Mi Yo. Mi Yo. Mi Yo. Mi Yo.

Mi Yo. Mi Yo. Mi Yo. Mi Yo. Mi Yo. Mi Yo. Mi Yo. Mi Yo. Mi
Yo. Mi Yo. Mi Yo. Mi Yo. Mi Yo. Mi Yo. Mi Yo. Mi Yo.

Mi Yo. Mi Yo. Mi Yo. Mi Yo. Mi Yo. Mi Yo. Mi Yo. Mi Yo. Mi
Yo. Mi Yo. Mi Yo. Mi Yo.
Mi Yo. Mi Yo. Mi Yo. Mi Yo. Mi Yo. Mi Yo. Mi Yo. Mi Yo. Mi
Yo. Mi Yo. Mi Yo. Mi Yo. Mi Yo. Mi Yo. Mi Yo. Mi Yo. Mi
Yo. Mi Yo. Mi Yo. Mi Yo.

Mi Yo. Mi Yo. Mi Yo. Mi Yo. Mi Yo. Mi Yo. Mi Yo. Mi Yo. Mi
Yo. Mi Yo. Mi Yo. Mi Yo. Mi Yo. Mi Yo. Mi Yo. Mi Yo.

Mi Yo. Mi Yo. Mi Yo. Mi Yo. Mi Yo. Mi Yo. Mi Yo. Mi Yo.
Mi Yo. Mi Yo. Mi Yo. Mi Yo.
Mi Yo. Mi Yo. Mi Yo. Mi Yo. Mi Yo. Mi Yo. Mi Yo. Mi Yo. Mi
Yo. Mi Yo. Mi Yo. Mi Yo. Mi Yo. Mi Yo. Mi Yo. Mi Yo. Mi
Yo. Mi Yo. Mi Yo. Mi Yo.

Mi Yo. Mi Yo. Mi Yo. Mi Yo. Mi Yo. Mi Yo. Mi Yo. Mi Yo.
Mi Yo. Mi Yo. Mi Yo. Mi Yo. Mi Yo. Mi Yo. Mi Yo. Mi Yo.

Mi Yo. Mi Yo. Mi Yo. Mi Yo. Mi Yo. Mi Yo. Mi Yo. Mi Yo.
Mi Yo. Mi Yo. Mi Yo. Mi Yo. Mi Yo. Mi Yo. Mi Yo. Mi Yo.
Mi Yo. Mi Yo. Mi Yo. Mi Yo. Mi Yo. Mi Yo. Mi Yo. Mi Yo.
Mi Yo. Mi Yo. Mi Yo. Mi Yo. Mi Yo. Mi Yo. Mi Yo. Mi Yo.

Mi Yo. Mi Yo. Mi Yo. Mi Yo. Mi Yo. Mi Yo. Mi Yo. Mi Yo.
Mi Yo. Mi Yo. Mi Yo. Mi Yo. Mi Yo. Mi Yo. Mi Yo. Mi Yo.

Mi Yo. Mi Yo. Mi Yo. Mi Yo. Mi Yo. Mi Yo. Mi Yo. Mi Yo.
Mi Yo. Mi Yo. Mi Yo. Mi Yo.
Mi Yo. Mi Yo. Mi Yo. Mi Yo. Mi Yo. Mi Yo. Mi Yo. Mi Yo.
Mi Yo. Mi Yo. Mi Yo. Mi Yo. Mi Yo. Mi Yo. Mi Yo. Mi Yo.
Mi Yo. Mi Yo. Mi Yo. Mi Yo.

Mi Yo. Mi Yo. Mi Yo. Mi Yo. Mi Yo. Mi Yo. Mi Yo. Mi Yo.
Mi Yo. Mi Yo. Mi Yo. Mi Yo.

Mi Yo. Mi Yo. Mi Yo. Mi Yo.

Mi Yo. Mi Yo. Mi Yo. Mi Yo. Mi Yo. Mi Yo. Mi Yo. Mi Yo.
Mi Yo. Mi Yo. Mi Yo. Mi Yo. Mi Yo. Mi Yo. Mi Yo. Mi Yo.

Mi Yo. Mi Yo. Mi Yo. Mi Yo. Mi Yo. Mi Yo. Mi Yo. Mi Yo.
Mi Yo. Mi Yo. Mi Yo. Mi Yo.
Mi Yo. Mi Yo. Mi Yo. Mi Yo. Mi Yo. Mi Yo. Mi Yo. Mi Yo.
Mi Yo. Mi Yo. Mi Yo. Mi Yo. Mi Yo. Mi Yo. Mi Yo. Mi Yo.
Mi Yo. Mi Yo. Mi Yo. Mi Yo.

Mi Yo. Mi Yo. Mi Yo. Mi Yo. Mi Yo. Mi Yo. Mi Yo. Mi Yo.
Mi Yo. Mi Yo. Mi Yo. Mi Yo. Mi Yo. Mi Yo. Mi Yo. Mi Yo.

Mi Yo. Mi Yo. Mi Yo. Mi Yo. Mi Yo. Mi Yo. Mi Yo. Mi Yo.
Mi Yo. Mi Yo. Mi Yo. Mi Yo. Mi Yo. Mi Yo. Mi Yo. Mi Yo.

Mi Yo. Mi Yo. Mi Yo. Mi Yo. Mi Yo. Mi Yo. Mi Yo. Mi Yo.
Mi Yo. Mi Yo. Mi Yo. Mi Yo. Mi Yo. Mi Yo. Mi Yo. Mi Yo.

Mi Yo. Mi Yo. Mi Yo. Mi Yo. Mi Yo. Mi Yo. Mi Yo. Mi Yo.
Mi Yo. Mi Yo. Mi Yo. Mi Yo. Mi Yo. Mi Yo. Mi Yo. Mi Yo.

Mi Yo. Mi Yo. Mi Yo. Mi Yo. Mi Yo. Mi Yo. Mi Yo. Mi Yo.
Mi Yo. Mi Yo. Mi Yo. Mi Yo.
Mi Yo. Mi Yo. Mi Yo. Mi Yo. Mi Yo. Mi Yo. Mi Yo. Mi Yo.
Mi Yo. Mi Yo. Mi Yo. Mi Yo. Mi Yo. Mi Yo. Mi Yo. Mi Yo.
Mi Yo. Mi Yo. Mi Yo. Mi Yo.

Mi Yo. Mi Yo. Mi Yo. Mi Yo. Mi Yo. Mi Yo. Mi Yo. Mi Yo.
Mi Yo. Mi Yo. Mi Yo. Mi Yo. Mi Yo. Mi Yo. Mi Yo. Mi Yo.

Mi Yo. Mi Yo. Mi Yo. Mi Yo. Mi Yo. Mi Yo. Mi Yo. Mi Yo.
Mi Yo. Mi Yo. Mi Yo. Mi Yo.
Mi Yo. Mi Yo. Mi Yo. Mi Yo. Mi Yo. Mi Yo. Mi Yo. Mi Yo.
Mi Yo. Mi Yo. Mi Yo. Mi Yo. Mi Yo. Mi Yo. Mi Yo. Mi Yo.
Mi Yo. Mi Yo. Mi Yo. Mi Yo.

Mi Yo. Mi Yo. Mi Yo. Mi Yo. Mi Yo. Mi Yo. Mi Yo. Mi Yo.
Mi Yo. Mi Yo. Mi Yo. Mi Yo. Mi Yo. Mi Yo. Mi Yo. Mi Yo.

Mi Yo. Mi Yo. Mi Yo. Mi Yo. Mi Yo. Mi Yo. Mi Yo. Mi Yo.
Mi Yo. Mi Yo. Mi Yo. Mi Yo.
Mi Yo. Mi Yo. Mi Yo. Mi Yo. Mi Yo. Mi Yo. Mi Yo. Mi Yo.
Mi Yo. Mi Yo. Mi Yo. Mi Yo. Mi Yo. Mi Yo. Mi Yo. Mi Yo.
Mi Yo. Mi Yo. Mi Yo. Mi Yo.

Mi Yo. Mi Yo. Mi Yo. Mi Yo. Mi Yo. Mi Yo. Mi Yo. Mi Yo.
Mi Yo. Mi Yo. Mi Yo. Mi Yo. Mi Yo. Mi Yo. Mi Yo. Mi Yo.

Mi Yo. Mi Yo. Mi Yo. Mi Yo. Mi Yo. Mi Yo. Mi Yo. Mi Yo.
Mi Yo. Mi Yo. Mi Yo. Mi Yo. Mi Yo. Mi Yo. Mi Yo. Mi Yo.
Mi Yo. Mi Yo. Mi Yo. Mi Yo. Mi Yo. Mi Yo. Mi Yo. Mi Yo.
Mi Yo. Mi Yo. Mi Yo. Mi Yo. Mi Yo. Mi Yo. Mi Yo. Mi Yo.

Mi Yo. Mi Yo. Mi Yo. Mi Yo. Mi Yo. Mi Yo. Mi Yo. Mi Yo.
Mi Yo. Mi Yo. Mi Yo. Mi Yo. Mi Yo. Mi Yo. Mi Yo. Mi Yo.

Mi Yo. Mi Yo. Mi Yo. Mi Yo. Mi Yo. Mi Yo. Mi Yo. Mi Yo.
Mi Yo. Mi Yo. Mi Yo. Mi Yo.
Mi Yo. Mi Yo. Mi Yo. Mi Yo. Mi Yo. Mi Yo. Mi Yo. Mi Yo. Mi Yo. Mi Yo. Mi Yo. Mi Yo. Mi Yo. Mi Yo. Mi Yo. Mi Yo. Mi Yo. Mi Yo. Mi Yo. Mi Yo.

Mi Yo. Mi Yo. Mi Yo. Mi Yo. Mi Yo. Mi Yo. Mi Yo. Mi Yo.
Mi Yo. Mi Yo. Mi Yo. Mi Yo.

Mi Yo. Mi Yo. Mi Yo. Mi Yo.

Mi Yo.

Kapitel 13

Mío es Mí.

Mío es Mí. Mío es Mí. Mío es Mí. Mío es Mí. Mío es Mí.
Mío es Mí. Mío es Mí. Mío es Mí. Mío es Mí. Mío es Mí.
Mío es Mí. Mío es Mí. Mío es Mí. Mío es Mí. Mío es Mí.

Mío es Mí. Mío es Mí. Mío es Mí. Mío es Mí. Mío es Mí. Mío es Mí. Mío es Mí. Mío es Mí. Mío es Mí. Mío es Mí. Mío es Mí. Mío es Mí. Mío es Mí. Mío es Mí. Mío es Mí.

Mío es Mí. Mío es Mí.

Mío es Mí. Mío es Mí. Mío es Mí. Mío es Mí. Mío es Mí. Mío es Mí. Mío es Mí. Mío es Mí. Mío es Mí. Mío es Mí. Mío es Mí. Mío es Mí.
Mío es Mí. Mío es Mí. Mío es Mí. Mío es Mí. Mío es Mí. Mío es Mí. Mío es Mí. Mío es
Mí. Mío es Mí. Mío es Mí. Mío es Mí. Mío es Mí. Mío es Mí. Mío es Mí. Mío es Mí. Mío es Mí. Mío es Mí. Mío es Mí.

Mío es Mí. Mío es Mí.

Mío es Mí. Mío es Mí. Mío es Mí. Mío es Mí. Mío es Mí. Mío es Mí. Mío es Mí. Mío es Mí. Mío es Mí. Mío es Mí.

Mío es Mí. Mío es Mí. Mío es Mí. Mío es Mí. Mío es Mí. Mío es Mí. Mío es Mí. Mío es Mí. Mío es Mí. Mío es Mí. Mío es Mí. Mío es Mí. Mío es Mí. Mío es Mí. Mío es Mí. Mío es Mí. Mío es Mí. Mío es Mí. Mío es Mí. Mío es Mí.

Mío es Mí. Mío es Mí.

Mío es Mí. Mío es Mí. Mío es Mí. Mío es Mí. Mío es Mí. Mío es Mí. Mío es Mí. Mío es Mí. Mío es Mí. Mío es Mí. Mío es Mí. Mío es Mí.
Mío es Mí. Mío es Mí. Mío es Mí. Mío es Mí. Mío es Mí. Mío es Mí. Mío es Mí. Mío es Mí. Mío es Mí. Mío es Mí. Mío es Mí. Mío es Mí. Mío es Mí. Mío es Mí. Mío es Mí. Mío es Mí. Mío es Mí. Mío es Mí.

Mío es Mí. Mío es Mí.

Mío es Mí. Mío es Mí.

Mío es Mí. Mío es Mí.

Mío es Mí. Mío es Mí. Mío es Mí. Mío es Mí. Mío es Mí. Mío es Mí. Mío es Mí. Mío es Mí. Mío es Mí. Mío es Mí. Mío es Mí. Mío es Mí.
Mío es Mí. Mío es Mí. Mío es Mí. Mío es Mí. Mío es Mí. Mío es Mí. Mío es Mí. Mío es Mí. Mío es Mí. Mío es Mí. Mío es Mí. Mío es Mí. Mío es Mí. Mío es Mí. Mío es Mí. Mío es Mí. Mío es Mí. Mío es Mí.

Mío es Mí. Mío es Mí.

Mío es Mí. Mío es Mí.

Mío es Mí. Mío es Mí.

Mío es Mí. Mío es Mí. Mío es Mí. Mío es Mí. Mío es Mí. Mío es Mí. Mío es Mí. Mío es Mí. Mío es Mí. Mío es Mí. Mío es Mí. Mío es Mí.
Mío es Mí. Mío es Mí. Mío es Mí. Mío es Mí. Mío es Mí. Mío es Mí. Mío es Mí. Mío es Mí. Mío es Mí. Mío es Mí. Mío es Mí. Mío es Mí. Mío es Mí. Mío es Mí. Mío es Mí. Mío es Mí. Mío es Mí. Mío es Mí. Mío es Mí.

Mío es Mí. Mío es Mí.

Mío es Mí. Mío es Mí.

Mío es Mí. Mío es Mí.

Mío es Mí. Mío es Mí. Mío es Mí. Mío es Mí. Mío es Mí. Mío es Mí. Mío es Mí. Mío es Mí. Mío es Mí. Mío es Mí. Mío es Mí. Mío es Mí.
Mío es Mí. Mío es Mí. Mío es Mí. Mío es Mí. Mío es Mí. Mío es Mí. Mío es Mí. Mío es

Mí. Mío es Mí. Mío es Mí. Mío es Mí. Mío es Mí. Mío es Mí. Mío es Mí. Mío es Mí. Mío es Mí. Mío es Mí. Mío es Mí.

Mío es Mí. Mío es

Mí. Mío es Mí. Mío es Mí. Mío es Mí. Mío es Mí. Mío es Mí.

Mío es Mí. Mío es Mí.

Mío es Mí. Mío es Mí. Mío es Mí. Mío es Mí. Mío es Mí. Mío es Mí. Mío es Mí. Mío es Mí. Mío es Mí. Mío es Mí. Mío es Mí. Mío es Mí. Mío es Mí. Mío es Mí.

Mío es Mí. Mío es Mí. Mío es Mí. Mío es Mí. Mío es Mí. Mío es
Mí. Mío es Mí. Mío es Mí. Mío es Mí. Mío es Mí. Mío es Mí. Mío es Mí. Mío es Mí. Mío es Mí. Mío es Mí. Mío es Mí.

Mío es Mí. Mío es Mí. Mío es Mí. Mío es Mí. Mío es Mí. Mío es Mí. Mío es Mí. Mío es Mí. Mío es Mí. Mío es Mí. Mío es Mí. Mío es Mí.
Mío es Mí. Mío es Mí. Mío es Mí. Mío es Mí. Mío es Mí. Mío es Mí. Mío es Mí. Mío es

Mí. Mío es Mí. Mío es Mí. Mío es Mí. Mío es Mí. Mío es Mí. Mío es Mí. Mío es Mí. Mío es Mí. Mío es Mí. Mío es Mí.

Mío es Mí. Mío es Mí. Mío es Mí. Mío es Mí. Mío es Mí. Mío es Mí. Mío es Mí. Mío es Mí. Mío es Mí. Mío es Mí. Mío es Mí. Mío es Mí.

Mío es Mí. Mío es Mí. Mío es Mí. Mío es Mí. Mío es Mí. Mío es Mí. Mío es Mí. Mío es
Mí. Mío es Mí. Mío es Mí. Mío es Mí. Mío es Mí. Mío es Mí. Mío es Mí. Mío es Mí. Mío es Mí. Mío es Mí. Mío es Mí.

Mío es Mí. Mío es Mí. Mío es Mí. Mío es Mí. Mío es Mí. Mío es Mí. Mío es Mí. Mío es Mí. Mío es Mí. Mío es Mí. Mío es Mí. Mío es Mí. Mío es Mí. Mío es Mí. Mío es Mí. Mío es Mí. Mío es Mí. Mío es Mí. Mío es Mí. Mío es
Mí. Mío es Mí. Mío es Mí. Mío es Mí. Mío es Mí. Mío es Mí. Mío es Mí. Mío es Mí. Mío es Mí. Mío es Mí. Mío es Mí.

Mío es Mí. Mío es Mí. Mío es Mí. Mío es Mí. Mío es Mí. Mío es Mí. Mío es Mí. Mío es Mí. Mío es Mí. Mío es Mí. Mío es Mí. Mío es Mí. Mío es Mí. Mío es Mí. Mío es Mí. Mío es Mí. Mío es Mí. Mío es Mí. Mío es Mí. Mío es
Mí. Mío es Mí. Mío es Mí. Mío es Mí. Mío es Mí. Mío es Mí. Mío es Mí. Mío es Mí. Mío es Mí. Mío es Mí. Mío es Mí.

Mío es Mí. Mío es Mí. Mío es Mí. Mío es Mí. Mío es Mí. Mío es Mí. Mío es Mí. Mío es Mí. Mío es Mí. Mío es Mí. Mío es Mí. Mío es Mí.
Mío es Mí. Mío es Mí. Mío es Mí. Mío es Mí. Mío es Mí. Mío es Mí. Mío es Mí. Mío es
Mí. Mío es Mí. Mío es Mí. Mío es Mí. Mío es Mí. Mío es

Mí. Mío es Mí. Mío es Mí. Mío es Mí. Mío es Mí. Mío es Mí.

Mío es Mí. Mío es Mí.
Mío es Mí. Mío es Mí. Mío es Mí. Mío es Mí. Mío es Mí. Mío es Mí. Mío es Mí. Mío es Mí. Mío es Mí.

Mío es Mí. Mío es Mí. Mío es Mí. Mío es Mí. Mío es Mí. Mío es Mí. Mío es Mí. Mío es Mí. Mío es Mí. Mío es Mí. Mío es Mí. Mío es Mí. Mío es Mí. Mío es Mí. Mío es Mí. Mío es Mí. Mío es Mí. Mío es Mí. Mío es Mí. Mío es Mí.

Mío es Mí. Mío es Mí. Mío es Mí. Mío es Mí. Mío es Mí. Mío es Mí. Mío es Mí. Mío es Mí. Mío es Mí. Mío es Mí.

Mío es Mí. Mío es Mí. Mío es Mí. Mío es Mí. Mío es Mí. Mío es Mí. Mío es Mí. Mío es Mí. Mío es Mí. Mío es Mí. Mío es Mí. Mío es Mí.
Mío es Mí. Mío es Mí. Mío es Mí. Mío es Mí. Mío es Mí. Mío es Mí. Mío es Mí. Mío es
Mí. Mío es Mí. Mío es Mí. Mío es Mí. Mío es Mí. Mío es Mí. Mío es Mí. Mío es Mí. Mío es Mí. Mío es Mí. Mío es Mí.

Mío es Mí. Mío es Mí. Mío es Mí. Mío es Mí. Mío es Mí. Mío es Mí. Mío es Mí. Mío es Mí. Mío es Mí. Mío es Mí. Mío es Mí. Mío es Mí.
Mío es Mí. Mío es Mí. Mío es Mí. Mío es Mí. Mío es Mí.

Mío es Mí. Mío es Mí. Mío es
Mí. Mío es Mí. Mío es Mí. Mío es Mí. Mío es Mí. Mío es
Mí. Mío es Mí. Mío es Mí. Mío es Mí. Mío es Mí. Mío es
Mí.

Mío es Mí. Mío es Mí. Mío es Mí. Mío es Mí. Mío es Mí.
Mío es Mí. Mío es Mí. Mío es Mí. Mío es Mí. Mío es Mí.
Mío es Mí. Mío es Mí. Mío es Mí. Mío es Mí. Mío es Mí.
Mío es Mí. Mío es Mí. Mío es Mí. Mío es Mí. Mío es
Mí. Mío es Mí. Mío es Mí. Mío es Mí. Mío es Mí. Mío es
Mí. Mío es Mí. Mío es Mí. Mío es Mí. Mío es Mí. Mío es
Mí.

Mío es Mí. Mío es Mí. Mío es Mí. Mío es Mí. Mío es Mí.
Mío es Mí. Mío es Mí. Mío es Mí. Mío es Mí. Mío es Mí.
Mío es Mí. Mío es Mí. Mío es Mí. Mío es Mí. Mío es Mí.
Mío es Mí. Mío es Mí. Mío es Mí. Mío es Mí. Mío es
Mí. Mío es Mí. Mío es Mí. Mío es Mí. Mío es Mí. Mío es
Mí. Mío es Mí. Mío es Mí. Mío es Mí. Mío es Mí. Mío es
Mí.

Mío es Mí. Mío es Mí. Mío es Mí. Mío es Mí. Mío es Mí.
Mío es Mí. Mío es Mí. Mío es Mí. Mío es Mí. Mío es Mí.
Mío es Mí. Mío es Mí. Mío es Mí. Mío es Mí. Mío es Mí.
Mío es Mí. Mío es Mí. Mío es Mí. Mío es Mí. Mío es
Mí. Mío es Mí. Mío es Mí. Mío es Mí. Mío es Mí. Mío es
Mí. Mío es Mí. Mío es Mí. Mío es Mí. Mío es Mí. Mío es
Mí.

Mío es Mí. Mío es Mí. Mío es Mí. Mío es Mí. Mío es Mí.
Mío es Mí. Mío es Mí. Mío es Mí. Mío es Mí. Mío es Mí.
Mío es Mí. Mío es Mí.

Mío es Mí. Mío es Mí. Mío es Mí. Mío es Mí. Mío es Mí. Mío es Mí. Mío es Mí. Mío es
Mí. Mío es Mí. Mío es Mí. Mío es Mí. Mío es Mí. Mío es Mí. Mío es Mí. Mío es Mí. Mío es Mí. Mío es Mí. Mío es Mí.

Mío es Mí. Mío es Mí. Mío es Mí. Mío es Mí. Mío es Mí. Mío es Mí. Mío es Mí. Mío es Mí. Mío es Mí. Mío es Mí. Mío es Mí. Mío es Mí. Mío es Mí. Mío es Mí. Mío es Mí. Mío es Mí. Mío es Mí. Mío es Mí. Mío es Mí. Mío es
Mí. Mío es Mí. Mío es Mí. Mío es Mí. Mío es Mí. Mío es Mí. Mío es Mí. Mío es Mí. Mío es Mí. Mío es Mí. Mío es Mí.

Mío es Mí. Mío es Mí. Mío es Mí. Mío es Mí. Mío es Mí. Mío es Mí. Mío es Mí. Mío es Mí. Mío es Mí. Mío es Mí. Mío es Mí. Mío es Mí. Mío es Mí. Mío es Mí. Mío es Mí. Mío es Mí. Mío es Mí. Mío es Mí. Mío es Mí. Mío es
Mí. Mío es Mí. Mío es Mí. Mío es Mí. Mío es Mí. Mío es Mí. Mío es Mí. Mío es Mí. Mío es Mí. Mío es Mí. Mío es Mí.

Mío es Mí. Mío es Mí. Mío es Mí. Mío es Mí. Mío es Mí. Mío es Mí. Mío es Mí. Mío es Mí. Mío es Mí. Mío es Mí. Mío es Mí. Mío es Mí. Mío es Mí. Mío es Mí. Mío es Mí. Mío es Mí. Mío es Mí. Mío es Mí. Mío es Mí. Mío es
Mí. Mío es Mí. Mío es Mí. Mío es Mí. Mío es Mí. Mío es Mí. Mío es Mí. Mío es Mí. Mío es Mí. Mío es Mí. Mío es Mí.

Mío es Mí. Mío es Mí. Mío es Mí. Mío es Mí. Mío es Mí. Mío es Mí. Mío es Mí. Mío es Mí. Mío es Mí. Mío es Mí.

Mío es Mí. Mío es Mí.
Mío es Mí. Mío es Mí. Mío es Mí. Mío es Mí. Mío es Mí. Mío es Mí. Mío es Mí. Mío es
Mí. Mío es Mí. Mío es Mí. Mío es Mí. Mío es Mí. Mío es Mí. Mío es Mí. Mío es Mí. Mío es Mí. Mío es Mí. Mío es Mí.

Mío es Mí. Mío es Mí. Mío es Mí. Mío es Mí. Mío es Mí. Mío es Mí. Mío es Mí. Mío es Mí. Mío es Mí. Mío es Mí. Mío es Mí. Mío es Mí. Mío es Mí. Mío es Mí. Mío es Mí. Mío es Mí. Mío es Mí. Mío es Mí.
Mío es Mí. Mío es Mí.
Mío es Mí. Mío es Mí. Mío es Mí. Mío es Mí. Mío es Mí. Mío es Mí. Mío es Mí. Mío es Mí. Mío es Mí. Mío es Mí.

Mío es Mí. Mío es Mí. Mío es Mí. Mío es Mí. Mío es Mí. Mío es Mí. Mío es Mí. Mío es Mí. Mío es Mí. Mío es Mí. Mío es Mí. Mío es Mí. Mío es Mí. Mío es Mí. Mío es Mí. Mío es Mí. Mío es Mí. Mío es Mí. Mío es Mí. Mío es
Mí. Mío es Mí. Mío es Mí. Mío es Mí. Mío es Mí. Mío es Mí. Mío es Mí. Mío es Mí. Mío es Mí. Mío es Mí. Mío es Mí.

Mío es Mí. Mío es Mí. Mío es Mí. Mío es Mí. Mío es Mí. Mío es Mí. Mío es Mí. Mío es Mí. Mío es Mí. Mío es Mí. Mío es Mí. Mío es Mí. Mío es Mí. Mío es Mí. Mío es Mí. Mío es Mí. Mío es Mí. Mío es Mí. Mío es Mí. Mío es
Mí. Mío es Mí. Mío es Mí. Mío es Mí. Mío es Mí. Mío es Mí. Mío es Mí. Mío es Mí. Mío es Mí. Mío es Mí. Mío es Mí.

Mío es Mí. Mío es Mí. Mío es Mí. Mío es Mí. Mío es Mí. Mío es Mí. Mío es Mí. Mío es Mí. Mío es Mí. Mío es Mí. Mío es Mí. Mío es Mí.
Mío es Mí. Mío es Mí. Mío es Mí. Mío es Mí. Mío es Mí. Mío es Mí. Mío es Mí. Mío es
Mí. Mío es Mí. Mío es Mí. Mío es Mí. Mío es Mí. Mío es Mí. Mío es Mí. Mío es Mí. Mío es Mí. Mío es Mí. Mío es Mí.

Mío es Mí. Mío es Mí. Mío es Mí. Mío es Mí. Mío es Mí. Mío es Mí. Mío es Mí. Mío es Mí. Mío es Mí. Mío es Mí. Mío es Mí. Mío es Mí. Mío es Mí. Mío es Mí. Mío es Mí. Mío es Mí. Mío es Mí. Mío es Mí. Mío es Mí. Mío es
Mí. Mío es Mí. Mío es Mí. Mío es Mí. Mío es Mí. Mío es Mí. Mío es Mí. Mío es Mí. Mío es Mí. Mío es Mí. Mío es Mí.

Mío es Mí. Mío es Mí. Mío es Mí. Mío es Mí. Mío es Mí. Mío es Mí. Mío es Mí. Mío es Mí. Mío es Mí. Mío es Mí. Mío es Mí. Mío es Mí. Mío es Mí. Mío es Mí. Mío es Mí. Mío es Mí. Mío es Mí. Mío es Mí. Mío es Mí. Mío es
Mí. Mío es Mí. Mío es Mí. Mío es Mí. Mío es Mí. Mío es Mí. Mío es Mí. Mío es Mí. Mío es Mí. Mío es Mí. Mío es Mí.

Mío es Mí. Mío es Mí. Mío es Mí. Mío es Mí. Mío es Mí. Mío es Mí. Mío es Mí. Mío es Mí. Mío es Mí. Mío es Mí. Mío es Mí. Mío es Mí. Mío es Mí. Mío es Mí. Mío es Mí. Mío es Mí. Mío es Mí. Mío es Mí. Mío es Mí. Mío es
Mí. Mío es Mí. Mío es Mí. Mío es Mí. Mío es Mí. Mío es Mí. Mío es Mí. Mío es Mí. Mío es Mí. Mío es Mí. Mío es Mí.

Mío es Mí. Mío es Mí. Mío es Mí. Mío es Mí. Mío es Mí. Mío es Mí. Mío es Mí. Mío es Mí. Mío es Mí. Mío es Mí. Mío es Mí. Mío es Mí.
Mío es Mí. Mío es Mí. Mío es Mí. Mío es Mí. Mío es Mí. Mío es Mí. Mío es Mí. Mío es
Mí. Mío es Mí. Mío es Mí. Mío es Mí. Mío es Mí. Mío es Mí. Mío es Mí. Mío es Mí. Mío es Mí. Mío es Mí. Mío es Mí.

Mío es Mí. Mío es Mí. Mío es Mí. Mío es Mí. Mío es Mí. Mío es Mí. Mío es Mí. Mío es Mí. Mío es Mí. Mío es Mí. Mío es Mí. Mío es Mí. Mío es Mí. Mío es Mí. Mío es Mí. Mío es Mí. Mío es Mí. Mío es Mí. Mío es Mí. Mío es
Mí. Mío es Mí. Mío es Mí. Mío es Mí. Mío es Mí. Mío es Mí. Mío es Mí. Mío es Mí. Mío es Mí. Mío es Mí. Mío es Mí.

Mío es Mí. Mío es Mí. Mío es Mí. Mío es Mí. Mío es Mí. Mío es Mí. Mío es Mí. Mío es Mí. Mío es Mí. Mío es Mí. Mío es Mí. Mío es Mí. Mío es Mí. Mío es Mí. Mío es Mí. Mío es Mí. Mío es Mí. Mío es Mí. Mío es Mí. Mío es
Mí. Mío es Mí. Mío es Mí. Mío es Mí. Mío es Mí. Mío es Mí. Mío es Mí. Mío es Mí. Mío es Mí. Mío es Mí. Mío es Mí.

Mío es Mí. Mío es Mí. Mío es Mí. Mío es Mí. Mío es Mí. Mío es Mí. Mío es Mí. Mío es Mí. Mío es Mí. Mío es Mí. Mío es Mí. Mío es Mí. Mío es Mí. Mío es Mí. Mío es Mí. Mío es Mí. Mío es Mí. Mío es Mí. Mío es Mí. Mío es
Mí. Mío es Mí. Mío es Mí. Mío es Mí. Mío es Mí. Mío es Mí. Mío es Mí. Mío es Mí. Mío es Mí. Mío es Mí. Mío es Mí.

Mío es Mí. Mío es Mí. Mío es Mí. Mío es Mí. Mío es Mí. Mío es Mí. Mío es Mí. Mío es Mí. Mío es Mí. Mío es Mí. Mío es Mí. Mío es Mí.
Mío es Mí. Mío es Mí. Mío es Mí. Mío es Mí. Mío es Mí. Mío es Mí. Mío es Mí. Mío es
Mí. Mío es Mí. Mío es Mí. Mío es Mí. Mío es Mí. Mío es Mí. Mío es Mí. Mío es Mí. Mío es Mí. Mío es Mí. Mío es Mí.

Mío es Mí. Mío es Mí. Mío es Mí. Mío es Mí. Mío es Mí. Mío es Mí. Mío es Mí. Mío es Mí. Mío es Mí. Mío es Mí. Mío es Mí. Mío es Mí. Mío es Mí. Mío es Mí. Mío es Mí. Mío es Mí. Mío es Mí. Mío es Mí. Mío es Mí. Mío es
Mí. Mío es Mí. Mío es Mí. Mío es Mí. Mío es Mí. Mío es Mí. Mío es Mí. Mío es Mí. Mío es Mí. Mío es Mí. Mío es Mí.

Mío es Mí. Mío es Mí. Mío es Mí. Mío es Mí. Mío es Mí. Mío es Mí. Mío es Mí. Mío es Mí. Mío es Mí. Mío es Mí. Mío es Mí. Mío es Mí. Mío es Mí. Mío es Mí. Mío es Mí. Mío es Mí. Mío es Mí. Mío es Mí. Mío es Mí. Mío es
Mí. Mío es Mí. Mío es Mí. Mío es Mí. Mío es Mí. Mío es Mí. Mío es Mí. Mío es Mí. Mío es Mí. Mío es Mí. Mío es Mí.

Mío es Mí. Mío es Mí. Mío es Mí. Mío es Mí. Mío es Mí. Mío es Mí. Mío es Mí. Mío es Mí. Mío es Mí. Mío es Mí. Mío es Mí. Mío es Mí. Mío es Mí. Mío es Mí. Mío es Mí. Mío es Mí. Mío es Mí. Mío es Mí. Mío es Mí. Mío es
Mí. Mío es Mí. Mío es Mí. Mío es Mí. Mío es Mí. Mío es Mí. Mío es Mí. Mío es Mí. Mío es Mí. Mío es Mí. Mío es Mí.

Mío es Mí. Mío es Mí. Mío es Mí. Mío es Mí. Mío es Mí. Mío es Mí. Mío es Mí. Mío es Mí. Mío es Mí. Mío es Mí. Mío es Mí. Mío es Mí.
Mío es Mí. Mío es Mí. Mío es Mí. Mío es Mí. Mío es Mí. Mío es Mí. Mío es Mí. Mío es
Mí. Mío es Mí. Mío es Mí. Mío es Mí. Mío es Mí. Mío es Mí. Mío es Mí. Mío es Mí. Mío es Mí. Mío es Mí. Mío es Mí.

Mío es Mí. Mío es Mí. Mío es Mí. Mío es Mí. Mío es Mí. Mío es Mí. Mío es Mí. Mío es Mí. Mío es Mí. Mío es Mí. Mío es Mí. Mío es Mí. Mío es Mí. Mío es Mí. Mío es Mí. Mío es Mí. Mío es Mí. Mío es Mí. Mío es Mí. Mío es
Mí. Mío es Mí. Mío es Mí. Mío es Mí. Mío es Mí. Mío es Mí. Mío es Mí. Mío es Mí. Mío es Mí. Mío es Mí. Mío es Mí.

Capitolo 14

Mi Yo es Mí

Mi Yo es Mí. Mi Yo es Mí.

Mi Yo es Mí. Mi Yo es Mí. Mi Yo es Mí. Mi Yo es Mí. Mi Yo es Mí. Mi Yo es Mí. Mi Yo es Mí. Mi Yo es Mí. Mi Yo es Mí.

Mi Yo es Mí. Mi Yo es Mí. Mi Yo es Mí. Mi Yo es Mí. Mi Yo es Mí. Mi Yo es Mí. Mi Yo es Mí. Mi Yo es Mí. Mi Yo es Mí. Mi Yo es Mí. Mi Yo es Mí. Mi Yo es Mí. Mi Yo es Mí. Mi Yo es Mí. Mi Yo es Mí. Mi Yo es Mí.

Mi Yo es Mí. Mi Yo es Mí. Mi Yo es Mí. Mi Yo es Mí. Mi Yo es Mí. Mi Yo es Mí. Mi Yo es Mí.
Mi Yo es Mí. Mi Yo es Mí. Mi Yo es Mí. Mi Yo es Mí. Mi Yo es Mí. Mi Yo es Mí.
Mi Yo es Mí. Mi Yo es Mí. Mi Yo es Mí. Mi Yo es Mí. Mi Yo es Mí. Mi Yo es Mí. Mi Yo es Mí. Mi Yo es Mí. Mi Yo es Mí. Mi Yo es Mí. Mi Yo es Mí. Mi Yo es Mí.

Mi Yo es Mí. Mi Yo es Mí. Mi Yo es Mí. Mi Yo es Mí. Mi Yo es Mí. Mi Yo es Mí. Mi Yo es Mí. Mi Yo es Mí. Mi Yo es Mí. Mi Yo es Mí. Mi Yo es Mí. Mi Yo es Mí.

Mi Yo es Mí. Mi Yo es Mí. Mi Yo es Mí. Mi Yo es Mí. Mi Yo es Mí. Mi Yo es Mí. Mi Yo es Mí. Mi Yo es Mí. Mi Yo es Mí. Mi Yo es Mí. Mi Yo es Mí. Mi Yo es Mí. Mi Yo es Mí.

Mi Yo es Mí. Mi Yo es Mí.

Mi Yo es Mí. Mi Yo es Mí. Mi Yo es Mí. Mi Yo es Mí. Mi Yo es Mí. Mi Yo es Mí. Mi Yo es Mí. Mi Yo es Mí. Mi Yo es Mí. Mi Yo es Mí. Mi Yo es Mí. Mi Yo es Mí. Mi Yo es Mí. Mi Yo es Mí. Mi Yo es Mí. Mi Yo es Mí. Mi Yo es Mí. Mi Yo es Mí.

Mi Yo es Mí. Mi Yo es Mí. Mi Yo es Mí. Mi Yo es Mí. Mi Yo es Mí. Mi Yo es Mí. Mi Yo es Mí.

Mi Yo es Mí. Mi Yo es Mí. Mi Yo es Mí. Mi Yo es Mí. Mi Yo es Mí. Mi Yo es Mí. Mi Yo es Mí.

Mi Yo es Mí. Mi Yo es Mí. Mi Yo es Mí. Mi Yo es Mí. Mi Yo es Mí. Mi Yo es Mí.

Mi Yo es Mí. Mi Yo es Mí. Mi Yo es Mí. Mi Yo es Mí. Mi Yo es Mí. Mi Yo es Mí. Mi Yo es Mí. Mi Yo es Mí. Mi Yo es Mí. Mi Yo es Mí. Mi Yo es Mí. Mi Yo es Mí.

Mi Yo es Mí. Mi Yo es Mí. Mi Yo es Mí. Mi Yo es Mí. Mi Yo es Mí. Mi Yo es Mí. Mi Yo es Mí. Mi Yo es Mí. Mi Yo es Mí. Mi Yo es Mí. Mi Yo es Mí. Mi Yo es Mí.

Mi Yo es Mí. Mi Yo es Mí. Mi Yo es Mí. Mi Yo es Mí. Mi Yo es Mí. Mi Yo es Mí. Mi Yo es Mí. Mi Yo es Mí. Mi Yo es Mí. Mi Yo es Mí. Mi Yo es Mí. Mi Yo es Mí. Mi Yo es Mí.

Mi Yo es Mí. Mi Yo es Mí. Mi Yo es Mí. Mi Yo es Mí. Mi Yo es Mí. Mi Yo es Mí. Mi Yo es Mí. Mi Yo es Mí. Mi Yo es Mí. Mi Yo es Mí. Mi Yo es Mí.

Mi Yo es Mí. Mi Yo es Mí. Mi Yo es Mí. Mi Yo es Mí. Mi Yo es Mí. Mi Yo es Mí. Mi Yo es Mí. Mi Yo es Mí. Mi Yo es Mí. Mi Yo es Mí. Mi Yo es Mí. Mi Yo es Mí. Mi Yo es Mí. Mi Yo es Mí.

Mi Yo es Mí. Mi Yo es Mí. Mi Yo es Mí. Mi Yo es Mí. Mi Yo es Mí. Mi Yo es Mí.

Mi Yo es Mí. Mi Yo es Mí. Mi Yo es Mí. Mi Yo es Mí. Mi Yo es Mí. Mi Yo es Mí. Mi Yo es Mí. Mi Yo es Mí. Mi Yo es Mí. Mi Yo es Mí. Mi Yo es Mí. Mi Yo es Mí. Mi Yo es Mí. Mi Yo es Mí. Mi Yo es Mí. Mi Yo es Mí. Mi Yo es Mí. Mi Yo es Mí. Mi Yo es Mí.

Mi Yo es Mí. Mi Yo es Mí. Mi Yo es Mí. Mi Yo es Mí. Mi Yo es Mí. Mi Yo es Mí. Mi Yo es Mí.
Mi Yo es Mí. Mi Yo es Mí. Mi Yo es Mí. Mi Yo es Mí. Mi Yo es Mí. Mi Yo es Mí.
Mi Yo es Mí. Mi Yo es Mí. Mi Yo es Mí. Mi Yo es Mí. Mi Yo es Mí. Mi Yo es Mí. Mi Yo es Mí. Mi Yo es Mí. Mi Yo es Mí. Mi Yo es Mí. Mi Yo es Mí. Mi Yo es Mí.

Mi Yo es Mí. Mi Yo es Mí. Mi Yo es Mí. Mi Yo es Mí. Mi Yo es Mí. Mi Yo es Mí. Mi Yo es Mí. Mi Yo es Mí. Mi Yo es Mí. Mi Yo es Mí. Mi Yo es Mí. Mi Yo es Mí.

Mi Yo es Mí. Mi Yo es Mí. Mi Yo es Mí. Mi Yo es Mí. Mi Yo es Mí. Mi Yo es Mí. Mi Yo es Mí. Mi Yo es Mí. Mi Yo es Mí. Mi Yo es Mí. Mi Yo es Mí. Mi Yo es Mí. Mi Yo es Mí.

Mi Yo es Mí. Mi Yo es Mí.

Mi Yo es Mí. Mi Yo es Mí. Mi Yo es Mí. Mi Yo es Mí. Mi Yo es Mí. Mi Yo es Mí. Mi Yo es Mí.
Mi Yo es Mí. Mi Yo es Mí. Mi Yo es Mí. Mi Yo es Mí. Mi Yo es Mí. Mi Yo es Mí.
Mi Yo es Mí. Mi Yo es Mí. Mi Yo es Mí. Mi Yo es Mí. Mi Yo es Mí. Mi Yo es Mí. Mi Yo es Mí. Mi Yo es Mí. Mi Yo es Mí. Mi Yo es Mí. Mi Yo es Mí. Mi Yo es Mí.

Mi Yo es Mí. Mi Yo es Mí. Mi Yo es Mí. Mi Yo es Mí. Mi Yo es Mí. Mi Yo es Mí. Mi Yo es Mí. Mi Yo es Mí. Mi Yo es Mí. Mi Yo es Mí. Mi Yo es Mí. Mi Yo es Mí.

Mi Yo es Mí. Mi Yo es Mí. Mi Yo es Mí. Mi Yo es Mí. Mi Yo es Mí. Mi Yo es Mí. Mi Yo es Mí. Mi Yo es Mí. Mi Yo es Mí. Mi Yo es Mí. Mi Yo es Mí. Mi Yo es Mí. Mi Yo es Mí.

Mi Yo es Mí. Mi Yo es Mí.

Mi Yo es Mí. Mi Yo es Mí.

Mi Yo es Mí. Mi Yo es Mí. Mi Yo es Mí. Mi Yo es Mí. Mi Yo es Mí. Mi Yo es Mí. Mi Yo es Mí.
Mi Yo es Mí. Mi Yo es Mí. Mi Yo es Mí. Mi Yo es Mí. Mi Yo es Mí. Mi Yo es Mí.
Mi Yo es Mí. Mi Yo es Mí. Mi Yo es Mí. Mi Yo es Mí. Mi Yo es Mí. Mi Yo es Mí. Mi Yo es Mí. Mi Yo es Mí. Mi Yo es Mí. Mi Yo es Mí. Mi Yo es Mí. Mi Yo es Mí.

Mi Yo es Mí. Mi Yo es Mí. Mi Yo es Mí. Mi Yo es Mí. Mi Yo es Mí. Mi Yo es Mí. Mi Yo es Mí. Mi Yo es Mí. Mi Yo es Mí. Mi Yo es Mí. Mi Yo es Mí. Mi Yo es Mí.

Mi Yo es Mí. Mi Yo es Mí. Mi Yo es Mí. Mi Yo es Mí. Mi Yo es Mí. Mi Yo es Mí. Mi Yo es Mí. Mi Yo es Mí. Mi Yo es Mí. Mi Yo es Mí. Mi Yo es Mí. Mi Yo es Mí. Mi Yo es Mí.

Mi Yo es Mí. Mi Yo es Mí. Mi Yo es Mí. Mi Yo es Mí. Mi Yo es Mí. Mi Yo es Mí. Mi Yo es Mí. Mi Yo es Mí. Mi Yo es Mí. Mi Yo es Mí. Mi Yo es Mí.
Mi Yo es Mí. Mi Yo es Mí. Mi Yo es Mí. Mi Yo es Mí. Mi Yo es Mí. Mi Yo es Mí. Mi Yo es Mí. Mi Yo es Mí. Mi Yo es Mí. Mi Yo es Mí. Mi Yo es Mí. Mi Yo es Mí. Mi Yo es Mí. Mi Yo es Mí.

Mi Yo es Mí. Mi Yo es Mí.

Mi Yo es Mí. Mi Yo es Mí. Mi Yo es Mí. Mi Yo es Mí. Mi Yo es Mí. Mi Yo es Mí. Mi Yo es Mí.
Mi Yo es Mí. Mi Yo es Mí. Mi Yo es Mí. Mi Yo es Mí. Mi Yo es Mí. Mi Yo es Mí.
Mi Yo es Mí. Mi Yo es Mí. Mi Yo es Mí. Mi Yo es Mí. Mi Yo es Mí. Mi Yo es Mí. Mi Yo es Mí. Mi Yo es Mí. Mi Yo es Mí. Mi Yo es Mí. Mi Yo es Mí. Mi Yo es Mí.

Mi Yo es Mí. Mi Yo es Mí. Mi Yo es Mí. Mi Yo es Mí. Mi Yo es Mí. Mi Yo es Mí. Mi Yo es Mí. Mi Yo es Mí. Mi Yo es Mí. Mi Yo es Mí. Mi Yo es Mí. Mi Yo es Mí.

Mi Yo es Mí. Mi Yo es Mí. Mi Yo es Mí. Mi Yo es Mí. Mi Yo es Mí. Mi Yo es Mí. Mi Yo es Mí. Mi Yo es Mí. Mi Yo es Mí. Mi Yo es Mí. Mi Yo es Mí. Mi Yo es Mí. Mi Yo es Mí.

Mi Yo es Mí. Mi Yo es Mí.

Mi Yo es Mí. Mi Yo es Mí.

Mi Yo es Mí. Mi Yo es Mí. Mi Yo es Mí. Mi Yo es Mí. Mi Yo es Mí. Mi Yo es Mí. Mi Yo es Mí.
Mi Yo es Mí. Mi Yo es Mí. Mi Yo es Mí. Mi Yo es Mí. Mi Yo es Mí. Mi Yo es Mí.
Mi Yo es Mí. Mi Yo es Mí. Mi Yo es Mí. Mi Yo es Mí. Mi Yo es Mí. Mi Yo es Mí. Mi Yo es Mí. Mi Yo es Mí. Mi Yo es Mí. Mi Yo es Mí. Mi Yo es Mí. Mi Yo es Mí.

Mi Yo es Mí. Mi Yo es Mí. Mi Yo es Mí. Mi Yo es Mí. Mi Yo es Mí. Mi Yo es Mí. Mi Yo es Mí. Mi Yo es Mí. Mi Yo es Mí. Mi Yo es Mí. Mi Yo es Mí. Mi Yo es Mí.

Mi Yo es Mí. Mi Yo es Mí. Mi Yo es Mí. Mi Yo es Mí. Mi Yo es Mí. Mi Yo es Mí. Mi Yo es Mí. Mi Yo es Mí. Mi Yo es Mí. Mi Yo es Mí. Mi Yo es Mí. Mi Yo es Mí. Mi Yo es Mí.

Mi Yo es Mí. Mi Yo es Mí. Mi Yo es Mí. Mi Yo es Mí. Mi Yo es Mí. Mi Yo es Mí. Mi Yo es Mí. Mi Yo es Mí. Mi Yo es Mí. Mi Yo es Mí. Mi Yo es Mí.

Mi Yo es Mí. Mi Yo es Mí. Mi Yo es Mí. Mi Yo es Mí. Mi Yo es Mí. Mi Yo es Mí. Mi Yo es Mí. Mi Yo es Mí. Mi Yo es Mí. Mi Yo es Mí. Mi Yo es Mí. Mi Yo es Mí. Mi Yo es Mí. Mi Yo es Mí.

Mi Yo es Mí. Mi Yo es Mí.

Mi Yo es Mí. Mi Yo es Mí. Mi Yo es Mí. Mi Yo es Mí. Mi Yo es Mí. Mi Yo es Mí. Mi Yo es Mí.

Mi Yo es Mí. Mi Yo es Mí. Mi Yo es Mí. Mi Yo es Mí. Mi Yo es Mí. Mi Yo es Mí.

Mi Yo es Mí. Mi Yo es Mí. Mi Yo es Mí. Mi Yo es Mí. Mi Yo es Mí. Mi Yo es Mí. Mi Yo es Mí. Mi Yo es Mí. Mi Yo es Mí. Mi Yo es Mí. Mi Yo es Mí. Mi Yo es Mí.

Mi Yo es Mí. Mi Yo es Mí. Mi Yo es Mí. Mi Yo es Mí. Mi Yo es Mí. Mi Yo es Mí. Mi Yo es Mí. Mi Yo es Mí. Mi Yo es Mí. Mi Yo es Mí. Mi Yo es Mí. Mi Yo es Mí.

Mi Yo es Mí. Mi Yo es Mí. Mi Yo es Mí. Mi Yo es Mí. Mi Yo es Mí. Mi Yo es Mí. Mi Yo es Mí. Mi Yo es Mí. Mi Yo es Mí. Mi Yo es Mí. Mi Yo es Mí. Mi Yo es Mí. Mi Yo es Mí.

Mi Yo es Mí. Mi Yo es Mí. Mi Yo es Mí. Mi Yo es Mí. Mi Yo es Mí. Mi Yo es Mí. Mi Yo es Mí. Mi Yo es Mí. Mi Yo es Mí.

Mi Yo es Mí. Mi Yo es Mí. Mi Yo es Mí. Mi Yo es Mí. Mi Yo es Mí. Mi Yo es Mí. Mi Yo es Mí. Mi Yo es Mí. Mi Yo es Mí. Mi Yo es Mí. Mi Yo es Mí. Mi Yo es Mí. Mi Yo es Mí. Mi Yo es Mí. Mi Yo es Mí. Mi Yo es Mí.

Mi Yo es Mí. Mi Yo es Mí.

Mi Yo es Mí. Mi Yo es Mí. Mi Yo es Mí. Mi Yo es Mí. Mi Yo es Mí. Mi Yo es Mí. Mi Yo es Mí.
Mi Yo es Mí. Mi Yo es Mí. Mi Yo es Mí. Mi Yo es Mí. Mi Yo es Mí. Mi Yo es Mí.
Mi Yo es Mí. Mi Yo es Mí. Mi Yo es Mí. Mi Yo es Mí. Mi Yo es Mí. Mi Yo es Mí. Mi Yo es Mí. Mi Yo es Mí. Mi Yo es Mí. Mi Yo es Mí. Mi Yo es Mí. Mi Yo es Mí.

Mi Yo es Mí. Mi Yo es Mí. Mi Yo es Mí. Mi Yo es Mí. Mi Yo es Mí. Mi Yo es Mí. Mi Yo es Mí. Mi Yo es Mí. Mi Yo es Mí. Mi Yo es Mí. Mi Yo es Mí. Mi Yo es Mí.

Mi Yo es Mí. Mi Yo es Mí. Mi Yo es Mí. Mi Yo es Mí. Mi Yo es Mí. Mi Yo es Mí. Mi Yo es Mí. Mi Yo es Mí. Mi Yo es Mí. Mi Yo es Mí. Mi Yo es Mí. Mi Yo es Mí. Mi Yo es Mí.

Mi Yo es Mí. Mi Yo es Mí. Mi Yo es Mí. Mi Yo es Mí. Mi Yo es Mí. Mi Yo es Mí. Mi Yo es Mí. Mi Yo es Mí. Mi Yo es Mí. Mi Yo es Mí. Mi Yo es Mí.
Mi Yo es Mí. Mi Yo es Mí. Mi Yo es Mí. Mi Yo es Mí. Mi Yo es Mí. Mi Yo es Mí. Mi Yo es Mí. Mi Yo es Mí. Mi Yo es Mí. Mi Yo es Mí.

Mi Yo es Mí. Mi Yo es Mí. Mi Yo es Mí. Mi Yo es Mí. Mi Yo es Mí. Mi Yo es Mí.

Mi Yo es Mí. Mi Yo es Mí. Mi Yo es Mí. Mi Yo es Mí. Mi Yo es Mí. Mi Yo es Mí. Mi Yo es Mí.
Mi Yo es Mí. Mi Yo es Mí. Mi Yo es Mí. Mi Yo es Mí. Mi Yo es Mí. Mi Yo es Mí.
Mi Yo es Mí. Mi Yo es Mí. Mi Yo es Mí. Mi Yo es Mí. Mi Yo es Mí. Mi Yo es Mí. Mi Yo es Mí. Mi Yo es Mí. Mi Yo es Mí. Mi Yo es Mí. Mi Yo es Mí. Mi Yo es Mí.

Mi Yo es Mí. Mi Yo es Mí. Mi Yo es Mí. Mi Yo es Mí. Mi Yo es Mí. Mi Yo es Mí. Mi Yo es Mí. Mi Yo es Mí. Mi Yo es Mí. Mi Yo es Mí. Mi Yo es Mí. Mi Yo es Mí.

Mi Yo es Mí. Mi Yo es Mí. Mi Yo es Mí. Mi Yo es Mí. Mi Yo es Mí. Mi Yo es Mí. Mi Yo es Mí. Mi Yo es Mí. Mi Yo es Mí. Mi Yo es Mí. Mi Yo es Mí. Mi Yo es Mí. Mi Yo es Mí.

Mi Yo es Mí. Mi Yo es Mí.

Mi Yo es Mí. Mi Yo es Mí. Mi Yo es Mí. Mi Yo es Mí. Mi Yo es Mí. Mi Yo es Mí. Mi Yo es Mí. Mi Yo es Mí. Mi Yo es Mí.

Mi Yo es Mí. Mi Yo es Mí. Mi Yo es Mí. Mi Yo es Mí. Mi Yo es Mí. Mi Yo es Mí. Mi Yo es Mí. Mi Yo es Mí. Mi Yo es Mí. Mi Yo es Mí. Mi Yo es Mí. Mi Yo es Mí. Mi Yo es Mí. Mi Yo es Mí. Mi Yo es Mí. Mi Yo es Mí.

Mi Yo es Mí. Mi Yo es Mí. Mi Yo es Mí. Mi Yo es Mí. Mi Yo es Mí. Mi Yo es Mí. Mi Yo es Mí.
Mi Yo es Mí. Mi Yo es Mí. Mi Yo es Mí. Mi Yo es Mí. Mi Yo es Mí. Mi Yo es Mí.
Mi Yo es Mí. Mi Yo es Mí. Mi Yo es Mí. Mi Yo es Mí. Mi Yo es Mí. Mi Yo es Mí. Mi Yo es Mí. Mi Yo es Mí. Mi Yo es Mí. Mi Yo es Mí. Mi Yo es Mí. Mi Yo es Mí.

Mi Yo es Mí. Mi Yo es Mí. Mi Yo es Mí. Mi Yo es Mí. Mi Yo es Mí. Mi Yo es Mí. Mi Yo es Mí. Mi Yo es Mí. Mi Yo es Mí. Mi Yo es Mí. Mi Yo es Mí. Mi Yo es Mí.

Mi Yo es Mí. Mi Yo es Mí. Mi Yo es Mí. Mi Yo es Mí. Mi Yo es Mí. Mi Yo es Mí. Mi Yo es Mí. Mi Yo es Mí. Mi Yo es Mí. Mi Yo es Mí. Mi Yo es Mí. Mi Yo es Mí. Mi Yo es Mí.

Mi Yo es Mí. Mi Yo es Mí. Mi Yo es Mí. Mi Yo es Mí. Mi Yo es Mí. Mi Yo es Mí. Mi Yo es Mí. Mi Yo es Mí. Mi Yo es Mí. Mi Yo es Mí. Mi Yo es Mí.
Mi Yo es Mí. Mi Yo es Mí. Mi Yo es Mí. Mi Yo es Mí. Mi Yo es Mí. Mi Yo es Mí. Mi Yo es Mí. Mi Yo es Mí. Mi Yo es Mí. Mi Yo es Mí. Mi Yo es Mí. Mi Yo es Mí. Mi Yo es Mí. Mi Yo es Mí. Mi Yo es Mí.

Mi Yo es Mí. Mi Yo es Mí. Mi Yo es Mí. Mi Yo es Mí. Mi Yo es Mí. Mi Yo es Mí. Mi Yo es Mí. Mi Yo es Mí. Mi Yo es Mí. Mi Yo es Mí. Mi Yo es Mí. Mi Yo es Mí. Mi Yo es Mí. Mi Yo es Mí. Mi Yo es Mí. Mi Yo es Mí. Mi Yo es Mí. Mi Yo es Mí. Mi Yo es Mí.

Mi Yo es Mí. Mi Yo es Mí. Mi Yo es Mí. Mi Yo es Mí. Mi Yo es Mí. Mi Yo es Mí. Mi Yo es Mí.

Mi Yo es Mí. Mi Yo es Mí. Mi Yo es Mí. Mi Yo es Mí. Mi Yo es Mí. Mi Yo es Mí. Mi Yo es Mí.
Mi Yo es Mí. Mi Yo es Mí. Mi Yo es Mí. Mi Yo es Mí. Mi Yo es Mí. Mi Yo es Mí.
Mi Yo es Mí. Mi Yo es Mí. Mi Yo es Mí. Mi Yo es Mí. Mi Yo es Mí. Mi Yo es Mí. Mi Yo es Mí. Mi Yo es Mí. Mi Yo es Mí. Mi Yo es Mí. Mi Yo es Mí. Mi Yo es Mí.

Mi Yo es Mí. Mi Yo es Mí. Mi Yo es Mí. Mi Yo es Mí. Mi Yo es Mí. Mi Yo es Mí. Mi Yo es Mí. Mi Yo es Mí. Mi Yo es Mí. Mi Yo es Mí. Mi Yo es Mí. Mi Yo es Mí.

Mi Yo es Mí. Mi Yo es Mí. Mi Yo es Mí. Mi Yo es Mí. Mi Yo es Mí. Mi Yo es Mí. Mi Yo es Mí. Mi Yo es Mí. Mi Yo es Mí. Mi Yo es Mí. Mi Yo es Mí. Mi Yo es Mí. Mi Yo es Mí.

Mi Yo es Mí. Mi Yo es Mí.

Mi Yo es Mí. Mi Yo es Mí.

Mi Yo es Mí. Mi Yo es Mí. Mi Yo es Mí. Mi Yo es Mí. Mi Yo es Mí. Mi Yo es Mí. Mi Yo es Mí.

Mi Yo es Mí. Mi Yo es Mí. Mi Yo es Mí. Mi Yo es Mí. Mi Yo es Mí. Mi Yo es Mí.

Mi Yo es Mí. Mi Yo es Mí. Mi Yo es Mí. Mi Yo es Mí. Mi Yo es Mí. Mi Yo es Mí. Mi Yo es Mí. Mi Yo es Mí. Mi Yo es Mí. Mi Yo es Mí. Mi Yo es Mí. Mi Yo es Mí.

Mi Yo es Mí. Mi Yo es Mí. Mi Yo es Mí. Mi Yo es Mí. Mi Yo es Mí. Mi Yo es Mí. Mi Yo es Mí. Mi Yo es Mí. Mi Yo es Mí. Mi Yo es Mí. Mi Yo es Mí. Mi Yo es Mí.

Mi Yo es Mí. Mi Yo es Mí. Mi Yo es Mí. Mi Yo es Mí. Mi Yo es Mí. Mi Yo es Mí. Mi Yo es Mí. Mi Yo es Mí. Mi Yo es Mí. Mi Yo es Mí. Mi Yo es Mí. Mi Yo es Mí. Mi Yo es Mí.

Mi Yo es Mí. Mi Yo es Mí. Mi Yo es Mí. Mi Yo es Mí. Mi Yo es Mí. Mi Yo es Mí. Mi Yo es Mí. Mi Yo es Mí. Mi Yo es Mí. Mi Yo es Mí. Mi Yo es Mí.

Mi Yo es Mí. Mi Yo es Mí. Mi Yo es Mí. Mi Yo es Mí. Mi Yo es Mí. Mi Yo es Mí. Mi Yo es Mí. Mi Yo es Mí. Mi Yo es Mí. Mi Yo es Mí. Mi Yo es Mí. Mi Yo es Mí. Mi Yo es Mí. Mi Yo es Mí.

Mi Yo es Mí. Mi Yo es Mí.

Capitolo 15

¿Mi Yo Mí?

¿Mi Yo Mí? ¿Mi Yo Mí? ¿Mi Yo Mí? ¿Mi Yo Mí? ¿Mi Yo Mí?
¿Mi Yo Mí? ¿Mi Yo Mí? ¿Mi Yo Mí? ¿Mi Yo Mí? ¿Mi Yo Mí?
¿Mi Yo Mí? ¿Mi Yo Mí? ¿Mi Yo Mí? ¿Mi Yo Mí? ¿Mi Yo Mí?
¿Mi Yo Mí? ¿Mi Yo Mí? ¿Mi Yo Mí? ¿Mi Yo Mí? ¿Mi Yo Mí?
¿Mi Yo Mí? ¿Mi Yo Mí? ¿Mi Yo Mí? ¿Mi Yo Mí?
¿Mi Yo Mí? ¿Mi Yo Mí? ¿Mi Yo Mí? ¿Mi Yo Mí? ¿Mi Yo Mí?
¿Mi Yo Mí? ¿Mi Yo Mí? ¿Mi Yo Mí? ¿Mi Yo Mí? ¿Mi Yo Mí?

¿Mi Yo Mí? ¿Mi Yo Mí? ¿Mi Yo Mí? ¿Mi Yo Mí? ¿Mi Yo Mí?
¿Mi Yo Mí?

¿Mi Yo Mí? ¿Mi Yo Mí? ¿Mi Yo Mí? ¿Mi Yo Mí? ¿Mi Yo Mí?
¿Mi Yo Mí? ¿Mi Yo Mí? ¿Mi Yo Mí? ¿Mi Yo Mí? ¿Mi Yo Mí?
¿Mi Yo Mí? ¿Mi Yo Mí? ¿Mi Yo Mí? ¿Mi Yo Mí? ¿Mi Yo Mí?
¿Mi Yo Mí? ¿Mi Yo Mí? ¿Mi Yo Mí? ¿Mi Yo Mí? ¿Mi Yo Mí?

¿Mi Yo Mí? ¿Mi Yo Mí? ¿Mi Yo Mí? ¿Mi Yo Mí? ¿Mi Yo Mí?
¿Mi Yo Mí? ¿Mi Yo Mí? ¿Mi Yo Mí? ¿Mi Yo Mí? ¿Mi Yo Mí?
¿Mi Yo Mí? ¿Mi Yo Mí? ¿Mi Yo Mí? ¿Mi Yo Mí? ¿Mi Yo Mí?
¿Mi Yo Mí? ¿Mi Yo Mí? ¿Mi Yo Mí? ¿Mi Yo Mí? ¿Mi Yo Mí?
¿Mi Yo Mí? ¿Mi Yo Mí? ¿Mi Yo Mí? ¿Mi Yo Mí?
¿Mi Yo Mí? ¿Mi Yo Mí? ¿Mi Yo Mí? ¿Mi Yo Mí? ¿Mi Yo Mí?
¿Mi Yo Mí? ¿Mi Yo Mí? ¿Mi Yo Mí? ¿Mi Yo Mí? ¿Mi Yo Mí?

¿Mi Yo Mí? ¿Mi Yo Mí? ¿Mi Yo Mí? ¿Mi Yo Mí? ¿Mi Yo Mí?
¿Mi Yo Mí?

¿Mi Yo Mí? ¿Mi Yo Mí? ¿Mi Yo Mí? ¿Mi Yo Mí? ¿Mi Yo Mí?
¿Mi Yo Mí? ¿Mi Yo Mí? ¿Mi Yo Mí? ¿Mi Yo Mí? ¿Mi Yo Mí?
¿Mi Yo Mí? ¿Mi Yo Mí? ¿Mi Yo Mí? ¿Mi Yo Mí? ¿Mi Yo Mí?
¿Mi Yo Mí? ¿Mi Yo Mí? ¿Mi Yo Mí? ¿Mi Yo Mí? ¿Mi Yo Mí?

¿Mi Yo Mí? ¿Mi Yo Mí? ¿Mi Yo Mí? ¿Mi Yo Mí? ¿Mi Yo Mí?
¿Mi Yo Mí? ¿Mi Yo Mí? ¿Mi Yo Mí? ¿Mi Yo Mí? ¿Mi Yo Mí?
¿Mi Yo Mí? ¿Mi Yo Mí? ¿Mi Yo Mí? ¿Mi Yo Mí? ¿Mi Yo Mí?
¿Mi Yo Mí? ¿Mi Yo Mí? ¿Mi Yo Mí? ¿Mi Yo Mí? ¿Mi Yo Mí?
¿Mi Yo Mí? ¿Mi Yo Mí? ¿Mi Yo Mí? ¿Mi Yo Mí?
¿Mi Yo Mí? ¿Mi Yo Mí? ¿Mi Yo Mí? ¿Mi Yo Mí? ¿Mi Yo Mí?
¿Mi Yo Mí? ¿Mi Yo Mí? ¿Mi Yo Mí? ¿Mi Yo Mí?
¿Mi Yo Mí?

¿Mi Yo Mí? ¿Mi Yo Mí? ¿Mi Yo Mí? ¿Mi Yo Mí? ¿Mi Yo Mí?
¿Mi Yo Mí?

¿Mi Yo Mí? ¿Mi Yo Mí? ¿Mi Yo Mí? ¿Mi Yo Mí? ¿Mi Yo Mí?
¿Mi Yo Mí? ¿Mi Yo Mí? ¿Mi Yo Mí?

¿Mi Yo Mí? ¿Mi Yo Mí? ¿Mi Yo Mí? ¿Mi Yo Mí? ¿Mi Yo Mí?
¿Mi Yo Mí? ¿Mi Yo Mí? ¿Mi Yo Mí? ¿Mi Yo Mí? ¿Mi Yo Mí?
¿Mi Yo Mí? ¿Mi Yo Mí?

¿Mi Yo Mí? ¿Mi Yo Mí? ¿Mi Yo Mí? ¿Mi Yo Mí? ¿Mi Yo Mí?
¿Mi Yo Mí? ¿Mi Yo Mí? ¿Mi Yo Mí? ¿Mi Yo Mí? ¿Mi Yo Mí?
¿Mi Yo Mí? ¿Mi Yo Mí? ¿Mi Yo Mí? ¿Mi Yo Mí? ¿Mi Yo Mí?
¿Mi Yo Mí? ¿Mi Yo Mí? ¿Mi Yo Mí? ¿Mi Yo Mí? ¿Mi Yo Mí?
¿Mi Yo Mí? ¿Mi Yo Mí? ¿Mi Yo Mí? ¿Mi Yo Mí?

¿Mi Yo Mí? ¿Mi Yo Mí? ¿Mi Yo Mí? ¿Mi Yo Mí? ¿Mi Yo Mí?
¿Mi Yo Mí? ¿Mi Yo Mí? ¿Mi Yo Mí? ¿Mi Yo Mí? ¿Mi Yo Mí?

¿Mi Yo Mí? ¿Mi Yo Mí? ¿Mi Yo Mí? ¿Mi Yo Mí? ¿Mi Yo Mí? ¿Mi Yo Mí?

¿Mi Yo Mí? ¿Mi Yo Mí? ¿Mi Yo Mí? ¿Mi Yo Mí? ¿Mi Yo Mí? ¿Mi Yo Mí? ¿Mi Yo Mí? ¿Mi Yo Mí? ¿Mi Yo Mí? ¿Mi Yo Mí? ¿Mi Yo Mí? ¿Mi Yo Mí? ¿Mi Yo Mí?
¿Mi Yo Mí? ¿Mi Yo Mí? ¿Mi Yo Mí? ¿Mi Yo Mí? ¿Mi Yo Mí? ¿Mi Yo Mí? ¿Mi Yo Mí?

¿Mi Yo Mí? ¿Mi Yo Mí? ¿Mi Yo Mí? ¿Mi Yo Mí? ¿Mi Yo Mí? ¿Mi Yo Mí? ¿Mi Yo Mí? ¿Mi Yo Mí? ¿Mi Yo Mí? ¿Mi Yo Mí? ¿Mi Yo Mí? ¿Mi Yo Mí? ¿Mi Yo Mí? ¿Mi Yo Mí? ¿Mi Yo Mí? ¿Mi Yo Mí? ¿Mi Yo Mí? ¿Mi Yo Mí? ¿Mi Yo Mí? ¿Mi Yo Mí?

¿Mi Yo Mí? ¿Mi Yo Mí?
¿Mi Yo Mí? ¿Mi Yo Mí? ¿Mi Yo Mí? ¿Mi Yo Mí? ¿Mi Yo Mí? ¿Mi Yo Mí? ¿Mi Yo Mí? ¿Mi Yo Mí? ¿Mi Yo Mí?
¿Mi Yo Mí?

¿Mi Yo Mí? ¿Mi Yo Mí? ¿Mi Yo Mí? ¿Mi Yo Mí? ¿Mi Yo Mí? ¿Mi Yo Mí?

¿Mi Yo Mí? ¿Mi Yo Mí? ¿Mi Yo Mí? ¿Mi Yo Mí? ¿Mi Yo Mí? ¿Mi Yo Mí? ¿Mi Yo Mí? ¿Mi Yo Mí?

¿Mi Yo Mí? ¿Mi Yo Mí? ¿Mi Yo Mí? ¿Mi Yo Mí? ¿Mi Yo Mí? ¿Mi Yo Mí? ¿Mi Yo Mí? ¿Mi Yo Mí? ¿Mi Yo Mí? ¿Mi Yo Mí? ¿Mi Yo Mí? ¿Mi Yo Mí?

¿Mi Yo Mí? ¿Mi Yo Mí? ¿Mi Yo Mí? ¿Mi Yo Mí? ¿Mi Yo Mí?
¿Mi Yo Mí? ¿Mi Yo Mí? ¿Mi Yo Mí? ¿Mi Yo Mí? ¿Mi Yo Mí?
¿Mi Yo Mí? ¿Mi Yo Mí? ¿Mi Yo Mí? ¿Mi Yo Mí? ¿Mi Yo Mí?
¿Mi Yo Mí? ¿Mi Yo Mí? ¿Mi Yo Mí? ¿Mi Yo Mí? ¿Mi Yo Mí?
¿Mi Yo Mí? ¿Mi Yo Mí? ¿Mi Yo Mí? ¿Mi Yo Mí?

¿Mi Yo Mí? ¿Mi Yo Mí? ¿Mi Yo Mí? ¿Mi Yo Mí? ¿Mi Yo Mí?
¿Mi Yo Mí? ¿Mi Yo Mí? ¿Mi Yo Mí? ¿Mi Yo Mí? ¿Mi Yo Mí?

¿Mi Yo Mí? ¿Mi Yo Mí? ¿Mi Yo Mí? ¿Mi Yo Mí? ¿Mi Yo Mí?
¿Mi Yo Mí?

¿Mi Yo Mí? ¿Mi Yo Mí? ¿Mi Yo Mí? ¿Mi Yo Mí? ¿Mi Yo Mí?
¿Mi Yo Mí? ¿Mi Yo Mí? ¿Mi Yo Mí? ¿Mi Yo Mí? ¿Mi Yo Mí?
¿Mi Yo Mí? ¿Mi Yo Mí? ¿Mi Yo Mí?
¿Mi Yo Mí? ¿Mi Yo Mí? ¿Mi Yo Mí? ¿Mi Yo Mí? ¿Mi Yo Mí?
¿Mi Yo Mí? ¿Mi Yo Mí? ¿Mi Yo Mí? ¿Mi Yo Mí? ¿Mi Yo Mí?
¿Mi Yo Mí? ¿Mi Yo Mí? ¿Mi Yo Mí? ¿Mi Yo Mí? ¿Mi Yo Mí?
¿Mi Yo Mí? ¿Mi Yo Mí? ¿Mi Yo Mí? ¿Mi Yo Mí? ¿Mi Yo Mí?
¿Mi Yo Mí? ¿Mi Yo Mí? ¿Mi Yo Mí? ¿Mi Yo Mí? ¿Mi Yo Mí?
¿Mi Yo Mí? ¿Mi Yo Mí?

¿Mi Yo Mí? ¿Mi Yo Mí? ¿Mi Yo Mí? ¿Mi Yo Mí? ¿Mi Yo Mí?
¿Mi Yo Mí? ¿Mi Yo Mí? ¿Mi Yo Mí? ¿Mi Yo Mí? ¿Mi Yo Mí?
¿Mi Yo Mí? ¿Mi Yo Mí? ¿Mi Yo Mí? ¿Mi Yo Mí? ¿Mi Yo Mí?
¿Mi Yo Mí? ¿Mi Yo Mí? ¿Mi Yo Mí? ¿Mi Yo Mí? ¿Mi Yo Mí?
¿Mi Yo Mí? ¿Mi Yo Mí? ¿Mi Yo Mí? ¿Mi Yo Mí?
¿Mi Yo Mí? ¿Mi Yo Mí? ¿Mi Yo Mí? ¿Mi Yo Mí? ¿Mi Yo Mí?
¿Mi Yo Mí? ¿Mi Yo Mí? ¿Mi Yo Mí? ¿Mi Yo Mí?
¿Mi Yo Mí?

¿Mi Yo Mí? ¿Mi Yo Mí? ¿Mi Yo Mí? ¿Mi Yo Mí? ¿Mi Yo Mí?
¿Mi Yo Mí?

¿Mi Yo Mí? ¿Mi Yo Mí? ¿Mi Yo Mí? ¿Mi Yo Mí? ¿Mi Yo Mí?
¿Mi Yo Mí? ¿Mi Yo Mí? ¿Mi Yo Mí?

¿Mi Yo Mí? ¿Mi Yo Mí? ¿Mi Yo Mí? ¿Mi Yo Mí? ¿Mi Yo Mí?
¿Mi Yo Mí? ¿Mi Yo Mí? ¿Mi Yo Mí? ¿Mi Yo Mí? ¿Mi Yo Mí?
¿Mi Yo Mí? ¿Mi Yo Mí?

¿Mi Yo Mí? ¿Mi Yo Mí? ¿Mi Yo Mí? ¿Mi Yo Mí? ¿Mi Yo Mí?
¿Mi Yo Mí? ¿Mi Yo Mí? ¿Mi Yo Mí? ¿Mi Yo Mí? ¿Mi Yo Mí?
¿Mi Yo Mí? ¿Mi Yo Mí? ¿Mi Yo Mí? ¿Mi Yo Mí? ¿Mi Yo Mí?
¿Mi Yo Mí? ¿Mi Yo Mí? ¿Mi Yo Mí? ¿Mi Yo Mí? ¿Mi Yo Mí?
¿Mi Yo Mí? ¿Mi Yo Mí? ¿Mi Yo Mí? ¿Mi Yo Mí?

¿Mi Yo Mí? ¿Mi Yo Mí? ¿Mi Yo Mí? ¿Mi Yo Mí? ¿Mi Yo Mí?
¿Mi Yo Mí? ¿Mi Yo Mí? ¿Mi Yo Mí? ¿Mi Yo Mí? ¿Mi Yo Mí?

¿Mi Yo Mí? ¿Mi Yo Mí? ¿Mi Yo Mí? ¿Mi Yo Mí? ¿Mi Yo Mí?
¿Mi Yo Mí?

¿Mi Yo Mí? ¿Mi Yo Mí? ¿Mi Yo Mí? ¿Mi Yo Mí? ¿Mi Yo Mí?
¿Mi Yo Mí? ¿Mi Yo Mí? ¿Mi Yo Mí? ¿Mi Yo Mí? ¿Mi Yo Mí?
¿Mi Yo Mí? ¿Mi Yo Mí? ¿Mi Yo Mí?
¿Mi Yo Mí? ¿Mi Yo Mí? ¿Mi Yo Mí? ¿Mi Yo Mí? ¿Mi Yo Mí?
¿Mi Yo Mí? ¿Mi Yo Mí?

¿Mi Yo Mí? ¿Mi Yo Mí? ¿Mi Yo Mí? ¿Mi Yo Mí? ¿Mi Yo Mí?
¿Mi Yo Mí? ¿Mi Yo Mí? ¿Mi Yo Mí? ¿Mi Yo Mí? ¿Mi Yo Mí?
¿Mi Yo Mí? ¿Mi Yo Mí? ¿Mi Yo Mí? ¿Mi Yo Mí? ¿Mi Yo Mí?
¿Mi Yo Mí? ¿Mi Yo Mí? ¿Mi Yo Mí? ¿Mi Yo Mí? ¿Mi Yo Mí?

¿Mi Yo Mí? ¿Mi Yo Mí? ¿Mi Yo Mí? ¿Mi Yo Mí? ¿Mi Yo Mí?
¿Mi Yo Mí? ¿Mi Yo Mí? ¿Mi Yo Mí? ¿Mi Yo Mí? ¿Mi Yo Mí?
¿Mi Yo Mí? ¿Mi Yo Mí? ¿Mi Yo Mí? ¿Mi Yo Mí? ¿Mi Yo Mí?
¿Mi Yo Mí? ¿Mi Yo Mí? ¿Mi Yo Mí? ¿Mi Yo Mí? ¿Mi Yo Mí?
¿Mi Yo Mí? ¿Mi Yo Mí? ¿Mi Yo Mí? ¿Mi Yo Mí?
¿Mi Yo Mí? ¿Mi Yo Mí? ¿Mi Yo Mí? ¿Mi Yo Mí? ¿Mi Yo Mí?
¿Mi Yo Mí? ¿Mi Yo Mí? ¿Mi Yo Mí? ¿Mi Yo Mí?
¿Mi Yo Mí?

¿Mi Yo Mí? ¿Mi Yo Mí? ¿Mi Yo Mí? ¿Mi Yo Mí? ¿Mi Yo Mí?
¿Mi Yo Mí?

¿Mi Yo Mí? ¿Mi Yo Mí? ¿Mi Yo Mí? ¿Mi Yo Mí? ¿Mi Yo Mí?
¿Mi Yo Mí? ¿Mi Yo Mí? ¿Mi Yo Mí?

¿Mi Yo Mí? ¿Mi Yo Mí? ¿Mi Yo Mí? ¿Mi Yo Mí? ¿Mi Yo Mí?
¿Mi Yo Mí? ¿Mi Yo Mí? ¿Mi Yo Mí? ¿Mi Yo Mí? ¿Mi Yo Mí?
¿Mi Yo Mí? ¿Mi Yo Mí?

¿Mi Yo Mí? ¿Mi Yo Mí? ¿Mi Yo Mí? ¿Mi Yo Mí? ¿Mi Yo Mí?
¿Mi Yo Mí? ¿Mi Yo Mí? ¿Mi Yo Mí? ¿Mi Yo Mí? ¿Mi Yo Mí?
¿Mi Yo Mí? ¿Mi Yo Mí? ¿Mi Yo Mí? ¿Mi Yo Mí? ¿Mi Yo Mí?
¿Mi Yo Mí? ¿Mi Yo Mí? ¿Mi Yo Mí? ¿Mi Yo Mí? ¿Mi Yo Mí?
¿Mi Yo Mí? ¿Mi Yo Mí? ¿Mi Yo Mí? ¿Mi Yo Mí?

¿Mi Yo Mí? ¿Mi Yo Mí? ¿Mi Yo Mí? ¿Mi Yo Mí? ¿Mi Yo Mí?
¿Mi Yo Mí? ¿Mi Yo Mí? ¿Mi Yo Mí? ¿Mi Yo Mí? ¿Mi Yo Mí?

¿Mi Yo Mí? ¿Mi Yo Mí? ¿Mi Yo Mí? ¿Mi Yo Mí? ¿Mi Yo Mí?
¿Mi Yo Mí?

¿Mi Yo Mí? ¿Mi Yo Mí? ¿Mi Yo Mí? ¿Mi Yo Mí? ¿Mi Yo Mí?
¿Mi Yo Mí? ¿Mi Yo Mí? ¿Mi Yo Mí? ¿Mi Yo Mí? ¿Mi Yo Mí?

¿Mi Yo Mí? ¿Mi Yo Mí? ¿Mi Yo Mí?
¿Mi Yo Mí? ¿Mi Yo Mí? ¿Mi Yo Mí? ¿Mi Yo Mí? ¿Mi Yo Mí?
¿Mi Yo Mí? ¿Mi Yo Mí?

¿Mi Yo Mí? ¿Mi Yo Mí? ¿Mi Yo Mí? ¿Mi Yo Mí? ¿Mi Yo Mí?
¿Mi Yo Mí? ¿Mi Yo Mí? ¿Mi Yo Mí? ¿Mi Yo Mí? ¿Mi Yo Mí?
¿Mi Yo Mí? ¿Mi Yo Mí? ¿Mi Yo Mí? ¿Mi Yo Mí? ¿Mi Yo Mí?
¿Mi Yo Mí? ¿Mi Yo Mí? ¿Mi Yo Mí? ¿Mi Yo Mí? ¿Mi Yo Mí?

¿Mi Yo Mí? ¿Mi Yo Mí? ¿Mi Yo Mí? ¿Mi Yo Mí? ¿Mi Yo Mí?
¿Mi Yo Mí? ¿Mi Yo Mí? ¿Mi Yo Mí? ¿Mi Yo Mí? ¿Mi Yo Mí?
¿Mi Yo Mí? ¿Mi Yo Mí? ¿Mi Yo Mí? ¿Mi Yo Mí? ¿Mi Yo Mí?
¿Mi Yo Mí? ¿Mi Yo Mí? ¿Mi Yo Mí? ¿Mi Yo Mí? ¿Mi Yo Mí?
¿Mi Yo Mí? ¿Mi Yo Mí? ¿Mi Yo Mí? ¿Mi Yo Mí?
¿Mi Yo Mí? ¿Mi Yo Mí? ¿Mi Yo Mí? ¿Mi Yo Mí? ¿Mi Yo Mí?
¿Mi Yo Mí? ¿Mi Yo Mí? ¿Mi Yo Mí? ¿Mi Yo Mí?
¿Mi Yo Mí?

¿Mi Yo Mí? ¿Mi Yo Mí? ¿Mi Yo Mí? ¿Mi Yo Mí? ¿Mi Yo Mí?
¿Mi Yo Mí?

¿Mi Yo Mí? ¿Mi Yo Mí? ¿Mi Yo Mí? ¿Mi Yo Mí? ¿Mi Yo Mí?
¿Mi Yo Mí? ¿Mi Yo Mí? ¿Mi Yo Mí?

¿Mi Yo Mí? ¿Mi Yo Mí? ¿Mi Yo Mí? ¿Mi Yo Mí? ¿Mi Yo Mí?
¿Mi Yo Mí? ¿Mi Yo Mí? ¿Mi Yo Mí? ¿Mi Yo Mí? ¿Mi Yo Mí?
¿Mi Yo Mí? ¿Mi Yo Mí?

¿Mi Yo Mí? ¿Mi Yo Mí? ¿Mi Yo Mí? ¿Mi Yo Mí? ¿Mi Yo Mí?
¿Mi Yo Mí? ¿Mi Yo Mí? ¿Mi Yo Mí? ¿Mi Yo Mí? ¿Mi Yo Mí?
¿Mi Yo Mí? ¿Mi Yo Mí? ¿Mi Yo Mí? ¿Mi Yo Mí? ¿Mi Yo Mí?
¿Mi Yo Mí? ¿Mi Yo Mí? ¿Mi Yo Mí? ¿Mi Yo Mí? ¿Mi Yo Mí?
¿Mi Yo Mí? ¿Mi Yo Mí? ¿Mi Yo Mí? ¿Mi Yo Mí?

¿Mi Yo Mí? ¿Mi Yo Mí? ¿Mi Yo Mí? ¿Mi Yo Mí? ¿Mi Yo Mí?
¿Mi Yo Mí? ¿Mi Yo Mí? ¿Mi Yo Mí? ¿Mi Yo Mí? ¿Mi Yo Mí?

¿Mi Yo Mí? ¿Mi Yo Mí? ¿Mi Yo Mí? ¿Mi Yo Mí? ¿Mi Yo Mí?
¿Mi Yo Mí?

¿Mi Yo Mí? ¿Mi Yo Mí? ¿Mi Yo Mí? ¿Mi Yo Mí? ¿Mi Yo Mí?
¿Mi Yo Mí? ¿Mi Yo Mí? ¿Mi Yo Mí? ¿Mi Yo Mí? ¿Mi Yo Mí?
¿Mi Yo Mí? ¿Mi Yo Mí? ¿Mi Yo Mí?
¿Mi Yo Mí? ¿Mi Yo Mí? ¿Mi Yo Mí? ¿Mi Yo Mí? ¿Mi Yo Mí?
¿Mi Yo Mí? ¿Mi Yo Mí?

¿Mi Yo Mí? ¿Mi Yo Mí? ¿Mi Yo Mí? ¿Mi Yo Mí? ¿Mi Yo Mí?
¿Mi Yo Mí? ¿Mi Yo Mí? ¿Mi Yo Mí? ¿Mi Yo Mí? ¿Mi Yo Mí?
¿Mi Yo Mí? ¿Mi Yo Mí? ¿Mi Yo Mí? ¿Mi Yo Mí? ¿Mi Yo Mí?
¿Mi Yo Mí? ¿Mi Yo Mí? ¿Mi Yo Mí? ¿Mi Yo Mí? ¿Mi Yo Mí?

¿Mi Yo Mí? ¿Mi Yo Mí? ¿Mi Yo Mí? ¿Mi Yo Mí? ¿Mi Yo Mí?
¿Mi Yo Mí? ¿Mi Yo Mí? ¿Mi Yo Mí? ¿Mi Yo Mí? ¿Mi Yo Mí?
¿Mi Yo Mí? ¿Mi Yo Mí? ¿Mi Yo Mí? ¿Mi Yo Mí? ¿Mi Yo Mí?
¿Mi Yo Mí? ¿Mi Yo Mí? ¿Mi Yo Mí? ¿Mi Yo Mí? ¿Mi Yo Mí?
¿Mi Yo Mí? ¿Mi Yo Mí? ¿Mi Yo Mí? ¿Mi Yo Mí?
¿Mi Yo Mí? ¿Mi Yo Mí? ¿Mi Yo Mí? ¿Mi Yo Mí? ¿Mi Yo Mí?
¿Mi Yo Mí? ¿Mi Yo Mí? ¿Mi Yo Mí? ¿Mi Yo Mí?
¿Mi Yo Mí?

¿Mi Yo Mí? ¿Mi Yo Mí? ¿Mi Yo Mí? ¿Mi Yo Mí? ¿Mi Yo Mí?
¿Mi Yo Mí?

¿Mi Yo Mí? ¿Mi Yo Mí? ¿Mi Yo Mí? ¿Mi Yo Mí? ¿Mi Yo Mí?
¿Mi Yo Mí? ¿Mi Yo Mí? ¿Mi Yo Mí?

¿Mi Yo Mí? ¿Mi Yo Mí? ¿Mi Yo Mí? ¿Mi Yo Mí? ¿Mi Yo Mí? ¿Mi Yo Mí? ¿Mi Yo Mí? ¿Mi Yo Mí? ¿Mi Yo Mí? ¿Mi Yo Mí? ¿Mi Yo Mí? ¿Mi Yo Mí?

¿Mi Yo Mí? ¿Mi Yo Mí?

¿Mi Yo Mí? ¿Mi Yo Mí? ¿Mi Yo Mí? ¿Mi Yo Mí? ¿Mi Yo Mí? ¿Mi Yo Mí? ¿Mi Yo Mí? ¿Mi Yo Mí? ¿Mi Yo Mí? ¿Mi Yo Mí?

¿Mi Yo Mí? ¿Mi Yo Mí? ¿Mi Yo Mí? ¿Mi Yo Mí? ¿Mi Yo Mí? ¿Mi Yo Mí?

¿Mi Yo Mí? ¿Mi Yo Mí? ¿Mi Yo Mí? ¿Mi Yo Mí? ¿Mi Yo Mí? ¿Mi Yo Mí? ¿Mi Yo Mí? ¿Mi Yo Mí? ¿Mi Yo Mí? ¿Mi Yo Mí? ¿Mi Yo Mí? ¿Mi Yo Mí? ¿Mi Yo Mí?
¿Mi Yo Mí? ¿Mi Yo Mí? ¿Mi Yo Mí? ¿Mi Yo Mí? ¿Mi Yo Mí? ¿Mi Yo Mí? ¿Mi Yo Mí?

¿Mi Yo Mí? ¿Mi Yo Mí? ¿Mi Yo Mí? ¿Mi Yo Mí? ¿Mi Yo Mí? ¿Mi Yo Mí? ¿Mi Yo Mí? ¿Mi Yo Mí? ¿Mi Yo Mí? ¿Mi Yo Mí? ¿Mi Yo Mí? ¿Mi Yo Mí? ¿Mi Yo Mí? ¿Mi Yo Mí? ¿Mi Yo Mí? ¿Mi Yo Mí? ¿Mi Yo Mí? ¿Mi Yo Mí? ¿Mi Yo Mí? ¿Mi Yo Mí?

¿Mi Yo Mí? ¿Mi Yo Mí?
¿Mi Yo Mí? ¿Mi Yo Mí? ¿Mi Yo Mí? ¿Mi Yo Mí? ¿Mi Yo Mí?

¿Mi Yo Mí? ¿Mi Yo Mí? ¿Mi Yo Mí? ¿Mi Yo Mí?
¿Mi Yo Mí?

¿Mi Yo Mí? ¿Mi Yo Mí? ¿Mi Yo Mí? ¿Mi Yo Mí? ¿Mi Yo Mí?
¿Mi Yo Mí?

¿Mi Yo Mí? ¿Mi Yo Mí? ¿Mi Yo Mí? ¿Mi Yo Mí? ¿Mi Yo Mí?
¿Mi Yo Mí? ¿Mi Yo Mí? ¿Mi Yo Mí?

¿Mi Yo Mí? ¿Mi Yo Mí? ¿Mi Yo Mí? ¿Mi Yo Mí? ¿Mi Yo Mí?
¿Mi Yo Mí? ¿Mi Yo Mí? ¿Mi Yo Mí? ¿Mi Yo Mí? ¿Mi Yo Mí?
¿Mi Yo Mí? ¿Mi Yo Mí?

¿Mi Yo Mí? ¿Mi Yo Mí? ¿Mi Yo Mí? ¿Mi Yo Mí? ¿Mi Yo Mí?
¿Mi Yo Mí? ¿Mi Yo Mí? ¿Mi Yo Mí? ¿Mi Yo Mí? ¿Mi Yo Mí?
¿Mi Yo Mí? ¿Mi Yo Mí? ¿Mi Yo Mí? ¿Mi Yo Mí? ¿Mi Yo Mí?
¿Mi Yo Mí? ¿Mi Yo Mí? ¿Mi Yo Mí? ¿Mi Yo Mí? ¿Mi Yo Mí?
¿Mi Yo Mí? ¿Mi Yo Mí? ¿Mi Yo Mí? ¿Mi Yo Mí?

¿Mi Yo Mí? ¿Mi Yo Mí? ¿Mi Yo Mí? ¿Mi Yo Mí? ¿Mi Yo Mí?
¿Mi Yo Mí? ¿Mi Yo Mí? ¿Mi Yo Mí? ¿Mi Yo Mí? ¿Mi Yo Mí?

¿Mi Yo Mí? ¿Mi Yo Mí? ¿Mi Yo Mí? ¿Mi Yo Mí? ¿Mi Yo Mí?
¿Mi Yo Mí?

¿Mi Yo Mí? ¿Mi Yo Mí? ¿Mi Yo Mí? ¿Mi Yo Mí? ¿Mi Yo Mí?
¿Mi Yo Mí? ¿Mi Yo Mí? ¿Mi Yo Mí? ¿Mi Yo Mí? ¿Mi Yo Mí?
¿Mi Yo Mí? ¿Mi Yo Mí? ¿Mi Yo Mí?
¿Mi Yo Mí? ¿Mi Yo Mí? ¿Mi Yo Mí? ¿Mi Yo Mí? ¿Mi Yo Mí?
¿Mi Yo Mí? ¿Mi Yo Mí?

¿Mi Yo Mí? ¿Mi Yo Mí? ¿Mi Yo Mí? ¿Mi Yo Mí? ¿Mi Yo Mí?
¿Mi Yo Mí? ¿Mi Yo Mí? ¿Mi Yo Mí? ¿Mi Yo Mí? ¿Mi Yo Mí?

¿Mi Yo Mí? ¿Mi Yo Mí? ¿Mi Yo Mí? ¿Mi Yo Mí? ¿Mi Yo Mí?
¿Mi Yo Mí? ¿Mi Yo Mí? ¿Mi Yo Mí? ¿Mi Yo Mí? ¿Mi Yo Mí?

¿Mi Yo Mí? ¿Mi Yo Mí? ¿Mi Yo Mí? ¿Mi Yo Mí? ¿Mi Yo Mí?
¿Mi Yo Mí? ¿Mi Yo Mí? ¿Mi Yo Mí? ¿Mi Yo Mí? ¿Mi Yo Mí?
¿Mi Yo Mí? ¿Mi Yo Mí? ¿Mi Yo Mí? ¿Mi Yo Mí? ¿Mi Yo Mí?
¿Mi Yo Mí? ¿Mi Yo Mí? ¿Mi Yo Mí? ¿Mi Yo Mí? ¿Mi Yo Mí?
¿Mi Yo Mí? ¿Mi Yo Mí? ¿Mi Yo Mí? ¿Mi Yo Mí?
¿Mi Yo Mí? ¿Mi Yo Mí? ¿Mi Yo Mí? ¿Mi Yo Mí? ¿Mi Yo Mí?
¿Mi Yo Mí? ¿Mi Yo Mí? ¿Mi Yo Mí? ¿Mi Yo Mí?
¿Mi Yo Mí?

¿Mi Yo Mí? ¿Mi Yo Mí? ¿Mi Yo Mí? ¿Mi Yo Mí? ¿Mi Yo Mí?
¿Mi Yo Mí?

¿Mi Yo Mí? ¿Mi Yo Mí? ¿Mi Yo Mí? ¿Mi Yo Mí? ¿Mi Yo Mí?
¿Mi Yo Mí? ¿Mi Yo Mí? ¿Mi Yo Mí?

¿Mi Yo Mí? ¿Mi Yo Mí? ¿Mi Yo Mí? ¿Mi Yo Mí? ¿Mi Yo Mí?
¿Mi Yo Mí? ¿Mi Yo Mí? ¿Mi Yo Mí? ¿Mi Yo Mí? ¿Mi Yo Mí?
¿Mi Yo Mí? ¿Mi Yo Mí?

¿Mi Yo Mí? ¿Mi Yo Mí? ¿Mi Yo Mí? ¿Mi Yo Mí? ¿Mi Yo Mí?
¿Mi Yo Mí? ¿Mi Yo Mí? ¿Mi Yo Mí? ¿Mi Yo Mí? ¿Mi Yo Mí?
¿Mi Yo Mí? ¿Mi Yo Mí? ¿Mi Yo Mí? ¿Mi Yo Mí? ¿Mi Yo Mí?
¿Mi Yo Mí? ¿Mi Yo Mí? ¿Mi Yo Mí? ¿Mi Yo Mí? ¿Mi Yo Mí?
¿Mi Yo Mí? ¿Mi Yo Mí? ¿Mi Yo Mí? ¿Mi Yo Mí?

¿Mi Yo Mí? ¿Mi Yo Mí? ¿Mi Yo Mí? ¿Mi Yo Mí? ¿Mi Yo Mí?
¿Mi Yo Mí? ¿Mi Yo Mí? ¿Mi Yo Mí? ¿Mi Yo Mí? ¿Mi Yo Mí?

¿Mi Yo Mí? ¿Mi Yo Mí? ¿Mi Yo Mí? ¿Mi Yo Mí? ¿Mi Yo Mí?
¿Mi Yo Mí?

¿Mi Yo Mí? ¿Mi Yo Mí? ¿Mi Yo Mí? ¿Mi Yo Mí? ¿Mi Yo Mí?
¿Mi Yo Mí? ¿Mi Yo Mí? ¿Mi Yo Mí? ¿Mi Yo Mí? ¿Mi Yo Mí?
¿Mi Yo Mí? ¿Mi Yo Mí? ¿Mi Yo Mí?
¿Mi Yo Mí? ¿Mi Yo Mí? ¿Mi Yo Mí? ¿Mi Yo Mí? ¿Mi Yo Mí?
¿Mi Yo Mí? ¿Mi Yo Mí?

¿Mi Yo Mí? ¿Mi Yo Mí? ¿Mi Yo Mí? ¿Mi Yo Mí? ¿Mi Yo Mí?
¿Mi Yo Mí? ¿Mi Yo Mí? ¿Mi Yo Mí? ¿Mi Yo Mí? ¿Mi Yo Mí?
¿Mi Yo Mí? ¿Mi Yo Mí? ¿Mi Yo Mí? ¿Mi Yo Mí? ¿Mi Yo Mí?
¿Mi Yo Mí? ¿Mi Yo Mí? ¿Mi Yo Mí? ¿Mi Yo Mí? ¿Mi Yo Mí?

¿Mi Yo Mí? ¿Mi Yo Mí? ¿Mi Yo Mí? ¿Mi Yo Mí? ¿Mi Yo Mí?
¿Mi Yo Mí? ¿Mi Yo Mí? ¿Mi Yo Mí? ¿Mi Yo Mí? ¿Mi Yo Mí?
¿Mi Yo Mí? ¿Mi Yo Mí? ¿Mi Yo Mí? ¿Mi Yo Mí? ¿Mi Yo Mí?
¿Mi Yo Mí? ¿Mi Yo Mí? ¿Mi Yo Mí? ¿Mi Yo Mí? ¿Mi Yo Mí?
¿Mi Yo Mí? ¿Mi Yo Mí? ¿Mi Yo Mí? ¿Mi Yo Mí?
¿Mi Yo Mí? ¿Mi Yo Mí? ¿Mi Yo Mí? ¿Mi Yo Mí? ¿Mi Yo Mí?
¿Mi Yo Mí? ¿Mi Yo Mí? ¿Mi Yo Mí? ¿Mi Yo Mí?
¿Mi Yo Mí?

¿Mi Yo Mí? ¿Mi Yo Mí? ¿Mi Yo Mí? ¿Mi Yo Mí? ¿Mi Yo Mí?
¿Mi Yo Mí?

¿Mi Yo Mí? ¿Mi Yo Mí? ¿Mi Yo Mí? ¿Mi Yo Mí? ¿Mi Yo Mí?
¿Mi Yo Mí? ¿Mi Yo Mí? ¿Mi Yo Mí?

¿Mi Yo Mí? ¿Mi Yo Mí? ¿Mi Yo Mí? ¿Mi Yo Mí? ¿Mi Yo Mí?
¿Mi Yo Mí? ¿Mi Yo Mí? ¿Mi Yo Mí? ¿Mi Yo Mí? ¿Mi Yo Mí?
¿Mi Yo Mí? ¿Mi Yo Mí?

¿Mi Yo Mí? ¿Mi Yo Mí? ¿Mi Yo Mí? ¿Mi Yo Mí? ¿Mi Yo Mí?
¿Mi Yo Mí? ¿Mi Yo Mí? ¿Mi Yo Mí? ¿Mi Yo Mí? ¿Mi Yo Mí?
¿Mi Yo Mí? ¿Mi Yo Mí? ¿Mi Yo Mí? ¿Mi Yo Mí? ¿Mi Yo Mí?

¿Mi Yo Mí? ¿Mi Yo Mí? ¿Mi Yo Mí? ¿Mi Yo Mí? ¿Mi Yo Mí? ¿Mi Yo Mí? ¿Mi Yo Mí? ¿Mi Yo Mí? ¿Mi Yo Mí?

¿Mi Yo Mí? ¿Mi Yo Mí? ¿Mi Yo Mí? ¿Mi Yo Mí? ¿Mi Yo Mí? ¿Mi Yo Mí? ¿Mi Yo Mí? ¿Mi Yo Mí? ¿Mi Yo Mí? ¿Mi Yo Mí?

¿Mi Yo Mí? ¿Mi Yo Mí? ¿Mi Yo Mí? ¿Mi Yo Mí? ¿Mi Yo Mí? ¿Mi Yo Mí?

¿Mi Yo Mí? ¿Mi Yo Mí? ¿Mi Yo Mí? ¿Mi Yo Mí? ¿Mi Yo Mí? ¿Mi Yo Mí? ¿Mi Yo Mí? ¿Mi Yo Mí? ¿Mi Yo Mí? ¿Mi Yo Mí? ¿Mi Yo Mí? ¿Mi Yo Mí? ¿Mi Yo Mí?
¿Mi Yo Mí? ¿Mi Yo Mí? ¿Mi Yo Mí? ¿Mi Yo Mí? ¿Mi Yo Mí? ¿Mi Yo Mí? ¿Mi Yo Mí?

¿Mi Yo Mí? ¿Mi Yo Mí? ¿Mi Yo Mí? ¿Mi Yo Mí? ¿Mi Yo Mí? ¿Mi Yo Mí? ¿Mi Yo Mí? ¿Mi Yo Mí? ¿Mi Yo Mí? ¿Mi Yo Mí? ¿Mi Yo Mí? ¿Mi Yo Mí? ¿Mi Yo Mí? ¿Mi Yo Mí? ¿Mi Yo Mí? ¿Mi Yo Mí? ¿Mi Yo Mí? ¿Mi Yo Mí? ¿Mi Yo Mí? ¿Mi Yo Mí?

¿Mi Yo Mí? ¿Mi Yo Mí?
¿Mi Yo Mí? ¿Mi Yo Mí? ¿Mi Yo Mí? ¿Mi Yo Mí? ¿Mi Yo Mí? ¿Mi Yo Mí? ¿Mi Yo Mí? ¿Mi Yo Mí? ¿Mi Yo Mí?
¿Mi Yo Mí?

¿Mi Yo Mí? ¿Mi Yo Mí? ¿Mi Yo Mí? ¿Mi Yo Mí? ¿Mi Yo Mí? ¿Mi Yo Mí?

¿Mi Yo Mí? ¿Mi Yo Mí? ¿Mi Yo Mí? ¿Mi Yo Mí? ¿Mi Yo Mí?
¿Mi Yo Mí? ¿Mi Yo Mí? ¿Mi Yo Mí?

¿Mi Yo Mí? ¿Mi Yo Mí? ¿Mi Yo Mí? ¿Mi Yo Mí? ¿Mi Yo Mí?
¿Mi Yo Mí? ¿Mi Yo Mí? ¿Mi Yo Mí? ¿Mi Yo Mí? ¿Mi Yo Mí?
¿Mi Yo Mí? ¿Mi Yo Mí?

¿Mi Yo Mí? ¿Mi Yo Mí? ¿Mi Yo Mí? ¿Mi Yo Mí? ¿Mi Yo Mí?
¿Mi Yo Mí? ¿Mi Yo Mí? ¿Mi Yo Mí? ¿Mi Yo Mí? ¿Mi Yo Mí?
¿Mi Yo Mí? ¿Mi Yo Mí? ¿Mi Yo Mí? ¿Mi Yo Mí? ¿Mi Yo Mí?
¿Mi Yo Mí? ¿Mi Yo Mí? ¿Mi Yo Mí? ¿Mi Yo Mí? ¿Mi Yo Mí?
¿Mi Yo Mí? ¿Mi Yo Mí? ¿Mi Yo Mí? ¿Mi Yo Mí?

¿Mi Yo Mí? ¿Mi Yo Mí? ¿Mi Yo Mí? ¿Mi Yo Mí? ¿Mi Yo Mí?
¿Mi Yo Mí? ¿Mi Yo Mí? ¿Mi Yo Mí? ¿Mi Yo Mí? ¿Mi Yo Mí?

¿Mi Yo Mí? ¿Mi Yo Mí? ¿Mi Yo Mí? ¿Mi Yo Mí? ¿Mi Yo Mí?
¿Mi Yo Mí?

¿Mi Yo Mí? ¿Mi Yo Mí? ¿Mi Yo Mí? ¿Mi Yo Mí? ¿Mi Yo Mí?
¿Mi Yo Mí? ¿Mi Yo Mí? ¿Mi Yo Mí? ¿Mi Yo Mí? ¿Mi Yo Mí?
¿Mi Yo Mí? ¿Mi Yo Mí? ¿Mi Yo Mí?
¿Mi Yo Mí? ¿Mi Yo Mí? ¿Mi Yo Mí? ¿Mi Yo Mí? ¿Mi Yo Mí?
¿Mi Yo Mí? ¿Mi Yo Mí? ¿Mi Yo Mí? ¿Mi Yo Mí? ¿Mi Yo Mí?
¿Mi Yo Mí? ¿Mi Yo Mí? ¿Mi Yo Mí? ¿Mi Yo Mí? ¿Mi Yo Mí?
¿Mi Yo Mí? ¿Mi Yo Mí? ¿Mi Yo Mí? ¿Mi Yo Mí? ¿Mi Yo Mí?
¿Mi Yo Mí? ¿Mi Yo Mí? ¿Mi Yo Mí? ¿Mi Yo Mí? ¿Mi Yo Mí?
¿Mi Yo Mí? ¿Mi Yo Mí?

¿Mi Yo Mí? ¿Mi Yo Mí? ¿Mi Yo Mí? ¿Mi Yo Mí? ¿Mi Yo Mí?
¿Mi Yo Mí? ¿Mi Yo Mí? ¿Mi Yo Mí? ¿Mi Yo Mí? ¿Mi Yo Mí?
¿Mi Yo Mí? ¿Mi Yo Mí? ¿Mi Yo Mí? ¿Mi Yo Mí? ¿Mi Yo Mí?
¿Mi Yo Mí? ¿Mi Yo Mí? ¿Mi Yo Mí? ¿Mi Yo Mí? ¿Mi Yo Mí?

¿Mi Yo Mí? ¿Mi Yo Mí? ¿Mi Yo Mí? ¿Mi Yo Mí?
¿Mi Yo Mí? ¿Mi Yo Mí? ¿Mi Yo Mí? ¿Mi Yo Mí? ¿Mi Yo Mí?
¿Mi Yo Mí? ¿Mi Yo Mí? ¿Mi Yo Mí? ¿Mi Yo Mí?
¿Mi Yo Mí?

¿Mi Yo Mí? ¿Mi Yo Mí? ¿Mi Yo Mí? ¿Mi Yo Mí? ¿Mi Yo Mí?
¿Mi Yo Mí?

¿Mi Yo Mí? ¿Mi Yo Mí? ¿Mi Yo Mí? ¿Mi Yo Mí? ¿Mi Yo Mí?
¿Mi Yo Mí? ¿Mi Yo Mí? ¿Mi Yo Mí?

¿Mi Yo Mí? ¿Mi Yo Mí? ¿Mi Yo Mí? ¿Mi Yo Mí? ¿Mi Yo Mí?
¿Mi Yo Mí? ¿Mi Yo Mí? ¿Mi Yo Mí? ¿Mi Yo Mí? ¿Mi Yo Mí?
¿Mi Yo Mí? ¿Mi Yo Mí?

¿Mi Yo Mí? ¿Mi Yo Mí? ¿Mi Yo Mí? ¿Mi Yo Mí? ¿Mi Yo Mí?
¿Mi Yo Mí? ¿Mi Yo Mí? ¿Mi Yo Mí? ¿Mi Yo Mí? ¿Mi Yo Mí?
¿Mi Yo Mí? ¿Mi Yo Mí? ¿Mi Yo Mí? ¿Mi Yo Mí? ¿Mi Yo Mí?
¿Mi Yo Mí? ¿Mi Yo Mí? ¿Mi Yo Mí? ¿Mi Yo Mí? ¿Mi Yo Mí?
¿Mi Yo Mí? ¿Mi Yo Mí? ¿Mi Yo Mí? ¿Mi Yo Mí?

¿Mi Yo Mí? ¿Mi Yo Mí? ¿Mi Yo Mí? ¿Mi Yo Mí? ¿Mi Yo Mí?
¿Mi Yo Mí? ¿Mi Yo Mí? ¿Mi Yo Mí? ¿Mi Yo Mí? ¿Mi Yo Mí?

¿Mi Yo Mí? ¿Mi Yo Mí? ¿Mi Yo Mí? ¿Mi Yo Mí? ¿Mi Yo Mí?
¿Mi Yo Mí?

¿Mi Yo Mí? ¿Mi Yo Mí? ¿Mi Yo Mí? ¿Mi Yo Mí? ¿Mi Yo Mí?
¿Mi Yo Mí? ¿Mi Yo Mí? ¿Mi Yo Mí? ¿Mi Yo Mí? ¿Mi Yo Mí?
¿Mi Yo Mí? ¿Mi Yo Mí? ¿Mi Yo Mí?
¿Mi Yo Mí? ¿Mi Yo Mí? ¿Mi Yo Mí? ¿Mi Yo Mí? ¿Mi Yo Mí?
¿Mi Yo Mí? ¿Mi Yo Mí?

¿Mi Yo Mí? ¿Mi Yo Mí? ¿Mi Yo Mí? ¿Mi Yo Mí? ¿Mi Yo Mí?
¿Mi Yo Mí? ¿Mi Yo Mí? ¿Mi Yo Mí? ¿Mi Yo Mí? ¿Mi Yo Mí?
¿Mi Yo Mí? ¿Mi Yo Mí? ¿Mi Yo Mí? ¿Mi Yo Mí? ¿Mi Yo Mí?
¿Mi Yo Mí? ¿Mi Yo Mí? ¿Mi Yo Mí? ¿Mi Yo Mí? ¿Mi Yo Mí?

¿Mi Yo Mí? ¿Mi Yo Mí? ¿Mi Yo Mí? ¿Mi Yo Mí? ¿Mi Yo Mí?
¿Mi Yo Mí? ¿Mi Yo Mí? ¿Mi Yo Mí? ¿Mi Yo Mí? ¿Mi Yo Mí?
¿Mi Yo Mí? ¿Mi Yo Mí? ¿Mi Yo Mí? ¿Mi Yo Mí? ¿Mi Yo Mí?
¿Mi Yo Mí? ¿Mi Yo Mí? ¿Mi Yo Mí? ¿Mi Yo Mí? ¿Mi Yo Mí?
¿Mi Yo Mí? ¿Mi Yo Mí? ¿Mi Yo Mí? ¿Mi Yo Mí?
¿Mi Yo Mí? ¿Mi Yo Mí? ¿Mi Yo Mí? ¿Mi Yo Mí? ¿Mi Yo Mí?
¿Mi Yo Mí? ¿Mi Yo Mí? ¿Mi Yo Mí? ¿Mi Yo Mí?
¿Mi Yo Mí?

¿Mi Yo Mí? ¿Mi Yo Mí? ¿Mi Yo Mí? ¿Mi Yo Mí? ¿Mi Yo Mí?
¿Mi Yo Mí?

¿Mi Yo Mí? ¿Mi Yo Mí? ¿Mi Yo Mí? ¿Mi Yo Mí? ¿Mi Yo Mí?
¿Mi Yo Mí? ¿Mi Yo Mí? ¿Mi Yo Mí?

¿Mi Yo Mí? ¿Mi Yo Mí? ¿Mi Yo Mí? ¿Mi Yo Mí? ¿Mi Yo Mí?
¿Mi Yo Mí? ¿Mi Yo Mí? ¿Mi Yo Mí? ¿Mi Yo Mí? ¿Mi Yo Mí?
¿Mi Yo Mí? ¿Mi Yo Mí?

¿Mi Yo Mí? ¿Mi Yo Mí? ¿Mi Yo Mí? ¿Mi Yo Mí? ¿Mi Yo Mí?
¿Mi Yo Mí? ¿Mi Yo Mí? ¿Mi Yo Mí? ¿Mi Yo Mí? ¿Mi Yo Mí?
¿Mi Yo Mí? ¿Mi Yo Mí? ¿Mi Yo Mí? ¿Mi Yo Mí? ¿Mi Yo Mí?
¿Mi Yo Mí? ¿Mi Yo Mí? ¿Mi Yo Mí? ¿Mi Yo Mí? ¿Mi Yo Mí?
¿Mi Yo Mí? ¿Mi Yo Mí? ¿Mi Yo Mí? ¿Mi Yo Mí?

¿Mi Yo Mí? ¿Mi Yo Mí? ¿Mi Yo Mí? ¿Mi Yo Mí? ¿Mi Yo Mí?
¿Mi Yo Mí? ¿Mi Yo Mí? ¿Mi Yo Mí? ¿Mi Yo Mí? ¿Mi Yo Mí?

¿Mi Yo Mí? ¿Mi Yo Mí? ¿Mi Yo Mí? ¿Mi Yo Mí? ¿Mi Yo Mí? ¿Mi Yo Mí?

¿Mi Yo Mí? ¿Mi Yo Mí? ¿Mi Yo Mí? ¿Mi Yo Mí? ¿Mi Yo Mí? ¿Mi Yo Mí? ¿Mi Yo Mí? ¿Mi Yo Mí? ¿Mi Yo Mí? ¿Mi Yo Mí? ¿Mi Yo Mí? ¿Mi Yo Mí? ¿Mi Yo Mí?
¿Mi Yo Mí? ¿Mi Yo Mí? ¿Mi Yo Mí? ¿Mi Yo Mí? ¿Mi Yo Mí? ¿Mi Yo Mí? ¿Mi Yo Mí?

¿Mi Yo Mí? ¿Mi Yo Mí? ¿Mi Yo Mí? ¿Mi Yo Mí? ¿Mi Yo Mí? ¿Mi Yo Mí? ¿Mi Yo Mí? ¿Mi Yo Mí? ¿Mi Yo Mí? ¿Mi Yo Mí? ¿Mi Yo Mí? ¿Mi Yo Mí? ¿Mi Yo Mí? ¿Mi Yo Mí? ¿Mi Yo Mí? ¿Mi Yo Mí? ¿Mi Yo Mí? ¿Mi Yo Mí? ¿Mi Yo Mí? ¿Mi Yo Mí?

¿Mi Yo Mí? ¿Mi Yo Mí?
¿Mi Yo Mí? ¿Mi Yo Mí? ¿Mi Yo Mí? ¿Mi Yo Mí? ¿Mi Yo Mí? ¿Mi Yo Mí? ¿Mi Yo Mí? ¿Mi Yo Mí? ¿Mi Yo Mí?
¿Mi Yo Mí?

¿Mi Yo Mí? ¿Mi Yo Mí? ¿Mi Yo Mí? ¿Mi Yo Mí? ¿Mi Yo Mí? ¿Mi Yo Mí?

¿Mi Yo Mí? ¿Mi Yo Mí? ¿Mi Yo Mí? ¿Mi Yo Mí? ¿Mi Yo Mí? ¿Mi Yo Mí? ¿Mi Yo Mí? ¿Mi Yo Mí?

¿Mi Yo Mí? ¿Mi Yo Mí? ¿Mi Yo Mí? ¿Mi Yo Mí? ¿Mi Yo Mí? ¿Mi Yo Mí? ¿Mi Yo Mí? ¿Mi Yo Mí? ¿Mi Yo Mí? ¿Mi Yo Mí? ¿Mi Yo Mí? ¿Mi Yo Mí?

¿Mi Yo Mí? ¿Mi Yo Mí? ¿Mi Yo Mí? ¿Mi Yo Mí? ¿Mi Yo Mí?
¿Mi Yo Mí? ¿Mi Yo Mí? ¿Mi Yo Mí? ¿Mi Yo Mí? ¿Mi Yo Mí?
¿Mi Yo Mí? ¿Mi Yo Mí? ¿Mi Yo Mí? ¿Mi Yo Mí? ¿Mi Yo Mí?
¿Mi Yo Mí? ¿Mi Yo Mí? ¿Mi Yo Mí? ¿Mi Yo Mí? ¿Mi Yo Mí?
¿Mi Yo Mí? ¿Mi Yo Mí? ¿Mi Yo Mí? ¿Mi Yo Mí?

¿Mi Yo Mí? ¿Mi Yo Mí? ¿Mi Yo Mí? ¿Mi Yo Mí? ¿Mi Yo Mí?
¿Mi Yo Mí? ¿Mi Yo Mí? ¿Mi Yo Mí? ¿Mi Yo Mí? ¿Mi Yo Mí?

¿Mi Yo Mí? ¿Mi Yo Mí? ¿Mi Yo Mí? ¿Mi Yo Mí? ¿Mi Yo Mí?
¿Mi Yo Mí?

¿Mi Yo Mí? ¿Mi Yo Mí? ¿Mi Yo Mí? ¿Mi Yo Mí? ¿Mi Yo Mí?
¿Mi Yo Mí? ¿Mi Yo Mí? ¿Mi Yo Mí? ¿Mi Yo Mí? ¿Mi Yo Mí?
¿Mi Yo Mí? ¿Mi Yo Mí? ¿Mi Yo Mí?
¿Mi Yo Mí? ¿Mi Yo Mí? ¿Mi Yo Mí? ¿Mi Yo Mí? ¿Mi Yo Mí?
¿Mi Yo Mí? ¿Mi Yo Mí?

¿Mi Yo Mí? ¿Mi Yo Mí? ¿Mi Yo Mí? ¿Mi Yo Mí? ¿Mi Yo Mí?
¿Mi Yo Mí? ¿Mi Yo Mí? ¿Mi Yo Mí? ¿Mi Yo Mí? ¿Mi Yo Mí?
¿Mi Yo Mí? ¿Mi Yo Mí? ¿Mi Yo Mí? ¿Mi Yo Mí? ¿Mi Yo Mí?
¿Mi Yo Mí? ¿Mi Yo Mí? ¿Mi Yo Mí? ¿Mi Yo Mí? ¿Mi Yo Mí?

¿Mi Yo Mí? ¿Mi Yo Mí? ¿Mi Yo Mí? ¿Mi Yo Mí? ¿Mi Yo Mí?
¿Mi Yo Mí? ¿Mi Yo Mí? ¿Mi Yo Mí? ¿Mi Yo Mí? ¿Mi Yo Mí?
¿Mi Yo Mí? ¿Mi Yo Mí? ¿Mi Yo Mí? ¿Mi Yo Mí? ¿Mi Yo Mí?
¿Mi Yo Mí? ¿Mi Yo Mí? ¿Mi Yo Mí? ¿Mi Yo Mí? ¿Mi Yo Mí?
¿Mi Yo Mí? ¿Mi Yo Mí? ¿Mi Yo Mí? ¿Mi Yo Mí?
¿Mi Yo Mí? ¿Mi Yo Mí? ¿Mi Yo Mí? ¿Mi Yo Mí? ¿Mi Yo Mí?
¿Mi Yo Mí? ¿Mi Yo Mí? ¿Mi Yo Mí? ¿Mi Yo Mí?
¿Mi Yo Mí?

¿Mi Yo Mí? ¿Mi Yo Mí? ¿Mi Yo Mí? ¿Mi Yo Mí? ¿Mi Yo Mí? ¿Mi Yo Mí?

¿Mi Yo Mí? ¿Mi Yo Mí? ¿Mi Yo Mí? ¿Mi Yo Mí? ¿Mi Yo Mí? ¿Mi Yo Mí? ¿Mi Yo Mí? ¿Mi Yo Mí?

¿Mi Yo Mí? ¿Mi Yo Mí? ¿Mi Yo Mí? ¿Mi Yo Mí? ¿Mi Yo Mí? ¿Mi Yo Mí? ¿Mi Yo Mí? ¿Mi Yo Mí? ¿Mi Yo Mí? ¿Mi Yo Mí? ¿Mi Yo Mí? ¿Mi Yo Mí?

¿Mi Yo Mí? ¿Mi Yo Mí?

¿Mi Yo Mí? ¿Mi Yo Mí? ¿Mi Yo Mí? ¿Mi Yo Mí? ¿Mi Yo Mí? ¿Mi Yo Mí? ¿Mi Yo Mí? ¿Mi Yo Mí? ¿Mi Yo Mí? ¿Mi Yo Mí?

¿Mi Yo Mí? ¿Mi Yo Mí? ¿Mi Yo Mí? ¿Mi Yo Mí? ¿Mi Yo Mí? ¿Mi Yo Mí?

¿Mi Yo Mí? ¿Mi Yo Mí? ¿Mi Yo Mí? ¿Mi Yo Mí? ¿Mi Yo Mí? ¿Mi Yo Mí? ¿Mi Yo Mí? ¿Mi Yo Mí? ¿Mi Yo Mí? ¿Mi Yo Mí? ¿Mi Yo Mí? ¿Mi Yo Mí? ¿Mi Yo Mí?
¿Mi Yo Mí? ¿Mi Yo Mí? ¿Mi Yo Mí? ¿Mi Yo Mí? ¿Mi Yo Mí? ¿Mi Yo Mí? ¿Mi Yo Mí?

¿Mi Yo Mí? ¿Mi Yo Mí? ¿Mi Yo Mí? ¿Mi Yo Mí? ¿Mi Yo Mí? ¿Mi Yo Mí? ¿Mi Yo Mí? ¿Mi Yo Mí? ¿Mi Yo Mí? ¿Mi Yo Mí? ¿Mi Yo Mí? ¿Mi Yo Mí? ¿Mi Yo Mí? ¿Mi Yo Mí? ¿Mi Yo Mí? ¿Mi Yo Mí? ¿Mi Yo Mí? ¿Mi Yo Mí? ¿Mi Yo Mí? ¿Mi Yo Mí?

¿Mi Yo Mí? ¿Mi Yo Mí? ¿Mi Yo Mí? ¿Mi Yo Mí? ¿Mi Yo Mí?
¿Mi Yo Mí? ¿Mi Yo Mí? ¿Mi Yo Mí? ¿Mi Yo Mí? ¿Mi Yo Mí?
¿Mi Yo Mí? ¿Mi Yo Mí? ¿Mi Yo Mí? ¿Mi Yo Mí? ¿Mi Yo Mí?
¿Mi Yo Mí? ¿Mi Yo Mí? ¿Mi Yo Mí? ¿Mi Yo Mí? ¿Mi Yo Mí?
¿Mi Yo Mí? ¿Mi Yo Mí? ¿Mi Yo Mí? ¿Mi Yo Mí?
¿Mi Yo Mí? ¿Mi Yo Mí? ¿Mi Yo Mí? ¿Mi Yo Mí? ¿Mi Yo Mí?
¿Mi Yo Mí? ¿Mi Yo Mí? ¿Mi Yo Mí? ¿Mi Yo Mí?
¿Mi Yo Mí?

¿Mi Yo Mí? ¿Mi Yo Mí? ¿Mi Yo Mí? ¿Mi Yo Mí? ¿Mi Yo Mí?
¿Mi Yo Mí?

¿Mi Yo Mí? ¿Mi Yo Mí? ¿Mi Yo Mí? ¿Mi Yo Mí? ¿Mi Yo Mí?
¿Mi Yo Mí? ¿Mi Yo Mí? ¿Mi Yo Mí?

¿Mi Yo Mí? ¿Mi Yo Mí? ¿Mi Yo Mí? ¿Mi Yo Mí? ¿Mi Yo Mí?
¿Mi Yo Mí? ¿Mi Yo Mí? ¿Mi Yo Mí? ¿Mi Yo Mí? ¿Mi Yo Mí?
¿Mi Yo Mí? ¿Mi Yo Mí?

¿Mi Yo Mí? ¿Mi Yo Mí? ¿Mi Yo Mí? ¿Mi Yo Mí? ¿Mi Yo Mí?
¿Mi Yo Mí? ¿Mi Yo Mí? ¿Mi Yo Mí? ¿Mi Yo Mí? ¿Mi Yo Mí?
¿Mi Yo Mí? ¿Mi Yo Mí? ¿Mi Yo Mí? ¿Mi Yo Mí? ¿Mi Yo Mí?
¿Mi Yo Mí? ¿Mi Yo Mí? ¿Mi Yo Mí? ¿Mi Yo Mí? ¿Mi Yo Mí?
¿Mi Yo Mí? ¿Mi Yo Mí? ¿Mi Yo Mí? ¿Mi Yo Mí?

¿Mi Yo Mí? ¿Mi Yo Mí? ¿Mi Yo Mí? ¿Mi Yo Mí? ¿Mi Yo Mí?
¿Mi Yo Mí? ¿Mi Yo Mí? ¿Mi Yo Mí? ¿Mi Yo Mí? ¿Mi Yo Mí?

¿Mi Yo Mí? ¿Mi Yo Mí? ¿Mi Yo Mí? ¿Mi Yo Mí? ¿Mi Yo Mí?
¿Mi Yo Mí?

¿Mi Yo Mí? ¿Mi Yo Mí? ¿Mi Yo Mí? ¿Mi Yo Mí? ¿Mi Yo Mí?
¿Mi Yo Mí? ¿Mi Yo Mí? ¿Mi Yo Mí? ¿Mi Yo Mí? ¿Mi Yo Mí?

¿Mi Yo Mí? ¿Mi Yo Mí? ¿Mi Yo Mí?
¿Mi Yo Mí? ¿Mi Yo Mí? ¿Mi Yo Mí? ¿Mi Yo Mí? ¿Mi Yo Mí?
¿Mi Yo Mí? ¿Mi Yo Mí?

¿Mi Yo Mí? ¿Mi Yo Mí? ¿Mi Yo Mí? ¿Mi Yo Mí? ¿Mi Yo Mí?
¿Mi Yo Mí? ¿Mi Yo Mí? ¿Mi Yo Mí? ¿Mi Yo Mí? ¿Mi Yo Mí?
¿Mi Yo Mí? ¿Mi Yo Mí? ¿Mi Yo Mí? ¿Mi Yo Mí? ¿Mi Yo Mí?
¿Mi Yo Mí? ¿Mi Yo Mí? ¿Mi Yo Mí? ¿Mi Yo Mí? ¿Mi Yo Mí?

¿Mi Yo Mí? ¿Mi Yo Mí? ¿Mi Yo Mí? ¿Mi Yo Mí? ¿Mi Yo Mí?
¿Mi Yo Mí? ¿Mi Yo Mí? ¿Mi Yo Mí? ¿Mi Yo Mí? ¿Mi Yo Mí?
¿Mi Yo Mí? ¿Mi Yo Mí? ¿Mi Yo Mí? ¿Mi Yo Mí? ¿Mi Yo Mí?
¿Mi Yo Mí? ¿Mi Yo Mí? ¿Mi Yo Mí? ¿Mi Yo Mí? ¿Mi Yo Mí?
¿Mi Yo Mí? ¿Mi Yo Mí? ¿Mi Yo Mí? ¿Mi Yo Mí?
¿Mi Yo Mí? ¿Mi Yo Mí? ¿Mi Yo Mí? ¿Mi Yo Mí? ¿Mi Yo Mí?
¿Mi Yo Mí? ¿Mi Yo Mí? ¿Mi Yo Mí? ¿Mi Yo Mí?
¿Mi Yo Mí?

¿Mi Yo Mí? ¿Mi Yo Mí? ¿Mi Yo Mí? ¿Mi Yo Mí? ¿Mi Yo Mí?
¿Mi Yo Mí?

¿Mi Yo Mí? ¿Mi Yo Mí? ¿Mi Yo Mí? ¿Mi Yo Mí? ¿Mi Yo Mí?
¿Mi Yo Mí? ¿Mi Yo Mí? ¿Mi Yo Mí?

¿Mi Yo Mí? ¿Mi Yo Mí? ¿Mi Yo Mí? ¿Mi Yo Mí? ¿Mi Yo Mí?
¿Mi Yo Mí? ¿Mi Yo Mí? ¿Mi Yo Mí? ¿Mi Yo Mí? ¿Mi Yo Mí?
¿Mi Yo Mí? ¿Mi Yo Mí?

¿Mi Yo Mí? ¿Mi Yo Mí? ¿Mi Yo Mí? ¿Mi Yo Mí? ¿Mi Yo Mí?
¿Mi Yo Mí? ¿Mi Yo Mí? ¿Mi Yo Mí? ¿Mi Yo Mí? ¿Mi Yo Mí?
¿Mi Yo Mí? ¿Mi Yo Mí? ¿Mi Yo Mí? ¿Mi Yo Mí? ¿Mi Yo Mí?
¿Mi Yo Mí? ¿Mi Yo Mí? ¿Mi Yo Mí? ¿Mi Yo Mí? ¿Mi Yo Mí?
¿Mi Yo Mí? ¿Mi Yo Mí? ¿Mi Yo Mí? ¿Mi Yo Mí?

¿Mi Yo Mí? ¿Mi Yo Mí? ¿Mi Yo Mí? ¿Mi Yo Mí? ¿Mi Yo Mí?
¿Mi Yo Mí? ¿Mi Yo Mí? ¿Mi Yo Mí? ¿Mi Yo Mí? ¿Mi Yo Mí?

¿Mi Yo Mí? ¿Mi Yo Mí? ¿Mi Yo Mí? ¿Mi Yo Mí? ¿Mi Yo Mí?
¿Mi Yo Mí?

¿Mi Yo Mí? ¿Mi Yo Mí? ¿Mi Yo Mí? ¿Mi Yo Mí? ¿Mi Yo Mí?
¿Mi Yo Mí? ¿Mi Yo Mí? ¿Mi Yo Mí? ¿Mi Yo Mí? ¿Mi Yo Mí?
¿Mi Yo Mí? ¿Mi Yo Mí? ¿Mi Yo Mí?
¿Mi Yo Mí? ¿Mi Yo Mí? ¿Mi Yo Mí? ¿Mi Yo Mí? ¿Mi Yo Mí?
¿Mi Yo Mí? ¿Mi Yo Mí?

¿Mi Yo Mí? ¿Mi Yo Mí? ¿Mi Yo Mí? ¿Mi Yo Mí? ¿Mi Yo Mí?
¿Mi Yo Mí? ¿Mi Yo Mí? ¿Mi Yo Mí? ¿Mi Yo Mí? ¿Mi Yo Mí?
¿Mi Yo Mí? ¿Mi Yo Mí? ¿Mi Yo Mí? ¿Mi Yo Mí? ¿Mi Yo Mí?
¿Mi Yo Mí? ¿Mi Yo Mí? ¿Mi Yo Mí? ¿Mi Yo Mí? ¿Mi Yo Mí?

¿Mi Yo Mí? ¿Mi Yo Mí? ¿Mi Yo Mí? ¿Mi Yo Mí? ¿Mi Yo Mí?
¿Mi Yo Mí? ¿Mi Yo Mí? ¿Mi Yo Mí? ¿Mi Yo Mí? ¿Mi Yo Mí?
¿Mi Yo Mí? ¿Mi Yo Mí? ¿Mi Yo Mí? ¿Mi Yo Mí? ¿Mi Yo Mí?
¿Mi Yo Mí? ¿Mi Yo Mí? ¿Mi Yo Mí? ¿Mi Yo Mí? ¿Mi Yo Mí?
¿Mi Yo Mí? ¿Mi Yo Mí? ¿Mi Yo Mí? ¿Mi Yo Mí?
¿Mi Yo Mí? ¿Mi Yo Mí? ¿Mi Yo Mí? ¿Mi Yo Mí? ¿Mi Yo Mí?
¿Mi Yo Mí? ¿Mi Yo Mí? ¿Mi Yo Mí? ¿Mi Yo Mí?
¿Mi Yo Mí?

¿Mi Yo Mí? ¿Mi Yo Mí? ¿Mi Yo Mí? ¿Mi Yo Mí? ¿Mi Yo Mí?
¿Mi Yo Mí?

¿Mi Yo Mí? ¿Mi Yo Mí? ¿Mi Yo Mí? ¿Mi Yo Mí? ¿Mi Yo Mí?
¿Mi Yo Mí? ¿Mi Yo Mí? ¿Mi Yo Mí?

¿Mi Yo Mí? ¿Mi Yo Mí? ¿Mi Yo Mí? ¿Mi Yo Mí? ¿Mi Yo Mí?
¿Mi Yo Mí? ¿Mi Yo Mí? ¿Mi Yo Mí? ¿Mi Yo Mí? ¿Mi Yo Mí?
¿Mi Yo Mí? ¿Mi Yo Mí?

¿Mi Yo Mí? ¿Mi Yo Mí? ¿Mi Yo Mí? ¿Mi Yo Mí? ¿Mi Yo Mí?
¿Mi Yo Mí? ¿Mi Yo Mí? ¿Mi Yo Mí? ¿Mi Yo Mí? ¿Mi Yo Mí?
¿Mi Yo Mí? ¿Mi Yo Mí? ¿Mi Yo Mí? ¿Mi Yo Mí? ¿Mi Yo Mí?
¿Mi Yo Mí? ¿Mi Yo Mí? ¿Mi Yo Mí? ¿Mi Yo Mí? ¿Mi Yo Mí?
¿Mi Yo Mí? ¿Mi Yo Mí? ¿Mi Yo Mí? ¿Mi Yo Mí?

¿Mi Yo Mí? ¿Mi Yo Mí? ¿Mi Yo Mí? ¿Mi Yo Mí? ¿Mi Yo Mí?
¿Mi Yo Mí? ¿Mi Yo Mí? ¿Mi Yo Mí? ¿Mi Yo Mí? ¿Mi Yo Mí?

¿Mi Yo Mí? ¿Mi Yo Mí? ¿Mi Yo Mí? ¿Mi Yo Mí? ¿Mi Yo Mí?
¿Mi Yo Mí?

¿Mi Yo Mí? ¿Mi Yo Mí? ¿Mi Yo Mí? ¿Mi Yo Mí? ¿Mi Yo Mí?
¿Mi Yo Mí? ¿Mi Yo Mí? ¿Mi Yo Mí? ¿Mi Yo Mí? ¿Mi Yo Mí?
¿Mi Yo Mí? ¿Mi Yo Mí? ¿Mi Yo Mí?
¿Mi Yo Mí? ¿Mi Yo Mí? ¿Mi Yo Mí? ¿Mi Yo Mí? ¿Mi Yo Mí?

¿Mi Yo Mí? ¿Mi Yo Mí?

Capitolo 16

Yo Mío Mí

Yo Mío Mí. Yo Mío Mí. Yo Mío Mí. Yo Mío Mí. Yo Mío Mí. Yo Mío Mí. Yo Mío Mí. Yo Mío Mí. Yo Mío Mí. Yo Mío Mí. Yo Mío Mí. Yo Mío Mí. Yo Mío Mí.

Yo Mío Mí. Yo Mío Mí. Yo Mío Mí. Yo Mío Mí. Yo Mío Mí. Yo Mío Mí. Yo Mío Mí. Yo Mío Mí. Yo Mío Mí. Yo Mío Mí. Yo Mío Mí. Yo Mío Mí. Yo Mío Mí. Yo Mío Mí. Yo Mío Mí. Yo Mío Mí.

Yo Mío Mí. Yo Mío Mí. Yo Mío Mí.
Yo Mío Mí. Yo Mío Mí. Yo Mío Mí. Yo Mío Mí. Yo Mío Mí. Yo Mío Mí. Yo Mío Mí. Yo Mío Mí. Yo Mío Mí. Yo Mío Mí. Yo Mío Mí. Yo Mío Mí.
Yo Mío Mí. Yo Mío Mí. Yo Mío Mí. Yo Mío Mí. Yo Mío Mí. Yo Mío Mí. Yo Mío Mí. Yo Mío Mí. Yo Mío Mí. Yo Mío Mí. Yo Mío Mí. Yo Mío Mí. Yo Mío Mí. Yo Mío Mí.

Yo Mío Mí. Yo Mío Mí. Yo Mío Mí. Yo Mío Mí. Yo Mío Mí. Yo Mío Mí. Yo Mío Mí. Yo Mío Mí. Yo Mío Mí. Yo Mío Mí. Yo Mío Mí. Yo Mío Mí. Yo Mío Mí. Yo Mío Mí. Yo Mío Mí. Yo Mío Mí. Yo Mío Mí. Yo Mío Mí.
Yo Mío Mí. Yo Mío Mí. Yo Mío Mí. Yo Mío Mí. Yo Mío Mí. Yo Mío Mí. Yo Mío Mí. Yo Mío Mí. Yo Mío Mí. Yo Mío Mí. Yo Mío Mí.

Yo Mío Mí. Yo Mío Mí. Yo Mío Mí. Yo Mío Mí. Yo Mío Mí. Yo Mío Mí. Yo Mío Mí. Yo Mío Mí. Yo Mío Mí. Yo Mío Mí. Yo Mío Mí. Yo Mío Mí. Yo Mío Mí.

Yo Mío Mí. Yo Mío Mí. Yo Mío Mí. Yo Mío Mí. Yo Mío Mí. Yo Mío Mí. Yo Mío Mí. Yo Mío Mí. Yo Mío Mí. Yo Mío Mí. Yo Mío Mí. Yo Mío Mí. Yo Mío Mí. Yo Mío Mí. Yo Mío Mí. Yo Mío Mí.

Yo Mío Mí. Yo Mío Mí. Yo Mío Mí.
Yo Mío Mí. Yo Mío Mí. Yo Mío Mí. Yo Mío Mí. Yo Mío Mí. Yo Mío Mí. Yo Mío Mí. Yo Mío Mí. Yo Mío Mí. Yo Mío Mí. Yo Mío Mí. Yo Mío Mí.
Yo Mío Mí. Yo Mío Mí. Yo Mío Mí. Yo Mío Mí. Yo Mío Mí. Yo Mío Mí. Yo Mío Mí. Yo Mío Mí. Yo Mío Mí. Yo Mío Mí. Yo Mío Mí. Yo Mío Mí. Yo Mío Mí. Yo Mío Mí.

Yo Mío Mí. Yo Mío Mí. Yo Mío Mí. Yo Mío Mí. Yo Mío Mí. Yo Mío Mí. Yo Mío Mí. Yo Mío Mí. Yo Mío Mí. Yo Mío Mí. Yo Mío Mí. Yo Mío Mí. Yo Mío Mí. Yo Mío Mí. Yo Mío Mí. Yo Mío Mí. Yo Mío Mí. Yo Mío Mí.
Yo Mío Mí. Yo Mío Mí. Yo Mío Mí. Yo Mío Mí. Yo Mío Mí. Yo Mío Mí. Yo Mío Mí. Yo Mío Mí. Yo Mío Mí. Yo Mío Mí. Yo Mío Mí.

Yo Mío Mí. Yo Mío Mí. Yo Mío Mí. Yo Mío Mí. Yo Mío Mí. Yo Mío Mí. Yo Mío Mí. Yo Mío Mí. Yo Mío Mí. Yo Mío Mí. Yo Mío Mí. Yo Mío Mí. Yo Mío Mí.

Yo Mío Mí. Yo Mío Mí. Yo Mío Mí. Yo Mío Mí. Yo Mío Mí. Yo Mío Mí. Yo Mío Mí. Yo Mío Mí. Yo Mío Mí. Yo Mío Mí. Yo Mío Mí. Yo Mío Mí. Yo Mío Mí. Yo Mío Mí. Yo Mío Mí. Yo Mío Mí.

Yo Mío Mí. Yo Mío Mí. Yo Mío Mí.
Yo Mío Mí. Yo Mío Mí. Yo Mío Mí. Yo Mío Mí. Yo Mío Mí. Yo Mío Mí. Yo Mío Mí. Yo Mío Mí. Yo Mío Mí. Yo Mío Mí.

Yo Mío Mí. Yo Mío Mí.
Yo Mío Mí. Yo Mío Mí. Yo Mío Mí. Yo Mío Mí. Yo Mío Mí. Yo Mío Mí. Yo Mío Mí. Yo Mío Mí. Yo Mío Mí. Yo Mío Mí. Yo Mío Mí. Yo Mío Mí. Yo Mío Mí. Yo Mío Mí.

Yo Mío Mí. Yo Mío Mí. Yo Mío Mí. Yo Mío Mí. Yo Mío Mí. Yo Mío Mí. Yo Mío Mí. Yo Mío Mí. Yo Mío Mí. Yo Mío Mí. Yo Mío Mí. Yo Mío Mí. Yo Mío Mí. Yo Mío Mí. Yo Mío Mí. Yo Mío Mí. Yo Mío Mí. Yo Mío Mí.
Yo Mío Mí. Yo Mío Mí. Yo Mío Mí. Yo Mío Mí. Yo Mío Mí. Yo Mío Mí. Yo Mío Mí. Yo Mío Mí. Yo Mío Mí. Yo Mío Mí. Yo Mío Mí.

Yo Mío Mí. Yo Mío Mí. Yo Mío Mí. Yo Mío Mí. Yo Mío Mí. Yo Mío Mí. Yo Mío Mí. Yo Mío Mí. Yo Mío Mí. Yo Mío Mí. Yo Mío Mí. Yo Mío Mí. Yo Mío Mí.

Yo Mío Mí. Yo Mío Mí. Yo Mío Mí. Yo Mío Mí. Yo Mío Mí. Yo Mío Mí. Yo Mío Mí. Yo Mío Mí. Yo Mío Mí. Yo Mío Mí. Yo Mío Mí. Yo Mío Mí. Yo Mío Mí. Yo Mío Mí. Yo Mío Mí. Yo Mío Mí.

Yo Mío Mí. Yo Mío Mí. Yo Mío Mí.
Yo Mío Mí. Yo Mío Mí. Yo Mío Mí. Yo Mío Mí. Yo Mío Mí. Yo Mío Mí. Yo Mío Mí. Yo Mío Mí. Yo Mío Mí. Yo Mío Mí. Yo Mío Mí. Yo Mío Mí.
Yo Mío Mí. Yo Mío Mí. Yo Mío Mí. Yo Mío Mí. Yo Mío Mí. Yo Mío Mí. Yo Mío Mí. Yo Mío Mí. Yo Mío Mí. Yo Mío Mí. Yo Mío Mí. Yo Mío Mí. Yo Mío Mí. Yo Mío Mí.

Yo Mío Mí. Yo Mío Mí. Yo Mío Mí. Yo Mío Mí. Yo Mío Mí. Yo Mío Mí. Yo Mío Mí. Yo Mío Mí. Yo Mío Mí. Yo Mío Mí. Yo Mío Mí. Yo Mío Mí. Yo Mío Mí. Yo Mío Mí. Yo Mío Mí.

Yo Mío Mí. Yo Mío Mí. Yo Mío Mí.
Yo Mío Mí. Yo Mío Mí. Yo Mío Mí. Yo Mío Mí. Yo Mío Mí.
Yo Mío Mí. Yo Mío Mí. Yo Mío Mí. Yo Mío Mí. Yo Mío Mí.
Yo Mío Mí. Yo Mío Mí. Yo Mío Mí. Yo Mío Mí. Yo Mío Mí.
Yo Mío Mí. Yo Mío Mí. Yo Mío Mí. Yo Mío Mí. Yo Mío Mí.
Yo Mío Mí. Yo Mío Mí. Yo Mío Mí. Yo Mío Mí.

Yo Mío Mí. Yo Mío Mí. Yo Mío Mí. Yo Mío Mí. Yo Mío Mí.
Yo Mío Mí. Yo Mío Mí. Yo Mío Mí. Yo Mío Mí. Yo Mío Mí.
Yo Mío Mí. Yo Mío Mí. Yo Mío Mí. Yo Mío Mí. Yo Mío Mí.
Yo Mío Mí.

Yo Mío Mí. Yo Mío Mí. Yo Mío Mí.
Yo Mío Mí. Yo Mío Mí. Yo Mío Mí. Yo Mío Mí. Yo Mío Mí.
Yo Mío Mí. Yo Mío Mí. Yo Mío Mí. Yo Mío Mí. Yo Mío Mí.
Yo Mío Mí. Yo Mío Mí.
Yo Mío Mí. Yo Mío Mí. Yo Mío Mí. Yo Mío Mí. Yo Mío Mí.
Yo Mío Mí. Yo Mío Mí. Yo Mío Mí. Yo Mío Mí. Yo Mío Mí.
Yo Mío Mí. Yo Mío Mí. Yo Mío Mí. Yo Mío Mí.

Yo Mío Mí. Yo Mío Mí. Yo Mío Mí. Yo Mío Mí. Yo Mío Mí.
Yo Mío Mí. Yo Mío Mí. Yo Mío Mí. Yo Mío Mí. Yo Mío Mí.
Yo Mío Mí. Yo Mío Mí. Yo Mío Mí. Yo Mío Mí. Yo Mío Mí.
Yo Mío Mí. Yo Mío Mí. Yo Mío Mí.
Yo Mío Mí. Yo Mío Mí. Yo Mío Mí. Yo Mío Mí. Yo Mío Mí.
Yo Mío Mí. Yo Mío Mí. Yo Mío Mí. Yo Mío Mí. Yo Mío Mí.
Yo Mío Mí.

Yo Mío Mí. Yo Mío Mí. Yo Mío Mí. Yo Mío Mí. Yo Mío Mí.
Yo Mío Mí. Yo Mío Mí. Yo Mío Mí. Yo Mío Mí. Yo Mío Mí.
Yo Mío Mí. Yo Mío Mí. Yo Mío Mí.

Yo Mío Mí. Yo Mío Mí. Yo Mío Mí. Yo Mío Mí. Yo Mío Mí. Yo Mío Mí. Yo Mío Mí. Yo Mío Mí. Yo Mío Mí. Yo Mío Mí. Yo Mío Mí. Yo Mío Mí. Yo Mío Mí. Yo Mío Mí. Yo Mío Mí. Yo Mío Mí.

Yo Mío Mí. Yo Mío Mí. Yo Mío Mí.
Yo Mío Mí. Yo Mío Mí. Yo Mío Mí. Yo Mío Mí. Yo Mío Mí. Yo Mío Mí. Yo Mío Mí. Yo Mío Mí. Yo Mío Mí. Yo Mío Mí. Yo Mío Mí. Yo Mío Mí.
Yo Mío Mí. Yo Mío Mí. Yo Mío Mí. Yo Mío Mí. Yo Mío Mí. Yo Mío Mí. Yo Mío Mí. Yo Mío Mí. Yo Mío Mí. Yo Mío Mí. Yo Mío Mí. Yo Mío Mí. Yo Mío Mí. Yo Mío Mí.

Yo Mío Mí. Yo Mío Mí. Yo Mío Mí. Yo Mío Mí. Yo Mío Mí. Yo Mío Mí. Yo Mío Mí. Yo Mío Mí. Yo Mío Mí. Yo Mío Mí. Yo Mío Mí. Yo Mío Mí. Yo Mío Mí. Yo Mío Mí. Yo Mío Mí. Yo Mío Mí. Yo Mío Mí. Yo Mío Mí.
Yo Mío Mí. Yo Mío Mí. Yo Mío Mí. Yo Mío Mí. Yo Mío Mí. Yo Mío Mí. Yo Mío Mí. Yo Mío Mí. Yo Mío Mí. Yo Mío Mí. Yo Mío Mí.

Yo Mío Mí. Yo Mío Mí. Yo Mío Mí. Yo Mío Mí. Yo Mío Mí. Yo Mío Mí. Yo Mío Mí. Yo Mío Mí. Yo Mío Mí. Yo Mío Mí. Yo Mío Mí. Yo Mío Mí. Yo Mío Mí.

Yo Mío Mí. Yo Mío Mí. Yo Mío Mí. Yo Mío Mí. Yo Mío Mí. Yo Mío Mí. Yo Mío Mí. Yo Mío Mí. Yo Mío Mí. Yo Mío Mí. Yo Mío Mí. Yo Mío Mí. Yo Mío Mí. Yo Mío Mí. Yo Mío Mí. Yo Mío Mí.

Yo Mío Mí. Yo Mío Mí. Yo Mío Mí.
Yo Mío Mí. Yo Mío Mí. Yo Mío Mí. Yo Mío Mí. Yo Mío Mí. Yo Mío Mí. Yo Mío Mí. Yo Mío Mí. Yo Mío Mí. Yo Mío Mí.

Yo Mío Mí. Yo Mío Mí.
Yo Mío Mí. Yo Mío Mí. Yo Mío Mí. Yo Mío Mí. Yo Mío Mí. Yo Mío Mí. Yo Mío Mí. Yo Mío Mí. Yo Mío Mí. Yo Mío Mí. Yo Mío Mí. Yo Mío Mí. Yo Mío Mí. Yo Mío Mí.

Yo Mío Mí. Yo Mío Mí. Yo Mío Mí. Yo Mío Mí. Yo Mío Mí. Yo Mío Mí. Yo Mío Mí. Yo Mío Mí. Yo Mío Mí. Yo Mío Mí. Yo Mío Mí. Yo Mío Mí. Yo Mío Mí. Yo Mío Mí. Yo Mío Mí. Yo Mío Mí. Yo Mío Mí. Yo Mío Mí.
Yo Mío Mí. Yo Mío Mí. Yo Mío Mí. Yo Mío Mí. Yo Mío Mí. Yo Mío Mí. Yo Mío Mí. Yo Mío Mí. Yo Mío Mí. Yo Mío Mí. Yo Mío Mí.

Yo Mío Mí. Yo Mío Mí. Yo Mío Mí. Yo Mío Mí. Yo Mío Mí. Yo Mío Mí. Yo Mío Mí. Yo Mío Mí. Yo Mío Mí. Yo Mío Mí. Yo Mío Mí. Yo Mío Mí. Yo Mío Mí.

Yo Mío Mí. Yo Mío Mí. Yo Mío Mí. Yo Mío Mí. Yo Mío Mí. Yo Mío Mí. Yo Mío Mí. Yo Mío Mí. Yo Mío Mí. Yo Mío Mí. Yo Mío Mí. Yo Mío Mí. Yo Mío Mí. Yo Mío Mí. Yo Mío Mí. Yo Mío Mí.

Yo Mío Mí. Yo Mío Mí. Yo Mío Mí.
Yo Mío Mí. Yo Mío Mí. Yo Mío Mí. Yo Mío Mí. Yo Mío Mí. Yo Mío Mí. Yo Mío Mí. Yo Mío Mí. Yo Mío Mí. Yo Mío Mí. Yo Mío Mí. Yo Mío Mí.
Yo Mío Mí. Yo Mío Mí. Yo Mío Mí. Yo Mío Mí. Yo Mío Mí. Yo Mío Mí. Yo Mío Mí. Yo Mío Mí. Yo Mío Mí. Yo Mío Mí. Yo Mío Mí. Yo Mío Mí. Yo Mío Mí. Yo Mío Mí.

Yo Mío Mí. Yo Mío Mí. Yo Mío Mí. Yo Mío Mí. Yo Mío Mí. Yo Mío Mí. Yo Mío Mí. Yo Mío Mí. Yo Mío Mí. Yo Mío Mí. Yo Mío Mí. Yo Mío Mí. Yo Mío Mí. Yo Mío Mí. Yo Mío Mí.

Yo Mío Mí. Yo Mío Mí. Yo Mío Mí.
Yo Mío Mí. Yo Mío Mí. Yo Mío Mí. Yo Mío Mí. Yo Mío Mí.
Yo Mío Mí. Yo Mío Mí. Yo Mío Mí. Yo Mío Mí. Yo Mío Mí.
Yo Mío Mí.

Yo Mío Mí. Yo Mío Mí. Yo Mío Mí. Yo Mío Mí. Yo Mío Mí.
Yo Mío Mí. Yo Mío Mí. Yo Mío Mí. Yo Mío Mí. Yo Mío Mí.
Yo Mío Mí. Yo Mío Mí. Yo Mío Mí.

Yo Mío Mí. Yo Mío Mí. Yo Mío Mí. Yo Mío Mí. Yo Mío Mí.
Yo Mío Mí. Yo Mío Mí. Yo Mío Mí. Yo Mío Mí. Yo Mío Mí.
Yo Mío Mí. Yo Mío Mí. Yo Mío Mí. Yo Mío Mí. Yo Mío Mí.
Yo Mío Mí.

Yo Mío Mí. Yo Mío Mí. Yo Mío Mí.
Yo Mío Mí. Yo Mío Mí. Yo Mío Mí. Yo Mío Mí. Yo Mío Mí.
Yo Mío Mí. Yo Mío Mí. Yo Mío Mí. Yo Mío Mí. Yo Mío Mí.
Yo Mío Mí. Yo Mío Mí.
Yo Mío Mí. Yo Mío Mí. Yo Mío Mí. Yo Mío Mí. Yo Mío Mí.
Yo Mío Mí. Yo Mío Mí. Yo Mío Mí. Yo Mío Mí. Yo Mío Mí.
Yo Mío Mí. Yo Mío Mí. Yo Mío Mí. Yo Mío Mí.

Yo Mío Mí. Yo Mío Mí. Yo Mío Mí. Yo Mío Mí. Yo Mío Mí.
Yo Mío Mí. Yo Mío Mí. Yo Mío Mí. Yo Mío Mí. Yo Mío Mí.
Yo Mío Mí. Yo Mío Mí. Yo Mío Mí. Yo Mío Mí. Yo Mío Mí.
Yo Mío Mí. Yo Mío Mí. Yo Mío Mí.
Yo Mío Mí. Yo Mío Mí. Yo Mío Mí. Yo Mío Mí. Yo Mío Mí.
Yo Mío Mí. Yo Mío Mí. Yo Mío Mí. Yo Mío Mí. Yo Mío Mí.

Yo Mío Mí.

Capitolo 17

Mí Mío Yo.

Mí Mío Yo. Mí Mío Yo.
Mí Mío Yo. Mí Mío Yo. Mí Mío Yo. Mí Mío Yo. Mí Mío Yo. Mí Mío Yo. Mí Mío Yo.

Mí Mío Yo. Mí Mío Yo.
Mí Mío Yo. Mí Mío Yo.

Mí Mío Yo. Mí Mío Yo. Mí Mío Yo. Mí Mío Yo. Mí Mío Yo. Mí Mío Yo. Mí Mío Yo.

Mí Mío Yo. Mí Mío Yo.
Mí Mío Yo. Mí Mío Yo. Mí Mío Yo. Mí Mío Yo. Mí Mío Yo. Mí Mío Yo. Mí Mío Yo.

Mí Mío Yo. Mí Mío Yo.
Mí Mío Yo. Mí Mío Yo.

Mí Mío Yo. Mí Mío Yo.
Mí Mío Yo. Mí Mío Yo. Mí Mío Yo. Mí Mío Yo. Mí Mío Yo. Mí Mío Yo. Mí Mío Yo.

Mí Mío Yo. Mí Mío Yo.
Mí Mío Yo. Mí Mío Yo.

Mí Mío Yo. Mí Mío Yo. Mí Mío Yo. Mí Mío Yo. Mí Mío Yo. Mí Mío Yo. Mí Mío Yo. Mí Mío Yo. Mí Mío Yo. Mí Mío Yo. Mí Mío Yo. Mí Mío Yo. Mí Mío Yo. Mí Mío Yo. Mí Mío Yo.

Mí Mío Yo. Mí Mío Yo. Mí Mío Yo. Mí Mío Yo. Mí Mío Yo. Mí Mío Yo. Mí Mío Yo. Mí Mío Yo. Mí Mío Yo. Mí Mío Yo. Mí Mío Yo. Mí Mío Yo. Mí Mío Yo. Mí Mío Yo. Mí Mío Yo. Mí Mío Yo. Mí Mío Yo. Mí Mío Yo.
Mí Mío Yo. Mí Mío Yo. Mí Mío Yo. Mí Mío Yo. Mí Mío Yo. Mí Mío Yo. Mí Mío Yo.

Mí Mío Yo. Mí Mío Yo.
Mí Mío Yo. Mí Mío Yo.

Mí Mío Yo. Mí Mío Yo.

Mí Mío Yo. Mí Mío Yo. Mí Mío Yo.
Mí Mío Yo. Mí Mío Yo. Mí Mío Yo. Mí Mío Yo. Mí Mío Yo.
Mí Mío Yo. Mí Mío Yo.

Mí Mío Yo. Mí Mío Yo. Mí Mío Yo. Mí Mío Yo. Mí Mío Yo.
Mí Mío Yo. Mí Mío Yo. Mí Mío Yo. Mí Mío Yo. Mí Mío Yo.
Mí Mío Yo. Mí Mío Yo. Mí Mío Yo. Mí Mío Yo. Mí Mío Yo.
Mí Mío Yo. Mí Mío Yo. Mí Mío Yo. Mí Mío Yo. Mí Mío Yo.
Mí Mío Yo. Mí Mío Yo. Mí Mío Yo. Mí Mío Yo. Mí Mío Yo.
Mí Mío Yo. Mí Mío Yo. Mí Mío Yo. Mí Mío Yo. Mí Mío Yo.
Mí Mío Yo. Mí Mío Yo. Mí Mío Yo.
Mí Mío Yo. Mí Mío Yo. Mí Mío Yo. Mí Mío Yo. Mí Mío Yo.
Mí Mío Yo. Mí Mío Yo. Mí Mío Yo. Mí Mío Yo. Mí Mío Yo.
Mí Mío Yo. Mí Mío Yo. Mí Mío Yo. Mí Mío Yo. Mí Mío Yo.
Mí Mío Yo. Mí Mío Yo. Mí Mío Yo. Mí Mío Yo. Mí Mío Yo.
Mí Mío Yo. Mí Mío Yo. Mí Mío Yo. Mí Mío Yo. Mí Mío Yo.
Mí Mío Yo. Mí Mío Yo. Mí Mío Yo. Mí Mío Yo. Mí Mío Yo.

Mí Mío Yo. Mí Mío Yo. Mí Mío Yo. Mí Mío Yo. Mí Mío Yo.
Mí Mío Yo. Mí Mío Yo. Mí Mío Yo. Mí Mío Yo. Mí Mío Yo.
Mí Mío Yo. Mí Mío Yo. Mí Mío Yo. Mí Mío Yo. Mí Mío Yo.
Mí Mío Yo. Mí Mío Yo. Mí Mío Yo. Mí Mío Yo. Mí Mío Yo.
Mí Mío Yo. Mí Mío Yo. Mí Mío Yo. Mí Mío Yo. Mí Mío Yo.
Mí Mío Yo. Mí Mío Yo. Mí Mío Yo. Mí Mío Yo. Mí Mío Yo.
Mí Mío Yo. Mí Mío Yo. Mí Mío Yo. Mí Mío Yo. Mí Mío Yo.
Mí Mío Yo. Mí Mío Yo. Mí Mío Yo. Mí Mío Yo. Mí Mío Yo.
Mí Mío Yo. Mí Mío Yo. Mí Mío Yo. Mí Mío Yo. Mí Mío Yo.
Mí Mío Yo. Mí Mío Yo. Mí Mío Yo. Mí Mío Yo. Mí Mío Yo.
Mí Mío Yo. Mí Mío Yo. Mí Mío Yo. Mí Mío Yo. Mí Mío Yo.
Mí Mío Yo. Mí Mío Yo.

Mí Mío Yo. Mí Mío Yo.

Mí Mío Yo. Mí Mío Yo.

Mí Mío Yo. Mí Mío Yo. Mí Mío Yo. Mí Mío Yo. Mí Mío Yo. Mí Mío Yo. Mí Mío Yo. Mí Mío Yo. Mí Mío Yo. Mí Mío Yo. Mí Mío Yo. Mí Mío Yo. Mí Mío Yo. Mí Mío Yo. Mí Mío Yo. Mí Mío Yo. Mí Mío Yo. Mí Mío Yo. Mí Mío Yo.

Mí Mío Yo. Mí Mío Yo. Mí Mío Yo. Mí Mío Yo. Mí Mío Yo. Mí Mío Yo. Mí Mío Yo.

Mí Mío Yo. Mí Mío Yo. Mí Mío Yo. Mí Mío Yo. Mí Mío Yo. Mí Mío Yo. Mí Mío Yo. Mí Mío Yo. Mí Mío Yo. Mí Mío Yo. Mí Mío Yo. Mí Mío Yo. Mí Mío Yo.

Mí Mío Yo. Mí Mío Yo.

Mí Mío Yo. Mí Mío Yo. Mí Mío Yo. Mí Mío Yo. Mí Mío Yo. Mí Mío Yo. Mí Mío Yo. Mí Mío Yo. Mí Mío Yo. Mí Mío Yo.

Mí Mío Yo. Mí Mío Yo.
Mí Mío Yo. Mí Mío Yo.

Mí Mío Yo. Mí Mío Yo.
Mí Mío Yo. Mí Mío Yo. Mí Mío Yo. Mí Mío Yo. Mí Mío Yo. Mí Mío Yo. Mí Mío Yo.

Mí Mío Yo. Mí Mío Yo.

Mí Mío Yo. Mí Mío Yo. Mí Mío Yo. Mí Mío Yo. Mí Mío Yo. Mí Mío Yo. Mí Mío Yo. Mí Mío Yo.

Mí Mío Yo. Mí Mío Yo.

Mí Mío Yo. Mí Mío Yo. Mí Mío Yo. Mí Mío Yo. Mí Mío Yo. Mí Mío Yo. Mí Mío Yo. Mí Mío Yo.

Mí Mío Yo. Mí Mío Yo. Mí Mío Yo. Mí Mío Yo. Mí Mío Yo. Mí Mío Yo. Mí Mío Yo.

Mí Mío Yo. Mí Mío Yo. Mí Mío Yo. Mí Mío Yo. Mí Mío Yo. Mí Mío Yo. Mí Mío Yo. Mí Mío Yo. Mí Mío Yo. Mí Mío Yo. Mí Mío Yo. Mí Mío Yo. Mí Mío Yo. Mí Mío Yo. Mí Mío Yo.

Mí Mío Yo. Mí Mío Yo. Mí Mío Yo. Mí Mío Yo. Mí Mío Yo. Mí Mío Yo. Mí Mío Yo. Mí Mío Yo. Mí Mío Yo. Mí Mío Yo. Mí Mío Yo. Mí Mío Yo. Mí Mío Yo. Mí Mío Yo. Mí Mío Yo. Mí Mío Yo. Mí Mío Yo. Mí Mío Yo.

Mí Mío Yo. Mí Mío Yo.

Mí Mío Yo. Mí Mío Yo. Mí Mío Yo. Mí Mío Yo. Mí Mío Yo.
Mí Mío Yo. Mí Mío Yo.

Mí Mío Yo. Mí Mío Yo. Mí Mío Yo. Mí Mío Yo. Mí Mío Yo.
Mí Mío Yo. Mí Mío Yo. Mí Mío Yo. Mí Mío Yo. Mí Mío Yo.
Mí Mío Yo. Mí Mío Yo. Mí Mío Yo. Mí Mío Yo. Mí Mío Yo.
Mí Mío Yo. Mí Mío Yo. Mí Mío Yo. Mí Mío Yo. Mí Mío Yo.
Mí Mío Yo. Mí Mío Yo. Mí Mío Yo. Mí Mío Yo. Mí Mío Yo.
Mí Mío Yo. Mí Mío Yo. Mí Mío Yo. Mí Mío Yo. Mí Mío Yo.
Mí Mío Yo. Mí Mío Yo. Mí Mío Yo.
Mí Mío Yo. Mí Mío Yo. Mí Mío Yo. Mí Mío Yo. Mí Mío Yo.
Mí Mío Yo. Mí Mío Yo.

Mí Mío Yo. Mí Mío Yo.Mí Mío Yo. Mí Mío Yo. Mí Mío Yo.
Mí Mío Yo. Mí Mío Yo. Mí Mío Yo. Mí Mío Yo. Mí Mío Yo.
Mí Mío Yo. Mí Mío Yo. Mí Mío Yo. Mí Mío Yo. Mí Mío Yo.
Mí Mío Yo. Mí Mío Yo. Mí Mío Yo. Mí Mío Yo. Mí Mío Yo.
Mí Mío Yo. Mí Mío Yo. Mí Mío Yo. Mí Mío Yo. Mí Mío Yo.
Mí Mío Yo. Mí Mío Yo. Mí Mío Yo. Mí Mío Yo. Mí Mío Yo.
Mí Mío Yo. Mí Mío Yo. Mí Mío Yo.
Mí Mío Yo. Mí Mío Yo. Mí Mío Yo. Mí Mío Yo. Mí Mío Yo.
Mí Mío Yo. Mí Mío Yo. Mí Mío Yo. Mí Mío Yo. Mí Mío Yo.
Mí Mío Yo. Mí Mío Yo.
Mío Yo. Mí Mío Yo. Mí Mío Yo. Mí Mío Yo. Mí Mío Yo. Mí
Mío Yo. Mí Mío Yo. Mí Mío Yo. Mí Mío Yo. Mí Mío Yo. Mí
Mío Yo. Mí Mío Yo. Mí Mío Yo. Mí Mío Yo. Mí Mío Yo. Mí
Mío Yo. Mí Mío Yo. Mí Mío Yo. Mí Mío Yo. Mí Mío Yo. Mí
Mío Yo. Mí Mío Yo. Mí Mío Yo. Mí Mío Yo. Mí Mío Yo. Mí
Mío Yo. Mí Mío Yo. Mí Mío Yo.
Mí Mío Yo. Mí Mío Yo. Mí Mío Yo. Mí Mío Yo. Mí Mío Yo.
Mí Mío Yo. Mí Mío Yo.

Mí Mío Yo. Mí Mío Yo.

Mí Mío Yo. Mí Mío Yo.

Mí Mío Yo. Mí Mío Yo. Mí Mío Yo. Mí Mío Yo. Mí Mío Yo. Mí Mío Yo. Mí Mío Yo. Mí Mío Yo. Mí Mío Yo. Mí Mío Yo. Mí Mío Yo. Mí Mío Yo. Mí Mío Yo. Mí Mío Yo. Mí Mío Yo. Mí Mío Yo.

Mí Mío Yo. Mí Mío Yo. Mí Mío Yo. Mí Mío Yo. Mí Mío Yo. Mí Mío Yo. Mí Mío Yo. Mí Mío Yo. Mí Mío Yo. Mí Mío Yo. Mí Mío Yo. Mí Mío Yo. Mí Mío Yo. Mí Mío Yo. Mí Mío Yo. Mí Mío Yo. Mí Mío Yo.

Mí Mío Yo. Mí Mío Yo. Mí Mío Yo. Mí Mío Yo. Mí Mío Yo. Mí Mío Yo. Mí Mío Yo.

Mí Mío Yo. Mí Mío Yo. Mí Mío Yo. Mí Mío Yo. Mí Mío Yo. Mí Mío Yo. Mí Mío Yo. Mí Mío Yo. Mí Mío Yo. Mí Mío Yo.

Mí Mío Yo. Mí Mío Yo.

Mí Mío Yo. Mí Mío Yo.

Mí Mío Yo. Mí Mío Yo.

Mí Mío Yo. Mí Mío Yo.

Mí Mío Yo. Mí Mío Yo. Mí Mío Yo. Mí Mío Yo. Mí Mío Yo. Mí Mío Yo. Mí Mío Yo.

Mí Mío Yo. Mí Mío Yo.

Mí Mío Yo. Mí Mío Yo. Mí Mío Yo. Mí Mío Yo. Mí Mío Yo. Mí Mío Yo. Mí Mío Yo.

Mí Mío Yo. Mí Mío Yo. Mí Mío Yo. Mí Mío Yo. Mí Mío Yo. Mí Mío Yo. Mí Mío Yo. Mí Mío Yo. Mí Mío Yo. Mí Mío Yo. Mí Mío Yo. Mí Mío Yo .Mí Mío Yo. Mí Mío Yo. Mí Mío Yo. Mí Mío Yo. Mí Mío Yo. Mí Mío Yo. Mí Mío Yo. Mí Mío Yo. Mí Mío Yo. Mí Mío Yo. Mí Mío Yo. Mí Mío Yo.

Mí Mío Yo. Mí Mío Yo. Mí Mío Yo. Mí Mío Yo. Mí Mío Yo. Mí Mío Yo. Mí Mío Yo. Mí Mío Yo. Mí Mío Yo.

Mí Mío Yo. Mí Mío Yo.

Mí Mío Yo. Mí Mío Yo. Mí Mío Yo. Mí Mío Yo. Mí Mío Yo. Mí Mío Yo. Mí Mío Yo. Mí Mío Yo. Mí Mío Yo. Mí Mío Yo. Mí Mío Yo. Mí Mío Yo. Mí Mío Yo. Mí Mío Yo. Mí Mío Yo. Mí Mío Yo. Mí Mío Yo.

Mí Mío Yo. Mí Mío Yo. Mí Mío Yo. Mí Mío Yo. Mí Mío Yo. Mí Mío Yo. Mí Mío Yo.

Mí Mío Yo. Mí Mío Yo.

Mí Mío Yo. Mí Mío Yo.

Mí Mío Yo. Mí Mío Yo.

Mí Mío Yo. Mí Mío Yo. Mí Mío Yo. Mí Mío Yo. Mí Mío Yo. Mí Mío Yo. Mí Mío Yo. Mí Mío Yo. Mí Mío Yo. Mí Mío Yo. Mí Mío Yo.

Mí Mío Yo. Mí Mío Yo. Mí Mío Yo. Mí Mío Yo. Mí Mío Yo. Mí Mío Yo. Mí Mío Yo.

Mí Mío Yo. Mí Mío Yo. Mí Mío Yo. Mí Mío Yo. Mí Mío Yo. Mí Mío Yo. Mí Mío Yo. Mí Mío Yo. Mí Mío Yo. Mí Mío Yo.

Mí Mío Yo. Mí Mío Yo. Mí Mío Yo.
Mí Mío Yo. Mí Mío Yo.

Mí Mío Yo. Mí Mío Yo.Mí Mío Yo. Mí Mío Yo. Mí Mío Yo.
Mí Mío Yo. Mí Mío Yo.Mí Mío Yo. Mí Mío Yo. Mí Mío Yo.
Mí Mío Yo. Mí Mío Yo.Mí Mío Yo. Mí Mío Yo. Mí Mío Yo.
Mí Mío Yo. Mí Mío Yo. Mí Mío Yo.
Mí Mío Yo. Mí Mío Yo. Mí Mío Yo. Mí Mío Yo. Mí Mío Yo.
Mí Mío Yo. Mí Mío Yo. Mí Mío Yo. Mí Mío Yo. Mí Mío Yo.
Mí Mío Yo. Mí Mío Yo. Mí Mío Yo. Mí Mío Yo. Mí Mío Yo.
Mí Mío Yo. Mí Mío Yo. Mí Mío Yo. Mí Mío Yo. Mí Mío Yo.
Mí Mío Yo. Mí Mío Yo. Mí Mío Yo. Mí Mío Yo. Mí Mío Yo.
Mí Mío Yo. Mí Mío Yo. Mí Mío Yo. Mí Mío Yo. Mí Mío Yo.
Mí Mío Yo. Mí Mío Yo.Mí Mío Yo. Mí Mío Yo. Mí Mío Yo.
Mí Mío Yo. Mí Mío Yo. Mí Mío Yo. Mí Mío Yo. Mí Mío Yo.
Mí Mío Yo. Mí Mío Yo. Mí Mío Yo. Mí Mío Yo. Mí Mío Yo.
Mí Mío Yo. Mí Mío Yo.

Mí Mío Yo. Mí Mío Yo. Mí Mío Yo. Mí Mío Yo. Mí Mío Yo.
Mí Mío Yo. Mí Mío Yo. Mí Mío Yo. Mí Mío Yo. Mí Mío Yo.
Mí Mío Yo. Mí Mío Yo. Mí Mío Yo. Mí Mío Yo. Mí Mío Yo.
Mí Mío Yo. Mí Mío Yo. Mí Mío Yo. Mí Mío Yo. Mí Mío Yo.
Mí Mío Yo. Mí Mío Yo. Mí Mío Yo. Mí Mío Yo. Mí Mío Yo.
Mí Mío Yo. Mí Mío Yo. Mí Mío Yo. Mí Mío Yo. Mí Mío Yo.
Mí Mío Yo. Mí Mío Yo. Mí Mío Yo.
Mí Mío Yo. Mí Mío Yo. Mí Mío Yo. Mí Mío Yo. Mí Mío Yo.
Mí Mío Yo. Mí Mío Yo. Mí Mío Yo. Mí Mío Yo. Mí Mío Yo.
Mí Mío Yo. Mí Mío Yo. Mí Mío Yo. Mí Mío Yo. Mí Mío Yo.
Mí Mío Yo. Mí Mío Yo. Mí Mío Yo. Mí Mío Yo. Mí Mío Yo.
Mí Mío Yo. Mí Mío Yo. Mí Mío Yo. Mí Mío Yo. Mí Mío Yo.
Mí Mío Yo. Mí Mío Yo. Mí Mío Yo. Mí Mío Yo. Mí Mío Yo.

Mí Mío Yo. Mí Mío Yo. Mí Mío Yo. Mí Mío Yo. Mí Mío Yo. Mí Mío Yo. Mí Mío Yo. Mí Mío Yo. Mí Mío Yo. Mí Mío Yo. Mí Mío Yo. Mí Mío Yo. Mí Mío Yo. Mí Mío Yo. Mí Mío Yo. Mí Mío Yo. Mí Mío Yo.

Mí Mío Yo. Mí Mío Yo.
Mí Mío Yo. Mí Mío Yo. Mí Mío Yo. Mí Mío Yo. Mí Mío Yo. Mí Mío Yo. Mí Mío Yo.

Mí Mío Yo. Mí Mío Yo.
Mí Mío Yo. Mí Mío Yo.

Mí Mío Yo. Mí Mío Yo. Mí Mío Yo. Mí Mío Yo. Mí Mío Yo. Mí Mío Yo. Mí Mío Yo.

Mí Mío Yo. Mí Mío Yo.

Mí Mío Yo. Mí Mío Yo.

Mí Mío Yo. Mí Mío Yo.

Mí Mío Yo. Mí Mío Yo. Mí Mío Yo. Mí Mío Yo. Mí Mío Yo. Mí Mío Yo. Mí Mío Yo. Mí Mío Yo. Mí Mío Yo. Mí Mío Yo. Mí Mío Yo. Mí Mío Yo. Mí Mío Yo. Mí Mío Yo. Mí Mío Yo.

Mí Mío Yo. Mí Mío Yo.

Mí Mío Yo. Mí Mío Yo.
Mí Mío Yo. Mí Mío Yo. Mí Mío Yo. Mí Mío Yo. Mí Mío Yo. Mí Mío Yo. Mí Mío Yo.

Mí Mío Yo. Mí Mío Yo.
Mí Mío Yo. Mí Mío Yo. Mí Mío Yo. Mí Mío Yo. Mí Mío Yo. Mí Mío Yo. Mí Mío Yo. Mí Mío Yo. Mí Mío Yo. Mí Mío Yo. Mí Mío Yo. Mí Mío Yo.Mí Mío Yo. Mí Mío Yo. Mí Mío Yo. Mí Mío Yo. Mí Mío Yo. Mí Mío Yo. Mí Mío Yo. Mí Mío Yo. Mí Mío Yo. Mí Mío Yo. Mí Mío Yo. Mí Mío Yo. Mí Mío Yo. Mí Mío Yo. Mí Mío Yo. Mí Mío Yo. Mí Mío Yo. Mí Mío Yo.

Mí Mío Yo. Mí Mío Yo.Mí Mío Yo. Mí Mío Yo. Mí Mío Yo. Mí Mío Yo. Mí Mío Yo. Mí Mío Yo. Mí Mío Yo. Mí Mío Yo. Mí Mío Yo. Mí Mío Yo. Mí Mío Yo. Mí Mío Yo. Mí Mío Yo. Mí Mío Yo. Mí Mío Yo.

Mí Mío Yo. Mí Mío Yo. Mí Mío Yo. Mí Mío Yo. Mí Mío Yo. Mí Mío Yo. Mí Mío Yo. Mí Mío Yo. Mí Mío Yo. Mí Mío Yo. Mí Mío Yo. Mí Mío Yo. Mí Mío Yo. Mí Mío Yo. Mí Mío Yo. Mí Mío Yo. Mí Mío Yo. Mí Mío Yo.
Mí Mío Yo. Mí Mío Yo. Mí Mío Yo. Mí Mío Yo. Mí Mío Yo. Mí Mío Yo. Mí Mío Yo.

Mí Mío Yo. Mí Mío Yo.
Mí Mío Yo. Mí Mío Yo.

Mí Mío Yo. Mí Mío Yo. Mí Mío Yo. Mí Mío Yo. Mí Mío Yo. Mí Mío Yo. Mí Mío Yo. Mí Mío Yo. Mí Mío Yo. Mí Mío Yo.

Mí Mío Yo. Mí Mío Yo.
Mí Mío Yo. Mí Mío Yo. Mí Mío Yo. Mí Mío Yo. Mí Mío Yo. Mí Mío Yo. Mí Mío Yo.

Mí Mío Yo. Mí Mío Yo.
Mí Mío Yo. Mí Mío Yo.

Mí Mío Yo. Mí Mío Yo.

Mí Mío Yo. Mí Mío Yo. Mí Mío Yo. Mí Mío Yo. Mí Mío Yo. Mí Mío Yo. Mí Mío Yo. Mí Mío Yo. Mí Mío Yo. Mí Mío Yo. Mí Mío Yo. Mí Mío Yo.

Mí Mío Yo. Mí Mío Yo.

Mí Mío Yo. Mí Mío Yo. Mí Mío Yo. Mí Mío Yo. Mí Mío Yo. Mí Mío Yo. Mí Mío Yo. Mí Mío Yo. Mí Mío Yo. Mí Mío Yo. Mí Mío Yo. Mí Mío Yo. Mí Mío Yo. Mí Mío Yo. Mí Mío Yo. Mí Mío Yo. Mí Mío Yo. Mí Mío Yo.
Mí Mío Yo. Mí Mío Yo. Mí Mío Yo. Mí Mío Yo. Mí Mío Yo. Mí Mío Yo. Mí Mío Yo.

Mí Mío Yo. Mí Mío Yo.
Mí Mío Yo. Mí Mío Yo.

Mí Mío Yo. Mí Mío Yo. Mí Mío Yo. Mí Mío Yo. Mí Mío Yo. Mí Mío Yo. Mí Mío Yo. Mí Mío Yo. Mí Mío Yo. Mí Mío Yo. Mí Mío Yo. Mí Mío Yo. Mí Mío Yo. Mí Mío Yo. Mí Mío Yo. Mí Mío Yo. Mí Mío Yo.

Mí Mío Yo. Mí Mío Yo.
Mí Mío Yo. Mí Mío Yo. Mí Mío Yo. Mí Mío Yo. Mí Mío Yo. Mí Mío Yo. Mí Mío Yo.

Mí Mío Yo. Mí Mío Yo.
Mí Mío Yo. Mí Mío Yo.

Mí Mío Yo. Mí Mío Yo. Mí Mío Yo. Mí Mío Yo. Mí Mío Yo. Mí Mío Yo. Mí Mío Yo. Mí Mío Yo. Mí Mío Yo. Mí Mío Yo. Mí Mío Yo. Mí Mío Yo. Mí Mío Yo. Mí Mío Yo. Mí Mío Yo.

Mí Mío Yo. Mí Mío Yo.

Mí Mío Yo. Mí Mío Yo.

Mí Mío Yo. Mí Mío Yo. Mí Mío Yo. Mí Mío Yo. Mí Mío Yo. Mí Mío Yo. Mí Mío Yo. Mí Mío Yo. Mí Mío Yo. Mí Mío Yo. Mí Mío Yo. Mí Mío Yo. Mí Mío Yo. Mí Mío Yo. Mí Mío Yo. Mí Mío Yo. Mí Mío Yo. Mí Mío Yo.
Mí Mío Yo. Mí Mío Yo. Mí Mío Yo. Mí Mío Yo. Mí Mío Yo. Mí Mío Yo. Mí Mío Yo.

Mí Mío Yo. Mí Mío Yo.

Mí Mío Yo. Mí Mío Yo.

Mí Mío Yo. Mí Mío Yo.
Mí Mío Yo. Mí Mío Yo. Mí Mío Yo. Mí Mío Yo. Mí Mío Yo. Mí Mío Yo. Mí Mío Yo.

Mí Mío Yo. Mí Mío Yo.
Mí Mío Yo. Mí Mío Yo. Mí Mío Yo. Mí Mío Yo. Mí Mío Yo. Mí Mío Yo. Mí Mío Yo. Mí Mío Yo. Mí Mío Yo. Mí Mío Yo. Mí Mío Yo. Mí Mío Yo. Mí Mío Yo. Mí Mío Yo. Mí Mío Yo.

Mí Mío Yo. Mí Mío Yo. Mí Mío Yo. Mí Mío Yo. Mí Mío Yo. Mí Mío Yo. Mí Mío Yo. Mí Mío Yo. Mí Mío Yo. Mí Mío Yo. Mí Mío Yo. Mí Mío Yo. Mí Mío Yo. Mí Mío Yo. Mí Mío Yo.

Mí Mío Yo. Mí Mío Yo.

Mí Mío Yo. Mí Mío Yo.

Mí Mío Yo. Mí Mío Yo. Mí Mío Yo. Mí Mío Yo. Mí Mío Yo. Mí Mío Yo. Mí Mío Yo. Mí Mío Yo. Mí Mío Yo. Mí Mío Yo. Mí Mío Yo. Mí Mío Yo. Mí Mío Yo. Mí Mío Yo. Mí Mío Yo. Mí Mío Yo. Mí Mío Yo. Mí Mío Yo.
Mí Mío Yo. Mí Mío Yo. Mí Mío Yo. Mí Mío Yo. Mí Mío Yo. Mí Mío Yo. Mí Mío Yo.

Mí Mío Yo. Mí Mío Yo. Mí Mío Yo. Mí Mío Yo. Mí Mío Yo.
Mí Mío Yo. Mí Mío Yo. Mí Mío Yo. Mí Mío Yo. Mí Mío Yo.
Mí Mío Yo. Mí Mío Yo. Mí Mío Yo. Mí Mío Yo. Mí Mío Yo.
Mí Mío Yo. Mí Mío Yo. Mí Mío Yo. Mí Mío Yo. Mí Mío Yo.
Mí Mío Yo. Mí Mío Yo. Mí Mío Yo. Mí Mío Yo. Mí Mío Yo.
Mí Mío Yo. Mí Mío Yo. Mí Mío Yo. Mí Mío Yo. Mí Mío Yo.
Mí Mío Yo. Mí Mío Yo. Mí Mío Yo.
Mí Mío Yo. Mí Mío Yo. Mí Mío Yo. Mí Mío Yo. Mí Mío Yo.
Mí Mío Yo. Mí Mío Yo. Mí Mío Yo. Mí Mío Yo. Mí Mío Yo.
Mí Mío Yo. Mí Mío Yo. Mí Mío Yo. Mí Mío Yo. Mí Mío Yo.
Mí Mío Yo. Mí Mío Yo. Mí Mío Yo. Mí Mío Yo. Mí Mío Yo.
Mí Mío Yo. Mí Mío Yo. Mí Mío Yo. Mí Mío Yo. Mí Mío Yo.
Mí Mío Yo. Mí Mío Yo. Mí Mío Yo. Mí Mío Yo. Mí Mío Yo.
Mí Mío Yo. Mí Mío Yo. Mí Mío Yo. Mí Mío Yo. Mí Mío Yo.
Mí Mío Yo. Mí Mío Yo. Mí Mío Yo. Mí Mío Yo. Mí Mío Yo.
Mí Mío Yo. Mí Mío Yo. Mí Mío Yo. Mí Mío Yo. Mí Mío Yo.
Mí Mío Yo. Mí Mío Yo.

Mí Mío Yo. Mí Mío Yo. Mí Mío Yo. Mí Mío Yo. Mí Mío Yo.
Mí Mío Yo. Mí Mío Yo. Mí Mío Yo. Mí Mío Yo. Mí Mío Yo.
Mí Mío Yo. Mí Mío Yo. Mí Mío Yo. Mí Mío Yo. Mí Mío Yo.
Mí Mío Yo. Mí Mío Yo. Mí Mío Yo. Mí Mío Yo. Mí Mío Yo.
Mí Mío Yo. Mí Mío Yo. Mí Mío Yo. Mí Mío Yo. Mí Mío Yo.
Mí Mío Yo. Mí Mío Yo. Mí Mío Yo. Mí Mío Yo. Mí Mío Yo.
Mí Mío Yo. Mí Mío Yo. Mí Mío Yo.
Mí Mío Yo. Mí Mío Yo. Mí Mío Yo. Mí Mío Yo. Mí Mío Yo.
Mí Mío Yo. Mí Mío Yo.

Mí Mío Yo. Mí Mío Yo. Mí Mío Yo. Mí Mío Yo. Mí Mío Yo.
Mí Mío Yo. Mí Mío Yo. Mí Mío Yo. Mí Mío Yo. Mí Mío Yo.
Mí Mío Yo. Mí Mío Yo. Mí Mío Yo. Mí Mío Yo. Mí Mío Yo.

Mí Mío Yo. Mí Mío Yo. Mí Mío Yo. Mí Mío Yo. Mí Mío Yo. Mí Mío Yo. Mí Mío Yo. Mí Mío Yo. Mí Mío Yo. Mí Mío Yo. Mí Mío Yo. Mí Mío Yo. Mí Mío Yo. Mí Mío Yo. Mí Mío Yo. Mí Mío Yo. Mí Mío Yo. Mí Mío Yo.

Mí Mío Yo. Mí Mío Yo.

Mí Mío Yo. Mí Mío Yo.

Mí Mío Yo.

Capitolo 18

Yo Mí Mío

Yo Mí Mío. Yo Mí Mío.

Yo Mí Mío. Yo Mí Mío. Yo Mí Mío. Yo Mí Mío. Yo Mí Mío. Yo Mí Mío. Yo Mí Mío. Yo Mí Mío. Yo Mí Mío. Yo Mí Mío. Yo Mí Mío. Yo Mí Mío. Yo Mí Mío.
Yo Mí Mío. Yo Mí Mío. Yo Mí Mío. Yo Mí Mío. Yo Mí Mío. Yo Mí Mío. Yo Mí Mío. Yo Mí Mío. Yo Mí Mío. Yo Mí Mío. Yo Mí Mío. Yo Mí Mío. Yo Mí Mío. Yo Mí Mío. Yo Mí Mío.

Yo Mí Mío. Yo Mí Mío.

Yo Mí Mío. Yo Mí Mío. Yo Mí Mío. Yo Mí Mío. Yo Mí Mío. Yo Mí Mío. Yo Mí Mío. Yo Mí Mío. Yo Mí Mío. Yo Mí Mío. Yo Mí Mío. Yo Mí Mío. Yo Mí Mío.
Yo Mí Mío. Yo Mí Mío. Yo Mí Mío. Yo Mí Mío. Yo Mí Mío. Yo Mí Mío. Yo Mí Mío. Yo Mí Mío. Yo Mí Mío. Yo Mí Mío. Yo Mí Mío. Yo Mí Mío. Yo Mí Mío. Yo Mí Mío. Yo Mí Mío.

Yo Mí Mío. Yo Mí Mío. Yo Mí Mío. Yo Mí Mío. Yo Mí Mío.
Yo Mí Mío. Yo Mí Mío. Yo Mí Mío. Yo Mí Mío. Yo Mí Mío.
Yo Mí Mío. Yo Mí Mío. Yo Mí Mío. Yo Mí Mío. Yo Mí Mío.
Yo Mí Mío. Yo Mí Mío.

Yo Mí Mío. Yo Mí Mío. Yo Mí Mío. Yo Mí Mío. Yo Mí Mío.
Yo Mí Mío. Yo Mí Mío. Yo Mí Mío. Yo Mí Mío. Yo Mí Mío.
Yo Mí Mío.

Yo Mí Mío. Yo Mí Mío. Yo Mí Mío. Yo Mí Mío. Yo Mí Mío.
Yo Mí Mío. Yo Mí Mío. Yo Mí Mío. Yo Mí Mío. Yo Mí Mío.
Yo Mí Mío. Yo Mí Mío. Yo Mí Mío.
Yo Mí Mío. Yo Mí Mío. Yo Mí Mío. Yo Mí Mío. Yo Mí Mío.
Yo Mí Mío. Yo Mí Mío.
Yo Mí Mío. Yo Mí Mío. Yo Mí Mío. Yo Mí Mío. Yo Mí Mío.
Yo Mí Mío. Yo Mí Mío. Yo Mí Mío.

Yo Mí Mío. Yo Mí Mío. Yo Mí Mío. Yo Mí Mío. Yo Mí Mío.
Yo Mí Mío. Yo Mí Mío. Yo Mí Mío. Yo Mí Mío. Yo Mí Mío.
Yo Mí Mío. Yo Mí Mío. Yo Mí Mío. Yo Mí Mío. Yo Mí Mío.
Yo Mí Mío. Yo Mí Mío. Yo Mí Mío. Yo Mí Mío. Yo Mí Mío.
Yo Mí Mío. Yo Mí Mío. Yo Mí Mío. Yo Mí Mío. Yo Mí Mío.
Yo Mí Mío. Yo Mí Mío. Yo Mí Mío.

Yo Mí Mío. Yo Mí Mío. Yo Mí Mío. Yo Mí Mío. Yo Mí Mío.
Yo Mí Mío. Yo Mí Mío. Yo Mí Mío. Yo Mí Mío. Yo Mí Mío.
Yo Mí Mío. Yo Mí Mío. Yo Mí Mío.
Yo Mí Mío. Yo Mí Mío. Yo Mí Mío. Yo Mí Mío. Yo Mí Mío.
Yo Mí Mío. Yo Mí Mío. Yo Mí Mío. Yo Mí Mío. Yo Mí Mío.
Yo Mí Mío. Yo Mí Mío. Yo Mí Mío. Yo Mí Mío. Yo Mí Mío.

Yo Mí Mío. Yo Mí Mío. Yo Mí Mío. Yo Mí Mío. Yo Mí Mío.
Yo Mí Mío. Yo Mí Mío. Yo Mí Mío. Yo Mí Mío. Yo Mí Mío.

Yo Mí Mío. Yo Mí Mío. Yo Mí Mío. Yo Mí Mío. Yo Mí Mío.
Yo Mí Mío. Yo Mí Mío. Yo Mí Mío. Yo Mí Mío. Yo Mí Mío.
Yo Mí Mío. Yo Mí Mío. Yo Mí Mío. Yo Mí Mío. Yo Mí Mío.
Yo Mí Mío. Yo Mí Mío. Yo Mí Mío.

Yo Mí Mío. Yo Mí Mío. Yo Mí Mío. Yo Mí Mío. Yo Mí Mío.
Yo Mí Mío. Yo Mí Mío. Yo Mí Mío. Yo Mí Mío. Yo Mí Mío.
Yo Mí Mío. Yo Mí Mío. Yo Mí Mío.
Yo Mí Mío. Yo Mí Mío. Yo Mí Mío. Yo Mí Mío. Yo Mí Mío.
Yo Mí Mío. Yo Mí Mío. Yo Mí Mío. Yo Mí Mío. Yo Mí Mío.
Yo Mí Mío. Yo Mí Mío. Yo Mí Mío. Yo Mí Mío. Yo Mí Mío.

Yo Mí Mío. Yo Mí Mío. Yo Mí Mío. Yo Mí Mío. Yo Mí Mío.
Yo Mí Mío. Yo Mí Mío. Yo Mí Mío. Yo Mí Mío. Yo Mí Mío.
Yo Mí Mío. Yo Mí Mío. Yo Mí Mío. Yo Mí Mío. Yo Mí Mío.
Yo Mí Mío. Yo Mí Mío.

Yo Mí Mío. Yo Mí Mío. Yo Mí Mío. Yo Mí Mío. Yo Mí Mío.
Yo Mí Mío. Yo Mí Mío. Yo Mí Mío. Yo Mí Mío. Yo Mí Mío.
Yo Mí Mío.

Yo Mí Mío. Yo Mí Mío. Yo Mí Mío. Yo Mí Mío. Yo Mí Mío.
Yo Mí Mío. Yo Mí Mío. Yo Mí Mío. Yo Mí Mío. Yo Mí Mío.
Yo Mí Mío. Yo Mí Mío. Yo Mí Mío.
Yo Mí Mío. Yo Mí Mío. Yo Mí Mío. Yo Mí Mío. Yo Mí Mío.
Yo Mí Mío. Yo Mí Mío.
Yo Mí Mío. Yo Mí Mío. Yo Mí Mío. Yo Mí Mío. Yo Mí Mío.
Yo Mí Mío. Yo Mí Mío. Yo Mí Mío.

Yo Mí Mío. Yo Mí Mío. Yo Mí Mío. Yo Mí Mío. Yo Mí Mío.
Yo Mí Mío. Yo Mí Mío. Yo Mí Mío. Yo Mí Mío. Yo Mí Mío.
Yo Mí Mío. Yo Mí Mío. Yo Mí Mío. Yo Mí Mío. Yo Mí Mío.
Yo Mí Mío. Yo Mí Mío. Yo Mí Mío. Yo Mí Mío. Yo Mí Mío.

Yo Mí Mío. Yo Mí Mío. Yo Mí Mío. Yo Mí Mío. Yo Mí Mío. Yo Mí Mío. Yo Mí Mío. Yo Mí Mío.

Yo Mí Mío. Yo Mí Mío. Yo Mí Mío. Yo Mí Mío. Yo Mí Mío. Yo Mí Mío. Yo Mí Mío. Yo Mí Mío. Yo Mí Mío. Yo Mí Mío. Yo Mí Mío. Yo Mí Mío. Yo Mí Mío.
Yo Mí Mío. Yo Mí Mío. Yo Mí Mío. Yo Mí Mío. Yo Mí Mío. Yo Mí Mío. Yo Mí Mío. Yo Mí Mío. Yo Mí Mío. Yo Mí Mío. Yo Mí Mío. Yo Mí Mío. Yo Mí Mío. Yo Mí Mío. Yo Mí Mío.

Yo Mí Mío. Yo Mí Mío.

Yo Mí Mío. Yo Mí Mío. Yo Mí Mío. Yo Mí Mío. Yo Mí Mío. Yo Mí Mío. Yo Mí Mío. Yo Mí Mío. Yo Mí Mío. Yo Mí Mío. Yo Mí Mío. Yo Mí Mío. Yo Mí Mío.
Yo Mí Mío. Yo Mí Mío. Yo Mí Mío. Yo Mí Mío. Yo Mí Mío. Yo Mí Mío. Yo Mí Mío. Yo Mí Mío. Yo Mí Mío. Yo Mí Mío. Yo Mí Mío. Yo Mí Mío. Yo Mí Mío. Yo Mí Mío. Yo Mí Mío.

Yo Mí Mío. Yo Mí Mío. Yo Mí Mío. Yo Mí Mío. Yo Mí Mío. Yo Mí Mío. Yo Mí Mío. Yo Mí Mío. Yo Mí Mío. Yo Mí Mío. Yo Mí Mío. Yo Mí Mío. Yo Mí Mío. Yo Mí Mío. Yo Mí Mío. Yo Mí Mío. Yo Mí Mío.

Yo Mí Mío. Yo Mí Mío. Yo Mí Mío. Yo Mí Mío. Yo Mí Mío. Yo Mí Mío. Yo Mí Mío. Yo Mí Mío. Yo Mí Mío. Yo Mí Mío. Yo Mí Mío.

Yo Mí Mío. Yo Mí Mío. Yo Mí Mío. Yo Mí Mío. Yo Mí Mío. Yo Mí Mío. Yo Mí Mío. Yo Mí Mío. Yo Mí Mío. Yo Mí Mío. Yo Mí Mío. Yo Mí Mío. Yo Mí Mío.

Yo Mí Mío. Yo Mí Mío. Yo Mí Mío. Yo Mí Mío. Yo Mí Mío. Yo Mí Mío. Yo Mí Mío.

Yo Mí Mío. Yo Mí Mío.

Yo Mí Mío. Yo Mí Mío. Yo Mí Mío. Yo Mí Mío. Yo Mí Mío. Yo Mí Mío. Yo Mí Mío. Yo Mí Mío. Yo Mí Mío. Yo Mí Mío. Yo Mí Mío. Yo Mí Mío. Yo Mí Mío.

Yo Mí Mío. Yo Mí Mío. Yo Mí Mío. Yo Mí Mío. Yo Mí Mío. Yo Mí Mío. Yo Mí Mío. Yo Mí Mío. Yo Mí Mío. Yo Mí Mío. Yo Mí Mío. Yo Mí Mío. Yo Mí Mío. Yo Mí Mío. Yo Mí Mío.

Yo Mí Mío. Yo Mí Mío.

Yo Mí Mío. Yo Mí Mío. Yo Mí Mío. Yo Mí Mío. Yo Mí Mío. Yo Mí Mío. Yo Mí Mío. Yo Mí Mío. Yo Mí Mío. Yo Mí Mío. Yo Mí Mío. Yo Mí Mío. Yo Mí Mío.

Yo Mí Mío. Yo Mí Mío. Yo Mí Mío. Yo Mí Mío. Yo Mí Mío.

Yo Mí Mío. Yo Mí Mío. Yo Mí Mío. Yo Mí Mío. Yo Mí Mío. Yo Mí Mío. Yo Mí Mío. Yo Mí Mío. Yo Mí Mío. Yo Mí Mío.

Yo Mí Mío. Yo Mí Mío. Yo Mí Mío. Yo Mí Mío. Yo Mí Mío. Yo Mí Mío. Yo Mí Mío. Yo Mí Mío. Yo Mí Mío. Yo Mí Mío. Yo Mí Mío. Yo Mí Mío. Yo Mí Mío. Yo Mí Mío. Yo Mí Mío. Yo Mí Mío. Yo Mí Mío.

Yo Mí Mío. Yo Mí Mío. Yo Mí Mío. Yo Mí Mío. Yo Mí Mío. Yo Mí Mío. Yo Mí Mío. Yo Mí Mío. Yo Mí Mío. Yo Mí Mío. Yo Mí Mío.

Yo Mí Mío. Yo Mí Mío. Yo Mí Mío. Yo Mí Mío. Yo Mí Mío. Yo Mí Mío. Yo Mí Mío. Yo Mí Mío. Yo Mí Mío. Yo Mí Mío. Yo Mí Mío. Yo Mí Mío. Yo Mí Mío.
Yo Mí Mío. Yo Mí Mío. Yo Mí Mío. Yo Mí Mío. Yo Mí Mío. Yo Mí Mío. Yo Mí Mío.
Yo Mí Mío. Yo Mí Mío. Yo Mí Mío. Yo Mí Mío. Yo Mí Mío. Yo Mí Mío. Yo Mí Mío. Yo Mí Mío.

Yo Mí Mío. Yo Mí Mío.

Yo Mí Mío. Yo Mí Mío. Yo Mí Mío. Yo Mí Mío. Yo Mí Mío. Yo Mí Mío. Yo Mí Mío. Yo Mí Mío. Yo Mí Mío. Yo Mí Mío. Yo Mí Mío. Yo Mí Mío. Yo Mí Mío.
Yo Mí Mío. Yo Mí Mío. Yo Mí Mío. Yo Mí Mío. Yo Mí Mío. Yo Mí Mío. Yo Mí Mío. Yo Mí Mío. Yo Mí Mío. Yo Mí Mío. Yo Mí Mío. Yo Mí Mío. Yo Mí Mío. Yo Mí Mío. Yo Mí Mío.

Yo Mí Mío. Yo Mí Mío. Yo Mí Mío. Yo Mí Mío. Yo Mí Mío.
Yo Mí Mío. Yo Mí Mío. Yo Mí Mío. Yo Mí Mío. Yo Mí Mío.
Yo Mí Mío. Yo Mí Mío. Yo Mí Mío. Yo Mí Mío. Yo Mí Mío.
Yo Mí Mío. Yo Mí Mío. Yo Mí Mío. Yo Mí Mío. Yo Mí Mío.
Yo Mí Mío. Yo Mí Mío. Yo Mí Mío. Yo Mí Mío. Yo Mí Mío.
Yo Mí Mío. Yo Mí Mío. Yo Mí Mío.

Yo Mí Mío. Yo Mí Mío. Yo Mí Mío. Yo Mí Mío. Yo Mí Mío.
Yo Mí Mío. Yo Mí Mío. Yo Mí Mío. Yo Mí Mío. Yo Mí Mío.
Yo Mí Mío. Yo Mí Mío. Yo Mí Mío.
Yo Mí Mío. Yo Mí Mío. Yo Mí Mío. Yo Mí Mío. Yo Mí Mío.
Yo Mí Mío. Yo Mí Mío. Yo Mí Mío. Yo Mí Mío. Yo Mí Mío.
Yo Mí Mío. Yo Mí Mío. Yo Mí Mío. Yo Mí Mío. Yo Mí Mío.

Yo Mí Mío. Yo Mí Mío. Yo Mí Mío. Yo Mí Mío. Yo Mí Mío.
Yo Mí Mío. Yo Mí Mío. Yo Mí Mío. Yo Mí Mío. Yo Mí Mío.
Yo Mí Mío. Yo Mí Mío. Yo Mí Mío. Yo Mí Mío. Yo Mí Mío.
Yo Mí Mío. Yo Mí Mío.

Yo Mí Mío. Yo Mí Mío. Yo Mí Mío. Yo Mí Mío. Yo Mí Mío.
Yo Mí Mío. Yo Mí Mío. Yo Mí Mío. Yo Mí Mío. Yo Mí Mío.
Yo Mí Mío.

Yo Mí Mío. Yo Mí Mío. Yo Mí Mío. Yo Mí Mío. Yo Mí Mío.
Yo Mí Mío. Yo Mí Mío. Yo Mí Mío. Yo Mí Mío. Yo Mí Mío.
Yo Mí Mío. Yo Mí Mío. Yo Mí Mío.
Yo Mí Mío. Yo Mí Mío. Yo Mí Mío. Yo Mí Mío. Yo Mí Mío.
Yo Mí Mío. Yo Mí Mío.
Yo Mí Mío. Yo Mí Mío. Yo Mí Mío. Yo Mí Mío. Yo Mí Mío.
Yo Mí Mío. Yo Mí Mío. Yo Mí Mío.

Yo Mí Mío. Yo Mí Mío. Yo Mí Mío. Yo Mí Mío. Yo Mí Mío.
Yo Mí Mío. Yo Mí Mío. Yo Mí Mío. Yo Mí Mío. Yo Mí Mío.

Yo Mí Mío. Yo Mí Mío. Yo Mí Mío. Yo Mí Mío. Yo Mí Mío. Yo Mí Mío. Yo Mí Mío. Yo Mí Mío. Yo Mí Mío. Yo Mí Mío. Yo Mí Mío. Yo Mí Mío. Yo Mí Mío. Yo Mí Mío. Yo Mí Mío. Yo Mí Mío. Yo Mí Mío. Yo Mí Mío.

Yo Mí Mío. Yo Mí Mío. Yo Mí Mío. Yo Mí Mío. Yo Mí Mío. Yo Mí Mío. Yo Mí Mío. Yo Mí Mío. Yo Mí Mío. Yo Mí Mío. Yo Mí Mío. Yo Mí Mío. Yo Mí Mío.
Yo Mí Mío. Yo Mí Mío. Yo Mí Mío. Yo Mí Mío. Yo Mí Mío. Yo Mí Mío. Yo Mí Mío. Yo Mí Mío. Yo Mí Mío. Yo Mí Mío. Yo Mí Mío. Yo Mí Mío. Yo Mí Mío. Yo Mí Mío. Yo Mí Mío.

IYo Mí Mío. Yo Mí Mío.

Yo Mí Mío. Yo Mí Mío. Yo Mí Mío. Yo Mí Mío. Yo Mí Mío. Yo Mí Mío. Yo Mí Mío. Yo Mí Mío. Yo Mí Mío. Yo Mí Mío. Yo Mí Mío. Yo Mí Mío. Yo Mí Mío.
Yo Mí Mío. Yo Mí Mío. Yo Mí Mío. Yo Mí Mío. Yo Mí Mío. Yo Mí Mío. Yo Mí Mío. Yo Mí Mío. Yo Mí Mío. Yo Mí Mío. Yo Mí Mío. Yo Mí Mío. Yo Mí Mío. Yo Mí Mío. Yo Mí Mío.

Yo Mí Mío. Yo Mí Mío. Yo Mí Mío. Yo Mí Mío. Yo Mí Mío. Yo Mí Mío. Yo Mí Mío. Yo Mí Mío. Yo Mí Mío. Yo Mí Mío. Yo Mí Mío. Yo Mí Mío. Yo Mí Mío. Yo Mí Mío. Yo Mí Mío. Yo Mí Mío. Yo Mí Mío.

Yo Mí Mío. Yo Mí Mío. Yo Mí Mío. Yo Mí Mío. Yo Mí Mío. Yo Mí Mío. Yo Mí Mío. Yo Mí Mío. Yo Mí Mío. Yo Mí Mío. Yo Mí Mío.

Yo Mí Mío. Yo Mí Mío. Yo Mí Mío. Yo Mí Mío. Yo Mí Mío. Yo Mí Mío. Yo Mí Mío. Yo Mí Mío. Yo Mí Mío. Yo Mí Mío. Yo Mí Mío. Yo Mí Mío. Yo Mí Mío.
Yo Mí Mío. Yo Mí Mío. Yo Mí Mío. Yo Mí Mío. Yo Mí Mío. Yo Mí Mío. Yo Mí Mío.
Yo Mí Mío. Yo Mí Mío. Yo Mí Mío. Yo Mí Mío. Yo Mí Mío. Yo Mí Mío. Yo Mí Mío. Yo Mí Mío.

Yo Mí Mío. Yo Mí Mío.

Yo Mí Mío. Yo Mí Mío. Yo Mí Mío. Yo Mí Mío. Yo Mí Mío. Yo Mí Mío. Yo Mí Mío. Yo Mí Mío. Yo Mí Mío. Yo Mí Mío. Yo Mí Mío. Yo Mí Mío. Yo Mí Mío.
Yo Mí Mío. Yo Mí Mío. Yo Mí Mío. Yo Mí Mío. Yo Mí Mío. Yo Mí Mío. Yo Mí Mío. Yo Mí Mío. Yo Mí Mío. Yo Mí Mío. Yo Mí Mío. Yo Mí Mío. Yo Mí Mío. Yo Mí Mío. Yo Mí Mío.

IYo Mí Mío. Yo Mí Mío.

Yo Mí Mío. Yo Mí Mío. Yo Mí Mío. Yo Mí Mío. Yo Mí Mío.
Yo Mí Mío. Yo Mí Mío. Yo Mí Mío. Yo Mí Mío. Yo Mí Mío.
Yo Mí Mío. Yo Mí Mío. Yo Mí Mío.
Yo Mí Mío. Yo Mí Mío. Yo Mí Mío. Yo Mí Mío. Yo Mí Mío.
Yo Mí Mío. Yo Mí Mío. Yo Mí Mío. Yo Mí Mío. Yo Mí Mío.
Yo Mí Mío. Yo Mí Mío. Yo Mí Mío. Yo Mí Mío. Yo Mí Mío.

Yo Mí Mío. Yo Mí Mío. Yo Mí Mío. Yo Mí Mío. Yo Mí Mío.
Yo Mí Mío. Yo Mí Mío. Yo Mí Mío. Yo Mí Mío. Yo Mí Mío.
Yo Mí Mío. Yo Mí Mío. Yo Mí Mío. Yo Mí Mío. Yo Mí Mío.
Yo Mí Mío. Yo Mí Mío.

Yo Mí Mío. Yo Mí Mío. Yo Mí Mío. Yo Mí Mío. Yo Mí Mío.
Yo Mí Mío. Yo Mí Mío. Yo Mí Mío. Yo Mí Mío. Yo Mí Mío.
Yo Mí Mío.

Yo Mí Mío. Yo Mí Mío. Yo Mí Mío. Yo Mí Mío. Yo Mí Mío.
Yo Mí Mío. Yo Mí Mío. Yo Mí Mío. Yo Mí Mío. Yo Mí Mío.
Yo Mí Mío. Yo Mí Mío. Yo Mí Mío.
Yo Mí Mío. Yo Mí Mío. Yo Mí Mío. Yo Mí Mío. Yo Mí Mío.
Yo Mí Mío. Yo Mí Mío.
Yo Mí Mío. Yo Mí Mío. Yo Mí Mío. Yo Mí Mío. Yo Mí Mío.
Yo Mí Mío. Yo Mí Mío. Yo Mí Mío.

Yo Mí Mío. Yo Mí Mío. Yo Mí Mío. Yo Mí Mío. Yo Mí Mío.
Yo Mí Mío. Yo Mí Mío. Yo Mí Mío. Yo Mí Mío. Yo Mí Mío.
Yo Mí Mío. Yo Mí Mío. Yo Mí Mío. Yo Mí Mío. Yo Mí Mío.
Yo Mí Mío. Yo Mí Mío. Yo Mí Mío. Yo Mí Mío. Yo Mí Mío.
Yo Mí Mío. Yo Mí Mío. Yo Mí Mío. Yo Mí Mío. Yo Mí Mío.
Yo Mí Mío. Yo Mí Mío. Yo Mí Mío.

Yo Mí Mío. Yo Mí Mío. Yo Mí Mío. Yo Mí Mío. Yo Mí Mío.
Yo Mí Mío. Yo Mí Mío. Yo Mí Mío. Yo Mí Mío. Yo Mí Mío.

Yo Mí Mío. Yo Mí Mío. Yo Mí Mío.
Yo Mí Mío. Yo Mí Mío. Yo Mí Mío. Yo Mí Mío. Yo Mí Mío.
Yo Mí Mío. Yo Mí Mío. Yo Mí Mío. Yo Mí Mío. Yo Mí Mío.
Yo Mí Mío. Yo Mí Mío. Yo Mí Mío. Yo Mí Mío. Yo Mí Mío.

IYo Mí Mío. Yo Mí Mío. Yo Mí Mío. Yo Mí Mío. Yo Mí Mío.
Yo Mí Mío. Yo Mí Mío. Yo Mí Mío. Yo Mí Mío. Yo Mí Mío.
Yo Mí Mío. Yo Mí Mío. Yo Mí Mío. Yo Mí Mío. Yo Mí Mío.
Yo Mí Mío. Yo Mí Mío. Yo Mí Mío. Yo Mí Mío. Yo Mí Mío.
Yo Mí Mío. Yo Mí Mío. Yo Mí Mío. Yo Mí Mío. Yo Mí Mío.
Yo Mí Mío. Yo Mí Mío. Yo Mí Mío.

Yo Mí Mío. Yo Mí Mío. Yo Mí Mío. Yo Mí Mío. Yo Mí Mío.
Yo Mí Mío. Yo Mí Mío. Yo Mí Mío. Yo Mí Mío. Yo Mí Mío.
Yo Mí Mío. Yo Mí Mío. Yo Mí Mío.
Yo Mí Mío. Yo Mí Mío. Yo Mí Mío. Yo Mí Mío. Yo Mí Mío.
Yo Mí Mío. Yo Mí Mío. Yo Mí Mío. Yo Mí Mío. Yo Mí Mío.
Yo Mí Mío. Yo Mí Mío. Yo Mí Mío. Yo Mí Mío. Yo Mí Mío.

Yo Mí Mío. Yo Mí Mío. Yo Mí Mío. Yo Mí Mío. Yo Mí Mío.
Yo Mí Mío. Yo Mí Mío. Yo Mí Mío. Yo Mí Mío. Yo Mí Mío.
Yo Mí Mío. Yo Mí Mío. Yo Mí Mío. Yo Mí Mío. Yo Mí Mío.
Yo Mí Mío. Yo Mí Mío.

Yo Mí Mío. Yo Mí Mío. Yo Mí Mío. Yo Mí Mío. Yo Mí Mío.
Yo Mí Mío. Yo Mí Mío. Yo Mí Mío. Yo Mí Mío. Yo Mí Mío.
Yo Mí Mío.

Yo Mí Mío. Yo Mí Mío. Yo Mí Mío. Yo Mí Mío. Yo Mí Mío.
Yo Mí Mío. Yo Mí Mío. Yo Mí Mío. Yo Mí Mío. Yo Mí Mío.
Yo Mí Mío. Yo Mí Mío. Yo Mí Mío.
Yo Mí Mío. Yo Mí Mío. Yo Mí Mío. Yo Mí Mío. Yo Mí Mío.
Yo Mí Mío. Yo Mí Mío.

Yo Mí Mío. Yo Mí Mío. Yo Mí Mío. Yo Mí Mío. Yo Mí Mío. Yo Mí Mío. Yo Mí Mío. Yo Mí Mío.

Yo Mí Mío. Yo Mí Mío.

Yo Mí Mío. Yo Mí Mío. Yo Mí Mío. Yo Mí Mío. Yo Mí Mío. Yo Mí Mío. Yo Mí Mío. Yo Mí Mío. Yo Mí Mío. Yo Mí Mío. Yo Mí Mío. Yo Mí Mío. Yo Mí Mío.
Yo Mí Mío. Yo Mí Mío. Yo Mí Mío. Yo Mí Mío. Yo Mí Mío. Yo Mí Mío. Yo Mí Mío. Yo Mí Mío. Yo Mí Mío. Yo Mí Mío. Yo Mí Mío. Yo Mí Mío. Yo Mí Mío. Yo Mí Mío. Yo Mí Mío.

IYo Mí Mío. Yo Mí Mío.

Yo Mí Mío. Yo Mí Mío. Yo Mí Mío. Yo Mí Mío. Yo Mí Mío. Yo Mí Mío. Yo Mí Mío. Yo Mí Mío. Yo Mí Mío. Yo Mí Mío. Yo Mí Mío. Yo Mí Mío. Yo Mí Mío.
Yo Mí Mío. Yo Mí Mío. Yo Mí Mío. Yo Mí Mío. Yo Mí Mío. Yo Mí Mío. Yo Mí Mío. Yo Mí Mío. Yo Mí Mío. Yo Mí Mío. Yo Mí Mío. Yo Mí Mío. Yo Mí Mío. Yo Mí Mío. Yo Mí Mío.

Yo Mí Mío. Yo Mí Mío. Yo Mí Mío. Yo Mí Mío. Yo Mí Mío. Yo Mí Mío. Yo Mí Mío. Yo Mí Mío. Yo Mí Mío. Yo Mí Mío.

Yo Mí Mío. Yo Mí Mío. Yo Mí Mío. Yo Mí Mío. Yo Mí Mío. Yo Mí Mío. Yo Mí Mío.

Yo Mí Mío. Yo Mí Mío. Yo Mí Mío. Yo Mí Mío. Yo Mí Mío. Yo Mí Mío. Yo Mí Mío. Yo Mí Mío. Yo Mí Mío. Yo Mí Mío. Yo Mí Mío.

Yo Mí Mío. Yo Mí Mío. Yo Mí Mío. Yo Mí Mío. Yo Mí Mío. Yo Mí Mío. Yo Mí Mío. Yo Mí Mío. Yo Mí Mío. Yo Mí Mío. Yo Mí Mío. Yo Mí Mío. Yo Mí Mío.
Yo Mí Mío. Yo Mí Mío. Yo Mí Mío. Yo Mí Mío. Yo Mí Mío. Yo Mí Mío. Yo Mí Mío.
Yo Mí Mío. Yo Mí Mío. Yo Mí Mío. Yo Mí Mío. Yo Mí Mío. Yo Mí Mío. Yo Mí Mío. Yo Mí Mío.

Yo Mí Mío. Yo Mí Mío.

Yo Mí Mío. Yo Mí Mío. Yo Mí Mío. Yo Mí Mío. Yo Mí Mío. Yo Mí Mío. Yo Mí Mío. Yo Mí Mío. Yo Mí Mío. Yo Mí Mío. Yo Mí Mío. Yo Mí Mío. Yo Mí Mío.
Yo Mí Mío. Yo Mí Mío. Yo Mí Mío. Yo Mí Mío. Yo Mí Mío. Yo Mí Mío. Yo Mí Mío. Yo Mí Mío. Yo Mí Mío. Yo Mí Mío. Yo Mí Mío. Yo Mí Mío. Yo Mí Mío. Yo Mí Mío. Yo Mí Mío.

IYo Mí Mío. Yo Mí Mío. Yo Mí Mío. Yo Mí Mío. Yo Mí Mío. Yo Mí Mío. Yo Mí Mío. Yo Mí Mío. Yo Mí Mío. Yo Mí Mío. Yo Mí Mío. Yo Mí Mío. Yo Mí Mío. Yo Mí Mío. Yo Mí Mío. Yo Mí Mío. Yo Mí Mío. Yo Mí Mío. Yo Mí Mío. Yo Mí Mío.

Yo Mí Mío. Yo Mí Mío. Yo Mí Mío. Yo Mí Mío. Yo Mí Mío.
Yo Mí Mío. Yo Mí Mío. Yo Mí Mío.

Yo Mí Mío. Yo Mí Mío. Yo Mí Mío. Yo Mí Mío. Yo Mí Mío.
Yo Mí Mío. Yo Mí Mío. Yo Mí Mío. Yo Mí Mío. Yo Mí Mío.
Yo Mí Mío. Yo Mí Mío. Yo Mí Mío.
Yo Mí Mío. Yo Mí Mío. Yo Mí Mío. Yo Mí Mío. Yo Mí Mío.
Yo Mí Mío. Yo Mí Mío. Yo Mí Mío. Yo Mí Mío. Yo Mí Mío.
Yo Mí Mío. Yo Mí Mío. Yo Mí Mío. Yo Mí Mío. Yo Mí Mío.

Yo Mí Mío. Yo Mí Mío. Yo Mí Mío. Yo Mí Mío. Yo Mí Mío.
Yo Mí Mío. Yo Mí Mío. Yo Mí Mío. Yo Mí Mío. Yo Mí Mío.
Yo Mí Mío. Yo Mí Mío. Yo Mí Mío. Yo Mí Mío. Yo Mí Mío.
Yo Mí Mío. Yo Mí Mío.

Yo Mí Mío. Yo Mí Mío. Yo Mí Mío. Yo Mí Mío. Yo Mí Mío.
Yo Mí Mío. Yo Mí Mío. Yo Mí Mío. Yo Mí Mío. Yo Mí Mío.
Yo Mí Mío.

Yo Mí Mío. Yo Mí Mío. Yo Mí Mío. Yo Mí Mío. Yo Mí Mío.
Yo Mí Mío. Yo Mí Mío. Yo Mí Mío. Yo Mí Mío. Yo Mí Mío.
Yo Mí Mío. Yo Mí Mío. Yo Mí Mío.
Yo Mí Mío. Yo Mí Mío. Yo Mí Mío. Yo Mí Mío. Yo Mí Mío.
Yo Mí Mío. Yo Mí Mío.
Yo Mí Mío. Yo Mí Mío. Yo Mí Mío. Yo Mí Mío. Yo Mí Mío.
Yo Mí Mío. Yo Mí Mío. Yo Mí Mío.

Yo Mí Mío. Yo Mí Mío. Yo Mí Mío. Yo Mí Mío. Yo Mí Mío.
Yo Mí Mío. Yo Mí Mío. Yo Mí Mío. Yo Mí Mío. Yo Mí Mío.
Yo Mí Mío. Yo Mí Mío. Yo Mí Mío. Yo Mí Mío. Yo Mí Mío.
Yo Mí Mío. Yo Mí Mío. Yo Mí Mío. Yo Mí Mío. Yo Mí Mío.
Yo Mí Mío. Yo Mí Mío. Yo Mí Mío. Yo Mí Mío. Yo Mí Mío.
Yo Mí Mío. Yo Mí Mío. Yo Mí Mío.

Yo Mí Mío. Yo Mí Mío. Yo Mí Mío. Yo Mí Mío. Yo Mí Mío.
Yo Mí Mío. Yo Mí Mío. Yo Mí Mío. Yo Mí Mío. Yo Mí Mío.
Yo Mí Mío. Yo Mí Mío. Yo Mí Mío.
Yo Mí Mío. Yo Mí Mío. Yo Mí Mío. Yo Mí Mío. Yo Mí Mío.
Yo Mí Mío. Yo Mí Mío. Yo Mí Mío. Yo Mí Mío. Yo Mí Mío.
Yo Mí Mío. Yo Mí Mío. Yo Mí Mío. Yo Mí Mío. Yo Mí Mío.

IYo Mí Mío. Yo Mí Mío. Yo Mí Mío. Yo Mí Mío. Yo Mí Mío.
Yo Mí Mío. Yo Mí Mío. Yo Mí Mío. Yo Mí Mío. Yo Mí Mío.
Yo Mí Mío. Yo Mí Mío. Yo Mí Mío. Yo Mí Mío. Yo Mí Mío.
Yo Mí Mío. Yo Mí Mío. Yo Mí Mío. Yo Mí Mío. Yo Mí Mío.
Yo Mí Mío. Yo Mí Mío. Yo Mí Mío. Yo Mí Mío. Yo Mí Mío.
Yo Mí Mío. Yo Mí Mío. Yo Mí Mío.

Yo Mí Mío. Yo Mí Mío. Yo Mí Mío. Yo Mí Mío. Yo Mí Mío.
Yo Mí Mío. Yo Mí Mío. Yo Mí Mío. Yo Mí Mío. Yo Mí Mío.
Yo Mí Mío. Yo Mí Mío. Yo Mí Mío.
Yo Mí Mío. Yo Mí Mío. Yo Mí Mío. Yo Mí Mío. Yo Mí Mío.
Yo Mí Mío. Yo Mí Mío. Yo Mí Mío. Yo Mí Mío. Yo Mí Mío.
Yo Mí Mío. Yo Mí Mío. Yo Mí Mío. Yo Mí Mío. Yo Mí Mío.

Yo Mí Mío. Yo Mí Mío. Yo Mí Mío. Yo Mí Mío. Yo Mí Mío.
Yo Mí Mío. Yo Mí Mío. Yo Mí Mío. Yo Mí Mío. Yo Mí Mío.
Yo Mí Mío. Yo Mí Mío. Yo Mí Mío. Yo Mí Mío. Yo Mí Mío.
Yo Mí Mío. Yo Mí Mío.

Yo Mí Mío. Yo Mí Mío. Yo Mí Mío. Yo Mí Mío. Yo Mí Mío.
Yo Mí Mío. Yo Mí Mío. Yo Mí Mío. Yo Mí Mío. Yo Mí Mío.
Yo Mí Mío.

Yo Mí Mío. Yo Mí Mío. Yo Mí Mío. Yo Mí Mío. Yo Mí Mío.
Yo Mí Mío. Yo Mí Mío. Yo Mí Mío. Yo Mí Mío. Yo Mí Mío.
Yo Mí Mío. Yo Mí Mío. Yo Mí Mío.

Yo Mí Mío. Yo Mí Mío. Yo Mí Mío. Yo Mí Mío. Yo Mí Mío. Yo Mí Mío. Yo Mí Mío.
Yo Mí Mío. Yo Mí Mío. Yo Mí Mío. Yo Mí Mío. Yo Mí Mío. Yo Mí Mío. Yo Mí Mío. Yo Mí Mío.

Yo Mí Mío. Yo Mí Mío.

Yo Mí Mío. Yo Mí Mío. Yo Mí Mío. Yo Mí Mío. Yo Mí Mío. Yo Mí Mío. Yo Mí Mío. Yo Mí Mío. Yo Mí Mío. Yo Mí Mío. Yo Mí Mío. Yo Mí Mío. Yo Mí Mío.
Yo Mí Mío. Yo Mí Mío. Yo Mí Mío. Yo Mí Mío. Yo Mí Mío. Yo Mí Mío. Yo Mí Mío. Yo Mí Mío. Yo Mí Mío. Yo Mí Mío. Yo Mí Mío. Yo Mí Mío. Yo Mí Mío. Yo Mí Mío. Yo Mí Mío.

IYo Mí Mío. Yo Mí Mío.

Yo Mí Mío. Yo Mí Mío. Yo Mí Mío. Yo Mí Mío. Yo Mí Mío. Yo Mí Mío. Yo Mí Mío. Yo Mí Mío. Yo Mí Mío. Yo Mí Mío. Yo Mí Mío. Yo Mí Mío. Yo Mí Mío.
Yo Mí Mío. Yo Mí Mío. Yo Mí Mío. Yo Mí Mío. Yo Mí Mío. Yo Mí Mío. Yo Mí Mío. Yo Mí Mío. Yo Mí Mío. Yo Mí Mío. Yo Mí Mío. Yo Mí Mío. Yo Mí Mío. Yo Mí Mío. Yo Mí Mío.

Yo Mí Mío. Yo Mí Mío. Yo Mí Mío. Yo Mí Mío. Yo Mí Mío. Yo Mí Mío. Yo Mí Mío. Yo Mí Mío. Yo Mí Mío. Yo Mí Mío. Yo Mí Mío. Yo Mí Mío. Yo Mí Mío. Yo Mí Mío. Yo Mí Mío. Yo Mí Mío. Yo Mí Mío.

Yo Mí Mío. Yo Mí Mío. Yo Mí Mío. Yo Mí Mío. Yo Mí Mío. Yo Mí Mío. Yo Mí Mío. Yo Mí Mío. Yo Mí Mío. Yo Mí Mío. Yo Mí Mío.

Yo Mí Mío. Yo Mí Mío. Yo Mí Mío. Yo Mí Mío. Yo Mí Mío. Yo Mí Mío. Yo Mí Mío. Yo Mí Mío. Yo Mí Mío. Yo Mí Mío. Yo Mí Mío. Yo Mí Mío. Yo Mí Mío.
Yo Mí Mío. Yo Mí Mío. Yo Mí Mío. Yo Mí Mío. Yo Mí Mío. Yo Mí Mío. Yo Mí Mío.
Yo Mí Mío. Yo Mí Mío.

Yo Mí Mío. Yo Mí Mío. Yo Mí Mío. Yo Mí Mío. Yo Mí Mío. Yo Mí Mío. Yo Mí Mío. Yo Mí Mío. Yo Mí Mío. Yo Mí Mío. Yo Mí Mío. Yo Mí Mío. Yo Mí Mío.
Yo Mí Mío. Yo Mí Mío. Yo Mí Mío. Yo Mí Mío. Yo Mí Mío. Yo Mí Mío. Yo Mí Mío. Yo Mí Mío. Yo Mí Mío. Yo Mí Mío. Yo Mí Mío. Yo Mí Mío. Yo Mí Mío. Yo Mí Mío. Yo Mí Mío.

IYo Mí Mío. Yo Mí Mío. Yo Mí Mío. Yo Mí Mío. Yo Mí Mío. Yo Mí Mío. Yo Mí Mío. Yo Mí Mío. Yo Mí Mío. Yo Mí Mío.

Yo Mí Mío. Yo Mí Mío. Yo Mí Mío. Yo Mí Mío. Yo Mí Mío.
Yo Mí Mío. Yo Mí Mío. Yo Mí Mío. Yo Mí Mío. Yo Mí Mío.
Yo Mí Mío. Yo Mí Mío. Yo Mí Mío. Yo Mí Mío. Yo Mí Mío.
Yo Mí Mío. Yo Mí Mío. Yo Mí Mío.

Yo Mí Mío. Yo Mí Mío. Yo Mí Mío. Yo Mí Mío. Yo Mí Mío.
Yo Mí Mío. Yo Mí Mío. Yo Mí Mío. Yo Mí Mío. Yo Mí Mío.
Yo Mí Mío. Yo Mí Mío. Yo Mí Mío.
Yo Mí Mío. Yo Mí Mío. Yo Mí Mío. Yo Mí Mío. Yo Mí Mío.
Yo Mí Mío. Yo Mí Mío. Yo Mí Mío. Yo Mí Mío. Yo Mí Mío.
Yo Mí Mío. Yo Mí Mío. Yo Mí Mío. Yo Mí Mío. Yo Mí Mío.

Yo Mí Mío. Yo Mí Mío. Yo Mí Mío. Yo Mí Mío. Yo Mí Mío.
Yo Mí Mío. Yo Mí Mío. Yo Mí Mío. Yo Mí Mío. Yo Mí Mío.
Yo Mí Mío. Yo Mí Mío. Yo Mí Mío. Yo Mí Mío. Yo Mí Mío.
Yo Mí Mío. Yo Mí Mío.

Yo Mí Mío. Yo Mí Mío. Yo Mí Mío. Yo Mí Mío. Yo Mí Mío.
Yo Mí Mío. Yo Mí Mío. Yo Mí Mío. Yo Mí Mío. Yo Mí Mío.
Yo Mí Mío.

Yo Mí Mío. Yo Mí Mío. Yo Mí Mío. Yo Mí Mío. Yo Mí Mío.
Yo Mí Mío. Yo Mí Mío. Yo Mí Mío. Yo Mí Mío. Yo Mí Mío.
Yo Mí Mío. Yo Mí Mío. Yo Mí Mío.
Yo Mí Mío. Yo Mí Mío. Yo Mí Mío. Yo Mí Mío. Yo Mí Mío.
Yo Mí Mío. Yo Mí Mío.
Yo Mí Mío. Yo Mí Mío. Yo Mí Mío. Yo Mí Mío. Yo Mí Mío.
Yo Mí Mío. Yo Mí Mío. Yo Mí Mío.

Yo Mí Mío. Yo Mí Mío. Yo Mí Mío. Yo Mí Mío. Yo Mí Mío.
Yo Mí Mío. Yo Mí Mío. Yo Mí Mío. Yo Mí Mío. Yo Mí Mío.
Yo Mí Mío. Yo Mí Mío. Yo Mí Mío. Yo Mí Mío. Yo Mí Mío.
Yo Mí Mío. Yo Mí Mío. Yo Mí Mío. Yo Mí Mío. Yo Mí Mío.

Yo Mí Mío. Yo Mí Mío. Yo Mí Mío. Yo Mí Mío. Yo Mí Mío. Yo Mí Mío. Yo Mí Mío. Yo Mí Mío.

Yo Mí Mío. Yo Mí Mío. Yo Mí Mío. Yo Mí Mío. Yo Mí Mío. Yo Mí Mío. Yo Mí Mío. Yo Mí Mío. Yo Mí Mío. Yo Mí Mío. Yo Mí Mío. Yo Mí Mío. Yo Mí Mío.
Yo Mí Mío. Yo Mí Mío. Yo Mí Mío. Yo Mí Mío. Yo Mí Mío. Yo Mí Mío. Yo Mí Mío. Yo Mí Mío. Yo Mí Mío. Yo Mí Mío. Yo Mí Mío. Yo Mí Mío. Yo Mí Mío. Yo Mí Mío. Yo Mí Mío.

IYo Mí Mío. Yo Mí Mío.

Yo Mí Mío. Yo Mí Mío. Yo Mí Mío. Yo Mí Mío. Yo Mí Mío. Yo Mí Mío. Yo Mí Mío. Yo Mí Mío. Yo Mí Mío. Yo Mí Mío. Yo Mí Mío. Yo Mí Mío. Yo Mí Mío.
Yo Mí Mío. Yo Mí Mío. Yo Mí Mío. Yo Mí Mío. Yo Mí Mío. Yo Mí Mío. Yo Mí Mío. Yo Mí Mío. Yo Mí Mío. Yo Mí Mío. Yo Mí Mío. Yo Mí Mío. Yo Mí Mío. Yo Mí Mío. Yo Mí Mío.

Yo Mí Mío. Yo Mí Mío. Yo Mí Mío. Yo Mí Mío. Yo Mí Mío. Yo Mí Mío. Yo Mí Mío. Yo Mí Mío. Yo Mí Mío. Yo Mí Mío. Yo Mí Mío. Yo Mí Mío. Yo Mí Mío. Yo Mí Mío. Yo Mí Mío. Yo Mí Mío. Yo Mí Mío.

Yo Mí Mío. Yo Mí Mío. Yo Mí Mío. Yo Mí Mío. Yo Mí Mío. Yo Mí Mío. Yo Mí Mío. Yo Mí Mío. Yo Mí Mío. Yo Mí Mío. Yo Mí Mío.

Yo Mí Mío. Yo Mí Mío. Yo Mí Mío. Yo Mí Mío. Yo Mí Mío.
Yo Mí Mío. Yo Mí Mío. Yo Mí Mío. Yo Mí Mío. Yo Mí Mío.
Yo Mí Mío. Yo Mí Mío. Yo Mí Mío.
Yo Mí Mío. Yo Mí Mío. Yo Mí Mío. Yo Mí Mío. Yo Mí Mío.
Yo Mí Mío. Yo Mí Mío.
Yo Mí Mío. Yo Mí Mío. Yo Mí Mío. Yo Mí Mío. Yo Mí Mío.
Yo Mí Mío. Yo Mí Mío. Yo Mí Mío.

Yo Mí Mío. Yo Mí Mío. Yo Mí Mío. Yo Mí Mío. Yo Mí Mío.
Yo Mí Mío. Yo Mí Mío. Yo Mí Mío. Yo Mí Mío. Yo Mí Mío.
Yo Mí Mío. Yo Mí Mío. Yo Mí Mío. Yo Mí Mío. Yo Mí Mío.
Yo Mí Mío. Yo Mí Mío. Yo Mí Mío. Yo Mí Mío. Yo Mí Mío.
Yo Mí Mío. Yo Mí Mío. Yo Mí Mío. Yo Mí Mío. Yo Mí Mío.
Yo Mí Mío. Yo Mí Mío. Yo Mí Mío.

Yo Mí Mío. Yo Mí Mío. Yo Mí Mío. Yo Mí Mío. Yo Mí Mío.
Yo Mí Mío. Yo Mí Mío. Yo Mí Mío. Yo Mí Mío. Yo Mí Mío.
Yo Mí Mío. Yo Mí Mío. Yo Mí Mío.
Yo Mí Mío. Yo Mí Mío. Yo Mí Mío. Yo Mí Mío. Yo Mí Mío.
Yo Mí Mío. Yo Mí Mío. Yo Mí Mío. Yo Mí Mío. Yo Mí Mío.
Yo Mí Mío. Yo Mí Mío. Yo Mí Mío. Yo Mí Mío. Yo Mí Mío.

Yo Mí Mío. Yo Mí Mío. Yo Mí Mío. Yo Mí Mío. Yo Mí Mío.
Yo Mí Mío. Yo Mí Mío. Yo Mí Mío. Yo Mí Mío. Yo Mí Mío.
Yo Mí Mío. Yo Mí Mío. Yo Mí Mío. Yo Mí Mío. Yo Mí Mío.
Yo Mí Mío. Yo Mí Mío. Yo Mí Mío. Yo Mí Mío. Yo Mí Mío.
Yo Mí Mío. Yo Mí Mío. Yo Mí Mío. Yo Mí Mío. Yo Mí Mío.
Yo Mí Mío. Yo Mí Mío. Yo Mí Mío.

Yo Mí Mío. Yo Mí Mío. Yo Mí Mío. Yo Mí Mío. Yo Mí Mío.
Yo Mí Mío. Yo Mí Mío. Yo Mí Mío. Yo Mí Mío. Yo Mí Mío.
Yo Mí Mío. Yo Mí Mío. Yo Mí Mío.

Yo Mí Mío. Yo Mí Mío. Yo Mí Mío. Yo Mí Mío. Yo Mí Mío. Yo Mí Mío. Yo Mí Mío. Yo Mí Mío. Yo Mí Mío. Yo Mí Mío. Yo Mí Mío. Yo Mí Mío. Yo Mí Mío. Yo Mí Mío. Yo Mí Mío.

Yo Mí Mío. Yo Mí Mío. Yo Mí Mío. Yo Mí Mío. Yo Mí Mío. Yo Mí Mío. Yo Mí Mío. Yo Mí Mío. Yo Mí Mío. Yo Mí Mío. Yo Mí Mío. Yo Mí Mío. Yo Mí Mío. Yo Mí Mío. Yo Mí Mío. Yo Mí Mío. Yo Mí Mío.

Yo Mí Mío. Yo Mí Mío. Yo Mí Mío. Yo Mí Mío. Yo Mí Mío. Yo Mí Mío. Yo Mí Mío. Yo Mí Mío. Yo Mí Mío. Yo Mí Mío. Yo Mí Mío.

Yo Mí Mío. Yo Mí Mío. Yo Mí Mío. Yo Mí Mío. Yo Mí Mío. Yo Mí Mío. Yo Mí Mío. Yo Mí Mío. Yo Mí Mío. Yo Mí Mío. Yo Mí Mío. Yo Mí Mío. Yo Mí Mío.
Yo Mí Mío. Yo Mí Mío. Yo Mí Mío. Yo Mí Mío. Yo Mí Mío. Yo Mí Mío. Yo Mí Mío.
Yo Mí Mío. Yo Mí Mío. Yo Mí Mío. Yo Mí Mío. Yo Mí Mío. Yo Mí Mío. Yo Mí Mío. Yo Mí Mío.

Yo Mí Mío. Yo Mí Mío.

Yo Mí Mío. Yo Mí Mío. Yo Mí Mío. Yo Mí Mío. Yo Mí Mío. Yo Mí Mío. Yo Mí Mío. Yo Mí Mío. Yo Mí Mío. Yo Mí Mío. Yo Mí Mío. Yo Mí Mío. Yo Mí Mío.
Yo Mí Mío. Yo Mí Mío. Yo Mí Mío. Yo Mí Mío. Yo Mí Mío.

Yo Mí Mío. Yo Mí Mío. Yo Mí Mío. Yo Mí Mío. Yo Mí Mío.
Yo Mí Mío. Yo Mí Mío. Yo Mí Mío. Yo Mí Mío. Yo Mí Mío.

Yo Mí Mío. Yo Mí Mío.Yo Mí Mío. Yo Mí Mío. Yo Mí Mío.
Yo Mí Mío. Yo Mí Mío. Yo Mí Mío. Yo Mí Mío. Yo Mí Mío.
Yo Mí Mío. Yo Mí Mío. Yo Mí Mío. Yo Mí Mío. Yo Mí Mío.
Yo Mí Mío. Yo Mí Mío. Yo Mí Mío. Yo Mí Mío. Yo Mí Mío.
Yo Mí Mío. Yo Mí Mío. Yo Mí Mío. Yo Mí Mío. Yo Mí Mío.
Yo Mí Mío. Yo Mí Mío. Yo Mí Mío.

Yo Mí Mío. Yo Mí Mío. Yo Mí Mío. Yo Mí Mío. Yo Mí Mío.
Yo Mí Mío. Yo Mí Mío. Yo Mí Mío. Yo Mí Mío. Yo Mí Mío.
Yo Mí Mío. Yo Mí Mío. Yo Mí Mío.
Yo Mí Mío. Yo Mí Mío. Yo Mí Mío. Yo Mí Mío. Yo Mí Mío.
Yo Mí Mío. Yo Mí Mío. Yo Mí Mío. Yo Mí Mío. Yo Mí Mío.
Yo Mí Mío. Yo Mí Mío. Yo Mí Mío. Yo Mí Mío. Yo Mí Mío.

Yo Mí Mío. Yo Mí Mío. Yo Mí Mío. Yo Mí Mío. Yo Mí Mío.
Yo Mí Mío. Yo Mí Mío. Yo Mí Mío. Yo Mí Mío. Yo Mí Mío.
Yo Mí Mío. Yo Mí Mío. Yo Mí Mío. Yo Mí Mío. Yo Mí Mío.
Yo Mí Mío. Yo Mí Mío.

Yo Mí Mío. Yo Mí Mío. Yo Mí Mío. Yo Mí Mío. Yo Mí Mío.
Yo Mí Mío. Yo Mí Mío. Yo Mí Mío. Yo Mí Mío. Yo Mí Mío.
Yo Mí Mío.

Yo Mí Mío. Yo Mí Mío. Yo Mí Mío. Yo Mí Mío. Yo Mí Mío.
Yo Mí Mío. Yo Mí Mío. Yo Mí Mío. Yo Mí Mío. Yo Mí Mío.
Yo Mí Mío. Yo Mí Mío. Yo Mí Mío.
Yo Mí Mío. Yo Mí Mío. Yo Mí Mío. Yo Mí Mío. Yo Mí Mío.
Yo Mí Mío. Yo Mí Mío.
Yo Mí Mío. Yo Mí Mío. Yo Mí Mío. Yo Mí Mío. Yo Mí Mío.
Yo Mí Mío. Yo Mí Mío. Yo Mí Mío.

Yo Mí Mío. Yo Mí Mío.

Yo Mí Mío. Yo Mí Mío. Yo Mí Mío. Yo Mí Mío. Yo Mí Mío. Yo Mí Mío. Yo Mí Mío. Yo Mí Mío. Yo Mí Mío. Yo Mí Mío. Yo Mí Mío. Yo Mí Mío. Yo Mí Mío.
Yo Mí Mío. Yo Mí Mío. Yo Mí Mío. Yo Mí Mío. Yo Mí Mío. Yo Mí Mío. Yo Mí Mío. Yo Mí Mío. Yo Mí Mío. Yo Mí Mío. Yo Mí Mío. Yo Mí Mío. Yo Mí Mío. Yo Mí Mío. Yo Mí Mío.

IYo Mí Mío. Yo Mí Mío.

Yo Mí Mío. Yo Mí Mío. Yo Mí Mío. Yo Mí Mío. Yo Mí Mío. Yo Mí Mío. Yo Mí Mío. Yo Mí Mío. Yo Mí Mío. Yo Mí Mío. Yo Mí Mío. Yo Mí Mío. Yo Mí Mío.
Yo Mí Mío. Yo Mí Mío. Yo Mí Mío. Yo Mí Mío. Yo Mí Mío. Yo Mí Mío. Yo Mí Mío. Yo Mí Mío. Yo Mí Mío. Yo Mí Mío. Yo Mí Mío. Yo Mí Mío. Yo Mí Mío. Yo Mí Mío. Yo Mí Mío.

Yo Mí Mío. Yo Mí Mío. Yo Mí Mío. Yo Mí Mío. Yo Mí Mío. Yo Mí Mío. Yo Mí Mío. Yo Mí Mío. Yo Mí Mío. Yo Mí Mío. Yo Mí Mío. Yo Mí Mío. Yo Mí Mío. Yo Mí Mío. Yo Mí Mío. Yo Mí Mío. Yo Mí Mío.

Yo Mí Mío. Yo Mí Mío. Yo Mí Mío. Yo Mí Mío. Yo Mí Mío. Yo Mí Mío. Yo Mí Mío. Yo Mí Mío. Yo Mí Mío. Yo Mí Mío. Yo Mí Mío.

Yo Mí Mío. Yo Mí Mío. Yo Mí Mío. Yo Mí Mío. Yo Mí Mío. Yo Mí Mío. Yo Mí Mío. Yo Mí Mío. Yo Mí Mío. Yo Mí Mío. Yo Mí Mío. Yo Mí Mío. Yo Mí Mío.
Yo Mí Mío. Yo Mí Mío. Yo Mí Mío. Yo Mí Mío. Yo Mí Mío. Yo Mí Mío. Yo Mí Mío.
Yo Mí Mío. Yo Mí Mío. Yo Mí Mío. Yo Mí Mío. Yo Mí Mío. Yo Mí Mío. Yo Mí Mío. Yo Mí Mío.

Yo Mí Mío. Yo Mí Mío.

Yo Mí Mío. Yo Mí Mío. Yo Mí Mío. Yo Mí Mío. Yo Mí Mío. Yo Mí Mío. Yo Mí Mío. Yo Mí Mío. Yo Mí Mío. Yo Mí Mío. Yo Mí Mío. Yo Mí Mío. Yo Mí Mío.
Yo Mí Mío. Yo Mí Mío. Yo Mí Mío. Yo Mí Mío. Yo Mí Mío. Yo Mí Mío. Yo Mí Mío. Yo Mí Mío. Yo Mí Mío. Yo Mí Mío. Yo Mí Mío. Yo Mí Mío. Yo Mí Mío. Yo Mí Mío. Yo Mí Mío.

Yo Mí Mío. Yo Mí Mío.

Yo Mí Mío. Yo Mí Mío. Yo Mí Mío. Yo Mí Mío. Yo Mí Mío.
Yo Mí Mío. Yo Mí Mío. Yo Mí Mío. Yo Mí Mío. Yo Mí Mío.
Yo Mí Mío. Yo Mí Mío. Yo Mí Mío.
Yo Mí Mío. Yo Mí Mío. Yo Mí Mío. Yo Mí Mío. Yo Mí Mío.
Yo Mí Mío. Yo Mí Mío. Yo Mí Mío. Yo Mí Mío. Yo Mí Mío.
Yo Mí Mío. Yo Mí Mío. Yo Mí Mío. Yo Mí Mío. Yo Mí Mío.

Yo Mí Mío. Yo Mí Mío. Yo Mí Mío. Yo Mí Mío. Yo Mí Mío.
Yo Mí Mío. Yo Mí Mío. Yo Mí Mío. Yo Mí Mío. Yo Mí Mío.
Yo Mí Mío. Yo Mí Mío. Yo Mí Mío. Yo Mí Mío. Yo Mí Mío.
Yo Mí Mío. Yo Mí Mío.

Yo Mí Mío. Yo Mí Mío. Yo Mí Mío. Yo Mí Mío. Yo Mí Mío.
Yo Mí Mío. Yo Mí Mío. Yo Mí Mío. Yo Mí Mío. Yo Mí Mío.
Yo Mí Mío.

Yo Mí Mío. Yo Mí Mío. Yo Mí Mío. Yo Mí Mío. Yo Mí Mío.
Yo Mí Mío. Yo Mí Mío. Yo Mí Mío. Yo Mí Mío. Yo Mí Mío.
Yo Mí Mío. Yo Mí Mío. Yo Mí Mío.
Yo Mí Mío. Yo Mí Mío. Yo Mí Mío. Yo Mí Mío. Yo Mí Mío.
Yo Mí Mío. Yo Mí Mío.
Yo Mí Mío. Yo Mí Mío. Yo Mí Mío. Yo Mí Mío. Yo Mí Mío.
Yo Mí Mío. Yo Mí Mío. Yo Mí Mío.

Yo Mí Mío. Yo Mí Mío. Yo Mí Mío. Yo Mí Mío. Yo Mí Mío.
Yo Mí Mío. Yo Mí Mío. Yo Mí Mío. Yo Mí Mío. Yo Mí Mío.
Yo Mí Mío. Yo Mí Mío. Yo Mí Mío. Yo Mí Mío. Yo Mí Mío.
Yo Mí Mío. Yo Mí Mío. Yo Mí Mío. Yo Mí Mío. Yo Mí Mío.
Yo Mí Mío. Yo Mí Mío. Yo Mí Mío. Yo Mí Mío. Yo Mí Mío.
Yo Mí Mío. Yo Mí Mío. Yo Mí Mío.

Yo Mí Mío. Yo Mí Mío. Yo Mí Mío. Yo Mí Mío. Yo Mí Mío.
Yo Mí Mío. Yo Mí Mío. Yo Mí Mío. Yo Mí Mío. Yo Mí Mío.

Yo Mí Mío. Yo Mí Mío. Yo Mí Mío.
Yo Mí Mío. Yo Mí Mío. Yo Mí Mío. Yo Mí Mío. Yo Mí Mío.
Yo Mí Mío. Yo Mí Mío. Yo Mí Mío. Yo Mí Mío. Yo Mí Mío.
Yo Mí Mío. Yo Mí Mío. Yo Mí Mío. Yo Mí Mío. Yo Mí Mío.

IYo Mí Mío. Yo Mí Mío. Yo Mí Mío. Yo Mí Mío. Yo Mí Mío.
Yo Mí Mío. Yo Mí Mío. Yo Mí Mío. Yo Mí Mío. Yo Mí Mío.
Yo Mí Mío. Yo Mí Mío. Yo Mí Mío. Yo Mí Mío. Yo Mí Mío.
Yo Mí Mío. Yo Mí Mío. Yo Mí Mío. Yo Mí Mío. Yo Mí Mío.
Yo Mí Mío. Yo Mí Mío. Yo Mí Mío. Yo Mí Mío. Yo Mí Mío.
Yo Mí Mío. Yo Mí Mío. Yo Mí Mío.

Yo Mí Mío. Yo Mí Mío. Yo Mí Mío. Yo Mí Mío. Yo Mí Mío.
Yo Mí Mío. Yo Mí Mío. Yo Mí Mío. Yo Mí Mío. Yo Mí Mío.
Yo Mí Mío. Yo Mí Mío. Yo Mí Mío.
Yo Mí Mío. Yo Mí Mío. Yo Mí Mío. Yo Mí Mío. Yo Mí Mío.
Yo Mí Mío. Yo Mí Mío. Yo Mí Mío. Yo Mí Mío. Yo Mí Mío.
Yo Mí Mío. Yo Mí Mío. Yo Mí Mío. Yo Mí Mío. Yo Mí Mío.

Yo Mí Mío. Yo Mí Mío. Yo Mí Mío. Yo Mí Mío. Yo Mí Mío.
Yo Mí Mío. Yo Mí Mío. Yo Mí Mío. Yo Mí Mío. Yo Mí Mío.
Yo Mí Mío. Yo Mí Mío. Yo Mí Mío. Yo Mí Mío. Yo Mí Mío.
Yo Mí Mío. Yo Mí Mío.

Yo Mí Mío. Yo Mí Mío. Yo Mí Mío. Yo Mí Mío. Yo Mí Mío.
Yo Mí Mío. Yo Mí Mío. Yo Mí Mío. Yo Mí Mío. Yo Mí Mío.
Yo Mí Mío.

Yo Mí Mío. Yo Mí Mío. Yo Mí Mío. Yo Mí Mío. Yo Mí Mío.
Yo Mí Mío. Yo Mí Mío. Yo Mí Mío. Yo Mí Mío. Yo Mí Mío.
Yo Mí Mío. Yo Mí Mío. Yo Mí Mío.
Yo Mí Mío. Yo Mí Mío. Yo Mí Mío. Yo Mí Mío. Yo Mí Mío.
Yo Mí Mío. Yo Mí Mío.

Yo Mí Mío. Yo Mí Mío. Yo Mí Mío. Yo Mí Mío. Yo Mí Mío. Yo Mí Mío. Yo Mí Mío. Yo Mí Mío.

Yo Mí Mío. Yo Mí Mío.

Yo Mí Mío. Yo Mí Mío. Yo Mí Mío. Yo Mí Mío. Yo Mí Mío. Yo Mí Mío. Yo Mí Mío. Yo Mí Mío. Yo Mí Mío. Yo Mí Mío. Yo Mí Mío. Yo Mí Mío. Yo Mí Mío.
Yo Mí Mío. Yo Mí Mío. Yo Mí Mío. Yo Mí Mío. Yo Mí Mío. Yo Mí Mío. Yo Mí Mío. Yo Mí Mío. Yo Mí Mío. Yo Mí Mío. Yo Mí Mío. Yo Mí Mío. Yo Mí Mío. Yo Mí Mío. Yo Mí Mío.

IYo Mí Mío. Yo Mí Mío.

Yo Mí Mío. Yo Mí Mío. Yo Mí Mío. Yo Mí Mío. Yo Mí Mío. Yo Mí Mío. Yo Mí Mío. Yo Mí Mío. Yo Mí Mío. Yo Mí Mío. Yo Mí Mío. Yo Mí Mío. Yo Mí Mío.
Yo Mí Mío. Yo Mí Mío. Yo Mí Mío. Yo Mí Mío. Yo Mí Mío. Yo Mí Mío. Yo Mí Mío. Yo Mí Mío. Yo Mí Mío. Yo Mí Mío. Yo Mí Mío. Yo Mí Mío. Yo Mí Mío. Yo Mí Mío. Yo Mí Mío.

Yo Mí Mío. Yo Mí Mío. Yo Mí Mío. Yo Mí Mío. Yo Mí Mío. Yo Mí Mío. Yo Mí Mío. Yo Mí Mío. Yo Mí Mío. Yo Mí Mío.

Yo Mí Mío. Yo Mí Mío. Yo Mí Mío. Yo Mí Mío. Yo Mí Mío. Yo Mí Mío. Yo Mí Mío.

Yo Mí Mío. Yo Mí Mío. Yo Mí Mío. Yo Mí Mío. Yo Mí Mío. Yo Mí Mío. Yo Mí Mío. Yo Mí Mío. Yo Mí Mío. Yo Mí Mío. Yo Mí Mío.

Yo Mí Mío. Yo Mí Mío. Yo Mí Mío. Yo Mí Mío. Yo Mí Mío. Yo Mí Mío. Yo Mí Mío. Yo Mí Mío. Yo Mí Mío. Yo Mí Mío. Yo Mí Mío. Yo Mí Mío. Yo Mí Mío.
Yo Mí Mío. Yo Mí Mío. Yo Mí Mío. Yo Mí Mío. Yo Mí Mío. Yo Mí Mío. Yo Mí Mío.
Yo Mí Mío. Yo Mí Mío. Yo Mí Mío. Yo Mí Mío. Yo Mí Mío. Yo Mí Mío. Yo Mí Mío. Yo Mí Mío.

Yo Mí Mío. Yo Mí Mío.

Yo Mí Mío. Yo Mí Mío. Yo Mí Mío. Yo Mí Mío. Yo Mí Mío. Yo Mí Mío. Yo Mí Mío. Yo Mí Mío. Yo Mí Mío. Yo Mí Mío. Yo Mí Mío. Yo Mí Mío. Yo Mí Mío.
Yo Mí Mío. Yo Mí Mío. Yo Mí Mío. Yo Mí Mío. Yo Mí Mío. Yo Mí Mío. Yo Mí Mío. Yo Mí Mío. Yo Mí Mío. Yo Mí Mío. Yo Mí Mío. Yo Mí Mío. Yo Mí Mío. Yo Mí Mío. Yo Mí Mío.

IYo Mí Mío. Yo Mí Mío. Yo Mí Mío. Yo Mí Mío. Yo Mí Mío. Yo Mí Mío. Yo Mí Mío. Yo Mí Mío. Yo Mí Mío. Yo Mí Mío. Yo Mí Mío. Yo Mí Mío. Yo Mí Mío. Yo Mí Mío. Yo Mí Mío. Yo Mí Mío. Yo Mí Mío. Yo Mí Mío. Yo Mí Mío. Yo Mí Mío.

Yo Mí Mío. Yo Mí Mío. Yo Mí Mío. Yo Mí Mío. Yo Mí Mío. Yo Mí Mío. Yo Mí Mío. Yo Mí Mío.

Yo Mí Mío. Yo Mí Mío. Yo Mí Mío. Yo Mí Mío. Yo Mí Mío. Yo Mí Mío. Yo Mí Mío. Yo Mí Mío. Yo Mí Mío. Yo Mí Mío. Yo Mí Mío. Yo Mí Mío. Yo Mí Mío.
Yo Mí Mío. Yo Mí Mío. Yo Mí Mío. Yo Mí Mío. Yo Mí Mío. Yo Mí Mío. Yo Mí Mío. Yo Mí Mío. Yo Mí Mío. Yo Mí Mío. Yo Mí Mío. Yo Mí Mío. Yo Mí Mío. Yo Mí Mío. Yo Mí Mío.

Yo Mí Mío. Yo Mí Mío. Yo Mí Mío. Yo Mí Mío. Yo Mí Mío. Yo Mí Mío. Yo Mí Mío. Yo Mí Mío. Yo Mí Mío. Yo Mí Mío. Yo Mí Mío. Yo Mí Mío. Yo Mí Mío. Yo Mí Mío. Yo Mí Mío. Yo Mí Mío. Yo Mí Mío.

Yo Mí Mío. Yo Mí Mío. Yo Mí Mío. Yo Mí Mío. Yo Mí Mío. Yo Mí Mío. Yo Mí Mío. Yo Mí Mío. Yo Mí Mío. Yo Mí Mío. Yo Mí Mío.

Yo Mí Mío. Yo Mí Mío. Yo Mí Mío. Yo Mí Mío. Yo Mí Mío. Yo Mí Mío. Yo Mí Mío. Yo Mí Mío. Yo Mí Mío. Yo Mí Mío. Yo Mí Mío. Yo Mí Mío. Yo Mí Mío.
Yo Mí Mío. Yo Mí Mío. Yo Mí Mío. Yo Mí Mío. Yo Mí Mío. Yo Mí Mío. Yo Mí Mío.
Yo Mí Mío. Yo Mí Mío.

Yo Mí Mío. Yo Mí Mío. Yo Mí Mío. Yo Mí Mío. Yo Mí Mío.
Yo Mí Mío. Yo Mí Mío. Yo Mí Mío. Yo Mí Mío. Yo Mí Mío.
Yo Mí Mío. Yo Mí Mío. Yo Mí Mío.
Yo Mí Mío. Yo Mí Mío. Yo Mí Mío. Yo Mí Mío. Yo Mí Mío.
Yo Mí Mío. Yo Mí Mío. Yo Mí Mío. Yo Mí Mío. Yo Mí Mío.
Yo Mí Mío. Yo Mí Mío. Yo Mí Mío. Yo Mí Mío. Yo Mí Mío.

IYo Mí Mío. Yo Mí Mío. Yo Mí Mío. Yo Mí Mío. Yo Mí Mío.
Yo Mí Mío. Yo Mí Mío. Yo Mí Mío. Yo Mí Mío. Yo Mí Mío.
Yo Mí Mío. Yo Mí Mío. Yo Mí Mío. Yo Mí Mío. Yo Mí Mío.
Yo Mí Mío. Yo Mí Mío. Yo Mí Mío. Yo Mí Mío. Yo Mí Mío.
Yo Mí Mío. Yo Mí Mío. Yo Mí Mío. Yo Mí Mío. Yo Mí Mío.
Yo Mí Mío. Yo Mí Mío. Yo Mí Mío.

Yo Mí Mío. Yo Mí Mío. Yo Mí Mío. Yo Mí Mío. Yo Mí Mío.
Yo Mí Mío. Yo Mí Mío. Yo Mí Mío. Yo Mí Mío. Yo Mí Mío.
Yo Mí Mío. Yo Mí Mío. Yo Mí Mío.
Yo Mí Mío. Yo Mí Mío. Yo Mí Mío. Yo Mí Mío. Yo Mí Mío.
Yo Mí Mío. Yo Mí Mío. Yo Mí Mío. Yo Mí Mío. Yo Mí Mío.
Yo Mí Mío. Yo Mí Mío. Yo Mí Mío. Yo Mí Mío. Yo Mí Mío.

Yo Mí Mío. Yo Mí Mío. Yo Mí Mío. Yo Mí Mío. Yo Mí Mío.
Yo Mí Mío. Yo Mí Mío. Yo Mí Mío. Yo Mí Mío. Yo Mí Mío.
Yo Mí Mío. Yo Mí Mío. Yo Mí Mío. Yo Mí Mío. Yo Mí Mío.
Yo Mí Mío. Yo Mí Mío.

Yo Mí Mío. Yo Mí Mío. Yo Mí Mío. Yo Mí Mío. Yo Mí Mío.
Yo Mí Mío. Yo Mí Mío. Yo Mí Mío. Yo Mí Mío. Yo Mí Mío.
Yo Mí Mío.

Yo Mí Mío. Yo Mí Mío. Yo Mí Mío. Yo Mí Mío. Yo Mí Mío.
Yo Mí Mío. Yo Mí Mío. Yo Mí Mío. Yo Mí Mío. Yo Mí Mío.
Yo Mí Mío. Yo Mí Mío. Yo Mí Mío.

Yo Mí Mío. Yo Mí Mío. Yo Mí Mío. Yo Mí Mío. Yo Mí Mío. Yo Mí Mío. Yo Mí Mío.
Yo Mí Mío. Yo Mí Mío. Yo Mí Mío. Yo Mí Mío. Yo Mí Mío. Yo Mí Mío. Yo Mí Mío. Yo Mí Mío.

Yo Mí Mío. Yo Mí Mío.

Yo Mí Mío. Yo Mí Mío. Yo Mí Mío. Yo Mí Mío. Yo Mí Mío. Yo Mí Mío. Yo Mí Mío. Yo Mí Mío. Yo Mí Mío. Yo Mí Mío. Yo Mí Mío. Yo Mí Mío. Yo Mí Mío.
Yo Mí Mío. Yo Mí Mío. Yo Mí Mío. Yo Mí Mío. Yo Mí Mío. Yo Mí Mío. Yo Mí Mío. Yo Mí Mío. Yo Mí Mío. Yo Mí Mío. Yo Mí Mío. Yo Mí Mío. Yo Mí Mío. Yo Mí Mío. Yo Mí Mío.

IYo Mí Mío. Yo Mí Mío.

Yo Mí Mío. Yo Mí Mío. Yo Mí Mío. Yo Mí Mío. Yo Mí Mío. Yo Mí Mío. Yo Mí Mío. Yo Mí Mío. Yo Mí Mío. Yo Mí Mío. Yo Mí Mío. Yo Mí Mío. Yo Mí Mío.
Yo Mí Mío. Yo Mí Mío. Yo Mí Mío. Yo Mí Mío. Yo Mí Mío. Yo Mí Mío. Yo Mí Mío. Yo Mí Mío. Yo Mí Mío. Yo Mí Mío. Yo Mí Mío. Yo Mí Mío. Yo Mí Mío. Yo Mí Mío. Yo Mí Mío.

Yo Mí Mío. Yo Mí Mío. Yo Mí Mío. Yo Mí Mío. Yo Mí Mío. Yo Mí Mío. Yo Mí Mío. Yo Mí Mío. Yo Mí Mío. Yo Mí Mío. Yo Mí Mío. Yo Mí Mío. Yo Mí Mío. Yo Mí Mío. Yo Mí Mío. Yo Mí Mío. Yo Mí Mío.

Yo Mí Mío. Yo Mí Mío. Yo Mí Mío. Yo Mí Mío. Yo Mí Mío. Yo Mí Mío. Yo Mí Mío. Yo Mí Mío. Yo Mí Mío. Yo Mí Mío. Yo Mí Mío.

Yo Mí Mío. Yo Mí Mío. Yo Mí Mío. Yo Mí Mío. Yo Mí Mío. Yo Mí Mío. Yo Mí Mío. Yo Mí Mío. Yo Mí Mío. Yo Mí Mío. Yo Mí Mío. Yo Mí Mío. Yo Mí Mío.
Yo Mí Mío. Yo Mí Mío. Yo Mí Mío. Yo Mí Mío. Yo Mí Mío. Yo Mí Mío. Yo Mí Mío.
Yo Mí Mío. Yo Mí Mío. Yo Mí Mío. Yo Mí Mío. Yo Mí Mío. Yo Mí Mío. Yo Mí Mío. Yo Mí Mío.

Yo Mí Mío. Yo Mí Mío.

Yo Mí Mío. Yo Mí Mío. Yo Mí Mío. Yo Mí Mío. Yo Mí Mío. Yo Mí Mío. Yo Mí Mío. Yo Mí Mío. Yo Mí Mío. Yo Mí Mío. Yo Mí Mío. Yo Mí Mío. Yo Mí Mío.
Yo Mí Mío. Yo Mí Mío. Yo Mí Mío. Yo Mí Mío. Yo Mí Mío. Yo Mí Mío. Yo Mí Mío. Yo Mí Mío. Yo Mí Mío. Yo Mí Mío. Yo Mí Mío. Yo Mí Mío. Yo Mí Mío. Yo Mí Mío. Yo Mí Mío.

IYo Mí Mío. Yo Mí Mío.Yo Mí Mío. Yo Mí Mío. Yo Mí Mío. Yo Mí Mío. Yo Mí Mío. Yo Mí Mío. Yo Mí Mío. Yo Mí Mío.

Yo Mí Mío. Yo Mí Mío. Yo Mí Mío. Yo Mí Mío. Yo Mí Mío.
Yo Mí Mío. Yo Mí Mío. Yo Mí Mío. Yo Mí Mío. Yo Mí Mío.
Yo Mí Mío. Yo Mí Mío. Yo Mí Mío. Yo Mí Mío. Yo Mí Mío.
Yo Mí Mío. Yo Mí Mío. Yo Mí Mío.

Yo Mí Mío. Yo Mí Mío. Yo Mí Mío. Yo Mí Mío. Yo Mí Mío.
Yo Mí Mío. Yo Mí Mío. Yo Mí Mío. Yo Mí Mío. Yo Mí Mío.
Yo Mí Mío. Yo Mí Mío. Yo Mí Mío.
Yo Mí Mío. Yo Mí Mío. Yo Mí Mío. Yo Mí Mío. Yo Mí Mío.
Yo Mí Mío. Yo Mí Mío. Yo Mí Mío. Yo Mí Mío. Yo Mí Mío.
Yo Mí Mío. Yo Mí Mío. Yo Mí Mío. Yo Mí Mío. Yo Mí Mío.

Yo Mí Mío. Yo Mí Mío. Yo Mí Mío. Yo Mí Mío. Yo Mí Mío.
Yo Mí Mío. Yo Mí Mío. Yo Mí Mío. Yo Mí Mío. Yo Mí Mío.
Yo Mí Mío. Yo Mí Mío. Yo Mí Mío. Yo Mí Mío. Yo Mí Mío.
Yo Mí Mío. Yo Mí Mío.

Yo Mí Mío. Yo Mí Mío. Yo Mí Mío. Yo Mí Mío. Yo Mí Mío.
Yo Mí Mío. Yo Mí Mío. Yo Mí Mío. Yo Mí Mío. Yo Mí Mío.
Yo Mí Mío.

Yo Mí Mío. Yo Mí Mío. Yo Mí Mío. Yo Mí Mío. Yo Mí Mío.
Yo Mí Mío. Yo Mí Mío. Yo Mí Mío. Yo Mí Mío. Yo Mí Mío.
Yo Mí Mío. Yo Mí Mío. Yo Mí Mío.
Yo Mí Mío. Yo Mí Mío. Yo Mí Mío. Yo Mí Mío. Yo Mí Mío.
Yo Mí Mío. Yo Mí Mío.
Yo Mí Mío. Yo Mí Mío. Yo Mí Mío. Yo Mí Mío. Yo Mí Mío.
Yo Mí Mío. Yo Mí Mío. Yo Mí Mío.

Yo Mí Mío. Yo Mí Mío. Yo Mí Mío. Yo Mí Mío. Yo Mí Mío.
Yo Mí Mío. Yo Mí Mío. Yo Mí Mío. Yo Mí Mío. Yo Mí Mío.
Yo Mí Mío. Yo Mí Mío. Yo Mí Mío. Yo Mí Mío. Yo Mí Mío.
Yo Mí Mío. Yo Mí Mío. Yo Mí Mío. Yo Mí Mío. Yo Mí Mío.

Yo Mí Mío. Yo Mí Mío. Yo Mí Mío. Yo Mí Mío. Yo Mí Mío. Yo Mí Mío. Yo Mí Mío. Yo Mí Mío.

Yo Mí Mío. Yo Mí Mío. Yo Mí Mío. Yo Mí Mío. Yo Mí Mío. Yo Mí Mío. Yo Mí Mío. Yo Mí Mío. Yo Mí Mío. Yo Mí Mío. Yo Mí Mío. Yo Mí Mío. Yo Mí Mío.
Yo Mí Mío. Yo Mí Mío. Yo Mí Mío. Yo Mí Mío. Yo Mí Mío. Yo Mí Mío. Yo Mí Mío. Yo Mí Mío. Yo Mí Mío. Yo Mí Mío. Yo Mí Mío. Yo Mí Mío. Yo Mí Mío. Yo Mí Mío. Yo Mí Mío.

Yo Mí Mío. Yo Mí Mío.

Yo Mí Mío. Yo Mí Mío. Yo Mí Mío. Yo Mí Mío. Yo Mí Mío. Yo Mí Mío. Yo Mí Mío. Yo Mí Mío. Yo Mí Mío. Yo Mí Mío. Yo Mí Mío. Yo Mí Mío. Yo Mí Mío.
Yo Mí Mío. Yo Mí Mío. Yo Mí Mío. Yo Mí Mío. Yo Mí Mío. Yo Mí Mío. Yo Mí Mío. Yo Mí Mío. Yo Mí Mío. Yo Mí Mío. Yo Mí Mío. Yo Mí Mío. Yo Mí Mío. Yo Mí Mío. Yo Mí Mío.

Yo Mí Mío. Yo Mí Mío. Yo Mí Mío. Yo Mí Mío. Yo Mí Mío. Yo Mí Mío. Yo Mí Mío. Yo Mí Mío. Yo Mí Mío. Yo Mí Mío. Yo Mí Mío. Yo Mí Mío. Yo Mí Mío. Yo Mí Mío. Yo Mí Mío. Yo Mí Mío. Yo Mí Mío.

Yo Mí Mío. Yo Mí Mío. Yo Mí Mío. Yo Mí Mío. Yo Mí Mío. Yo Mí Mío. Yo Mí Mío. Yo Mí Mío. Yo Mí Mío. Yo Mí Mío. Yo Mí Mío.

Yo Mí Mío. Yo Mí Mío. Yo Mí Mío. Yo Mí Mío. Yo Mí Mío.
Yo Mí Mío. Yo Mí Mío. Yo Mí Mío. Yo Mí Mío. Yo Mí Mío.
Yo Mí Mío. Yo Mí Mío. Yo Mí Mío.
Yo Mí Mío. Yo Mí Mío. Yo Mí Mío. Yo Mí Mío. Yo Mí Mío.
Yo Mí Mío. Yo Mí Mío.
Yo Mí Mío. Yo Mí Mío. Yo Mí Mío. Yo Mí Mío. Yo Mí Mío.
Yo Mí Mío. Yo Mí Mío. Yo Mí Mío.

Yo Mí Mío. Yo Mí Mío. Yo Mí Mío. Yo Mí Mío. Yo Mí Mío.
Yo Mí Mío. Yo Mí Mío. Yo Mí Mío. Yo Mí Mío. Yo Mí Mío.
Yo Mí Mío. Yo Mí Mío. Yo Mí Mío. Yo Mí Mío. Yo Mí Mío.
Yo Mí Mío. Yo Mí Mío. Yo Mí Mío. Yo Mí Mío. Yo Mí Mío.
Yo Mí Mío. Yo Mí Mío. Yo Mí Mío. Yo Mí Mío. Yo Mí Mío.
Yo Mí Mío. Yo Mí Mío. Yo Mí Mío.

Yo Mí Mío. Yo Mí Mío. Yo Mí Mío. Yo Mí Mío. Yo Mí Mío.
Yo Mí Mío. Yo Mí Mío. Yo Mí Mío. Yo Mí Mío. Yo Mí Mío.
Yo Mí Mío. Yo Mí Mío. Yo Mí Mío.
Yo Mí Mío. Yo Mí Mío. Yo Mí Mío. Yo Mí Mío. Yo Mí Mío.
Yo Mí Mío. Yo Mí Mío. Yo Mí Mío. Yo Mí Mío. Yo Mí Mío.
Yo Mí Mío. Yo Mí Mío. Yo Mí Mío. Yo Mí Mío. Yo Mí Mío.

Yo Mí Mío. Yo Mí Mío. Yo Mí Mío. Yo Mí Mío. Yo Mí Mío.
Yo Mí Mío. Yo Mí Mío. Yo Mí Mío. Yo Mí Mío. Yo Mí Mío.
Yo Mí Mío. Yo Mí Mío. Yo Mí Mío. Yo Mí Mío. Yo Mí Mío.
Yo Mí Mío. Yo Mí Mío. Yo Mí Mío. Yo Mí Mío. Yo Mí Mío.
Yo Mí Mío. Yo Mí Mío. Yo Mí Mío. Yo Mí Mío. Yo Mí Mío.
Yo Mí Mío. Yo Mí Mío. Yo Mí Mío.

Yo Mí Mío. Yo Mí Mío. Yo Mí Mío. Yo Mí Mío. Yo Mí Mío.
Yo Mí Mío. Yo Mí Mío. Yo Mí Mío. Yo Mí Mío. Yo Mí Mío.
Yo Mí Mío. Yo Mí Mío. Yo Mí Mío.

Yo Mí Mío. Yo Mí Mío. Yo Mí Mío. Yo Mí Mío. Yo Mí Mío.
Yo Mí Mío. Yo Mí Mío. Yo Mí Mío. Yo Mí Mío. Yo Mí Mío.
Yo Mí Mío. Yo Mí Mío. Yo Mí Mío. Yo Mí Mío. Yo Mí Mío.

Yo Mí Mío. Yo Mí Mío. Yo Mí Mío. Yo Mí Mío. Yo Mí Mío.
Yo Mí Mío. Yo Mí Mío. Yo Mí Mío. Yo Mí Mío. Yo Mí Mío.
Yo Mí Mío. Yo Mí Mío. Yo Mí Mío. Yo Mí Mío. Yo Mí Mío.
Yo Mí Mío. Yo Mí Mío.

Yo Mí Mío. Yo Mí Mío. Yo Mí Mío. Yo Mí Mío. Yo Mí Mío.
Yo Mí Mío. Yo Mí Mío. Yo Mí Mío. Yo Mí Mío. Yo Mí Mío.
Yo Mí Mío.

Yo Mí Mío. Yo Mí Mío. Yo Mí Mío. Yo Mí Mío. Yo Mí Mío.
Yo Mí Mío. Yo Mí Mío. Yo Mí Mío. Yo Mí Mío. Yo Mí Mío.
Yo Mí Mío. Yo Mí Mío. Yo Mí Mío.
Yo Mí Mío. Yo Mí Mío. Yo Mí Mío. Yo Mí Mío. Yo Mí Mío.
Yo Mí Mío. Yo Mí Mío.
Yo Mí Mío. Yo Mí Mío. Yo Mí Mío. Yo Mí Mío. Yo Mí Mío.
Yo Mí Mío. Yo Mí Mío. Yo Mí Mío.

Yo Mí Mío. Yo Mí Mío. Yo Mí Mío. Yo Mí Mío. Yo Mí Mío.
Yo Mí Mío. Yo Mí Mío. Yo Mí Mío. Yo Mí Mío. Yo Mí Mío.
Yo Mí Mío. Yo Mí Mío. Yo Mí Mío. Yo Mí Mío. Yo Mí Mío.
Yo Mí Mío. Yo Mí Mío. Yo Mí Mío. Yo Mí Mío. Yo Mí Mío.
Yo Mí Mío. Yo Mí Mío. Yo Mí Mío. Yo Mí Mío. Yo Mí Mío.
Yo Mí Mío. Yo Mí Mío. Yo Mí Mío.

Yo Mí Mío. Yo Mí Mío. Yo Mí Mío. Yo Mí Mío. Yo Mí Mío.
Yo Mí Mío. Yo Mí Mío. Yo Mí Mío. Yo Mí Mío. Yo Mí Mío.
Yo Mí Mío. Yo Mí Mío. Yo Mí Mío.
Yo Mí Mío. Yo Mí Mío. Yo Mí Mío. Yo Mí Mío. Yo Mí Mío.

Yo Mí Mío. Yo Mí Mío. Yo Mí Mío. Yo Mí Mío. Yo Mí Mío.
Yo Mí Mío. Yo Mí Mío. Yo Mí Mío. Yo Mí Mío. Yo Mí Mío.

IYo Mí Mío. Yo Mí Mío. Yo Mí Mío. Yo Mí Mío. Yo Mí Mío.
Yo Mí Mío. Yo Mí Mío. Yo Mí Mío. Yo Mí Mío. Yo Mí Mío.
Yo Mí Mío. Yo Mí Mío. Yo Mí Mío. Yo Mí Mío. Yo Mí Mío.
Yo Mí Mío. Yo Mí Mío. Yo Mí Mío. Yo Mí Mío. Yo Mí Mío.
Yo Mí Mío. Yo Mí Mío. Yo Mí Mío. Yo Mí Mío. Yo Mí Mío.
Yo Mí Mío. Yo Mí Mío. Yo Mí Mío.

Yo Mí Mío. Yo Mí Mío. Yo Mí Mío. Yo Mí Mío. Yo Mí Mío.
Yo Mí Mío. Yo Mí Mío. Yo Mí Mío. Yo Mí Mío. Yo Mí Mío.
Yo Mí Mío. Yo Mí Mío. Yo Mí Mío.
Yo Mí Mío. Yo Mí Mío. Yo Mí Mío. Yo Mí Mío. Yo Mí Mío.
Yo Mí Mío. Yo Mí Mío. Yo Mí Mío. Yo Mí Mío. Yo Mí Mío.
Yo Mí Mío. Yo Mí Mío. Yo Mí Mío. Yo Mí Mío. Yo Mí Mío.

Yo Mí Mío. Yo Mí Mío. Yo Mí Mío. Yo Mí Mío. Yo Mí Mío.
Yo Mí Mío. Yo Mí Mío. Yo Mí Mío. Yo Mí Mío. Yo Mí Mío.
Yo Mí Mío. Yo Mí Mío. Yo Mí Mío. Yo Mí Mío. Yo Mí Mío.
Yo Mí Mío. Yo Mí Mío.

Yo Mí Mío. Yo Mí Mío. Yo Mí Mío. Yo Mí Mío. Yo Mí Mío.
Yo Mí Mío. Yo Mí Mío. Yo Mí Mío. Yo Mí Mío. Yo Mí Mío.
Yo Mí Mío.

Yo Mí Mío. Yo Mí Mío. Yo Mí Mío. Yo Mí Mío. Yo Mí Mío.
Yo Mí Mío. Yo Mí Mío. Yo Mí Mío. Yo Mí Mío. Yo Mí Mío.
Yo Mí Mío. Yo Mí Mío. Yo Mí Mío.
Yo Mí Mío. Yo Mí Mío. Yo Mí Mío. Yo Mí Mío. Yo Mí Mío.
Yo Mí Mío. Yo Mí Mío.
Yo Mí Mío. Yo Mí Mío. Yo Mí Mío. Yo Mí Mío. Yo Mí Mío.
Yo Mí Mío. Yo Mí Mío. Yo Mí Mío. Yo Mí Mío. Yo Mí Mío.

Yo Mí Mío. Yo Mí Mío.

Yo Mí Mío. Yo Mí Mío. Yo Mí Mío. Yo Mí Mío. Yo Mí Mío. Yo Mí Mío. Yo Mí Mío. Yo Mí Mío. Yo Mí Mío. Yo Mí Mío. Yo Mí Mío. Yo Mí Mío. Yo Mí Mío.
Yo Mí Mío. Yo Mí Mío. Yo Mí Mío. Yo Mí Mío. Yo Mí Mío. Yo Mí Mío. Yo Mí Mío. Yo Mí Mío. Yo Mí Mío. Yo Mí Mío. Yo Mí Mío. Yo Mí Mío. Yo Mí Mío. Yo Mí Mío. Yo Mí Mío.

IYo Mí Mío. Yo Mí Mío.

Yo Mí Mío. Yo Mí Mío. Yo Mí Mío. Yo Mí Mío. Yo Mí Mío. Yo Mí Mío. Yo Mí Mío. Yo Mí Mío. Yo Mí Mío. Yo Mí Mío. Yo Mí Mío. Yo Mí Mío. Yo Mí Mío.
Yo Mí Mío. Yo Mí Mío. Yo Mí Mío. Yo Mí Mío. Yo Mí Mío. Yo Mí Mío. Yo Mí Mío. Yo Mí Mío. Yo Mí Mío. Yo Mí Mío. Yo Mí Mío. Yo Mí Mío. Yo Mí Mío. Yo Mí Mío. Yo Mí Mío.

Yo Mí Mío. Yo Mí Mío. Yo Mí Mío. Yo Mí Mío. Yo Mí Mío. Yo Mí Mío. Yo Mí Mío. Yo Mí Mío. Yo Mí Mío. Yo Mí Mío. Yo Mí Mío. Yo Mí Mío. Yo Mí Mío. Yo Mí Mío. Yo Mí Mío. Yo Mí Mío. Yo Mí Mío.

Yo Mí Mío. Yo Mí Mío. Yo Mí Mío. Yo Mí Mío. Yo Mí Mío.
Yo Mí Mío. Yo Mí Mío. Yo Mí Mío. Yo Mí Mío. Yo Mí Mío.
Yo Mí Mío.

Yo Mí Mío. Yo Mí Mío. Yo Mí Mío. Yo Mí Mío. Yo Mí Mío.
Yo Mí Mío. Yo Mí Mío. Yo Mí Mío. Yo Mí Mío. Yo Mí Mío.
Yo Mí Mío. Yo Mí Mío. Yo Mí Mío.
Yo Mí Mío. Yo Mí Mío. Yo Mí Mío. Yo Mí Mío. Yo Mí Mío.
Yo Mí Mío. Yo Mí Mío.
Yo Mí Mío. Yo Mí Mío. Yo Mí Mío. Yo Mí Mío. Yo Mí Mío.
Yo Mí Mío. Yo Mí Mío. Yo Mí Mío.

Yo Mí Mío. Yo Mí Mío. Yo Mí Mío. Yo Mí Mío. Yo Mí Mío.
Yo Mí Mío. Yo Mí Mío. Yo Mí Mío. Yo Mí Mío. Yo Mí Mío.
Yo Mí Mío. Yo Mí Mío. Yo Mí Mío. Yo Mí Mío. Yo Mí Mío.
Yo Mí Mío. Yo Mí Mío. Yo Mí Mío. Yo Mí Mío. Yo Mí Mío.
Yo Mí Mío. Yo Mí Mío. Yo Mí Mío. Yo Mí Mío. Yo Mí Mío.
Yo Mí Mío. Yo Mí Mío. Yo Mí Mío.

Yo Mí Mío. Yo Mí Mío. Yo Mí Mío. Yo Mí Mío. Yo Mí Mío.
Yo Mí Mío. Yo Mí Mío. Yo Mí Mío. Yo Mí Mío. Yo Mí Mío.
Yo Mí Mío. Yo Mí Mío. Yo Mí Mío.
Yo Mí Mío. Yo Mí Mío. Yo Mí Mío. Yo Mí Mío. Yo Mí Mío.
Yo Mí Mío. Yo Mí Mío. Yo Mí Mío. Yo Mí Mío. Yo Mí Mío.
Yo Mí Mío. Yo Mí Mío. Yo Mí Mío. Yo Mí Mío. Yo Mí Mío.

IYo Mí Mío. Yo Mí Mío. Yo Mí Mío. Yo Mí Mío. Yo Mí Mío.
Yo Mí Mío. Yo Mí Mío. Yo Mí Mío. Yo Mí Mío. Yo Mí Mío.
Yo Mí Mío. Yo Mí Mío. Yo Mí Mío. Yo Mí Mío. Yo Mí Mío.
Yo Mí Mío. Yo Mí Mío. Yo Mí Mío. Yo Mí Mío. Yo Mí Mío.
Yo Mí Mío. Yo Mí Mío. Yo Mí Mío. Yo Mí Mío. Yo Mí Mío.
Yo Mí Mío. Yo Mí Mío. Yo Mí Mío.

Yo Mí Mío. Yo Mí Mío. Yo Mí Mío. Yo Mí Mío. Yo Mí Mío.
Yo Mí Mío. Yo Mí Mío. Yo Mí Mío. Yo Mí Mío. Yo Mí Mío.
Yo Mí Mío. Yo Mí Mío. Yo Mí Mío.
Yo Mí Mío. Yo Mí Mío. Yo Mí Mío. Yo Mí Mío. Yo Mí Mío.
Yo Mí Mío. Yo Mí Mío. Yo Mí Mío. Yo Mí Mío. Yo Mí Mío.
Yo Mí Mío. Yo Mí Mío. Yo Mí Mío. Yo Mí Mío. Yo Mí Mío.

Yo Mí Mío. Yo Mí Mío. Yo Mí Mío. Yo Mí Mío. Yo Mí Mío.
Yo Mí Mío. Yo Mí Mío. Yo Mí Mío. Yo Mí Mío. Yo Mí Mío.
Yo Mí Mío. Yo Mí Mío. Yo Mí Mío. Yo Mí Mío. Yo Mí Mío.
Yo Mí Mío. Yo Mí Mío.

Yo Mí Mío. Yo Mí Mío. Yo Mí Mío. Yo Mí Mío. Yo Mí Mío.
Yo Mí Mío. Yo Mí Mío. Yo Mí Mío. Yo Mí Mío. Yo Mí Mío.
Yo Mí Mío.

Yo Mí Mío. Yo Mí Mío. Yo Mí Mío. Yo Mí Mío. Yo Mí Mío.
Yo Mí Mío. Yo Mí Mío. Yo Mí Mío. Yo Mí Mío. Yo Mí Mío.
Yo Mí Mío. Yo Mí Mío. Yo Mí Mío.
Yo Mí Mío. Yo Mí Mío. Yo Mí Mío. Yo Mí Mío. Yo Mí Mío.
Yo Mí Mío. Yo Mí Mío.
Yo Mí Mío. Yo Mí Mío. Yo Mí Mío. Yo Mí Mío. Yo Mí Mío.
Yo Mí Mío. Yo Mí Mío. Yo Mí Mío.

Yo Mí Mío. Yo Mí Mío. Yo Mí Mío. Yo Mí Mío. Yo Mí Mío.
Yo Mí Mío. Yo Mí Mío. Yo Mí Mío. Yo Mí Mío. Yo Mí Mío.
Yo Mí Mío. Yo Mí Mío. Yo Mí Mío. Yo Mí Mío. Yo Mí Mío.
Yo Mí Mío. Yo Mí Mío. Yo Mí Mío. Yo Mí Mío. Yo Mí Mío.
Yo Mí Mío. Yo Mí Mío. Yo Mí Mío. Yo Mí Mío. Yo Mí Mío.
Yo Mí Mío. Yo Mí Mío. Yo Mí Mío.

Yo Mí Mío. Yo Mí Mío. Yo Mí Mío. Yo Mí Mío. Yo Mí Mío.
Yo Mí Mío. Yo Mí Mío. Yo Mí Mío. Yo Mí Mío. Yo Mí Mío.

Yo Mí Mío. Yo Mí Mío. Yo Mí Mío.
Yo Mí Mío. Yo Mí Mío. Yo Mí Mío. Yo Mí Mío. Yo Mí Mío.
Yo Mí Mío. Yo Mí Mío. Yo Mí Mío. Yo Mí Mío. Yo Mí Mío.
Yo Mí Mío. Yo Mí Mío. Yo Mí Mío. Yo Mí Mío. Yo Mí Mío.

IYo Mí Mío. Yo Mí Mío. Yo Mí Mío. Yo Mí Mío. Yo Mí Mío.
Yo Mí Mío. Yo Mí Mío. Yo Mí Mío. Yo Mí Mío. Yo Mí Mío.
Yo Mí Mío. Yo Mí Mío. Yo Mí Mío. Yo Mí Mío. Yo Mí Mío.
Yo Mí Mío. Yo Mí Mío. Yo Mí Mío. Yo Mí Mío. Yo Mí Mío.
Yo Mí Mío. Yo Mí Mío. Yo Mí Mío. Yo Mí Mío. Yo Mí Mío.
Yo Mí Mío. Yo Mí Mío. Yo Mí Mío.

Yo Mí Mío. Yo Mí Mío. Yo Mí Mío. Yo Mí Mío. Yo Mí Mío.
Yo Mí Mío. Yo Mí Mío. Yo Mí Mío. Yo Mí Mío. Yo Mí Mío.
Yo Mí Mío. Yo Mí Mío. Yo Mí Mío.
Yo Mí Mío. Yo Mí Mío. Yo Mí Mío. Yo Mí Mío. Yo Mí Mío.
Yo Mí Mío. Yo Mí Mío. Yo Mí Mío. Yo Mí Mío. Yo Mí Mío.
Yo Mí Mío. Yo Mí Mío. Yo Mí Mío. Yo Mí Mío. Yo Mí Mío.

Yo Mí Mío. Yo Mí Mío. Yo Mí Mío. Yo Mí Mío. Yo Mí Mío.
Yo Mí Mío. Yo Mí Mío. Yo Mí Mío. Yo Mí Mío. Yo Mí Mío.
Yo Mí Mío. Yo Mí Mío. Yo Mí Mío. Yo Mí Mío. Yo Mí Mío.
Yo Mí Mío. Yo Mí Mío.

Yo Mí Mío. Yo Mí Mío. Yo Mí Mío. Yo Mí Mío. Yo Mí Mío.
Yo Mí Mío. Yo Mí Mío. Yo Mí Mío. Yo Mí Mío. Yo Mí Mío.
Yo Mí Mío.

Yo Mí Mío. Yo Mí Mío. Yo Mí Mío. Yo Mí Mío. Yo Mí Mío.
Yo Mí Mío. Yo Mí Mío. Yo Mí Mío. Yo Mí Mío. Yo Mí Mío.
Yo Mí Mío. Yo Mí Mío. Yo Mí Mío.
Yo Mí Mío. Yo Mí Mío. Yo Mí Mío. Yo Mí Mío. Yo Mí Mío.
Yo Mí Mío. Yo Mí Mío.

Yo Mí Mío. Yo Mí Mío. Yo Mí Mío. Yo Mí Mío. Yo Mí Mío.
Yo Mí Mío. Yo Mí Mío. Yo Mí Mío.

Yo Mí Mío. Yo Mí Mío. Yo Mí Mío. Yo Mí Mío. Yo Mí Mío.
Yo Mí Mío. Yo Mí Mío. Yo Mí Mío. Yo Mí Mío. Yo Mí Mío.
Yo Mí Mío. Yo Mí Mío. Yo Mí Mío. Yo Mí Mío. Yo Mí Mío.
Yo Mí Mío. Yo Mí Mío. Yo Mí Mío. Yo Mí Mío. Yo Mí Mío.
Yo Mí Mío. Yo Mí Mío. Yo Mí Mío. Yo Mí Mío. Yo Mí Mío.
Yo Mí Mío. Yo Mí Mío. Yo Mí Mío.

Yo Mí Mío. Yo Mí Mío. Yo Mí Mío. Yo Mí Mío. Yo Mí Mío.
Yo Mí Mío. Yo Mí Mío. Yo Mí Mío. Yo Mí Mío. Yo Mí Mío.
Yo Mí Mío. Yo Mí Mío. Yo Mí Mío.
Yo Mí Mío. Yo Mí Mío. Yo Mí Mío. Yo Mí Mío. Yo Mí Mío.
Yo Mí Mío. Yo Mí Mío. Yo Mí Mío. Yo Mí Mío. Yo Mí Mío.
Yo Mí Mío. Yo Mí Mío. Yo Mí Mío. Yo Mí Mío. Yo Mí Mío.

IYo Mí Mío. Yo Mí Mío. Yo Mí Mío. Yo Mí Mío. Yo Mí Mío.
Yo Mí Mío. Yo Mí Mío. Yo Mí Mío. Yo Mí Mío. Yo Mí Mío.
Yo Mí Mío. Yo Mí Mío. Yo Mí Mío. Yo Mí Mío. Yo Mí Mío.
Yo Mí Mío. Yo Mí Mío. Yo Mí Mío. Yo Mí Mío. Yo Mí Mío.
Yo Mí Mío. Yo Mí Mío. Yo Mí Mío. Yo Mí Mío. Yo Mí Mío.
Yo Mí Mío. Yo Mí Mío. Yo Mí Mío.

Yo Mí Mío. Yo Mí Mío. Yo Mí Mío. Yo Mí Mío. Yo Mí Mío.
Yo Mí Mío. Yo Mí Mío. Yo Mí Mío. Yo Mí Mío. Yo Mí Mío.
Yo Mí Mío. Yo Mí Mío. Yo Mí Mío.
Yo Mí Mío. Yo Mí Mío. Yo Mí Mío. Yo Mí Mío. Yo Mí Mío.
Yo Mí Mío. Yo Mí Mío. Yo Mí Mío. Yo Mí Mío. Yo Mí Mío.
Yo Mí Mío. Yo Mí Mío. Yo Mí Mío. Yo Mí Mío. Yo Mí Mío.

Yo Mí Mío. Yo Mí Mío. Yo Mí Mío. Yo Mí Mío. Yo Mí Mío.
Yo Mí Mío. Yo Mí Mío. Yo Mí Mío. Yo Mí Mío. Yo Mí Mío.

Yo Mí Mío. Yo Mí Mío. Yo Mí Mío. Yo Mí Mío. Yo Mí Mío. Yo Mí Mío. Yo Mí Mío.

Yo Mí Mío. Yo Mí Mío. Yo Mí Mío. Yo Mí Mío. Yo Mí Mío. Yo Mí Mío. Yo Mí Mío. Yo Mí Mío. Yo Mí Mío. Yo Mí Mío. Yo Mí Mío.

Yo Mí Mío. Yo Mí Mío. Yo Mí Mío. Yo Mí Mío. Yo Mí Mío. Yo Mí Mío. Yo Mí Mío. Yo Mí Mío. Yo Mí Mío. Yo Mí Mío. Yo Mí Mío. Yo Mí Mío. Yo Mí Mío.
Yo Mí Mío. Yo Mí Mío. Yo Mí Mío. Yo Mí Mío. Yo Mí Mío. Yo Mí Mío. Yo Mí Mío.
Yo Mí Mío. Yo Mí Mío. Yo Mí Mío. Yo Mí Mío. Yo Mí Mío. Yo Mí Mío. Yo Mí Mío. Yo Mí Mío.

Yo Mí Mío. Yo Mí Mío.

Yo Mí Mío. Yo Mí Mío. Yo Mí Mío. Yo Mí Mío. Yo Mí Mío. Yo Mí Mío. Yo Mí Mío. Yo Mí Mío. Yo Mí Mío. Yo Mí Mío. Yo Mí Mío. Yo Mí Mío. Yo Mí Mío.
Yo Mí Mío. Yo Mí Mío. Yo Mí Mío. Yo Mí Mío. Yo Mí Mío. Yo Mí Mío. Yo Mí Mío. Yo Mí Mío. Yo Mí Mío. Yo Mí Mío. Yo Mí Mío. Yo Mí Mío. Yo Mí Mío. Yo Mí Mío. Yo Mí Mío.

Yo Mí Mío. Yo Mí Mío. Yo Mí Mío. Yo Mí Mío. Yo Mí Mío. Yo Mí Mío. Yo Mí Mío. Yo Mí Mío. Yo Mí Mío. Yo Mí Mío. Yo Mí Mío. Yo Mí Mío. Yo Mí Mío. Yo Mí Mío. Yo Mí Mío. Yo Mí Mío. Yo Mí Mío. Yo Mí Mío. Yo Mí Mío. Yo Mí Mío.

Yo Mí Mío. Yo Mí Mío. Yo Mí Mío. Yo Mí Mío. Yo Mí Mío. Yo Mí Mío. Yo Mí Mío. Yo Mí Mío.

Yo Mí Mío. Yo Mí Mío. Yo Mí Mío. Yo Mí Mío. Yo Mí Mío. Yo Mí Mío. Yo Mí Mío. Yo Mí Mío. Yo Mí Mío. Yo Mí Mío. Yo Mí Mío. Yo Mí Mío. Yo Mí Mío.
Yo Mí Mío. Yo Mí Mío. Yo Mí Mío. Yo Mí Mío. Yo Mí Mío. Yo Mí Mío. Yo Mí Mío. Yo Mí Mío. Yo Mí Mío. Yo Mí Mío. Yo Mí Mío. Yo Mí Mío. Yo Mí Mío. Yo Mí Mío. Yo Mí Mío.

Yo Mí Mío. Yo Mí Mío. Yo Mí Mío. Yo Mí Mío. Yo Mí Mío. Yo Mí Mío. Yo Mí Mío. Yo Mí Mío. Yo Mí Mío. Yo Mí Mío. Yo Mí Mío. Yo Mí Mío. Yo Mí Mío. Yo Mí Mío. Yo Mí Mío. Yo Mí Mío. Yo Mí Mío.

Yo Mí Mío. Yo Mí Mío. Yo Mí Mío. Yo Mí Mío. Yo Mí Mío. Yo Mí Mío. Yo Mí Mío. Yo Mí Mío. Yo Mí Mío. Yo Mí Mío. Yo Mí Mío.

Yo Mí Mío. Yo Mí Mío. Yo Mí Mío. Yo Mí Mío. Yo Mí Mío. Yo Mí Mío. Yo Mí Mío. Yo Mí Mío. Yo Mí Mío. Yo Mí Mío. Yo Mí Mío. Yo Mí Mío. Yo Mí Mío.
Yo Mí Mío. Yo Mí Mío. Yo Mí Mío. Yo Mí Mío. Yo Mí Mío. Yo Mí Mío. Yo Mí Mío.
Yo Mí Mío. Yo Mí Mío. Yo Mí Mío. Yo Mí Mío. Yo Mí Mío. Yo Mí Mío. Yo Mí Mío. Yo Mí Mío.

Yo Mí Mío. Yo Mí Mío.

Yo Mí Mío. Yo Mí Mío. Yo Mí Mío. Yo Mí Mío. Yo Mí Mío.
Yo Mí Mío. Yo Mí Mío. Yo Mí Mío. Yo Mí Mío. Yo Mí Mío.
Yo Mí Mío. Yo Mí Mío. Yo Mí Mío.
Yo Mí Mío. Yo Mí Mío. Yo Mí Mío. Yo Mí Mío. Yo Mí Mío.
Yo Mí Mío. Yo Mí Mío. Yo Mí Mío. Yo Mí Mío. Yo Mí Mío.
Yo Mí Mío. Yo Mí Mío. Yo Mí Mío. Yo Mí Mío. Yo Mí Mío.

Yo Mí Mío. Yo Mí Mío. Yo Mí Mío. Yo Mí Mío. Yo Mí Mío.
Yo Mí Mío. Yo Mí Mío. Yo Mí Mío. Yo Mí Mío. Yo Mí Mío.
Yo Mí Mío. Yo Mí Mío. Yo Mí Mío. Yo Mí Mío. Yo Mí Mío.
Yo Mí Mío. Yo Mí Mío. Yo Mí Mío. Yo Mí Mío. Yo Mí Mío.
Yo Mí Mío. Yo Mí Mío. Yo Mí Mío. Yo Mí Mío. Yo Mí Mío.
Yo Mí Mío. Yo Mí Mío. Yo Mí Mío.

Yo Mí Mío. Yo Mí Mío. Yo Mí Mío. Yo Mí Mío. Yo Mí Mío.
Yo Mí Mío. Yo Mí Mío. Yo Mí Mío. Yo Mí Mío. Yo Mí Mío.
Yo Mí Mío. Yo Mí Mío. Yo Mí Mío.
Yo Mí Mío. Yo Mí Mío. Yo Mí Mío. Yo Mí Mío. Yo Mí Mío.
Yo Mí Mío. Yo Mí Mío. Yo Mí Mío. Yo Mí Mío. Yo Mí Mío.
Yo Mí Mío. Yo Mí Mío. Yo Mí Mío. Yo Mí Mío. Yo Mí Mío.

Yo Mí Mío. Yo Mí Mío. Yo Mí Mío. Yo Mí Mío. Yo Mí Mío.
Yo Mí Mío. Yo Mí Mío. Yo Mí Mío. Yo Mí Mío. Yo Mí Mío.
Yo Mí Mío. Yo Mí Mío. Yo Mí Mío. Yo Mí Mío. Yo Mí Mío.
Yo Mí Mío. Yo Mí Mío.

Yo Mí Mío. Yo Mí Mío. Yo Mí Mío. Yo Mí Mío. Yo Mí Mío.
Yo Mí Mío. Yo Mí Mío. Yo Mí Mío. Yo Mí Mío. Yo Mí Mío.
Yo Mí Mío.

Yo Mí Mío. Yo Mí Mío. Yo Mí Mío. Yo Mí Mío. Yo Mí Mío.
Yo Mí Mío. Yo Mí Mío. Yo Mí Mío. Yo Mí Mío. Yo Mí Mío.
Yo Mí Mío. Yo Mí Mío. Yo Mí Mío.

Yo Mí Mío. Yo Mí Mío. Yo Mí Mío. Yo Mí Mío. Yo Mí Mío. Yo Mí Mío. Yo Mí Mío.
Yo Mí Mío. Yo Mí Mío. Yo Mí Mío. Yo Mí Mío. Yo Mí Mío. Yo Mí Mío. Yo Mí Mío. Yo Mí Mío.

Yo Mí Mío. Yo Mí Mío.

Yo Mí Mío. Yo Mí Mío. Yo Mí Mío. Yo Mí Mío. Yo Mí Mío. Yo Mí Mío. Yo Mí Mío. Yo Mí Mío. Yo Mí Mío. Yo Mí Mío. Yo Mí Mío. Yo Mí Mío. Yo Mí Mío.
Yo Mí Mío. Yo Mí Mío. Yo Mí Mío. Yo Mí Mío. Yo Mí Mío. Yo Mí Mío. Yo Mí Mío. Yo Mí Mío. Yo Mí Mío. Yo Mí Mío. Yo Mí Mío. Yo Mí Mío. Yo Mí Mío. Yo Mí Mío. Yo Mí Mío.

Yo Mí Mío. Yo Mí Mío.

Yo Mí Mío. Yo Mí Mío. Yo Mí Mío. Yo Mí Mío. Yo Mí Mío. Yo Mí Mío. Yo Mí Mío. Yo Mí Mío. Yo Mí Mío. Yo Mí Mío. Yo Mí Mío. Yo Mí Mío. Yo Mí Mío.
Yo Mí Mío. Yo Mí Mío. Yo Mí Mío. Yo Mí Mío. Yo Mí Mío. Yo Mí Mío. Yo Mí Mío. Yo Mí Mío. Yo Mí Mío. Yo Mí Mío. Yo Mí Mío. Yo Mí Mío. Yo Mí Mío. Yo Mí Mío. Yo Mí Mío.

Yo Mí Mío. Yo Mí Mío. Yo Mí Mío. Yo Mí Mío. Yo Mí Mío. Yo Mí Mío. Yo Mí Mío. Yo Mí Mío. Yo Mí Mío. Yo Mí Mío. Yo Mí Mío. Yo Mí Mío. Yo Mí Mío. Yo Mí Mío. Yo Mí Mío. Yo Mí Mío. Yo Mí Mío.

Yo Mí Mío. Yo Mí Mío. Yo Mí Mío. Yo Mí Mío. Yo Mí Mío. Yo Mí Mío. Yo Mí Mío. Yo Mí Mío. Yo Mí Mío. Yo Mí Mío. Yo Mí Mío.

Yo Mí Mío. Yo Mí Mío. Yo Mí Mío. Yo Mí Mío. Yo Mí Mío. Yo Mí Mío. Yo Mí Mío. Yo Mí Mío. Yo Mí Mío. Yo Mí Mío. Yo Mí Mío. Yo Mí Mío. Yo Mí Mío.
Yo Mí Mío. Yo Mí Mío. Yo Mí Mío. Yo Mí Mío. Yo Mí Mío. Yo Mí Mío. Yo Mí Mío.
Yo Mí Mío. Yo Mí Mío. Yo Mí Mío. Yo Mí Mío. Yo Mí Mío. Yo Mí Mío. Yo Mí Mío.

Yo Mí Mío.

EPILOGO

El libro *"Yo MI MIO" de Peter Boge* parece ser una obra fragmentaria o repetitiva que se sumerge en el análisis de pronombres personales básicos y verbos. Los extractos examinados se centran en los capítulos 4 y 6, presentando frases recurrentes que exploran —desde una perspectiva filosófica o introspectiva— los conceptos *"¿Soy yo?"*, *"¿Fui yo?"* y *"¿Quiero yo?"*, junto con la relación pronominal *"Mir Mein Ich"*. Aunque el título y estructura son alemanes, el contenido está escrito en español.

Temas principales e ideas clave

1.**Autorreflexión existencial (Capítulo 4:** *¿Soy yo?*)
El capítulo consiste en una repetición obsesiva de *"¿Soy yo?"*, enfatizando la angustia ante la pregunta por la existencia propia. La reiteración sugiere un cuestionamiento sin respuesta o una fijación mental del autor/narrador sobre su identidad y presente.

- *Cita: "¿Soy yo? ¿Soy yo? ¿Soy yo?..."* (se extiende por todo el capítulo).
-

2.**Identidad y memoria (Capítulo 6:** *¿Fui yo?*)
Con menos extensión que el capítulo 4, esta sección repite *"¿Fui yo?"*, desplazando el enfoque hacia la identidad pasada. La repetición evoca dudas sobre la

continuidad del *yo* o una reevaluación de la historia personal.

- *Cita: "¿Fui yo? ¿Fui yo? ¿Fui yo?..."*
-

3.**Voluntad y futuro (Capítulo 6:** *¿Quiero yo?***)**
La segunda parte del capítulo 6 interroga *"¿Quiero yo?"*, explorando deseos y agencia. El ritmo repetitivo refleja incertidumbre o una búsqueda de propósito.

- *Cita: "¿Quiero yo? ¿Quiero yo? ¿Quiero yo?..."*

1.**La tríada pronominal (***Mi Mio Yo***)**
La frase *"Mi Mio Yo"* sintetiza la relación del individuo consigo mismo:

- *"Mi"* (dativo): el *yo* como receptor de experiencias.
- *"Mio"* (posesivo): la apropiación del ser.
- *"Yo"* (nominativo): el sujeto activo.
Su repetición sugiere una deconstrucción del *yo* en sus facetas relacional, posesiva y esencial.

Claves estilísticas

- **Economía lingüística:** Uso minimalista de elementos gramaticales básicos
- **Recursividad:** Patrones repetitivos con variaciones sutiles

•**Efecto hipnótico:** La repetición genera estados alterados de conciencia lectora

Conclusión

La obra de Peter Boge constituye un experimento literario-filosófico que, mediante la repetición obsesiva de estructuras simples, logra:

1. Desestabilizar las nociones convencionales de identidad
2. Cuestionar los fundamentos de la conciencia
3. Producir un efecto psicológico único en el lector

La insistencia metodológica en estas preguntas fundamentales revela una poética de la interrogación pura, donde el valor reside no en las respuestas, sino en la intensidad del cuestionamiento mismo. La obra se sitúa así en la tradición de la literatura conceptual, con ecos de Beckett y los poetas concretistas.

Nota crítica:

La elección de mantener los pronombres alemanes en un texto español crea una tensión productiva que:

✓ Enfatiza el carácter universal de la indagación
✓ Subraya la artificialidad de los constructos lingüísticos
✓ Genera extrañamiento cognitivo
✓ Cuestiona la relación entre lenguaje y pensamiento

Esta obra exige una lectura activa que vaya más allá del contenido semántico para aprehender su propuesta estética y filosófica fundamental.